MUSCLE BEACH
BARROW OF SPEED

GUINNESS WORLD RECORDS 2022

기네스 세계기록 2022에 오신 걸 환영합니다!

올해 우리는 당대 가장 중요한 이슈 중 하나인 '환경'을 집중 조명하려고 합니다. 이 주제에 해당하는 기록들은 좋거나 나쁘거나 혹은 추한 등 복잡다단한 단면을 보여 줍니다.

우리는 **수중 설치 예술작품을 가장 많이 만든**(43쪽 참조) 영국의 환경예술가 제이슨 디케리스 테일러와 이번 편에 빠져 보려 합니다. 사진은 그의 가장 최근 작품으로 2021년 2월 문을 연 프랑스 남부의 칸 수중 박물관에 있는 일련의 두상 조각입니다. 테일러의 다른 모든 수중 조각상과 마찬가지로 이 작품은 바닷속 동식물에게 서식지를 제공하기 위해 해가 없는 소재로 제작했습니다. 또한 연안 지역사회에 생태관광지를 제공해 그들이 해변을 보호하는 데 더 폭넓은 관심을 쏟도록 합니다.

이 거대한 머리는 현지 주민 6명을 본떠 만들어졌는데, 이 중에는 80세의 노인 어부와 9세의 학생도 포함돼 있다.

목차

세계에서 가장 많이 팔리는 연간 발행 책의 2022년 에디션에 오신 걸 환영합니다. 수천 개의 새로운 기록이 업데이트되었습니다. 최고의 성취로 가득한 놀라운 9개의 챕터에는 우리에게 영감을 주는 새로운 명예의 전당 인물들이 등장하며, 각 섹션 사이사이에서는 가상 여행을 통해 여러분을 세계적인 명소로 안내합니다.

만화책과 그래픽 노블(만화와 소설의 중간)에서 디자인 영감을 얻은 대중문화 챕터에는 역대 가장 성공적인 미디어 프랜차이즈들이 선별돼 있다. 우리 독자들이 끝없이 사랑하는 영화, TV 쇼, 비디오게임 그리고 만화책에 등장하는 최고의 슈퍼스타들과 수십억 달러의 브랜드를 조명한다.

어린 성취자들

16세가 되기도 전에 잡지 편집자가 되고, 프리스타일 축구를 마스터하거나 X게임의 신기록을 작성하는 등 이미 자신만의 분야에서 명성을 떨치는 놀라운 아이들이 있다. 어린 성취자들 챕터에서 우리는 재능 있는 십 대 8명을 인터뷰한다. 그리고 신기록을 세우는 데 어린 나이가 장벽이 될 수 없음을 알아본다.

증강현실 공룡

우리는 수상 경력을 지닌 교육기술 스튜디오 피포디시티와 다시 한번 협업해 우리의 책 속에 가상현실(AR) 기술로 생기를 불어넣었다. 무료 AugmentifyIt® 앱을 사용해 신기록의 공룡들이 책장 속에서 되살아나 포효하는 모습을 보자(40~41쪽 참조).

AUGMENTIFY IT®

목차 2
편집자의 편지 4
곤충 호텔을 짓다 6
가상 방문: 도입 8
GWR의 날 10

미국 국립 항공우주박물관 12

환경
기후변화 16
쓰레기 & 재활용 18
플라스틱 20
오염 22
재생 가능한 에너지 24
지구를 재건하다 26
종합 28
명예의 전당: 미아-로즈 크레이그 30

호주 동물원 32

자연계
생태-공학자들 36
극한 생물 38
공룡 40
대양의 SOS 42
나무 44
육식성 식물 46
동물원 & 수족관 48
자연 보전 50
종합 52
명예의 전당: 데이비드 애튼버러 54

미니어처 원더랜드 56

인류
초기 인류 60
다둥이 62
최고령 64
엄청난 키 66
신체 예술 68
슈퍼 휴먼 70
수염 72
종합 74
명예의 전당: 술탄 쾨센 76

옐로스톤 공원 78

기록
프리스타일 축구 82
힘 & 피트니스 84
마인드게임 86
수집품 88
WWE 90
스트레이트라이너 92
칠리 94
미식가들 96
거대한 물건 98
최고의 건축가들 100
몬스터 트럭 102
신기한 재능 104
종합 106
명예의 전당: 마라와 더 어메이징 108

큐왕립식물원 110

모험
울트라사이클링 114
극지에서: 북극 116
극지에서: 남극 118
수상 대서사시 120
8000좌 122
열기구 124
위대한 여정 126
종합 128
명예의 전당: 비리디아나 알바레스 차베스 130

루브르 박물관 132

가상 방문

박물관, 공원, 갤러리에 직접 가볼 수 없어도 걱정하지 말자, 우리가 데려다줄 테니까! '가상 방문'으로 스미스소니언, 루브르, 호주 동물원과 큐왕립식물원 등 9개의 문화 명소로 여러분을 안내하고 그곳의 기록들을 짚어 본다.

100% 얼마나 클까? 가장 큰 기록이든 작은 기록이든 100% 표시가 있는 사진은 실물이 보이는 그대로의 크기다.

기네스 세계기록은 작년에만 3만 3,000개 이상의 기록 신청서를 받아 확인했다.

주석이 달린 사진과 인포그래픽은 기록에 담긴 추가 사항들을 알려 주고 숨겨진 이야기를 전해 준다.

명예의 전당

기네스 세계기록 명예의 전당에 최근 입성한 신인을 만나 보자. 선발된 모든 후보는 자신만의 독특한 능력으로 기록 경신에 많은 공헌을 했다. 올해 우리는 술탄 쾨센(**가장 키가 큰 사람**), 우주 비행사 페기 윗슨(**우주 유영을 가장 오래 한 여성**), 데이비드 애튼버러 경(**최장기간 TV 진행자 경력**) 같은 인물을 포함했다.

과학 & 기술

천문학 136
우주 탐사 138
건축 140
e-차량 142
X-항공기 144
로봇 146
컴퓨터의 역사 148
최첨단 과학 150
종합 152
명예의 전당: 페기 윗슨 154

로열티렐박물관 156

사회

범죄 & 형벌 160
개 162
왕족 164
미식의 역사 166
팬데믹 168
신기한 직업 170
종합 172
명예의 전당: 말랄라 유사프자이 174

어린 성취자들

록산느 다운스 176
다라 맥아널티 177
치논소 에체 178
구이 쿠어리 178
클로에 챔버스 180
알렉사 라우엔부르거 181
기탄잘리 라오 182
자일라 아방가르드 183

광둥 과학센터 184

대중문화

헬로키티, 미키 마우스, 위니-더-푸 188
포켓몬 189
스타워즈 190
마인크래프트 191
호빵맨, 일본 소년 만화, 디즈니 공주들 192
마리오 193
DC 194
마블 195
위저딩 월드 196
GTA, 트랜스포머 197
포트나이트 198
토이 스토리, 건담, 드래곤볼 199
영화 200
음악 202
소셜 미디어 204
게이밍 테크 206
e스포츠 & 스트리밍 208
종합 210
명예의 전당: BTS 212

guinnessworldrecords.com

온라인으로 이어지는 이야기

이 상징이 보이면, guinnessworldrecords.com/2022에 가서 보너스 영상 콘텐츠를 보자. 우리의 영상 팀이 세계에서 가장 놀랍고 신기한 기록 보유자들의 클립을 선별했으니 신기록을 직접 목격할 수 있는 장면을 놓치지 말자.

빅토리아 앨버트 박물관 214

스포츠

미식축구 218
야구 219
농구 220
아이스하키 221
축구 222
육상 224
장애인 스포츠 226
복싱 228
예술적 스포츠 229
테니스 230
테스트 크리켓 231
골프 232
백야드 스포츠 233
포뮬러원 234
X게임 235
수영 236
투르 드 프랑스 237
익스트림 스포츠 238
울트라러닝 240
압도적인 챔피언들 241
종합 242
명예의 전당: 엘리우드 킵초게 244

색인 246
자문가들 250
감사의 말 & 사진 크레디트 252
인쇄를 마치며 254

편집자의 편지

현재 세계는 코로나-19로 한 해를 통째로 고립과 제재로 보냈지만, 신기록의 행진은 멈추지 않았다. 온라인과 사회적 거리두기 속에서 도전이 밀려들어 우리의 심사관들이 바쁘게 움직였다...

기네스 세계기록은 2020년 4월 1일부터 2021년 3월 31일 사이 전 세계에서 4만 1,959건의 신청서를 받았다. 이는 평년보다 약간 저조한 수치지만, 그만큼 우리는 '평범'하지 않은 한 해를 보냈다. 이 기간 세계의 대부분은 통제 상태였고, 일부 국가는 코로나바이러스 팬데믹에서 벗어나기 시작했지만, 여전히 힘든 시기를 보내고 있는 나라도 있다.

기네스 세계기록은 전 세계에서 코로나 규제에도 불구하고(혹은 때문에) 작년 한 해 주당 평균 800개의 신청서를 받았고, 그중 성공적인 사례들을 여기 4페이지에 선별해 놓았다. 신청서들 중에는 '발가락에 비눗방울 올리고 가장 오래 균형 잡기'부터 '가장 많이 차단된 인스타그램 계정', '냉장고에 캔 빨리 넣기', '1분 동안 '슈렉' 많이 발음하기'까지 다양한 내용이 많았지만 우리의 엄격한 승인 절차를 모두 통과할 수 있는 건 아니다! 기네스 세계기록 인증서를 받은 모두에게 축하를 전하며, 꼭 자랑스럽게 걸어두길 바란다!

기네스 세계기록은 모두에게 열려있어 더 재미있다. 기록을 인정받기 위해 TV나 영화, 스포츠 스타가 될 필요는 없다. 올해 신청서의 대부분은 일반 대중이 제출했다. 여기에 또 우리의 점점 늘어나는 자문가 및 조사원 팀이 제공한 기록들을 더해, 기네스 세계기록 2022는 폭넓은 스펙트럼의 새롭고 뛰어난 신기록을 업데이트했다.

실내 크로스컨트리 스키 12시간 최장 거리 이동(개인)

마르타 루이스 공주가 TV 스타 하랄드 론베르크(둘 다 노르웨이)와 함께 2021년 1월 5일 노르웨이 로렌스코그에 있는 스노 실내 스키 아레나에서 5만 2,428m를 스키로 이동했다. 이 도전은 노르웨이의 국기인 크로스컨트리 스키의 전통을 기념하기 위해 진행됐다.

실외 트랙 사이클 6시간 최장 거리 이동(WUCA, 여자)

엘린 슈타루프(덴마크)가 2020년 9월 19일 덴마크의 베르뢰세 공군 기지에서 6시간 만에 188.8km를 사이클로 질주했다. 이는 그녀가 1개월 전 뇌진탕을 겪고 달성한 기록이라 더 놀랍다.

그녀는 24시간 거리 기록에 도전하던 중이었는데 부상 후유증으로 인해 어지러움을 느껴 주행을 멈춰야 했다. 이 기록은 세계 울트라사이클링 협회가 인증했다. (114~115쪽에 더 많은 익스트림 사이클 기록이 나온다.)

슈타루프는 "놀라운 경험이었고 날씨가 허락된다면 회복 후 가능한 빨리 재도전하고 싶어요."라고 말했다.

페이스 팀 아크로바틱 스포츠 시어터

이 헝가리 공연단은 2020년 8월 부다페스트에서 다수의 기네스 세계기록 타이틀을 적립했다. (이들이 몇 년 동안 이뤄낸 다른 스포츠 묘기 기록이 표에 나온다.)

1. **최장 거리 트램펫 앞돌기 농구 슛:** 22.03m, 페테르 서보(헝가리, 위 사진)가 8월 12일에 작성. 트램펫은 작은 트램펄린이다.
2. **1분 동안 뒤꿈치로 축구공 터치 많이 하기(여자):** 110회, 키티 사스(헝가리, 아래 사진)가 8월 10일 달성. (82~83쪽에 가면 더 많은 신기록의 프리스타일 축구 기록이 있다.)
3. **최다 바라니 플립 바운드 패스 후 앞돌기 슬램덩크:** 35회, 페이스 팀 아크로바틱 스포츠 시어터(오른쪽 사진)가 8월 10일 기록. 바라니 플립은 몸을 반 정도 틀며 앞으로 공중제비를 넘는 기술이다.

페이스 팀: 농구를 지배하다*

1분 동안 트램펄린 슬램덩크 많이 하기(팀)	50개	M 몰나르, A 터카치, B 후사르, M 라츠, P 서보	2020년 8월 12일
뒤로 공중제비 돌며 최고 높이로 슬램덩크하기	4.89m	노르베르트 커이타르	2018년 2월 22일
30초 동안 앞으로 돌며 슬램덩크 많이 하기	19개	B 후사르, A 터카치, A 주이토, K 더그히슈터니, T 토트	2017년 11월 6일
1분 동안 회전하는 농구공 패스 많이 하기(2인)	12회	A 터카치, I 처포	2016년 11월 17일

*기록 보유자는 모두 헝가리인

물속에서 연속으로 벤치프레스 많이 하기

비탈리 비브차르(러시아)는 2020년 8월 13일 러시아 톰스크에서 물속에 들어가 한 번의 호흡으로 벤치프레스 77회를 연속으로 성공했다. 그는 요가와 프리다이빙에서 사용하는 호흡법을 훈련에 사용했다. 도전 당시 많은 관중이 있었는데, 그중 그의 어머니도 있었다.

우리는 개인 기록들도 심사했는데, **치아로 매달린 채 가장 무거운 역기를 들어 올린**(101.3kg) 레오나르도 코스타케(루마니아)나, 2020년 10월 7일 스페인 발렌시아에서 26분 11초의 기록으로 **1만m 달리기 최고 기록**을 달성한 프로 선수 조슈아 쳅테게이(우간다), 2020년 11월 30일 중국 산둥성 더저우에서 **3분 동안 가장 많은 검을 삼킨** 극한의 곡예사 왕 레이(중국) 같은 사람들이 포함돼 있다. 또 람쿠마르 사란가파니(인도)가 만든 2.87m 높이의 **가장 큰 트럼프 카드**처럼 커다란 물체부터 마르크 우르자(벨기에)가 2020년 6월 19일부터 21일까지 달성한 음악적 이정표인 **라이브 스트리밍 된 최장 시간 마라톤 DJ 콘서트**까지 기네스 세계기록은 전 세계에서 놀라운 성취물들을 검증했다.

그리고 이 힘든 시기에 신기록 달성으로 세상에 변화를 가져오기도 했다. 사실, 2022년 에디션의 주제는 '기후 변화'로 지구가 직면한 가장 큰 문제를 다루고 있다. 10개의 챕터 모두에 걸쳐 이 심각한 이슈가 우리의 삶의 모든 측면에 어떻게 영향을 끼치는지 확인할 수 있다. 첫 번째 챕터는 주제에 전념하고 있는데(환경, 14~31쪽), 기후변화를 극복할 일부 긍정적인 신기록의 노력들도 포함돼 있다. 또 우리는 크고 작은 모든 변화를 일으킬 사람들의 노력에 도움을 주는 자선단체 어스와치(Earthwatch)와도 파트너를 맺고 있다.

NBA 한 경기에 출장한 가장 많은 형제자매

야니스, 타나시스, 코스타스 아데토쿤보(모두 그리스, 위 참조)가 2021년 3월 31일 로스앤젤레스 레이커스와 밀워키 벅스의 경기에 모두 출전했다. 이는 2019년 12월 28일 뉴올리언스 펠리컨스와 인디애나 페이서스의 경기에 출전한 저스틴, 즈루, 애런 할러데이 형제의 기록과 동률이다.

가장 큰 풍선 공룡

히도 페르후프(네덜란드), 바하르 벨리산(터키), 위이 몬로에(스페인)가 벌룬 크루 클럽의 도움을 받아 풍선으로 길이 19.64m, 폭 7.86m, 높이 9.08m의 공룡을 만들었다. 15만 개의 자연 분해 풍선으로 구성된 이 작품은 2020년 10월 22일 터키 이스탄불에서 크기가 측정됐다. 이 공룡은 '풍선 동물 왕국' 전시회에 출품됐다.

이 라텍스 공룡은 34명의 풍선 예술가와 현지 학생들로 구성된 팀이 제작했다. 완성에 꼬박 이틀이 걸렸다.

편집자의 편지

어린 성취자들 챕터(176~183쪽)에는 떡잎부터 남다른 기록 보유자 그룹이 있다. 이 영특한 8인은 16살 생일이 지나기도 전에 과학적 발견을 이루거나, 기후 변화를 멈추는 노력을 하거나, 책을 쓰거나, TV 시청자들을 놀라게 하거나, 프로 스포츠의 트로피를 들어 올렸다!

올해 기네스 세계기록 명예의 전당에는 장거리 달리기 선수 엘리우드 킵초게 같은 더 놀라운 사람들이 새로 추가됐다. 정중하지만 강렬한 환경 메시지를 전하는 베테랑 동식물학자 데이비드 애튼버러 경과 십대 사회운동가 미아-로즈 크레이그, 그리고 남성이 주도하는 분야에서 여성으로 업적을 남긴 페기 윗슨과 산악인 비리디아나 알바레스 차베스, 인권운동가 말랄라 유사프자이에게 우리는 영광을 차지할 기회를 선사했다.

마지막으로, 여러분은 그동안 좋아하는 동물원, 박물관, 테마파크나 갤러리에 갈 기회를 놓쳐왔다. 아니면 유명한 관광지에 가거나 사람을 만날 기회를 놓쳤을 수도 있다. 그렇다면, 각 챕터 사이에 있는 우리의 '가상 방문'을 살펴보자. 포스터처럼 꾸며진 페이지를 통해 당신을 세계에서 가장 훌륭하고, 상징적이며, 신기록을 담고 있는 아홉 장소로 잠깐씩 인도한다. 안락한 의자에 앉아 프랑스 루브르(132~133쪽)의 뛰어난 예술작품을 즐기고, 미국 옐로스톤 국립공원(78~79쪽)의 자연경관 속을 하이킹하며, 캐나다 로열 티렐 박물관(156~157쪽)에서 놀라운 공룡의 잔해를 발굴하고, 호주 동물원(32~33쪽)에서 엄청난 동물들과 직접 마주해보자.

감자 전지로 만든 가장 높은 전압

우주과학공원(덴마크)이 2020년 10월 18일 덴마크 노르부르크에서 감자를 연결해 1,950V를 만들었다. 감자에 양극과 음극을 설치하면 감자 안의 산성이 그 사이에서 화학 반응을 일으켜 전자가 다른 감자로 흐르며 에너지를 방출한다. 이 도전은 덴마크의 과학자 한스 크리스티안 외르스테드가 전자기를 발견한 지 200주년을 기념하기 위해 시행됐다.

하프 마라톤 최고 기록
(여성, 여성 한정 경기)

케냐의 페레스 젭치르치르는 2020년 9월 5일 체코 프라하에서 하프마라톤을 1시간 5분 34초의 기록으로 완주했다. 그녀는 '프라하 21.1km' 대회의 여자부 레이스에서 기록을 경신했는데, 엘리트 장거리 선수들만 초청된 대회로 단 9명만 경기에 나섰고 이중 2명은 페이스메이커였다.

1분 동안 27kg 가방 매고 한 손 푸시업 많이 하기

스베레 디젠(노르웨이)은 2020년 9월 14일 노르웨이 라르비크에서 등에 27.2kg의 가방을 매고 오른팔로 팔굽혀펴기를 47회나 했다. 이전 기네스 세계기록 보유자이기도 한 디젠은 놀랍게도 자신의 기록을 11회나 경신했다. 앞서 그는 이렇게 말했다. "(너무 늙기 전에) 기록을 더 늘리고 싶어요!."

한 번의 호흡으로 핀을 사용해 물속에서 가장 멀리 헤엄친 기록(바다)

스티크 세버린센(덴마크)은 2020년 11월 26일 멕시코 바하칼리포르니아수르주 라파스에서 한 번의 호흡으로 202m를 헤엄쳤다. 그는 아이들에게 영감을 주고 세계 대양 보호의 필요성을 알리기 위해 기록에 도전했다. 120~121쪽에서 더 많은 기록을 알아보자.

미국 여자 프로골프 협회 투어 커리어 최고 수입

아니카 소렌스탐(스웨덴)은 1993년부터 2021년 사이 LPGA 투어 대회에 304회 출전해 2,257만 7,025달러를 벌어들였다. 소렌스탐은 13년의 공백을 깨고 2021년 LPGA로 돌아왔는데, 2월 25~28일 미국 플로리다주 보카 리오에서 열린 게인브리지 LPGA에서 컷을 통과하며 커리어 수입에 다시 박차를 가했다.

소렌스탐은 LPGA 투어에서 메이저 10회를 포함한 총 72회 우승을 거뒀고, 올해의 선수에 8번이나 선정됐다.

1시간 동안 턱걸이(풀업) 버피 많이 하기

라빌 카키모프(러시아)는 2020년 12월 12일 러시아 야나오에서 60분 동안 턱걸이 버피를 486회나 했다. 이 강한 힘과 지구력이 필요한 도전은, 참가자가 팔굽혀펴기 자세(아래 사진)에서 다리를 가슴 쪽으로 굽혔다가 편 뒤, 팔과 다리를 뻗으며 지면에서 점프를 하고, 손등이 안쪽으로 향하게 철봉에 매달려 턱걸이를 하면 된다(오른쪽 사진).

《기네스 세계기록 2022》는 놀랍고도 장엄한 세상을 연결해주는 가이드북이다. 그러니 편하게 앉아 신기록들을 둘러보며 인생의 가장 이상한 한 해가 될 이 시기를 즐겨보자. 이 힘든 시기에도 기록들은 계속 경신되고 있다는 건 인간의 영혼에 있는 불굴의 정신을 나타내는 증거다!

편집장
크레이그 글렌데이

가장 작은 잡지 광고

넷플릭스의 오리지널 시리즈 <범인은 바로 너!>가 만든 4.329cm² 크기의 광고가 2021년 1월 14일 발행된 <버라이어티>의 64쪽에 실렸다. 이는 넷플릭스 최초로 모두 한국인으로 구성된 프로그램의 마지막 시즌 시작을 기념하기 위해 제작됐다.

레일에서 가장 효율적인 전기 차량(프로토타입)

2020년 10월 17일 달라나 대학교의 팀 엑시무스 IV가 제작한 엑시무스 IV가 스웨덴 델스보에서 100km 기준 1인당 평균 에너지 효율 51.7Wh(와트시)를 기록했다. 이들은 미래의 엔지니어들에게 유형의, 영감을 주는 경험을 제공해 더 지속 가능한 세상을 만드는데 도움을 주고자 기록에 도전했다. 전기차량과 관련된 기록은 142~143쪽에 더 많이 있다.

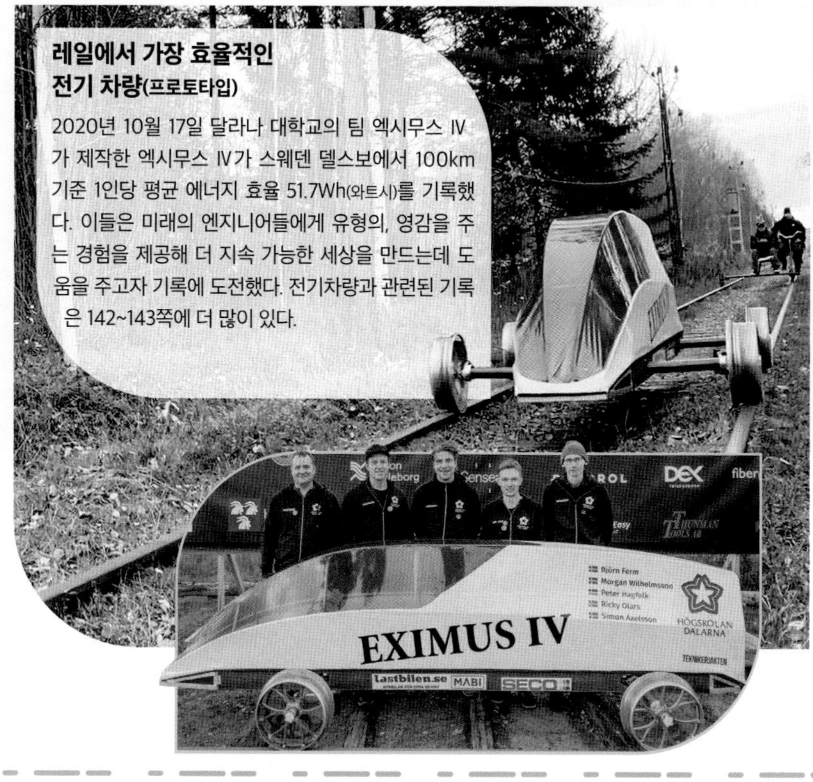

곤충 호텔을 짓다

기네스 세계기록 2022의 테마는 환경이다. 아래드라셀 학교가 세운 신기록 곤충 호텔에 영감을 받았다면, 직접 만들어 보는 건 어떨까? 여기 우리의 친구 어스워치 유럽이 완벽한 곤충 B&B를 만드는 팁을 공유했다.

드라셀 학교에 있는 호텔만큼 커다랗고 으스스하게 지을 수 없더라도, 이 재미있는 프로젝트는 지역 야생생물들에게 도움을 줄 수 있다. 그리고 곤충을 도우면 생태계 전체에 도움이 된다! 호텔에 어떤 손님이 올지는 당신이 사는 장소에 따라 다양해지지만, 목적은 일맥상통하다. 이 작은 친구들에게 매력적인 새집을 만들어주자.

"곤충들은 놀라워요!" 어스와치는 말한다. 세계의 식량 작물 중 75% 이상이 매개자에 의존해 꽃가루를 퍼뜨린다. 영국의 모든 정원이 자연 친화 공간으로 바뀐다면 43만 ha 이상의 야생동물 안식처가 생겨난다. 이걸 전 세계에서 한다고 상상해보자!

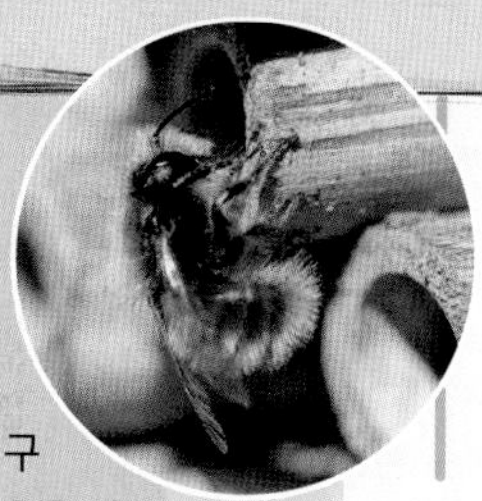

호텔은 쉽게 마르는, 나무 같은 자연 소재로 채우는 게 핵심이다. 다양한 크기의 구멍을 만들어 여러 가지 곤충이 집으로 삼을 수 있게 만들자. 구멍은 부드럽고 가시가 없어야 한다. 곤충들이 겨울을 나고 알을 낳는 안식처가 되어야 한다.

마지막으로, 호텔을 안전하고 햇빛이 잘 드는 장소에 고정시켜 바람에 무너지지 않게 한다. 그리고 작업을 하는 김에 근처에 토종 꽃을 심어 손님들이 꽃가루를 잘 찾게 돕는 건 어떨까?

earthwatch EUROPE

어스와치 유럽은 과학을 핵심으로 하는 환경 자선단체다. 이곳은 적절한 방법으로 필요한 변화를 만들고 자연과 균형을 맞추도록 유도한다. 사람들을 자연과 연결하고 천연자원의 청정을 모니터하며 가장 긍정적인 효과를 만드는 행동을 공유한다. 어스와치는 교사 및 학생들과 협업으로 다음 세대 사람들이 지구를 위한 행동을 하도록 힘을 보태고 영감을 준다. 지구를 지키는 과학을 더 많이 알고, 이들과 함께하고 싶다면 earthwatch.org.uk에 방문해보자.

곤충 호텔이나 집에서 할 수 있는 다른 환경친화적 프로젝트에 관해 더 많이 알고 싶다면 **kids.guinnessworldrecords.com**에 방문해보자.

가장 큰 곤충 호텔

키어런 포스터와 드라셀 학교(둘 다 영국)가 영국 세인트헬런스에 소형동물용 맨션을 81.26m³ 크기로 만들었다. 9개월에 걸친 계획과 건설 끝에 2020년 5월 20일 완공됐다. 이 곤충 호텔은 나무에 구멍을 내는 딱정벌레, 다족류, 개미, 벌, 쥐며느리가 잘 번식할 수 있는 집이 될 예정이다.

가상 방문

코로나19 팬데믹과 맞서기 위해 전 세계에 봉쇄 조처가 내려졌고, 우리는 소중한 문화적 풍요와 오락거리를 박탈당했다. 관광객들로 붐비던 테마파크와 미술관, 박물관 등은 2020년 전 세계적으로 방문객 수가 70% 이상 급락했다. 그래서 직접 이런 곳을 방문하기 어려운 사람들을 위해 우리가 눈앞으로 가져가기로 했다!

이 책의 각 챕터 사이에서 당신은 세계 곳곳에 있는 명소 9곳을 '가상 방문'하게 된다. 캐나다의 로열티렐박물관에서 공룡을 발굴하고, 옐로스톤 국립공원을 둘러본 뒤 스미스소니언 국립 항공우주박물관으로 가 항공 역사의 전설들을 만나 보자. 큐왕립식물원에서 놀라운 자연을 둘러보고, 함부르크의 미니어처 원더랜드에서 입이 떡 벌어지는 디테일에 놀라며, 런던의 빅토리아 앨버트 박물관과 파리의 루브르 박물관에서 예술에 흠뻑 빠져 보자. 동물을 좋아하는 사람이라면 호주 동물원 방문에 기쁠 것이며, 반면에 광둥과학센터는 과학 기술의 순수한 천국이다.

여기 지도를 보고 일정을 짜 보자. 기네스 세계기록의 상징들도 함께 표시되어 있다. 또, 세계에서 가장 많은 사람이 방문하는 20곳을 확인해 보자. 소파에 편하게 앉아서 그저 페이지를 넘기며 문화 탐험을 떠나 보자.

분류:

- 가상 방문
- 신기록 보유지
- 최다 방문객 박물관과 명소

가장 많은 사람이 방문한 박물관과 관광지

아래 목록은 세계에서 가장 인기가 많은 문화 관광지 20곳으로, AECOM과 세계 테마엔터테인먼트협회가 2019년 발표한 자료에서 발췌했다. (F는 무료로 입장할 수 있는 박물관과 갤러리, P는 유료) 루브르(132쪽 참조)는 이 목록의 최정상을 지금까지 몇 년 동안 지켜왔다. 2019년 이 20곳은 거의 1억 550만 명의 입장을 환영했다. 각각의 장소는 위 지도에 숫자로 표기돼 있다.

	박물관	특징	위치	방문객	입장료
1	루브르(132쪽 참조)	모나리자, 밀로의 비너스, 민중을 이끄는 자유의 여신	프랑스 파리	9,600,000	P
2	중국국가박물관	석기시대 도자기, 3,000년 전 후무우딩 솥	중국 베이징	7,390,000	F
3	바티칸 미술관	시스티나 성당, 라파엘로의 방, 지도 갤러리, 그레고리안 이집트 박물관, 브라만테 계단	바티칸시티 바티칸	6,883,000	P
4	메트로폴리탄 미술관	덴두르 신전, 하트셉수트 스핑크스, 소크라테스의 죽음, 델라웨어강을 건너는 워싱턴	미국 뉴욕시	6,770,000	P
5	대영 박물관	로제타 석, 머리가 2개인 아즈텍 뱀, 서턴 후 배무덤	영국 런던	6,208,000	F
6	테이트 모던	메릴린 먼로 두 폭, 시그램 벽화, 시인의 불확실성	영국 런던	6,098,000	F
7	내셔널 갤러리	해바라기, 프랑스 대사들, 아르놀피니의 초상, 건초 마차	영국 런던	6,011,000	F
8	자연사박물관	폼페이 주물, 대왕고래 뼈대, 지진 시뮬레이터	영국 런던	5,424,000	F
9	미국 자연사박물관	아니기토 운석, 인도의 별 사파이어, 모아이 조각상 주물	미국 뉴욕시	5,000,000	P
10	에르미타주 미술관	레오나르도 다빈치의 방, 공작석의 방, 기사 홀 콜리반의 꽃병, 공작 시계	러시아 상트페테르부르크	4,957,000	P
11	상하이과학기술관	전시실: 로봇 세상, 지혜의 빛, 지표 탐험, 탐험의 빛	중국 상하이	4,824,000	P
12	레이나소피아 국립미술관	게르니카, 파이프를 문 남자, 음악가의 테이블, 푸른 옷의 여인	스페인 마드리드	4,426,000	F
13	국립 자연사박물관	호프 다이아몬드, 나비 전시장, 이집트 미라	미국 워싱턴 DC	4,200,000	F

	박물관	특징	위치	방문객	입장료
14	난징 박물원	진나라 정원, 명과 청나라 자기 전시실, 옥 전시실	중국 난징	4,169,000	F
15	저장 박물관	양저문화 옥 제품, 홑 청동기와 자기, 룽취안 청자	중국 항저우	4,150,000	F
16	워싱턴 국립미술관	날개 달린 사람, 일본식 다리, 뱃놀이, 흰색의 심포니, No.1	미국 워싱턴 DC	4,074,000	F
17	빅토리아 앨버트 박물관(214쪽 참조)	웨어의 거대한 침대, 아르다빌 카펫, 삼미신, 런던의 가장 오래된 사진	영국 런던	3,921,000	P
18	중국과학기술관	중국의 영광 전시실, 도전과 미래 전시실	중국 베이징	3,891,000	P
19	국립고궁박물원	취옥백채, 명과 청나라 조각과 가구	중국 타이완	3,832,000	P
20	오르세 미술관	올림피아, 휘슬러의 어머니, 카드놀이 하는 사람들, 풀밭 위의 점심식사	프랑스 파리	3,652,000	F

1. 자일라 아방가르드

2. 채드 맥린

3. 안드레 오르톨프

4. 렌 케유

5. 안드레아 M.

6. 안드레이 마스로프

7. 알렉산더 마천드

8. 토마스 BVT

9. 크리스티안 사바

10. 프라바카르 레디 P.

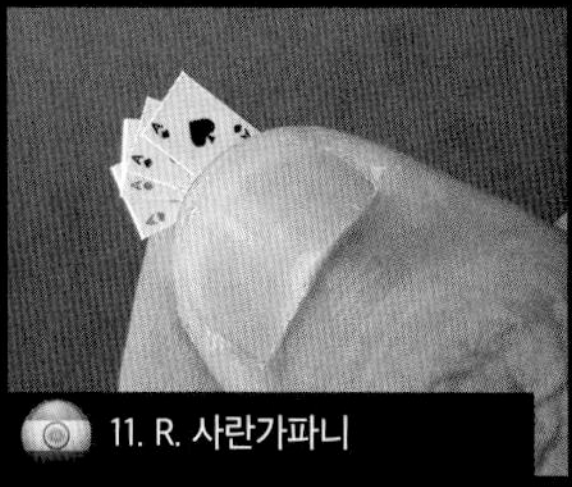
11. R. 사란가파니

12. 크리스티안 로드리게스

13. 다비드 & 크리스티안

14. 애시리타 퍼먼

15. 마리아 & 크리스티안

16. 실비오 사바

17. KY 림

18. 조엘 스트레서

19. M. S. 하시니에

20. R. S. 타룬

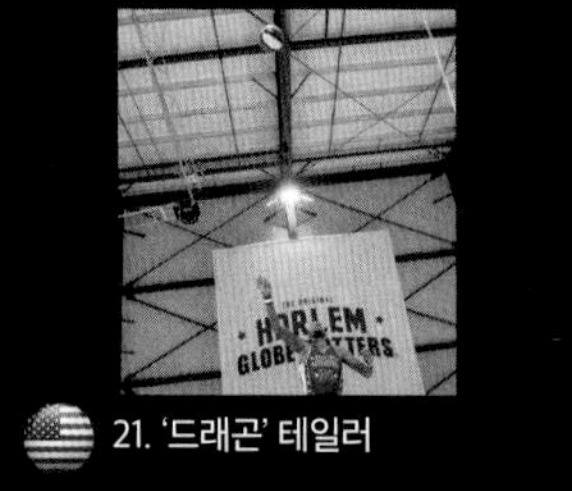
21. '드래곤' 테일러

22. S. 카니슈카

23. 데이비드 러시

24. 앤서니 켈리

25. K. 고쿨나스

GWR DAY

매년 전 세계의 수천 명이 다양한 도전을 펼치며 기네스 세계기록의 날을 기념한다. 역사상 유례없는 한 해였던 2020년, 우리는 원격 심사를 통해 24시간 동안 가능한 한 많은 기록을 평가했다. 여기에 우리가 엄선한 '24시간 신기록 행진'의 결과를 실었다.

#	타이틀	기록	이름
1.	1분 동안 공 튕기며 저글링 (농구공 4개)하기	255	자일라 아방가르드(미국)
2.	동시에 볼링공 많이 들기	16	채드 맥린(미국)
3.	빨대로 레몬주스 1L 빨리 마시기	16초	안드레 오르톨프(독일)
4.	현재 키가 가장 큰 십 대*	221.03 cm	렌 케유(중국)
5.	3분 동안 내민 엉덩이로 훌라후프 많이 돌리기	400	안드레아 M. (영국, 미국 출생)
6.	회전식 퍼즐 큐브 풀면서 100m 빨리 달리기	20초91	안드레이 마스로프 (러시아)
7.	1분 동안 몸을 완전히 틀며 뒤로 공중제비 돌기 버피 최다 기록	9	알렉산더 마천드(캐나다)
8.	50m 로프 빨리 오르기	3분 19초68	토마스 버틀러 반 톤더 (남아공)
9.	30초 동안 한 발로 줄넘기 교차하며 많이 뛰기	49	크리스티안 사바 (이탈리아)
10.	1분 동안 머리로 음료수 병뚜껑 많이 열기	68	프라바카르 레디 P.(인도)
11.	가장 작은 트럼프 카드	7 x 5 x 4.86 mm	람쿠마르 사란가파니 (인도)
12.	자루 안에 들어가 100m 빨리 달리기	25초96	크리스티안 로페스 로드리게스(스페인)
13.	1분 동안 농구공 비하인드 백패스 많이 하기	65	다비드 & 크리스티안 로페스 로드리게스 (스페인)
14.	1분 동안 목으로 화살 많이 부러뜨리기	31	애시리타 퍼먼(미국)
15.	1분 동안 안대를 하고 주사위 많이 잡기(2인 팀)†	45	마리아 로드리게스 세디요 & 크리스티안 로페스 로드리게스
16.	화장지 10개로 파라미드 빨리 만들기	3초60	실비오 사바(이탈리아)
17.	1분 동안 지팡이 사라지는 마술 많이 하기	26	KY 림(말레이시아)
18.	수염에 빨래집게 많이 물리기	359	조엘 스트레서(미국)
19.	1분 동안 자동차 로고 많이 구분하기	99	M. S. 하시니에(인도)
20.	인라인스케이트 타고 가장 오래 훌라후프 3개 돌리기	6분 7초	R. S. 타룬(인도)
21.	농구공을 회전시킨 상태에서 가장 높이 던졌다가 받기	6.12m	디안드레 '드래곤' 테일러 (미국)
22.	30초 동안 누워서 발로 훌라후프 많이 돌리기	136	S. 카니슈카(인도)
23.	외발자전거 타면서 저글링 많이 돌리기(안대 착용)	463	데이비드 러시(미국)
24.	1분 동안 안대를 하고 블로우건으로 표적 많이 맞히기	11	앤서니 켈리(호주)
25.	1분간 포이 많이 돌리기	77	K. 고쿨나스(인도)

*현재 올리비에 리우(캐나다)는 226.9cm다(66~67쪽 참조).
†현재는 215회로 데이비드 러시와 조나단 해넌(둘 다 미국)이 경신했다.

26. 파벨 트루소프

27. K. 나가라지

28. R. 사란가파니

29. 리샤브흐 자인

30. 리아나 & 친구들

31. 로코 메르쿠리오

32. 다리우스 슬로윅

33. A. M. 멘디에타

34. 다리우스 슬로윅

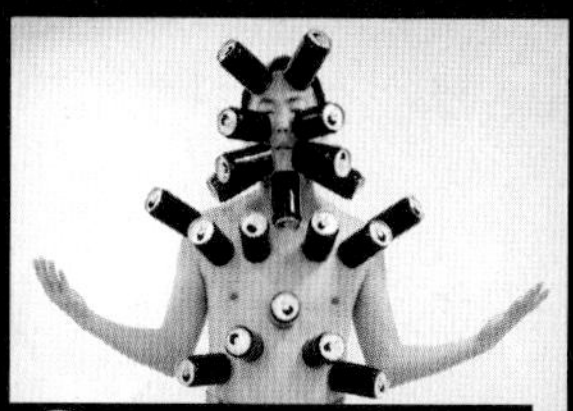

35. 칸노 슌이치

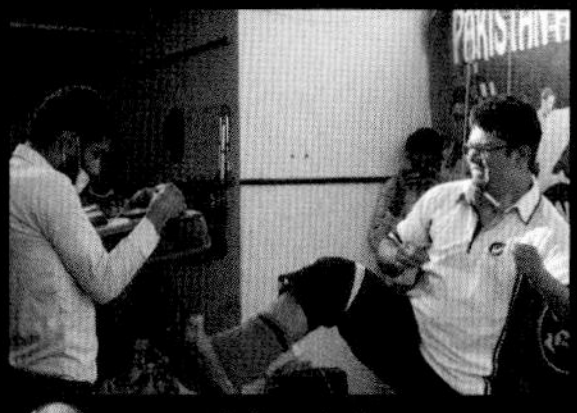

36. 무하마드 라시드

37. 오메이르 사이드

38. 미스터 체리

39. 와타나베 료지

40. 마틴 리스

41. L. A. 비스트

42. 제임스 롤링스

43. 리아 셧케버

44. 히지키 & 안고라

45. 티누크 오예디란

46. 스테파니 멜링어

47. 디나 쉽라이트

48. '웹' 미들턴

49. 유 테-신

50. 심사관

#	타이틀	기록	이름
26.	3분 동안 펀치 많이 날리기 (팔꿈치 완전히 펴기)	919	파벨 트루소프(러시아)
27.	1분 동안 2kg 훌라후프 많이 돌리기	144	K. 나가라지(인도)
28.	최대 규모 자석 문장	50,102 마그넷	람쿠마르 사란가파니 (인도)
29.	1분 동안 눈 가리고 라켓으로 탁구공 많이 튕기기	146	리샤브흐 자인(인도)
30.	1분 동안 훌라후프 3인 팀으로 많이 돌리기	66	S. 리아나 안드레아, 안드리야 바게세, A. S. 이시와리아(모두 인도)
31.	한 손에 당구공 많이 들기	16	로코 메르쿠리오 (이탈리아)
32.	새끼손가락으로 들어 올린 가장 무거운 물체	105.67kg	다리우스 슬로윅(캐나다)
33.	최장거리 탁구 서브	14.86m	알바로 마르틴 멘디에타 (스페인)
34.	편자 멀리 던지기	53.34m	다리스우 슬로윅(캐나다)
35.	공기 흡입으로 몸에 캔 많이 붙이기	20	칸노 슌이치(일본)
36.	3분 동안 5kg 모래주머니 발목에 달고 무술 발차기 많이 하기 (한 발)‡	131	무하마드 라시드 (파키스탄)
37.	최장거리 웨이크보드 경사대 점프(남자)	21m	오마르 사이드 오마르 요세프 알메이리(UAE)

#	타이틀	기록	이름
38.	1분 동안 앉으며 견과류 많이 깨기	122	'미스터 체리' 요시타케(일본)
39.	계단으로 수직 1마일 빨리 오르기	1시간 6분 58초	와타나베 료지(일본)
40.	3분 동안 물 안에서 마술 트릭 많이 하기	20	마틴 리스(영국)
41.	레고 블록 밟으며 맨발로 멀리 가기§	3,886m	케빈 'LA 비스트' 스타런 (미국)
42.	화장지 머리에 많이 올리고 균형 잡기	56	제임스 롤링스(영국)
43.	페레로 로셰 15개 빨리 먹기	2분 1초7	리아 셧케버(영국)
44.	30초 동안 둘이 줄넘기 번갈아 많이 하기(줄넘기 1개)	71	이쿠야마 히지키 & 손초 안고라(둘 다 일본)
45.	1분 동안 롤러스케이트 신고 카르트휠(옆 돌기) 많이 하기	30	티누크 오예디란(영국)
46.	손 짚고 다리 벌려 L 시트 연속으로 많이 하기	402	스테파니 멜링어(오스트리아)
47.	24시간 동안 축구 페널티 킥 많이 차기(개인)	7,876	디나 쉽라이트(영국)
48.	최장거리 농구 비하인드 백 슛 성공	13.86m	로셀 '웹' 미들턴
49.	2인 패러글라이드에 탑승한 최고령자	105년 58일	유 테-신(중국)

50

국기는 기록에 도전한 장소를 나타냄

‡현재 143, 우잘 샤르마 타쿠리(미국)

§현재 8,355m 존 왈(미국)

미국 국립 항공우주박물관

위치: 미국 워싱턴 DC, 내셔널 몰(본관, 아래 사진); 미국 버지니아 샹티이(스티븐 우드바르하지 센터)
유형: 항공 및 우주비행 박물관
설립: 1946년
갤러리: 23개
인공품: 약 6만 8,378개
총면적(양쪽 장소): 5만 4,140m²
연간 방문객: 450만 명 (2019년)

미국 워싱턴 DC와 버지니아 두 곳의 광활한 면적을 차지하는 스미스소니언의 장엄한 항공우주 관련 기념지로, 세계에서 가장 큰 항공우주박물관이다. 이 박물관이 특별한 이유는 열기구와 복엽기부터 제트 전투기와 달착륙선까지 거의 모든 항공기의 실물과 모형이 전시되어 있기 때문이다. 당연히 여기에는 우리가 봐야 할 신기록들이 부족함 없이 전시돼 있다.
이 박물관은 미국이 주도해 온 항공 역사를 기록하기 위해 1946년에 건립됐다. 항공술에 관한 미국의 야망이 점점 커지면서 수집품도 많아졌다. 1966년 미국 국립항공우주박물관으로 이름을 바꿨고, 10년 뒤 현재 고인이 된 아폴로11의 우주비행사 마이클 콜린스가 주도해 전시품들을 격납고 크기의 내셔널 몰로 옮겨가며 '(미국과 소련의) 우주 개발 경쟁' 당시의 로켓과 항공기들까지 전시하기 시작했다.
2003년 개관한 두 번째 장소인 스티븐 우드바르하지 센터는 우주선처럼 엄청나게 큰 수집품들을 보관하고 있다. 오늘날 이 두 곳을 방문하면 6만 8,000개 이상의 놀라운 전시품들을 감상할 수 있다.
이제 우리와 함께 특가 '항공' 여행을 떠나, 1903년 라이트 형제의 첫 비행부터 2011년 우주왕복선 디스커버리호의 마지막 터치다운까지 다양한 신기록들을 살펴보자.

록히드 SR-71 '블랙버드'

이 매끈한 미국 공군 첩보 비행기는 최고 속도 마하 3.3(3,580km/h)으로 **가장 빠른 유인 항공기**이다. 1964년 12월 22일 처음으로 운항한 2인승 '블랙버드'는 거의 25년이 지난 요즘도 일급 비밀 임무를 위해 하늘을 날고 있다. 이 항공기는 제트 여객기보다 약 2배 이상 높은 상공 2만 5,908m 높이에서 임무를 수행하도록 제작됐다.

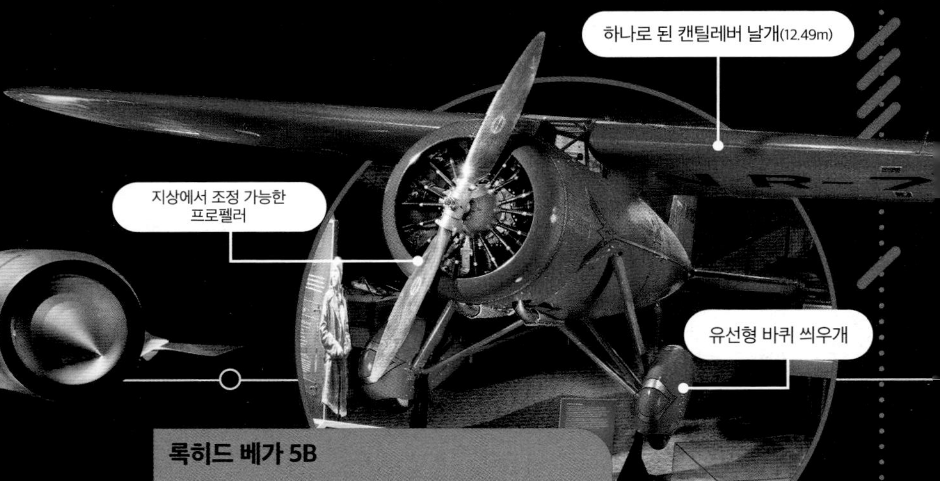

록히드 베가 5B

미국 캔자스 출신의 어밀리아 에어하트는 1932년 5월 20~21일 **대서양을 단독으로 비행 횡단한 최초의 여성**이다. 그녀는 선홍색의 단일 엔진 항공기 록히드 베가를 타고 캐나다 뉴펀들랜드에서 영국 북아일랜드의 한 농장까지 14시간 46분 만에 갔다. 유선형으로 된 경량기인 베가는 1920년대와 1930년대 모험가들 사이에서 인기가 많았다.

스피릿 오브 세인트루이스

미국인 찰스 린드버그는 8.41m 길이의 라이안 단엽기를 타고 **최초로 대서양 횡단 단독 비행**에 성공했다. 이 비행사는 1927년 5월 20일 뉴욕에서 출발해 33시간 30분 만에 5,810km를 날아 프랑스 파리 인근의 르부르제 비행장에 착륙했다.

아폴로 LM-2와 CM-107 컬럼비아

1969년 7월 달착륙선(LM) 이글은 닐 암스트롱과 버즈 올드린(둘 다 미국)을 싣고 사령선(CM) 컬럼비아호에서 달 표면까지 왕복하는 **최초의 유인 달 탐사 임무**를 수행했다. 실험용 착륙선인 LM-2(위 사진)와 실제 컬럼비아호 모듈(왼쪽)이 NASM에 전시돼 있다.

1903 라이트 플라이어

오빌과 윌버 라이트(둘 다 미국)가 제작한 복엽기가 1903년 12월 17일 미국 노스캐롤라이나주 키티호크 해변에서 **공기보다 비중이 큰 비행기 최초의 동력 비행**에 성공했다. 이 기념비적인 이륙은 오빌이 조종간을 잡아 겨우 12초 동안 단 37m를 이동하는 데 그쳤지만, 동력 비행의 시작을 알렸다.

디스커버리 우주왕복선

나사의 디스커버리호는 **최초**이자 여전히 **가장 큰 재활용 가능한 우주선**이다. 여섯 대의 우주왕복선 비행체를 제작했는데, 각각의 무게는 78톤이며, 8명의 선원과 2만 4,310kg의 화물을 실을 수 있다. 제일 먼저, 컬럼비아호가 1981년 4월 12일 처녀비행 했는데, 2개의 거대한 고체 로켓 부스터를 이용해 우주로 발사됐다. 우드바르하지 센터에 전시된 디스커버리호는 **최장기간 사용된 왕복선**으로 총 39회 비행했다.

환경

노어 I과 II는 휘어진 12m 높이의 거울을 일렬로 배치해 물이 채워진 파이프 망을 393℃까지 가열한다.

목차 Contents

기후변화	16
쓰레기 & 재활용	18
플라스틱	20
오염	22
재생 가능한 에너지	24
지구를 재건하다	26
종합	28
명예의 전당: 미아-로즈 크레이그	30

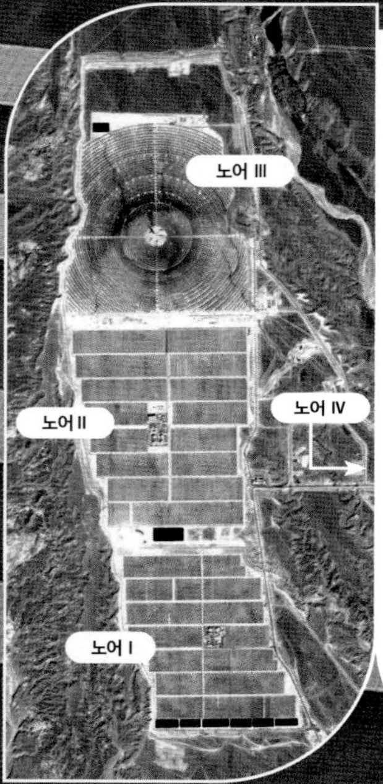

최대 규모 태양광 발전소

모로코에 있는 노어(Noor) 와르자자트 태양광 복합단지는 태양열 기술을 사용해 태양 에너지를 가둬 510MW(메가와트)의 전력을 생산한다. 이런 종류의 태양광 발전소는 다른 일반적인 광발전(PV) 발전소와 다르게 작동한다(25쪽 참조). 보통은 광발전 패널이 빛을 전기로 직접 전환하지만, 이곳 태양광 시설은 햇빛의 열을 집중시켜 저장한다. 증기를 만드는 데 그 열을 사용해 전력을 생산하는 터빈을 돌린다.

와르자자트는 3개의 태양광 시설인 노어 I, II, III으로 구성돼 있으며, 추가로 PV 패널을 사용하는 소규모 시설인 노어 IV도 있다. 노어 I과 II는 구부러진 거울을 사용하고(위 삽입된 사진), 노어 III(큰 사진)은 '헬리오스타트'로 불리는, 움직이는 거울을 사용해 중앙 타워에 빛을 모은다. 최종 에너지는 용융염 저장소에 저장되는데, 이곳에서 발생하는 열은 밤이나 흐린 날에 전력을 생산하는 데 사용된다.

이 발전소에서 생산하는 전력은 모로코 마라케시의 2배에 달하는 도시에 공급할 수 있으며, 탄소 배출은 약 76만 t을 줄여 준다. 이 복합 단지는 ACWA 파워(사우디), SENER(스페인), SEPCO(중국)의 컨소시엄으로 건설됐다.

메가-뭐라고?: 전력을 간단히 알아보자

100만 와트를 뜻하는 MW(메가와트)는 전력산업에서 전력의 생산과 수요의 비율을 나타내는 데 직접 사용하는 단위다. 기록을 위해서도 유용한 측량 단위로, 개별 시설 혹은 국가 전체의 용량을 따져 볼 수 있게 해 준다. 수백 메가와트의 전기 출력은 수백 혹은 수천 가구가 사용하기에 충분한 전력이다. 참고로, 뉴욕주를 가동하는 데 필요한 평균 시간당 전력수요는 약 1만 8,400MW다.

기후변화

현재 거의 모든 과학자가 인간의 활동이 지구 온난화를 일으키고 기후와 환경을 극도로 악화하고 있다는 데 동의한다. 최근 수십 년간 기온이 치솟으며 극지방 얼음이 녹는 결과를 초래했다. 해수면 상승은 태풍을 더 강하게 만들었고, 여름이 무덥고, 건조해지면서 결과적으로 더 심한 들불이 일어나고 있다. 만약 이대로 놔둔다면 인간과 환경 모두 엄청난 대가를 치르게 될 것이다.

전 세계 바다의 평균 수면 온도가 가장 높았던 해

2019년 전 세계 바다의 상부 2,000m의 열함량이 1981~2010년 평균보다 228제타줄, 혹은 2,280억 조 줄 높았다. 이는 기온 0.075℃ 상승과 맞먹는다. 아주 미미한 상승처럼 들리지만, 해양 생태계에 영향을 끼쳐 이미 많은, 특히 연안 수역에 사는 많은 생물이 목숨을 잃었다(42쪽 참조).

지구의 기온이 가장 높았던 해

1913년 7월 10일 미국 캘리포니아주 데스밸리의 그린란드 랜치에서 56.7℃가 기록됐다. 하지만 이렇게 오래된 정보는 정확성에 논란이 있다. 2020년 8월 16일 데스밸리의 퍼니스 크릭에서 기록된 54.4℃는 신뢰할 수 있다.

2020년의 모진 더위는 데스밸리에만 국한되지 않았다. **가장 큰 기온 차이를 기록한 지역**은 러시아 베르호얀스크의 한 마을이 기록한 105℃로, 1892년 최저 -68℃, 1982년 최고 37℃를 기록했다. 2020년 6월 20일 베르호얀스크의 기온이 38℃에 달했다는 보고가 있어 이 범위가 더 늘어날 가능성이 있다. 이는 **가장 높은 북극의 기온**이기도 하다(아래 참조). 이 2개의 2020년 측정치는 모두 세계기상기구(WMO)의 인증을 대기 중이다.

가장 높은 이슬점 기온

'이슬점'은 공기가 차가워져 물방울이 포화하는 기온으로 습도를 측정하는 한 방법이다. 2003년 7월 8일 오후 3시 사우디아라비아 다란은 기온 42℃에 이슬점이 35℃로 기록됐다. 이는 81.1℃의 겉보기 온도(바람과 습도의 영향을 고려한 온도)의 결과다.

가장 높은 하루 '최저' 기온

2018년 7월 26일 오만의 연안 도시 쿠리야트는 24시간 동안 기온이 42.6℃ 아래로 떨어지지 않았다. 이전 가장 높은 최저 기온은 41.7℃로 역시 오만의 카사브 공항이 2011년 6월 27일에 기록했으며, 2012년 7월 7일 데스밸리에서도 같은 기온이 측정됐다.

해수면이 가장 많이 상승한 해

2019년은 위성으로 해발고도를 측정하기 시작한 1993년 이후 해수면이 가장 높이 상승한 해다. 미국해양대기관리처(NOAA)에 따르면, 1993년보다 세계적으로 평균 87.61mm가 높아진 수치를 기록했다(2018년 이후 6.1mm 상승). 태평양의 저지대 산호도 국가인 키리바시(위 사진)는 특히 위기를 맞았는데, 해수면이 계속 상승하면 머지않아 10만 명 이상이 거주지를 옮겨야 한다.

'기후 이주'라는 용어의 첫 사용

인간의 주거지는 언제나 환경 요소에 많이 휘둘려 왔지만, 우리가 환경을 변화시킬 수도 있다는 사실은 20세기 후반이 되어서야 깨달았다. 2009년 변호사인 로빈 브로넨(미국)은 기후변화로 인해 어쩔 수 없이 사람들이 이주하는 현상을 '기후 이주'라는 용어로 표현했다. 그녀는 해빙이 사라지고 영구동토가 녹으며 이주하게 된 알래스카 토착 마을들(시쉬마레프 포함, 위 사진)을 보고하며 이 단어를 썼다.

하루에 빙상이 가장 많이 녹은 기록

2019년 7월 31일 관측 및 모델링으로 확인한 결과, 그린란드 빙상(GIS)이 녹아 24시간 동안 올림픽 규격 수영장 1,000만 개를 채울 수 있는 240억 t의 융빙수를 만들었다. 이 중 일부는 빙상 위에서 다시 얼었지만, 반 이상인 153억 t이 바다로 흘러 들어간 것으로 보인다. GIS는 세계에서 두 번째로 큰 얼음덩어리(첫 번째는 남극 빙상)로, 이 현상은 세계 해수면에 심각한 영향을 끼쳤다.

북극곰의 먹잇감인 바다표범이 해빙이 줄어들어 먼 곳으로 이동하면서 앞날이 위태로워졌다.

최저 크기 북극 해빙

매 겨울 북극해는 얼어서 해빙을 만들고, 다음 여름에 줄어든다. 2012년 9월 16일 여름이 끝날 때쯤 기록에 따르면, 북극에 단 341만 km^2 면적의 얼음만 남아 있었다. 다음으로 적은 기록은 2020년에 관찰된 374만 km^2로, 당시 북극은 역대 가장 높은 기온이었다(WMO 인증 대기). 삽입된 나사의 열지도는 유난히 더웠던 2020년 봄을 보여 주는데, 러시아 북부와 미국 알래스카가 특히 더웠다.

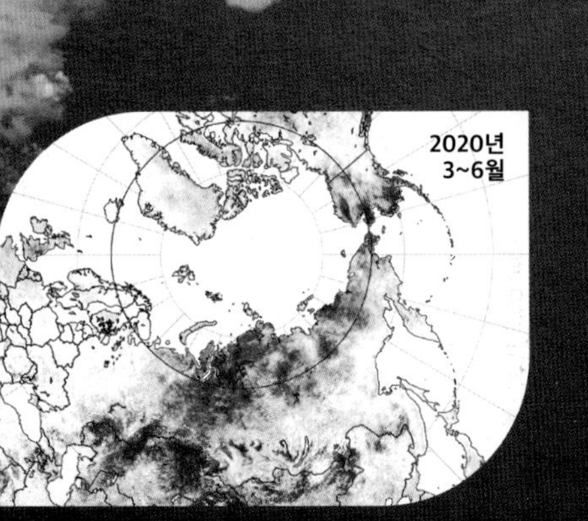

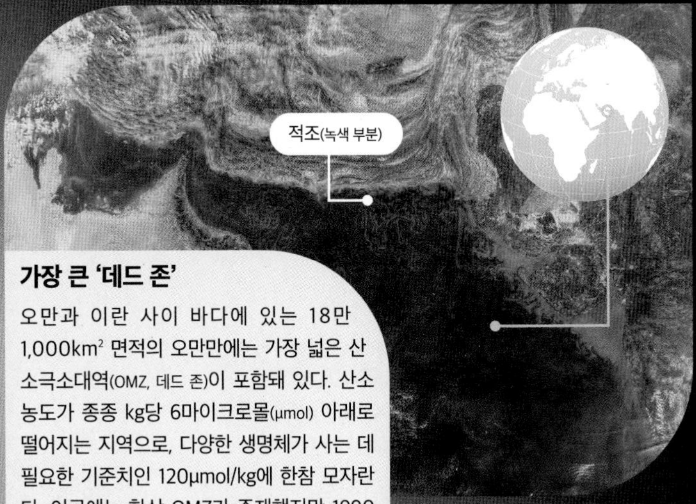

가장 큰 '데드 존'

오만과 이란 사이 바다에 있는 18만 1,000km² 면적의 오만만에는 가장 넓은 산소극소대역(OMZ, 데드 존)이 포함돼 있다. 산소 농도가 종종 kg당 6마이크로몰(μmol) 아래로 떨어지는 지역으로, 다양한 생명체가 사는 데 필요한 기준치인 120μmol/kg에 한참 모자란다. 이곳에는 항상 OMZ가 존재했지만 1990년대 이후 바닷물이 점점 더 따뜻해지면서 더 넓어지고 심해졌다. 이 현상으로 생물 다양성이 현저히 줄어들면 광대한 적조 현상(위 사진)이 일어난다.

최대 규모 기후변화 시위

2019년 9월 세계 기후 운동이 일주일 동안 진행되며 기후 위기에 더 많은 행동을 촉구했다. 그레타 툰베리가 앞장서는 '미래를 위한 금요일'과 '기후를 위한 학생 운동'이 그 선봉으로 민중 활동가들과 NGO, 자선단체들이 힘을 보탰다. 이 2개의 주요 시위는 160개국 이상에서 열려 약 722만 명이 참가했다(위 사진은 런던의 9월 20일 모습). 심지어 남극 대륙에서도 이 행사에 동참했는데, **가장 남쪽에서 일어난 기후 시위**로 기록됐다(28쪽 참조).

가장 큰 빙산

NOAA의 국립아이스센터가 실시간으로 위성 정보를 활용해 주요 빙산을 관찰한 결과, 2021년 1월 8일 기준 빙산 A23A의 크기는 74×63km였다. 남극 대륙 인근 웨들해에 있는 이 빙산의 면적은 미국의 로드아일랜드주와 비슷한 약 4,000km²다. 이전에 기록을 보유했던 빙산인 A68A는 2020년 후반 사우스조지아섬에 접근하며 산산조각이 났다.

가장 큰 오존 구멍

오존은 지구 대기의 얇은 층으로, 태양의 해로운 자외선을 대부분 흡수한다. 그런데 특정 공기 오염물질이 오존 분자를 격감시켜, 이 천연 보호막을 얇게 만들고 심지어 구멍까지 낸다. 2000년 9월 9일 남극 대륙 상공에 미국 면적의 3배에 달하는 2,990만 km²의 구멍이 관측됐다. 2019년 10월 크기가 반으로 줄기는 했지만 다음 해 다시 2,480만 km²로 커졌다.

가장 많은 열대 폭풍(열대저기압)이 명명된 해

태풍은 바람의 속도에 따라 분류되는데, 풍속이 61km/h보다 높게 유지되면 '열대 폭풍(열대저기압)'으로 이름 붙여진다. 역대 최고 기록은 1964년으로 38개의 사이클론이 서태평양으로 진입했고, 이중 26개가 열대저기압으로 확대됐다.

대서양은 2020년 가장 강렬한 태풍 시즌을 목격했다. 30개의 열대저기압이 명명됐고, 이 중 13개는 허리케인(대서양과 태평양 북동부에서 태풍을 부르는 명칭)이 됐다. 이 계절은 허리케인 아이오타로 마무리됐다(사진은 아이오타를 겪은 이후의 콜롬비아 프로비덴시아섬의 모습). 이 열대저기압은 11월에 발생한, 두 번째 5등급 허리케인으로, 첫 번째는 1932년 쿠바에서 일어났다.

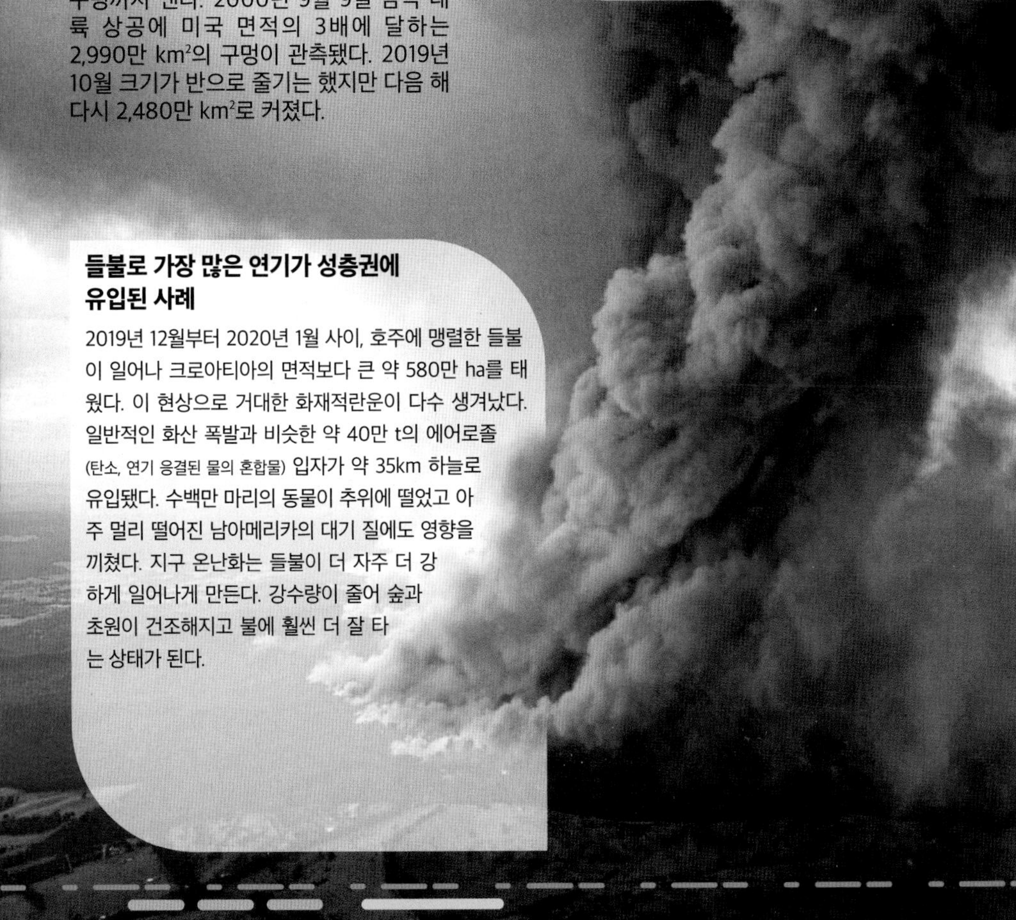

들불로 가장 많은 연기가 성층권에 유입된 사례

2019년 12월부터 2020년 1월 사이, 호주에 맹렬한 들불이 일어나 크로아티아의 면적보다 큰 약 580만 ha를 태웠다. 이 현상으로 거대한 화재적란운이 다수 생겨났다. 일반적인 화산 폭발과 비슷한 약 40만 t의 에어로졸(탄소, 연기 응결된 물의 혼합물) 입자가 약 35km 하늘로 유입됐다. 수백만 마리의 동물이 추위에 떨었고 아주 멀리 떨어진 남아메리카의 대기 질에도 영향을 끼쳤다. 지구 온난화는 들불이 더 자주 더 강하게 일어나게 만든다. 강수량이 줄어 숲과 초원이 건조해지고 불에 훨씬 더 잘 타는 상태가 된다.

그을린 지구: 2020년에 발생한 불

2020년 전례 없는 들불을 겪은 나라가 호주만은 아니다. 더 메마르고 뜨거워진 기후가 역대 가장 많은 지역에 불씨를 던졌다.

- **미국 캘리포니아**(아래): 177만 ha 소실
- **브라질**: 판타나우(**가장 큰 습지대**)의 약 25%와 아마존(**가장 큰 우림**)의 약 220만 ha 소실
- **러시아 시베리아**: 화재로 약 250메가톤(2억 7,500만 t)의 이산화탄소 발생

쓰레기 & 재활용

재활용 상품을 판매하는 최초의 쇼핑몰

2015년 8월 28일 스웨덴 에스킬스투나에 문을 연 레투나 오테르브룩스갈레리아는 수리, 재활용, 업사이클링한 제품만 판다. 작업장 사람들이 사용했던 상품(가구, 컴퓨터, 오디오 장비, 자전거)들도 재단장해서 다시 판매한다. 지자체가 운영하는 이 센터는 보수와 판매를 담당하는 일자리 50개를 창출했으며, 스타트업 사업가와 현지 예술가들이 상주한다.

가장 큰 매립지

D-웨이스트에 따르면 1993년 미국 라스베이거스 인근 네바다 사막에 문을 연 에이펙스 지방 매립지는 면적이 890ha로 축구 경기장 1,250개와 맞먹는다. 현재 이곳은 매일 9,000t 정도의 도시 고형 폐기물을 받고 있지만, 2006년 가장 많았을 때는 1만 5,000t이나 들어왔다. 이 시설은 리퍼블릭서비스(미국)가 관리하고 있다.

최초의 재활용 사례

'재활용'을 어떻게 정의하느냐에 따라 다르지만, 인류는 수천 년 동안 쓰던 물건을 고쳐서 다시 사용했다. 전기 구석기 시대(250만 년 전 시작)에 살았던 우리 조상들은 오래된 도끼의 일부를 다시 사용해 새로운 도구로 만들었다. 현재 이스라엘의 타분동굴에서는 40~50만 년 전에 부싯돌을 다시 사용한 증거가 발견됐다. 다른 전문가들은 청동기 시대를 현대적인 재활용의 시초로 여기는데, 녹이고 다시 만드는 합금의 과정을 통해 한 물체를 똑같은 형태로 다시 만들거나 완전히 다른 모습으로 변형시켰다.

최초의 쓰레기 매립지

크레타섬의 도시 크노소스에는 기원전 약 3000년에 쓰레기 매립지가 있었다. 당시 고대 미노스 문명은 고형 폐기물(오늘날 일회용품으로 추정되는 도자기 와인 컵 포함)을 커다란 구덩이에 버리고 그 위에 흙을 여러 번 반복해서 덮었다.

재활용 종이에 인쇄된 최초의 책

제지업자 마티아스 쿱스(영국)는 1800년에 『고대부터 종이가 발명되기 전까지 사상을 담고 사건을 기술하기 위해 사용한 물질의 역사적 기록』을 출판했다. 그리고 1801년 나온 이 책의 2판에는 이렇게 서술돼 있다. "이 책은 이전에 인쇄와 집필에 사용한 종이를 재사용해 만들어졌다."

가장 재활용 비율이 높은 국가

세계은행과 국제부흥개발은행이 발행한 2018년 '왓어웨이스트 2.0'에 따르면 리히텐슈타인은 64.6%의 쓰레기를 재활용해 모든 주권국 중 가장 높았다. **재활용 비율이 가장 낮은 국가**는 북마케도니아로 0.2%다.

최초의 재활용 판지 출판사

출판 기업 엘로이사 카르토네라(아르헨티나)는 2003년 초 아르헨티나 부에노스아이레스 라 보카에서 설립됐다. 2001년 경제 위기 후 작가 단체와 출판사, 카르토네로스(카드보더스)로 알려진 폐기물 관리사가 힘을 합쳐, 이미 썼던 판지를 재사용해 인쇄물이나 책을 제작한다. 현재 이와 비슷한 출판사가 전 세계에 250개 정도 있다.

인터셉터로 제거한 가장 많은 부유 쓰레기

'미스터 트래시 휠(Mr. Trash Wheel)'은 2014년 5월부터 2020년 12월 사이 미국 메릴랜드주 볼티모어의 존스폴스강 입구에서 1,408.07t의 쓰레기를 제거했다. 이 기기는 시의 워터프런트 파트너십이 운영하며, 240km 이상의 거리에 펼쳐져 있던 83만 개의 플라스틱병과 5,100개의 운동용 공, 수많은 담배꽁초가 포함된 쓰레기들을 제거했다. 삽입된 사진은 해양 쓰레기 청소선이 부유 쓰레기를 모으는 장면으로, 배에 달린 망으로 수면 아래 있는 쓰레기도 낚아챌 수 있다.

사람들이 모여 만든 가장 큰 재활용 로고

인도의 CIPET(석유화학 공업 기술 중앙기구)가 기획한 행사에 3,373명이 모여 3개의 화살표로 구성된 상징적인 로고를 만들었다. 이 도전은 2019년 1월 23일 인도 첸나이에서 생분해성 플라스틱과 재사용 플라스틱의 인식을 높이기 위해 진행됐다. CIPET의 50주년도 함께 기념했다.

1시간 동안 재활용 유리병을 가장 많이 수집한 기록

스페인 과달라하라의 시장 알베르토 로호 블라스와 시의회는 2019년 12월 16일 60분 동안 2,485kg의 유리병을 모으는 현장을 감독했다. 이 행사는 과달라하라의 중앙광장에서 열렸으며, 현지 학생들이 동참했다. 재활용을 홍보하고 우리의 행성을 돌보기 위해서 모든 사람이 자신의 역할을 다해야 한다는 사실을 강조했다.

가장 많은 플라스틱 쓰레기가 생겨난 해

세계은행의 자료에 따르면, 2016년에 플라스틱 쓰레기가 2억 4,200만 t이나 발생했다. 2020년 국제 학술지 《사이언스 어드밴시스》의 한 연구는 이 쓰레기 중 4,200만 t이 미국에서 생겨났다고 시사했다.

미크로네시아(사진)는 **인구당 가장 많은 플라스틱 쓰레기를 버리는데**, 1년에 308.25kg에 달한다. 비록 이 섬나라는 인구가 매우 적지만(플라스틱 쓰레기를 164번째로 많이 생산하는 국가), 쓰레기 관리 인식이 여전히 부족하고 해안에 많은 인구가 살아 바다에 플라스틱을 버릴 위험이 크다.

재활용품으로 만든 가장 긴 영구적 다리

2011년 완공된, 영국 피블즈셔의 트위드강을 가로지르는 27.4m 길이의 이스터 다윅 다리는 50t 이상의 폐플라스틱을 사용해 만들어졌다. 영국 카디프대학교의 기술자들 도움을 받아, 버테그 컴포짓츠가 건설했다. 이 다리는 '구조용 플라스틱 용재'(플라스틱병과 다른 가정용 쓰레기를 환원해 제작)라는 열가소성 물질로 제작해, 이 구조물 자체도 100% 재활용할 수 있다. 44t의 하중을 견딜 수 있어 보행자와 자동차, 심지어 대형 수송차도 다닐 수 있다.

연간 도시 고형 폐기물을 가장 많이 배출한 국가

가장 최근인 2018년에 작성된 '왓어웨이스트 2.0' 보고서에 따르면 미국은 매년 도시 고형 폐기물(즉, 일상 가정 쓰레기)을 약 2억 5,800만 t이나 생산한다. 이는 자유의 여신상 1,260개와 맞먹는 무게다.

연간 도시 고형 폐기물을 가장 적게 배출하는 국가는 3,989t을 기록한 태평양의 섬나라 투발루다.

퇴비화율이 가장 높은 국가

오스트리아는 유기성 폐기물의 31.2%를 천연비료로 만들어 '왓어웨이스트 2.0'에서 가장 퇴비화율이 높은 국가로 기록됐다.

안티쿠아바부다, 북마케도니아, 세인트루시아, 세인트빈센트, 그레너딘즈제도가 **가장 낮은 퇴비화율**을 보인다(0.1%).

2020년 노벨리스는 자사의 전 세계 네트워크를 통해 740억 개 이상의 UBC(사용된 음료수 캔)를 재활용했다.

최대 규모 알루미늄 재활용 공장(용량)

노벨리스(미국)가 운영하는 독일 작센안할트주에 있는 나흐테르슈테트 재활용 센터는 매년 40만 t의 알루미늄을 처리한다. 이는 음료수 캔 266억 개와 맞먹는 양으로 이 공장은 18종류의 폐품을 다룬다. 이곳은 매일 폐철로 길이 12m, 무게 25t의 잉곳을 55개 주조할 수 있다.

- **설립일:** 2014년 10월
- **비용:** 2억 5,800만 달러
- **면적:** 6만 m^2
- **직원:** 약 200명
- **이산화탄소 배출 감소량:** 연간 370만 t

플라스틱

플라스틱에 오염된 최초의 새로운 종

에우리테네스 플라스티쿠스는 심해 갑각류로 2014년 태평양에서 처음 발견됐다. 새우와 닮은 이 갑각류는 한 개체당 내장에 0.649mm 길이의 미세 플라스틱 조각(위 참조)이 포함돼 있는데, 이는 폴리에틸렌 테레프타레이트(PET)와 83.74% 유사한 섬유질이다. 깊이 6,000m 미만의 초심해대에 사는 종으로, 우리에게 미세 플라스틱의 오염이 얼마나 멀리까지 퍼져 있는지를 경고한다. 이 놀라운 갑각류는 2020년 3월 5일 《주탁사(Zootaxa)》에 처음 게재됐다.

최초로 제작된 플라스틱

1856년 영국의 알렉산더 파크스는 최초의 플라스틱, 파케신(Parkesine)을 만들어 특허를 냈다. 식물 섬유소에서 파생된 파케신은 열을 가열해 주조했는데, 식으면 형태를 그대로 유지했다. 그는 1862년 런던 국제박람회에서 자신의 발명품을 공개했다. 벨기에 화학자 리오 베이클랜드가 1907년 미국에서 발명한 베이클라이트가 더 많이 알려졌는데, 이는 최초의 완전 합성 플라스틱이다.

최초의 일체형 비닐봉지(플라스틱 백)

폴리텐(폴리에틸렌)은 독일 화학자 한스 폰 페치만이 1898년 탄화수소로 실험하다가 우연히 발견되었다. 20세기 중반까지 상업적으로 쓰이지 않았다. 1959년 공학자인 스텐 구스타프 툴린(스웨덴)은 종이 주머니 생산을 위해 산림이 파괴되는 걸 줄이고자 이 '놀라운 물질'을 이용해 손잡이가 달린 일체형 플라스틱 봉지를 최초로 만들었다. 이 디자인은 1965년 포장재 기업인 셀로플라스트가 특허를 등록했다.

최초의 국가…

비닐봉지 과세: 1994년 덴마크는 소매상들이 사용하는 봉지에 부담금을 매겨, 재사용 가능한 봉지의 사용을 독려했다. 2019년 덴마크 총리는 일회용 비닐봉지 무상 사용을 금지했다.

일회용 비닐봉지 금지: 2002년 방글라데시는 얇은 폴리에틸렌 쇼핑 봉투의 사용을 금지하는 획기적인 법을 제정했다. 봉지가 배수구와 수로를 막아 물이 역류하는 문제를 막기 위해서였다.

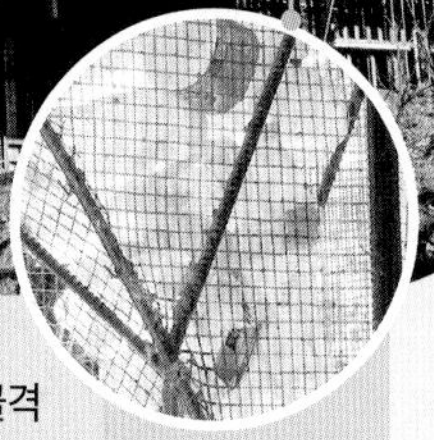

플라스틱 성의 왕: 로버트 베조

2017년 플라스틱 왕으로 불리는 로버트 베조(캐나다)는 파나마에 있는 플라스틱병 마을에 4만 개의 병으로 지은 14m 높이의 요새이자 가장 큰 플라스틱병 성을 위풍당당하게 추가했다.

전에 무슨 일을 했나요?

예전에는 전기 부품을 제작했습니다. (파나마) 보카스델토로에 있는 이슬라 콜론으로 이사를 오면서 재활용을 향한 열정이 시작됐는데 당시 이 섬은 일회용 플라스틱으로 뒤덮여 있었어요.

어쩌다가 플라스틱병으로 마을을 만들 생각을 했나요?

1년 반 만에 페트병 약 100만 개를 모은 후 이것들을 어떻게 사용할지 알아봤습니다. 마을을 만드는 데 지금까지 약 20만 개를 사용했어요.

성에 대해 더 이야기해주세요.

페트병 4만 개를 재사용해 만든 성입니다. 아무런 계획도 세우지 않고 만들어서 힘들었어요. 매일 즉흥적으로 만들었습니다. 철과 콘크리트로 중심 골격을 만들고 쇠창살로 된 모든 벽에 병을 채워 넣었습니다. 한 번에 하루씩 시간을 들여, 한 번에 한 층씩 총 4층을 올렸습니다!

페트병으로 된 건물을 본 사람들의 반응은 어떤가요?

섬의 주민들과 공무원들은 제가 미쳤다고 생각했습니다. 심지어 제 아내와 아들도 그랬죠! 그런데 그다음에는 제가 무슨 일을 벌일까 궁금했는지 계속 내버려 두더군요. 건물이 높아지면서 사람들의 호기심도 덩달아 강해졌어요. 2017년 에너지 글로브 상을 받았는데, 기분이 정말 최고였어요.

페트병으로 업사이클을 하려는 사람들에게 조언한다면?

정치인들이 포장재를 규제하게 해야 합니다. 우리가 물을 마시고 버린 페트병이 8분마다 하나씩 생기고, 또 그게 자연에 800년이나 남아 있다는 게 말이 되나요? 병들은 특정한 모양이 있어서 서로 연결하면 어떤 구조물이든 만들어 낼 수 있어요. 벤치, 테이블, 분수, 보관함, 강아지 집 등으로 사용하거나 아니면 장식용으로도 활용할 수 있죠. 가능성은 무한합니다.

2018년 영국의 60개 이상 학교에서 모인 약 6,000명 학생이 창의력을 발휘해 자기만의 페트병 배를 만들었다.

가장 많이 물에 띄워진 플라스틱병 보트

세인트 제임스 교회 초등학교(영국) 학생들이 2017년 10월 6일 영국 도싯주 풀에 있는 연못에 플라스틱병으로 만든 330척 배를 띄웠다. 플라스틱 공해와 자원 재활용의 중요성을 알리기 위해 기획된 행사로, 일정이 끝난 뒤 모든 배는 다시 수거해 재활용했다.

태양 전지판과 2개의 소형 풍력 발전용 터빈을 사용해 전력을 생산하며, 고정용 자전거도 있어 선원들이 운동할 수 있다.

선원 6명이 탑승할 수 있도록 설계된 선실은 자기 강화 플라스틱(PET 섬유)으로 제작됐다. 천장에 빗물을 담을 수 있으며 퇴비화 화장실이 설비돼 있다.

최대 규모 재활용 플라스틱 조각품(지지대 사용)

미국 캘리포니아주 샌프란시스코에 있는 몬트레이 베이 수족관은 2018년 11월 26일 길이 25.9m, 높이 4.2m의 실물 크기 대왕고래 조각상을 공개했다. 내부는 강철 뼈대로 되어 있지만, 외부는 샌프란시스코 베이 주변에서 수거한 세제 병이나 장난감 같은 플라스틱 폐기물로 제작한 판으로 덮여 있다.

플라스틱을 가장 많이 제조하는 산업

2015년 전 세계 모든 분야에 걸쳐, 4억 700만 톤의 1차 플라스틱(재사용이 아닌 원자재 제품)이 생산됐다. 2017년 7월 학술지 《사이언스 어드밴시스》의 발표에 따르면 그중 포장재 산업이 1억 4,600만 톤으로 가장 큰 비중을 차지했다.

가장 깊은 심해에서 발견된 플라스틱

태평양의 마리아나 해구 1만 898m 깊이에서 비닐봉지가 수거됐다. 세계 해양자료센터의 일본 해양 지구 과학기술처에서 발견해 2018년 10월 학술지 《마린 폴리시》에서 논의됐다. 발견 장소는 ▶**바다의 가장 깊은 지점**과 극도로 가까운 위치로, 2019~2020년 잠수정이 이 지역에 수차례 내려가 새로운 최저 지점을 알아냈다(128~129쪽 참조).

가장 작은 해양 미세 플라스틱

미세 플라스틱은 지름 5mm 미만의 작은 플라스틱 조각으로, 최근 몇 년 관심이 늘어나고 있다. 이 미세 플라스틱은 더 작게도 쪼개지는데 지금까지 바다에서 발견된 가장 작은 표본은 폭이 1.6㎛(마이크로미터)다. 참고로 인간의 머리카락은 100㎛다.

가장 긴 병뚜껑 사슬

사우디아라비아 항구 도시 제다에 있는 BISJ 학교 학생들이 총 32만 3,103개의 플라스틱 뚜껑을 2,738.5m 길이의 사슬로 연결한 사실이 2019년 12월 4일 확인됐다. 이 기록은 바다를 오염시키는 플라스틱에 대한 경각심을 일으키기 위해 작성됐다.

가장 흔한 소비 품목

전 세계에서 대략 수조 개가 생산되는 비닐봉지는 세상에서 가장 많이 사용되는 소비재다. 매년 미국에서만 사람들이 1,000억 개의 비닐봉지를 버리는데, 비닐봉지가 석유로 만들어지는 걸 고려하면 매년 약 1,200만 bbl(배럴)의 기름이 버려지는 셈이다.

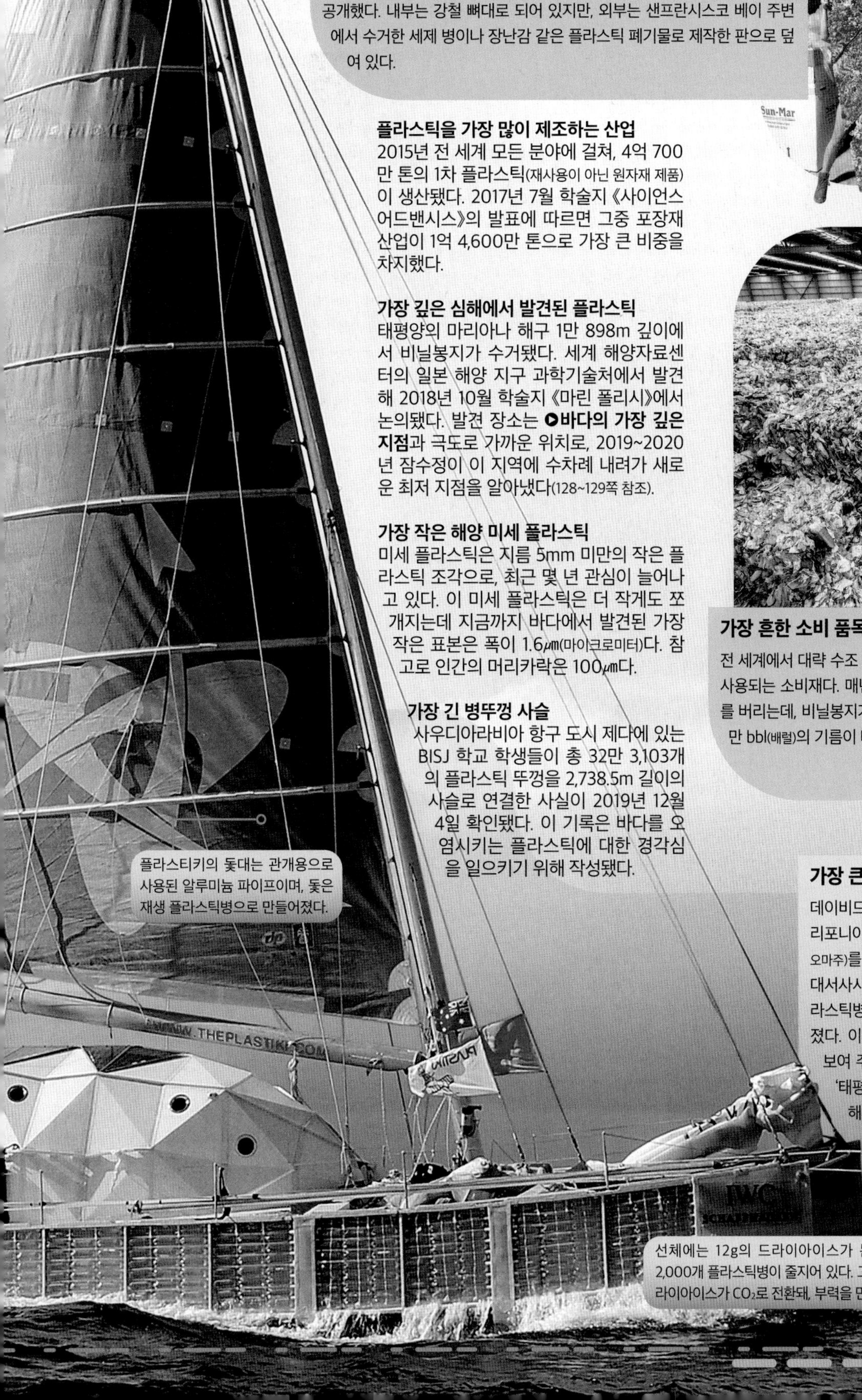

플라스티키의 돛대는 관개용으로 사용된 알루미늄 파이프이며, 돛은 재생 플라스틱병으로 만들어졌다.

가장 큰 플라스틱 쌍동선

데이비드 드 로스차일드(영국)는 2009년 미국 캘리포니아주에서 플라스티키(상징적인 뗏목배 콘티키호를 오마주)를 타고 출범해 호주 시드니까지 가는 태평양 대서사시를 만들었다. 이 18.3m 길이의 쌍동선은 플라스틱병과 재생 플라스틱, 폐품을 재활용해 만들어졌다. 이 항해는 폐품도 자원으로 활용될 수 있음을 보여 주고, 해양 쓰레기들이 축적된 광대한 해역인 '태평양 쓰레기 섬'에 사람들의 관심을 모으기 위해 진행됐다(43쪽에 더 많은 내용이 나온다).

선체에는 12g의 드라이아이스가 든 1만 2,000개 플라스틱병이 줄지어 있다. 고체 드라이아이스가 CO_2로 전환돼, 부력을 만든다.

오염

가장 시끄러운 대양 산업 소음 공해

지진파 에어건(Seismic airguns)은 석유 및 가스 산업 분야에서 해저를 조사할 때 사용한다. 일련의 에어건(대개 조사선 뒤에 달려 있음 - 삽입된 사진 참조)에서 나오는 강한 바람은 음압이 260dB에 이르는데, 이를 수중 음향에서 음압을 나타내는 단위로 표현하면 1μPa(마이크로 파스칼)이다. 에어건의 바람 소리는 수중에서 수천 km 거리까지 퍼져나가며 일부 종들의 난청을 유발하는 것으로 알려져 있다.

가장 큰 소리의 대양 소음 공해

비록 지진파 에어건은 높은 사용 빈도로(위쪽 참조) 환경에 가장 큰 피해를 주지만, 이는 인간이 물속에서 만든 가장 큰 소리는 아니다. 이 기록은 1955년 핵실험인 위그웜 작전에 작성됐는데, 미국 해군이 30킬로톤의 핵탄두를 캘리포니아 연안 610m 깊이에서 폭파했다. 폭발지점의 폭발음은 328dB로 계산됐으며 소리가 태평양으로 몇 시간이나 울려 퍼졌다. 당시 목격자들의 시야에 들어오는 모든 바다의 표면이 죽은 해양 동물의 사체로 어지럽혀졌는데, 충격파나 방사선 폭발로 죽은 것처럼 보였다고 한다.

최악의 방사성 폐기물 사고

1957년 9월 29일 마야크 재처리 공장(오른쪽 참조)의 핵폐기물 컨테이너의 냉각장치가 고장이 나며, 내부 슬러리가 TNT 100t과 맞먹는 힘으로 폭발했다. 이 폭발로 방사능 먼지가 공장의 하강 기류를 타고 인근 지역에 740 페타 베크렐의 방사능을 뿌렸다. 후쿠시마나 체르노빌의 반응로 고장이 더 큰 방사능 유출을 일으켰지만, 이 사례는 '핵폐기물'에서 가장 많은 방사능이 유출된 사건으로 남아있다.

마야크 공장의 바람을 맞은 지역은 오늘날, 대중이 접근하지 못하는 동 우랄 자연보호 지역으로 남아있다. 이곳은 수년 동안 **가장 넓은 방사능 출입 금지 구역**이었지만, 1986년 우크라이나 키예프주의 2,600km² 지역이 체르노빌 핵발전소 접근 금지 지역으로 지정되며 경신됐다.

해양건강지수 최저점 기록

2019년 중앙아메리카의 니카라과는 연간 해양건강지수 순위에서 100점 만점 중 겨우 44점을 획득했다. 이는 국제보호협회와 캘리포니아 대학교 샌타바버라 캠퍼스에 있는 환경 분석 종합 국립센터가 오염, 생물의 다양성, 연안 경제력 등 다양한 요소를 고려해 발표한다. 2019년 순위에서 **가장 높은 점수**를 기록한 국가는 독일로, 100점 만점에 86점을 획득했고, **청정수 최고점**은(오염 정도만 측정) 캐나다가 기록한 94점이다.

역대 가장 심한 방사성 호수

러시아 첼랴빈스크주의 핵시설 마야크 재처리 공장 인근에 있는 카라차이 호수는 소련 시절 공장의 방사성 폐기물이 정기적으로 버려졌다. 1993년 실시한 한 연구에 따르면 이 호숫가에 서 있는 사람은 시간당 5.6Sv(시버트)의 방사능을 받는다고 한다. 이는 단 50분이면 치명적인 상태에 이를 수 있는 양이다. 이 호수는 2000년대 특수 납 내장 트럭을 사용해 콘크리트로 채워버렸다.

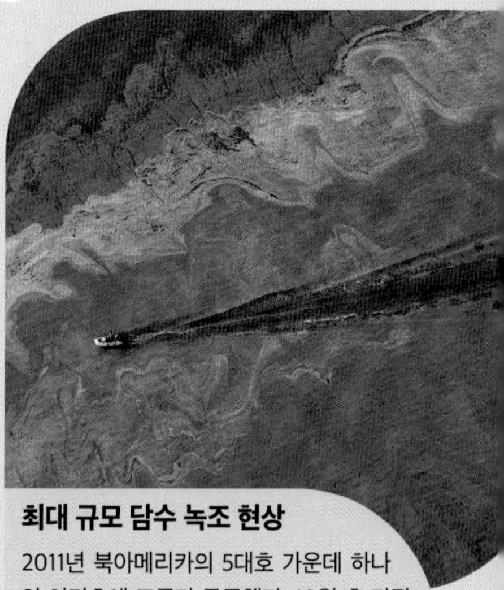

최대 규모 담수 녹조 현상

2011년 북아메리카의 5대호 가운데 하나인 이리호에 조류가 급증했다. 10월 초 가장 많이 증식했을(대부분 마이크로시스티스, 즉 독성을 띤 남세균이었다.) 당시 이리호의 5분의 1에 해당하는 5,000km² 이상을 덮었다. 이런 조류의 급증 현상은 농업 오염원의 유입으로 발생하는데, 비료가 수로를 통해 흘러들어 조류가 통제할 수 없을 정도로 많이 자라는 상태가 된다.

대기오염이 가장 심한 나라

방글라데시는 평균 PM2.5(초미세 먼지, 지름이 2.5㎛ 이하인 먼지) 대기 오염이 m³당 77.1μg(마이크로그램)으로 IQ에어 2020 세계 대기질 보고서의 표에서 가장 낮은 자리에 위치했다. 방글라데시의 나쁜 대기질은 높은 모터 차량 사용률과 규제가 부족한 중공업, 난방과 요리에 오염 연료가 광범위하게 사용되는 점 등에서 비롯됐다. PM2.5 수치가 2018년에는 97.1μg/m³였지만, 최근 몇 년 눈에 띄는 성과를 보여 줄어들었다.

가장 넓은 무선 저소음 영역

예를 들어 라디오 방송 혹은 이동전화로 만들어지는 비이온화방사선은 생명체에게는 무해하지만, 천문학자들은 이를 오염 물질로 여긴다. 그래서 인간이 내는 소음으로 우주의 신호가 방해받지 않도록 많은 전파망원경은 법적으로 방송이 금지된 '방사선 청정 지역'에서 운영된다. 이 중 가장 큰 곳은 카루 중앙 천문학 우대 지역으로, 대지 면적이 10만 6,306km²로 아이슬란드보다 크다. 아직 건설 중인 남아공의 초대형 망원경, 스퀘어 킬로미터 어레이(SKA) 시설을 둘러싸고 있다.

빛 공해가 가장 심한 도시

생물다양성센터의 2018년 조사에 따르면, 러시아의 상트페테르부르크는 밤에 빛이 세계 도시 평균보다 8.1배나 밝았다. 현대 도시들은 산업 조명, 가로등, 다른 인공조명 등으로 야간활동이 늘어나며 인간과 동물에게 안 좋은 영향을 끼치고 있다.

지나친 빛 공해로 일부 환경단체는 몇몇 지역의 인공조명을 법으로 금지해야 한다고 촉구하고 있다. **가장 넓은 밤하늘 보호지구**는 캐나다 앨버타의 우드 버펄로 국립공원으로 면적이 4만 4,807km²다.

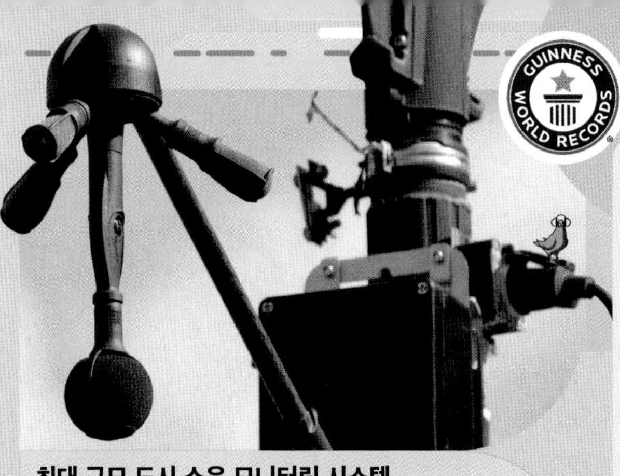

최대 규모 도시 소음 모니터링 시스템

소음 공해는 인간과 동물에게 모두 악영향을 끼친다고 알려져 있지만 과학자들에게는 여전히 그 현상에 대한 정보가 부족하다. 이를 해결하기 위해 소음 모니터링 망이 전 세계 도시에 설치됐다. 이중 브뤼파리프(프랑스)가 가장 큰 규모로 메두사 마이크로폰을 운영하고 있는데 2021년 2월 기준 파리에 150개 설치했다. 아래 그림은 브뤼파리프가 2020년 봄 코로나-19 봉쇄 전후의 소음 정도를 기록한 2개의 지도다(조용할수록 녹색, 시끄러울수록 붉은색을 띰).

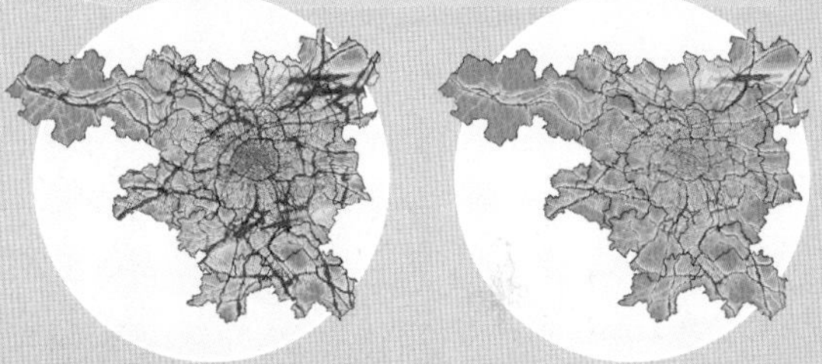

최대 규모 기름 유출 사고

1910년 3월 14일 미국 캘리포니아주 미드웨이-선셋 유전에서 인부들이 압축된 지하 유전을 시추했다. 이때 기름이 드릴 장비를 부수고 약 146m 높이로 뿜어져 나오며 '석유 정 호수'로 알려진 석유 분출 사건이 일어났다. 그 후 545일 동안 137만 t의 석유가 땅으로 쏟아져 나와 기름 호수와 강이 생겨났다. 이 분출은 1911년 9월 10일 지반이 스스로 붕괴하며 마침내 멈췄다.

가장 오염이 심한 강

2013년 실행된 조사에 따르면 인도네시아의 수도 자카르타의 동부 산업 지역을 흐르는 찌따룸강은 납이 안전 수치의 1,000배 이상 함유돼 있고, 오수, 가정용 쓰레기, 독성 화학물질 등도 포함돼 있었다.

가장 큰 팻버그

2017년 9월, 템스 워터(영국)의 조사관들이 런던 동부 화이트채플 지하의 하수관을 막고 있는 장애물을 발견했다. 이 물질은 조리용지방과 젖은 행주 기타 쓰레기 등이 뭉친 것으로 드러났다. 이 '팻버그'는 길이가 250m에 무게는 130t이다. 이 팻버그의 샘플이 현재 런던 박물관에 전시돼 있다.

전 세계 CO_2 최고 기록

세계기상기구가 2020년 11월 발표한 내용에 따르면, 2019년 대기의 평균 이산화탄소 함유량이 410.5ppm(백만분율)으로, 전년보다 2.6ppm 높았다. 코로나-19 팬데믹으로 전 세계 산업이 둔화하긴 했지만, 2020년 초기 지표에서 세계 CO_2 수치가 상승해 거의 완화되지 않은 모습을 보였다.

대기 오염이 가장 심한 도시

IQ에어 2020 세계 대기질 보고서에 따르면, 중국 신장의 허톈은 가장 높은 입자상물질 수치로 고통받고 있다. $PM_{2.5}$ 오염 평균 수치가 2020년 110.2μg/m³로, 정상 수치의 10배 이상, 오염 기준 수치의 2배 이상이었다. 이전 기록 보유 지역인 인도 가지아바드가 눈에 띄게 좋아지며 허톈의 당해 최고 순위를 차지했다.

허톈의 대기오염 문제는 타클라마칸 사막에서 수시로 불어오는 먼지바람으로 악화됐다.

재생 가능한 에너지

최초의 메가와트 풍력 터빈

1.25MW 스미스-퍼트넘 풍력 터빈은 동종의 설비 중 최초로 1MW의 전력을 생산했다. 공학자인 팔머 코슬렛 퍼트넘이 설계해 미국 버몬트주에 있는 '할아버지의 혹'이라는 언덕에 설치했고, 1941년 10월 19일 지역 전력망과 연결했다. 이 터빈은 1945년 3월 26일까지 간헐적으로 작동됐는데, 날개깃에 약점이 있었지만 전쟁이 벌어진 상황에서 물자 부족으로 해결되지 못했다.

최초의 조력 발전소

라 랑스 조력 발전소는 1966년 11월 26일 프랑스 브리타니에 문을 열었다. 오늘날에도 운영 중으로 50년 이상 됐다. 이 발전소는 750m 길이의 조력 발전에 24개의 터빈이 있다.
2011년 라 랑스는 **가장 강력한 조력 발전소**의 지위를 대한민국 시화호 발전소에 넘겨줬다. 이 10개의 수중 터빈이 있는 조수 댐 발전소는 총 출력이 254MW(메가와트)다.

가장 강력한 수력 발전소

2012년 7월 4일 중국 후베이성 이링구에 완공된 삼협댐은 총 2만 2,500MW를 발전할 수 있는 설비가 장착돼 있다. 이곳의 터빈은 장강(양쯔강, 유량 기준으로 세계에서 여섯 번째로 큰 강)의 물로 돌아가며 이론상으로는, 벨기에 국가 전체나 미국 뉴저지주에 공급 가능한 전력을 생산할 수 있다.

가장 강력한 양수 발전소

미국 버지니아주에 있는 배스 카운티 양수 발전소에는 높이 380m 간격의 저수지가 2곳 있다. 전력망의 수요가 낮으면, 남는 전력으로 펌프를 돌려 낮은 저수지의 물을 높은 저수지로 옮긴다. 수요가 많아지면 물을 낮은 저수지로 다시 보내며 터빈을 돌린다. 이 발전소는 최대 유량이 초당 851m³로, 3,003MW까지 생산할 수 있다.

가장 강력한 풍력 발전 지역

주취안 풍력 발전 기지, 간쑤 풍력 발전소는 중국 간쑤의 고비사막 외곽에 있다. 해발 1,650m 고원에 부는 강한 바람으로 7,965MW의 전력을 생산한다.

가장 높은 곳에 있는 풍력 발전기

페루 카탁 외곽에 있는 풍력 발전기는 파스토루리의 줄어든 빙하 옆 4,877m 높이에서 작동 중이다. 이 설비는 윈드에이드(페루)가 2013년 6월 19일 설치했다.

가장 강한 지열 발전소

미국 캘리포니아주 마야카마스산맥에 있는 가이저 필드에 있는 22개 지열 발전소의 용량을 모두 합치면 1,517MW에 달한다. 117km² 면적에 펼쳐진 이 시설에는 350개 이상의 증기-생산 설비가 그 아래 천연 증기가 갇힌 광대한 지하 저장소까지 파고 내려가 연결돼 있다.

가장 많은 태양열 집이 지어진 해(역년)

이치조 기업(일본)이 2019년(1월 1일부터 12월 31일까지)에 태양전지 배열기가 대규모로 탑재된 집 9,957채를 지은 사실이 2020년 12월 7일 개별 조사로 확인됐다. 또한 이치조는 **주문 제작한 집을 가장 많이 판매한 기업**(현재)으로, 같은 기간 맞춤 제작한 집 1만 3,896채를 매매했다.

최대 규모 연안 풍력 발전 지역

오스테드(덴마크)가 개발 및 건설한 1,218MW의 혼시 원은 북해 영국 요크셔주 연안 120km 거리에 있다. 이곳은 해저 케이블로 영국의 전국 송전선 망에 연결돼 있다. 174개의 지멘스-게임사 풍력 터빈으로 로터허브까지 높이가 115m이며, 날개 길이까지 포함하면 190m에 이른다. 한 번의 회전으로 한 가구에서 24시간 이상 쓸 수 있는 전력을 생산한다.

흐르는 물을 이용하는 최대 규모 수력 발전소

흐르는 물을 이용하는 발전소는 저수지 없이 자연 상태의 강물이 흐르는 힘을 그대로 이용해 발전한다. 미국 워싱턴주 컬럼비아강에 있는 치프 조셉 댐(1979년 완공)은 콘크리트 구조물의 높이가 71m, 길이는 1,800m다. 이곳에 있는 27개의 프랜시스 터빈은 2.62GW(기가와트) 용량으로 인근 시애틀시에 충분한 전력을 생산한다.

조류 터빈으로 생산한 최고 전력

SR2000 프로토타입이 2017년 8월부터 2018년 9월 사이 영국 오크니섬의 유로피언 해양에너지센터의 조류 실험지에서 3,250MWH(메가와트시)를 생산했다. 오비탈 마린 파워(영국)가 제작한 SR2000은 64m 길이의 부유하는 선체에 지름 16m의 로터가 한 쌍으로 연결되어 있는데, 플랫폼이 해저에 닻을 내리면 조류를 이용해 로터를 돌릴 수 있다.

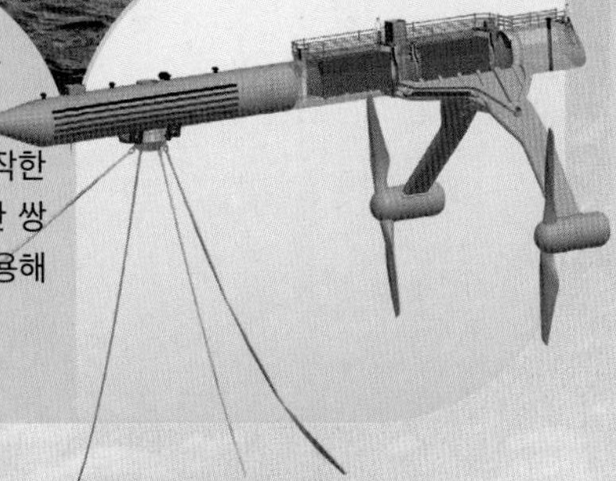

수력 발전을 사용하는 최초의 집

1863년 영국 노섬벌랜드에 건설된 크랙사이드는 영지 내 103m 높이 간격으로 있는 2개의 호수에 터빈을 설치해 전기를 생산한다. 공학자이자 기업가인 윌리엄 암스트롱이 소유한 크랙사이드는 온수와 냉수, 중앙난방, 전화, 화재경보기, 터키식 목욕탕이 설비된 최초의 집이다.

가장 북쪽에 있는 태양광 발전소

바타게이 태양광 발전소는 북극권 내 러시아 사하 공화국의 북위 67.66°에서 운용되고 있다. RAO 에너지 시스템 오브 더 이스트가 개발했으며 3,360개의 태양광 패널이 1MW의 출력을 낸다.

가장 강력한 태양 굴뚝

스페인 만사나레스에 있는 태양 굴뚝 발전소의 프로토타입은 1982년부터 1989년까지 50kW의 전력을 생산했다. 임시 구조물로 설계돼, 단 7년 동안 운영된 뒤 폭풍에 쓰러졌다. 이 태양 굴뚝은 거대한 면적의 온실로 동력을 얻었는데, 내부에 태양으로 뜨거워진 공기가 팽창해 200m 높이의 타워를 통해 상승하며 터빈에 힘을 전달했다.

가장 효율적인 하이브리드 바이오매스 난방 시스템(비응축)

바이오매스 보일러는 폐유기물을 가열해 전기를 생산한다. 소머라우어 ECOS 70~120kW 보일러의 효율이 98%인 사실이 2020년 4월 3일 확인됐다.

가장 많은 전기를 생산하는 국가…

- **지열:** 미국, 설비용량 2,540MW로 1만 8,773GWh(기가와트시) 생산.
- **수력:** 중국, 설비용량 32만 2,271MW로 119만 9,200GWh 생산.
- **해양(파도 및 조수 에너지):** 대한민국, 설비용량 255MW로 485GWh 생산.
- **해안 풍력:** 영국 설비용량 8,216MW로 2만 6,687GWh 생산.
- **광전지(태양):** 중국, 설비용량 17만 5,286MW로 17만 8,070GWh 생산.
- **풍력:** 중국, 설비용량 18만 4,665MW로 36만 6,452GWh 생산.

(국제재생에너지기구의 2018년 수치)

가장 큰 풍력 터빈

제너럴일렉트릭 할리에이트-X는 허브가 135m에 로터의 지름은 220m로 전체 구조물의 높이가 워싱턴 기념탑보다 높다. 2019년 10월 17일 네덜란드 로테르담에 첫 프로토타입이 제작됐다. 14MW 출력의 할리에이트-X는 **가장 강력한 풍력 터빈**이기도 하다. 로터를 한 번 돌리면 일반 가정에서 이틀 정도 사용하기에 충분한 전기가 생산된다.

가장 강력한 태양광 시설

인도 라자스탄에 있는 바들라 태양광 발전소는 총에너지 출력이 2,245MW이며, 면적은 산마리노 공화국과 비슷한 57km²다. 2015년 7월 건설이 시작돼 2020년 3월 마지막 개발 단계가 완료됐다. 이 태양광 발전소는 정부-민간 프로젝트로, 광전지 전력 생산을 위해 구성됐다. 이 지역은 전송 케이블과 다른 기반 시설이 마련돼 있어 개인 개발자들이 들어와 발전소를 건설하고 운용할 수 있다.

지구를 재건하다

산업화, 인구 증가, 지구 온난화와 관련된 환경문제가 수 세기 동안 이어지며 우리의 행성을 심각하게 훼손했다. 최근 건강한 환경과 다음 세대를 위해서 이런 실수를 바로잡기 위한 노력과 열망이 늘어나고 있다. 여기서 우리는 획기적인 법률부터 더 친자연적인 기술공학을 사용한 사회기반시설까지, 우리가 지구에 준 상처를 줄이거나 되돌리려는 다양하고 새로운 혁신과 접근법을 조명한다.

최초의 '순환경제' 로드맵

엘렌 맥아더 재단은 '순환경제'를 쓰레기와 오염을 최소화하고 제품과 자재의 수명을 극대화해 자연계를 재생하도록 구성된 시스템으로 정의했다. 2016년 핀란드는 순환경제를 달성하기 위해 국가행동계획을 발표한 최초의 국가가 됐는데, 2025년까지 사회가 자원을 채굴한 후 사용하고 버리는 선형경제에서 벗어날 방법을 마련하고자 한다.

대중교통 이용률이 가장 높은 지역

2019년 자료에 따르면, 중국 홍콩은 약 81%가 대중교통으로 이동하며, 일일 승객이 1,240만 명에 달한다. 1,110km² 면적에 750만 명 이상이 살고 있어 세계에서 인구밀도가 가장 높은 곳으로, 미국 뉴욕시의 맨해튼보다 인구밀도가 2배 이상 높다.

최대 규모 산림녹화 프로젝트

2007년 UN이 지원하는 '녹색장성' 공사가 시작되었다. 사하라 사막 이남의 아프리카 세네갈부터 지부티까지 길이 7,775km의 '나무를 되찾는' 벨트를 만들고 있다. 일부 지역은 다른 곳보다 더 많은 작업이 필요한 장기 프로젝트다. 하지만 사막화에 맞서 땅을 더 경작하기 좋고 물을 접하기 쉽게 만들겠다는 최종 목표만은 일치한다.

육상 생태 보호지역이 가장 넓은 국가

유엔환경계획의 세계자연보전모니터링센터의 조사에 따르면, 2018년 기준 베네수엘라 국토의 총 54.1%가 일정 수준의 법적 보호를 받고 있다. 이 남미 국가에는 **가장 높은 폭포**인 총 낙하 길이 979m의 앙헬폭포와, 높이 2,810m의 **가장 높은 탁상형 산**인 로라이마산이 있다. 이 둘은 베네수엘라에서 두 번째로 큰 국립공원인 카나이마 국립공원에 있다.

남태평양에 있는 프랑스령 뉴칼레도니아는 보호지역이 54.4%로 살짝 더 높지만, 주권 국가가 아니다.

가장 큰 수직 정원

빌딩 외부의 초목은 내부의 온도와 에너지 사용을 낮춰주고 도시의 공기 오염 정화에도 도움을 준다. 클린어웨이 컴퍼니와 샤인 그린에너지 엔터프라이즈(둘 다 중국)가 중국 대만의 가오슝에 2,593.77m² 면적에 달하는 '녹색 벽'을 만든 사실이 2015년 6월 29일에 확인됐다.

2011년 싱가포르 직업훈련원의 몇몇 건물에 높이 35m, 총 5,324m² 면적에 달하는 녹색 벽들이 설치됐다. 하지만 8개 다른 구역의 벽면에 따로 떨어져 있어 기록의 조건을 충족하지 못했다.

가장 큰 북방침엽수림 보호지역

2018년 5월 캐나다의 앨버타 정부는 4개의 새로운 주립공원인 카잔, 딜런강, 리처드슨, 버치 공원의 설립과 버치산맥 와일드랜드의 확장을 발표했다. 이로써 북방침엽수림(타이가)의 보호지역을 6만 7,700km²로 넓히게 됐는데, 이는 벨기에 국토의 2배를 넘는 면적이다. 이 한랭기후 숲은 다양한 야생 동물의 안식처다.

가장 하얀 페인트

미국 인디애나주 퍼듀대학교의 공학자들이 바륨 황산염 입자를 사용해 빛이 98.1% 반사되는 극단적으로 흰 페인트를 개발했다. 이 햇빛 반사 페인트는 지구를 식히는 데 중요한 역할을 할 수 있는데, 특히 도시들에서 에너지를 많이 먹는 에어컨의 사용을 줄일 수 있다. 2021년 4월 15일 과학자들은 지구 표면의 단 0.5~1%(예로, 건물 옥상)만 이 페인트로 덮어도 지구 온난화를 완화할 수 있다고 말했다.

건설 중인 최대 규모의 저탄소 도시

UAE 아부다비의 마스다르시는 국가의 녹색화 프로젝트의 의지를 보여 주는 상징적인 곳으로 환경에 영향을 최소한으로 끼치는 자급자족 지역이다. 이 프로젝트는 2008년 약 56만 m² 면적에 시작됐다. 과정은 느리지만, 최종적으로 5만 명이 모여 살면서 일하는 장소로, 저탄소, 현지 자원과 재활용 자재를 사용한 건물들에, 물과 에너지 사용을 40%까지 낮출 수 있게 설계됐다.

최초의 국립공원도시

2019년 7월 22일 영국의 수도는 세계 최초의 '국립공원 도시'로 지정됐다. 이 프로그램은 도시를 더 녹화하고 건강하게 만들려는 장기적인 안목으로 기획됐다. 런던은 인구가 900만이며 거의 비슷한 수의 나무가 있다. 이곳은 바쁜 도시 환경에 공원과 수로, 삼림 지역 등을 만들어 1만 5,000종 이상이 살 수 있는 다양한 서식지를 제공한다.

최초의 현대적인 생태 건축학 프로젝트

'생태 건축학'의 아이디어는 1960년대 이탈리아의 건축가 파올로 솔레리가 무질서하게 퍼져 나가는 현대 도시의 대안으로 고안했다. 생태 건축학 마을인 아크로산티는 피닉스 북부 애리조나 사막에 1970년대 작업을 시작했다. 이곳의 건축과 연구 작업은 공간과 대지의 사용을 극대화하고 자급자족으로 주거하며, 에너지와 자원의 보존을 탐구한다. 이 지역의 카페(삽입된 사진)는 아크로산티의 오픈 플랜 스타일을 대표적으로 보여 준다.

최대 규모 수직형 농장

미국 뉴저지주 뉴어크에 2016년 11월 에어로팜스가 문을 열고 운영 중인 이 시설은 매년 뉴저지와 뉴욕의 식품점에 90만 7,000kg의 채소를 공급한다. 이 농장은 케일(삽입된 사진), 로켓(겨잣과 식물), 미즈나를 포함한 250가지의 채소와 허브를 높이가 9.1m에 이르는 12층 선반에 겹겹이 쌓아 경작한다. 이곳의 분무식 재배(수기경재배) 시스템은 일반 농경지보다 물을 95% 적게 사용한다.

최초의 3D 프린팅 암초

2012년 '지속 가능한 해양 국제기구', D셰이프의 협력단인 레프 아라비아의 전문가들과 3D 소프트웨어 전문가 제임스 가디너(호주)가 3D 프린트로 만든 2개의 암초를 바레인 연안에 가라앉혔다. 각각의 무게는 500kg으로 무독성이며, 사암과 비슷한 물질로 산호유생과 해양생물들의 관심을 끌도록 설계됐다. 사진은 해저에 안착한 암초의 첫날 모습(왼쪽)과 몇 개월 후 모습(오른쪽)이다.

가장 환경친화적인 도시

아르카디스가 편찬한 '2018 지속 가능한 도시 지수'에 따르면, 스톡홀름은 환경적으로 우수함을 나타내는 '행성' 수치에서 최고 점수를 기록했다. 이 스웨덴의 수도는 '지속 가능한 사회기반시설의 투자, 낮은 배기가스와 깨끗한 공기'가 특히 훌륭했다. 독일 프랑크푸르트가 2위이며, 이전 조사에서 1위를 차지한 스위스 취리히가 그 뒤를 이었다.

가장 큰 3D 프린팅 도자기 암초

2018년 7월 알렉스 고드와 암초 디자인 연구소(둘 다 호주)는 몰디브 서머아일랜드 연안의 산호 사육장에 8.7m³ 부피의 암초를 설치했다. 고드가 설계하고 피라미드 모양의 격자로 3D 프린트한 이 구조물은 MARS(모듈식 인공 암초 구조물)로 불린다. 여기에는 산호가 심어져 있다. 전 세계에서 산호가 감소하는 문제에 대한 만병통치약이 될 수는 없지만, 상처 입은 산호를 보충하고 다른 해양 생명체들에게 안식처를 제공하는 데는 도움이 된다.

최대 규모 쓰레기 매립지 개간 프로젝트

전 프레시킬스 쓰레기 매립지는 1948년 뉴욕시 스태튼섬에 임시 쓰레기 매립지로 문을 열었다. 그 후 쓰레기가 70m 높이로 쌓이자 2001년 공식적으로 문을 닫았고, 이곳을 890ha 면적의 프레시킬스 공원으로 탈바꿈하는 30년 프로젝트가 시작됐다. 지속 가능성을 염두에 두고 경지 내 식물들을 다시 심고 조경을 진행해, 현지에 동식물들이 돌아오는 모습이 목격되고 있다.

프레시킬스 공원은 2030년대에 개발이 완료되면 크기가 뉴욕 센트럴파크의 약 3배 정도가 된다.

세상 꼭대기의 환경 과학

2019년 과학자 팀과 산악인들이 내셔널 지오그래픽과 롤렉스가 설립한 '지속 가능한 행성 탐험'을 위해 에베레스트(사가르마타 혹은 초몰룽마)에 올랐다. 이들은 3가지 기록을 만들었는데, 여기에는 **최고 고도…**

기상관측소(위 사진): 해발 8,430m의 산마루, '발코니'에 설치됐다. 역대 최초로 해발 8,000m 이상의 '데스 존'에 설치된 육상 기상관측소다.

빙상코어(아래 사진): 해발 8,020m의 사우스 콜 빙하에서 추출했다. 이 복잡한 작전은 30명 이상의 과학자와 셰르파로 구성된 팀이 특별 개조된 드릴 시스템으로 작업했다.

지상의 미세 플라스틱 조각: 옷이나 텐트에서 나왔을 확률이 높은 몇몇 중합체 섬유가 해발 8,440m에서 발견됐다. 밀도는 눈 1L당 섬유 12개였다.

*데스 존 - 등산가들이 가장 많이 죽거나 실종되는 8,000~8,500m구간

자연권의 권리를 최초로 지켜낸 법률 사례

에콰도르의 빌카밤바강을 대변하는 사회운동가들이 헌법 71 조항을 인용해 로하 지방 정부의 도로 건설 프로젝트를 상대로 소송을 걸었다. 2011년 3월 30일 법원은 강의 편을 들어주는 판결을 내렸다.

최대 규모 에베레스트 청소

2019년 4월 14일부터 5월 29일 사이 중형 자동차 6대와 맞먹는 1만 386kg의 쓰레기가 세계의 **가장 높은 산**에서 수거됐다. 네팔 정부가 계획하고, 12명의 셰르파가 쓰레기를 수거했는데 대부분 포장재, 깨진 유리 그리고 단열 소재였다.

최다 인원이 참여한 12시간 수중 청소

2020년 8월 15일 디스커버 타이완(중국)이 558명의 수중 쓰레기 수거단을 모집해 중국 대만의 지룽시 연안의 해양 쓰레기를 수거했다.

가장 작은 생태 발자국(인구 당)

환경 싱크탱크 글로벌 생태발자국 네트워크는 인류가 소비하는 지구의 천연자원과 자연의 재생 능력을 비교했는데 현재 자원 소비를 감당하려면 지구 1.6개가 필요하다고 한다. 이들은 또 한 국가가 끼치는 영향을 '글로벌헥타르'라는 단위로 측정하는데, 해당 인구의 수요를 충족하고 생산하는 쓰레기를 흡수하는데 필요한 생물학적으로 비옥한 땅을 나타낸다. 두 국가가 가장 작은 발자국을 기록했는데, 동남아시아의 동티모르와 동아프리카의 에리트레아로, 각각 주민 1명 당 0.5글로벌헥타르를 기록했다. 중동의 카타르는 주민 1명 당 14.4글로벌헥타르로 **인구 당 가장 큰 생태발자국**을 기록했다.

가장 많은 서약을 받은 지속 가능한 환경 캠페인

터키의 농림부가 78만 9,522명에게 음식물 쓰레기를 줄이겠다는 영감을 준 사실이 2021년 3월 11일 확인됐다.

극 지역 시위: 남극에서 시위하다

2019년 9월 세계 기후 운동의 일환(17쪽 참고)으로 독일의 벤야민 에베르하르트(위 사진, 연한 녹색 자켓)와 몇몇 동료들이 복국의 가장 남쪽(남위 90°)에서 기후 시위를 했다.

왜 남극에 가셨나요?

저는 실험 담당자로, 2018년 10월부터 2019년 11월까지 아이스큐브 중성미자 망원경의 운영을 맡았어요. 42명의 대원들과 '겨울나기'를 했는데, 완전히 고립된 상태로 남극에서 생활하고 일하면서 긴 겨울을 보내야 해요.

시위는 어떻게 하시게 됐나요?

전 세계의 시위가 우리의 외딴 전초기지까지 전해지는 걸 보고 큰 흥미를 느꼈어요. 그리고 어느 날, 남극을 제외한 모든 대륙이 참가했다는 이야기를 들었죠. 여러 기지의 사람들이 관여하기 시작했고, 결국 꽤 국제적인 일이 됐어요.

날씨는 어땠나요?

해가 뜰 무렵이었는데, 남극에서는 1년에 한 번 해가 떠요. 날씨는 좋았어요. 밖의 기온이 영하

EPI 최고 점수(국가)

미국의 예일과 컬럼비아 대학교가 2002년부터 발표하는 환경성과지수(EPI)는 대기질, 위생, 농업 및 생물다양성을 국가별로 평가한다. 덴마크는 2020년 전체 82.5점으로 룩셈부르크(82.3점)와 스위스(81.5점)을 제치고 1위에 올랐다.
2020년 **EPI 최저점**은 22.6점을 받은 서아프리카의 라이베리아다.

최초의 무배출 극지 조사 연구소

벨기에 정부가 소유하고 2009년 2월 15일 남극 퀸 모드 랜드에 문을 연 프린세스 엘리자베스 기지는 필요한 모든 에너지를 재생 가능한 자원으로만 만든다. 380㎡ 면적의 태양광 전지 패널과 22m²의 태양열 패널, 그리고 9개의 풍력 발전기가 설비돼 있다. 국제극지재단이 지어서 운영하고 있다.

60℃ 정도였는데, 그 정도 추위면 사진 촬영을 시도해 볼만해요. 바람이 불면 꽤 고통스럽지만 우리는 해냈어요.

세계가 기후 변화에 눈을 떴다고 생각하시나요?
그럼요. 과학에 귀를 기울이고자 하는 연락이 정말 많이 와요. 인간이 만든 기후 변화의 근본적인 메커니즘을 수십 년에 거쳐 잘 이해해 왔어요. 이제 과학으로 이 위기를 해쳐나갈 수 있다는 걸 모두에게 알리고 믿음을 줘야 해요. 아직 늦지 않았어요.

빨대로 만든 가장 큰 구조물(지지대 사용)

예술가인 본 웡(캐나다)과 그의 팀이 일회용 플라스틱 쓰레기가 바다에 급증하고 있는 상황을 알리기 위해 '갈라진 플라스틱 바다'라는 작품을 만들었다. 이 3.3m 높이의 작품은 2019년 1월 22일 베트남 호치민시에서 공개됐다. 웡은 제로 웨이스트 사이공(VNM)과 협업해 베트남 전역에 있는 스타벅스와 청소 팀이 수거한 16만 8037개의 빨대를 사용해 작품을 만들었다.

최연소 <타임>지 올해의 인물

기후 운동가 그레타 툰베리(스웨덴, 2003년 1월 3일생)는 <타임>지에서 선정한 2019 가장 영향력 있는 인물이다. 그녀는 해당 매거진의 연말 호가 발행됐을 때 나이가 16세 354일이었다. 당해 툰베리는 세계 기후 운동(17쪽 참조) 랠리에 중요한 역할을 했는데, 전 세계의 수많은 사람에게 기후 변화에 관한 더 많은 행동을 촉구했다.

폐기물을 에너지로 전환(WtE) 하는 공장이 가장 많은 국가

국제에너지기구의 2019 논평에 따르면 중국은 2017년 기준 339개의 WtE 시설을 가동했다. 여기에는 매년 1억 t의 쓰레기를 소각해 7.4기가와트시의 전기를 생산하는 설비도 포함돼 있다. 중국의 WtE 공장은 2020년 400개로 늘어났다.

e폐기물이 가장 많이 생산된 해

e폐기물은 컴퓨터 TV, 전화 등 배터리나 플러그가 달린 사용하지 않는 전자기기를 뜻한다. 이런 제품의 폐기물은 재활용이 힘들어 우려가 점점 커지고 있다. 글로벌 전자 폐기물 모니터 2020에서는 2019년 전 세계에서 버려진 e폐기물이 5,360만 t이라고 추정했다.

최장 거리에 거쳐 샘플을 수집한 해양 연구

연속 플랑크톤 기록계(CPR) 조사는 가장 오래 진행 중인 해양 과학 프로젝트 중 하나다. 1931년에 청어의 수를 가늠하는데 도움을 주고자 설립됐으나, 현재는 더 폭넓게 활용되고 있다. 영국 데번주 플리머스에 기반을 둔 해양생물협회가 감독하는 CPR은 해양 샘플 채취 장치로 플랑크톤을 수집해, 기후 변화, 해양 쓰레기(마이크로 플라스틱), 해양 산성화 같은 이슈에 가치 있는 단서를 제공한다. 2020년 12월 31일 기준 이 프로젝트는 대양 1,300만 km 거리를 조사했는데, 이는 90년의 역사 동안 지구를 326바퀴 돈 것과 맞먹는 거리다.

인공물이 생물량을 넘어선 최초의 기록

바이츠만 연구소(이스라엘)의 환경 과학자들이 콘크리트나 아스팔트 철 등 '인간이 만든 물질', '인간에 기인한', '인공' 물질의 총 무게가 모든 생명체(식물과 동물)의 총 무게를 넘어섰다고 주장했다. 이들은 2020년 연말 기준 지구의 인공물질의 무게는 생물량보다 1.1조 t 많다고 했다.

이곳은 고층 건물이 가장 밀집한 도시인 중국 홍콩의 사진이다. 2019년 기준 100m가 넘는 건물이 2,580채 있다.

미아-로즈 크레이그

'버드걸(새 소녀)'로 알려진 미아-로즈 크레이그 박사(영국)는 언제나 조류 탐구에 열정적이다. 그녀는 모든 조류를 보겠다는 자신의 탐구목표를 위해 13세에 7개 대륙에 모두 방문했으며, 17세에는 5,000종 이상을 일지에 기록하며 목표를 절반 정도 현실화했다.

그녀의 야생을 향한 사랑과 모든 사람이 그것을 누릴 수 있어야 한다는 신념이 합쳐져 미아-로즈는 행동을 단행했다. 겨우 14세의 나이로 그녀는 더 공정한 자연주의를 표방하는 자선 단체 블랙2네이처를 설립했다. 그녀는 전원 지역에 접근 기회가 대체로 적은 '눈에 보이는 소수민족(VME)' 단체와 긴밀하게 협업했다. 도시 아이들을 위한 자연 캠프를 조직하는 등 체험 프로그램을 마련했고, 또 VME가 왜 이 부분에서 부족한지 근본 원인을 이야기하는 포럼도 열었다.

미래 세대를 위해 행성을 보전하려는 열정으로, 미아-로즈는 환경적인 원인에도 목소리를 내고 있다. 그녀의 열망은 2020년 9월 20일 해빙 조각 위에서 시위하기에 이르렀다(오른쪽 참조). 그린피스와 협업으로 미아-로즈는 북극을 향해 깊게 항해해 들어가 **가장 북쪽에서 기후 시위**를 하는 기록을 만들었다(북위 82.4°). 이곳은 기후 변화에 심각한 영향을 받아 2020년에 해빙의 면적이 2번째로 작게 기록돼(16쪽 참고), 그녀의 메시지에 더 큰 힘을 실어줬다.

주요 통계
이름: 미아-로즈 크레이그(버드걸)
출생일: 2002년 5월 7일
출생지: 영국 브리스틀
직업: 조류학자, 사회운동가, 연설가, 블로거
지위: 과학 명예박사, 블랙2네이처의 설립자이자 대표, 번스 프라이스 재단 홍보대사
야생에서 관찰한 조류 종의 수: 5,410종(2021년 4월 1일 기준)

미아-로즈의 조류 관찰 소원 목록의 상단에는 새들의 천국인 파푸아뉴기니 여행이 적혀있다.

3

1. 미아-로즈는 조류 관찰을 위해 다양한 곳을 여행했다. 사실, 그녀는 2015년 12월 27일 13세 234일의 나이로 남극 브라운 블러프(그녀의 마지막 대륙)에 발을 디디며 **조류 관찰을 위해 모든 대륙을 방문한 최연소 인물**로 기록됐다. 이 여정에서 그녀는 흰바다제비, 남극 가마우지, 황제펭귄(가장 큰 펭귄) 등 몇몇 종을 관찰했다.

2. 자연보전 분야에도 더 많은 평등과 다양성을 고려해야 한다는 주장이 인정받아, 그녀는 2020년 초 영국 브리스틀 대학교에서 과학 명예박사가 됐다. 당시 그녀는 17세로, 영국에서 이 증서를 받은 최연소 인물이다. "명예박사가 된다는 건 믿기 어려웠어요. 처음 이메일을 봤을 때, 친구들이 장난친 거로 생각했어요!" 그녀가 고백했다.

3. 2015년 2월 미아-로즈는 방글라데시에서 심각한 멸종위기종인 넓적부리도요의 조사에 참여했다. 이 여정에서 그녀는 수도 다카에서 자연보전에 관한 연설을 했다.

4. 북극으로 위대한 기후 시위를 떠나기 전, 미아-로즈는 집 근처에서 진행된 여러 시위에 참가했다. 이 중에는 2020년 2월 그레타 툰베리(오른쪽)가 참석한 브리스틀 기후를 위한 학생 운동이 포함돼 있는데, 미아-로즈는 이 행사에 연설자 중 한 명으로 나섰다.

4

어떻게 블로그를 시작하게 됐나요?
제가 11살 때 부모님께서 새들의 사진이 있는 몇몇 블로그를 보여주셨어요. 당시 이미 외국에서 새를 관찰하며 꽤 시간을 보냈던 터라, 곧장 새와 조류 관찰에 관한 글을 쓰기 시작했죠. '버드걸'이라는 이름은 8살 때 만들었는데, 새를 관찰하러 에콰도르에 갈 때 이메일 주소가 필요했거든요. 그 뒤로 바꿀 수가 없었어요!

크면서 누구에게 영감을 얻었나요?
자신과 닮은 사람을 롤 모델로 삼는 게 정말 중요한 거 같아요. 제 언니 아이샤는 조류 관찰에 열정적이라 저의 첫 롤 모델이었어요. 또 저는 스티브 백쉘의 <맹수대백과 60>을 보며 자라서 동물을 사랑하는 게 당연하다고 생각했어요. 이런 TV 쇼를 반복해서 보면서 백쉘처럼 되고 싶었죠! 십대가 돼서는 훌륭한 동식물 연구가이자 TV 진행자인 리즈 보닌에게 영감을 얻었어요.

블랙2네이처를 설립한 이유는 뭔가요?
13살 때, 어린 조류 관찰자들을 위한 주말 캠프를 열기로 결심했어요. 많은 사람이 서명해줬는데, 모두 백인 소년들이었고 대부분 시골에 살았어요. 그때 머릿속에 전등이 켜졌어요. 전원 지역에 사는 가시적 소수 인종(VME)이 없다는 걸 깨달았죠. 힘들게 VME 소년 5명을 찾아서 모두 참여하도록 만들었는데, VME 사회도 자연에 관심이 있지만 단지 기회가 부족하다는 걸 알았어요.

북극 기후 시위는 어떻게 진행된 건가요?
2020년 그린피스가 제게 북극에 함께 가서 언론에 알릴 만한 일을 하지 않겠냐고 물었어요. 뜬금없는 초대였지만 저는 즉시 가겠다고 했고 매 순간을 즐기다가 왔어요. 몇 시간 동안 얼음 위에 앉아 있었는데, 정말 너무 추웠어요. 발밑에 얼음이 녹아서 갈라지는 소리도 들렸고, 갑자기 북극곰이 덮칠 가능성도 있어서 너무 무서웠어요!

기후 변화가 당신에게 어떤 영향을 끼칠까요?
저는 브리스틀 남부 추밸리에 사는데 비가 많이 내리면 길이 강으로 변해요. 외가 식구는 방글라데시 북부에서 왔는데, 기후 변화가 가장 많은 나라 중 하나예요. 2018년 할머니가 계신 마을은 계절에 맞지 않는 홍수가 갑자기 일어나서 농작물을 휩쓸어가는 바람에 다음에 수확해야 할 벼가 남아나지 않았어요. 방글라데시의 수도 다카에는 이미 400만 명이 넘는 기후변화 난민이 생겼어요.

www. guinnessworldrecords.com/2022의 명예의 전당 섹션에서 미아-로즈에 관한 더 많은 사실을 알아보자.

호주 동물원

위치: 호주 퀸즐랜드 비어와 스티브 어윈 웨이

설립일: 1970년(비어와 파충류 및 동물 공원)

주요 전시관: 프랭클린산 크로코세움, 호랑이 사원, 엘레판타지아, 아프리카

면적: 300만 m²

동물 수: >1,200마리

직원 수: >400명

방문객 수: 1,200만 명(2001년 이후)

이 야생의 원더랜드는 환경보호 활동가 스티브 어윈과 그의 아내 테리의 비전을 현실화한 장소다. 2006년 스티브가 안타깝게 사망한 후 가족들이 오늘날까지 이어오고 있다. 현재 자녀인 로버트와 빈디, 사위인 챈들러가 능숙하게 테리를 돕고 있다(아래 왼쪽 사진).

이 이야기는 1970년부터 시작한다. 스티브는 8,094m² 크기의 비어와 파충류(Beerwah Reptile) 및 동물 공원에서 부모님을 도우며 동물의 복지에 관한 열정을 키워 왔다. 지금 이 동물원은 300만 m² 크기에 수백 명의 직원이 일하는 시설로 성장했다. 이곳은 7가지 환경 특성에 맞춰 야생동물을 전시하는데, 최고의 인기를 누리는 크로코세움(아래 참조)도 포함돼 있다. "방문객들은 종종 호주 동물원을 야생동물의 리조트라고 말해요. 우리는 교감을 많이 하는 동물원이라 동물들에게 방문객을 만날 기회를 충분히 주고 있어요"라고 테리는 말한다.

스티브가 〈크로커다일 헌터〉 TV 시리즈로 이름을 날린 후 악어들은 여전히 동물원에서 주목받는 동물이다. "우리는 사람들에게 귀엽고 사랑스러운 생물뿐만 아니라 악어, 뱀, 상어도 똑같이 보호받아야 한다고 말해요." 빈디가 말했다. 로버트는 호주 동물원의 악어 연구 프로젝트가 "이 아름다운 현대의 공룡을 보호하는 데 큰 변화"를 몰고 왔다고 덧붙였다.

이 동물원은 비어와를 넘어 많은 장소에 영향을 끼치고 있다. 어윈은 관찰 TV 프로그램 〈크리키!〉를 통해 세계의 시청자들이 동물원의 삶을 엿보게 한다. 물론 이들은 야생동물을 돕는 일에도 최선을 다한다. 이 가족의 와일드라이프워리어스재단은 동아프리카의 검은 코뿔소부터 수마트라의 호랑이에 이르기까지, 지구의 멸종 위기 동물을 돕는 일부터 주변의 자연보호 프로젝트 지원까지 다양한 일을 한다. 이제, 호주 동물원에 있는 신기록의 주민들을 만나 보자.

호주 동물원의 야생동물 병원

2004년 동물원 옆에 문을 연 1,300m² 면적의 의료 센터에는 야생동물 보호를 열렬히 지지하는 스티브의 어머니 린이 헌신하고 있다. 이곳 시설에는 수술실, 집중치료 병실이 포함돼 있다. 이 병원은 2019~2020년 산불 당시 코알라를 포함해 많은 동물을 구조했으며, 지금까지 10만 마리 이상을 치료했다.

큰화식조

호주 동물원에서는 **가장 위험한 새**인 화식조를 안전하게 볼 수 있다. 이 새는 야생에서 뉴기니, 인도네시아, 호주에 서식한다. 타조의 친척으로 키가 2m에 달하며 각각의 발에는 3개의 발가락이 있는데 안쪽 발가락에는 12cm 길이의 날카로운 발톱이 있다! 보통 사람을 보면 피하지만, 놀라면 뛰어올라 발을 휘둘러 치명적인 상처를 낼 수 있다. 마지막 인명사고는 2019년 사육된 새가 일으킨 것으로 보고됐다.

붉은 캥거루

호주를 상징하는 캥거루속의 수컷인 루퍼스는 섰을 때 키가 사람과 비슷하다. 호주에서 가장 큰 포유류일 뿐 아니라 오늘날 **가장 큰 유대목 동물**이다. 근육질의 꼬리는 캥거루의 중심을 잡아 주고 뛸 때 추진력을 더한다. 캥거루는 오직 앞으로만 이동할 수 있는 두 동물 중 하나인데 다른 한 동물은 호주가 원산지인 에뮤다.

크로코세움

빈디가 동물원의 프랭클린산 크로코세움에서 바다악어에게 먹이를 주는 장면이다. 이 종은 현재 **가장 큰 악어류**이자 **가장 무거운 파충류**로 수컷 성체의 평균 길이가 4.9m에 최대 7m까지 자라며 무게는 1,200kg에 달한다. 이들의 가공할 턱은 **악어류 중 가장 강력한 무는 힘**을 자랑하는데, 1만 1,216N(뉴턴)으로 중형차에 부딪힐 때 힘과 비슷하다!

빈디는 현재 **인스타그램 팔로워가 가장 많은 TV 동식물 연구가**로, 2021년 1월 14일 기준 421만 7,080명을 보유하고 있다.

포레스트

동물원의 아프리카 사바나 전시관은 **가장 키가 큰 기린**인 포레스트를 사육하는 곳이다. 골축(머리 위의 뿔 같은 부분)까지 높이가 5.7m로 2019년 12월 4일 확인됐다. 세계자연보전연맹은 야생의 기린을 취약종으로 분류한다. 포레스트는 동물원의 번식 프로그램에 핵심적인 역할을 하는데, 2009년 뉴질랜드에서 이 동물원에 온 이후 새끼 13마리를 낳은 아빠 기린이다.

힐라몬스터

미국과 멕시코의 국경 사막 지역에 서식하는 힐라몬스터는 **가장 독이 강한 큰도마뱀**이다. 동물의 독성은 LD50(치사량, 50%)으로 측정되는데 실험 대상의 절반이 죽는 독의 양을 의미한다. 힐라몬스터는 0.4mg/kg의 독만으로 쥐를 죽일 수 있으며, 0.5mL(티스푼의 10분의 1)면 사람도 죽일 수 있다. 다행히도 이 도마뱀은 겁이 많아 한 번에 그 정도의 독을 주입하는 일은 거의 없다.

어윈의 이야기를 더 듣고 싶은가?
www.guinnessworldrecords.com/2022의 독점 Q&A를 확인해 보자.

라이노

이 동물원에는 **최고령 라이노이구아나**도 살고 있다. 라이노는 시드니의 타롱가 동물원에서 1980년 2월 23일 태어난 것으로 알려진다. 1993년 호주 동물원으로 이사 와 2021년이면 마흔한 번째 생일을 맞이한다. 라이노이구아나는 코에 뿔처럼 생긴 돌출부가 있는 모습에서 그 이름이 유래했다.

자연계

가장 심각한 삼림 파괴(면적 기준)

글로벌 포레스트 워치는 브라질이 2002년부터 2019년 사이 누적 면적 약 2,450만 ha의 1차 산림을 잃었다고 추정했다. 이는 2001년에 국토 전체의 7.1%에 달했었다. 최근 몇 년간 벌목이 늘고 농민들이 우림에 불을 질러 농지로 개간하는 화전식 개간(삽입된 사진)을 많이 사용한 것과 연관된다. 이 방식은 종종 훨씬 큰불을 일으켜 2020년 브라질에서 일어난 산불처럼 많은 삼림을 파괴한다.

가장 큰 열대 우림인 아마존은 최악의 피해를 본 지역 중 하나인데, 브라질 국경 지역의 약 60%가 소실됐다. 아마존은 전체 면적이 약 624만 km²이며, 지구에 있는 모든 동식물군의 10% 이상이 서식한다. 아마존의 나무들은 매년 수백만 t의 해로운 온실가스를 흡수하는데, 이렇게 불에 타면 그 기체들을 대기에 다시 돌려보내게 된다. 브라질의 국립 공간연구소가 10년간 연구해 2020년 발표한 내용에 따르면, 현재 아마존의 약 5분의 1은 '탄소 흡수원'이라기 보다는 '탄소 공급원'이라고 한다.

아마존의 삼림 파괴로 위기에 처한 동물 중에는 자이언트수달과 대머리 우아카리원숭이가 포함돼 있다.

목차 Contents

생태-공학자들 36
극한 생물 38
공룡 40
대양의 SOS 42
나무 44
육식성 식물 46
동물원 & 수족관 48
자연 보전 50
종합 52
명예의 전당:
데이비드 애튼버러 54

생태-공학자들

클라이브 존스, 존 로턴, 모셰 샤차크는 자기 서식지를 위해 주변 환경을 창조하거나 변형시키거나 보수하는 유기체를 '생태계 공학자(ecosystem engineer)'라고 묘사했다. 여기에는 두 종류가 있다. 먼저 타생 공학자들은 비버가 특정 재료를 모아 댐을 만드는 것처럼 물리적 구조물을 만들고, 자생 공학자들은 예를 들어 산호초처럼 서식지를 스스로 구현한다. 인간도 엄청난 타생 공학자이지만 여기서 '동물'은 '인간 외'라는 의미를 지닌다.

동물이 만든 가장 시끄러운 증폭기

유라시아 전역에 서식하는 유럽 땅강아지 수컷은 땅속에 굴을 파서 짝을 유혹하는데, 뿔피리 모양으로 된 입구 2개가 스테레오 스피커 역할을 한다. 땅강아지는 안에 들어가 앞날개를 비벼 소리를 내는데, 소리가 지표면으로 연결된 뿔피리를 통과하며 115dB까지 증폭된다. 이는 잔디 깎는 기계와 비슷한 소음 수준이다. 이들의 울음소리는 600m 거리에서도 들린다.

방파 효과가 가장 뛰어난 유기체

산호초의 물리적 구조물은 대부분 석산호류가 만든다. 탄산칼슘 골격은 동물 폴립(히드라·산호류 같은 원통형 해양 고착 생물)이 군집을 이뤄 형성된다. 이런 암초들은 수백 년에 걸쳐 형성되며, 접근하는 파도 에너지의 97%를 감쇄시킨다. 전 세계 연안 지역에 사는 약 1억 명이 산호초의 방파 효과를 누린다.

동물이 만든 가장 큰 어망

혹등고래는 기발한 방법으로 먹이를 잡도록 신체가 발달했다. 집단으로 사냥하는데, 물고기나 크릴새우의 주변을 돌면서 거품을 일으켜 최대 지름 30m의 일시적인 '그물'을 만든다. 그 후 신호가 떨어지면, 고래들이 대형을 깨고 그물 안으로 뛰어들어 먹이를 집어삼킨다!

행성 최초의 생태계 공학자

산소를 노폐물로 배출하는 최초의 남세균은 24억 년 전에 등장했다. 마침내 약 7억 년 전에는 지구의 산소화를 이끌어 다른 산소 공급 종의 진화를 가져 왔다. 이 현상으로 우리 행성의 모든 지구화학 및 대기화학 과정이 바뀌었다. 약 4~5억 년 전 미생물과 원시 식물은 **최초의 육지 생태 공학자**로 대표된다. 식물은 토지 안정과 부식 등을 통해 우리 행성을 오늘날까지 형성하고 있다.

가장 영향력이 큰 지형 인자

인류(호모 사피엔스)는 현재 건축과 농업 활동으로 모든 자연적 지질작용을 합친 것보다 10배 이상 지구 표면의 암석/침전물을 바꾸고 있다. 여기에는 강, 빙하, 사면침식, 파랑작용(wave action), 바람 등이 포함된다. 지난 5억 년 동안 자연적 물리 및 화학 과정은 지표면을 100만 년당 수십 미터 낮춰 왔다. 반면, 현재 인간의 활동은 연간 40~45기가톤에 이르는 훨씬 많은 물질을 옮기는데, 이는 같은 기간 빙하가 없는 대륙의 높이를 360m나 낮춘다.

가장 큰 동물 생물교란자

생물 교란이란 한 생명체가 퇴적물이나 토양의 위치를 바꿔, 다른 수많은 종의 먹이와 서식지를 제공하는 활동을 말한다. 가장 큰 생물교란자는 길이 15m에 무게가 41톤에 달하는 회색 고래다. 수중에 흩어진 먹이를 삼키는 다른 여과섭식(filter-feeding) 고래들과는 달리 회색 고래는 바닥에 서식하는 새우를 좋아한다. 회색 고래는 이 먹이를 잡기 위해 혀로 해저에 있는 거대한 '먹이 구덩이'를 20m 길이로 파헤친다. 한 연구에 따르면 한 해 여름 동안 이 고래목 동물들이 전체 베링해(2만 2,000km²) 해저의 5.7% 이상을 판다고 한다. 그래서 생긴 별명이 바로 '해저의 불도저'다!

육생 동물이 만든 가장 큰 구조물

북아메리카와 유라시아에 서식하는 비버는 자연에서 가장 유명한 생태계 공학자다. 이들은 진흙, 나무, 초목과 돌을 이용해 댐을 만들어 특정 지역을 침수시키고 그렇게 생겨난 연못의 비교적 안전한 곳에 오두막집을 짓는다. 가장 긴 비버 댐은 캐나다 앨버타주의 우드 버펄로 국립공원에 있는데 길이가 850m로 후버 댐보다 2배나 길다.

바쁜 비버들: 습지 공학자로서 핵심 역할

- 홍수 피해 완화 | 지하수 재충전 | 정수 효과 개선
- 연못 형성
- 다른 종들을 위한 서식지 창조(식물 다양성이 33%까지 증가)

가장 큰 육생 생태계 공학자

무게가 7t에 달하는 아프리카코끼리는 오늘날 살아 있는 가장 큰 육생동물이다. 이들은 가장 큰 '정원사'이기도 하다. 아프리카코끼리들은 나무를 쓰러뜨리거나(대초원이 숲으로 변하는 걸 예방한다), 토양과 토사를 파헤치고, 수많은 종이 이용하는 수십 킬로미터 길이의 길을 만든다.

비버는 소방관 역할도 한다. 비버 댐이 없는 습지는 산불 피해가 3배 정도 크다.

가장 많이 진흙을 '항공 수송' 하는 동물

절벽 및 동굴 제비는 부리 한가득 진흙을 옮겨 집단 서식지를 만드는데, 한 쌍이 사는 둥지를 만들기 위해 최대 1,000번을 왕복한다. 미국 텍사스주에서 진행된 연구에 따르면 한 해 여름 동안 16개 군락의 제비들이 약 560kg의 퇴적물을 옮겼다. 이 둥지는 시간이 갈수록 커지는데, 가장 큰 군락은 953.6kg의 마른 진흙으로 이루어져 있다.

가장 많은 흙과 낙엽을 긁어모은 육생 동물

2020년 논문에 따르면 금조는 호주 동남부의 숲을 엄청나게 변화시킨다. 1년 동안 벌레 등의 먹이를 사냥하기 위해 1ha(헥타르)당 155t의 대지와 낙엽을 이동시킨다. 이 금조는 2.3ha당 겨우 1마리가 사는데, 매년 중형 덤프트럭 11대 분량을 옮긴다.

바위를 가장 많이 먹는 육생 동물

에우콘드루스 알버루스와 에우콘드루스 데서토룸, 2종의 달팽이는 쇠줄 같은 혀를 이용해 석회석을 부수고, 거기서 자라는 이끼류를 먹는다. 이스라엘 네게브 사막에서 진행된 연구가 1987년 발표됐는데, 이 달팽이 1마리가 매년 최대 5g의 바위를 먹는다고 한다. 이들이 배설하는 토양은 매년 1ha당 1.1t에 달하며, 이는 같은 면적에서 바람에 날아가는 흙먼지의 양과 비슷하다. 이 달팽이의 도움이 없었으면 네게브 사막의 비옥도는 훨씬 떨어졌을 것이다.

가장 자기 파괴적인 생태계 공학자

1890년 영국 웨일스 인근의 그래스홀름섬(면적 9ha) 연안에는 25만 쌍의 대서양퍼핀(바다오리과)이 서식했다. 하지만 1940년대 그 수가 25쌍으로 줄었고, 현재는 거의 남아 있지 않다. 이들은 50년 동안 둥지를 지으려고 광범위한 땅을 파헤치는 바람에 풀로 뒤덮였던 섬이 바위밖에 남지 않으면서 자진 퇴거해야 했다.

동물이 만든 가장 높은 구조물

흰개미는 인간의 키를 넘기는, 우뚝 솟은 주거지를 만든다. 이들은 흙, 식물, 타액, 배설물로 언덕을 만든다. 지금까지 알려진 가장 높은 흰개미 집은 높이가 8m에 달하는데, 호주의 '대성당' 흰개미가 만들었다. 흰개미의 건축 솜씨는 땅 위로만 향하지 않는다. 브라질의 신터메스 디루스 흰개미는 4,000년 이상 10km³ 부피의 토양을 채굴했다. 이는 이집트 기자의 피라미드 약 4,000개와 맞먹는 부피다.

100%

대부분의 일꾼 흰개미는 길이가 겨우 1cm다.

흰개미 언덕의 내부는 낮에는 시원하고 밤에는 따뜻한 천연 냉온풍기 역할을 하도록 설계되었다!

브라질 23만 km² 면적에 펼쳐진 흰개미의 '메가시티'는 영국 본토보다 커, 우주에서도 보인다!

극한 생물

여기서 우리는 가장 살아남기 어려운 환경에서조차 생존하는 놀라운 생물들을 탐사한다. 어떤 생물은 다른 유기체를 파괴하는 극한의 열이나 추위에서도 번성한다. 또 다른 생물은 산소가 희박한 어지러운 고도에 살거나, 햇빛도 들지 않고 치명적인 압력을 받는 해저 같은 곳에서 살기도 한다. 아주 작은 타디그레이드('느림보 동물'이라는 뜻의 완보동물)는 궁극의 극한 생물 중 하나로 다양한 슈퍼파워를 지니고 있다. 아래 더 많은 사실을 알아보자.

달에서 싹을 틔운 최초의 씨앗

2019년 1월 3일 중국의 창어-4(Chang'e-4) 착륙선이 **달의 뒷면에 최초로 착륙**했다. 싣고 간 화물 중에는 목화 씨앗이 있었는데, 인류의 달 정착 준비를 도와줄 기내 생물권 실험의 일환이었다. 이 씨앗은 4일 뒤 발아했지만, 영하 52℃까지 떨어지는 달의 밤을 견디지 못하고 1월 13일에 죽었다.

가장 작은 에너지를 사용하는 유기체

2020년 8월 5일 《사이언스 어드밴시스》에 발표된 논문에 따르면 특정 미생물들(특히 황산염 환원 및 메탄 생성을 하는 미생물)은 해저의 퇴적물 속에서 1젭토와트(10^{-21}W)의 힘으로 생존할 수 있다. 이는 인간이 사용하는 에너지보다 500억×10억 배 작은 힘으로, 이전에 생명체에게 필요한 최소 한계로 생각한 수치보다 100배 작은 힘이다.

100%

추위를 가장 잘 견디는 곤충

주홍머리대장(위 사진)은 미국 알래스카에 서식한다. 이 곤충의 유충(오른쪽 사진, 실물 크기 아님)은 야생에서 영하 80℃에서도 얼지 않으며 실험실에서는 최저 영하 150℃까지 견뎌 낸다. 이들은 건조 상태에서 부동 단백질을 만들고 내부 글리세롤 집중도를 증가시켜 효과적으로 몸의 체액을 점성이 있는 '유리질' 상태로 전환한다.

가장 열을 잘 견디는 갯과 동물

북아프리카의 사하라 사막에 서식하는 페넥여우는 38℃가 넘는 기온에서 살아남을 수 있다. 페넥여우는 이 환경에서 사냥감을 추적한 뒤 분당 690회까지 호흡을 늘려 과열된 체온을 방출한다. 높은 온도에 적응된 만큼 외부 기온이 20℃ 아래로 떨어지면 몸을 떨기 시작한다. 체온이 40.9℃까지 상승해야 땀이 나기 시작하므로 수분 손실이 적다. 꼬리를 뺀 길이가 겨우 40cm로 **가장 작은 여우 종**으로 분류된다.

메탄 내성이 가장 좋은 동물

메탄 얼음 벌레는 멕시코만에 서식한다. 이 곤충은 해저 700~800m 아래에 있는 '메탄 얼음'으로 알려진 결정형 탄화수소인 메탄 클라트레이트 더미에 엄청난 수가 모여 산다. 메탄 얼음 벌레는 이렇게 메탄이 풍부한 곳에서 메탄-산화 박테리아를 먹으며 서식하는 유일한 동물로 알려져 있다.

소금에 내성이 가장 강한 곤충

브라인(소금물) 파리의 유충은 소금물 석호에 서식한다. 실험실에서 이 곤충은 리터당 5,848mOsm(밀리오스몰)까지 견뎌 내는데, 이는 일반적인 바닷물보다 염도가 거의 5배 높은 수치다.

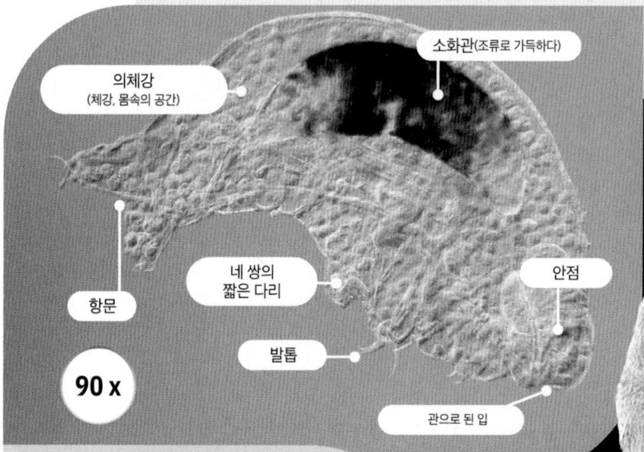

우주에서 가장 단단한 동물

2007년 과학자들은 2종의 미세한 타디그레이드들을 궤도로 보내, 공기 없는 진공의 우주 공간에서 인간에게는 치명적인 수준의 방사선을 쬐게 했다. 지구로 귀환했을 때, 이 중 3분의 1은 여전히 살아 있었다.

타디그레이드는 또 **열을 가장 잘 견디는 동물**로, 150℃ 이상의 온도를 견뎌 낸다. 이들은 혹독한 추위도 잘 견디는데, 1983년 11월부터 2014년 3월까지 얼어 있던 개체 2마리가 되살아난 기록이 있다 **(최장기간 얼음 속에 얼어 있던 타디그레이드 기록)**.

2020년 10월 발견된 새로운 타디그레이드의 색소는 다른 타디그레이드에게조차 치명적인 수준의 자외선을 견디게 한다.

열을 가장 잘 견디는 새

아프리카집게제비갈매기는 사하라 사막 이남 아프리카의 물과 습지에 산다. 케냐의 투르카나 호수 연안 등의 번식 지역은 지면 온도가 60℃에 달한다. 이 새들은 알과 새끼를 시원하게 유지하기 위해 둥지에 돌아올 때 급강하하며 발을 낮춰 배에 있는 물을 뿌린다.

추위를 가장 잘 견디는 갯과 동물

유럽과 아시아, 북아메리카의 고위도 지역에 사는 북극여우는 영하 70℃의 환경도 견뎌 낼 수 있다. 아주 빽빽하고 여러 층으로 이루어진 털로 추위와 맞서는데, 다리와 주둥이가 짧아 체온 손실이 적으며 다리로 흐르는 혈액의 양도 줄어들어 동상을 예방한다.

가장 높이 이동하는 나비

쐐기풀나비 무리가 해발 5,800m의 히말라야 동부 인도 시킴주의 제무(Zemu) 빙하에서 날아가는 모습이 발견됐다. 이 모습은 영국의 곤충학자 윌리엄스가 1958년 출판한 책에 기록됐다.

먹이 없이 가장 오래 사는 어류

서아프리카 폐어는 심한 가뭄이 오면 먹이를 먹지 않고도 4년을 생존할 수 있다. 이를 위해, 스스로 강이나 호수 바닥에 있는 진흙에 들어가 점액질 보호막으로 몸을 감싸고 움직임을 멈춘 채 여름잠에 들어간다. 그 상태로 먹고, 마시고, 배설하는 활동을 멈추고 있다가 비가 내려 말라 버린 강이나 호수가 다시 차오르면 보호막을 깨고 나온다.

가장 높은 곳에 사는 새

노랑부리까마귀는 스페인 그리고 동쪽으로는 중앙아시아에 이르는 내륙의 높은 절벽과 고산지대 초원에 사는 까마귀 종이다. 이 새는 최고 6,500m 고도에서 생활하고 번식한다. 몇몇 개체는 8,235m 높이에서 죽은 고기를 먹는 모습이 발견됐다.

가장 깊은 곳에 사는…

장어: 2014년 5월 14일 뉴질랜드 인근 케르마데크 해구 6,068m 깊이에서 컷스로트 장어의 일종인 일리오피스 로빈새(Ilyophis robinsae) 한 개체가 사진에 찍혔다.
어류: 2014년 11월 23일 7,966m 깊이에서 마리아나 꼼치 한 마리가 채집됐다. 지구에서 **가장 깊은 지점**인 태평양 마리아나 해구의 챌린저 해연에 서식하는 종으로 추정된다. '이씨리얼 분홍꼼치'라는 별칭을 가진 같은 꼼칫과의 물고기 역시 마리아나 해구의 8,143m 깊이에서 2014년에 촬영됐다.

가장 높은 곳에 사는 포유동물

2020년 2월 칠레와 아르헨티나 국경에 있는 유야이야코산의 해발 6,739m 정상에서 노랑엉덩이잎귀쥐를 포획했다. 2020년 7월 16일 발표된 논문에 현장에서 진행된 연구가 상세히 실렸는데, 이 쥐는 7년 전 같은 화산의 6,205m 지점에서 목격된 적이 있다고 한다. 유야이야코산은 세계에서 두 번째로 높은 활화산으로, 같은 산맥에 있는 오호스델살라도산이 6,893m로 가장 높다.

높은 곳 VS 깊은 곳에 사는 생명체

6,700m
가장 높은 곳에 사는 거미
히말라야 깡충거미

5,800m
가장 높은 곳에 사는 포유류 포식자
눈표범과 퓨마

5,200m
가장 높은 곳에 사는 물고기
티베트 돌 미꾸라지

4,900m
가장 높은 곳에 사는 뱀
히말라야 살무사

4,700m
가장 높은 곳에 사는 영장류
윈난 들창코원숭이

-6,957m
가장 깊은 곳에 사는 문어
덤보 문어

-7,584m
가장 깊은 곳에 사는 불가사리
포르셀라나스터 이바노비

-7,703m
가장 깊은 곳에 사는 십각류
벤더시시미드 새우

-8,840m
가장 깊은 곳에 사는 해면
클라도히자이데

-9,066m
가장 깊은 곳에 사는 히드로충
로파로네마티드 트라치메두사

공룡

공룡은 6,600만 년 전에 멸종했지만, 여전히 우리의 상상력을 사로잡는다. 이 포효하는 파충류를 기념하기 위해 우리는 증강현실(AR) 업체 피포디시티(Peapodicity)와 함께 몇몇 우월한 종에 생명을 불어 넣었다. 당신의 핸드폰/태블릿을 손에 잡고 다음 단계들을 따라 해보자.

· 앱스토어(iOS), 구글 플레이(안드로이드), 혹은 아마존 앱스토어에서 AugmentifyIt®를 다운로드한다.

· 앱을 열고 카메라에 이렇게 생긴 AR 코드를 비춘다.>>>

· 몇 초 뒤면, 책장에서 공룡이 3D 형태로 박차고 나온다. 소리도 켜 두는 걸 잊지 말자!

· augmentifyit.com에 가면 더 많은 정보를 확인할 수 있고, 선사시대 야수(아래)들이 나와 있는 AR 퀴즈 카드도 살 수 있다.

스피노사우루스

·생존 연대: 9,500만~7,000만 년 전

등에 도드라져 있는 '돛'으로 '부채 공룡'으로도 불린다. 길이 17m에 무게는 7.5~10t인 **가장 큰 육식공룡**으로, 티라노사우루스보다 약 4m 정도 길다! 역대 가장 큰 육지 포식자? 그럴지도 모른다. 반수생 생활을 했을 가능성이 높은데... 현재 사하라 사막이 있는 북아프리카의 강과 연안을 거닐며 어류를 잡아먹었던 것으로 보인다.

트리케라톱스

·생존 연대: 6,800만~6,600만 년 전

"얼굴에 뿔이 3개 난" 짐승. **뿔이 가장 긴 공룡**으로 1.2m까지 자라며 토로사우루스, 코아후일라케라톱스와 기록을 공유하고 있다. 뿔의 목적은 아직 알아내지 못했다. (구애? 싸움?) 각룡류의 3종이 모두 마찬가지다. 트리케라톱스 호리두스는 **가장 무거운 각룡**으로 15.4t 이상인데, 아프리카코끼리 수컷보다 3배 이상 무겁다!

가시가 달린 '주름 장식', 짝을 유혹하기 위해? 목을 보호하기 위해? 아니면 체온 조절?

AUGMENTIFY IT®

증강현실로 공룡들을 되살리다!

기네스 세계기록은 피포디시티의 공동 창립자인 브렛 하세와 아라니 로건(아래 사진)에게 AugmentifyIt®과 그들만의 쥐라기 공원을 창조한 것에 관해 물어봤다...

AugmentifyIt®가 정확히 뭔가요?
놀면서 학습하는 앱이에요. 증강현실(AR)을 이용하면 재미있고, 또 현실과 디지털 세상이 합쳐져 기억에 남을 만한 체험학습이 되죠.

AR 공룡은 어떻게 만드셨나요?
많은 조사가 필요해요. 공룡들의 실제 색이나 울음소리를 알지 못해서 많은 학문적인 추측이 필요합니다. AR로 체험할 공룡의 크기도 고려해야 하죠. 독자들이 사용하는 화면에 딱 맞아야 하는데, 너무 크면 오히려 AR 대상을 보기가 힘들어져요.

어떤 공룡이 '현실화'하기에 가장 어려웠나요?
디플로도쿠스가 길이 때문에 꽤 어려웠어요.

공룡이 시대를 막론하고 인기 있는 이유가 뭘까요?
공룡은 현재 우리가 알고 있는 그 어떤 동물과도 달라요. 크고, 무서워서 용이랑 아주 비슷하죠!

AR의 '다음 대박 소식'에 팁을 주자면?
AR 안경일 거예요. 우리도 계속 알아보고 있는데, 소비자들이 사용할만한 제품이 곧 나올 것 같아요.

티라노사우루스 렉스

·생존 연대: 6,800만~6,600만 년 전

흉포한 육식공룡. '폭군의 도마뱀'이자 **무는 힘이 가장 강한 육지 동물**이다. (어금니 쪽) 최대 하중이 5만 7,000N에 이르는 것으로 추정되는데 이는 사자의 무는 힘보다 3배 이상 세다. 턱에 이빨이 60개 이상 있고, 각각의 길이가 20cm로 뼈를 부수는데 특화돼 있다. 첫 번째 티라노사우루스의 흔적은 1902년 화석 사냥꾼 바넘 브라운이 발견했다.

안킬로사우루스

·생존 연대: 7,000만~6,500만 년 전

다부진 초식공룡. 수많은 뼈가 서로 연결되어 있어 '뻣뻣한 파충류'라는 별명이 있다. 가장 큰 갑옷 공룡으로, 길이가 포드 모델 T 자동차의 3배 이상인 10.7m에 이른다. 폭도 2.4m로 매우 넓다. 두껍고 뼈처럼 단단한 갑옷이 피부를 둘러싸고 있으며, 등에 가시가 두 줄로 나 있다. 가장 눈에 띄는 특징은 뼈로 된 곤봉 모양의 꼬리다. 자기방어용 무기로 활용했던 건 확실하지만, 어떻게 사용했을지 방법은 확실하지 않은데 아마 낮게 휘둘러 포식자의 정강이를 때리지 않았을까? 아야!

스테고사우루스

·생존 연대: 1억 5,500만~1억 4,500만 년 전

꼬리에 가공할 뿔이 달린 초식공룡이다. 고생물학자가 등에 있는 기와처럼 생긴 판을 보고 이름을 붙여 '기와 도마뱀'이라고 불렸다. 몸길이가 9m까지 자라지만 뇌는 겨우 70g으로 몸무게(3.6t)의 0.002%에 불과해, **뇌가 가장 작은 공룡**으로 기록됐다.

디플로도쿠스

·생존 연대: 1억 5,500만~1억 4,500만 년 전

'기둥 2개를 연결한 모양의 거대 괴수(꼬리 아래 V자 모양으로 된 한 쌍의 뼈로 인한 별명). 꼬리가 가장 긴 공룡으로 13~14m에 이르렀는데, 몸 전체 길이의 절반에 달한다! 기다란 목으로 높은 곳과 낮은 곳에 있는 풀을 모두 먹을 수 있었다. 디플로도쿠스는 거대한 꼬리를 채찍처럼 휘둘러 무기로 사용했을 것으로 추측된다. 음속폭음이 생길 정도로 빨리 휘두르지 않았을까? 흠, 조사가 더 필요해 보인다.

대양의 SOS

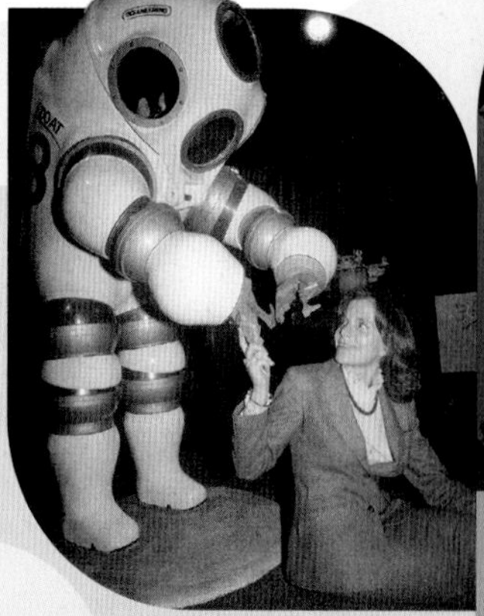

최초의 여성 NOAA 최고위 박사

유명 해양학자이자 해양 생물학자인 실비아 얼(미국)은 1990년 여성 최초로 미국 국립해양대기국(NOAA)의 과학 팀을 이끄는 인물이 됐다. 얼은 SCUBA와 심해 잠수정 개발을 선도했다. 그녀는 1979년 9월 19일 미국 하와이 인근에서 JIM(삽입된 사진)이라는 다이빙 슈트를 입고 381m 깊이의 해저로 내려가 **가장 깊은 곳에서 연결장치(줄) 없이 해저를 걸은 기록**을 달성했다. 얼은 50년 이상 경력을 쌓으며 해양 보호에 앞장선 인물이 됐다.

최대 규모 해양 사고 기름 유출

2010년 4월 20일 멕시코만의 딥워터 호라이즌 시추장치가 폭발하며 7억 7,900만 L의 원유가 유출됐다. 이는 영국에서 하루에 사용되는 기름양의 4배에 이른다. NOAA의 분석에 따르면, 이 유출로 인해 수천 마리 해양 포유동물과 거북이 죽었고, 이 지역에 서식하는 큰돌고래의 개체 수가 50% 감소했다.

가장 큰 해양보호구역

'해양보호구역(MPA)'의 기준은 국가마다 다르지만, 일반적으로 상업을 위한 어업과 광업 같은 활동을 제한하거나 금지한다. 마린 프로텍션 아틀라스의 정보를 기반으로, 세계보호지역 데이터베이스에 '취득 금지'(천연자원 취득 금지)로 등록된 보호구역은 남극 대륙 로스해의 MPA 내에 있는 지역으로 면적이 160만 3,826km^2다. 국제자연보전연맹의 기준에 맞춰 전체 면적을 높은 수준으로 보호하는 가장 큰 MPA는 미국 하와이의 파파하노모쿠아키아 해양국립기념물로 면적은 150만 8,847km^2다.

가장 산성이 높은 대양 해수(지역)

북태평양의 베링해는 겨울에 수온이 내려가면 이산화탄소 함량이 높아지며 pH가 7.7까지 낮아진다. 여전히 알칼리성이지만, 세계 전체 대양의 평균 pH가 8.1임을 고려하면 기본적으로 '가장' 산성이 높다. 베링해는 기후가 춥고 다른 해수가 잘 유입되지 않아 산성화에 민감하다.
역대 산성이 가장 높은 대양 해수는 40억 년 전 시생대에 기록된 약 6.6pH다. 당시 대기의 이산화탄소 레벨은 오늘날보다 현저하게 높았다.

가장 넓은 빨간 결석 바닥

빨간 결석은 단단한 외부를 가진 해조류인 산호말류로 형성된다. 이들이 산호초처럼 해저에 형성하는 서식지는 야생동물의 천국으로 해양 생태계의 핵심 역할을 한다. 가장 큰, 서로 가까이 붙어 있는 해저 빨간 결석 바닥은 면적이 2만 902km^2으로 이스라엘보다 크다. 남대서양 브라질 연안의 아브롤류스 대륙붕에 있다. 이 서식지는 지구 온난화와 해양 산성화로 위협받고 있다.

가장 큰 대양 '쓰레기 섬'

북태평양 환류대의 중심은 북아메리카와 동아시아 사이의 대양 해수가 천천히 회전하는 거대한 소용돌이다. 그래서 떠다니는 쓰레기들이 자연스럽게 이 중심에 모이는데, 그 면적이 대략 미국 텍사스주만 하다. '태평양 거대 쓰레기 지대'로 알려진 이곳은 해수 1km^2당 5.114kg의 플라스틱이 있다. 반대쪽 Q&A를 참조하자.
해양 쓰레기의 가장 큰 문제는 동물들이 플라스틱에 얽히고 갇히게 된다는 점이다. **최초의 플라스틱 얽힘 사례**는 1947년으로 추정되는데, M. A. 제이콥슨 박사가 줄에 얽힌 재갈매기를 발견했다고 한다. 이 줄이 천연 섬유인지 인공 섬유인지는 확실히 알려지지 않았다. 최초의 명확한, 해양 인공물질 얽힘 사례는 1957년 영국의 연속 플랑크톤 기록계의 과학자들이 기록한 저인망 노끈이다(29쪽 참조).

가장 큰 해초의 감소 사례

해초는 꽃을 피우는 해양 식물로 연안의 얕은 물에서 자란다. 2010~2011년 웨스턴오스트레일리아주에 전례 없는 해양열파(더위)가 찾아와 세계 최대 해초 목초지인 샤크만에서 1,310km^2 면적의 해초가 감소했다. 물의 온도가 평균보다 2~5℃ 높았다.

최대 규모 산호초 격감 사례

물이 너무 따뜻하면 산호는 그들의 조직에 사는 조류를 퇴출해 색이 하얗게 변하고 때때로 죽음에 이르기도 한다. 2014~2017년 세계 산호 백화 사건(GCBE) 당시 전 세계 75%의 암초가 백화 수준의 열 스트레스를 경험했으며, 전체 산호의 3분의 1 정도가 비명횡사했다. 2014~2017년 GCBE는 1998년 이후 세 번째로 기록된 사건으로 전례 없이 36개월이나 지속됐다. 이는 몇 해 동안 이어진 더위와 2015~2016년의 강한 엘니뇨 현상으로 인해 발생했다.

쓰레기 이야기: 태평양 거대 쓰레기 지대 최장거리 구간 수영

벤 르콤트(프랑스)는 2019년 6월 14일부터 8월 31일까지 '태평양 거대 쓰레기 지대'(GPGP, 반대쪽 참조)로 알려진 세계에서 해양 쓰레기가 가장 많이 모인 지역의 626km 거리를 44구간으로 나눠 헤엄쳐 지나갔다.

대양 수영을 처음 어떻게 접하셨나요?
저는 풀장에서 수영하기를 좋아하지 않았어요. 대양 한가운데서 수영할 때의 느낌은 비교할 수가 없어요. 자연과 나 사이에 아무것도 없는 아주 순수한 활동이죠. 그리고 저는 모험을 사랑해요.

'소용돌이 수영' 프로젝트는 어떻게 시작하게 된 건가요?
2018년에 GPGP의 북부를 수영으로 건널 계획을 세웠어요(실패한 태평양 횡단 수영의 일부). 대양의 플라스틱 오염에 대해 말할 때 아주 중요한 장소라, 우리는 2019년 GPGP에 초점을 맞추고 탐사를 하기로 했어요.

북태평양은 왜 특별히 쓰레기 피해가 클까요?
거대한 해류가 가장 큰 대양에 위치한 GPGP에 광활한 지역에서 쓰레기를 가지고 와요. 저는 처음부터 마지막 날까지 플라스틱을 봤어요. 나중에는 너무 당연해서 무감각해질 정도였죠.

사람들이 우리 바다가 얼마나 오염되었는지 알고 있나요?
사람들은 매년 800만 t의 플라스틱이 바다에 버려진다는 게 어떤 의미인지 이해하지 못하는 것 같아요. 그 원천을 아예 봉쇄하는 해결책을 만들어야 해요. 일단 플라스틱이 바다에 들어가면, 그때는 이미 늦은 거예요.

좋았던 점이 있나요?
야생에서 놀라운 순간들을 경험했어요. 마주친 모든 동물이 저를 전혀 두려워하지 않고 호기심을 보였어요.

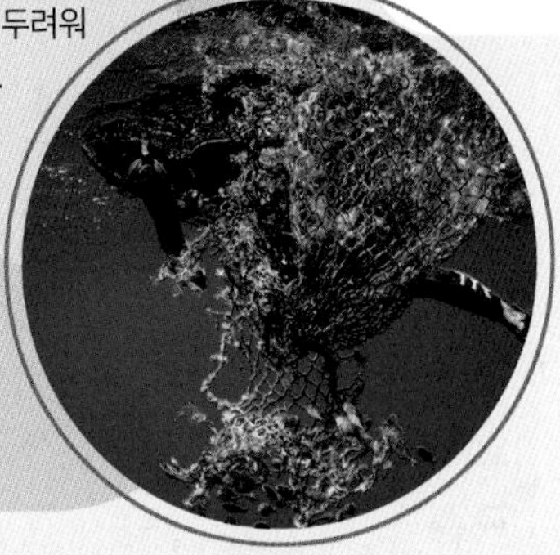

가장 많은 사람이 투표에 참여한 해양 조사선 이름

2020년 10월 'RRS 데이비드 애튼버러 경'호는 기후변화의 영향을 조사하기 위해 북극과 남극으로 나서기 전, 시범 운항을 했다. 사실 2016년 대중에게 가장 많은 표를 받은 이 선박의 이름은 '보티 맥보트페이스'였다(12만 4,109표). 하지만 배의 이름은 결국 상징적인 TV 동식물 연구가이자 환경운동가(54~55쪽 참조)의 이름으로 바뀌게 됐다.

수중 설치 예술작품을 가장 많이 만든 인물

일부 환경운동가들이 산호초가 처한 위기와 그 회복을 돕는 데 예술을 활용하고 있다. 조각가인 제이슨 디케리스 테일러(영국)는 전 세계에 수백 개의 조각품으로 된 12개의 수중 설치 예술품을 관리한다. 그의 가장 큰 프로젝트는 2020년 4월 호주 퀸즐랜드에 완성한 〈산호 온실〉(아래)이다. 주요 조각품은 9.3m 높이로, 녹 방지 스테인리스 스틸과 아연, 중성 시멘트로 만들었으며, 약 2,000개의 살아 있는 산호가 심어져 있다. 또한 이 예술가는 **가장 키가 큰 수중 구상조각**도 만들었는데, 2014년 바하마 나소 연안에 설치한 〈오션 아틀라스〉로 높이는 5m다. 테일러의 모든 수중 작품은 시간이 흐르면서 주변 자연환경과 조화를 이루도록 제작됐다.

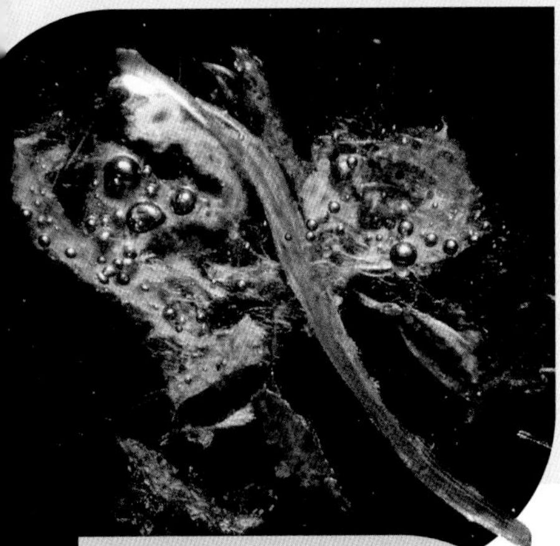

가장 흔한 해양 미세 플라스틱 쓰레기

미세 플라스틱은 지름 5mm 이하로, 이보다 큰 건 매크로플라스틱이라고 한다. 대양에 가장 많이 있는 미세 플라스틱은 직물 초미세 합성 섬유(위 하얀 부분)로 대부분 세탁물에서 나온다. 해양 생물들이 먹으면 소화관이 막힐 수 있다. 또 미세 플라스틱은 화학적 오염을 일으킬 위험도 있다.

〈산호 온실〉에는 17명의 (실제 아이들을 본뜬) 어린이 조각상과 화분, 나무, 작업대가 포함돼 있다.

나무

가장 키가 큰 야자나무

야자나무는 줄기 꼭대기에 잎을 더해 위로 자랄 뿐 반경이 넓어지지는 않는다. 그래서 소수의 약 2,500 야자나무 종자만 키가 40m를 넘는다. 킨디오 밀랍야자가 그 흔치 않은 예외다. 콜롬비아 라 카르보네라에 있는 한 개체는 2017년 59.2m로 기록됐다.

가장 무거운 유기체

미국 유타주 와사치산맥의 43ha를 덮고 있는 '판도(Pando)'는 무게가 6,000t으로 추정되는 사시나무(포퓰러스 트레뮬루이드) 군락이다. 뿌리가 이어져 있는(근계) 여러 그루의 나무가 하나의 독립체로서 활동하는데, 모두 동시에 단풍이 들고 낙엽이 진다. 이 한 무리의 숲은 약 4만 7,000개의 개별 줄기로 구성돼 있다.

가장 넓은 면적을 차지하는 나무

바니안나무는 평평하게 뻗은 가지들에서 끈 모양의 부속 기관이 땅으로 내려와 뿌리를 내리고 새로운 줄기가 자라는데, 한 그루의 나무가 숲을 방불케 할 만큼 퍼질 수 있다. 인도 안드라프라데시주 아난타푸르에 있는 바니안나무는 여러 그루에서 자란 임관(덮개)이 축구 경기장 3개와 맞먹는 2.19ha를 덮고 있다.

가장 나이가 많은 나무

연륜연대학자들의 중심 표본을 근거로 했을 때, 가장 오래 산 나무 개체는 미국 캘리포니아에 있는 강털소나무다. 살아 있는 한 무명 개체가 2020년 기준 5,070살로 추정됐다. 이름이 붙은 개체 중 가장 연장자 소나무는 '므두셀라'로 4,852살이다.

가장 높은 지역에서 서식하는 나무

남아메리카 중앙 안데스에 있는 알티플라노 고원은 폴리레피스 토멘텔라(스페인어로 'queñoa de altura')의 집으로, 이 작은 나무 혹은 장미과의 관목은 해발 5,200m 이상에서도 자란다.

가장 동떨어진 곳에 있는 나무

남극에 가까운 캠벨섬에 있는 가문비나무속의 나무 한 그루는 다른 나무와 222km나 떨어져 있다. 전 뉴질랜드 총독의 이름을 따 랜펄리나무로 알려져 있는데, 그가 1901년에 이 나무를 심었다는 이야기가 전해진다.

가장 큰 바오바브나무

두꺼운 줄기로 유명한 바오바브나무(아단소니아)는 많은 양의 물을 저장한다. 남아프리카 브헴베 마시시에 있는 A. 디지타타 종의 한 개체인 '사고레 바오바브(Sagole Big Tree)'는 밑동의 넓이가 60.6m^2이며 높이는 19.8m다. 바오바브나무는 커다란 덩치에도 불구하고 목재가 가벼운데, 사고레 바오바브의 지면 윗부분의 무게는 '겨우' 54t이다. 아프리카에 있던 이보다 더 큰 바오바브나무 2그루는 지난 10년 사이 죽어 버렸다.

길고 긴 이야기: 나무 사냥꾼 로버트 반 펠트

로버트 반 펠트 박사는 세계에서 거목 연구를 선도하는 전문가이자 유명한 나무 삽화가이다. 그는 미국 워싱턴대학교 교수다.

거목에 관해 언제나 열정적이셨나요?

저는 진실과 숫자에 항상 관심이 많아서, 책 중에 『기네스 세계기록』을 좋아했습니다. 거목은 그다음으로 좋아하게 됐죠.

나무 사냥꾼에게 필요한 중요한 자질이 있나요?

제 경험상 3가지가 있는데, 기록을 잘 기억하고, 크기를 아주 잘 판단하며, 자신이 무엇을 찾는 중인지 알아야 합니다. 아주 먼 거리에서도 나무의 종을 구분하는 게 저의 두 번째 천성이에요.

나무를 측정하기 위해 어디까지 가 보셨나요?

친구와 올림픽국립공원(미국 워싱턴주)에서 나흘 동안 아고산전나무를 측정한 적이 있습니다. 나무 옆에서 밤을 지새웠는데, 침낭은커녕 따뜻한 옷도 입지 않았고 눈을 뜨니 짙은 안개가 끼어 있었어요. 베이스캠프의 위치를 알아내기 위해 산꼭대기로 올라가야 했습니다.

임관이 가장 넓은 나무(단일 몸통)

태국 깐짜나부리 인근 기갑군부대에 있는 참추리는 콩과 자귀나무의 일종으로, 임관의 지름이 60.4m다. 2018년 기준 이 나무의 몸통 둘레는 9.15m였으며, 높이는 17.6m였다. 자귀나무는 멕시코와 페루가 원산지이지만 열대 및 아열대 지역에 넓게 심어졌다.

나무 위에서 아찔한 경험을 하신 적이 있나요?
많습니다! 장비를 나르다가 넘어지기도 하고, 나무 꼭대기에 오르다 수없이 베이기도 했어요. 말벌에 쏘이고 쐐기풀이나 검은딸기에 찔리기도 했습니다.

거목의 위치를 숨기는 일이 쉬운가요?
거의 불가능합니다. 하지만 인간의 발길이 닿으면서 특히 우림과 산의 경사면에서 자란 유명한 나무들이 종말을 많이 맞았어요. 보호 조치를 반드시 해야 합니다.

정부가 어떤 일을 해야 할까요?
나무는 생태계 일부로 함께 성장하고 서로를 보호합니다. 우리는 단지 나무만 보호하는 게 아니라 그들이 자라는 환경을 보호해야 해요.

숲의 거인

히페리온이라는 별칭의 세쿼이아는 2019년 기준 116.07m까지 자라 현재 세계에서 **가장 큰 나무**다. 미국 캘리포니아주 레드우드 국립공원에서 2006년 8월 25일 발견됐다. 오른쪽 아래 있는 히페리온의 삽화는 로버트 반 펠트가 창작했다. 히페리온의 왼쪽에 있는 나무는 당마가목인 센추리언으로 2014년 호주 태즈메이니아에서 99.82m로 측정됐다. 센추리언의 옆에 있는 나무는 재너럴 셔먼이라는 이름의 자이언트 세쿼이아로 현재 **부피가 가장 큰 나무**다(1,591m^3). 높이는 83.6m로 역시 캘리포니아주 세쿼이아 국립공원에 있다.

전 세계에서 가장 큰 나무들

대륙	높이	종
북아메리카	116.07m	세쿼이아
오세아니아	99.82m	당마가목
아시아	98.53m	옐로우 메란티
남아메리카	88.50m	디니지아 엑셀사
아프리카	81.50m	무요부
유럽	72.90m	캐리

벌목된 역사상 가장 큰 나무

미국 캘리포니아주 컨버스 베이슨 글로브에 있던 세쿼이아 종의 나무 '더 제너럴 노블 트리'가 1892년 8월 벌목됐다. 거목 사냥꾼 웬델 플린트에 따르면 이 나무의 부피는 1,250m^3로 추정돼, 아직 살아 있다면 가장 큰 나무 10그루 안에 들었을 것이다. 몸통 부분은 이층집으로 만들어져 1893년 시카고 만국박람회에 전시됐다. 이 집은 나중에 워싱턴 DC로 옮겨졌다.

육식성 식물

일부 식물은 특이한 전략으로 양분을 섭취하도록 진화했는데, 바로 살아 있는 동물을 잡아 천천히 소화하는 방식이다! 끈끈이주걱은 달콤한 점액으로 곤충을 잡고, 통발은 소화액이 가득한 항아리 모양의 기관에 순진한 동물을 빠뜨리며, 어떤 종들은 잎을 빛처럼 빠른 속도로 움직이기도 한다. 이런 범상치 않은 식단으로 종종 육식성 식물은 다른 식물들이 살지 못하는 곳에서도 번식한다.

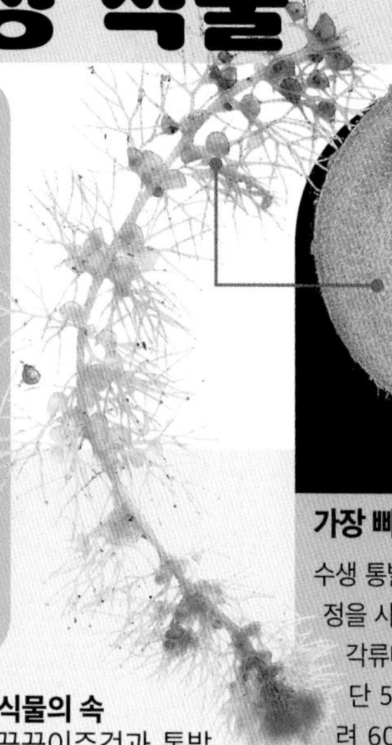

가장 다양한 육식성 식물의 속

2020년 9월 기준 끈끈이주걱과 통발 속에 약 248종씩 포함돼 있다. 이 두 속은 **가장 널리 분포한 육식성 식물** 타이틀도 공유하는데, 남극을 제외한 모든 대륙에 퍼져 있다. 육식성 식물에는 대략 860종이 있으며, 18개 속으로 나뉜다. 끈끈이주걱은 잎에 있는 끈적거리는 점액질(콧물 같은) 분비기관을 이용해 곤충을 잡지만, 통발은 진공을 이용한 속이 빈 주머니와 촉각에 반응하는 덮개를 사용한다(위쪽 참조).

가장 규모가 작은 육식성 식물 과로는 2개가 있는데 모두 단일 종이다. 세팔로타과는 호주의 올바니 통발로만 대표되고, 드로소필라과는 서지중해가 원산지인 드로소필룸 러시타니쿰이 유일하다.

가장 빠른 포식성 식물

수생 통발(통발속의 식충 식물)은 흡입 기반의 함정을 사용하는데, 반응이 빠른 덮개로 작은 갑각류나 벌레 유충 등을 가둔다. 남방 통발은 단 5.2msec(밀리세컨드, 1,000분의 1초) 만에 무려 600g까지 가속해 물을 빨아들여 먹이를 함정에 빠뜨린 기록이 있다! 반대로, 파리지옥풀(반대쪽 참조)은 먹이를 잡는 데 약 20배 정도 더 걸린다.

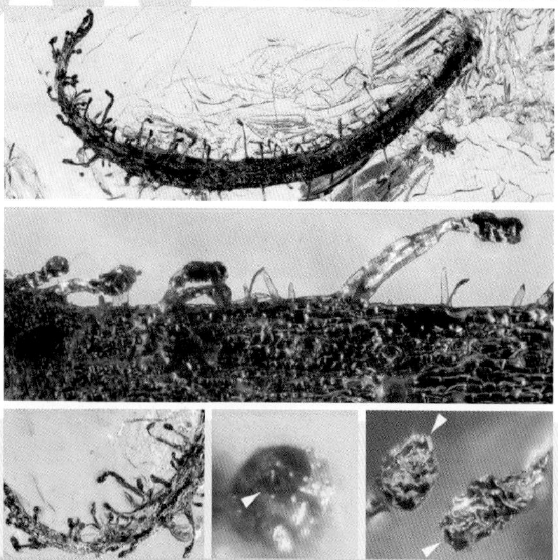

가장 오래된 육식성 식물의 화석

2015년 보고에 따르면 3,500~4,700만 년 전 시신세에 살았던 육식성 식물의 잎 조각이 발견됐다. 러시아 칼리닌그라드 인근의 얀타르니 광산에서 발견된 호박 속에 있던 화석으로 오늘날 딱새 풀(로리둘라속)과 유사한 함정 기관이 있다. 잎의 촉수(사진 속 화살표) 끝에서 끈적끈적한 분비물이 흘러나와 먹이를 잡는다. 심지어 이보다 더 오래된 1억 2,500만 년 전 육식성 식물의 화석도 발견됐지만, 현재 고생식물학자들 사이에서 논의가 진행 중이다.

게놈이 가장 적은 화초

브라질의 코르크따개 식물인 젠리시아 투베로사보다 게놈(총 유전자 구성)이 적은 속씨식물은 없다. 인간의 염기쌍은 약 30억 개인 데 반해 이 식물은 6,100만 개의 염기쌍만 가지고 있다. 이 육식성 식물은 땅속에서 뿌리처럼 생긴 잎을 이용해 먹이를 잡는다. 땅속을 다니는 작은 유기체들은 코르크따개 모양의 잎에 난 구멍으로 먹이를 찾으러 들어왔다가 역방향으로 난 털 때문에 다시는 나갈 수 없게 된다!

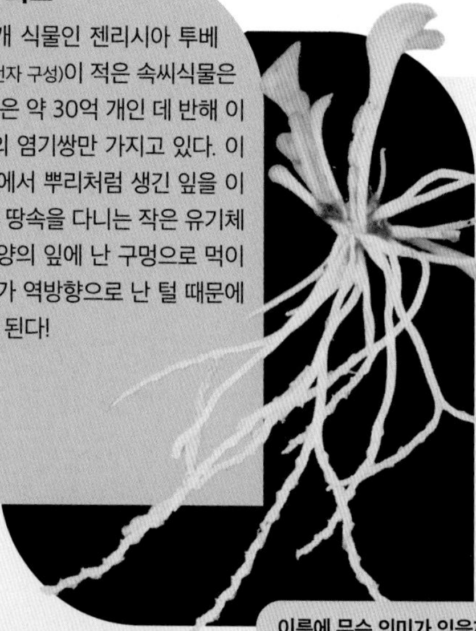

가장 큰 육식성 식물

이 기록에는 기준에 따라 다양한 후보가 있는데, 식물의 전체 크기를 따지면 모든 네펜데스속의 종이 포함된다. 이 열대 통발 식물은 동남아시아에서 주로 발견되며 특히 인도네시아, 말레이시아, 필리핀에 많다. 거대한 덩굴 식물이 많으며 우림을 덮는 나무를 따라 25m 높이까지 올라가며 거대한 군집을 이룬다.

모든 육식성 식물 중 **가장 큰 먹이**를 소화하는 식물도 네펜데스과에 속하는데 네펜데스가 유일한 속이다(왼쪽 아래 사진).

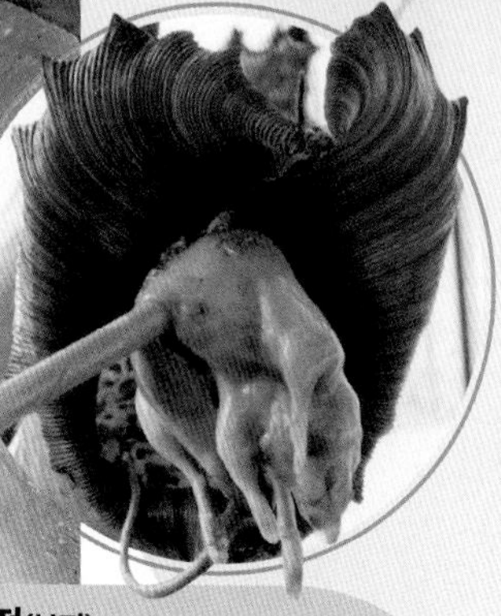

이름에 무슨 의미가 있을까? 식물 명명법

- **속/종:** 사라세니아 플레이버(S. flava)
- **하이브리드:** 2종 이상의 혼합, 예를 들어 사라세니아 류코필라 × 플레이버
- **품종:** 정식으로 묘사된 식물의 등록(순종과 혼종 모두 가능), 예를 들어 사라세니아 '레아 윌커슨'
- **미등록 섹션:** 대부분 식물학계에 알려지지 않은 미평가 혼종, 예를 들어 네펜데스 '리바이던'

가장 큰 육식성 식물의 함정(부피)

모든 통발 식물은 소화액으로 채워진 비커 모양의 잎(낙하 함정)을 사용해 먹이를 잡는다. 말레이시아 보르네오에 서식하는 네펜데스 라자의 함정은 높이 41cm에 물을 3.5L나 담을 수 있다. N. 인시그니스, N. 머릴리아나, 그리고 N. 라플시아나의 일부도 비슷한 크기의 함정을 가지고 있다. 이들의 먹이에는 개구리, 작은 새, 심지어 설치류 등 다양하다.

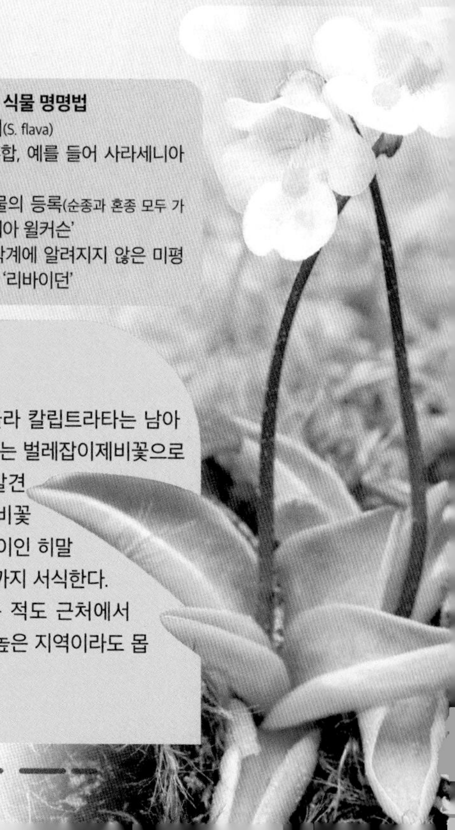

가장 높은 곳에 사는 육식성 식물

입이 끈적끈적한 핀귀큘라 칼립트라타는 남아메리카 안데스에 서식하는 벌레잡이제비꽃으로 고도 4,200m에서도 발견됐다. 산악 벌레잡이제비꽃(오른쪽 사진)도 비슷한 높이인 히말라야산맥 4,100m 지점까지 서식한다. 핀귀큘라 칼립트라타는 적도 근처에서 자라기 때문에 고도가 높은 지역이라도 몹시 춥지는 않다.

가장 키가 큰 육식성 식물의 함정

북아메리카의 습지에서 주로 발견되는 사라세니아(병자초)는 얇은 트럼펫 모양의 통발이 특징이다. 이 중 노랑 통발 식물과 진홍색 통발 식물은 120cm에 이른다. 간혹 더 큰 재배 변종이 나오기도 하는데, '레아 윌커슨'이라는 이름의 사라세니아 류코필라 × 플레이바 혼종의 통발은 땅에서 뚜껑까지 높이가 130cm를 기록했다.

최초의 육식 식물 혼종

통발 식물 N. × 도미니는 1862년 6월 영국 런던의 사우스 켄싱턴에서 열린 왕립원예협회 쇼에서 처음 전시됐으며 지금도 경작되는 것으로 알려져 있다. 네펜데스 라플레시아와 네펜데스 그라실리스의 잡종으로 1850년대 후반 영국의 원예사 존 도미니가 교배했다. 네펜데스속의 통발 식물은 빅토리아 고온도실 시대에 주로 교배가 이루어졌는데, 온실 속에서의 열대 식물 재배가 큰 관심을 모았다.

페이스북에서 최초로 발견된 식물 종

2015년 7월 전문가들은 D. 마그니피카가 아직 알려지지 않은 종이라고 판명했다. 아마추어 연구가인 레지날도 바스콘셀로스가 3년 전 브라질 남동부의 산 정상에서 촬영한 사진을 포스팅했다. D. 마그니피카는 잎을 포함해 약 1.5m까지 자란다.

가장 비싼 육식성 식물

2019년 7월 '레비아단' 통발 식물의 수나무 개화 개체가 미국에서 익명의 구매자에게 4,500달러에 판매됐다. '레비아단'은 미국에서 육식성 식물 재배를 취미로 하는 예레미아 해리스(아래 참조)가 교배한 몇몇 혼종 가운데 하나다.

가장 큰 끈끈이주걱

끈끈이주걱과에서 올가미 잎이 가장 큰 종은 왕끈끈이주걱으로 각각의 잎이 최대 40cm 길이에 1.2cm 폭까지 자란다. 남아프리카의 일부 지역에 서식한다. 드로세라 에리트로진은 서호주의 덩굴 종으로 덩굴줄기의 전체 길이가 총 3m까지 자란다.

가장 빠른 육상 포식성 식물

호주 남부의 뚜껑별꽃 끈끈이주걱은 먹이가 걸리면 빠르게 안으로 구부러지는 예민한 촉수를 가지고 있다. 개미 같은 작은 곤충을 잡는데, 75msec 안에 짧은 촉수로 벌레를 잡아 끈끈이주걱의 트레이드마크인 천연 '접착제'로 덮어버린다. 이 잎들은 먹이를 식물의 중심부로 옮겨 소화한다.

가장 남쪽에 서식하는 육식성 식물

끈끈이주걱 매화말발도리와 벌레잡이제비꽃 P. 앤타티카는 남아메리카의 최남단 티에라 델 푸에고 지역(칠레와 아르헨티나의 접경) 남위 55.9° 지점에서도 발견된다.

가장 북쪽에 서식하는 육식성 식물은 산악 벌레잡이제비꽃(반대쪽 참조)으로 북극해의 노르웨이령 스발바르제도 북위 79.3° 지점에서 발견된 기록이 있다. 여기에 근접한 유일한 벌레잡이제비꽃이 아닌 종은 둥근잎 끈끈이주걱이다.

곤충들은 주의할 것: 예레미아는 미국에서 가장 많은 육식성 식물을 보유한 사람이다.

가장 큰 파리지옥풀 함정

파리지옥풀은 가장 유명한 육식성 식물 중 하나다. 가장 큰 함정 잎새를 측정해 보면 미세한 가시를 제외한 함정의 일반적인 길이가 2~3cm다. 가장 큰 파리지옥 함정은 '에일리언' 품종의 한 개체(아래 삽입된 사진)의 잎으로 2020년 9월 13일 5cm로 확인됐다. 미국 콜로라도스프링스에서 예레미아 해리스(미국, 오른쪽 사진)가 기른 것으로, 그는 2003년 콜로라도 육식식물협회를 창립했다.

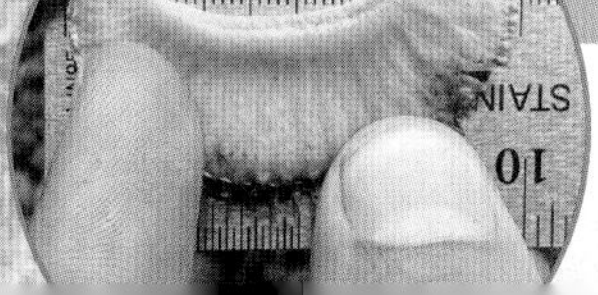

동물원 & 수족관

최대 규모 새장

남아프리카의 버즈 오브 에덴에는 축구 경기장 4개보다 넓은 2.3ha의 면적을 아우르는 거대한 새장이 있다. 이 공간을 덮고 있는 철망의 무게만 80t이다. 2005년 12월 15일 개장한 이 공원은 홍따오기(오른쪽)를 포함해 약 220종 3,500여 마리의 새가 살고 있다.

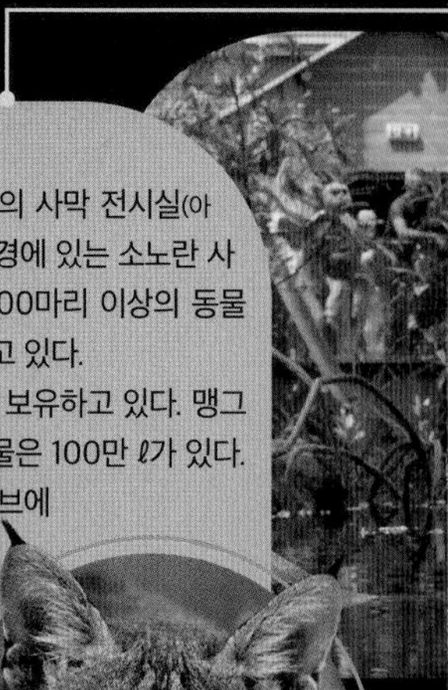

동물원에 있는 가장 큰 실내 사막

네덜란드 아른헴에 있는 로열 버거스 동물원의 사막 전시실(아래)은 면적이 7,500m²다. 미국과 멕시코의 국경에 있는 소노란 사막을 모방했으며, 붉은스라소니를 포함해 1,100마리 이상의 동물과 145종의 선인장이 이 건조한 환경 속에 살고 있다.
버거스는 **동물원에 있는 가장 큰 실내 습지**도 보유하고 있다. 맹그로브 전시실(오른쪽)은 넓이가 2,800m²이며, 물은 100만 ℓ가 있다. 이 습지는 17m 높이의 돔 안에 있으며 맹그로브에 서식하는 매너티 같은 다양한 동물상이 살고 있다.

최초의 동물원

기원전 3500년 고대 이집트의 정착지인 히에라콘 폴리스에 다양한 야생동물도 살았던 사실이 2009년 고고학적 발견을 통해 알려졌다. 이 동물원에는 코끼리, 살쾡이, 개코원숭이, 영양, 하마를 포함한 100마리 이상의 생물이 살았다. 개인이 소유했을 가능성이 큰 이 동물들은 일부는 죽은 뒤 천에 싸서 도자기에 담겨 매장되는, 특별한 사후처리까지 받았다.

최초의 대중 수족관

1852년 2월 18일 런던동물원협의회(영국)가 런던 동물원에 수생 동물을 위한 사육장의 건설을 허가했다. 이 전시실은 1853년 5월 개장해 '물고기의 집'으로 유명해졌다. '수족관(aquarium, 아쿠아리움)'이라는 단어가 이때 생겼는데, 1854년 동식물 연구가인 필립 헨리 고스가 만들었다.

가장 오래된 동물원

오스트리아 빈에 있는 쇤브룬 동물원은 1752년 신성로마제국 프란시스 1세의 명으로 만들어졌다. 왕족을 위한 전시로 시작해 1779년부터 대중에 공개됐고, 240년 이상 이어져 왔다! 쇤브룬 궁전에 있으며, 주거지와 정원이 1996년 유네스코 세계 문화유산 보호지역으로 지정됐다.

방문객이 가장 많은 동물원

세계 테마엔터테인먼트협회의 가장 최근 자료에 따르면 2019년 미국 플로리다주 레이크부에나비스타에 있는 디즈니 애니멀킹덤에 1,388만 8,000명이 방문했다.

최대 규모의 살아 있는 산호초 전시

호주 퀸즐랜드 타운즈빌에 있는 리프 HQ 아쿠아리움은 평균 280만 ℓ의 바닷물로 해양 '격리수계'(실제 생태계를 모방한 폐쇄 공간)를 조성해 놓았다. 암초에 120가지 이상의 산호와 150종의 물고기가 산다.

가장 다양한 종이 사는 동물원

2020년 11월 1일 기준 러시아 수도에 있는 모스코프스키 동물원에는 대왕판다 같은 큰 포유류부터 작은 벌레까지 1,226가지에 이르는 다양한 종의 동물이 살고 있다. 1864년 21.4ha 면적에 개장했으며 맞춤형 울타리와 작은 방목장, 수족관과 새장 등이 설비돼 있다.

최초의 야행성 동물원

1994년 5월 문을 연, 싱가포르의 나이트 사파리는 해가 진 뒤에만 방문객을 받는다. 이곳은 아시아코끼리, 말레이언테이퍼, 박쥐, 천산갑, 고기잡이살쾡이를 포함해 동물 약 900마리의 집이다. 동물들을 자극하지 않을 정도의 어두운 인공 달빛이 설치돼 있어 이들을 관람할 수 있다.

동물원 안에 있는 가장 큰 우림

2016년 3월 개장한 네덜란드 에멘의 와일드랜드 어드벤처 동물원의 림블라 전시관은 총면적이 1만 6,764m²에 이른다. 습도 조절 온실에 1만 6,000가지 이상의 열대식물과 50종의 정글 동물(아시아코끼리 등)이 있으며, 심지어 방문객들이 보트를 탈 수 있는 강도 조성돼 있다.

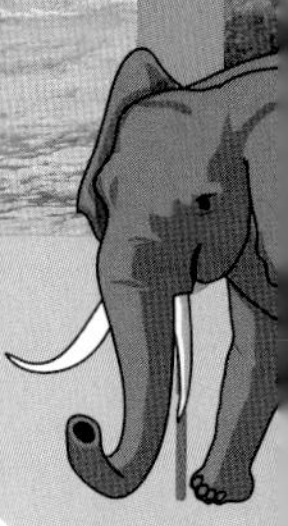

가장 많은 동물원을 방문한 인물

조나스 리벳(프랑스)은 2020년 2월 6일 스페인 마르요카 산타 에우헤니아의 네추라 파크에서 자신의 1,215번째 동물 기관을 방문했다. 조나스는 어린 시절인 1987년 동물원을 처음 방문하며 즉시 사랑에 빠졌고, 현재는 동물원 컨설턴트로 일하고 있다.

동물원/수족관 가이드북 최다 수집

레셰크 솔스키(폴란드)는 2020년 10월 15일 기준 동물원과 수족관의 가이드북을 6,770개 수집했다. 폴란드의 브로츠와프 동물원과 협업하는 동물원 역사학자인 레셰크는 1966년 열세 살 때 처음으로 캐나다 캘거리 동물원의 가이드북을 손에 넣으며 수집을 시작했다. 그의 가장 오래된 수집품은 오래전 폐장한 영국 서리 동물원이 1839년 5월 제작한 가이드북이다.

가장 오래된 수족관

영국 이스트서식스 브라이턴에 있는 시 라이프(SEA LIFE)는 그 시작이 1872년으로 거슬러 올라간다(삽입된 장면은 1880년대 중반에 찍은 사진에 색을 입힘). 당시 3년에 걸쳐 13만 3,000파운드를 들여 건설했는데, 현재의 550만 파운드(730만 달러)와 비슷한 금액이다. 빅토리아식 벽돌 아치 아래 현대적인 아쿠아리움에 첨단 전시실이 갖춰져 있으며 가오리, 해파리, 실고기와 테라핀(사진 속 작은 거북이) 등 150종 이상의 해양 동물이 살고 있다.

가장 북쪽에 있는 동물원

노르웨이 트롬스의 폴라 파크 북극 야생동물센터는 북위 68.69°에 있다. 1994년 6월 18일 문을 연 이 공원은 북극여우와 순록 같은 북극권에 서식하는 종들이 살고 있다. 방문객들은 동물원의 자연 울타리 안에 있는 오두막에서 늑대 무리와 함께 밤을 보내는 생생한 체험도 할 수 있다.

가장 남쪽에 있는 동물원은 뉴질랜드의 남섬 크라이스트처치 인근에 있는 오라나 야생공원이다. 1976년 운영을 시작한 공원으로 남위 43.28°에 있다.

인간이 관리하는 최대 규모 야생동물 데이터베이스

세계동물원정보관리시스템(ZIMS)은 1974년부터 전 세계 수백 개 야생동물 관련 기관의 자료를 수집해 왔다. 2020년 10월 1일 기준 이 온라인 데이터베이스에는 지금까지 24,023종과 1,223만 5,951마리의 동물 개체가 등록돼 있다. ZIMS는 미국 미네소타주 미니애폴리스에서 스피시스360이 관리하고 있다.

동물원 전문가들이 가장 많이 모인 기록

미국에 있는 동물원수족관협회는 2,500명이 넘는 동물원 대표가 모이는 연례 콘퍼런스를 정기적으로 열고 있다. 최다 인원이 모인 행사는 2018년에 개최됐으며, 시애틀 아쿠아리움에 2,785명이 모였다.

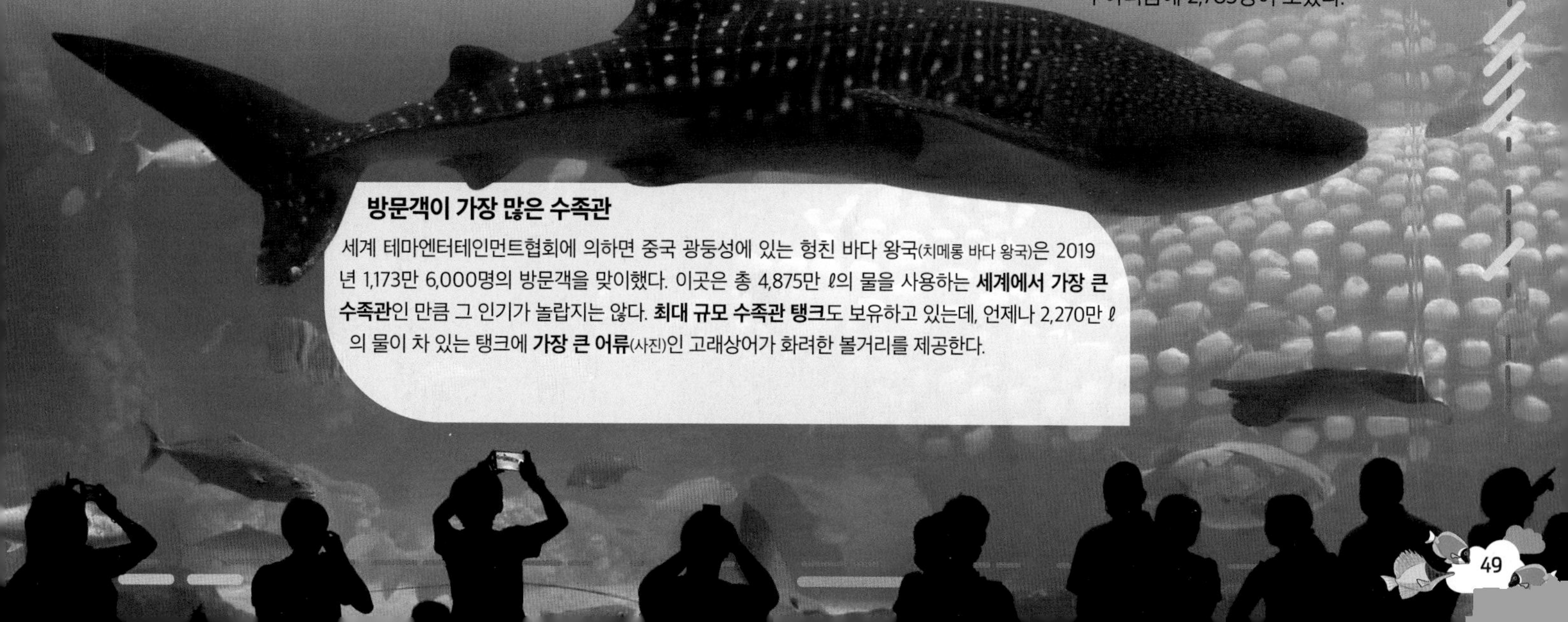

방문객이 가장 많은 수족관

세계 테마엔터테인먼트협회에 의하면 중국 광둥성에 있는 헝친 바다 왕국(치메롱 바다 왕국)은 2019년 1,173만 6,000명의 방문객을 맞이했다. 이곳은 총 4,875만 ℓ의 물을 사용하는 **세계에서 가장 큰 수족관**인 만큼 그 인기가 놀랍지는 않다. **최대 규모 수족관 탱크**도 보유하고 있는데, 언제나 2,270만 ℓ의 물이 차 있는 탱크에 **가장 큰 어류**(사진)인 고래상어가 화려한 볼거리를 제공한다.

자연 보전

자연보전과 코로나-19

기네스 세계기록은 브랜드와 언론에 자주 사용되는 동물들에게 수익금 일부를 돌려주는 더 라이온스 셰어(TLS)과 함께 한다. TLS는 팬데믹으로 심각한 피해를 본, 생태관광을 기반으로 살아가는 이들을 돕고 위기에 처한 야생 동물도 보호하기 위해서 2020년 4월 '야생동물 공동체의 복원을 위한 보조금'을 발족했다. 지금까지 9개 지역에 지원했으며, 나미비아의 쿠네네의 '가상의 사파리' 구축에도 사용됐다. 스리랑카 최초의 해양 거북 보호구역과 최초의 밀렵 감시 단체인 블랙맘바가 순찰하는 남아공의 크루거 국립공원(위 사진)도 수혜자다.

가장 완전한 도도

불명예스럽게도 도도는 너무 늦게 보호를 시작한, 현재는 멸종한 모리셔스의 비둘깃과(科) 동물이다. 이 새는 17세기 말쯤 사라져, 현재는 그 흔적조차 찾기가 쉽지 않다. 포트루이스의 모리셔스 기관에는 도도 한 마리의 뼈대가 거의 완벽하게 통째로 남은 표본이 전시돼 있다(사진). 20세기 초 아마추어 동식물학자 루이스 에티엔 티리우스가 발견했다. 다른 거의 모든 도도의 뼈대는 여러 마리의 뼈를 합쳐놓은 것이다.

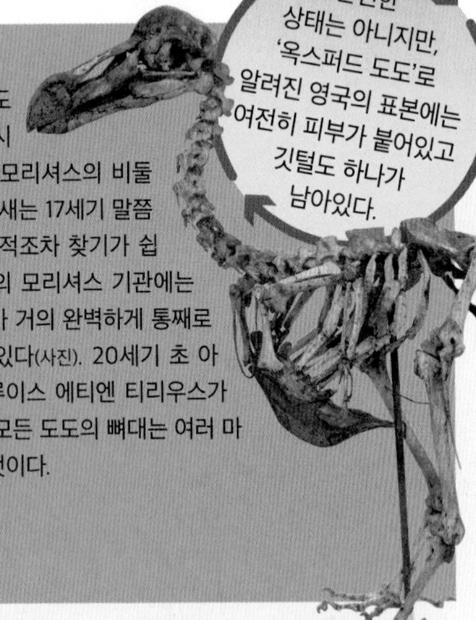

온전한 상태는 아니지만, '옥스퍼드 도도'로 알려진 영국의 표본에는 여전히 피부가 붙어있고 깃털도 하나가 남아있다.

역대 가장 흔했던 새

다산(多産)하는 종이라고 해서 멸종되지 않는 건 아니다. 19세기 초 북아메리카에는 100억 마리의 여행비둘기가 살았었다. 심지어 한 무리가 20억 마리가 넘는 경우도 있었다. 하지만 도시 시장에 판매하기 위해 급격히 많은 수가 사냥 당했고, 1914년 최후의 개체로 알려진 마르다라는 이름의 암컷 성체가 미국 오하이오주 신시내티 동물원에서 죽었다.

가장 오래 진행된 야생 영장류 연구

곰베 침팬지 보호구역의 연구는 영장류 동물학자 제인 구달 박사(영국)가 1960년 7월 14일 시작했다. 이곳은 현재 탄자니아의 곰베 국립공원이다. 1977년 이후 제인 구달 협회의 후원을 받고 있는 이 연구는 2020년에 프로젝트의 60주년을 기념했다. 탕가니카 호 옆에 위치한 곰베는 면적이 50km²를 겨우 넘는 탄자니아의 소규모 국립공원 중 하나지만, 100~150마리의 침팬지와 다른 종들에게 중요한 서식지를 제공한다.

가장 최근에 멸종한 어류

2020년 3월 세계자연보전연맹(IUCN)은 매끈팔물고기가 멸종했다고 선언했다. 현재 남아있는 이 종의 유일한 표본은, 프랑스의 동식물학자 프랑수아 페롱이 1802년 무렵 호주 연안에서 채집한 것이다. 현대에 멸종이 선언된 최초의 해양 경골어류다. 오염과 서식지 파괴, 천적의 증가가 이들의 감소에 모두 영향을 미쳤다.

이들의 공식적인 종말은 자연스럽게 **가장 최근 멸종한 담수 어종**으로 눈길을 돌리게 했는데, 중국 주걱철갑상어의 멸종이 2020년 1월 선언됐다. 이 종의 마지막 서식지로 알려진 양쯔강 유역 및 동중국해 하구에 2003년 이후 보이지 않아 몇 년 동안 심각한 멸종 위기종으로 분류돼 왔다.

가장 오래된 코알라 보호구역

론 파인 코알라 보호구역은 클로드 레이드(호주)가 1927년 호주 퀸즐랜드 브리즈번에 모피 거래로 위험에 처한 유대목 동물들을 위해 설립했다. 이곳은 오늘날에도 운영 중인 곳으로, 코알라 외에도 70여 가지의 다른 토착종 130여 마리가 함께 살고 있다.

영국 차트에 올라간 최초의 새소리 싱글

영국을 기반으로 한 왕립조류보호협회(RSPB)가 발매한 싱글 <렛 네이처 싱>에는 뻐꾸기, 찌르레기, 울새처럼 정원에서 흔히 볼 수 있는 새부터 희귀하거나 멸종 위기에 처한 종들까지 다양한 새의 울음소리를 담고 있다. 2019년 5월 9일 이 싱글은 디지털/CD 판매량 2만 3,500장으로 오피셜 싱글 차트에 18위로 진입했다. RSPB는 영국 국내 새들이 처한 위기를 알리기 위해 이 싱글을 발매했는데, 지난 50년 동안 4,000만 마리의 새가 사라졌으며, 56%의 종들이 감소했다.

최초의 흰고래 보호구역

해양 야생동물 구호단체인 WDC(고래 및 돌고래 보호)와 시 라이프(둘 다 영국)는 아이슬란드 남서 연안 헤이마에이섬의 클레츠비크만을 세계 최초의 외해역 흰고래 보호구역으로 만들었다. 이 천연 만에 있는 흰고래 보호구역은 면적이 3만 2,000m²이며, 깊이는 약 9.1m다. 첫 입주 동물인 리틀 화이트와 리틀 그레이는 2020년 8월(삽입된 사진) 중국 수족관에서 이사를 왔다.

최초로 스카이다이빙을 한 밀렵 감시견

저먼 셰퍼드인 애로우와 그의 조련사 헨리 홀스티젠(남아공)은 2016년 9월 17일 남아프리카 공화국 프리토리아 인근 워터클루프 공군기지 상공 1,828m를 날고 있는 헬리콥터에서 뛰어내렸다. 이 점프는 에어쇼의 일부로 진행됐다. 애로우가 2인 스카이다이빙(삽입된 사진)에 성공한 첫 번째 개는 아니지만, 하늘에서 밀렵꾼을 체포하기 위한 프로그램에 최초로 참여한 감시견이다.

re:wild

'잃어버린 종들을 위한 조사'는 2017년 4월 자연 구호 단체인 '야생동물 보전'(현 리:와일드)이 시작한 국제 캠페인이다. 이 운동은 과학계가 잃어버린(야생에서 최소 10년 이상 목격되지 않은) 동물, 식물, 균류의 자료를 모으는 일을 목표로 한다. 궁극적으로, 재발견을 도와 여전히 존재한다면 보존을 지원한다. 2020년 11월 30일 기준 이 프로젝트는 2,127종을 확인 목록에 올려, **'잃어버린 종'을 가장 많이 찾는 자연보전 프로젝트**로 기록됐다.

2017~2020년 총 67종이 다시 발견됐고, 이 중 6종은 이 단체의 '우선순위 25' 목록에 포함된 종이었다. 여기에는 ①잭슨 나무타기 도롱뇽(42년 만에 발견) ②볼츠코우 카멜레온(106년 만에 발견) ③쥐사슴(29년 만에 발견)과 신기록의 곤충 ④**가장 큰 벌**(아래 참조)이 포함돼 있었다.

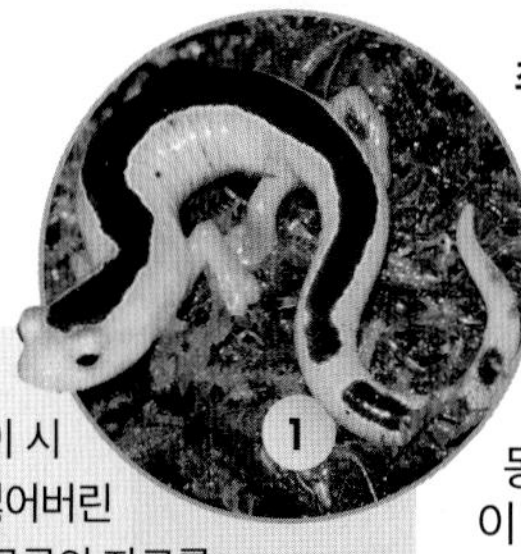
1

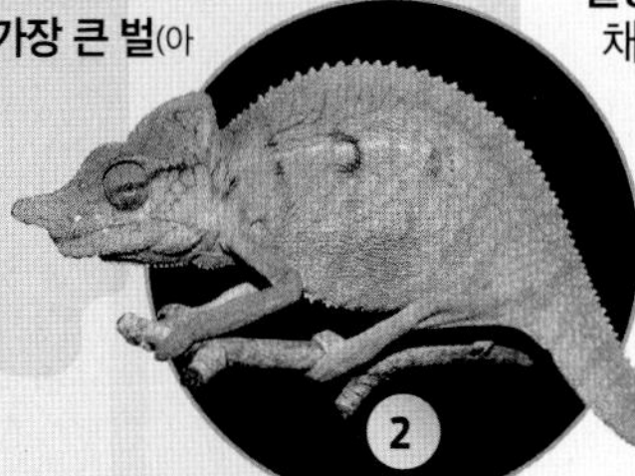
2

3

가장 큰 벌

월리스 거인 꿀벌은 길이가 4.5cm이며 날개 폭은 6cm에 달한다. 아래 사진은 양봉꿀벌과 나란히 있는 모습이다. 이 종은 인도네시아 말루쿠 제도에만 서식하며 1858년 영국의 동식물학자 알프레드 러셀 월리스가 처음 기술했다. 과학계에 38년 동안 소식이 없었지만, 2019년 재발견됐다.

100%

4

가장 밀거래가 많이 된 야생 포유동물

IUCN에 따르면, 2000년부터 2013년 사이 천산갑 100만 마리가 불법적으로 거래됐다고 한다.

천산갑은 일부 문화권에서 고기와 비늘이 높은 가치를 지니는데, 비늘은 전통 약재로 사용된다. 세계자연기금(WWF)과 야생동물 거래 전문가들로 구성된 TRAFFIC은 천산갑의 수요를 줄이고 정부들이 밀렵을 단속하도록 돕고 있다. 2017년 천산갑 8종 모두의 상업적 거래가 금지됐다.

최대 규모 카메라 트랩 야생동물 조사

인도는 4년마다 국내 호랑이(벵골호랑이)의 총 숫자를 조사한다. 2018~2019년 실시된 4번째 조사에서 모션 센서가 달린 카메라 트랩(함정)이 총면적 12만 1,337km², 141개 지역 2만 6,838곳에 설치됐다. 모두 3,485만 8,623장의 야생동물 사진을 찍었는데, 이 중 7만 6,651장이 호랑이였다. 이 사진들을 바탕으로 확인한 호랑이는 2,461마리(새끼는 제외)였다. 2014년 조사보다 그 숫자가 3분의 1이나 증가한 건 긍정적인 점이지만, 조사 방법이 발달하며 수가 늘어난 점도 감안해야 한다. 이 프로젝트는 국립 호랑이 보전 기관, 인도 야생동물 협회, 주(州) 삼림 부처, NGO 기관들이 모두 함께 진행했다.

멸종을 가장 잘 극복한 조류종

채텀울새(검은 개똥지빠귀)는 남태평양 뉴질랜드 채텀섬의 고유종이지만 1980년 기준 단 5마리만 남아있었고, 이 중 단 1마리만 암컷이었다. 그래서 현지 야생 동물 보호 책임자가 '교차양육'이라는 혁신적인 방법을 적용했는데, 알이나 갓 태어난 새끼를 비슷한 종에게 맡겨서 먹이고 기르게 했다. 그 결과 이 종은 놀라울 정도로 수가 많이 늘어났는데, 2015년 11월 마지막으로 확인했을 당시 채텀울새 성체가 289마리로 확인됐다.

가장 멸종을 잘 극복한 맹금류 종의 새

모리셔스 황조롱이는 1974년 기준, 사육된 2마리와 야생의 4마리가 전부였고, 이 중 번식 가능한 암컷은 단 1마리였다. 2013년 기준, 이 새는 총 350~500마리로 늘었다. 링 태그(위 사진)와 황조롱이 친화적인 새집, 먹이 공급 구역이 이 새가 멸종을 극복하는 데 모두 도움을 줬다.

최대 규모 대왕판다 서식지

쓰촨 자이언트 판다 보호구역은 중국 쓰촨성 충라이시와 자진산맥에 인접한 가장 규모가 큰 대왕판다 서식지다. 전 세계 판다의 30% 이상이 2006년 유네스코 세계 문화유산으로 지정된 이 9,245km² 면적의 자연보호 구역 및 전망공원 네트워크에 서식하고 있다.

대왕판다는 세계자연기금이 설립된 1961년부터 단체를 상징하는 로고다. 이곳은 2017년 기준 540만 명의 후원자를 보유한 **가장 규모가 큰 환경 보전 단체**다.

판다 보호 구역은 다른 동물들에게도 혜택을 주는데, 중국의 고유 포유류와 조류 중 70%가 이곳에 산다.

종합

가장 작은 파충류

마다가스카르가 원산지인 난쟁이 카멜레온 중 몇몇 종의 수컷은 완전히 자라도 손가락 위에 올려놓을 수 있을 정도로 작다. 2021년 1월 28일 <사이언티픽 어드밴시스>는 브루케시아 나나가 가장 작은 종이라고 기술했다. 한 수컷 성체는 주둥이부터 항문까지 길이가 13.5m, 꼬리를 포함하면 21.9mm로 측정됐다. 암컷은 약간 더 길어, 주둥이부터 항문까지 19.2mm이며 전체는 28.9mm다.

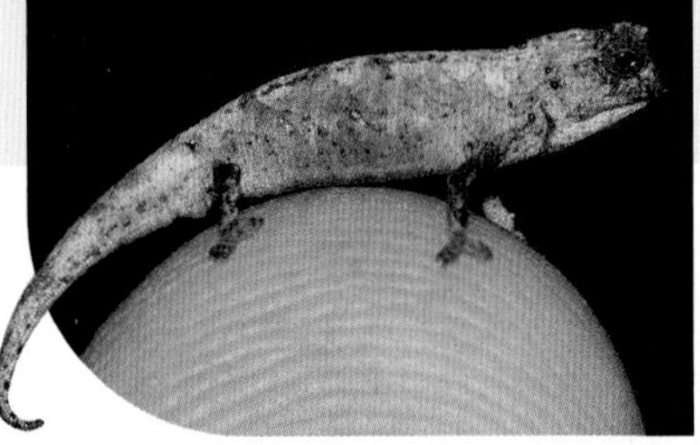

100%

가장 긴 번갯불

2018년 10월 31일 하나의 '메가 플래시(거대한 번개)'가 아르헨티나 북동쪽에서 브라질을 지나 대서양까지 이어졌다. 영국 런던부터 에든버러까지의 거리보다 먼 709km 길이였다. 이 현상은 세계기상기구(WMO)가 2020년 6월 25일 인증했다. WMO는 또 **가장 오래 지속된 번갯불**도 인증했는데(16초73), 2019년 3월 4일 아르헨티나 북부 상공에서 발생했다. 번개의 평균 지속 시간은 겨우 0.2초다.

가장 기온 변화가 적었던 지역(장기간)

1960년 기온 기록이 정식으로 시작된 후, 마셜제도의 콰잘렌은 20℃ 밑으로 떨어진 적도, 33.3℃ 위로 올라간 적도 없어 변화가 단 13.3℃에 불과하다.
반대로 미국 몬태나주 로마의 마을은 1972년 1월 14~15일 단 24시간 동안 57.2℃의 기온 상승을 경험했다. 이는 **가장 큰 일교차**로 기록됐다.

물어서 독을 주입하는 최초의 양서류

시포놉스 아눌라투스는 팔다리가 없는, 곤충처럼 생긴 양서류로 남아메리카가 원산지다. 턱에 있는 샘에서 분비하는 액체에는 독에서 흔히 발견되는 효소가 포함돼 있다. 비록 독화살개구리 등 많은 양서류가 독성으로 악명이 높지만, 2020년의 한 연구를 통해 이 양서류가 물어서 독을 주입하는 첫 번째 종이라는 사실이 밝혀졌다.

가장 오래된 DNA 추출

2021년 2월 <네이처>에 기재된 내용에 따르면, 러시아 시베리아의 크레스토즈스카 인근의 영구동토에서 110~165만 년 전 매머드의 이빨이 잘 보존된 상태로 발견됐다. 100만 년이 넘은 유전자 물질의 염기 배열 순서가 밝혀진 최초의 사례다. 비록 대초원 매머드의 이빨과 비슷했지만, 더 고대에 존재했던 아직 분류되지 않은 매머드의 것으로 여겨진다.

최초의 난쟁이 기린

2020년 12월 2마리의 야생 수컷 기린에게 왜소증으로 진단될 수 있는 골격 이형성증의 증상이 나타났다는 소식이 나왔다. 우간다의 김리(사진은 2017년)는 나이가 약 14개월로 성장기가 끝나가는 시점의 키가 2.82m로 측정됐다. 또, 나미비아의 나이젤은 약 4세의 나이로 거의 다 자란 상태인데 겨우 2.54m였다. 이는 **키가 가장 큰 동물**인 보통 기린 성체의 절반 정도다. 양쪽 사례 모두 신장보다는 다리 같은 신체 부위의 비율에서 왜소증을 나타냈다.

100%

가장 작은 비(非)조류 공룡의 알

2020년 5월 23일 정보에 따르면 수각아목 공룡(히메울리서스 무라카미)의 알이 45×20mm 면적으로 화석화된 채 발견됐다. 질량이 메추라기의 알과 비슷한 9.9g이다. 거의 완벽한 형태로 일본 효고현 단바시 인근 가미타키 알 채석장에서 발견됐다. 일반적이지 않은 길쭉한 모양인데, 길이와 폭의 비율이 2.25배다.

가장 큰 탄자나이트

지구에서 가장 희귀한 원석 중 하나인 탄자나이트는 푸른-보라색의 회렴석 광물로 탄자니아 북부의 아주 일부 지역에서만 발견된다. 2020년 6월 24일 광산 주인인 사니니우 레이저(위 사진)가 이 값진 보석 2개를 탄자니아 정부에 330만 달러에 판매했다는 뉴스가 나왔다. 둘 중 큰 덩어리의 무게가 9.27kg이었다.

가장 오래 잠수한 포유류

민부리고래 한 마리가 한 번의 잠수로 물속에서 3시간 42분을 머물렀다. 해양 과학자들이 미국 노스캐롤라이나주 해터러스곶 연안에서 5년 동안 23마리를 연구했는데, 위성 태그를 활용해 총 3,860회의 잠수를 추적했다. 이 중 가장 긴 잠수가 이전 기록을 1시간 25분이나 경신했는데, 이전 기록 역시 민부리고래가 작성했다.

가장 최근 발견된 고래목의 동물

2021년 1월 10일 멕시코만에서 실시된 수염고래의 후속 연구를 통해, 라이스 고래라는 별칭의 새로운 해양 포유류를 발견했다는 발표가 나왔다. 이 종은 전에 브라이드고래의 한 형태로 분류됐으나, 수년에 거친 유전자 분석과 2019년 1월에 죽은 고래의 두개골 정밀 검사를 통해 서로 다른 종임이 밝혀졌다. 미국의 고래학자 데일 라이스의 이름을 따랐다.

사육된 최고령 붉은털원숭이

이소코('해안'이라는 뜻의 일본어)라는 이름의 붉은털원숭이가 2021년 4월 15일 자신의 43번째 생일을 축하했다. 이소코는 일본의 교토시 동물원에서 태어나 일생을 여기서 머물고 있다. 이 구세계의 영장류는 보통 25~30년 정도 산다.

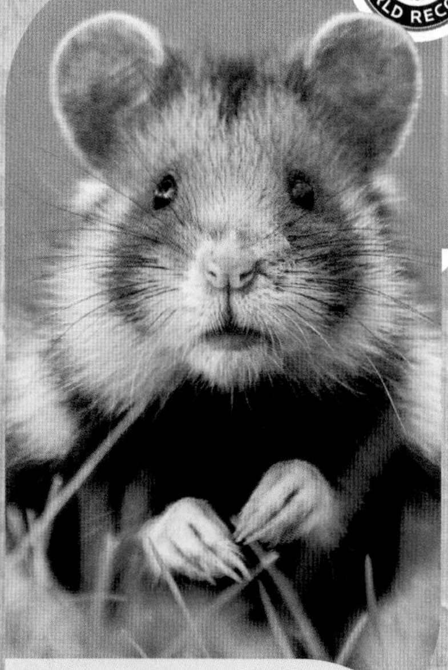

가장 희귀한 햄스터

2020년 7월 국제자연보전연맹(IUCN)은 유럽햄스터(common hamster)가 이름과 달리 멸종 위험이 아주 크다고 선언했다. 지난 세기, 일부 지역에서 개체 수가 90% 이상 급락했는데, 모피 거래를 위한 포획과 농장에서 유해동물로 여겨지며 퇴치된 결과다. 이 종들은 수명과 산자 수(1회분만으로 출산한 새끼의 수)도 감소했다.

가장 먼 거리를 쉬지 않고 날아간 새

큰뒷부리도요 수컷 한 마리가 미국 알래스카에서 출발해 11일 동안 1만 2,200km를 쉬지 않고 날아 2020년 9월 27일 뉴질랜드 오클랜드 인근 템스만에 도착했다. 다리에 파랑, 파랑, 빨강, 하양 링(위성 태그)을 달아 '4BBRW'라는 별칭으로 불린 이 새는 최고 속도 88.5km/h를 기록했다.

1시간 동안 가장 많은 네잎 클로버를 수집한 기록(개인)

가브리엘라 게르하르트(미국)는 2019년 9월 21일 미국 위스콘신 피치버그에서 60분 동안 자연이 주는 행운의 부적을 451개나 찾았다. 그녀는 2010년부터 클로버를 모으기 시작해 기록 도전에 적합한, 클로버가 많은 한 구역의 땅을 찾아냈다.

가장 큰 참나무 잎

클레어 라르킨(미국)이 2020년 3월 7일 미국 앨라배마주 리빙스턴에서 발견한 참나무 잎 하나가 길이 42cm에 폭이 39.7cm로 측정됐다. 클레어는 2019년 추수감사절 다음 날 가족의 사유지에 있는 숲을 산책하다 이 잎을 발견했다. 체리바크 참나무 종에서 나온 잎으로, 이 나무는 북아메리카가 원산이며 잎이 보통 13~25cm 길이로 자란다.

가장 추운 구름꼭대기

2018년 12월 29일 협정세계시 13시 38분, 기상위성 NOAA-20이 서태평양 태풍 클러스터 일부를 적외선온도측정기로 측정해 -111.19℃를 기록했다. '오버슈트 톱'이라는 현상이 일어나 극심한 상승 기류가 상층운을 해발 20.5km 높이로 밀어낸 결과다. 이 수치는 2021년 3월 22일 기록됐다.

사람이 사육한 최장수 펭귄

'올데'라는 이름의 젠투펭귄은 2021년 4월 12일 기준 나이가 41세 331일로 야생에 있는 일반 젠투펭귄의 수명보다 2배 이상을 살고 있다. 올데는 2003년 5월 1일 오덴세 동물원에 입주했다. 이 암컷은 1979년 영국 에든버러 동물원에서 부화해 덴마크로 가기 전 캐나다 몬트리올에 잠시 살았다.

가장 다양한 생물이 사는 섬(식물군)

2020년 8월 5일 《네이처》에서 소개한 내용에 따르면 태평양의 뉴기니섬에 1만 3,634종의 관다발식물이 살고 있다. 세계에서 두 번째로 큰 섬(그린란드 다음)으로, 이곳의 식물군에는 1,742개의 속과 264개의 과가 포함돼 있고, 이 중 68%가 이 섬의 고유종이다. 난초(삽입된 사진)가 전체 식물의 5분의 1을 차지한다.

데이비드 애튼버러

중요 통계
이름: 데이비드 애튼버러 경
출생일: 1926년 5월 8일
출생지: 영국 미들섹스 아이슬워스
TV 데뷔: 1953년 9월 2일(〈애니멀 디스가이즈〉)
TV 하이라이트: 〈더 라이프 컬렉션〉(1979~2020), 〈살아 있는 지구 I & II〉(2001, 2017), 〈지구 행성〉(2006)
진행한 다큐멘터리(시리즈/단편): 100+
기사 작위: 1985년

존경받는 동식물 연구가이자 활동가인 데이비드 애튼버러 경은 환경 변화의 중요성을 알리는 데 앞장서고 있다. 그는 90대의 나이에도 여전히 자신의 메시지를 전할 새로운 방법을 찾고 있다.

데이비드 경은 2020년 9월 24일 단 4시간 44분 만에 **최단 시간 인스타그램 100만 팔로워를 달성했다**(이 기록은 경신됐다. 204~205쪽 참조). 데이비드 경은 '위기에 처한 세상'이라는 경고 영상으로 자신의 계정을 열었고, 6주 뒤 '앞으로 어떻게 될지는 우리에게 달렸다'라는 메시지와 함께 계정을 폐쇄했다.

다음 달, 데이비드 경은 '어스샷 프라이즈(Earthshot Prize)' 위원회에 윌리엄 왕자와 함께 이름을 올렸다. 이들은 환경 피해를 복구하기 위한 혁신 아이디어 5가지에 매년 130만 달러씩 10년 동안 장려금을 주려고 한다. 만약 이게 현실화하면, 어스샷 프라이즈는 역사상 최대 규모의 환경상이 된다.

데이비드 경은 환경문제에 목소리를 내면서도 방송 활동을 소홀히 하지 않았다. 그의 최신 다큐멘터리 시리즈인 〈완벽한 행성 지구〉는 2021년 1월 BBC에 처음 방영됐다. 이로써 그의 **최장기간 TV 사회자 경력** 기록을 67년 123일로 연장했다. 1953년 9월 2일 BBC 시리즈 〈애니멀 디스가이즈〉로 스크린에 데뷔한 데이비드 경은 〈라이프 온 어스〉(1979년 작), 〈블루 플래닛〉(2001년 작), 최근에는 〈익스틴션: 더 팩트〉(2020년 작) 같은 수많은 기념비적인 TV 프로그램을 집필하고 내레이션했다. 그는 영국 아카데미 시상식(BAFTA)에서 흑백, 컬러, HD, 3D 포맷의 프로그램으로 모두 수상한 유일한 인물이다. 업적을 인정받아 30개가 넘는 명예 학위와 함께 1985년에는 기사 작위도 받았다.

2021년 출시되는 〈더 그린 플래닛〉에서 데이비드 경은 식물에 눈을 돌려 그들이 생존을 위해 어떻게 투쟁하는지 탐구한다. 70년 가까이 지속된 그의 정보 제공에 대한 헌신은 수그러들 기미가 없지만, 지구가 직면한 환경문제가 산적하며 이 방송가의 전설은 그 어느 때보다 더 큰 변화를 요구하고 있다.

애튼보로사우르스 코니베어리, 영국 도싯에서 발견된 쥐라기 초기 해양 파충류

플라티사우르스 애튼보로이, 나미비아의 납작도마뱀

네펜테스 애튼보로이, 필리핀의 벌레잡이풀

1

1. 데이비드 경의 이름을 딴 동식물이 여럿 있다. 여기에는 뉴기니섬의 희귀한 바늘두더지부터 에콰도르의 나무와 마다가스카르의 쑥 그리고 위 사진에 보이는 다양한 생물이 포함된다.

2. 그의 초창기 BBC 시리즈 중에 1954년부터 1963년까지 방영된 〈주 퀘스트〉가 있다. 여기에는 1958년 스튜디오에 방문한 어린 찰스 왕자와 앤 공주가 그와 함께 앵무새 코키를 만나는 장면이 나와 있다.

3. 데이비드 경은 2020년 9월 19일 〈일곱 개의 대륙, 하나의 지구〉로 자신의 세 번째 에미상인 '우수 내레이터 상'을 수상했다. 사진은 그가 미국의 코미디언 롭 리글(아래 왼쪽)에게 화상으로 상을 받는 장면이다.

4. 데이비드 경과 윌리엄 왕자는 2020년 10월 어스샷 프라이즈를 시작했다. 이 상은 2030년까지 세계에서 가장 심각한 환경문제를 해결해 줄 50가지 방법을 찾는 게 목적이다.

5. 데이비드 경은 1979년 BBC 시리즈 〈라이프 온 어스〉에서 르완다의 마운틴고릴라와 조우하는 장면으로 시청자의 마음을 사로잡았다. 이는 아주 희귀한 성공 사례로 검증됐다. 2016년 조사에 따르면 동아프리카 비룽가산맥에 사는 고릴라의 수는 604마리로, 40년 전보다 그 수가 3배나 늘었다.

데이비드 경에 관한 더 많은 기록은 www.guinnessworldrecords.com/2022 명예의 전당 섹션에서 찾아보자.

'데이비드 애튼버러를 깔고 앉은 고릴라'로 알려진 파블로는 60마리가 넘는 고릴라 무리를 이끄는 우두머리가 됐다.

미니어처 원더랜드

위치: 독일 함부르크 20457 케르비더 2/블록 D

설립: 2000년

초기 비용(원가): 3,460만 달러

테마월드: 9개(2021년 2월 기준)

면적: 장소 7,000m², 모형 레이아웃 1,499m²

연간 방문자 수: 140만 명 (2019년)

함부르크의 한 창고에 매력적인 소인국과 신기록의 철로로 통하는 문이 있다.

프레데리크 브라운은 2000년 스위스 취리히에 있는 모형 철도 가게를 지나쳤다. 그때 그는 어린 시절 꿈을 떠올렸는데, 바로 세계에서 가장 큰 모형 기차 세트를 만드는 일이었다(아래 참조). 아이디어가 떠오른 그는 즉시 쌍둥이 형제인 게리트와 사업 파트너인 슈테판 헤리츠(모두 독일)를 설득했다. 그리고 그들은 모형 제작 장인인 게르하르트 다우셔와 기술자 팀을 고용했다. 2001년 8월 이들은 기차가 달릴 수 있는 작은 풍경 3개를 모형으로 제작했다. '테마월드'라는 이름의 독일 중부와 오스트리아, 가상 속 마을인 크누핑겐이다.

오늘날, 미니어처 원더랜드의 철도는 1:87 비율로 약 1,500m²의 면적에 제작된 풍경 속을 달린다. 여기에는 독일, 이탈리아, 미국, 스칸디나비아의 명소들과 그 랜드마크가 세세하게 복제돼 있다. 50대의 컴퓨터가 기차와 크누핑겐 공항을 드나드는 비행기, 모형 도로의 차량까지 막힘없이 운영한다. 각 자동차의 앞 차축에 달린 자석이 도로에 있는 와이어에 끌려가는 방식이다. 원더랜드의 소프트웨어 '카(자동차) 시스템'은 매초 20회씩 각 차량의 상황을 계산해 사고가 나지 않게 자동으로 조종한다. 심지어 경찰의 속도위반 단속 지역도 설치돼 있어 실물과 더 똑같아 보인다!

2015년 11월 8일 미니어처 원더랜드는 더 큰 규모로 다시 한번 기네스 세계기록에 등재됐다! 함부르크 시민공원에 6,211명을 모아 **가장 많은 사람이 모여 만든 올림픽 오륜 이미지**를 기록하는 행사를 마련했다. 브라운 형제의 입이 떡 벌어지는 작은 세상은 앞으로 몇 년 동안 더 많은 놀라움과 함께 신기록을 이어갈 것으로 보인다.

MINIATUR-WUNDERLAND.COM

옥외 콘서트

이 극소형 축제의 주 무대는 작은 DJ 보보의 복제품이 장악하고 있다. 2만 명이 넘는 음악 팬 피겨가 공간을 채우고 있으며, 이들이 머무는 캠핑장과 음식 및 음료 노점, 심지어 간이 화장실(당연히 줄도 길게 서 있다)까지 재현돼 있다. 제작에 3개월이 걸렸다.

소소한 놀라움

방문객은 전시품을 아주 가까이서 관람하면서 작품의 정교함과 세세함을 충분히 감상할 수 있다. 이탈리아 테마월드는 면적이 190㎡로 스쿼시 코트 3개와 비슷하며, 제작에 3년 반이나 걸렸다. 여기에는 배 138여 척과 건물 450채, 나무 1만 그루가 있으며 5만 개 정도의 LED가 사용됐다!

이 다채로운 색감의 전시품은 이탈리아 북서부 리구리아 연안의 언덕 마을 리오마조레를 모델로 했다.

가장 큰 공항 모형

크누핑겐은 함부르크 공항을 기반으로 만든 150㎡ 크기의 모형 비행장이다. 약 6년에 걸쳐 480만 달러를 들여 제작했다. 실물을 정교하게 복제한 항공기 52대가 독자적으로 움직이며 고정된 와이어를 따라 이륙과 착륙을 반복한다. 매일 250편이 비행하며 약 1만 5,000개의 피겨가 공항을 메우고 있다.

▶ 가장 큰 모형 기차 세트

원더랜드에 있는 테마월드들은 브라운 형제에게 처음 영감을 준 모형 철도로 서로 연결돼 있다. 트랙의 길이는 1만 5,715m에 이른다. 현실로 치면 프랑스 파리에서 폴란드 바르샤바까지 거리인 1,367.2km로, **최대 규모의 모형 철도 세트**다(축척 기준). 1,040대의 기차가 약 1만 대의 차량을 끈다. 관제실(삽입된 사진)을 통해 원더랜드를 수없이 달리는 기차와 다른 차의 경로를 추적하고 관찰한다.

콜로세움

원더랜드 이탈리아 테마월드의 하이라이트는 3,000개의 부품으로 이루어진 로마의 콜로세움으로, 제작에 약 2년이 걸렸다. 실물은 서기 80년에 완성된 **가장 큰 원형 경기장**이다. 길이 187m, 폭은 157m이며 면적은 2ha로 8만 7,000명의 관중을 수용할 수 있었다. (또 다른 콜로세움의 모형 제품이 100쪽에 있다.)

인류

가장 큰 아프로 헤어스타일(여성)

눈길을 사로잡는 애빈 두가스(미국)의 헤어스타일은, 정수리부터 위로 높이가 24cm, 총 둘레가 157cm에 달한다. 이는 2021년 2월 4일 미국 루이지애나주 곤살레스에서 확인됐다.

사회복지사인 애빈은 이전 기록을 8년 동안 보유하던 미국의 시모네 윌리엄스에게서 기록을 빼앗아 왔다. 그녀는 정기적으로 머리를 잘라 층을 더하고 볼륨을 주며, 묶거나 땋는 등 스타일에 변화를 주기도 한다. "처음으로 자연스럽게 머리카락을 길렀을 때는 말 그대로 머리가 떨어져 나갈 것처럼 무거웠어요." 그녀가 기네스 세계기록에 말했다. "사람들은 여자는 직모가 아름답다고 말해요. 그건 말도 안 돼요. 아프로는 저의 타고난 스타일이고, 이보다 더 아름다운 건 없어요."

목차 Contents

초기 인류 60
다둥이 62
최고령 64
엄청난 키 66
신체 예술 68
슈퍼 휴먼 70
수염 72
종합 74
명예의 전당: 술탄 쾨센 76

애빈은 세계기록을 세운 이 머리카락을 감을 때 컨디셔너를 5개까지 사용한다.

초기 인류

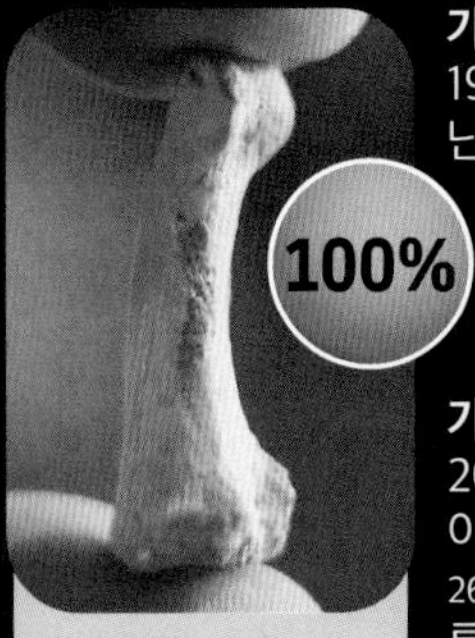

가장 새로운 인류
2019년 호모 루소넨시스는 약 6만 7,000년에서 5만 년 전인 후기 플레이스토세에 살았다. 이는 필리핀 루손섬에서 치아와 발의 뼈를 포함한 화석이 출토되며 밝혀진 사실이다(아래 연대표 참조). 구부러진 발가락뼈로 보아 나무 위에서 살았던 것으로 추정되는데, 이 특징은 원시 호미닌인 오스트랄로피테쿠스와 연관이 더 많다.

가장 오래된 호미닌의 발자국

1978년 탄자니아 북부 라에톨리에서 호미닌 2~3명의 발자국이 발견됐다. 360만 년 전 재투성이의 평지를 성큼성큼 걸어간 흔적이다. 30m 정도 거리에 약 70개의 발자국이 두 줄로 평행하게 이어져 있다.

가장 오래된 석기

2015년 330만 년 전의 석기가 발견돼 많은 이목을 끌었는데, 이는 올두바이 시대(기원전 260만 년에서 170만 년 전)라고 불리는 이전 기록보다 70만 년 이상 빠르다. 2011년 케냐 투르카나호 인근 로메크위 3 유적지에서는 돌의 박편들과 석핵 석기, 모루가 출토됐다. 이 발견은 호모속의 출현을 수백 년에서 수천 년 앞당긴 발견으로, 오스트랄로피테쿠스 같은 초기 호미닌들도 자신들의 환경에 서 도구를 만들고 사용했음을 보여 준다.

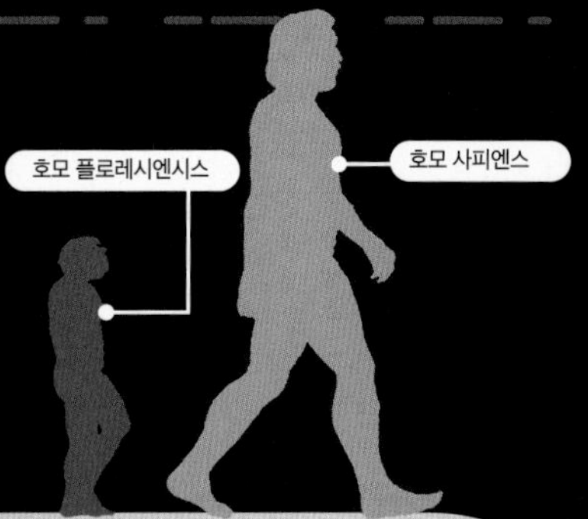

가장 작은 호미닌

인도네시아와 호주의 과학자들이 2003년 인도네시아 플로레스섬의 동굴에서 호모 플로레시엔시스 여성의 화석을 발견했다. 섰을 때 키가 1m로, 약 5만 년 전까지 플로레스에 살았었다. 발굴 인력들이 '호빗'으로 별명 지은 이 호미닌은 현대 인류(호모 사피엔스)와 같은 시대에 살아 멸종되기 전에 마주쳤을 가능성도 있다. 오른쪽 사진을 보면 이 둘의 두개골 크기가 얼마나 차이 나는지 알 수 있다.

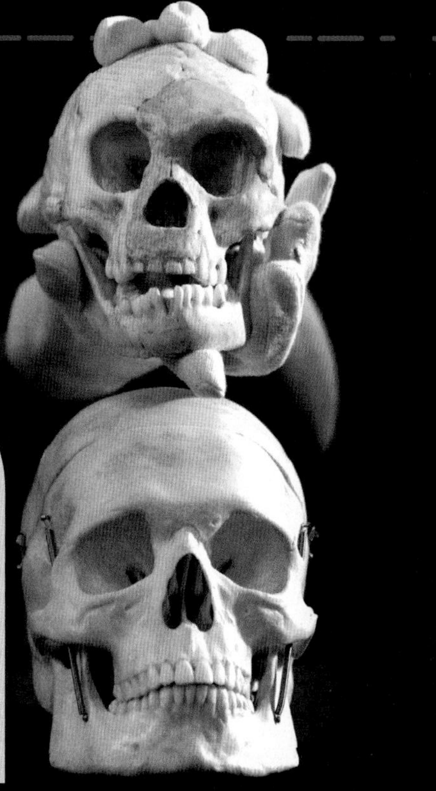

가장 오래전 호미닌

2002년 인간의 조상이 600~700만 년 전에 나타났을 가능성을 보여 주는 흔적이 발견됐다. 사헬란트로푸스차덴시스가 차드의 현재 사막 지역에서 출토됐다. 두개골의 모양을 근거로 이 호미닌이 두 발로 걸을 수 있었다는 주장이 나왔다. 하지만 인류의 족보에 들어오려면 더 확실한 증거가 추가로 필요하다.

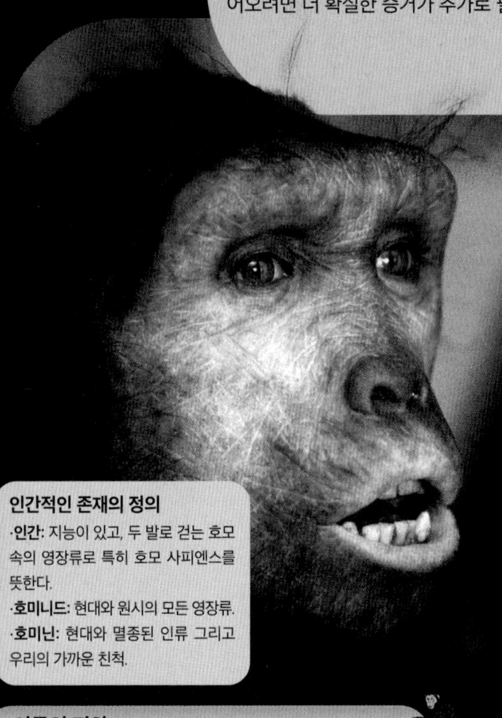

인간적인 존재의 정의
·**인간:** 지능이 있고, 두 발로 걷는 호모속의 영장류로 특히 호모 사피엔스를 뜻한다.
·**호미니드:** 현대와 원시의 모든 영장류.
·**호미닌:** 현대와 멸종된 인류 그리고 우리의 가까운 친척.

최초로 발견된 호모 에렉투스

네덜란드의 고인류학자 외젠 뒤부아가 1891년 인도네시아 자바의 트리닐에서 '직립 인류'의 증거를 출토했다. 이 중 일부 화석은 약 130만 년 전의 것으로, 호모 에렉투스가 현 인류의 직계 조상일 가능성을 나타냈다. 종으로서 호모 에렉투스는 **가장 오래 생존한 호미닌**이다. 화석 증거에 따르면 이들은 약 200만 년 전부터 11만 년 전까지 190만 년 동안 존재했다. 현재 인간인 호모 사피엔스가 50만 년 정도 전에 나타났다고 가정했을 때(오른쪽 참조), 우리가 지금까지 살아온 것보다 4배 이상 긴 시간이다. 가장 오래된 호모 에렉투스의 흔적은 아프리카에서 발견됐는데, 이곳에서 진화한 뒤 아시아와 유럽으로 이주했을 가능성이 있다.

인류의 화석이 가장 풍부한 지역

초기 인류의 유골이 가장 많이 집중된 곳은 스페인 부르고스 인근 아타푸에르카 언덕의 동굴군(洞窟群)에 있는 시마 데 로스 로스우에소스(뼈의 구덩이)라는 곳이다(아래쪽 참조). 1975년 이후 28개의 골격에서 약 7,000개의 인간 뼈와 이가 출토됐다.

가장 오래된 호모 사피엔스의 뼈

유전자 연구에 따르면 우리 인류는 최소 50만 년 전에 나타났다. 하지만 화석 기록을 보면, 가장 오래된 호모 사피엔스의 뼈는 30만 년 전의 것으로, 모로코 서부 제벨 이르후드에서 발굴됐다. 2017년 《네이처》지에 서술된 바에 따르면 제벨 이르후드의 사람들은 얼굴에는 현대 인간과 비슷한 특징이 나타났지만, 두개골은 가늘고 길쭉한 고대의 인류 특징이 남아 있었다. 가장 오래전 둥근 두개골을 가진 호모 사피엔스의 뼈는 약 19만 5,000년 전의 것으로 1967년 에티오피아 오모 키비쉬에서 발견됐다.

동족을 먹는 호미닌의 첫 발견

스페인 북부의 시에라 드 아타푸르카는 약 85만 년 전 인류의 조상인 호모 안테세소르가 살았던 선사시대 동굴이다. 여기에 있는 흔적 중에는 찔리거나 상처가 난 다른 인류의 뼈가 발견되기도 하며, 가죽을 벗기고 살을 발라내고 골수를 추출한 도구도 발굴된다. 근처에 똑같은 흔적이 남아 있는 동물의 뼈도 있었다.

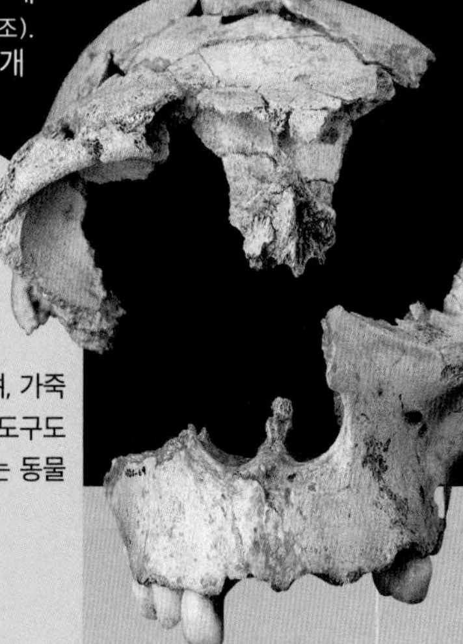

인류의 진화
인류 족보의 스냅숏

초기 인류의 기원을 정확히 짚어내기란 몹시 어렵기로 악명이 높다. 인류학자들은 오랫동안 뼈와 돌의 연대에 의지해 우리 조상의 혈통을 알아내려 했는데, 고대 DNA의 분자 연구 및 현대 인구의 유전자 분석이 늘어나며 관련 지식이 풍성해졌다. 여기, 지금까지 발견된 화석 기록에 기초한 호모속 인종(파란색 막대로 표시)의 대략적인 생존 기간을 표시해 놨다.

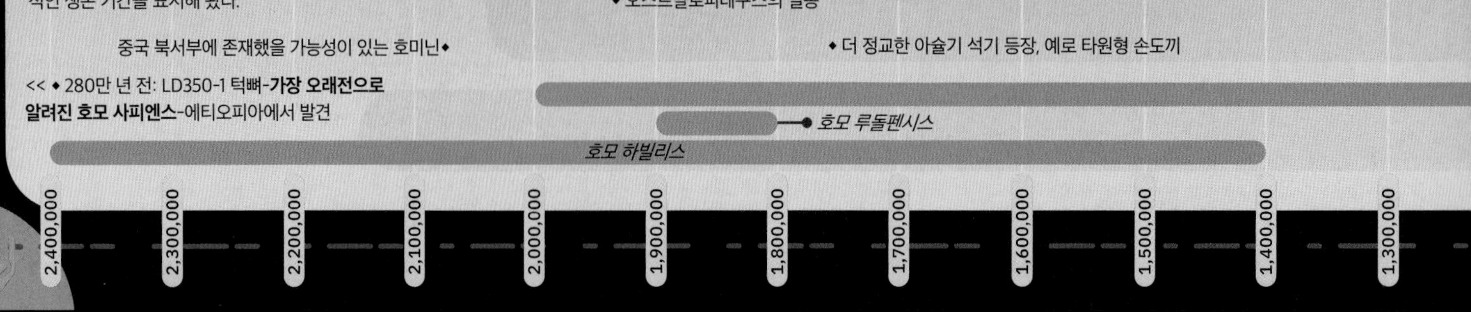

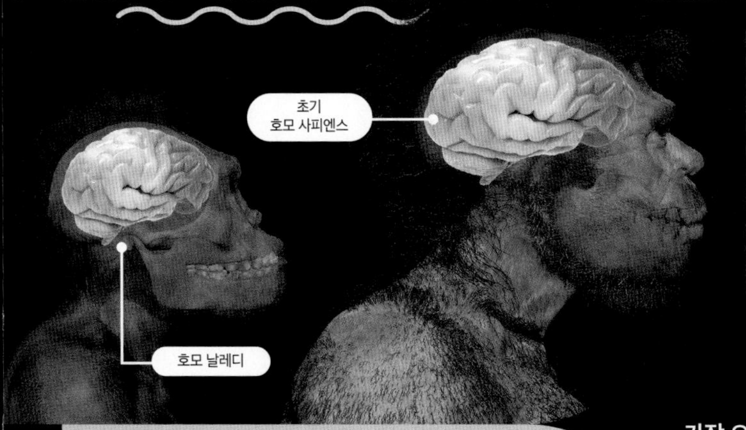

인간의 가장 큰 뇌

호모속은 뇌 용량이 최소 1,000~2,000cm³로 다양한데, 현대 인류의 뇌가 가장 크며, 후대가 알려진 모든 선대 인류보다 크다. 가장 큰 화석은 약 1,800cm³로 중국 쉬창 인근에서 발견된 약 10만 년 전의 이름이 알려지지 않은 종의 두개골이다. 위 그림은 약 30만 년 전 초기 호모 사피엔스의 두개골과 같은 시기에 존재했던 호미닌(반대쪽 참조)의 두개골 용량을 비교한 모습이다.

최초의 인정할 만한 인류

'인간'을 호모속의 종으로만 규정하면, 선대 인류는 약 200만 년 전 호모 하빌리스, 호모 루돌펜시스, 호모 에렉투스(오른쪽) 정도로 압축된다. 일부 전문가들은 앞의 2종의 인류는 호미닌 오스트랄로피테쿠스와 더 가까우며, 호모 에렉투스만 선대의 '진짜' 인류로 여겨야 한다고 주장하기도 한다.

가장 오래된 인류의 배설물

스페인 알리칸테 인근 엘 살트에서 약 5만 년 전 네안데르탈인의 배설물이 발견됐다. 매사추세츠 공과대학교에서 가스 크로마토그래피로 분석해 보니 채소와 고기의 성분이 모두 발견돼, 네안데르탈인이 잡식이었을 것이라는 견해에 힘을 실었다.

최초의 인간 언어

또렷하게 발음하는 능력은 200만 년 전 후두가 물리적으로 더 유인원에 가깝게 변하며 생긴 것으로 여겨진다. 스페인의 시마 데 로스우에소스에서 인간과 닮은 목뿔뼈(혀를 지지하는 뼈)가 발견돼, 초기 네안데르탈인도 43만 년 전부터 언어의 일부 형태를 말할 수 있었던 것으로 추정된다. 하지만 언어의 발달에는 인지 능력도 매우 중요해 확신하기는 어렵다.

호모 에렉투스는 안쪽 치아가 작은데 자신의 두 라이벌 유인원 종보다 턱이 덜 튼튼한 대신 골격이 더 인간에 가까웠다.

가장 오래전 호미닌 유아

인간의 조상일 가능성이 있는 '셀람(평화)'은 약 330만 년 전 세 살의 나이에 죽었다. 그녀의 유해는 2000년 12월 10일 에티오피아 디키카에서 발견됐다. 두개골과 몸통, 손가락과 발이 포함돼 있어, 오스트랄로피테쿠스 아파렌시스의 화석 중 가장 완벽에 가까운 형태를 갖추고 있다. 1974년 무렵 발견된 320만 년 전 성체 여성의 유골인 '루시'와 같은 종이다. 루시는 셀람보다 더 많이 알려져 있어, 셀람이 가끔 '루시의 아기'로 언급된다.

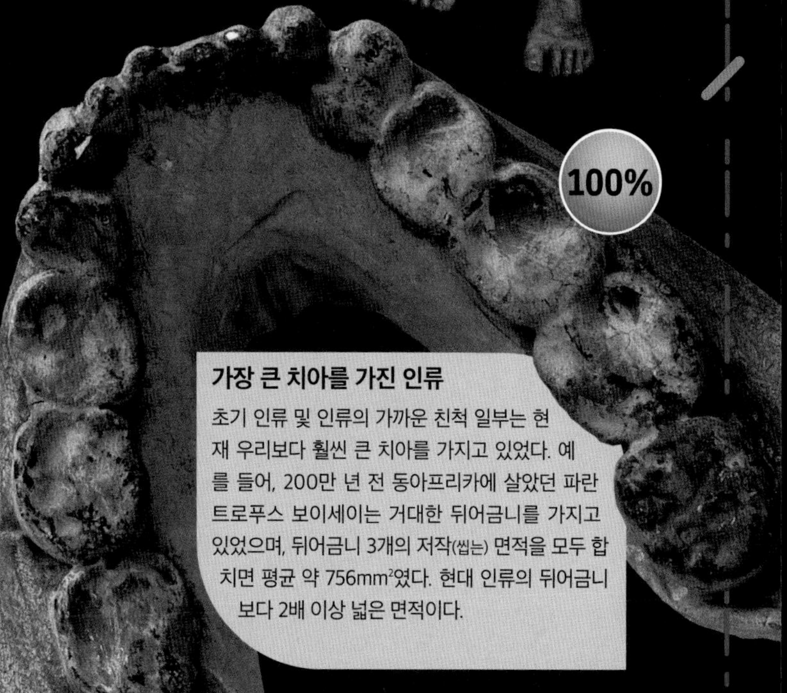

가장 큰 치아를 가진 인류

초기 인류 및 인류의 가까운 친척 일부는 현재 우리보다 훨씬 큰 치아를 가지고 있었다. 예를 들어, 200만 년 전 동아프리카에 살았던 파란트로푸스 보이세이는 거대한 뒤어금니를 가지고 있었으며, 뒤어금니 3개의 저작(씹는) 면적을 모두 합치면 평균 약 756mm²였다. 현대 인류의 뒤어금니보다 2배 이상 넓은 면적이다.

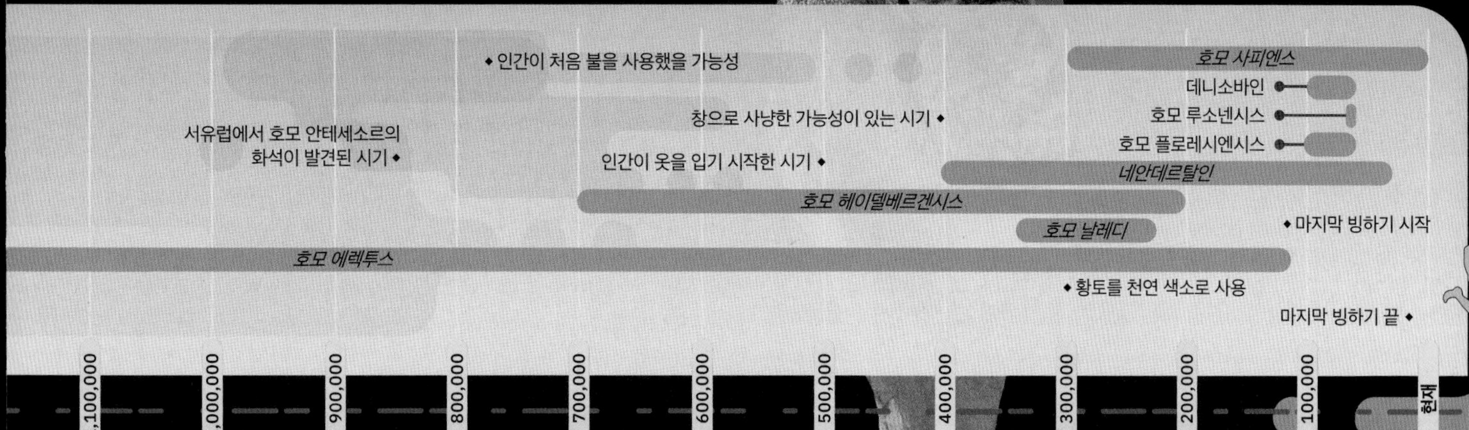

다둥이

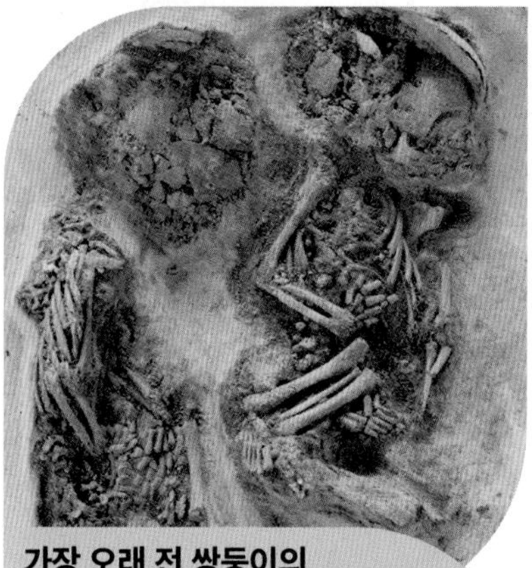

가장 오래 전 쌍둥이의 흔적

2005년 오스트리아 크렘스-바흐트베르크의 후기구석기 출토 지역에서 메머드의 견갑골 아래 2명의 남자 아기가 매장된 무덤이 발견됐다. 2020년 11월 DNA 테스트 결과 이들은 정상적으로 달이 차서 태어난 일란성 쌍둥이로 약 3만 1,000년 전에 사망한 것으로 드러났다.

가장 오래 떨어져 지낸 쌍둥이

엘리자베스 하멜(미국)과 앤 헌트(영국)는 77년 289일을 떨어져 지낸 뒤 2014년 5월 1일 다시 만났다. 이 쌍둥이는 1936년 2월 28일 엘리자베스와 패트리샤 램으로 태어났다. 둘은 출생 직후 앤이 입양을 가며 헤어졌다. 엘리자베스는 자신의 쌍둥이가 있다는 사실을 알았지만 후에 자신의 생모와 미국으로 이사를 갔고, 앤은 자신에게 자매가 있다는 사실을 한참 뒤에야 알게 됐다.

가장 빨리 태어난 쌍둥이

2018년 11월 24일 미국 아이오와 대학교 병원 및 클리닉에서 캠브리와 킬리 이월트(미국)가 125일 일찍 태어났다. 출산 예정일은 2019년 3월 29일로 둘의 임신나이는 22주 1일이었다. 출산 당시 몸무게는 킬리가 490g, 캠브리가 449g이다. 이 쌍둥이는 2019년 4월 병원에서 퇴원했다.

가장 가볍게 태어난 쌍둥이

마하자빈 샤익(인도)은 2004년 9월 19일 몸무게 합계가 겨우 840g인 쌍둥이를 출산했다. 히바가 580g, 루마이사는 260g이었다. 둘은 미국 일리노이주 메이우드에서 임신 25주 6일 만에 제왕절개로 태어났다.

가장 무겁게 태어난 쌍둥이는 1924년 2월 20일 미국 아칸소주 포트스미스에서 마리 앤 하스킨이 출산했다. 둘의 몸무게 합계는 12.58kg이었다.

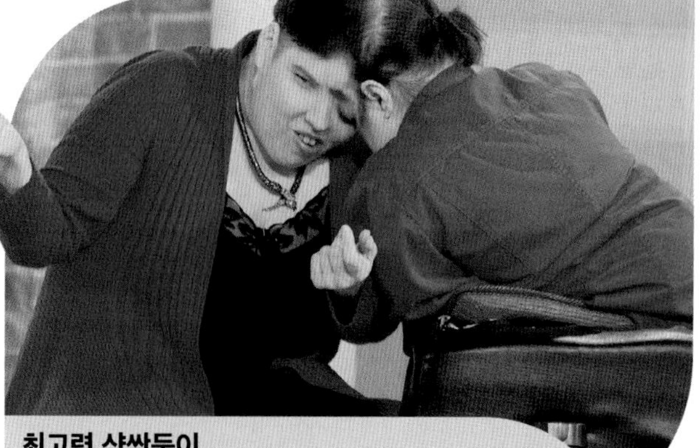

최고령 샴쌍둥이

로리 린과 조지 샤펠(미국, 1961년 9월 18일생)은 2021년 3월 23일 기준 나이가 59세 186일였다. 이 '두개 유합 샴쌍둥이'는 몸은 분리돼 있지만, 두개골이 일부 붙어있는데 뼈와 주요 혈관 그리고 뇌의 30%를 공유하고 있다. 2007년 이들은 조지가 자신은 트렌스젠더임을 선언하며, **최초로 성별이 다른 샴쌍둥이**로 기록됐다.

역대 최고령 남자 쌍둥이

글렌과 데일 모이어(미국, 1895년 6월 20일생, 오른쪽부터)는 2000년 1월 23일 104세의 나이로 살아있는 최고령 쌍둥이에 등극했다. 그후 글렌은 2001년 4월 16일 105세 300일의 나이로 사망했고, 데일은 2004년 7월 17일 109세 27일의 나이로 세상을 떠났다. **여성** 기록은 나리타 킨(오른쪽 위 사진)과 카니에 긴(일본, 1892년 8월 1일생)이다. 킨은 2000년 1월 23일 107세 175일의 나이로 사망했고, 그녀의 자매는 다음 해 2월 28일 그 뒤를 따랐다.

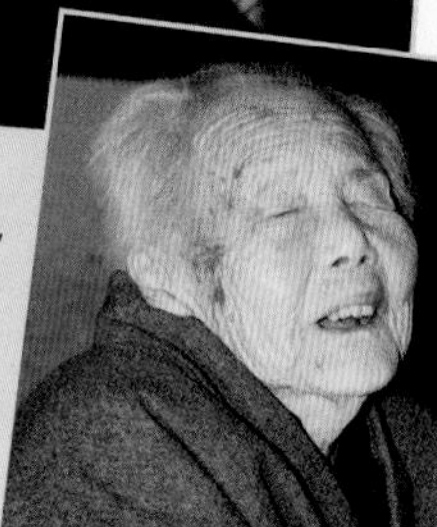

역대 가장 오래 산 접착 쌍둥이

기네스 세계기록은 로니와 도니 갤리온(미국, 1951년 10월 25일생)이 2020년 7월 4일 68세 253일의 나이로 세상을 떠났다는 소식을 듣고 슬픔에 빠졌다. 복부가 붙어 태어난 둘은 30년 이상을 서커스, 사이드쇼, 축제 등으로 여행하며 살았다.

가장 긴 간격을 두고 태어난 세쌍둥이

드셰인 세쌍둥이는 미국 매사추세츠주 노우드에서 5일 12시간 34분에 걸쳐 태어났다. 2019년 12월 28일 시안이 겨우 22주 만에 조산으로 태어났고, 형제인 디클랜과 남매인 로완이 5일 뒤인 2020년 1월 2일 태어났다. 서로 다른 10년대에 태어난 세쌍둥이다!

최고령 세쌍둥이(혼성)

베티 울프, 조셉 하키, 미나 패스먼(미국 1927년 2월 27일생)은 2020년 8월 19일 미국 캘리포니아주 칼즈배드에서 나이가 93세 174일로 확인됐다. 이 세쌍둥이는 현재 각자 다른 지역에 살고 있지만, 생일에는 함께 모여 축하한다.

가장 희귀한 형태의 불일치 쌍둥이

시에나 '시니' 버널(왼쪽)은 아직 정식으로 분류되지 않은, 희귀한 원발성 왜소증으로 태어났다. 하지만 더 희귀한 건 그녀가 시에라(둘 다 미국)와 일란성 쌍둥이라는 점이다. 이 22살의 '불일치' 자매는 일란성 쌍둥이 중 키 차이가 가장 큰데, 마지막으로 측정했을 당시 시니는 132cm였고, 시에라는 170cm였다.

쌍둥이가 가장 많았던 학교의 한 학년

미국 일리노이주 위네카에 있는 뉴 트라이어 고등학교의 방문객은 사람이 둘로 보이는 혼란에 빠졌는데, 2016/17 신입생 중 쌍둥이가 44쌍이나 포함돼 있었다. 단 3쌍만 일란성이었는데(모두 여성), 이 중 2쌍은 다른 날 태어났다. 이 학년은 학생 수가 1,000명 이상으로 당해 뉴 트라이어 고등학교의 쌍둥이 비율은 미국 평균의 약 3배에 가까웠다.

가장 긴 간격으로 태어난 쌍둥이

이란성 쌍둥이 몰리와 벤저민 웨스트는 미국 메릴랜드주 볼티모어에서 90일 간격으로 태어났다. 리사와 데이비드 웨스트(미국)의 자녀로 출생일은 1996년 1월 1일과 3월 30일이다. 4개월 조산으로 태어난 몰리는 단 1%의 확률을 이겨내고 살아남았다. 사진은 쌍둥이가 몰리의 25번째 생일을 축하하는 모습이다.

쌍둥이 비율이 가장 높았던 사례

2020년 옥스퍼드 대학교에서 135개국의 데이터를 연구해 발표한 내용에 따르면, 코트디부아르는 2010~2015년 기간에 신생아 1,000명 당 쌍둥이 비율이 24.9명이었다. 가나와 남수단이 두 번째로 비율이 높았는데 1,000명당 24.8명이다. 현재 전 세계에서 매년 약 16억 명의 쌍둥이가 태어난다.

가장 다산한 어머니

아이를 가장 많이 출산한 어머니는 69명을 낳았는데 정확한 이름은 밝혀지지 않았지만, 러시아 슈야의 소작농 표도르 바실예프(1707~약 1782년)의 아내 발렌티나일 가능성이 높다. 27번의 임신으로 쌍둥이를 16번, 세쌍둥이를 7번, 네쌍둥이를 4번을 출산했다. 이 중 67명이 유아기에 살아남았지만, 현재 이들의 이름과 출생일/사망일은 남아있지 않다. 표도르는 나중에 재혼해 두 번째 아내와 18명의 자녀를 더 낳았다.

역대 최고령 세쌍둥이는 페이스, 호프, 체리티 카드웰(미국)로 1899년 5월 18일 미국 텍사스주 엘름 모트에서 태어났다. 이들은 6명의 남편과 7명의 남매보다 더 오래 살았다. 페이스는 1994년 10월 2일 95세 137일의 나이로 세상을 떠났다.

한 번의 출산으로 가장 많은 아이가 태어난 기록(생존)
나디아 술레만(미국)은 2009년 1월 26일 미국 캘리포니아주 벨플라워에서 남자아이 6명, 여자아이 2명을 출산했다. 시험관 수정으로 태어난 아이들로 제왕절개 당시 9주 조산이었다. 위로 6명의 남매가 있는 이 **세계 최고령 여덟 쌍둥이**는 2021년 그들의 12번째 생일을 기념했다.
말리의 임산부 할리마 시세는 2021년 3월 일곱 쌍둥이를 낳을 예정으로 모로코의 병원으로 향했는데, 5월 4일 5명의 여아와 4명의 남아를 출산했다. 이 책을 출판할 당시 아기들은 특별히 관리를 받기는 하지만 '지금까지는 잘 지내고' 있다고 한다.

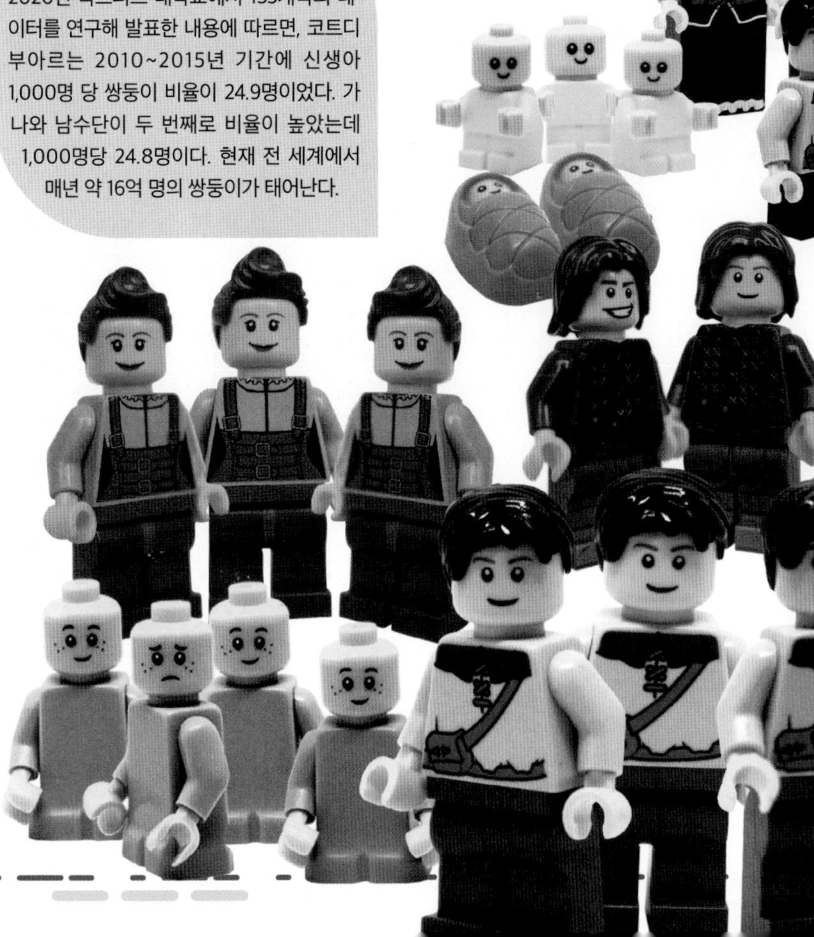

최고령…

16남매 나이 합계

1930년부터 1955년 사이 미국 미시건주 러셀과 프랜시스에서 태어난 앤더슨 남매는 2021년 2월 25일 기준 나이의 합계가 1,251세 295일이다. 알린, 버지니아, 조이스, 고든, 마빈, 로널드, 웨인, 키스, 낸시, 캐롤, 개리, 수잔, 샐리, 케니스, 보니, 딘은 주기적으로 가족 모임을 가지는데 여기에 나온 사진은 1970년과 2019년의 모습이다.

<보그> 커버 모델

데임(훈장을 받은 여성에게 붙이는 직함) 주디 덴치(영국, 1934년 12월 9일생)는 85세 150일의 나이로 2020년 6월 영국판 <보그>에 표지 모델로 등장했다. 영국에서 가장 유명한 배우 중 한 명인 데임 주디는 **로렌스 올리비에상 최다 수상자**로 1977년부터 2016년 사이 8개의 트로피를 집으로 가지고 갔다.

역대 최고령자

사실로 검증된 최고령 나이는 잔 루이즈 칼망(프랑스, 1875년 2월 21일생)이 기록한 122세 164일이다. 그녀는 1997년 8월 4일 프랑스 아를의 양로원에서 영원히 눈을 감았다. 하지만 그 전에 114세의 나이로 영화 <명화의 외출>(캐나다, 1990년)에 출연해 **최고령 여배우**가 됐고, 같은 해 **수술을 받은 최고령 환자**로도 기록됐다. 하지만 수술 기록은 2016년 한 때 현존하는 최고령 여성이었던 미야코 치요(일본, 1901년 5월 2일생)가 116세의 나이로 양다리 절단 수술을 받고 생존하며 경신됐다.

역대 최고령 남자는 기무라 지로에몬(일본)으로 1897년 4월 19일 태어나 2013년 6월 12일 116세 54일의 나이로 세상을 떠났다. **현존 최고령 남자** 타이틀은 작년에 주인이 2번이나 바뀌었다. 두미트루 코머네스쿠(루마니아, 1908년 11월 21일~2020년 6월 27일)는 이 책의 작업이 시작된 직후 111세 249일의 나이로 세상을 떠났다. 새로운 기록 보유자로 푸에르토리코의 에밀리오 플로레스 마르케스가 떠올랐는데, 그는 20세기의 8번째 해 8번째 달 8번째 날인 1908년 8월 8일 태어나 2021년 4월 20일 기준 나이가 112세 255일로 확인됐다.

대회에 출전하는 역도선수

에디스 머웨이-트라이나(미국, 1921년 8월 8일생)는 '싫다고 반항하는' 친구를 체육관에 끌고 가기 위해 91세의 나이로 데드리프트와 벤치프레스를 시작했다. 이 플로리다 주민은 곧 운동에 빠져들어 대회에 출전하기 시작했다. 그녀는 2019년 11월 10일, 가장 최근 출전한 대회에서 98세 94일의 나이로 벤치프레스 27.2kg을 기록하며 자신의 체급에서 2위에 올랐다!

전 라인 댄스 강사인 에디스는 자신의 2021년 100번째 생일에 기념으로 대회에 참가하기를 바라고 있다!

시합에 출전한 줄넘기 선수

애니 주디스(미국, 1943년 11월 23일생)는 2020년 2월 29일 76세 98일의 나이로 남부 캘리포니아 오픈 줄넘기 챔피언십에 출전했다. 이 고희가 지난 줄넘기 선수는 회색 가발을 쓰고 보행 보조기를 밀며 천천히 경기장으로 들어와, 입고 있던 노인 분장을 벗어던지고 <섹시 앤드 아이 노우 잇> 곡에 맞춰 2분 20초 동안 안무를 펼쳐 심사위원들을 놀라게 했다.

여성

타나카 카네(일본, 1903년 1월 2일생)는 2021년 4월 20일 기준 나이가 118세 108일로, **최고령자**에 등극했다. 회복력이 뛰어난 역대 최고령 아시아인인 카네는 30대에 파라티푸스 병에 걸렸지만 살아남았고, 40대에는 췌장암에 걸렸으며, 103세에는 대장암 수술도 받았다. 그녀는 가족과 가깝게 지내고, 잘 먹고, 잘 자며, 수학 퍼즐로 정신을 또렷하게 유지하는 게 장수의 비결이라고 말한다.

코로나-19 생존자

앙드레 자매(프랑스, 1904년 2월 11일생 본명 루실 랜든)는 2021년 1월 16일 코로나-19 검사에 양성 판정을 받은 세계에서 2번째로 나이가 많은 사람이다. 75년 이상을 맹인으로 지낸 이 천주교 수녀님은 프랑스 툴롱의 양로원에 격리돼 지냈으나 증상은 심해지지는 않았다. 그녀는 117세의 생일에는 건강에 아무 이상이 없다는 진단을 받았다.

현존 최고령자 10인

	이름	생년월일	나이
1	타나카 카네(일본, 왼쪽)	1903년 1월 2일	118세 108일
2	앙드래 자매(프랑스, 위쪽)	1904년 2월 11일	117세 68일
3	프란시스카 세우사 두스 산투스(브라질)	1904년 10월 21일	116세 181일
4	잔 보(프랑스)	1905년 1월 14일	116세 96일
5	안토니아 다 산타 크루스(브라질)	1905년 6월 13일	115세 311일
6	테클라 유니에비치(우크라이나/폴란드)	1906년 6월 10일	114세 314일
7	델마 섯클리프(미국)	1906년 10월 1일	114세 201일
8	발랑틴 리니(프랑스)	1906년 10월 22일	114세 180일
9	익명(일본)	1906년 12월 17일	114세 124일
10	야스카와 하마(일본)	1907년 1월 19일	114세 91일

출처: 장수연구집단, 2021년 4월 20일 기준

축구 선수

이젤딘 바하더(이집트, 1945년 11월 3일생)는 2020년 10월 17일 74세 349일의 나이로 이집트 3부 리그 팀 6th 옥토버 소속으로 경기에 나섰다. 이 은퇴한 토목기술자는 엘 아야트 스포츠를 상태로 펼쳐진 경기에서 페널티킥을 찼지만 골은 실패했다. 그는 기네스 세계기록 증서를 받으며 "쉬운 일은 없지만, 불가능한 일도 없다."라는 말을 남겼다.

에미상 수상자

2020년 9월 15일 영상으로 진행된 크리에이티브 아츠 에미 시상식에서 시트콤 제작자 노먼 레어(미국, 1922년 7월 27일 출생)가 98세 50일의 나이로 우수 버라이어티 특별상(라이브)을 받았다. 그의 6번째 에미상으로 2개의 파트로 구성된 특집 <라이브 인 프론트 오브 더 스튜디오 오디언스: "올 인 더 패밀리">와 <굿 타임즈>(ABC, 2019년 작) 2회분으로 수상했다.

시합에 출전한 풋백 선수

콩 주머니 차기 선수인 켄 몰러(미국, 1947년 7월 14일생)는 2020년 7월 2일 72세 354일의 나이로 월드 풋백 챔피언십의 중급 프리스타일 종목에 진출했다. 그는 비지스의 히트곡 <스테인 얼라이브>에 맞춰 연기를 펼쳤다.

HGV 면허 보유자

트럭 운전사 제임스 핀리 해밀턴(1936년 6월 1일생)은 2021년 2월 1일 84세 245일의 나이로 여전히 중화물 차량을 운전하는 모습이 확인됐다.

파일럿

제2차 세계대전의 '플라잉 타이거' 베테랑인 해리 모이어(미국, 1920년 10월 30일생)는 2020년 무니 Mk 21 비행기를 단독으로 조종해 미국 캘리포니아주 샌 루이스 오비스포 상공을 날며 자신의 100번째 생일을 기념했다.

2인 스카이다이버

전 비행기 개발자 알프레드 '알' 브라쉬케(미국, 1917년 1월 4일생)가 2020년 7월 2일 103세 181일의 나이로 미국 텍사스주 샌 마르코스 상공에서 뛰어내렸다.

시합에 출전한 트랙터 풀러

트랙터 풀링은 오래된 혹은 개조한 트랙터의 뒤에 중장비를 달고 100m를 가는 모터스포츠다. 이 종목 최고령 출전자는 오토 그레이프(미국, 1919년 11월 11일)로, 그는 2019년 8월 1일 99세 263일의 나이로 미국 워싱턴주 린든에서 열린 퓨젓 사운드 앤티크 트랙터 & 기계 협회의 쇼에서 경주를 펼쳤다.

언론인

영국-이스라엘 작가이자 방송인인 월터 빙엄(1924년 1월 5일 바이마르 공화국 출생, 본명 울프강 빌리그)은 2021년 4월 5일 기준 나이가 97세 90일로 예루살렘에서 확인됐다. 그는 '예루살렘 포스트' 언론의 업무를 정기적으로 하며, 이스라엘 뉴스 토크 라디오의 <더 월터 빙엄 파일>의 진행자를 맡아 **최고령 라디오 토크쇼 진행자**로 기록됐다.

사무실 관리자

2020년 11월 5일 확인 당시 타미키 야스코(일본, 1930년 5월 15일생)는 90세 174일의 나이로 일본 오사카에 있는 순코 공업회사에서 꾸준히 일하고 있다.

톰 무어 경(1920-2021년)

제2차 세계대전의 참전 용사인 대령 톰 무어 경(영국, 1920년 4월 30일~2021년 2월 2일)이 100세의 나이로 세상을 떠나자 그의 장례식에 의장대가 와 3발의 예포를 쏘고, 영국공군 C-47 다코타 1기가 분열식을 하며 조의를 표했다. 이 감화를 준 유공자는 코로나-19 팬데믹 기간에 자신의 마당을 걸으며 영국 보건 서비스국을 위해 4,450만 달러를 모아 **자선 걷기로 가장 많은 성금(개인)**을 모은 사례로 기록됐다. 정확히 100세의 나이로 그는 마이클 볼과 HNS 보이스 오브 케어 합창단이 피처링으로 참여한 <유 윌 네버 워크 어론>을 발매해 **영국 오피셜 싱글 차트 1위에 오른 최고령 인물**이 됐다. 무어 경의 '내일은 좋을 날일 겁니다.'라는 모토는 2020년 락다운 기간 많은 사람들에게 희망을 줬다. 아래 사진은 그가 2020년 7월 엘리자베스 2세 여왕에게 기사 작위를 받는 모습이다.

결혼한 커플

에콰도르의 훌리오 세사르 모라 타피아(1910년 3월 10일생)와 왈드라미나 마클로비아 킨테로스 레예스(1915년 10월 16일생)는 1941년 2월 7일 가족들의 반대를 무릅쓰고 비밀리에 결혼했다. 2020년 10월 22일 연장자인 타피아가 79년의 결혼생활 후 사망할 당시 이 부부의 나이 합계는 215세 232일이었다.

엄청난 키

준레이 발라윙

기네스 세계기록 2021을 인쇄한 직후 우리는 준레이 발라윙이 세상을 떠났다는 슬픈 소식을 들었다. **키가 가장 작은 남자**(걸을 수 없는)인 준레이는 2011년 6월 12일 그의 18번째 생일(사진)을 기념해 필리핀 신당간에서 측정한 키가 59.93cm였다.

1. 가장 작은 여성

조티 암지(인도)는 2011년 12월 16일 인도 나그푸르에서 측정한 키가 62.8cm다. 그녀는 명랑한 카리스마와 결단력으로 **최단신 여배우**가 돼, 호평을 받고 있는 미국의 TV 쇼 <아메리칸 호러 스토리>에서 마 페티트 역을 연기하고 있다.

2. 가장 작은 남자

2020년 2월 29일 콜롬비아 보고타에서 측정한 에드워드 니뇨 에르난데스(콜롬비아)의 키는 72.1cm다. 니뇨의 갑상선기능저하증으로 키가 자라지 않아, 20세 이후에 기록으로 측정했다. "키나 덩치는 중요하지 않아요!" 그가 말했다. "사람들이 진짜 나를 만나기를 바라요, 키는 작지만 마음은 넓어요!"

3. 키가 가장 작은 십대 쌍둥이(남성)

2021년 1월 7일 나이가 17세 100일인 재커리와 트리스탄 르리에버(둘 다 캐나다)는 평균 키가 114.88cm로 측정 됐다. 이 일란성 쌍둥이는 둘 다 연골무형성증으로 태어나 뼈가 제대로 자라지 못했지만 몬트리올 인터내셔널 클럽에서 뛰어난 배드민턴 선수로 활약을 펼치고 있으며 2024년에는 파리에서 열리는 패럴림픽에 출전하기를 열망하고 있다. 둘은 2021년 9월 19일 **가장 작은 쌍둥이(남성) 성인**으로도 기록됐다.

4. 가장 작은 쌍둥이(여성)

2021년 1월 25일 확인된, 현존하는 키가 가장 작은 여성 쌍둥이는 엘리자베트와 카타리나 린딩거(둘 다 독일)로 평균 키가 128cm로 측정됐다.

5. 키가 가장 큰 쌍둥이(여성)

일란성 쌍둥이 앤과 클레어 레흐트(둘 다 미국, 1988년 2월 9일생)는 평균 키가 201cm다. 이 자매는 2006년 아메리카 대학교 이글스 배구팀과 계약해 패트리어트 리그 토너먼트에서 타이틀을 3회나 차지하는데 일조했다.

6. 키가 가장 큰 쌍둥이(남성)

2021년 1월 1일 기준 로빈과 브룩 로페즈(둘 다 미국)는 각각 신장이 213cm다. 둘의 뛰어난 높이는 농구코트에서 중요한 자산으로, 2008년 NBA 팀 피닉스 선즈, 뉴저지/브루클린 넷츠와 각각 계약했다. 브룩은 현재 밀워키 벅스에서, 로빈은 워싱턴 위저즈에서 활약하고 있다.

7. 키가 가장 큰 소방관

브랜던 베리지(미국, 삽입된 사진)는 2020년 8월 18일 211.2cm로 기네스 세계기록이 처음으로 확인한 현존하는 키가 가장 큰 소방관이다. 그는 미국 테네시주 털러호마 소방서에서 근무하고 있다. 그런데 우리가 이 책의 인쇄를 막 시작했을 때, 미국 텍사스주 해리스 카운티에 사는 앨런 멀키(큰 사진)가 더 크다고 주장하는 증거 사진을 받았다. 사진 속 그의 키는 221cm로 측정됐지만 우리는 그의 키를 공식적으로 증명해줄 영상을 기다리고 있다.

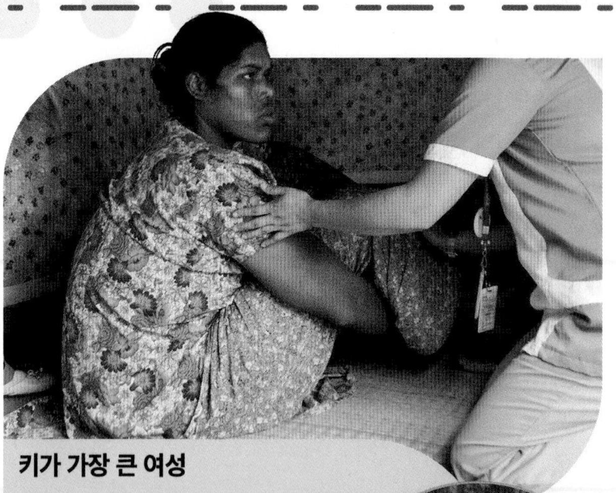

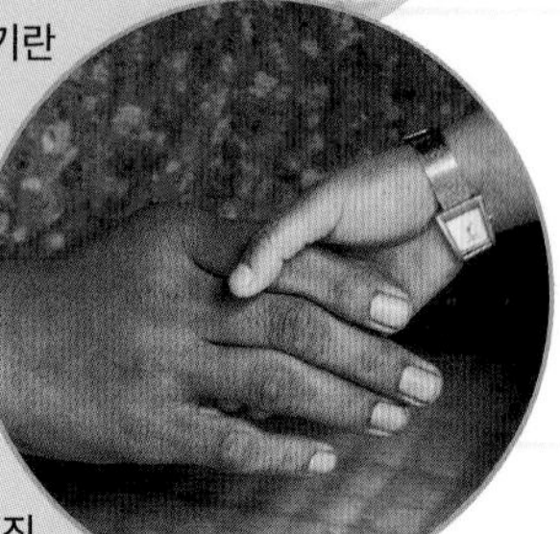

키가 가장 큰 여성

현존하는 키가 가장 큰 여성을 결정하기란 매우 어렵다. 시디카 파르빈(인도)는 2012년 12월 누운 상태의 키가 최소 222.2cm로 측정됐지만 건강 문제로 일어 설 수 없어 정확한 키를 알아내기가 불가능하다. 측정을 진행한 의사 드바시시 사하는 그녀가 서서 키를 측정하면 최소 233.6cm일 것으로 추정했다. 삽입된 사진을 보면 그녀가 얼마나 큰지 조금은 짐작할 수 있다.

기네스 세계기록이 최근 몇 년 간 측정한, 똑바로 섰을 때 키가 가장 큰 살아있는 여성은 전 **키가 가장 큰 십대 소녀**인 루메이사 겔기(터키)로 2014년 17살이었을 때 키가 213.6cm였다.

8. 키가 가장 큰 십대

캐나다 퀘벡 벨로에일의 올리비에 리우는 2020년 12월 19일 나이가 14세 321일이었을 당시, 키가 226.9cm였다. 로페즈 쌍둥이와 마찬가지로 그의 인상적인 키는 농구계의 이목을 집중시켰고 2019년 레알 마드

1

2

3

4

리드('로스 블랑코스') 팀과 계약해 카스텔데펠스 13세 이하 국제 대회에 출전했다. 올리비에의 키를 다른 사람과 비교하자면, 그는 현재 **NBA에서 키가 가장 큰 선수**(226cm)인 보스턴 셀틱스 소속의 타코 폴(미국) 보다 이미 더 크다.

9. 키가 가장 큰 남자

우리의 특집 명예의 전당 76~77쪽으로 넘어가 신장 251cm의 술탄 쾨센의 모든 것을 알아보자.

신체 예술

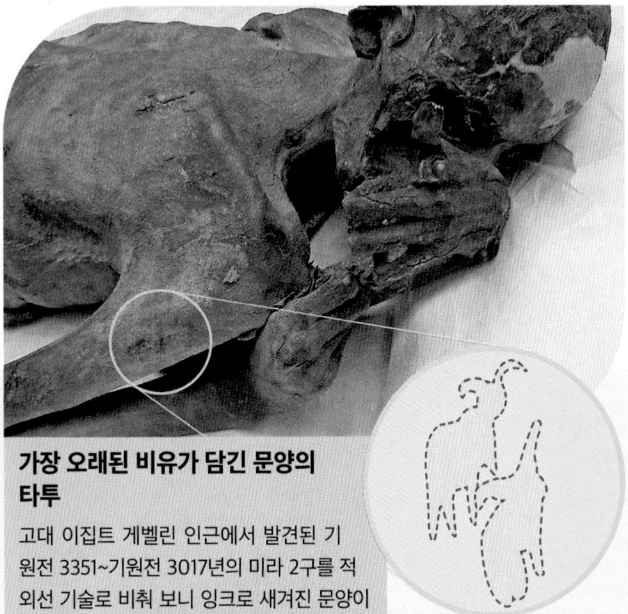

가장 오래된 비유가 담긴 문양의 타투

고대 이집트 게벨린 인근에서 발견된 기원전 3351~기원전 3017년의 미라 2구를 적외선 기술로 비춰 보니 잉크로 새겨진 문양이 발견됐다. 대영 박물관에 따르면 '게벨린 남자 A'는 바르바리 양과 야생 황소를 문신했고(삽입된 그림, 위와 아래), **가장 오래전 타투한 여성**인 '게벨린 여자'는 위팔과 어깨에 'L'과 'S' 모양의 무늬가 있었다. 이는 가장 오래된 문신은 아니지만(아래 참조), 단순 기하학무늬가 아닌 인식 가능한 특정 모양을 나타내는 가장 오래된 타투다.

가장 오래전 타투

1991년 이탈리아 알프스에서 발견된, '외치'라는 이름이 붙은 남자 미라에는 몸에 총 61개의 타투가 있다. 그는 약 5,300년 전 화살에 맞아 죽은 것으로 여겨진다. 피부를 얇게 열고 목탄 가루를 문질러 만든 간단한 기하학무늬가 새겨져 있다.

가장 많이 타투한 남자

수백 명의 타투 아티스트가 1,000시간 이상을 들여 럭키 다이아몬드 리치(호주, 본명 그레고리 맥라렌, 뉴질랜드 출생)의 피부를 장식했다. 처음에는 보디슈트의 형태로 시작했지만, 나중에는 완전히 검은 잉크로 몸을 뒤덮었는데, 눈꺼풀, 발가락 사이, 심지어 잇몸 등 예민한 피부까지 모두 포함됐다. 사이드쇼 예술가이자 길거리 공연자인 럭키는 검은 바탕 위에 희고 색이 있는 모양으로 타투를 계속 더해 현재 문신이 몸의 200%를 차지하는 것으로 측정된다.

가장 많이 타투한…

이름 하나: 300회, 2020년 5월 25일 기준 디드라 비질(미국). 새긴 이름은? 'Diedra(디드라)'.
만화 캐릭터 하나: 52회, <릭 앤드 모티>(어덜트 스윔, 미국)의 릭, 2019년 8월 31일 기준 니콜라이 벨얀스키(러시아).
한 애니메이션 시리즈의 캐릭터: 203개, <심슨가족>(폭스, 미국), 2014년 12월 3일 기준 마이클 백스터(호주).
해골: 376개, 2016년 12월 3일 기준 찰스 '척' 헬름케(미국).
사각형: 848개, 2014년 7월 7일 기준 맷 곤(미국).

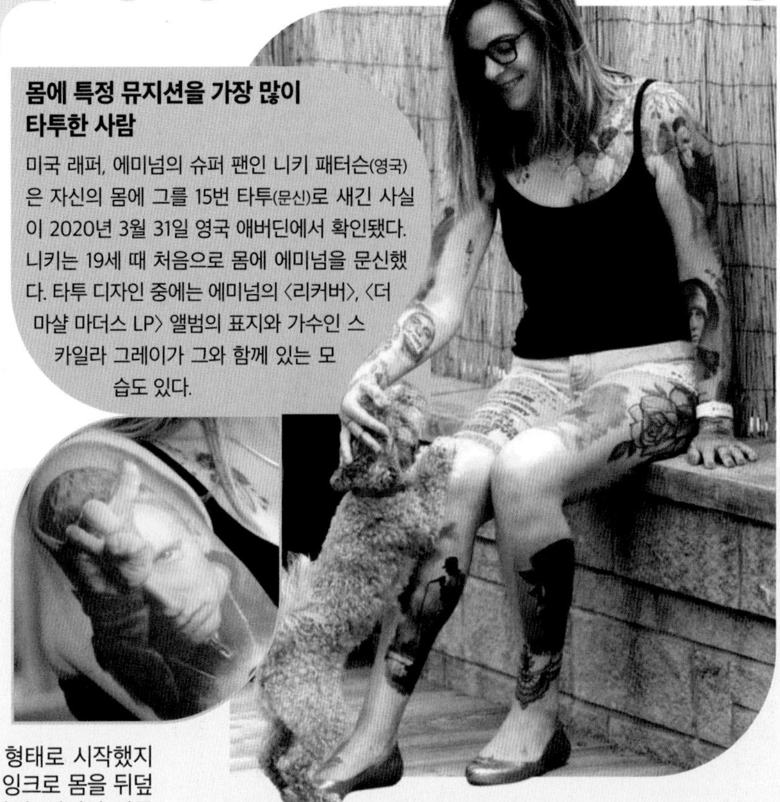

몸에 특정 뮤지션을 가장 많이 타투한 사람

미국 래퍼, 에미넴의 슈퍼 팬인 니키 패터슨(영국)은 자신의 몸에 그를 15번 타투(문신)로 새긴 사실이 2020년 3월 31일 영국 애버딘에서 확인됐다. 니키는 19세 때 처음으로 몸에 에미넴을 문신했다. 타투 디자인 중에는 에미넴의 <리커버>, <더 마샬 마더스 LP> 앨범의 표지와 가수인 스카일라 그레이가 그와 함께 있는 모습도 있다.

신체 개조를 가장 많이 한 부부

빅토르 우고 페랄타(우루과이)와 그의 아내 가브리엘라는 2014년 7월 7일 확인 당시 신체 개조를 총 84회 했다. 이는 50개의 피어싱, 8개의 마이크로 더멀 피어싱, 14개의 신체 보형물, 5개의 치아 임플란트, 4개의 귀 확장기, 2개의 귀 볼트와 하나의 갈라진 혀가 합쳐진 숫자다. 자신을 '아름다운 괴물'이라고 부르는 빅토르는 몸의 95%가 타투로 덮여 있다.

가장 오래 운영 중인 타투점

예루살렘의 라주크 가문은 700년 이상 전부터 선조가 이집트에서 콥트 기독교인에게 문신을 그려주기 시작했다. 이 성스러운 도시를 방문하는 순례자들에게 타투를 새기는 아이디어는 지금까지 이어져 오고 있는데, 현재 이 가게는 27대 타투이스트인 와심 라주크가 운영 중이며 예루살렘 십자가 같은 수세기 된 스텐실을 사용한다(삽입된 사진).

최초의 의수 타투 기계

타투이스트인 J. C. 쉐이탕 테닛(프랑스)은 탈착이 가능한 타투 기계가 설비된 의수로 타투를 시술한다. 기술자인 J. L. 곤잘의 작품으로, 오래된 기계식 타자기와 축음기의 부품을 사용해 스팀펑크 느낌이 나는 가벼운 의수를 만들었다. 테닛은 타투에 음영을 줄 때 주로 이 기계를 사용한다.

현대 사회에서 처음 혀를 가른 사례

더스틴 알로어(미국)의 갈라진 혀가 담긴 사진은 1997년 《보디 플레이》(#16)와 《모던 프리미티브스 쿼럴리》에 처음 공개됐다. 이로써 그녀는 논란이 많던 신체 개조를 한, 신원이 확인된 최초의 인물이 됐다. 의사들은 혀를 가르면 심각한 문제가 많이 생길 수 있다고 경고한다.

얼굴에 프레시 터널이 가장 많은 사람

제임스 고스(영국)가 자신의 얼굴을 개조해 터널처럼 생긴 장신구를 14개나 착용한 사실이 2020년 12월 5일 영국 베드퍼드에서 확인됐다. 제임스는 2014년 이후 독일의 윌 미글러가 보유하던 이전 기록을 3개 차이로 경신했다.

최다 인체 개조(남성)

2012년 12월 16일 마지막으로 공식 확인된 롤프 부흐홀츠(독일)의 신체 개조 횟수는 516번이다. 481개의 피어싱, 2개의 피하 보형물 뿔, 오른쪽 손가락의 자석 보형물이 포함돼 있다.

여성 기록은 총 49회의 신체 개조를 한 마리아 호세 크리스테르나(멕시코)다. 피부의 많은 부분을 덮고 있는 타투, 다수의 피어싱, 그녀의 이마와 가슴, 팔에 넣은 보형물들이 포함돼 있다.

가장 얇은 허리

캐시 정(미국)은 코르셋을 입었을 때 허리둘레가 15인치(38.1cm)고, 코르셋을 입지 않으면 21인치(53.3cm)다. 빅토리아풍의 장식품에 영감을 받은 그녀는 38세부터 6인치(15.2cm) 폭의 트레이닝 벨트를 입고 자신의 26인치 허리를 단계적으로 줄여나갔다. 그녀는 허리 수술은 전혀 하지 않았다.

최다 피어싱(여성)

일레인 데이비슨(브라질/영국)은 1997년 1월부터 2006년 6월 8일 사이 피어싱 구멍을 4,225개나 만들었다. 그녀는 한 번에 장식품을 460개까지 끼우는데, 2021년에는 자신이 평생 피어싱을 1만 1,000회 이상 했다고 주장했다. 2012년 9월 16일 일레인은 혀로 **가장 무거운 물체를 끄는 기록**(여성)을 달성했는데, 영국 런던의 사우스뱅크에서 고기를 매달 때 사용하는 갈고리로 113kg 무게의 손수레와 사람 한 명을 끌었다.

피어싱을 가장 많이 한 혀

2017년 1월 5일 미국 뉴저지주 린드허스트에 있는 인비저블셀프 피어싱 스튜디오에서 프란체스코 바카(미국)의 혀에 있는 피어싱 20개를 확인했다.

가장 비싼 더멀 피어싱

2021년 2월 래퍼 릴 우지 버트(본명 시미어 비질 우즈, 미국)는 2,400만 달러짜리 분홍 다이아몬드를 자신의 이마에 더멀 피어싱으로 장식했다. 그는 인스타그램에 사진을 공유하며 '아름다움에는 고통이 따른다'라는 멘트를 달았다.

가장 큰 입술 접시

에티오피아 수르마 부족의 여자는 입술에 점점 더 큰 접시를 끼우며 혼인을 준비한다. 이 접시는 여자들이 직접 점토를 빚어 황토나 목탄으로 색을 입힌 뒤 불에 구워 만든다. 2014년 10월 아타예 엘리지다그네(에티오피아)의 입술 접시는 폭이 19.5cm, 둘레가 59.5cm로 기록됐다. 아래 사진은 입술에서 접시를 뺀 아타예의 모습이다.

슈퍼휴먼

여기 '슈퍼휴먼'으로 이름을 올린 사람들은 엄청난 극한 환경에서 생존 능력을 보여 줬다. 예를 들면, 미국 텍사스의 윌리엄 페이스(위 사진)는 1917년 여덟 살에 사고로 머리에 총을 맞았다. 총알은 제거되지 않았지만, 그럼에도 94년 175일 후까지 평범한 삶을 살았고, **머리에 총알이 박힌 채 최장기간 생존**한 기록을 세웠다.

가장 낮은 체온으로 살아남은 기록
2014년 11월 30일 폴란드 라츠와비체에서 27개월 유아가 기온이 영하 7℃로 곤두박질 친 이른 새벽에 맨발로 할머니의 집을 나섰다. 아담이라는 이름의 이 아이는 개울 옆에 쓰러져 경찰에 발견되기까지 최소 3시간을 그대로 있었다. 당시 직장(直腸)의 체온이 겨우 11.8℃에 불과했지만 따뜻한 구급차를 타고 병원으로 이송하며 소생에 성공했다. 아이는 의식을 회복했고 2주가 지나지 않아 다시 걷기 시작했다. "잘 놀고, 장난도 치고, 뛰기도 해요… 아주 개구쟁이예요." 아담의 회복 팀을 이끈 심장외과 의사 야누시 스칼스키가 말했다.
의도적으로 체온을 가장 낮게 낮춘 기록은 51세 여성이 난소암을 치료하는 과정에서 세워졌다. 1955년 12월 28일 환자의 심장박동수가 심정지 상태까지 서서히 감소했다. 이 당시, 여성의 신체는 9℃까지 차가워졌고 인공호흡기를 사용해 1시간 동안 같은 체온을 유지했다. 이 여성은 저체온으로 인한 부작용이나 고통 없이 회복했다.

건조한 공기에서 가장 높은 기온을 참은 기록…
옷 입고: 1960년 미국 공군(USAF)이 진행한 실험에서 옷을 잔뜩 껴입은 사람들이 기온 260℃까지 참아낸 기록이 있다. 반면 사우나에서는 대개 90℃ 이상을 견디지 못했다.
맨몸으로: 같은 조건의 실험에서 동일한 대상이 맨몸으로 가장 높은 온도까지 견딘 기록은 205℃다.

방사성 물질에 가장 심하게 오염되고 살아남은 기록
워싱턴주 플루토늄 공장에서 일하던 해럴드 맥클러스키(미국)는 1976년 평생 안전 투여량의 500배가 넘는 방사성 물질에 노출됐다. 그는 플루토늄에서 방사성 아메리슘을 추출하다가 샘플이 폭발하는 바람에 마스크가 벗겨지며 얼굴에 방사능 유리와 강철이 뿌려졌다. 당시 맥클러스키가 내뿜는 방사능이 너무 심해 15m 거리에서도 가이거 계측기가 울렸다.

가장 높은 혈당으로 살아남은 기록

혈중 포도당 수치는 리터당 밀리몰(mmol/L) 혹은 미국에서는 데시리터당 밀리그램(mg/dL)으로 표기하며, 약 4~6mmol/L이 정상인의 수치다. 마이클 패트릭 부노코르(미국)는 여섯 살이던 2008년 3월 23일 펜실베이니아 이스트 스트라우즈버그의 응급실에서 혈당 수치가 평균보다 약 30배에 가까운 147.6mmol/L로 측정됐다.

음식 없이 가장 오래 생존한 기록
추천하는 바는 아니지만, 영양 상태가 좋은 사람은 30일 혹은 그 이상 물과 설탕만 먹어도 의학적인 문제를 겪지 않고 생존할 수 있다. 고형식품을 먹지 않고 가장 오랜 기간 생존한 기록은 382일로, 앵거스 바비에리(영국)가 1965년 6월부터 1966년 7월까지 던디의 메리필드 병원에서 차와 커피, 물과 비타민만 먹으며 생활했다. 그는 몸무게가 214kg에서 80.74kg으로 줄었다.

몸 위로 올린 가장 무거운 물체

스페인의 용접공이자 무에타이 챔피언인 에두아르도 아르마요 라사가는 2010년 3월 4일 이탈리아 로마에서 '로 쇼 데 레코드' 무대에 올라 자신의 몸통 위에 1,483kg의 콘크리트 벽돌을 올리고 견뎌 냈다. 성인 남자 23명의 무게와 맞먹는 벽돌 70개를 진행 팀원들이 빠르게 올렸고, 기록을 인정받기 위한 최소 시간인 5초를 버텨 냈다.

가장 이상한 식단

1959년 무슈 맨지투('Mr. Eat-All')로 불린 프랑스 미셸 로티토는 유리와 철을 먹을 수 있는 재능을 발견했다. 그의 위를 X-레이로 검사한 위장병학자는 그가 하루에 900g의 철을 소화하는 아주 독특한 능력이 있다고 기술했다. 로티토의 기이한 식단에는 자전거 18대, 슈퍼마켓 카트 15대, TV 7대, 샹들리에 6개, 침대 2개, 스키 1쌍, 컴퓨터 1대, 관 1개가 포함돼 있으며, 2년에 걸쳐 세스나 경비행기 1대도 먹어 치웠다.

18 15 7 1

음식과 물 없이 가장 오래 생존한 기록은 18일이다. 열여덟 살 안드레아스 미하베츠(오스트리아)는 1979년 4월 1일 오스트리아 회흐스트에서 교통사고를 당했는데, 경찰의 실수로 지하 감옥에 갇혔고, 이후 까맣게 잊혔다. 4월 18일 그는 몸무게가 18kg 빠진 채 죽기 직전에 발견됐다. 관련 경찰관들은 90일 동안 수감되었지만, 식사는 규칙적으로 했다.

호흡을 가장 오래 참은 기록

남자: 부디미르 소바트(크로아티아)가 2021년 3월 27일 크로아티아 시사크에서 스스로 자력으로 24분 37초36나 참았다.
여자: 카롤리니 마리에셈 메예르(브라질)는 2009년 7월 10일 브라질 플로리아노폴리스의 레이서 아카데미 수영장에서 18분 32초59 동안 호흡을 참았다.

우주에서 가장 오래 머문 사람

우주비행사 겐나디 파달카(러시아)는 이 세상 누구보다 지구 밖에서 많은 시간을 보냈다. 그는 2015년 6월 28일 168일짜리 국제 우주정거장 임무에서 92일째를 맞이하며, 동료 우주비행사인 세르게이 크리칼레프의 803일 체류 기록을 경신했다. 9월 12일 파달카가 지구에 귀환할 당시 생애 통산 2년 반에 가까운 총 879일을 우주에서 머물렀다. 오랜 우주여행으로 인한 부작용 중 하나는 '우주비행 골연화증'으로 무중력 상태에 있으면 뼈의 질량이 매달 1% 이상 감소한다.

최장 시간 전신 얼음 접촉

로맹 반댄돌프(프랑스)는 2020년 12월 19일 프랑스 우아트를로에서 자신의 목까지 얼음 조각을 채우고 2시간 35분 33초를 보냈다. 이 험난한 기록은 1m² 공간 안에서 참가자의 목까지 얼음이 찬 상태여야만 시간 측정이 시작된다는 규칙을 준수해 세워졌다.

줄 없이 우주를 유영한 최초의 인물로 우주비행사인 브루스 매캔들리스(미국)가 1984년 2월 7일 기록했다.

물속에 가장 오래 잠수한 기록

1986년 두 살 난 미셸 펑크가 미국 유타주 솔트레이크시티에서 불어난 계곡물에 빠져 66분 동안 물속에 있었지만 '신경학적으로 온전한 상태'로 완전히 회복했다.

가장 심한 관성력을 견딘 기록

(비자발)

인디카 드라이버 케니 브랙(스웨덴)은 2003년 10월 12일 미국 텍사스 모터 스피드웨이에서 셰비 500 대회에 참가해 188바퀴를 돌던 중 사고를 당해 오른쪽 대퇴골, 흉골, 요추골, 양 발목이 골절됐다. 브랙의 달라라-혼다(Dallara-Honda)는 다른 차와 바퀴와 바퀴가 부딪쳐 차량이 공중으로 떠오르며 철제 기둥에 부딪혔다. 브랙의 '사고 충격 기록 시스템'에 따르면 충돌 순간 354km/h의 속도가 214g(중력 가속도 단위)의 감속력으로 전환됐다.

가장 높은 곳에서 연결된 줄 없이 뛰어내린 인물

우리 몸은 극한의 고도에 적합하지 않아 보호복과 호흡 보조기가 필요하다. 인간이 지구 밖으로 나간 가장 높은 지점은 3만 9,068.5m로, 펠릭스 바움가르트너(오스트리아)가 2012년 10월 14일 미국 뉴멕시코주 상공에 있는 기구에서 뛰어내리기 전에 기록했다. 맨몸으로 낙하하는 동안 몸이 빠르게 회전했지만 의식을 잃지 않았고, 안정을 되찾았다. 바움가르트너는 또 최고 속도 1,357.6km/h를 기록하며, **자유낙하로 음속의 벽을 깬 최초의 인간**이 됐다.

가장 심한 관성력을 견딘 기록(자발)

'중력 등가' 혹은 '관성력'은 가속이나 감속을 측정하는 단위다. USAF는 이 힘이 인간의 신체에 미치는 효과를 연구하기 위해 1958년 5월 16일 미국 뉴멕시코의 홀로만 공군 기지에서 실험했고, 실험대상자 엘리 비딩 주니어가 로켓 썰매를 타고 뒤로 주행하며 0.04초 동안 82.6g의 감속력을 경험했다.

수염

역대 수염이 가장 긴 사람

한스 N 랑세스(노르웨이)는 1927년 미국 아이오와주 켄셋에서 장례식을 치를 당시 얼굴의 수염이 5.33m였다. 수염은 자연적으로 1~2m를 넘게 자라지 않는데, 랑세스는 빠진 수염을 드레드락처럼 휘감아 놨다. 그는 자신이 죽은 뒤 수염을 잘라 후대에 전할 것을 요청했고, 그의 아들이 이 거대한 수염을 미국 워싱턴 DC에 있는 스미스소니언 박물관에 기증했다(아래, 1967년 사진).

수염으로 들어 올린 가장 무거운 물체

안타나스 콘트리마스(리투아니아)는 2013년 6월 26일 터키 이스탄불에 마련된 <레콜라르 듀니아스> 세트에서 자신의 수염으로 63.8kg의 TV 진행자 굽세 외자이를 들어 올렸다. 이는 그가 2000년 55.7kg의 참가자를 들어 올려 처음 기록을 세운 뒤 10번째로 경신한 기록이다.

역대 가장 수염이 긴 여성

1884년 디베르 부인(마리 앤 혹은 제인 디베르)의 수염이 36cm로 측정됐다. 그녀는 몇몇 서커스에서 '수염 난 숙녀'로 공연을 펼쳐, '켄터키의 경이'로 묘사되기도 했다.

현재 **수염이 가장 긴 여성** 기록은 비비안 휠러(미국)가 가지고 있다. 2011년 4월 8일 이탈리아 밀라노에서 확인했을 때 모낭에서 가장 긴 털끝까지 길이가 25.5cm였다.

수염이 완전히 자라는 최연소 여성

하르남 카우르(영국, 1990년 11월 29일생)는 24세 282일의 나이로 수염이 풍성하게 난 모습이 2015년 9월 7일 영국 커브셔주 슬라우에서 확인됐다. 카우르는 12살 때 다낭성 난소 증후군을 진단 받았는데, 여성에게 안드로겐('남성' 호르몬) 분비가 늘어난다.

수염으로 끈 가장 무거운 열차

이스마엘 리바스 팔콘(스페인)은 2001년 11월 15일 자신의 수염만 사용해 자동차 미니 2대 보다 더 무거운 2,753.1kg의 기관차를 10m나 끌었다. 이 모낭이 얼얼해지는 기록은 스페인 마드리드에서 작성됐다.

수염으로 끈 가장 무거운 차량은 2,205kg이다. 2012년 6월 21일 인도 라자스탄주 조드푸르에서 카필 게흐롯(인도)이 40m를 끌고 갔다. 게흐롯의 기록 중에는 롤러스케이트를 신고 수염으로 자동차를 끌고 간 기록도 있는데, 리투아니아의 안타나스 콘트리마스(위 참조)가 이전 기록의 보유자였다.

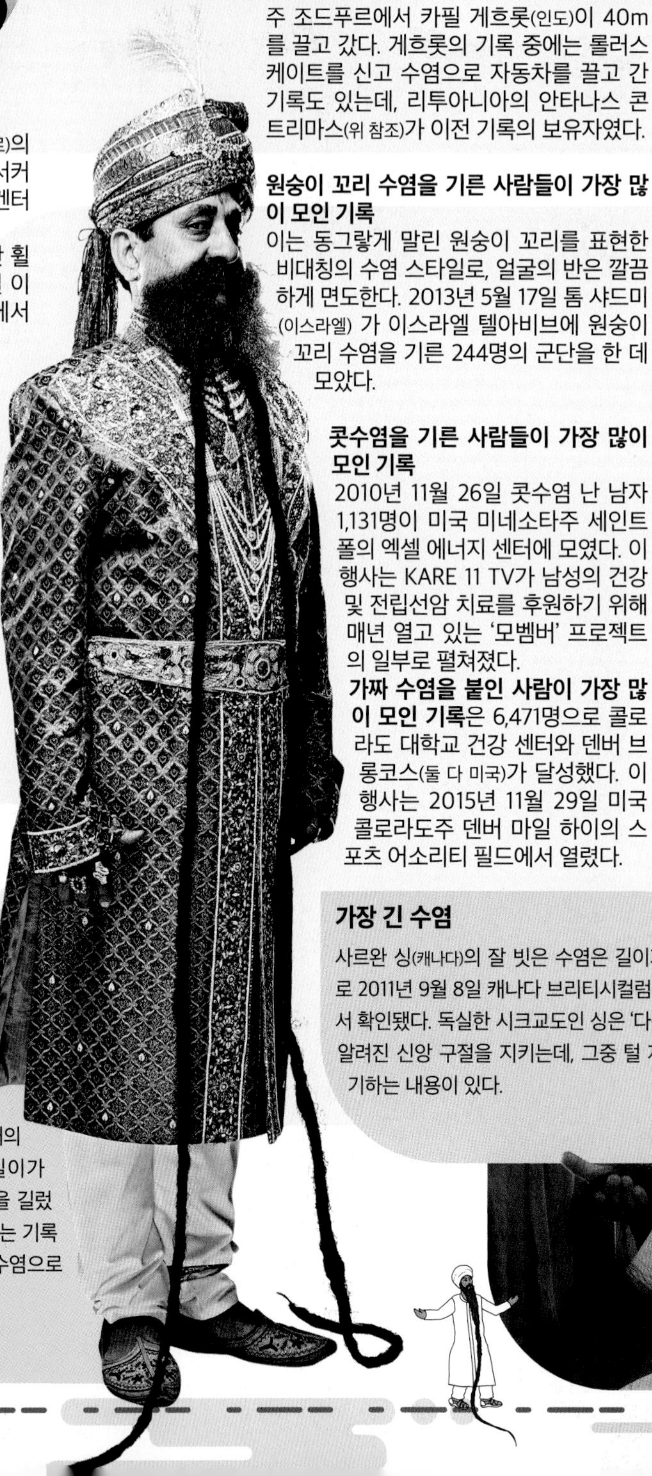

원숭이 꼬리 수염을 기른 사람들이 가장 많이 모인 기록

이는 동그랗게 말린 원숭이 꼬리를 표현한 비대칭의 수염 스타일로, 얼굴의 반은 깔끔하게 면도한다. 2013년 5월 17일 톰 샤드미(이스라엘) 가 이스라엘 텔아비브에 원숭이 꼬리 수염을 기른 244명의 군단을 한 데 모았다.

콧수염을 기른 사람들이 가장 많이 모인 기록

2010년 11월 26일 콧수염 난 남자 1,131명이 미국 미네소타주 세인트폴의 엑셀 에너지 센터에 모였다. 이 행사는 KARE 11 TV가 남성의 건강 및 전립선암 치료를 후원하기 위해 매년 열고 있는 '모벰버' 프로젝트의 일부로 펼쳐졌다.

가짜 수염을 붙인 사람이 가장 많이 모인 기록은 6,471명으로 콜로라도 대학교 건강 센터와 덴버 브롱코스(둘 다 미국)가 달성했다. 이 행사는 2015년 11월 29일 미국 콜로라도주 덴버 마일 하이의 스포츠 어소리티 필드에서 열렸다.

가장 긴 가짜 수염 사슬

샤론 로즈 맥키버(아일랜드)가 2015년 7월 3일 아일랜드 코크 볼티모어에서 508개의 가짜 수염을 연결했다. 펼쳤을 때 길이가 197.38m다. 모든 수염은 그녀가 직접 5일 동안 뜨개질해 만들었다.

최대 규모 턱수염 및 콧수염 대회

2017년 9월 1일 열린 세계 턱수염 및 콧수염 챔피언십(WBMC)에 수염 기르기를 좋아하는 738명이 모였다. 1990년 처음 열린 WBMC는 '달리', '머스키티어', '푸 맨추'를 포함한 25개 이상의 카테고리에 참가자들이 경쟁을 펼친다.

WBMC **최다 우승**은 독일의 카를-하인츠 힐레가 달성한 8회로, 가장 최근에는 2011년 우승했다. 힐레는 '황제의 부분 수염' 카테고리에 출전했는데 구레나룻을 감미롭게 길러야 한다.

가장 긴 콧수염?

2010년 마지막으로 측정 했을 때, 람 싱 차우한(인도)의 수염은 그의 볼을 넘어 2m 이상을 뻗어나갔다. 1970년에 조촐하게 시작한 콧수염이 이제는 땅에 끌리고 있다. 한스 랑세스(위 참조)의 수염과 마찬가지로 수염을 꼬아 놨는데, 2개의 두꺼운 가닥을 끝에서 끝까지 측정한 길이가 4.29m다. 차우한은 여전히 자신은 콧수염을 길렀다고 여기지만, 얼굴의 난 털을 길러 경쟁하는 기록에서 콧수염은 (뺨이 아닌) 입술 위에 나는 수염으로 정의한다.

가장 긴 수염

사르완 싱(캐나다)의 잘 빗은 수염은 길이가 2.49m로 2011년 9월 8일 캐나다 브리티시컬럼비아 서리에서 확인됐다. 독실한 시크교도인 싱은 '다섯 계명'으로 알려진 신앙 구절을 지키는데, 그중 털 자르기를 금기하는 내용이 있다.

수염 월드 챔피언십

2020년 기네스 세계기록의 책임 편집자 크레이그 글렌데이는 전미 수염 및 콧수염 챔피언십에 심사위원으로 초대 받았다. 코로나-19로 이 대회는 온라인으로 열렸는데 미국 전역에서 모인 180명의 출전자들이 20개의 카테고리 중 하나에서 자신의 얼굴에 난 털을 뽐냈다.

종합 우승자는 드루 맥노튼(위 사진)으로 그는 '가리발디' 카테고리에 출전했는데, 수염이 '넓고, 아래가 둥글며 아랫입술부터 측정한 길이가 20.3cm를 넘지 않으며, 모발 보조제 사용이 가능하고 자연스러워 보여야 하는' 종목이다.

이 대회는 2020년 12월 19일 트위치로 스트리밍됐으며 입장료는 자선단체 다이렉트 릴리프에 기부됐다. 크레이그는 "환상적인 커뮤니티와 함께 해서 영광이었다."고 말했지만 10개월간의 봉쇄 기간에도 불구하고 대회에 맞춰 멋진 수염을 기르지 못했다!

가장 두꺼운 모발 한 올

모발의 두께는 유전자와 모발의 색에 따라 17~181μm(마이크로미터, 100만 분의 1m) 정도다. 하지만 2013년 마이카 다이어(미국)의 턱에서 뽑은 수염 한 가닥이 전례 없는 447.52μm를 기록했다.

전기이발기를 사용해 1시간 동안 가장 많은 수염을 다듬은 기록

댄 그레고리(영국)는 2019년 9월 21일 독일 뮌헨의 알리안츠 아레나에서 시간과 싸워가며 9명의 수염을 깔끔하게 다듬었다. 이 도전은 가전제품 제조업체 브라운(독일)과 협업으로 진행됐다.

수염에 이쑤시개 많이 매달기(1분)

딘 카터(영국)는 2017년 5월 11일 영국 엑스머스의 헤이븐 데본 클리프 홀리데이 공원에 마련된 기록 경신 게임 쇼에서 자신의 수염에 60초 동안 33개의 이쑤시개를 매달았다.

수염에 빨래집게 많이 매달기

수염에 무엇을 매다느냐가 중요한 사람도 있다. 조엘 스트레서(미국)는 2020년 11월 17일 미국 워싱턴주 옐름에서 자신의 수염에 359개의 빨래집게를 매달았다. 또 스트레서는 **연필**(450개, 삽입된 사진), **크리스마스트리 장식용 방울**(542개), **포크**(121개), **골프 티**(607개), **젓가락**(520개), **이쑤시개**(3,500) 기록도 가지고 있다!

가장 긴 수염 사슬

2007년 12월 2일 독일 수염 클럽 협회의 회원 20명이 그들의 수염을 엮어 길이가 런던 루트마스터 버스보다 2배 정도 긴 19.05m의 사슬을 만들었다.

털이 가장 많은 가족

빅토르 '래리' 고메스, 가브리엘 "대니" 라모스 고메스, 루이사 릴리아 데 리라 아세베스, 헤수스 마누엘 파하르도 아세베스(모두 멕시코) 이 4명은 5대에 걸쳐 선천적 다모증을 겪고 있는 19명으로 이루어진 가족의 일원이다. 다모증은 얼굴과 몸에 지나치게 털이 많이 나는 게 증상이다. 여자는 가늘거나 중간 두께의 털이 나지만 남자는 손바닥과 발바닥을 제외한 몸의 약 98%를 두꺼운 털이 뒤덮는다. 이 가족들은 과학자들이 다모증을 유발하는 유전자를 분석할 수 있도록 협조했는데, 그 결과 X 염색체와 주로 연관된 것으로 밝혀졌다.

게일은 십대 때부터 면도를 했지만, 39살부터는 트리트먼트를 사용해가며 수염을 온전히 기르고 있다.

WBMC '전체 수염' 카테고리에 출전한 최초의 여성

WBMC의 '창의성/현실성' 종목에서는 여성을 포함한 수염이 없는 사람들이 가짜 수염을 사용해 경쟁을 펼친다. 그런데 2017년 로즈 게일(미국)은 본인의 수염으로 '전체 수염' 카테고리에 출전하는 역사를 만들었다. 그녀는 107명의 출전자 중에서 6위에 오르며 강한 인상을 남겼다. 그녀에게 수염이 자라는 원인은 아직 확인되지 않았다.

종합

인간의 피부로 책을 만든 최초의 검증된 사례

현재 약 50권의 책이 인간의 피부로 장정된 것으로 추정되지만, 표지의 정확한 재료를 알아내는 기술은 아주 최근에 개발됐다. 인간의 피부를 재료로 제본한 것으로 과학적으로 검증된 책은 2014년에 나왔는데, 분석화학자 대니얼 P 커비가 1880년 무렵 아젠느 우세가 발표한 소설 <영혼의 운명>의 사본을 실험해 결론을 내렸다. 이 소설은 하버드대학교(미국) 호튼 도서관에 보관돼 있다.

최장 시간 심장 마비

2017년 '로버트'라고만 알려진 31세의 등반가의 심장이 8시간 42분 동안 마비됐다. 그는 그 해 8월 26일 이탈리아 돌로마이트산맥의 마르몰라다를 등반하던 중 의식을 잃어 의료진의 도움을 받았는데 현장의 의사가 오후 7시 48분 그에게 맥박이 없다고 기록했다. 병원으로 옮기며 회생시키려는 노력이 계속됐고, 오전 4시 30분 생명 유지를 위한 수술을 받은 뒤 그의 심장 박동이 마침내 안정을 되찾았다.

최장신 배우

전 농구선수인 폴 '타이니' 스터게스(영국)는 2011년 측정 당시 선 키가 231.8cm로, 할렘 글로브로터스의 역대 가장 큰 멤버였다. 현재 배우인 그는 영화 <신비한 동물들과 그린델왈드의 범죄>(영국/미국, 2018년 작)와 BBC TV의 히트 공상과학 드라마 <닥터 후>에 출연했다.

세하타 남매

2021년 4월 27일 기네스 세계기록은 이집트의 모하메드와 후다 세하타 남매를 만났다. 둘은 키를 합치면 414.4cm에 이른다. 모하메드는 **윙 스팬이 가장 긴**데, 팔을 펼쳤을 때 한쪽 손가락 끝에서 반대쪽 끝까지 250.3cm에 이른다. 후다는 236.3cm로 **여성** 기록을 가지고 있으며, **가장 긴 한 뼘(여성)** 기록도 보유하고 있다(27cm). 또 그녀의 발도 신기록을 보유하고 있다(오른쪽 참조).

혀를 코에 대고 가장 오래 있기

뤼카스 비커르(네덜란드)는 2020년 2월 13일 네덜란드 하우다에서 혀를 자신의 코에 대고 14분 1초 동안 버티는 놀라운 구강 지구력을 선보였다. 뤼카스는 오래 전부터 기록 경신을 버킷 리스트에 넣어 놨다.

혀가 가장 긴 사람은 미국의 닉 스토벌로, 혀끝에서 다문 입의 윗입술 중앙까지 길이가 10.1cm다.

프라틱은 언젠가 미스터 월드 챔피언십에서 우승하는 게 꿈이다. "저는 피트니스와 함께 살아 숨 쉬고 있어요."

강인함과 키

이 놀라운 근육의 향연은 제일 왼쪽의 **대회에 출전하는 키가 가장 작은 보디빌더**, 프라틱 모히테(인도)부터 시작한다. 그의 키는 102cm로, 2021년 2월 8일 확인됐다. 프라틱은 18살부터 운동을 시작해 처음 출전한 보디빌딩 대회에서 메달을 목에 걸었다. 그는 지금까지 대회에 40회 이상 출전했다.

키가 가장 큰 여성 프로 보디빌더는 마리아 바털(네덜란드)이다. 모델이자 피트니스 트레이너 자격증을 보유한 마리아는 2021년 1월 15일 키가 182.7cm로 측정됐다.

같은 네덜란드 출신의 올리비르 리흐터르스는 **키가 가장 큰 프로 보디빌더**로 2021년 4월 27일 신장이 218.3cm로 확인됐다. 올리비르는 인상적인 체격으로 할리우드의 고 예산 프로그램에서 몇몇 배역을 맡았다.

사진은 이 신기록 트리오가 동료 운동광 톰 헨셀러르와 함께 서 있는 모습으로, 그는 이들의 크기를 짐작하게 만드는 중요한 척도 역할을 했다.

손톱 손질과 헤어스타일로 2개의 기네스 타이틀을 움켜잡자!

한 쌍의 기네스 세계기록의 보유자들이 자신의 신기록 자산을 가위로 잘라내, 이 기록은 다시 지원자를 받기 시작했다.

2021년 4월 아이나 윌리엄스(미국)가 **양손의 손톱이 가장 긴 여성** 기록을 내려놓았다. 그녀는 텍사스주 포트워스에서 733.55cm 길이의 손톱을 전동 회전식 기구로 잘라냈다. 아이나는 손톱 관리를 빼놓지 않고 확실히 해왔는데, 매니큐어를 바르는 데만 며칠이 걸렸다. 게다가, 움직일 때마다 손톱이 다치지 않을까, 아니면 자신이 손톱에 긁히지 않을까 항상 주시하며 움직여야 했다! 비록 잘라내기는 했지만, 플로리다 올랜도에 있는 리플리의 믿거나 말거나! 박물관에 전시돼 있으니 그녀의 손톱은 언제든 다시 볼 수 있다.

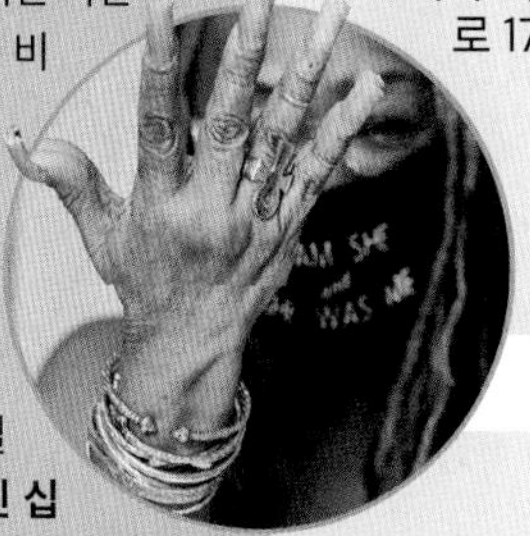

닐란시 파텔(인도)은 2021년 4월 자신의 세계 신기록을 잘라냈다. 그녀는 12년 동안 머리카락이 그대로 길러, 길이가 200cm에 달하는 **머리카락이 가장 긴 십대**로 기록됐다. 물론 관리가 쉽지 않았다. 그녀의 어머니 카미니벤(아래 사진, 함께 머리카락을 자른 모습)이 일주일에 한 번씩 닐란시의 부드러운 모발을 감고, 말리고 빗질하는 걸 도왔다. 자른 머리카락은 묶어서 무게를 재어보니 266g이었다. 현실의 라푼젤은 이제 멋진 단발이 됐다.

이 기록을 차지할 머리카락과 손톱이 있는가? 연락해주길 바란다! 신청 방법은 **guinnessworldrecords.com/2022**에 나와 있다.

가장 낮은 음을 낸 기록(여성)
전문 가수인 조이 채프먼(캐나다)이 2021년 2월 21일 캐나다 브리티시컬럼비아주 서리에서 C#1(34.21Hz)의 음을 노래했다. 이는 피아노 88개의 건반 중 가장 낮은 음보다 5음 더 낮다.

가장 아기를 많이 낳은 대리모
캐롤 홀록(영국)은 2019년 10월 기준 여덟 가족을 대신해 13명의 아기를 출산했다. 이 중에는 쌍둥이와 세쌍둥이도 한 번씩 포함돼 있다. 캐롤 자신은 성인인 두 딸이 있다. "저의 유전적 자식들이 다른 이들에게 길러지는 게 걱정되지는 않아요. 낳는 건 쉽지만, 모성은 육아를 통해 생겨나죠."

생일이 같은 사람이 가장 많은 가족
파키스탄 라르카나에 사는 만기 가족에게 8월 1일은 중요한 날이다. 아버지인 아미르 알리, 어머니인 쿠디자 그리고 일곱 자녀들, 총 9명이 모두 같은 날 생일이다.

가장 많은 형제자매가 90세가 넘은 기록
아일랜드 골웨이주 로우레에 사는 클라크 가족의 10남매는 모두 90세 이상이다. 찰스와 마가렛 부부가 낳은 마리, 존, 조, 찰스, 패트릭, 제임스, 후버트, 사라, 마가렛, 실라로 2021년 4월 12일 확인됐다.

발이 가장 큰 사람(여성)
후다 세하타의 오른쪽 발은 33.1cm, 왼쪽은 33.06cm로 2021년 4월 27일 이집트 카이로에서 확인됐다. 이는 미국 남자 사이즈로 17과 같은 크기다. (반대쪽 참조)

30초 동안 최다 머리카락 줄넘기
레티시아 키이(코트디부아르)는 2021년 3월 2일 코트디부아르 아비장에서 자신의 머리카락 '줄'을 60번 뛰어넘었다. 삼단 같은 머리로 조각품을 창조하는 예술가로 유명한 레티시아는 자신의 머리카락을 둘로 땋은 뒤 가운데를 가짜 머리카락으로 연결했다.

발이 가장 큰 십대
(여성)
모건 파슬리(캐나다, 2005년 1월 6일생)의 발은 30.9cm로 2020년 7월 16일 캐나다 앨버타주 캘거리에서 확인됐다. 모건은 당시 15세에 불과했지만, 미국 남자 농구화 사이즈로 14~15(310~320mm)를 신었다.

발이 가장 큰 사람은 헤이손 오를란도 로드리게스 에르난데스(베네수엘라)로 평균 40.51cm다.

술탄 쾨센

중요 통계
이름: 술탄 쾨센
출생일: 1982년 12월 10일
출생지: 터키 동남부 마르딘
키: 251cm*
몸무게: 150kg
한 뼘: 30.48cm*
발 크기:36.5cm, 왼발
*세계기록

모든 인류를 굽어보는 터키의 술탄 쾨센은 키가 251cm로 말 그대로 군계일학이다! ▶살아 있는 가장 큰 인간이란 카테고리는 기네스 세계기록에서 가장 유명하고 상징적이지만 주인공이 (크게) 자주 바뀌지는 않는다. 현재 이 타이틀은 술탄이 2009년 중국의 바오시순(신장 236.1cm)에게 바통을 이어받은 뒤 12년 동안 그대로다. 놀라울 정도로 키가 큰 그는 8ft(243.8cm)가 넘는 거로 측정된 21세기 최초의 인물로, 아무나 들어가기 힘든 특별한 클럽(아래 참조)에 회원으로 이름을 올렸다.

기네스 세계기록은 2009년 2월 11일 26세의 술탄을 처음 만났는데 당시 그의 키는 246.5cm였다. 겨우 2년 뒤 우리의 기록관이 다시 측정했을 때 4.5cm가 더 자랐는데, 종양이 그의 성장호르몬 분비를 조절하는 뇌하수체에 영향을 끼치고 있는 상태였다. 운 좋게도 술탄이 유명해지면서 미국 버지니아대학교 의료센터 의사들의 관심을 끌었고, 감마나이프 수술로 마침내 술탄의 성장을 멈추게 해 목숨을 구할 수 있었다.

그 후, 술탄은 세계를 여행하며 자신의 키로 모두를 놀라게 하고 있다. 그는 신기록 달성에서 빠져서는 안 될 인물로, 독특한 삶을 찬양하는 사람들의 챔피언이다. 고마워요, 술탄!

1

2

3
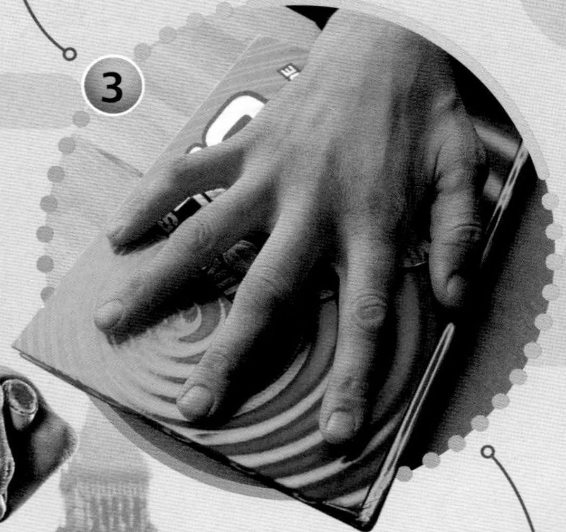

술탄에 관한 더 많은 기록은
www.guinnessworldrecords.com/2022
명예의 전당 섹션에서 찾아보자.

8ft 클럽

#	이름(그림 오른쪽에서 왼쪽으로)	검증된 키
1	로버트 워들로(미국, 1918~1940)	272cm
2	존 윌리엄 로건(미국, 1868~1905 추정)	267cm
3	존 F 캐롤(미국, 1932~1969)	263.5cm
4	배이뇌 뮐뤼린네(핀란드, 1909~1963)	251.4cm
5	술탄 쾨센(터키, 1982~)	251cm
=6	돈 러(미국, 1925~1981)	248.9cm
=6	버나드 코인(미국, 1897~1921)	248.9cm
8	쩡 진량(중국, 1964~1982 **역대 가장 큰 여자**)	247cm
=9	브라힘 타키울라(모로코, 1982~)	246.3cm
=9	패트릭 코터, 본명 오브라이언(아일랜드, 1760~1806)	246.3cm
11	모르테자 메흐자드셀라카니(이란, 1987~)	246cm
12	콘스탄틴, 본명 율리우스 코흐(독일, 1872~1902)	245.8cm
13	가브리에우 이스테방 몬자니(모잠비크, 1944~1990)	245.7cm
14	술라이만 알리 나시누시(리비아, 1943~1991)	245cm

술탄은 거인증(어린 시절 골격이 급격히 자람)과 말단거대증(어른이 되어서도 조직이 지나치게 계속 자람)에 모두 영향을 받았는데 이 2가지 질환은 성장호르몬을 지나치게 분비시킨다. 술탄의 키가 8ft(243.8cm)를 넘는 게 아주 희귀한 기록은 아니지만, 기네스 세계기록의 검증을 받은 8ft가 넘는 사람은 지금까지 남자 13명과 여자 1명, 총 14명뿐이다. 8ft가 넘는 사람만 들어갈 수 있는 독보적인 상류층 회원들을 만나 보자!

1. 딱 맞는 옷과 신발을 찾는 일이 쉽지는 않지만, 술탄은 거인들의 신발을 맞춤 제작하는 독일의 구두점 게오르게 베셀스(위쪽 참조)와 협약을 맺었다.

2. 술탄이 농구계의 관심을 받는 건 어쩌면 당연해 보인다. 실제로 그는 2002년 터키의 농구팀 갈라타사라이와 센터 포지션으로 잠깐 계약했지만… 그는 플레이하기에 몸이 너무 크고 너무 무거웠다!

3. 술탄은 **가장 크고 넓은 손**도 가지고 있다: 손목에서 중지 끝까지 길이가 28.5cm이며, 한 뼘의 길이는 30.48cm다.

4. 몸을 욱여넣어야 택시에 탈 수 있는 이 거인 제트족(여행을 많이 다니는 부자들)이 런던과 뉴욕에서 여행하며 찍은 모습이다.

술탄은 4남 1녀 중 한 명인데, 그를 빼면 모두 평범한 키다. 그는 열 살이 지나서 키가 빠르게 자라기 시작했다.

미국 아이다호 몬태나 와이오밍

옐로스톤 공원

위치: 미국, 아이다호(1%), 몬태나(3%), 와이오밍(96%)

설립: 1872년

면적: 8,992km²

직원: 386명(정규직)

유적지: 1,800곳 이상

연간 방문자: 380만 6,305명(2020년 수치)

미국의 대통령 율리시스 S. 그랜트는 1872년 3월 1일 '사람들에게 이익과 즐거움을 주는 공립공원 혹은 쾌적지'의 설립을 선언하며 자연 보전의 역사에 한 획을 그었다.

옐로스톤 국립공원은 세계에서 가장 오래된 국립공원이다. 총면적이 약 8,992km²로 룩셈부르크의 3배 혹은 미국의 3개 주와 맞먹는다. 몬태나 입구에 있는 루스벨트 아치(삽입된 사진)에는 그랜트 대통령의 설립 법령이 인용돼 있다.

이 공원은 활동 중인 슈퍼화산 위에 있어 매년 지진이 3,000회씩 활발하게 일어난다. 수천 개의 간헐천이 이곳에 있다(아래 참조). 지하의 증기가 평소의 1,500배로 팽창하며 온천의 끓는 물을 공중으로 내뿜는다. 옐로스톤에서 가장 유명한 간헐천인 올드 페이스풀은 여전히 하루에 20회 정도 분출한다. 이 공원에는 포유동물 67종과 조류 285종을 포함해 많은 야생동물이 살고 있다.

옐로스톤은 또 기후변화의 지표 역할도 한다. 매년 기온이 오르고 강수가 줄어드는 현상은 1988년 이곳에 들불이 일어난 하나의 원인이 됐다. 건조한 기후는 곤충을 들끓게 해 숲에 악영향을 주고, 수온도 더 뜨겁게 해 어류에게 피해를 준다. 힘을 합쳐 노력해야만 지구 온난화라는 어려운 과제를 극복할 수 있다. 고무적이게도 미래의 후손들이 이 공원을 누릴 수 있도록 돕는 자연 보전 운동이 이미 진행 중이다.

NPS.GOV/YELL

가장 높이 분출되는 간헐천

스팀보트 간헐천은 90m 이상 높이까지 물을 내뿜기도 하지만, 일반적인 소규모 분출의 높이는 그보다 낮은 3~12m다. 대규모 분출은 1985년부터 2017년 사이 단 15회 있었지만, 최근 2018년 3월부터 2020년 연말까지 횟수가 늘어 128회의 분출이 일어났다.

매머드 핫 스프링스와 그랜드 프리스매틱

계단 모양의 바위가 겹겹이 쌓여 있는 매머드 핫 스프링스(위 사진)는 수천 년에 걸쳐 형성됐다. 트래버틴(물에 녹은 탄산칼슘이 가라앉아 생긴 석회암)이라는 광물이 층층이 다양한 색을 이루는데, 맑은 날에는 흰색을 띠고 흐린 날에는 회색이 된다. 그랜드 프리스매틱(아래 사진)은 열을 좋아하는 박테리아가 다양한 색의 띠를 이루는 36m 깊이의 방대한 온천이다.

간헐천이 가장 많이 집중된 지역

옐로스톤 국립공원에는 1만 개 이상의 열수(熱水)가 나오는 지형이 있는데, 전 세계에 알려진 사례 중 절반 이상이다. 광범위하고 잘 보존된 생태계에 수천 개의 온천과 머드팟, 분기공이 있다. 이곳은 지구에 있는 간헐천 중 3분의 2인 1,000개 이상을 품고 있다.

약 1,600km의 길

침엽수림

옐로스톤강

가장 큰 열수 폭발 크레이터

지하수가 아주 높은 온도로 가열되고 화산의 열과 상호작용으로 압력을 받으면 열수 폭발이 일어난다. 엄청나게 가열된 물이 지표면 근처로 오면 압력이 갑자기 낮아져 물이 맹렬하게 팽창해 증기가 된다. 이런 일련의 분출이 약 1만 4,000년 전부터 이어져 현재 옐로스톤 호수에 있는 마리 베이 폭발 화구를 만들었다. 그 폭발들이 2km 폭으로 뻗어 있는 거대한 지형을 남겼다.

옐로스톤에서 발견되는 석기와 투사체는 이곳에서 약 1만 1,000년 전부터 인간이 활동했음을 보여 준다.

숫자로 보는 옐로스톤

- **가장 높은 지점:** 이글봉(3,462m)
- **가장 낮은 지점:** 리즈천, 시내(1,610m)
- **숲:** 80%
- **초원:** 15%
- **물**(수면)**:** 5%

포착, 신기록의 포유동물

- **가장 큰 갯과 동물:** 회색늑대는 어깨높이가 78cm, 머리와 몸통 길이가 1.6m까지 자란다.
- **장거리 달리기가 가장 빠른 육상동물:** 가지뿔영양이 56km/h의 속도로 6.6km를 쉬지 않고 달리는 장면이 목격됐다.
- **가장 큰 사슴:** 말코손바닥사슴은 사슴과에서 가장 거대한 종이다. 반면 가장 무거운 아종은 알래스카 무스로 816kg까지 나간다. 옐로스톤에는 북아메리카에서 가장 작은 종이 사는데(시라이시 말코손바닥사슴) 수컷 성체의 평균이 450kg 정도다.

옐로스톤의 청소년 레인저 프로그램을 통해 방문하는 아이들은 공원과 자연 보전의 중요성을 배운다.

제이슨은 자신이 앓는 운동뉴런 질환(MND)을 새로운 도전을 향한 원동력으로 삼았다. 그는 1,085m 높이의 스노든산을 등반했고(위 사진, 아내 리즈와 함께), 요크셔 데일스에 있는 33.5m 깊이의 돌개구멍에도 내려갔다(오른쪽에 삽입된 사진, 아내 릴리, 자녀인 릴리와 포피와 함께). 여기 제이슨이 자신의 가장 빠른 전기 기동성 스쿠터(93쪽 참조)에 관해 의사소통 장치로 공들여 '타이핑'한 내용을 살펴보자.

제이슨 리버시지-가장 빠른 전기 기동성 스쿠터(프로토타입)

MND로 어떤 영향을 받았나요?
2008년 처음 증상이 나타났는데, 병에 서서히 잠식돼 지금은 신체의 5% 정도만 움직일 수 있습니다. 하체는 아주 미세하게 움직일 수 있어요. 팔을 움직여 조이스틱이나 마우스는 충분히 작동시킬 수 있습니다.

무엇에 영감을 받아 이 기록에 도전하게 됐나요?
저의 속도를 향한 열정과 장애가 합쳐져 가장 빠른 휠체어가 탄생했습니다… 가솔린 기관이 달린 기동성 스쿠터는 흔하게 볼 수 있었어요. 약간 조사해 보니 전기 휠체어에 관한 기록이 없다는 걸 알았습니다.

본인의 차량에 대해 말해 주세요.
푸조 스쿠터 휠과 100mph 타이어의 밸런스가 아주 좋아요. 앞 차축은 개조한 받침대와 피니언 스티어링을 탑재해 주문 제작했는데, 높은 토크의 모터로 가동합니다. 맞춤 제작한 리튬 이온 배터리는 총 전압이 60V(볼트)이고, 역시 맞춤 제작한 뒤 차축은 체인이 직접 연결된 하나의 모터로 작동합니다.

가장 복잡한 단계가 뭐였나요?
단연코 스티어링이었어요. 바퀴를 조이스틱으로 움직이는 건 쉽지만, 스티어링은 일반적으로 휠이나 핸들바로 제어돼 매우 위험하고 되먹임(피드백)이 생깁니다. 아주 정교해야 할 뿐만 아니라, 드라이버의 작은 움직임에도 잘 반응해야 합니다.

기네스 세계기록 타이틀 보유는 어떤 의미가 있나요?
딸들을 위해 기록을 달성하고, 업적을 남기고 싶었습니다… 하지만 이 일은 새로운 문을 많이 열어 줬는데, 그중 하나가 MND에 관한 인식을 개선하고 협회를 위한 모금 활동을 하는 거예요. 아주 작은 노력이고 코로나로 다들 어려운 시기지만, 많은 사람이 이 끔찍한 병에 대해 배우길 바랍니다. 시한부 병에 걸렸다고 삶을 중단할 이유는 없어요.

목차 Contents

프리스타일 축구	82
힘 & 피트니스	84
마인드게임	86
수집품	88
WWE	90
스트레이트라이너	92
칠리	94
미식가들	96
거대한 물건	98
최고의 건축가들	100
몬스터 트럭	102
신기한 재능	104
종합	106
명예의 전당: 마라와 더 어메이징	108

제이슨은 자일을 타고 험버 다리를 내려가기도 했고, 포뮬러 원 스타일의 레이싱 자동차를 타고 실버스턴 서킷을 질주하기도 했다!

프리스타일 축구

애시의 다른 '1분' 기록으로는 최다 발리킥(33회)과 스티븐 그레이와 동률인 목으로 패스 받기(42회)가 있다.

1. 1분 동안 핫스테퍼 묘기 많이 하기

아리지 알 하마디(UAE)는 2020년 7월 10일 UAE 두바이에서 60초 동안 날렵한 발동작을 86회 선보였다. 핫스테퍼는 발바닥으로 땅에 공을 튕기는 동작을 양발로 번갈아 가며 하는 묘기다. 양쪽 발바닥에 공이 한 번씩 닿아야 1회로 인정된다.

2. 월드 프리스타일 풋볼 챔피언십 최연소 여성 참가자

알리샤 베타르-사르토리(프랑스, 2007년 7월 6일생)는 2019년 8월 20일 체코 프라하에서 열린 슈퍼볼에 12세 45일의 나이로 참가했다. 같은 해, 알리샤는 프랑스 챔피언십에서 준결승에 진출했다.

3. 1분 동안 스텝오버 뒤로 많이 하기

애시 랜들(영국)은 2013년 10월 31일 영국 카디프의 카디프대학 스포츠 트레이닝 빌리지에서 스텝오버를 뒤로 99회나 성공했다. 공을 참가자 쪽으로 굴리고 공에 닿지 않게 다리를 교차시켜야 한다.

4. 1분 동안 머리로 공을 튕기며 줄넘기하기

궉-페이 로우(중국)는 2020년 5월 2일 중국 홍콩에서 머리로 공을 공중에 튕기며 줄넘기를 138회나 했다. 로우는 10년 이상 프리스타일 선수이자 공연가로 활동했다.

5. 1분 동안 앉아서 리볼브 묘기 많이 하기

고등학생인 모치즈키 고우타(일본)는 2018년 3월 18일 일본 시즈오카 후지에서 60초 만에 앉아서 리볼브 트릭을 134회나 성공했다. 이 카테고리에서 도전자는 공을 공중에 띄운 뒤 반대쪽 발로 공 주변을 원을 그리듯 돌리고 다시 차는 발로 돌아와야 한다.

6. 30초 동안 무릎 캐치 많이 하기

벤 뉴톨(영국)은 2020년 6월 20일 영국 웨스트미들랜즈 버밍엄에서 발로 공을 튕기고 양 무릎 사이에 잡기를 31회 성공했다. 벤은 애시 랜달의 이전 기록을 8회 갱신했다.

7. 얼음 위에서 1시간 동안 축구공 저글링하며 멀리 가기

존 판워스(영국)는 2020년 3월 6일 러시아의 얼어붙은 바이칼호에서 60분 동안 공을 저글링하며 4.75km를 이동했다. 이 도전은 영하 20℃의 기온에서 영국 암 연구회를 위한 모금 활동으로 진행됐다.

존은 2019년 3월 12일 모로코의 사하라 사막에서 ▶**1시간 동안 축구공 저글링하며 멀리 가기** 기록을 달성했다(5.82km). 당시 그는 40℃의 열기를 참아가며 기록을 달성했다.

8. 1분 동안 클리퍼 묘기 많이 하기

마르첼 구르크(독일)는 2018년 9월 20일 모리셔스 팔마에서 60초 동안 클리퍼 묘기를 60회 선보였다. 한쪽 발을 축발(軸발) 뒤로 옮겨 발의 안쪽 면으로 공을 컨트롤해 다시 공중에 띄우는 묘기다.

여자 기록은 33회로 로라 비온도(베네수엘라)가 2017년 1월 19일 미국 캘리포니아주 샌프란시스코에서 달성했다. 아래 로라의 기록이 더 많이 나와 있다.

▶ 9. 1분 동안 '어라운드 더 월드' 묘기 많이 하기(여자)

프리스타일 챔피언이자 기네스 세계기록 타이틀을 11개 보유한 로라 비온도가 2017년 10월 30일 미국 플로리다 마이애미에서 공중에 띄운 공 주위로 발을 돌리는 묘기를 63회나 성공했다. 전 태양의 서커스 예술가인 비온도가 가진 여자 1분 기록으로는 **정강이로 터치 많이 하기**(105회), **머리로 많이 하기**(206회)가 있다. 가장 최근인 2020년 6월 19일에는 트레드밀 위에서 **발로 많이 하기** 기록도 달성했다(170회, 삽입된 사진).

6

7

8

WFFA

WORLD FREESTYLE FOOTBALL ASSOCIATION

세계프리스타일풋볼협회(WFFA)는 빠르게 성장 중인 이 스포츠를 관리하는 단체다. WFFA는 114개국에서 모든 나이의 사람들이 건강하고 활동적인 생활방식을 유지할 수 있도록 노력하고 있다.

WFFA는 2011년 프리스타일풋볼연맹(F3)으로 시작해, 2년 뒤 세계 랭킹 시스템을 도입했다. 2017년 WFFA로 성장하면서 캐나다 온타리오주 미시소거에 본부를 마련했다. 실시간 대회(온라인과 오프라인)는 기본적으로 1 대 1 '대결'로 구성되는데, 국가, 대륙, 세계 오픈 레벨로 대회가 분류돼 열린다. 매년 국가 예선의 우승자는 세계 챔피언십의 참가 자격을 얻는다. WFFA는 대회의 운영은 물론 규칙과 규정도 제정한다.

오늘날, 전 세계에 1만여 명의 풋볼 프리스타일 선수가 있다. WFFA 대회는 이들이 창의적인 기술을 개발하고 한계에 도전할 수 있도록 수많은 기회를 제공한다. 그리고 협회는 개인에게 프로 선수가 될 수 있는 길도 안내한다. 프리스타일은 우리가 균형감각과 협동 기술, 신체적 자신감을 연마할 수 있게 돕는 스포츠다.

WFFA 세계 최강자

그래서 어떤 선수를 유의해야 할까? 현 세계 1위는 에를렌드 파거리(노르웨이, 사진)로 풋볼 프리스타일 대회에서 한 해에 국가, 대륙, 세계 오픈 챔피언십을 모두 우승하는 '영광의 3연패'를 역대 처음으로 달성한 선수다. 펠리페 포블레테(칠레)는 2019년 라틴 아메리카 풋볼 프리스타일 챔피언에 등극하며 파거리의 뒤를 바짝 추격하고 있다. 요시다 이부키(일본)은 현 세계 랭킹 3위로, 프리스타일에서 가장 어려운 기술 중 하나인 '공중 기술'을 잘하기로 유명하다. 느낌이 오는가? thewffa.org에서 더 많은 정보를 찾아보자.

WFFA...

최고 랭킹 선수*	에를렌드 파거리(노르웨이)	세계 1위
최다 타이틀 획득	에를렌드 파거리(노르웨이)	11회
최다 타이틀 획득(여자)	멜로디 돈셰트(프랑스)	5회
최고령 대회 참가자	빈센트 그래디 (미국, 1976년 5월 14일생)	43세 98일
최고령 대회 참가자(여자)	민나 마를로 (핀란드, 1981년 4월 23일)	39세 25일
최연소 대회 참가자	세이노 후우마 (2011년 11월 23일생)	9세 59일
최연소 대회 참가자(여자)	알리샤 베타르 사르토리 (프랑스, 2007년 7월 6일)	12세 45일(반대쪽, #2 참조)
최초의 대회	세계 투어, 말레이시아 쿠알라룸푸르	2011년 9월 18일
최대 규모 대회	슈퍼볼 2019, 체코 프라하	434명 참가(아래 참조)

*현재, 랭킹을 매길 만큼 국가 수준의 여성 선수가 충분하지 않다.

9

체코 프라하에서 열린 슈퍼볼 2019

힘 & 피트니스

엠파이어스테이트 빌딩 오르기 대회 최다 우승
매년 뉴욕을 상징하는 고층 건물의 86층 1,576계단을 달려, 320m 지점까지 올라가는 대회가 있다. 수지 월샴(호주)은 이 대회에서 2007~2009년, 2013~2019년까지 10회 우승을 거뒀다. 그녀는 건물 달리기로 전향하기 전인 2006년 연영방 경기대회에 호주 대표로 800m와 1,500m 종목에 출전했다.
남자 기록은 7회로 토마스 돌트(독일)가 2006~2012년 연속으로 달성했다.
최고 기록은 9분 33초로 폴 크레이크(호주)가 2003년 작성했다. **여자** 기록은 11분 23초로 안드레아 마이어(오스트리아)가 2006년 달성했다.

1시간 동안 계단으로 가장 높이 올라간 기록 (수직 높이)
타워 오르기 선수 와타나베 료지(일본)가 2020년 11월 18일 **세계에서 가장 높은 타워**인 634m의 도쿄 스카이트리의 내부 계단을 반복해 올라 총 1,425m를 등반했다.

컨셉2 실내 조정 최단 시간 2,000m 기록 (여자)
브룩 무니(미국)는 2021년 3월 24일 실내 로잉머신을 타고 2,000m를 6분 21초1 만에 질주했다. 그녀는 미국 여자 조정 팀의 테스트 기록을 경신했다.

가장 무거운 썰매 끌기 기록
루터교 목사님인 케빈 패스트(캐나다)는 2020년 11월 23일 캐나다 온타리오주 코벅에 있는 자신의 고향 길 앞에서 산타클로스 복장을 입고 총무게가 16.5t인 크리스마스 선물이 실린 썰매와 평상형 트럭을 끌고 5m를 이동했다.

스모 데드리프트 1분 최고 무게 기록(여자)
린 응우옌(미국)은 2020년 10월 1일 미국 콜로라도주 오로라에서 스모 데드리프트를 49회 반복해 총 4t을 들어 올렸다. 스모 데드리프트는 양손을 다리 사이로 내려 바를 잡는 데드리프트를 말한다.

1분 동안 구름다리 멀리 이동하기
올리비아 비비안(호주)은 2021년 1월 8일 호주 퍼스에서 60초 동안 몽키바(구름다리)에 매달려 54.50m를 이동했다. 호주 체조 국가대표로 2008 올림픽에 출전한 올리비아는 2019년 <오스트레일리안 닌자 워리어>로 유명해졌다. 그녀는 2019년 러시아 모스크바에서 열린 닌자 월드 챔피언십에서 금메달을 목에 걸었다.

손으로 20m 빨리 걸어가기
자이언 클라크(미국)는 2021년 2월 15일 미국 오하이오주 매실리언에서 자신의 손만 사용해 20m를 4초78 만에 걸어갔다. 15km/h의 속도다. 자이언은 꼬리티 행 증후군이라는 희귀 유전질환으로 다리가 없는 상태로 태어났다. 그는 켄트 주립대학교에서 레슬링 및 휠체어 체조 선수로 활약했다.

디니 스톤 최장 시간 기록
디니 스톤은 총 무게가 332.49kg인 한 쌍의 돌을 드는 동작을 말한다. 스코틀랜드의 전설적인 스트롱맨 도날드 디니의 이름을 딴 종목이다. 마크 헤이독(영국)은 2019년 5월 18일 영국 애버딘셔 포타치에서 바위 2개를 지면에서 떨어뜨린 채 46초3을 버텨냈다.

최장 시간 요가 나무 자세 버티기
브릭샤아사나 혹은 나무 자세는 한쪽 발을 들어 다른 다리 안쪽 허벅지에 붙이고 서 있는 요가 자세를 뜻한다. 2020년 1월 25일 불루트 쿠인란 잘리스(터키)는 미국 일리노이주 세인트 찰스에서 이 자세로 1시간 14분 43초 동안 균형을 잡았다. 18개월 사이 3번째로 경신된 기록이다.
최장 시간 요가 다운독 자세로 버티기 기록은 1시간 18초로 퍼포먼스(공연?) 코치이자 요가 선생님인 키키 플린(미국)이 2020년 8월 16일 미국 뉴욕시에서 달성했다.

최다 연속 뒤로 손 짚고 재주넘기(한 손)
자마 모포켕(남아공)은 2021년 3월 27일 남아공 텐비사에서 뒤로 손 짚고 재주넘기(한 손)를 36번이나 연속으로 성공했다. 그는 자신의 기록을 2회 경신했다. 자마는 같은 날 뒤로 손 짚고 재주넘기 부문에서 **손 바꿔 넘기**(31번), **손깍지 끼우고 돌기**(36번) 기록도 달성했다. 그는 10살 때부터 체조를 연습했다.

가장 무거운 기관차를 끌고 간 기록
힘이 장사인 조던 스테펜즈(호주)가 2021년 1월 30일 184.97t 무게의 520 클래스 기관차와 탄수차를 5m나 끌고 갔다.
조던은 2021년 3월 6일 서커스 스타인 안드레아우구스투스와 에밀리 게어(둘 다 호주, 삽입된 사진)와 팀을 이뤄 **3인 타워 20m 빨리 쌓기** 기록도 작성했다(16초23).

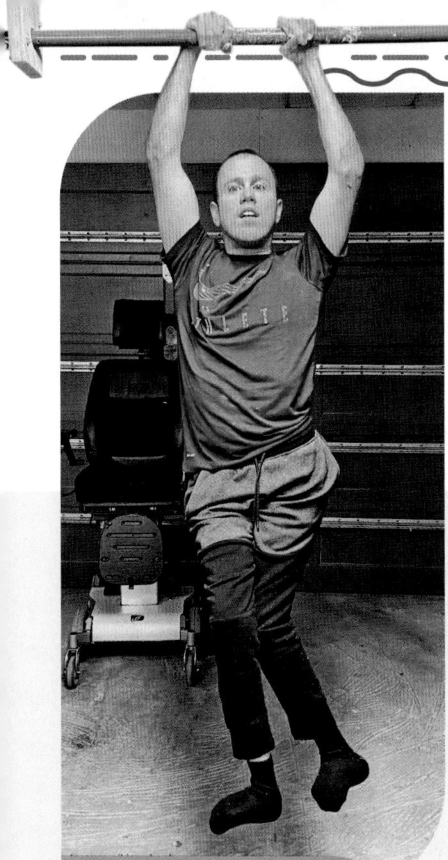

1분 동안 핸드 릴리즈 푸시 업
조지 코팀포스(그리스)는 2020년 12월 18일 몸이 완전히 땅에 닿을 때까지 내리고 손을 지면에서 떼는 푸시 업을 64회 반복해서 했다. 조지는 작년에 팔에 심각한 부상을 입고 난 뒤 영감을 얻어 도전에 나섰다. 그리스 이라클리오에서 이전 기록을 6개나 경신했다.

1분 동안 36kg 가방 매고 스타 점프하기
피트니스광 이르판 메흐수드(파키스탄)는 2020년 12월 14일 파키스탄 데라이스마일한에서 36kg 무게의 가방을 매고 앉았다가 일어나며 팔다리를 쭉 뻗는 점프를 36번이나 했다. 그는 **72kg 가방** 기록도 달성했다(27회).

최장 거리 라체
(바에서 바로 이동)

현실 스파이더맨 나지 리처드슨(미국)이 2020년 11월 10일 미국 뉴저지주 하인스포츠에서 바에서 바 사이를 5.56m나 튕겨 건너갔다. 이는 볼링 레인 전체와 비슷한 거리다. 전 체조 선수인 그는 NBC의 <아메리칸 닌자 워리어>에 출연해 뛰어난 공중 기술을 선보여 '더 필리 피닉스(불사조)'라는 별명을 얻었다.

최장 시간 데드행 자세 버티기
하랄 리세(노르웨이)는 2020년 11월 7일 노르웨이 비켄주 베룸에서 손으로 바를 잡고 매달린 채 16분 3초를 버텼다. 그는 이전 기록을 2분 이상 경신했다. 뇌성마비가 있는 하랄은 평소 휠체어를 타고 다니며, 팔은 완전히 펴지 못한다. 그는 일주일에 10시 간 이상 운동하는데, 특히 상체만 집중적으로 단련한다.

30초 동안 뒤로 공중제비 버피 많이 하기(여자)
베스 로지(영국)는 2021년 3월 8일 영국 옥스퍼드셔주 베린스필드에서 뒤로 공중제비 돌기를 포함한 버피를 5회 완료했다. 또 그녀는 같은 날 **앞구르기로 100m 빨리 가기** 기록도 달성했다(42초64). 과학자인 베스는 ITV의 <닌자 워리어 UK>에서 여성 최초로 엘리미네이터(탈락 대결) 스테이지에 진출했다.

24시간 친-업 턱걸이하기
이다이 마카야(영국)는 202년 9월 25~26일 영국 버킹엄셔 밀턴케인스에서 손등을 바깥으로 봉을 잡고 턱걸이를 5,340회나 했다. 그는 먼저 세상을 떠난 형제 가레이를 기리며 자선 재단을 설립하기 위해 이 도전에 나섰다.

24시간 풀-업 턱걸이하기
브랜든 터커(미국)는 2019년 10월 26~27일 미국 조지아주 콜럼버스에서 손등을 안쪽으로 봉을 잡고 턱걸이를 7,715번이나 했다.

24시간 스쿼트
조 리버스(미국)는 53세의 나이로 2020년 9월 4~5일 24시간 동안 스쿼트를 2만 5,000번이나 했다. 분당 17회가 넘는 비율이다.

최다...
30초 동안 팔 벌려 뛰기
16살인 할리 빌링엄(영국)은 2020년 10월 18일 영국 버크셔주 애스컷에서 30초 동안 팔 벌려 뛰기를 72회나 했다.

1분 동안 아처 푸시 업
무함마드 페이도(시리아)는 2020년 3월 11일 시리아 라티키아에서 60초 동안 아처 푸시 업을 93회나 했다. 이 동작은 몸을 한쪽 팔의 방향으로, 팔꿈치가 90°가 될 때까지 번갈아 낮춰야 한다.

1분 동안 롤러스케이트 신고 버피
프로 스케이터 티누케 오예디란(영국, 나이지리아 출생)은 2021년 3월 17일 영국 런던에서 60초 동안 롤러스케이트를 신고 버피를 33회나 했다. 티누케의 3번째 기네스 세계기록 타이틀로 기네스 세계기록의 날에 2개를 작성했다(10~11쪽 참조).

1시간 동안 가슴을 땅에 대는 버피
개인 트레이너인 닉 아나폴스키(캐나다)는 2021년 3월 6일 캐나다 온타리오 키치너에서 60분 동안 가슴을 땅에 대는 버피를 879회나 했다.
여자 기록은 같은 캐나다인인 앨리슨 브라운이 2020년 7월 12일 온타리오 리스토웰에서 730개를 달성했다.

로그 리프트 최고 기록(여자)
안드레아 톰슨(영국)은 2020년 7월 4일 영국 서퍽에서 135kg의 로그 리프트를 들어 올리는 데 성공했다. 4차례나 영국 스트롱 우먼 타이틀을 차지한 톰슨은 유튜브로 라이브 스트리밍된 월드 울티메이트 스트롱맨의 피트 오브 스트랭스 시리즈에서 이 기록을 달성했다. 그녀는 첫 시도에 110kg을 들어 올리며 시작해 이전 최고 기록인 129kg을 가뿐히 넘어섰다.

안드레아는 단 2주만 훈련하고 영국 스트롱 우먼에서 우승하며, 지금까지 뛰어난 운동 재능을 보이고 있다.

마인드게임

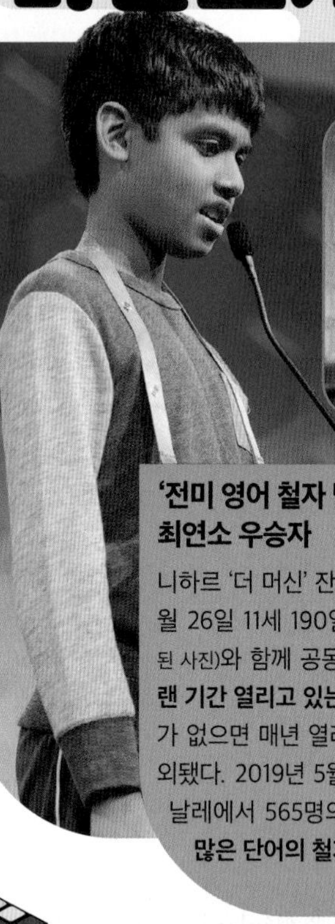

'전미 영어 철자 맞추기 대회'(SNSB) 최연소 우승자

니하르 '더 머신' 잔가(미국, 2004년 11월 18일생)는 2016년 5월 26일 11세 190일의 나이로 13세의 제이람 하트워(삽입된 사진)와 함께 공동 챔피언에 등극했다. SNSB는 **가장 오랜 기간 열리고 있는 철자 대회**로 1925년부터 특별한 사유가 없으면 매년 열리고 있는데, 2020년은 팬데믹으로 제외됐다. 2019년 5월 28~30일 열린 가장 최근 대회의 피날레에서 565명의 참가자가 1,399단어를 나열해 **가장 많은 단어의 철자를 말한 SNSB 결승전**으로 기록됐다.

'스펠링 비'의 첫 사용

힘을 합쳐 일하는 사람들의 모임을 뜻하는 '비(bee, 꿀벌)'라는 단어는 미국에서 유래한 것으로 여겨진다. 철자 대회는 19세기 초에 시작한 것으로 보이지만, '스펠링 비'가 처음 사용된 기록은 문학잡지《니커보커》의 1850년 4월 판이었다.

1분 동안 단어의 철자를 거꾸로 많이 말하기

팸 온넨(미국)이 2020년 7월 14일 미국 미네소타 헤이스팅스에서 무작위 단어 56개의 철자를 거꾸로 정확하게 말했다.

플래시 안잔™ 암산 최고 기록

일본의 주산 선생님 미야모토 요지가 발전시킨 이 난도 높은 시험은 '수학 선수'들이 정해진 시간 내에 스크린에 나오는 3자리 숫자를 연속으로 더해야 한다.

- **숫자 15개:** 1초64, 기네카와 히우가(일본)가 2019년 8월 8일 일본 교토 사쿄에서 기록.
- **숫자 30개:** 3초33, 다카쿠라 유이치로(일본)가 2020년 9월 20일 치바 나가레야마에서 기록.

〈타임스 테이블스 록 스타스〉 1분 최고 점수

나두브 길(파키스탄)은 2020년 6월 4일 영국 더비셔 롱이턴에서 60초 만에 곱셈과 나눗셈 문제를 196개나 풀었다. 이 10살 소년이 초당 3문제 이상을 맞췄다는 뜻이다! 그는 2021년 3월 7일 이 계산 앱에서 문제 202개를 풀며 자신의 최고 점수를 경신했다. 나두브는 처음 기록을 세운 뒤 "꿈만 같아요!"라고 말했다.

큐브의 아버지: 루비크 에르뇌

헝가리의 루비크 에르뇌는 자신의 이름을 붙인 큐브로 약 50년 동안 퍼즐 팬과 신기록 도전자들의 상상력을 사로잡았다.

어디에서 영감을 얻어 루빅큐브를 설계하신 건가요?

1974년 저는 부다페스트의 젊은 건축과 부교수였습니다. 3D 물체의 움직임에 초점을 맞춘 도형 기하학을 설명하려 애를 먹었어요. 말로만 설명하려니 어려워서 실제 물체를 사용해 개념을 묘사할 수 있는 좋은 방법을 떠올렸습니다.

큐브를 고안하면서 해결 방법(알고리즘)도 같이 생각하신 건가요?

아닙니다. 제가 만든 퍼즐의 해결법을 찾는 데 한 달 정도가 걸렸어요. 사실 저를 포함해, 이 과제를 풀어낼 만한 지적 능력을 갖춘 사람이 있을지 확신하지 못했습니다!

지금까지 설계하신 가장 복잡한 퍼즐이 뭔가요?

저는 복잡함만으로는 부족하다고 생각합니다. 큐브의 아름다움은 아주 간단하면서 동시에 아주 복잡하다는 거예요. 4,300경의 조합이 가능하지만 '맞춰진' 상태는 단 한 경우죠. 하지만 정답을 맞히기 위해 20번 이상 움직여야 하는 조합은 없습니다.

어디에서 영감을 얻어 『큐브드』라는 책을 집필하신 건가요?

솔직히, 저는 글쓰기를 싫어합니다! 큐브와 관련된 저의 시간과 인생, 모든 경험을 언어로 표현할 수 있을지 상상이 되지 않았어요. 하지만 동시에 저는 '행동을 통해 배운다'는 믿음을 가지고 있습니다. 책의 집필은 큐브가 세계와 제 삶에 미치는 지속적인 영향을 이해하는 새로운 관점, 새로운 방법을 제시했습니다.

『큐브드: 더 퍼즐 오브 어스 올』, 루비크 에르뇌 집필, 2020년 9월 15일, W&N 하드백 출판

최단 시간 한 손으로 4×5 클로츠키 퍼즐 풀기

예 지아시(중국)는 2020년 4월 18일 중국 푸젠성 샤먼에서 슬라이딩 블록 퍼즐을 단 12초389에 완성했다. 이 뛰어난 손재주의 참가자는 양손으로 퍼즐을 풀어 **최단 시간** 기록과 함께(6초798), **눈 가리고 최단 시간** 기록도 달성했다(8초647). 이 퍼즐의 이름은 나무 블록이라는 뜻의 폴란드어 '클로츠키'에서 파생됐다.

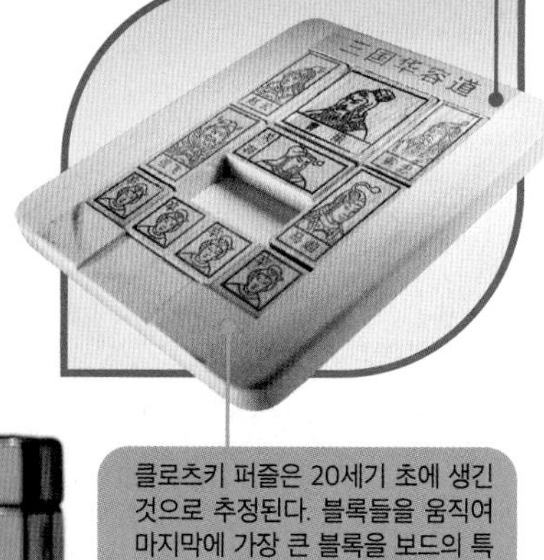

클로츠키 퍼즐은 20세기 초에 생긴 것으로 추정된다. 블록들을 움직여 마지막에 가장 큰 블록을 보드의 특정 위치에 가져다 놓는 게 목표다.

30분 동안 2진수 많이 외우기

암기 선수인 북한의 류송이는 중국 우한에서 열린 2019 세계 기억력 대회에서 이진수 7,485개를 외웠다. 위 사진은 2019 통합 챔피언을 차지한 그녀(제일 왼쪽)가 메달을 획득한 팀 동료들과 함께 서 있는 모습이다. 파키스탄의 엠마 알람은 12월 18~20일 열린 2020년 대회에서 정상에 올랐는데, 코로나19로 인해 최초로 온라인으로 진행됐다.

세계기억력스포츠협회

세계기억력스포츠협회(WMSC)는 1991년부터 세계 기억력 대회를 관장하고 있다. 참가자들은 제한된 시간 내에 다양한 카테고리의 정보를 암기하며 그들의 능력을 시험한다.

초당 1개씩 말한 숫자 많이 기억하기	547	류송이(북한) 연도: 2019
5분 동안 십진수 많이 외우기	616	웨이 친루(중국) 연도: 2019
1시간 동안 십진수 많이 외우기	4,620	류송이(북한) 연도: 2019
30분 동안 트럼프 카드 많이 기억하기	1,100	웨이 친루(중국) 연도: 2019
1시간 동안 트럼프 카드 많이 기억하기	2,530	김수림(북한) 연도: 2019
최단 시간에 트럼프 카드 외워 암송하기	13초96	조우 루지안(중국) 연도: 2017
5분 동안 역사적인/미래 날짜 기억하기	241	시에다 키사 제흐라(파키스탄) 연도: 2020
15분 동안 얼굴과 이름 많이 기억하기	218	엠마 알람(파키스탄) 연도: 2020
15분 동안 추상 이미지 많이 기억하기	804	후 지아바오(중국) 연도: 2018
15분 동안 무작위 단어 순서대로 많이 외우기	410	엠마 알람(파키스탄) 연도: 2020

최단 시간에 회전식 퍼즐 큐브를 한 손으로 맞춘 기록

맥스 박(미국)은 2019년 10월 12일 3×3×3 퍼즐 큐브를 왼손으로 6초82만에 맞췄다. 이 재빠른 기록은 미국 캘리포니아주 프리몬트에서 열린 베이 에리어 스피드큐빈 20 대회에서 작성됐다. 기록을 다수 보유한 스피드큐브 선수인 맥스는 어린 나이에 자폐증을 진단받았는데, 치료 수단의 하나로 큐브를 하고 있다.

스크래블 토너먼트 최고 점수

토 웨이빈(싱가포르)은 2012년 1월 21일 영국 벨파스트에서 열린 북아일랜드 스크래블 챔피언십에서 850점을 획득했다.

스크래블 게임 최고 점수 기록은 1,049점으로 필 애플비(영국)가 1989년 6월 25일 영국 하트퍼드셔주 워름리에서 펼쳐진 경기에서 기록했다. 애플비의 기록은 웨이빈과 다른 조건에서 작성됐다는 점에 주목할 필요가 있다. 토너먼트가 아니어서 상대편이 그의 높은 잠재 점수를 막을 확률이 낮았다.

제시 인먼(미국)은 'MuZJIKS'(U는 빈칸)라는 단어로 **스크래블 토너먼트 최고 선취점**을 기록했다(126점). 이 기록은 2008년 7월 26일 미국 플로리다 올랜도에서 열린 내셔널 챔피언십에서 세워졌다.

최초의 십자말풀이 퍼즐

1913년 12월 21일 미국 신문《더 뉴욕 월드》의 일요일 '펀' 섹션에 아서 윈(영국)이 십자말풀이를 올렸다. 다이아몬드 격자로, 간단한 단서가 있었으며, 검게 칠해진 칸은 없었다.

최초의 수수께끼 십자말풀이는 1925년《더 세터데이 웨스트민스터 가제트》에 처음 등장했다. 비록 이전 십자말풀이에도 수수께끼 요소가 포함되긴 했지만, 편집자인 에드워드 포이스 매더스(영국)는 단서로 오직 수수께끼만 사용했다.

《타임》지 전미 십자말풀이 챔피언십 최다 우승

십자말풀이 출제자로도 활동한 마크 굿리프(영국)가《타임》지 십자말풀이 왕에 12회나 등극했다(1999년, 2008~2017년, 2019년). 그의 10연속 우승은 **최다 연속 우승** 기록이기도 하다.

노아는 엄마에게는 훌라후프를, 아빠에게는 루빅큐브 푸는 방법을 배웠다.

훌라후프를 돌리며 회전식 퍼즐 큐브를 가장 많이 맞춘 기록

노아 브라우너(미국)는 정신과 신체 능력을 집중해 훌라후프를 연속으로 돌리며 스탠더드 루빅큐브 퍼즐을 200회나 완성했다. 도전을 새로 추가할 때마다 무작위 컴퓨터 알고리즘을 사용해 큐브를 섞었다. 노아의 이 듀얼 기록은 2020년 3월 14일 미국 매사추세츠주 뉴턴에서 작성됐다.

최초의 월드 스도쿠 챔피언십

세계퍼즐연맹이 기획한 이 연례 국제대회는 2006년 3월 10~12일 이탈리아 루카에서 처음으로 무대가 마련됐다. 우승자는 야나 틸로바(체코)로 22개국에서 온 85명의 선수를 물리쳤으며, 상위 18명 중 유일한 여성이었다.

최단 시간에 하노이 탑 6단계 풀기

이 수학 게임은 3개의 기둥과 이 기둥에 끼울 수 있는 6개의 크기가 다른 원판으로 구성돼 있다. 첸 누오(중국)는 2020년 12월 25일 중국 푸젠성 샤먼에서 이 게임의 6단계 버전을 단 31초92 만에 풀어냈다.

미국 십자말풀이 퍼즐 토너먼트 최다 우승

댄 페이어(미국)는 2019년 3월 24일 자신의 마지막 우승을 추가하며 대회 8회 우승자가 됐다. 그는 **최다 연속 우승** 기록도 보유하고 있다. 총 6회로, 2010년에 시작해 2015년 대회에서 막을 내렸다. 그는 2019년에 740명의 참가자를 탈락시켰는데, 최다 인원이 참가한 대회였다.

수집품

가장 가치가 높은 곤충 수집품

곤충학자 찰리와 로이스 오브라이언(둘 다 미국)이 2017년 3월 미국 애리조나주립대학교에 약 1,000만 달러어치의 곤충 수집품을 기부했다. 각각 5~300달러의 가치가 있는 가공품 125만 점 이상이다. (삽입된 바구미 사진은 백만 개 이상 중 일부에 불과하다.) 둘은 1950년대 후반에 해당 대학에서 만나 신혼여행 때부터 수집을 시작했다. 찰리는 2019년 세상을 떠났지만, 이 기록이 남아 그와 루이스가 수집에 헌신한 긴 세월을 기리고 있다.

공룡 관련 상품

2020년 3월 11일 확인된 바에 따르면, 세사르 아우구스토 카날레스(페루)는 페루 아레키파에 있는 자신의 공룡 보관 창고에 1,226개의 모두 다른 상품들을 모았다. 이 중에는 잡지, 장난감, 카드, 책, 시계, 포스터, 보드게임, 조립식 뼈대, 열쇠고리가 포함돼 있다. 기네스 세계기록의 수집 기록 가이드라인의 기준에 따른, 모두 상업적으로 구할 수 있는 물건이다.

세탁기

은퇴한 기술자인 리 맥스웰(미국)은 2019년 8월 5일 기준 손으로 크랭크를 돌리는 나무장치부터 매끈한 현대식 백색가전까지 1,350개의 세탁기를 보유하고 있다. 이 수집품들은 미국 콜로라도 이튼에 있는 그의 집에 헛간 2개를 개조해 저장해 놨다.

〈해피 데이스〉 기념품

주세페 가넬리(이탈리아)가 1950년대 인기 TV 시리즈를 주제로 한 1,439개의 제품을 모은 사실이 2018년 2월 18일 이탈리아 코도뇨에서 확인됐다. 그가 좋아하는 수집품은 '아놀드의 드라이브인' 세트장에서 사용된 오리지널 핀볼 머신과 론 하워드(리치 커닝햄 역)가 에피소드 1편에서 입었던 셔츠다.

영화 〈고스트버스터즈〉 기념품

로버트 오코너(미국)가 1,221개의 〈고스트버스터즈〉를 주제로 한 상품을 소유한 사실이 2020년 6월 20일 미국 오하이오주 일리리아에서 확인됐다. 그는 극장에서 〈고스트버스터즈 II〉(미국, 1989년 작)를 본 뒤 곧장 작품에 매료됐다. 로버트가 좋아하는 수집품에는 캐너 스테이-퍼프 마시멜로 맨(그의 조부모께서 주신 선물)과 시리즈에 출연한 댄 애크로이드와 어니 허드슨의 사인이 들어간 LP 사운드트랙이 있다.

영화 〈카〉 기념품

호르헤 아리아스 가르시아(멕시코)가 픽사의 프랜차이즈 〈카〉와 관련된 상품을 1,200개나 모은 사실이 2019년 7월 18일 멕시코시티 쿠아히말파 데 모렐로스에서 확인됐다. 호르헤는 2006년 시리즈의 첫 번째 영화가 개봉하고 1년 만에 첫 100가지 상품을 수집했다.

개 관련 상품

마리 엘리아(시리아)가 1,496가지 개와 관련한 상품을 모은 사실이 2019년 4월 2일 UAE 두바이에서 검증됐다. 장난감, 머그잔, 조립용 세트, 조각상, 냅킨 등 아주 다양하다. 카르멘 데 알다나(과테말라)는 **고양이 관련 가장 많은 수집품**을 가지고 있는데, 마지막으로 세어 봤을 때 2만 1,321개였다.

립밤

첼시 재러벡(미국)은 열세 살 때 수집을 시작해 1,622개의 모두 다른 립밤을 모았다. 2020년 2월 16일 미국 텍사스주 러벅에서 확인됐다.

비버 관련 상품

로리 곤가와레(미국)는 2020년 3월 8일 기준 미국 버지니아주 노스 체스터필드에 있는 자신의 집에 1,456개의 상품을 보관해 두었다. 로리는 2006년 수집을 시작했으며, 처음에는 비버가 신기해서 좋아하다가 시간이 흐르며 비버에 대해 많은 걸 알게 됐고 지금은 자신을 '놀라울 만큼' 잘 상징해 주는 동물로 여긴다. 36쪽에서 이 설치류에 관해 더 많이 알아보자.

2014년 이후 1,000여 개 샵킨즈가 출시됐다. 시즌 1의 컵케이크 퀸이 단 100개만 판매돼 가장 희귀하다.

〈샵킨즈〉 기념품

리아나 코너스(영국)가 이 인기 있는, 사고팔 수 있는 장난감을 2,271개 수집한 사실이 2019년 9월 24일 영국 웨스트글러모건주 스완지에서 확인됐다. 열한 살 리아나에게는 **〈닥터 후〉 기념품을 가장 많이 수집**한 릴리(영국, 삽입된 사진)와 농구공 뒤로 던지기 1분 기록을 2개나 가진 토머스 등 두 자매가 있다. 토머스는 **최다 자유투 성공**(13개)과 **하프라인 슛 기록**(6개)도 가지고 있다.

미니어처 공구

헤르만 로렌소 후아레스 칼데론(멕시코)은 1974년 작은 공구 모형을 모으기 시작해 2020년 2월 14일 기준 2,512개 가지고 있다.

플라밍고 관련 상품

데보라 부셔 렉(미국)은 그녀가 좋아하는 분홍색 새에 영감을 받은 후 2,595개 상품을 수집한 사실이 2019년 11월 8일 확인됐다.

레고® 미니 피겨

Minifigs.blog의 개설자인 콘라트 파블루스(폴란드)는 2021년 3월 13일 기준 5,544개의 미니 피겨를 자랑스럽게 보유하고 있다.

무당벌레 관련 상품

나디아 코마로바(우크라이나)는 2019년 11월 21일 우크라이나 드니프로에서 검은색 점박이 벌레의 스타일을 따라 만든 5,555개의 상품을 수집한 사실이 확인됐다. 특히 무당벌레 모양 휴대 전화기를 좋아한다.

스머프 기념품

게르다 쉬어스(미국)의 최신 목록에는 1만 1,455개의 독특한 스머프 상품이 있다.

와인과 샴페인 라벨

그리스 아테네의 소피아 바하리스-초우벨레카키스는 1986년부터 와인 라벨을 모으기 시작해 2019년 7월 9일 기준 1만 7,758개의 희귀한 상품을 가지고 있다.

명함

인도 구자라트주 쌍둥이 자매 스리 나브야와 스라 하르샤 누네는 2020년 4월 26일 기준 5만 5,200장의 명함을 수집했다.

〈릴로 & 스티치〉 기념품

수지 피셔(영국)가 이 디즈니의 공상과학 프랜차이즈와 관련된 상품을 1,907개 모은 사실이 2019년 11월 11일 영국 버밍엄에서 확인됐다. 그녀는 영화와 그 주제인 '오하나(하와이 말로 '가족')'의 열렬한 팬이다. 수지는 엄마와 처음 이 영화를 보고 스티치와 장난감을 받은 뒤 수집을 시작했으며, 엄마에게 경의를 표하기 위해 기록을 신청했다. 무엇보다 그녀가 가장 좋아하는 상품은 영화의 한 장면에도 등장하는, 음악이 나오는 스노글로브다.

WWE

월드 레슬링 엔터테인먼트(WWE)는 1953년 캐피털 레슬링 코퍼레이션으로 시작한 이래 여러 번 이름을 바꾸다가 2002년 WWE로 자리 잡았다. 단체명은 자주 바뀌었지만 프로모션 이면의 신념만은 한결같았는데, 바로 링의 안팎에서 벌어지는 거대한 캐릭터(선수)들의 충돌이다.

베비스에게는 레슬링의 피가 흐르는데, 그녀의 부모님과 두 오빠 역시 모두 프로레슬링 선수다!

최장기 커리어

2020년 기준 WWE에서 최장기 시즌을 보낸 현역 레슬러는 언더테이커, 본명 마크 캘러웨이(미국)다. 그는 1990년 11월 22일 무대에 올라 2017년 '은퇴'했지만 몇 번의 컴백을 단행했다. 가장 최근에는 2020년 4월 4일 열린 레슬매니아 36에서 AJ 스타일스(앨런 존스)와 대결을 벌였다. 그는 2020년 11월 22일 정확히 데뷔 30년이 되는 날 서바이벌 시리즈에서 "언더테이커가 영면할 시간이 온… 것… 같다"는 말과 함께 다시 한 번 은퇴를 선언했다.

최다 경기 출장

남자: 케인, 본명 글렌 제이콥스(미국, 스페인 출생)는 2020년 10월 13일까지 1,665회의 프로모션에 모습을 드러냈다.

여자: 나탈리야, 본명 나탈리에 나이드하트(캐나다)는 가장 많은 경기에 출전한 여자로, 데뷔부터 지금까지 974회 출장했다.

최장기 챔피언

1949년 데뷔한 페뷸러스 물라, 본명 마리 릴리안 엘리슨(1923~2007년, 반대쪽 참조)은 미국 사우스캐롤라이나 출신으로 세계 1위 자리에 가장 오래 머물렀다. 다만 논란이 있는 부분은 그녀의 집권 기간인데, 레슬링 대회의 이름과 소유권이 변경됐기 때문이다. WWE는 그녀의 집권 기간을 1956년 9월 18일부터 1984년 7월 23일까지 1만 170일로 공식 인정했다. 하지만 내셔널 레슬링 연맹에서 공시한 더 짧은 기간인 3,651일을 지지하는 레슬링광들도 있다. 물론 어느 쪽이든 '물라'의 기록이 최고다.

남자 기록은 2,803일로 '이탈리안 스트롱맨'으로 불리는 브루노 삼마르티노(이탈리아, 1935~2018)가 1963년 5월 17일부터 1971년 1월 18일까지 집권했다.

최단기 챔피언

앙드레 더 자이언트, 본명 앙드레 르네 로시모프(프랑스, 1946~1993)는 1988년 2월 5일 텔레비전으로 중계된 경기에서 당시 챔피언 헐크 호건을 쓰러뜨렸다. 그는 챔피언 벨트를 차지하고 1분 48초 뒤, '더 밀리언달러 맨' 테드 드비아시에게 모종의 돈을 받고 벨트를 넘겨 논란을 일으켰다. WWF의 대표잭 터니가 즉시 이 거래를 무효로 했고, 타이틀은 공석이 됐다.

레슬매니아 최장 경기 연승

2020년 후반까지 가장 오래 뛴 WWE 레슬러였던 언더테이커(위쪽 참조)는 프로모션의 가장 큰 행사인 레슬매니아 VII(1991년)부터 레슬매니아 29(2013년)까지 21연승을 거침없이 기록했다. 그는 1994년과 2000년 에디션에는 부상으로 불참했다. 그의 레슬링 '연승' 연대기는 2014년 레슬매니아 XXX에서 브룩 레스너(미국)와 25분간 대결 끝에 박살났는데, 'F-5' 기술을 3번이나 당하면서 마무리됐다.

레스너(1977년 7월 12일생)가 WWE 커뮤니티에서 이름을 날린 건 이때가 처음은 아니다. 그는 2002년 8월 25일 열린 서머슬램에서 더 락(아래쪽 참조)을 물리치고 최연소 챔피언이 됐다. 그때 나이가 25세 44일이었다. 이 최연소 기록은 2018년 4월 8일 미국 루이지애나주 뉴올리언스에서 열린 레슬매니아 34에서 깨졌다. 브라운 스트로우먼(본명 애덤 셰르)가 '무작위'로 관중석에 있던 열 살짜리 소년

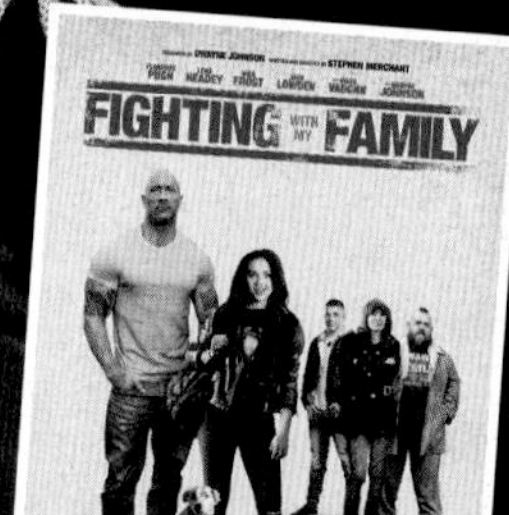

최연소 디바스 챔피언

페이지, 본명 사라야제이드 베비스(미국)는 2014년 4월 7일 자신의 로우(WWE 브랜드 중 하나) 데뷔 무대에서 AJ 리(본명 에이프릴 지넷 멘데즈)를 꺾고 승리를 거뒀다. 그녀는 겨우 21세 233일의 나이로 디바스 벨트를 들어 올렸고, 그해 8월 17일 다시 한 번 벨트를 차지했다. 페이지는 2018년 4월 WWE를 공식적으로 은퇴했는데, 최근 2019년 코미디 스포츠 영화 〈파이팅 위드 마이 패밀리〉(위에 삽입된 사진)가 개봉돼 그녀의 이야기가 다시 주목을 받았다. 이 영화에서 페이지의 역할은 플로렌스 퓨가 맡았으며, 전 WWE의 스타인 드웨인 '더 락' 존슨이 출연한다.

최장기 MITB 보유 기록

MITB(머니 인 더 뱅크)는 '사다리 매치'로 챔피언 결정전 무기명 출전권이 담겨 있는 (사다리 꼭대기에 매달린) 가방을 선취하는 게 목표다. 카멜라, 본명 레아 반 데일(미국)은 2017년 6월 18일 열린 첫 여자 사다리 매치에서 승리한 뒤 자격을 박탈당해 논란이 됐으나, 9일 뒤 되찾았다. 그녀는 287일을 기다린 뒤 자신의 상을 '현금화'했다. 그녀의 인내심은 결국 보상을 받아 2018년 4월 10일 스맥다운 여자 챔피언십에서 자신의 첫 타이틀을 차지했다.

을 자신의 태그 팀 파트너로 골랐다. 비록 이 어린이 니콜라스 콘(미국, WWE 심판 존 콘의 아들)은 손가락 하나 까딱하지 않았지만, 스트로우먼이 혼자서 상대 팀을 궤멸시켜 타이틀을 명목상 여전히 보유하고 있다.

레슬매니아 최다 패배

트리플 에이치, 본명 폴 레베스크(미국)는 '가장 웅장한 무대'에서 펼쳐진 경기에 23번이나 출전했지만 13번을 졌다. 반면, 언더테이커는 레슬매니아(1991~2020년)에 27번 참가해 25번 승리를 거뒀다(왼쪽 참조).

라이브 경기 최다 관람

2016년 4월 3일 미국 텍사스주 알링턴의 AT&T 스타디움에서 열린 레슬매니아 32에 10만 1,763명의 팬들이 몰려들었다. 이 행사는 1,730만 달러의 수익을 올려 지금까지 WWE 역사상 **최고 수익을 올린 라이브 경기**로도 기록됐다.

레슬매니아 행사를 가장 많이 본 사람

찰리 아도르노(미국)처럼 열정적인 WWE 팬은 흔치 않다. 진정한 레슬링 스타일의 별명도 가지고 있는데, 바로 '링사이드 찰리'다. 그는 1985년 3월 31일 뉴욕시(그의 고향)에서 열린 경기를 시작으로 2019년까지 매년 이 화려한 엔터테인먼트를 총 35회 관람했다. 불행히도 그의 기록은 2020년 4월 4~5일 열린 레슬매니아 36에서 중단됐는데, 가장 최근 열린 대회가 코로나19로 관중 없이 비공개로 진행됐기 때문이다.

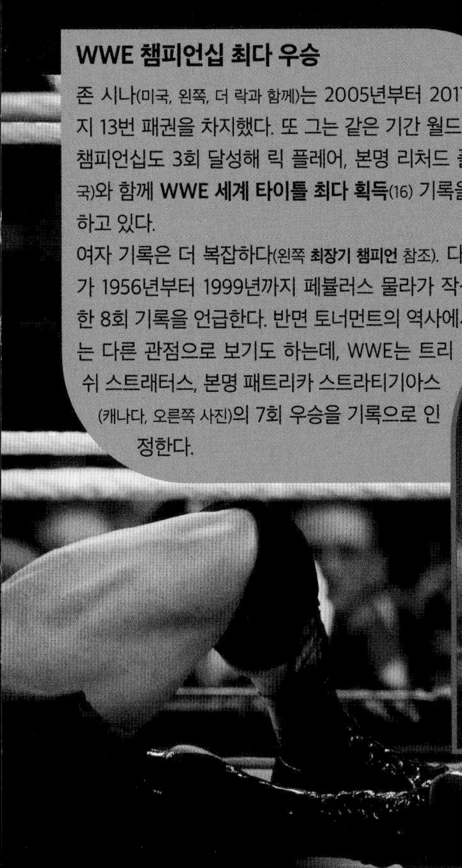

WWE 챔피언십 최다 우승

존 시나(미국, 왼쪽, 더 락과 함께)는 2005년부터 2017년까지 13번 패권을 차지했다. 또 그는 같은 기간 월드 헤비급 챔피언십도 3회 달성해 릭 플레어, 본명 리처드 플레어(미국)와 함께 **WWE 세계 타이틀 최다 획득**(16) 기록을 공유하고 있다.

여자 기록은 더 복잡하다(왼쪽 **최장기 챔피언** 참조). 다수가 1956년부터 1999년까지 페뷸러스 물라가 작성한 8회 기록을 언급한다. 반면 토너먼트의 역사에서는 다른 관점으로 보기도 하는데, WWE는 트리쉬 스트래터스, 본명 패트리카 스트라티기아스(캐나다, 오른쪽 사진)의 7회 우승을 기록으로 인정한다.

코피는 2018년 빌리 건의 934일 기록을 앞지르며 역대 최장기 태그 팀 챔피언 기록을 달성했다.

누적 최다 태그 팀 챔피언

코피 킹스턴, 본명 코피 사르코디에-멘사흐(미국, 가나 출생)는 2008년 데뷔 후 2020년 10월까지 태그 팀 타이틀을 12회 차지해, 1,191일 동안 벨트를 소유했다. 그는 이 챔피언십 중 9회를 빅 E와 자비에 우즈(에토레 어웬, 오스틴 왓슨, 둘 다 미국) '뉴 데이' 팀원들과 함께 승리했다. 이 가공할 트리오는 **태그 팀 챔피언 단일 집권 최장기 기록**도 가지고 있다. 2015~2016년 연속 483일이다.

스트레이트라이너

모든 기록은 영국 노스요크셔 엘빙턴 비행장에서 작성됐다.

두 점을 잇는 가장 빠른 길이 직선이라는 사실은 고대부터 알려진 사실이다. 기네스 세계기록의 영국 및 국제타이밍협회(UK&ITA) 소속 지상 차량 속도 컨설턴트들은 영국 노스요크셔의 엘빙턴 비행장이나 사우스웨일즈에 있는 펜다인 샌즈 트랙을 최고 속도로 달리는 행사를 '스트레이트라이너'로 표현했다. UK&ITA의 트레버 더크워스와 말콤 피트우드(위, 오른쪽부터)가 참관해 터보 출력 화장실이나 헬리콥터 터빈을 사용하는 모터바이크로 세계와 국내의 지상 속도 기록 달성을 위해 경쟁하는 도전자들을 통제했다.

후류에서 가장 빠른 속도를 기록한 자전거(남성)
닐 캠벨은 2019년 8월 18일 아드리안 덴트(둘 다 영국)가 운전한 포르쉐 카이엔 차량 뒤에서 자전거로 페이스를 맞춰 달렸고 280.571km/h를 기록했다. 약 25년 동안 유지된 이전 남자 기록을 경신했다. 놀랍게도 **후류에서 자전거로 기록한 가장 빠른 속도**는 296.009km/h로, 데니스 뮐러 코르닉(미국)이 2018년 9월 16일 미국 유타주에서 작성했다.

모터사이클 핸들에 앉아 휠리로 기록한 최고 속도
조니 데이비스(영국)는 2020년 8월 15일 모터사이클의 앞바퀴를 들고(휠리) 175.785km/h로 달리는 묘기를 선보였다. 그는 강한 맞바람에도 균형을 유지하며 엄지손가락으로 기어를 바꿔 가며 운전했다. 조니의 직업은 전기기술자이며 때때로 영국 및 유럽 프리스타일 스턴트 라이딩 대회에 출전한다.

모터사이클 휠리로 1km를 가장 빨리 달린 기록
테드 브래디(아일랜드)는 2017년 8월 19일 열린 모터사이클 휠리 월드 챔피언십에서 모터사이클의 뒷바퀴만 사용해 1km를 350.595km/h로 달렸다. 그는 약 540-브레이크-마력 터보 차지 스즈키 하야부사를 운전했다. 테드는 강한 순풍의 이점을 살려 이전 기록을 약 7km/h나 경신하는 깔끔한 주행을 선보였다.

가장 빠른 화장실
HAWC(고도로 발달한 화장실) MK1은 2018년 9월 15일 왕복 100m 직선 구간에서 113.531km/h를 기록했다. 이 빛처럼 빠른 화장실은 로버트 잉글리시, 토마스 엘리스, 조 서머스와 윌리엄 비티(모두 영국)가 제작했다. 이들 영국 러틀랜드에 있는 해링턴학교의 공학 애호가 팀은 방과 후 활동으로 이 차량을 만들면서도 좋은 학업 성적을 유지했다.

모터사이클 위에서 물구나무서기로 기록한 최고 속도
마르코 조지(영국)는 2019년 8월 17일 머리로 물구나무를 선 채로 주행해 122.59km/h를 기록했다. 스턴트 라이딩 선수인 마르코는 이 도전을 위해 자신의 아버지에게 1년 이상 훈련을 받았다. 당일, 마르코는 강한 바람과 장비 문제를 극복하고 이전 기록을 2배 이상 경신하는 속도를 냈다.

가장 빠른 손수레
케빈 닉스(영국)는 2021년 5월 16일 배로우 오브 스피드를 74.335km/h로 운전했다. 바퀴가 3개인 이 수레는 동력으로 모페드 엔진을 사용하며, 비정규 원예사인 케빈이 영국의 첫 번째 코로나19 봉쇄 당시 작업장 근처에 버려진 고철을 모아 만들어서 비용이 들지 않았다. 또한 **가장 빠른 헛간**(반대쪽 참조)도 기획했다.

가장 빠른 전기 기동성 스쿠터(원형)
제이슨 리버시지(영국)는 2020년 9월 27일 자신이 손수 제작한 전기 기동성 스쿠터를 107.546km/h의 속도로 운전했다. 스스로 '아드레날린 중독'이라고 고백한 제이슨은 2013년 37세의 나이에 운동뉴런 질환을 진단받았고 목 아래 신체가 마비됐다. 80~81쪽에서 더 알아보자.

가장 빠른 모노휠 모터사이클
둥근 트랙을 달리는 이 외바퀴 차량은, 운전자가 바퀴 안에 앉아 체중을 이동해 방향을 바꾸고 브레이크는 '아주 부드럽게' 밟아야 한다. 마크 포스터(영국)는 2019년 9월 22일 트로전을 운전해 117.346km/h를 기록했다. UK 모노휠 팀이 제작한 세 번째 머신으로 이들은 160km/h 달성이 목표다.

가장 빠른 헛간
케빈 닉스는 2020년 9월 27일 그의 모터 달린 정원 헛간으로 170.788km/h를 기록했다. 이 헛간의 뼈대는 폭스바겐 파사트 콰트로 사륜구동 차량으로 케빈이 450마력의 V6 트윈터보 아우디 RS4 엔진으로 개조했다. 영국 운전자 및 차량표준기구는 이 헛간을 도로주행이 가능한 것으로 인증했다.

가장 빠른 바퀴 달린 쓰레기통
공학자인 앤디 제닝스(영국)는 2021년 5월 16일 자신이 개조한 바퀴 달린 쓰레기통을 타고 최고 속도 72.568km/h를 기록했다. 차량이 뒤집힐 만큼 강한 옆바람에 맞서며 달성한 속도다. 앤디는 세로형 녹색 쓰레기통에 모터사이클 엔진, 기어박스, 점화장치, 바이크 좌석, 기동성 스쿠터의 손잡이를 설치해 이 차량을 만들었다.

제프는 펜다인 샌즈에서 사륜과 이륜 차량으로 모두 322km/h(200mph)를 기록한 유일한 인물이다.

가장 빠른 터빈 기관 모터사이클
제프 아이젠버그(영국)는 2015년 5월 17일 합법적으로 도로주행이 가능한 모터바이크를 운전해 363.32km/h를 기록했다. 매드맥스 레이스팀이 제작한 이 이륜 차량은 아구스타 109A 헬리콥터의 롤스로이스 250-C20B 수직 터빈을 뒤집어 개조해 동력으로 사용한다.
제프는 2020년 10월 2일 엘빙턴에서 영국 지상 속도 기록을 경신하기 위해 도전하던 중 사고로 목숨을 잃었다. 기네스 세계기록은 불굴의 기록 보유자이자 경주로 위의 삶을 사랑했던 레이서의 죽음에 깊은 애도를 전한다.

칠리

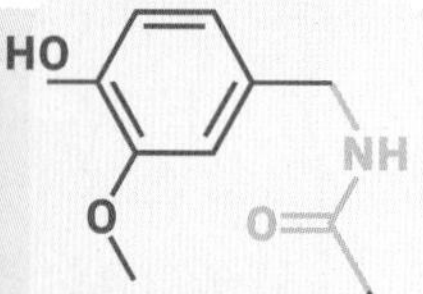

자극적인 맛! 칠리 페퍼는 캡사이신이라는 화학물질로 뜨거운 맛을 낸다. 칠리 혹은 고추라고 불리는 캡시쿰 속의 열매는 품종이 매우 다양하다. 천연 자극제인 캡사이신이 열매에 농축된 정도는 스코빌 지수(SHU)로 측정할 수 있다. 반대쪽을 참조하자.

가장 오래전에 재배한 칠리페퍼

고추는 약 6,000년 전 멕시코 중동부와 북동부에서 처음 경작됐을 확률이 높다. 그레이그 H. 크래프트 등이 2014년 4월 《미국국립과학원회보》에 제시한 고고학, 고기후, 언어학, 유전학적 자료에 따른 추정이다.

고추를 가장 많이 생산하는 국가

고추를 가장 많이 재배하는 나라는 중국으로, 국제식량농업기구에 따르면 2018년 기준 연간 생산한 고추가 생것과 말린 것을 합쳐 1,853만 5,308t에 이른다.

부트졸로키아 칠리페퍼 10개를 가장 빨리 먹은 기록

아메도노우 칸쿠에(토고)는 2014년 6월 19일 부트졸로키아 10개를 30초70 만에 씹어 삼켰다. 이 기록은 이탈리아 밀라노에 마련된 〈로 쇼 데 레코드〉 무대에 함께 오른, 시간 기록 보유자 제이슨 맥넵을 포함한 4명의 겁 없는 칠리 포식자들이 경쟁을 펼친 후 나온 결과다. 아메도노우는 얼음처럼 시원한 우유를 한 잔 마시며 자신의 우승을 축하했다.

1분 동안 캐롤라이나 리퍼 칠리페퍼 많이 먹기

그레고리 포스터(미국)는 2016년 11월 13일 미국 애리조나 템피에서 60초 동안 세계에서 **가장 매운 고추**를 120g이나 먹었다. 이 강렬한 기록은 퍼커벗이 애리조나 핫소스 엑스포에서 기획한 행사에서 작성됐다.

캐롤라이나 리퍼 3개 빨리 먹기 기록은 9초72로, 마이크 잭(캐나다)이 2020년 11월 21일 캐나다 온타리오주 런던에서 달성했다. 오른쪽 아래를 보면 마이크의 광기 어린 칠리페퍼 정복기가 더 많이 나온다.

칠리 콘 카르네 많이 먹기(메이저 리그 이팅)

카르멘 신코티(미국)는 2018년 2월 17일 미국 플로리다에 마련된 올랜도 칠리 쿡오프 행사에서 열린 메이저 리그 이팅(MLE) 대회에서 제한 시간 6분 동안 '고기와 칠리'를 9.22ℓ나 먹었다. 뛰어난 프로 먹기 선수인 카르멘은 2018년 기간 MLE에서 두 번째로 높은 순위의 선수로 기록됐다.

Q&A 스모킹 에드 커리, 퍼커벗 페퍼 컴퍼니

고추를 재배하는 에드는 퍼커벗 페퍼 컴퍼니의 설립자이자 공식적으로 가장 매운 고추인 캐롤라이나 리퍼를 만든 사람이다. 혹시 다른 것도 있지 않을까?

더 매운 칠리도 있나요?
네, 리퍼보다 매운 칠리가 10개 이상 있어요.

그런데 지금 감추고 계신 거죠?
물론입니다!

다른 사람이 리퍼의 기록을 깨면 어떻게 하실 건가요?
곧장 우리 팀이 저를 짓밟을 거예요! 그러면 그 사람이 신기록을 몇 달 혹은 1년 정도 유지하도록 둔 다음… 저도 짓밟아야죠!

칠리 경작이 비밀스럽거나 경쟁이 심한 사업인가요?
사람들은 경쟁이 심한 세계로 여기지만 사실

화초하늘고추 50개 빨리 먹기

탕 슈아이후이(중국)는 2018년 7월 8일 화초하늘고추(C. annuum) 50개를 단 68초 만에 먹어 치웠다. 이 품종은 보통 맵기가 3~5만 스코빌 지수로, 타바스코 소스와 같은 수준이다. 이 기록은 중국 닝샹 탄해 고대도시에서 열린 불과 얼음의 축제에서 작성됐다. 참가자들은 현지에서 기른 덜 매운 품종의 고추 3t이 채워져 있는 15m 폭의 풀에 들어가 경쟁했다.

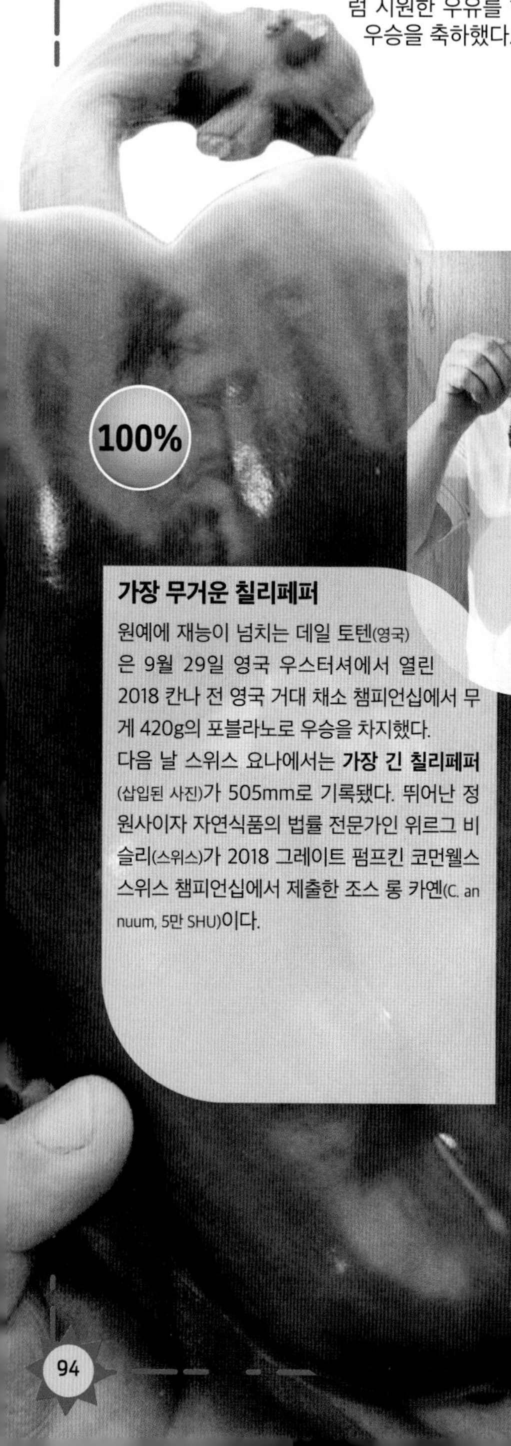

100%

가장 무거운 칠리페퍼

원예에 재능이 넘치는 데일 토텐(영국)은 9월 29일 영국 우스터셔에서 열린 2018 칸나 전 영국 거대 채소 챔피언십에서 무게 420g의 포블라노로 우승을 차지했다.

다음 날 스위스 요나에서는 **가장 긴 칠리페퍼**(삽입된 사진)가 505mm로 기록됐다. 뛰어난 정원사이자 자연식품의 법률 전문가인 위르그 비슬리(스위스)가 2018 그레이트 펌프킨 코먼웰스 스위스 챔피언십에서 제출한 조스 롱 카옌(C. annuum, 5만 SHU)이다.

가장 매운 칠리페퍼

공식적으로 평가된 가장 짜릿한 맛의 고추는 캐롤라이나 리퍼로, 퍼커벗 페퍼 컴퍼니의 스모킹 에드 커리(둘 다 미국, 위 참조)가 재배했다. 2017년 미국 사우스캐롤라이나의 윈스럽대학교에서 실시한 실험에서 평균 164만 1,183SHU를 기록했다.

그렇지 않아요. 우리는 대부분 가족이에요. 소수의 반대가 있고, 주변에 약간의 이야깃거리가 생길 때도 있지만, 칠리 업계에 있는 사람 중 99%는 친구나 가족들이에요. 사람들은 소문에만 관심을 두는 경향이 있어요.

가장 매운 칠리는 어떻게 만드신 건가요?
우리는 미국에서 가장 큰 유기농 칠리페퍼 농장에서 일하고 있어요, 그래서 개발과 경작에 관한 노하우를 우리 외에는 아무도 모르죠. 저는 이곳의 단 5%만 사용하고 있어요.

칠리를 왜 그렇게 좋아하시나요?
안전하게 스릴을 즐길 수 있으니까요. 칠리는 한 번 맛보면 그걸로 끝이에요, 죽을 일은 없을 겁니다!

만드신 페퍼가 너무 매워서 열이 날 지경이에요!
칠리에는 열이 없어요. 화학 반응을 사람들이 뜨겁다고 인지하는 거예요. 아주 매운 칠리가 몸에 들어가면 경련을 일으킬 수 있지만 일시적이죠.

가장 큰…

칠리 콘 카르네: 2017년 3월 4일 미국 텍사스주 칼리지스테이션에서 열린 스피릿 오브 텍사스 페스티벌에 2,177kg의 소고기 칠리가 마련됐다. 성체 검은코뿔소 1마리와 같은 무게로 칠리파우더만 22.6kg이 뿌려졌다.

엔칠라다: 2010년 10월 20일 멕시코 이스타팔라파 지자체가 국가의 수도인 멕시코시티에서 엄청난 양의 엔칠라다를 공개했다. 축구팀 2팀과 맞먹는 1,416.14kg으로 닭, 서양호박, 아보카도, 토마토, 양파, 칠리를 70m 길이의 옥수수 토르티야에 넣어 말았다. 이 음식의 이름은 라틴 스페인어 엔칠라다에서 파생됐는데, '칠리로 양념하다'라는 뜻이다.

부리토: 고기와 콩, 쌀을 토르티야에 싼 매운 음식으로, '작은 당나귀'로 번역할 수 있다. 하지만 2010년 11월 3일 멕시코 라파스에서 CANIRAC(연방 식당산업위원회)이 만든 코끼리처럼 거대한 부리토는 5,799kg으로 전혀 작은 당나귀가 아니었다.

레드핫 칠리페퍼: 스코빌 지수

윌버 스코빌(미국, 1865~1942년)이 자신의 이름을 붙인 스코빌 감각 수용성 실험은 칠리페퍼의 매운 정도를 가늠하는 가장 유명한 방식이다. 원래는 5명의 감식가 팀이 점수를 매겼지만, 현재는 실험실 실험으로 객관성을 더 높였다. 스코빌 히트 유닛(SHU)은 단고추(피망)가 100 이하로 측정되고, 가장 매운 품종은 200만이 넘기도 한다. 캡사이신의 집중도는 열매의 부위마다 다르다. 칠리의 가장 매운 부분은 태좌로, 여기에서 영양관을 통해 퍼져 나간다.

160만 **캐롤라이나 리퍼**
130만 **나가 바이퍼**
120만 **트리니다드 스콜피온**
100만 **부트졸로키아**
50만 **레드 사비나**
10만 **하바네로**
5천 **할라페뇨**
<100 **피망**

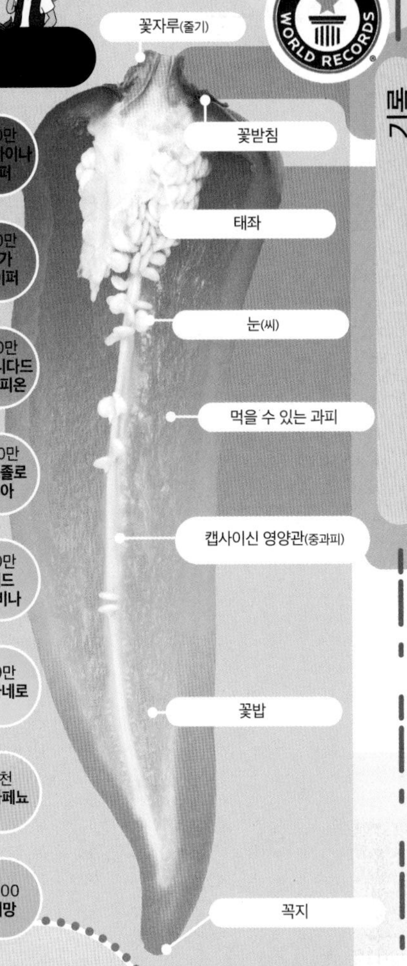

스코빌 지수는 현재 HPLC (고성능 액체 크로마토그래피)라는 과정을 거쳐 측정된다.

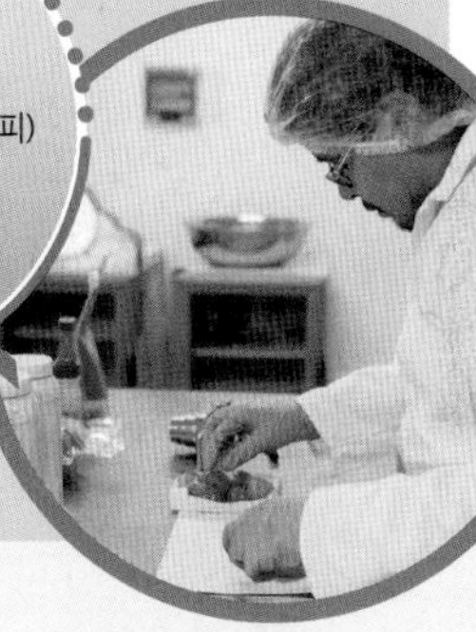

2분 동안 부트졸로키아 많이 먹기

마이크 잭(캐나다)은 2020년 2월 29일 캐나다 온타리오주 런던에서 열린 히트웨이브 핫소스 엑스포에서 120초 동안 부트졸로키아 246g을 먹었다. 마이크의 부트졸로키아 기록 중에는 2019년 3월 2일 작성한 **1분 동안 많이 먹기** 기록(97g)과 2019년 1월 26일 작성한 **3개 빨리 먹기** 기록(9초75)이 있다. 그는 심지어 더 맵기로 악명 높은 캐롤라이나 리퍼(왼쪽 참조) 먹기 기록도 보유하고 있다.

가장 매운 칠리의 이전 기록 보유 품종인 부트졸로키아는 인도에서 경작되며 아삼 말로 '귀신 칠리'라는 의미가 있다.

미식가들

가장 무거운…

프라이브레드: 리치 레이크 밴드 오브 오지베(미국)가 2019년 8월 10일 미국 미네소타주 카스호에서 반죽을 기름에 튀긴 미국 원주민의 음식을 68.12kg이나 요리했다.

스모어: 2019년 12월 28일 미국 버몬트주 미들섹스에서 플래니터리 매터스(미국)가 성인 여성 3명의 무게와 비슷한 155.58kg의 스모어를 만들었다. 통밀 크래커 사이에 초콜릿과 마시멜로가 들어간 이 디저트의 이름은 '조금 더(some more)'를 줄인 말이다.

로키로드: 매튜 윌리엄스와 미션 에이비에이션 펠로우십(둘 다 영국)이 2019년 5월 25일 영국 웨스트서식스 스테이닝에서 334.1kg 무게의 로키로드를 만들었다. 초콜릿, 견과류, 마시멜로와 비스킷이 어우러져 빠져들 만큼 달콤한 맛이다.

브레드푸딩: 2019년 8월 2일 트리니티 그룹의 조셉 디아즈가 이끈 팀(모두 인도)이 가정용 자동차와 비슷한 무게인 1,424kg의 브레드푸딩을 구워냈다.

머드 파이: 조셉 디아즈와 그의 팀은 엄청난 푸딩(위)으로 제과 기록을 세우고 1년 뒤, 평균 성인 남성 20명과 무게가 비슷한 1,345kg의 머드 파이를 만들었다. 2018년 8월 3일 인도 고아주 파나지에서 비스킷 위에 초콜릿과 크림, 달걀의 혼합물을 덮은 파이가 조리됐다.

가장 큰…

결혼-쿠키 테이블: 2019년 8월 11일 머농거힐라 지역역사학회(미국)는 3쌍의 결혼식과 3쌍의 리마인드 웨딩을 위해 테이블에 8만 8,425개의 쿠키를 마련했다. 미국 펜실베이니아에서 열린 예식으로, 이 지역은 결혼식 날 쿠키로 테이블을 가득 채우는 전통이 있다. 간혹 쿠키 대신 일반적인 케이크를 올리기도 한다.

제과 기부: 2020년 10월 22일 그루포 빔보(멕시코)가 멕시코시티 이스타팔라파의 푸드뱅크 알리멘토 파라 토도스에 총 무게가 2만 4,480kg에 이르는 3만 6,000개의 빵 덩어리를 기부했다.

초콜릿바(면적): 프리츠 판노펀, 예룬 홀레스테인, 닉 페르후번, 시몬 코스터르(모두 네덜란드)가 2020년 2월 6일 네덜란드 로테르담에서 스쿼시 코트보다 5배 더 큰 383.24m² 면적의 초콜릿바를 만들었다. 화이트, 다크, 밀크 초콜릿을 사용해 초콜릿바 위에 병원 선박의 이미지를 새겼으며, 이 초콜릿바를 판 금액을 머시십 자선단체에 기부했다.

1분 동안 치킨너깃 많이 먹기

뼈 없는 닭고기에 반죽이나 빵가루를 입혀 튀긴 조각을 60초 동안 게걸스럽게 먹는 기록(무게 기준)이 2020년에 2번이나 경신됐다. 넬라 지저(뉴질랜드, 사진)가 298g을 먹어 치웠지만 한 달도 안 돼서 토드 펀리(미국)가 315g을 삼키면서 타이틀을 빼앗겼다. 패스트푸드 음식점의 평균 너깃 무게는 약 16.5g이다.

큰 과일과 채소

가장 무거운…	무게	이름 & 국적	날짜
블루베리(위)	16.2g	데이비드와 리사 매자디스(둘 다 호주)	2020년 9월 20일
체리	26.45g	실비아 살비(이탈리아)	2020년 6월 26일
적채	31.6kg	닐 핸즈(영국)	2020년 9월 26일
버터넛 스쿼시	25.17kg	크리스토퍼 브라운(미국)	2020년 9월 26일
가장 긴…	**길이**	**이름 & 국적**	**날짜**
리크	1.22m	피터 그레이즈브룩(영국)	2020년 9월 26일
스네이크 멜론	1.36m	캐시 푸울크스(호주)	2020년 2월 17일
스캘리언	2.53m	장추시(중국)	2020년 11월 15일
샐서피	5.57m	조 애서턴(영국)	2020년 9월 26일
비트	8.56m	조 애서턴(영국)	2020년 9월 26일

출처: 그레이트 펌프킨 코먼웰스, 캐나다/영국 전국채소협회

네이슨 핫도그 먹기 대회 최고 기록

조이 체스트넛(미국)이 2020년 7월 4일 뉴욕시 코니아일랜드에서 열린 연례 대회에서 핫도그 75개를 씹어 삼켰다. 같은 대회에서 미국인인 미키 수도(삽입된 사진)는 여자 기록을 달성했다. 이 둘은 각각 대회 **최다 우승**과 **여성 최다 우승**도 기록했다. 조이는 2007~2020년까지 13회 우승을 거뒀고, 미키는 2014년 이후 매년 총 7회 우승을 거뒀다.

메이저리그 이팅(MLE) 기록 보유

세계 최고의 먹기 대회 감독기관이 매년 70회의 대회를 개최한다. 아래 목록은 역대 최고의 MLE 참가자 10명으로 2021년 1월 1일 기준 메이저리그 기록 보유 수에 따라 정렬했다.

이름	#	최근 기록	날짜
조이 체스트넛	54	핫도그 75개 10분(왼쪽 참조)	2020년 7월 4일
패트릭 베르톨레티	32	팬케이크 50개 10분	2012년 9월 29일
소냐 토마스	21	굴 564개 8분	2012년 6월 3일
제프리 에스퍼	10	부라트부르스트(127.5g) 36개 10분	2019년 8월 24일
밥 샤우트	9	프렌치프라이 3.57kg 10분	2010년 5월 31일
쿠키 자비스	8	포도 4.05kg 10분	2005 11월 1일
에릭 부커	7	마우이 양파 241g 1분	2004년 8월 8일
리처드 르페브르	5	우에보스 란체로스 3.51kg 10분	2006년 3월 18일
카르멘 신코티	4	칠리 9.2ℓ 6분	2018년 2월 17일
기드온 오지	4	콩 4.5kg 1분 45초	2020년 4월 21일

모두 국적은 미국, MLE 지침에 따라 측정된 기록

가장 큰 양파 바지(튀김 요리)

올리 칸과 스티버니지의 수르마 테이크어웨이 팀(둘 다 영국)이 2020년 2월 4일 런던에서 양파 2,000개와 칠리 500g으로 175.48kg의 양파 바지를 요리했다. 이 범퍼 크기의 앙트레(전채 요리)는 지름이 1.52m였으며, 나중에 현지 모스크의 신자, 노숙자 들에게 나누어 줬다.

1분 동안 으깬 감자 많이 먹기

안드레 오르톨프(독일)는 2017년 11월 30일 독일 바이에른주 아우크스부르크에서 으깬 감자를 1.12kg이나 삼켜 버렸다(보통 6인분의 양). 안드레는 음식 관련 기록에 끝없는 식탐을 자랑한다. 그가 가진 60초 타이틀로는 **마마이트 많이 먹기**(368g), **젓가락으로 젤리 많이 먹기**(716g), **크리스마스 슈톨렌 많이 먹기**(336g)가 있다.

가장 긴…

1분 동안 만든 가장 긴 파스타 생면: 사무엘 탄(싱가포르)은 2020년 10월 8일 싱가포르에서 60초 만에 파스타 생면을 2.03m 길이로 만들었다. 이전 기록은 TV 셰프 고든 램지가 작성했었다.

꼬아서 만든 빵 덩어리: JNF 호주와 그랜드마 모제스(둘 다 호주)는 2019년 11월 14일 호주 시드니에서 일반 바게트 길이의 17배에 달하는 10.087m 길이의 반죽을 땋아 만든 빵을 구웠다.

누가: 2019년 9월 18일 살바토레 본조반니와 본조반니 SRL(둘 다 이탈리아)이 이탈리아 마차리노에서 보잉 747 항공기보다 약 14배 긴, 1,004m의 누가 한 조각을 만들었다. 누가는 잘 부러지는 쫀득한 캔디로, 주로 견과류가 들어 있고 간혹 과일도 들어간다. 이 도전은 지역 아몬드를 홍보하고 지방의 오래된 전통을 이어가기 위해 기획됐다.

1시간 동안 쿠키 많이 굽기

프랭크 스퀴오와 베이킹 메모리즈 4 키즈(둘 다 미국)가 2019년 12월 7일 미국 뉴욕 웨스트 나이액에서 60분 만에 쿠키 6,018개를 구웠다.

1시간 동안 덤플링 많이 만들기

베아타 야세크(폴란드)가 2019년 9월 15일 폴란드 이프코바에서 60분 만에 자두 덤플링(혹은 피에로기스) 1,066개를 만들었다.

맛이 가장 다양한 상업용 아이스크림

2019년 11월 14일 기준 라 까사 젤라토(캐나다)는 캐나다 브리티시컬럼비아 밴쿠버에서 238가지 맛의 아이스크림을 판매했다.

1분 동안 많이 먹기

잼 도넛: 호주의 제시 프리먼은 2018년 6월 1일 호주 시드니에서 〈더 모닝 쇼〉에 출연해 잼이 가득한 빵을 6개나 먹었다.

소시지: 먹기 대회 챔피언 레아 셔트케버(영국)는 2020년 6월 7일 영국 버밍엄에서 통조림 핫도그 10개를 끝장내 버렸다.

완두콩(꼬치로 먹기): 데이비드 러시(미국)는 2018년 12월 4일 미국 아이다호주 보이시에서 완두콩 108개를 순식간에 찍어 먹었다.

땅콩버터: 안드레 오르톨프(위 참조)는 2017년 11월 17일 독일 아우크스부르크에서 땅콩버터를 378g이나 게걸스럽게 먹어 치웠다.

이유식: 2020년 11월 19일 기네스 세계기록의 날 행사로(10~11쪽 참조), 오르톨프는 일반 125g 병 14개와 맞먹는 양인 1,609g의 이유식을 게 눈 감추듯 먹어 버렸다.

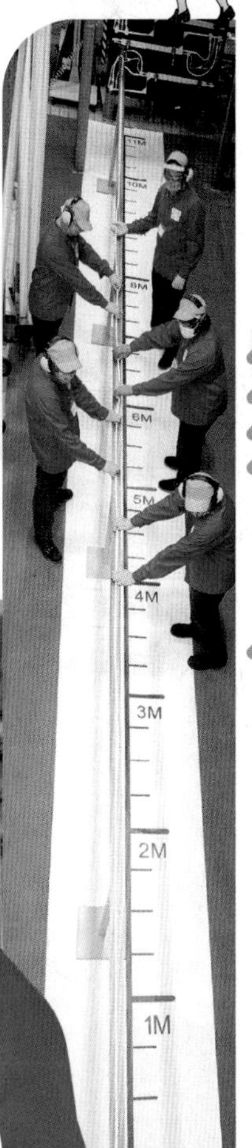

가장 긴 퍼프콘

2020년 8월 27일 워짓스 자이언트(영국 워커스 스낵 푸드의 일부)가 영국 레스터에서 10.66m 길이의 퍼프콘을 선보였다. 8명으로 구성된 팀이 2시간 29분 동안 이 슈퍼 사이즈 스낵을 만들었으며, 길이가 런던의 루트마스터 버스보다 길어서 워커스의 오븐에 들어가지 않아 따로 구워야만 했다! 이 메가 워짓을 공장의 벽에 올려 전시했다.

이 과자는 일반 워짓 자이언트보다 약 160배 길지만, (기네스 세계기록의 규정에 따라) 폭은 완전히 똑같이 만들어졌다.

거대한 물건

가장 큰 모노폴리 게임 토큰

2019년 11월 28일 FM 프로젝트 유한회사(중국)가 중국 홍콩에서 2.96m 길이의 모노폴리 레이싱 자동차 토큰을 공개했다. 모노폴리 이야기에서 이 차는 게임의 마스코트인 콧수염을 기른 밀번 페니백스의 소유로 여겨진다. 이 자동차는 1940년대 쿠르티스 크래프트 미젯이나 1930년대 메르세데스-벤츠 W25와 같은 빈티지 경주용 자동차에서 영감을 받은 것으로 보인다.

가장 큰 마대 주머니

2019년 7월 3일 영국 윌트셔 브래드퍼드온에이번에서 코튼 백(영국) 회사가 22.5m 높이에 14.6m 폭의 마대 주머니를 공개했다. 이 행사는 '세계 일회용 비닐봉지 안 쓰는 날'과 '플라스틱 없는 7월'을 기념하고 재사용 가능한 주머니 사용을 독려하기 위해 진행됐다.

싱잉볼

이 그릇은 막대로 치거나 테에 대고 굴리면 낭랑한 소리를 낸다. 죄르지 유하스(헝가리)는 2019년 2월 28일 헝가리 거랍에서 폭이 2.33m인 싱잉볼을 공개했다.

같은 날 카니발 매직 테마파크는 **가장 큰 야외 샹들리에**도 전시했는데, 위에서 아래까지 높이가 11.69m이며, 지름은 9.47m다.

인간 장기 모형

인도 코치에 있는 VPS 레이크쇼어 병원이 9.69m 높이의 심장 모형을 만든 사실이 2019년 1월 5일 확인됐다. 실제 심장보다 약 80배 크다. 이 거대한 모형은 건강 캠페인의 일부로 제작됐다.

가위

테크바슈 시르케틀레르 그루부(터키)는 2019년 10월 12일 터키 아다나에서 평균 크기보다 10배 이상 큰 3.01m 길이의 가위를 사용해 준공식을 진행했다.

크리스마스 눈송이 장식

2019년 10월 28일 일본 오사카의 유니버설 스튜디오가 크리스마스트리 꼭대기에 3.19m 크기의 눈송이를 장식했다.

동그랗게 뜬 눈알 장식

오스틴 맥코드, 라이언 사슬로, 에드 룬드블라드(모두 미국)가 2019년 8월 27일 미국 코네티컷주 노워크에서 미니쿠퍼 자동차보다 큰 3.66m의 동그랗게 뜬 눈 2개를 공개해 화제가 됐다.

파피에 마세 조각품(지지대 사용)

태국 푸켓에 있는 카니발 매직 테마파크가 서커스 무대감독의 옷과 모자를 쓴 코끼리 모양의 파피에 마세 조각품을 공개했다. 2020년 2월 8일, 이 '으깬 종이'로 만든 후피동물은 높이 5.59m에 폭이 4.3m로 확인됐다.

가장 높은 모래성

2019년 6월 5일 독일 빈츠에서 열린 모래 조각 축제에서 슈쿨프트라 프로젝트(독일)가 17.65m 높이의 엄청나게 큰 해변의 명물을 공개했다. 조각가 12명, 기술자 8명으로 구성된 국제 팀이 3주 반에 걸쳐 이 모래성을 완성했다. 원형으로 된 성은 기반의 지름이 약 26m다. 모래를 굳히기 위해 물에 무언가를 첨가하지 않았으며, 내부에 지지대도 사용하지 않았다.

이 거대한 성은 1만 1,000t의 모래에 물만 섞어 만들어졌다.

탑승 가능한 가장 높은 외발자전거

웨슬리 윌리엄스(미국)가 2020년 3월 11일 스페인 히로나에서 열린 델 시르크 엘레판트 드오르 국제 페스티벌에서 8.87m 높이의 아찔한 외발자전거에 탑승했다. 웨슬리는 초등학생 시절 기네스북을 처음 펼친 순간부터 자신도 기록을 세우고 싶어 했다.

가장 큰 나무 숟가락

2019년 5월 30일 코르벨 레스토랑과 아메리칸 공과대학교(둘 다 에콰도르)가 20.06m 길이에 지름이 5.06m인 숟가락을 내놓았다. 기록은 에콰도르 아수아이주 칸톤 파우테에서 확인됐다.

가장 작은 나무 숟가락은 겨우 4.5mm다. 고리산카르 군마디달라(인도)가 2020년 4월 9일 인도 텔랑가나주에서 공개했다.

잼 병(무게)

자체 무게가 1,005kg인 가장 무거운 잼 병은 토닉 라이프(멕시코)가 딸기 축제 이사회의 도움을 받아 제작했다. 스타인웨이 그랜드피아노보다 2배 이상 무거운 이 거대한 병의 기록은 2020년 3월 23일 멕시코 과나후아토주 이라푸아토에서 측정됐다.

향수 병

데얀 레바치치(크로아티아)가 2019년 1월 22일 크로아티아 메지무례주 차코베츠에서 샤프란 향기의 '금빛' 향수를 담은 616.18ℓ 용량의 병을 전시했다. 평범한 욕조 4개를 가득 채울 수 있는 양이다!

색칠용 그림책

2020년 8월 22일 중국 상해에서 완다 키즈(중국)가 15.52㎡ 크기의 색칠용 그림책을 공개했다.

가장 큰 모바일 게임패드

2019년 11월 30일 중국 선전에서 중국의 가전제품 기업 OPPO가 킹사이즈 침대의 2배에 가까운 길이인 4m가 살짝 넘는 메가 사이즈 게임패드 C1을 공개했다. 완전한 기능으로 작동하며, 무게는 약 500kg이다. 더 많은 거대한 게임용 하드웨어들은 206쪽에 나와 있다.

골프 클럽(길이)

마이클 퍼러와 마이크 로쉬가 비영리 단체 퍼스트 티-포트워스(모두 미국)의 지원을 받아 2020년 1월 5일 미국 텍사스에서 15.57m 길이의 드라이버를 사용해 티오프했다.

욕조(길이)

2019년 7월 7일 독일 드레버에서 코오프-브링크만(독일)이 자사의 건축 설비 홍보를 위해 볼링 레인보다 긴 19.47m 길이의 욕조를 공개했다.

스티커 공

2020년 11월 11일 스티키 브랜드 크리에이티브 그룹(미국)이 미국 버몬트주 벌링턴에서 139.82kg의 스티커 공을 공개했다. 제작에 91시간 이상이 걸렸으며, 완성된 구체의 지름은 2.1m였다.

가장 큰 낚시용 루어

제시카 듀와 브래드 팔리스터(둘 다 캐나다)는 2019년 5월 29일 캐나다 앨버타 라콩브에서 12.32m 길이의 특대 낚시용 루어를 제작했다. 바늘 폭은 2.46m이며 스푼 폭은 2.92m다. 삽입된 사진은 이 프로젝트에서 용접을 맡은 라이언 리오펠이 거대 루어의 독수리 발톱 모양 바늘을 들고 있는 모습이다.

최고의 건축가들

가장 긴 레고 블록 다리

영국 슈롭셔에 있는 아이언브리지 조지 박물관에 영국토목기술협회(영국)가 16.92m 길이의 다리를 조립했다. 2019년 8월 31일 완공됐으며 20만 5,000개의 블록이 사용됐다.

최대 규모 레고 블록 노트르담

2020년 1월 9일 폴란드 바르샤바의 비스타바 클로츠쿠프(블록 전시)에서 1:33 비율의 프랑스 성당 모형이 공개됐다. 이 구조물은 높이 2.72m, 길이 3.78m에 폭은 1.43m이며 무게는 약 250kg이다. 제작자인 이반 안겔리(슬로베니아)는 500시간 동안 블록 40만 개 이상을 사용해 노트르담을 생생하게 재현했다. 전시회를 열기 위해 레고로 만든 120개의 유명한 건축물 중 하나다.

최단 시간 레고® 스타워즈 밀레니엄 팰컨 조립

12세 나이의 해든 헤이스트(미국)는 2020년 9월 12일 미국 켄터키주 루이빌에서 스타워즈의 우주선을 1분 59초72 만에 조립했다. 해든은 다른 신기록 보유자인 듀드 퍼펙트의 유튜브 영상에서 영감을 얻어, 코로나 봉쇄 기간을 도전을 준비하는 시간으로 활용했다. 그는 자신이 가장 좋아하는 2가지, 즉 레고와 스타워즈를 합쳐 신기록을 세웠다.

최대 규모 레고 블록 무대 모형

TV 시트콤 〈프렌즈〉의 25주년을 기념해 워너브라더스 텔레비전이 네이슨 '더 블록 아티스트' 사와야(미국)를 고용해 실물 크기의 센트럴파크 커피점을 만들었다. 이 세트는 2019년 10월 19일 미국 네바다주 라스베이거스에 공개됐다. "우리는 충실하게 제작하길 원해서 많은 시간을 들여 세세한 부분까지 만들었습니다." 네이슨이 설명했다.

최단 시간 레고 스타워즈 밀레니엄 팰컨 조립

요하네스 뢰슈, 카티 슈투츠, 랄프 요하네스, 가브리엘 카브레라 파라(모두 독일)는 2019년 7월 18일 독일 발도르프에서 7,541피스의 코렐리안 YT-1300 경화물선을 2시간 51분 47초 만에 조립했다. 밀레니엄 팰컨(키트 #75192)은 예전에 **일반 판매된 가장 큰 레고 세트**였다.

2020년 11월 기준 새로운 가장 큰 레고 세트인 **레고 콜로세움의 최단 시간 조립 기록**은 13시간 37분 36초로 폴 우페마(미국)가 2021년 2월 24일 미국 버지니아주 포레스트에서 작성했다.

레고로 만든 가장 큰 풍력 발전 터빈

레고 그룹(덴마크)은 7.63m 높이의 풍력 발전용 터빈을 만들어 2017년 5월 15일 영국 리버풀에서 공개했다. 이 거대 발전기는 전문가들로 구성된 팀이 600시간 동안 14만 6,251개의 블록을 조립해 만들었다. 이 기록 도전은 레고 그룹을 100% 재생 가능한 에너지 기업으로 만들기 위해 새로운 풍력 발전에 투자한 기념으로 진행됐다.

최대 규모 레고 블록 배

드림 크루즈 매니지먼트 유한책임회사(중국)가 제작한 8.44m 길이의 유람 여객선이 2017년 11월 15일 중국 홍콩에서 기록됐다. 251만 8,266개의 블록을 사용했으며, 수영장, 농구코트, 헬리콥터 착륙지가 설비돼 있다.

데이비드의 의수는 아이언맨의 슈트처럼 MK I 부터 MK VI까지 숫자가 매겨져 있다.

실제로 작동하는 최초의 레고 의수

'핸드 솔로(스타워즈 한 솔로의 변형)'라 불리는 안도라의 데이비드 아귈라는 레고 테크닉 헬리콥터 세트(#9396)의 블록들을 써서 완전히 작동하는 자신의 의수를 설계하고 제작했다. 태어날 때부터 오른쪽 아래팔이 없는 데이비드는 2017년에 자신의 첫 작품을 완성했다. 이는 순전히 기계적으로 작동하는 의수로 팔꿈치 관절이 움직이고, 물건도 잡을 수 있는데, 데이비드가 자신의 팔을 구부려 조종한다. 그는 나중에 여러 번 설계를 수정했다.

벌집 짓기: 루어리 오레오체인

교사인 루어리 오레오체인(아일랜드)은 가장 큰 플라스틱 블록 벌집을 고안한 사람이다. 이 구조물은 2020년 5월 14일 아일랜드 애슬론에서 크기가 38×48×48cm로 기록됐다.

어떻게 레고 블록으로 벌집을 만들 생각을 했나요?

자연의 경이라고 생각해요! 저는 자연을 사랑하는 양봉가라 제대로 만들 수만 있다면 멋질 거라고 생각했어요. 레고로 만든 구조물이 나무나 폴리스티렌만큼 절연 효과를 내지는 못해도 플라스틱이 벌들에게 해를 끼치지는 않거든요.

만드는 데 얼마나 걸렸나요?

7주 정도 걸렸어요. 첫 코로나 봉쇄 당시 여기저기서 겨우 한 시간씩 만들었죠. 저는 제 곁에 크기 측정을 위한 '왕국' 같은 벌집을 뒀는데, 양봉에 무척 중요한 요소예요.

벌들을 어떻게 새로운 집으로 옮기셨나요?

처음에는 벌들이 입구가 약간 다른 위치에 있어서 혼란스러워했어요. 그래도 아주 성공적으로 옮겨 갔죠(꿀도 잘 생산했어요). 저는 아일랜드 야생동물 재활원에서 훈련을 받았고, 제가 꿀로 버는 모든 금액은 아일랜드의 야생동물을 위한 수의사 진료비, 약값, 집짓기에 쓰여요. 캐나다와 한국, 아프리카의 양봉가들이 저에게 연락해서 제 성공을 빌어 주고, 미래의 계획에 관해 묻기도 해요.

그래서 미래의 계획은 무엇인가요?

내년에는 레고 새집을 만들어 볼 생각인데 아마 더 쉬울 거예요! 아일랜드는 푸른박새가 흔해요. 새집에 중계 카메라를 숨길 작은 다락도 만들고 싶어요.

거대한 작품:
로크 즈갈린 코베

2020년 11월 28일 발매된 9,036피스의 콜로세움(키트 #10276)은 현재 ▶ 구매할 수 있는 가장 큰 레고 세트다. 이 로마의 원형경기장 모형의 크기는 높이 27cm, 가로 52cm, 세로 59cm다. 기네스 세계기록은 이 상품의 제작자인 로크 즈갈린 코베를 인터뷰했다.

이번 콜로세움은 그동안 제작하신 다른 레고 세트와 비교해 어떤 특징이 있나요?
저는 2012년 이후 출시된 거의 모든 레고 아키텍처 상품에 관여했고, 35개가 넘는 세트를 설계했어요. 그런데 콜로세움은 제가 이전에 만든 가장 큰 상품보다 5배나 큽니다. 언제나 가장 해 보고 싶은 일이었는데, 건물을 제대로 구현하는 게 가장 어려웠어요. 설계는 시작부터 끝까지 반년이 걸렸습니다.

가장 어려운 점은 무엇이었나요?
우리의 모형 적합성 센터가 이렇게 큰 모형은 들거나 옮길 때 부서질 수 있다며 걱정했어요. 저는 건축 기술을 해결책으로 제시했는데, 콜로세움은 원형 바닥을 몇몇 고정된 지점에만 연결해 봤습니다. 힘을 가하면 구부러질 정도로 유연성을 갖췄어요.

언제나 블록을 많이 사용하려고 하시나요?
역대 가장 큰 레고 모형을 만들려고 하지는 않았어요. 어떻게 해야 레고 블록으로 콜로세움을 잘 만들 수 있을지 연구했죠. 하지만 블록을 많이 사용해서 세세한 부분까지 표현해야 모형이 더 완벽해집니다.

이 세트를 얼마나 빨리 조립하실 수 있나요?
몇 번 만들어 보지 않았는데, 모두 30시간 이상 걸렸어요. 세계기록은 어떻게 될지 궁금하네요.
(왼쪽에 답이 있다!)

레고 세트 최다 수집

프랭크 스모스(호주)와 그의 가족이 3,837개의 레고 키트를 수집한 사실이 2017년 5월 9일 호주 빅토리아주 멜버른에서 확인됐다. 프랭크는 1950년대 어린 시절 레고를 처음 접했고 1970년대 후반에 수집을 시작했다. 그는 최소 120만 개 블록을 가지고 있다. 프랭크가 가장 좋아하는 세트는 #76052 배트맨 클래식 TV 시리즈 배트케이브인데, 상징적인 캐릭터들과 자동차들이 있어서라고 한다.

가장 높은 레고 블록 구조물
2015년 6월 17~21일 레고 이탈리아가 이탈리아 밀라노에 35.05m 높이의 탑을 제작했다. 이는 피사의 사탑의 절반이 넘는 높이다.
가장 긴 레고 블록 구조물도 이탈리아에서 제작됐다. 2005년 2월 13일 290만 1,760개의 블록으로 만든 1,578.81m의 노래기가 토리노에서 공개됐다. 숍빌 레그루의 상인연합이 기획해 제작했다.

최대 규모 레고 블록…
배트맨 심볼: 지름 2.042m, 루오 웬치, 렌지에, 장 슈허, 왕 하이칭(모두 중국)이 2020년 11월 11일 중국 장시성 난창에 제작.
▶ 대관람차: 지름 3.38m, 토마시 카슈파르지크(체코)가 제작해 2017년 10월 22일 네덜란드 위트레흐트에서 확인.
뼈대: 6m 길이의 실제 크기 티라노사우루스 공룡 뼈대로 네이슨 사와야(미국, 왼쪽 참조)가 2011년 제작.
벚꽃 나무: 높이 4.38m, 폭 4.93m, 레고랜드 재팬이 일본 아이치현 나고야에 제작한 것을 2018년 3월 28일 확인.

▶ 조립식 플라스틱 블록으로 만든 가장 큰 디오라마

〈반지의 제왕〉의 한 장면에서 영감을 받아 1억 5,000만 개의 장난감 블록으로 재현한 작품이 2021년 1월 10일 중국 광둥성 선전의 SMAERD 랜드 어린이 박물관의 블록 왕국에서 공개됐다. 총면적은 킹사이즈 침대 50개와 맞먹는 $191.426m^2$다. 40명의 설계자와 제작자가 팀을 이뤄 이 중간계의 모습을 블록으로 표현하기까지는 3년 이상이 걸렸다.

이 톨킨 테마의 디오라마는 미나스트리스, 헬름 협곡, 검은 문 같은 대규모 전투를 묘사하고 있다.

몬스터 트럭

몬스터 트럭은 1981년 4월 밥 챈들러가 **최초의 몬스터 트럭**(오른쪽 참조) 빅풋(Bigfoot)을 몰고 줄지어 선 폐차들을 밟고 지나간 이후 전 세계 관중들을 계속 놀라게 하고 있다. 요즘은 10대가 넘는 거대한 트럭들이 레이싱과 스턴트로 점수를 매기는 몬스터 잼 대회에 출전해 경쟁을 펼친다.

최초의 몬스터 트럭

몬스터 트럭 현상은 1970년대 후반 기술자이자 오프로드 레이서인 밥 챈들러(미국)가 자신의 포드 F-250 픽업트럭을 빅풋으로 개조하면서 시작됐다. 그가 1979년 고철 군용 차량에서 부품을 추가해 트럭의 지상 간격을 비약적으로 높이고 거대한 바퀴를 장착해 현재 몬스터 트럭의 모습을 제작했다.

최초의 몬스터 트럭 백플립

캠 맥퀸(캐나다)은 2010년 2월 27일 미국 플로리다주에서 열린 잭슨빌 몬스터 잼에서 몬스터 트럭으로 경사로를 날아올라 최초로 뒤로 공중돌기를 하는 백플립에 성공했다. 그리고 단 2년 뒤, 2012년 3월 23일 동료 몬스터 잼 운전자인 조지 바란(미국)이 쉬지 않고 2번 연속 백플립에 성공하며 **몬스터 트럭 최다** 연속 백플립을 성공했다.

최초의 전기 몬스터 트럭

원조 빅풋이 일반 대중 앞에 데뷔한 지 30년 이상 지난 2012년 11월 빅풋 20(일명 일렉트로 풋)이 첫 번째 쇼에 나섰다. 5,000kg 무게의 이 트럭에는 오디세이 배터리 36개를 사용하는 350hp(260kW)의 전기 모터가 장착돼 있다. 영국의 몬스터 트럭 운전자 나이젤 모리스가 영국 노샘프턴셔 대번트리의 LA 슈퍼트럭스에서 이 트럭을 제작했다.

가장 큰 몬스터 트럭

무게가 1만 7,236kg에 달하는 밥 챈들러의 빅풋 5는 탄생한 지 35년이 지난 지금까지 괴물 중의 왕으로 군림하고 있다. 높이 4.7m로 1950년대 ATV(어떤 지형에서든 주행이 가능한 사륜차) 르터노 스노-트레인의 바퀴를 사용한다. 현재 이 트럭은 미국 미주리주 세인트루이스에 전시돼 있다.

최초의 몬스터 트럭 더블 백플립은 여전히 도전 과제로 남아 있다. 몇몇 운전자가 시도했지만, 그들의 트럭만 만신창이가 되고 말았다.

최장거리 몬스터 트럭 경사대 점프

조 실베스터(미국)는 2013년 9월 1일 미국 펜실베이니아주 콜럼버스에서 자신의 트럭 '배드 해빗 237'로 가장 먼 거리(72.42m)를 날아가는 기록을 세웠다. 그는 이미 2010년에 63.58m라는 기록을 세웠는데, 2012년 댄 룬테가 1.8m 차이로 경신했다. **최장거리 몬스터 트럭 경사로 후진 점프** 기록은 베테랑 운전자이자 전 챔피언인 마이클 바터스(미국)가 2002년 미국 인디애나주 인디애나폴리스에서 세운 21.3m가 여전히 깨지지 않고 있다.

몬스터 잼 월드 파이널 최다 우승

톰 민츠(미국, 반대쪽 참조)는 처음 대회가 열린 1999년부터 몬스터 잼 월드 파이널에서 12회나 우승을 거뒀다. 애덤 앤더슨(미국, 1985년 12월 5일생)은 미국 네바다주 라스베이거스에서 열린 2008 월드 프리스타일 챔피언십에서 **최연소 몬스터 잼 월드 파이널 우승자**로 등극했다. 애덤은 3월 29일 22세 115일의 나이로 타즈를 운전해 프리스타일 대회 우승을 차지했다.

최초의 여성 몬스터 잼 운전자

전 WCW/WWE 레슬러인 메두사(본명 데브라 미셸, 미국)는 1999년 자신의 또 다른 자아의 이름을 딴 트럭을 타고 몬스터 잼에 데뷔했다. 2004년 3월 **몬스터 잼 프리스타일 월드 파이널에서 우승한 최초의 여성**이 됐다.

가장 긴 몬스터 트럭

신 시티 허슬러는 빅 토이즈 레이싱의 브레드와 젠 캠벨(둘 다 미국)이 제작한 9.75m 길이의 몬스터 트럭 리무진이다. 높이 3.6m에 무게는 6,800kg이며 미국 네바다주의 사막에서 유료 승객 12명을 태우고 스릴 넘치는 주행을 한다.

몬스터 잼 2020

팬데믹으로 대회 일정이 취소되자, 미국 플로리다주 브레이든턴에서 2020년 6월 22일부터 25일까지 열린 신기록 달성 축제에 몬스터 잼 투어의 운전자들이 몰려들었다. 운전자 6명으로 이루어진 팀이 새벽부터 몬스터 잼 토너먼트에 참가해 휠리(앞바퀴 들기), 스토피(뒷바퀴 들기), 점프, 번아웃 같은 기술을 선보이며 신기록을 향해 자신을 극한까지 몰아붙였다. 가족 모임도 성사됐는데, 애덤, 크리스틴, 라이언 앤더슨 남매가 모두 기네스 세계기록 타이틀을 얻었다.

최장거리 휠리
기록: 190.46m
운전자: 애덤 앤더슨(미국)
트럭: 그레이브 디거

최고 속도
기록: 161.4km/h
운전자: 브라이스 케니(미국)
트럭: 그레이트 클립스 모호크 워리어

1분 동안 도넛(회전) 기술 최다 성공
기록: 44
운전자: 바리 무사위르(미국)
트럭: 좀비
바리는 **최다 연속 도넛 성공 기록**도 달성했다(58회).

최장거리 사이드 휠리(바이시클)
기록: 271.83m
운전자: 브라이언 앤더슨(미국)
트럭: 손유바 디거

최고 높이 경사로 점프
기록: 10.3m
운전자: 크리스틴 앤더슨(미국)
트럭: 그레이브 디거

최장거리 스토피
기록: 63.77m
운전자: 톰 민츠(미국)
트럭: 맥스-D

최다 몬스터 트럭 뛰어넘기
기록: 8대
운전자: 애덤 앤더슨(미국)
트럭: 메갈로돈

신기한 재능

칼을 삼키고 가장 오래 버틴 기록

머리 몰로이(아일랜드)는 2020년 6월 21일 스페인 무르시아에서 13분 12초 동안 자신의 목구멍에 칼을 넣은 채 있었다. 전문 공연가인 머리는 어린 나이 때부터 사이드쇼*에 관심을 보였는데, '괴짜 이웃'이 그에게 가르쳐 준 마술 트릭이 그 발단이었다.

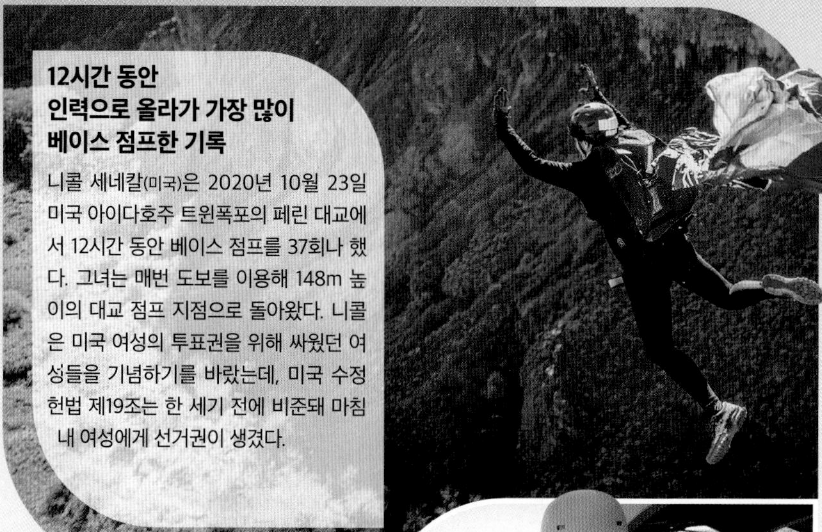

12시간 동안 인력으로 올라가 가장 많이 베이스 점프한 기록

니콜 세네칼(미국)은 2020년 10월 23일 미국 아이다호주 트윈폭포의 페린 대교에서 12시간 동안 베이스 점프를 37회나 했다. 그녀는 매번 도보를 이용해 148m 높이의 대교 점프 지점으로 돌아왔다. 니콜은 미국 여성의 투표권을 위해 싸웠던 여성들을 기념하기를 바랐는데, 미국 수정헌법 제19조는 한 세기 전에 비준돼 마침내 여성에게 선거권이 생겼다.

최대 규모 구덩이 파기 챔피언십

2020년 2월 2일 일본 지바현에서 나리타 드림 팜(일본)이 연 제20회 전국 구덩이 파기 챔피언십에 1,452명이 참여했다. 참가한 팀들은 황금 삽을 차지하기 위해 30분 동안 구덩이를 깊게 파며 경쟁하는데, '가장 창의적인 구멍'에 추가점을 준다.

가장 길게 만든 비눗방울 사슬(매달기)

수 종 타이(중국)는 2020년 10월 26일 중국 대만 타이베이에서 비눗방울 61개를 연결했다. 길이는 약 145cm였다.

가장 길게 연결한 고무줄 사슬(개인)

사잔쿠마르 아르빈드바이 파텔(인도)이 고무줄 사슬을 6.5km 길이로 만든 사실이 2020년 1월 1일 인도 구자라트주 아난드에서 확인됐다. 8만 5,300개의 고무줄로 이루어진 이 사슬은 파리의 샹젤리제 거리보다 길고 런던 옥스퍼드 거리의 3배 이상이다.

최장거리 콘홀 샷 성공(눈 가리고)

콘홀 선수는 멀리서 옥수수 알갱이가 든 주머니를 던져 기울어진 판에 뚫린 구멍에 넣어야 한다. 조슈아 비거스(미국)는 2020년 7월 19일 미국 플로리다주 클리어워터에서 눈을 가리고 9.75m 거리에서 슛을 성공했다. (233쪽에 더 많은 내용이 있다.)

새끼손가락 역도 최고 기록

캐나다의 다리우시 슬로비크(폴란드 출생)는 2020년 11월 18일 덴마크 오르후스에서 자신의 새끼손가락만 사용해 어른 대왕판다의 무게와 비슷한 105.67kg을 들어 올렸다. 이 기록은 당해 기네스 세계기록의 날에 작성됐다(11쪽 참조).

펜실베이니아주에서 커트 스타이너(미국)는 2013년 **최다 연속 물수제비뜨기 기록**을 달성했다(88회).

최장거리 물수제비뜨기 기록

더기 이삭스(영국)가 2018년 5월 28일 영국 포이스 란우르티드 웰스에 있는 애버넌트호수에서 팔을 비스듬히 틀어 던진 돌이 호수 표면을 121.8m나 튕겨 갔다. 이는 미식축구 경기장보다 긴 거리다. 같은 행사에서 니나 루긴빌(스위스, 위 사진)은 52.5m를 튕겨 **여자** 기록을 경신했다.

더기는 **세계 물수제비뜨기 챔피언십(남자) 최다 우승** 기록도 달성했다(8회). 여자 기록은 영국의 루시 우드가 보유한 5회로, 그녀의 마지막 우승은 2018년이다.

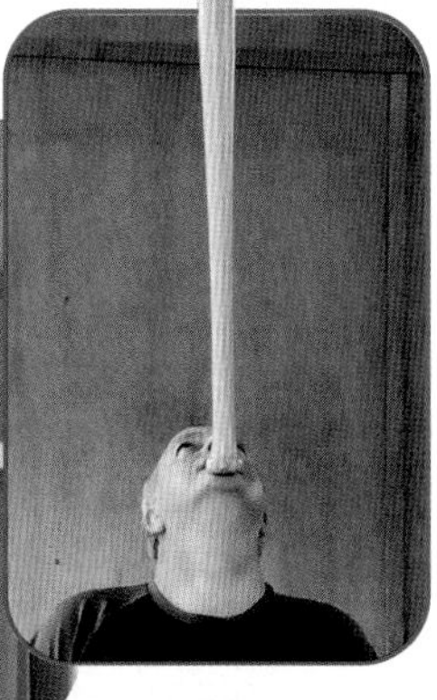

전기톱 오래 균형 잡기(턱)

서커스 예술가이자 뛰어난 균형 잡기 선수인 제임스 '제이' 롤링스(영국)는 2020년 5월 23일 자신의 턱에 전기톱을 올리고 13분 5초38 동안 균형을 잡았다. 그의 아버지 스티브(삽입된 사진)도 비슷한 도전에 가담했는데, 30년 이상 된 서커스 경력을 살려, 야구 배트 오래 균형 잡기(턱) 기록을 달성했다(2시간 30분 11초). 모든 기록은 영국 옥스퍼드셔 치노어에서 작성됐다.

가장 오래 훌라후프 30개 연속으로 돌린 기록

마리암 올레이올라(영국)는 2020년 8월 22일 영국 런던에서 훌라후프 30개를 35초 동안 떨어뜨리지 않고 돌렸다. 마라와의 마조레테스(108~109쪽 참조) 서커스 공연단 소속인 그녀는 자신의 기록 도전을 모든 단원에게 바쳤다. 마리암은 이 도전이 서커스 예술에 필요한 강인함과 정신력 회복에 도움이 된다고 말했다.

훌라후프 돌리며 계단 많이 올라가기
미스터 O!, 오브라오네 이티티그베(미국)는 2020년 5월 25일 미국 뉴욕주 올버니에서 훌라후프를 돌리며 734계단을 올랐다.

가장 많은 사람이 바늘방석에 올라선 기록
2020년 10월 27일 GVOZDIMIRA 2020과 라비올라 호텔이 러시아 상트페테르부르크에 기획한 행사에 총 151명의 강철 발을 가진 사람들이 참가해 바늘방석 위에 올라섰다.

놀라운 1분: 최다…
칼로 저글링하며 사과 자르기(두 팀): 칼날 저글러 데이비드 러시는 2020년 10월 7일 미국 아이다호주 보이시에서 동료 조나단 해넌(둘 다 미국)이 던진 사과 40개를 두 조각 냈다.
목으로 농구공 받기: 타런 쿠마르 체디(모리셔스)는 2020년 10월 26일 모리셔스 세지엠 밀에서 공을 던지고 목으로 48번이나 받아냈다.

1분 동안 쌍절곤으로 탁구공 많이 받아치기

시에 더샹(중국)은 무술계의 전설, 이소룡에 영감을 받아 2020년 12월 23일 쌍절곤으로 탁구공을 35번이나 받아쳤다. 그의 날카로운 눈빛이 중국 베이징에 마련된 〈두유: 도전자들〉 무대에서 라이브로 스트리밍 됐다. 2개월 뒤, 그는 **무술 발차기 한 번으로 가장 많은 촛불 끄기** 기록도 세웠다(28개).

칼 8자로 돌리기: 쉬락 루카(영국)는 2020년 11월 18일 영국 레스터에서 칼을 공중에서 8자 모양으로 돌리기를 94회나 성공했다.
롤러스케이트 신고 줄넘기: 조라와 싱(인도)은 2020년 2월 10일 인도 델리에서 롤러스케이트를 신고 줄넘기를 262회나 성공했다.
가죽 채찍 휘둘러 소리내기: 잭 레피아즈(미국)는 2020년 9월 6일 미국 매사추세츠 서머빌에서 채찍을 휘둘러 298번의 짝 소리를 만들었다.

신기록 보유자들은 팬데믹으로 인해 2020년에는 원격으로 도전했다:
동시 최다 인원…(온라인으로)
에어기타 치기: 8월 24일, 영화 <엑설런트 어드벤쳐>(미국, 2020년 작)의 팬 186명
건배하기: 11월 30일, 아마존 웹 서비스(미국)에 게스트 335명
영상통화로 피자 파티하기: 9월 18일, 호멜 푸드(미국)의 후원자 970명
페이스북 라이브 스트리밍으로 회의하기: 11월 1일, <UK 혼티드>(리얼리, 영국)의 시청자 9,317명

24시간 동안 잔디 깎는 기계를 밀며 가장 멀리 가기

앤디 맥스필드(영국)는 2019년 6월 22~23일 영국 랭커셔 블랙번의 이우드 파크에서 잔디 깎는 기계를 밀며 92.80km를 이동했다. 이곳은 그가 가장 좋아하는 축구팀 블랙번 로버스의 홈그라운드다. 그는 이 도전으로 알츠하이머 협회를 위해 5,730달러를 모금했다.

앤디는 앞서 2017년 7월 30일 **랜즈엔드에서 존 오그로츠까지 잔디 깎는 기계를 타고 가장 빨리 가기** 기록도 달성했다. 그는 존 디어 X750을 몰고 5일 8시간 36분의 기록을 작성했다.

1분 동안 손으로 사과 많이 부수기

도니 백스터(영국)는 2020년 10월 11일 영국 스코틀랜드고지 아카라클에서 오른손만 사용해 60초 동안 사과 13개를 최소 두 동강 냈다. 이때 부서진 사과로는 파이를 만들었다. 이 도전으로 도니는 자신의 어린 시절 꿈이었던 기네스 세계기록을 보유하게 됐다.

1분 동안 사과를 던져서 입으로 많이 받기 기록은 47회로, 아시리타 퍼먼과 비핀 라킨(둘 다 미국)이 2020년 2월 27일 미국 뉴욕시에서 작성했다.

종합

1분 동안 밸런스 보드 위에서 하키채로 공 많이 터치하기

열 살인 케이든 갈라티오우크(미국)는 2020년 10월 17일 텍사스주 샌안토니오에서 '롤라-볼라' 위에서 균형을 잡으며 하키채의 안쪽과 바깥쪽 면을 번갈아 쓰며 공을 284회나 터치했다. 케이든은 언젠가 북미 아이스하키리그에서 뛸 수 있기를 꿈꾸고 있다.

한 명이 그린 가장 큰 그림

2020년 11월 3일 FRA!, 본명 프란체스코 카포랄레가 가전기업 샤오미 이탈리아(둘 다 이탈리아)와 함께 〈두들(낙서) 프로젝트〉라는 제목의 작품을 568.47m² 크기로 만들었다. 이는 테니스 코트보다 2배 이상 큰 크기로, 유저들이 DoodleDream.it에 올린 이미지를 바탕으로 그린 선들로 채워졌다. 작품은 이탈리아 알토몬테에서 제작됐다.

지폐로 만든 가장 큰 문장

람쿠마르 사란가파니(인도)가 2020년 11월 18일 UAE 두바이에서 1루피 지폐 5,005장으로 'GWR Day 2020'이라는 문장을 만들었다. 크기는 8×6.4m로 측정됐다.

최대 규모 종이접기 강아지 전시

다닐루 스시와르스와 메이르 마타요지(둘 다 브라질)는 2020년 12월 19일 브라질 상파울루에서 1,010마리의 종이 강아지를 선보였다.

롤러스케이트를 신고 만든 가장 긴 앞으로 나란히(콩가 라인) 줄

2019년 11월 1일 인도 카르나타카 벨가움에서 시방가 롤러스케이트 클럽(인도)의 308명이 스케이트를 타고 앞사람 어깨에 손을 올려 긴 줄을 만들었다.

맨발로 레고® 블록 위를 가장 멀리 걷기

존 왈(미국)은 2020년 6월 28일 미국 앨라배마주 로저스빌에서 발바닥의 고통을 참아가며 8.35km를 걸었다.

1시간 동안 레고 위 걷기 릴레이팀 최장거리 기록은 4.02km다. 살락닙 '소니' 몰리나, 케빈 스타런, 러셀 카세바, 제임스 프레소 주니어, 커비 림(모두 미국)이 2021년 3월 27일 미국 일리노이주 맥헨리에서 으드득거리며 영광의 길을 걸었다.

지지대를 쓰지 않고 만든 가장 높은 비눗방울

마티 맥버블, 본명 그레임 덴턴(호주)이 2020년 9월 30일 호주 애들레이드에서 10.75m 높이의 비눗방울을 만들었다.

3분 동안 볼링공 가장 높이 쌓기(2인 팀)

채드 매클레인과 스티브 클로엠켄(둘 다 미국)은 2020년 11월 3일 미국 유타주 브리검 시티에서 180초 동안 볼링공 11개를 위로 쌓아올리며 균형을 잡았다.

컨버스 신발 최다 수집

조슈아 뮐러(미국)는 1992년부터 2,630켤레의 컨버스 스니커즈를 모았는데, 이는 7년 이상 매일 다른 신발을 신기에 충분한 숫자다! 이 기록은 2019년 7월 30일 미국 워싱턴주 레이크우드에서 확인됐다. 조슈아는 2012년 처음 기록을 달성한 뒤에도 꾸준히 신발을 추가해 왔다. 그는 나중에 자기 아들에게 이 신발들을 물려주고 싶어 한다.

코카콜라 기념품 최다 수집

데비 인디콧(미국)이 유명 탄산음료와 연관된 상품을 2,028개 수집한 사실이 2020년 10월 8일 미국 노스캐롤라이나주 르노어에서 확인됐다. 데비는 1990년 라스베이거스에 여행을 갔다 온 뒤로 코카콜라 기념품을 수집하기 시작했다. 이 중 그녀가 가장 좋아하는 상품은 《내셔널 지오그래픽》 광고 세트 188개로, 구하기 가장 어렵다고 한다. 그녀는 언젠가 빈티지 코카콜라 기계를 사기를 바란다.

가장 높은 아이스크림 스틱 구조물

에릭 클라벨(미국)은 2020년 11월 14일 미국 일리노이주 내이퍼빌에서 아이스크림 스틱으로 6.15m 높이의 탑을 만들었다. 1,775개의 스틱을 사용한 이 로켓 모양의 구조물은 높이가 어른 기린의 키보다 크다.

가장 무거운 토마토

2020년 7월 15일 미국 워싱턴주 왈라왈라에서 댄 서덜랜드(미국)가 기른 도밍고 품종 토마토의 무게는 4.896kg이다. 이는 보통 집고양이의 무게와 비슷하다. 그레이트 펌프킨 코먼웰스에서 인증했다.

가장 큰 모터가 장착된 케이넥스 차량

15세의 윌리엄 로즈(영국)는 2020년 9월 19일 케이넥스(조립식 장난감) 부품으로 재창조한 제1차 세계대전 마크 I 탱크를 공개했다. 20개 이상의 모터로 가동하는 3.9m 길이의 이 탱크는 영국 에식스 그레이트 던모우에 있는 그의 집 앞길을 5m 이상 주행했다.

보트 한 척으로 최다 트리오 워터스키어 끌기

'트리오'는 2명의 워터스키어가 그들의 머리 위로 3번째 공연자(탑승자)를 물에 닿지 않도록 받치는 묘기를 말한다. 2019년 9월 15일 미국 일리노이주 록아일랜드에서 빅풀 팀(미국)이 보트 한 대를 이용해 트리오 대형을 14개나 동시에 만들었다. 아래쪽의 스키어들은 보트에 벨트로 몸을 묶어, 손을 자유롭게 사용할 수 있었다.

수 캔 24개의 윗면을 이로 물어 당겨 열었다.
30초 동안 2인 팀으로 발소리 많이 내기(온라인): 아버지와 아들 듀오인 실비오와 크리스티안 사바(둘 다 이탈리아)는 2020년 6월 24일 이탈리아 밀라노에서 발소리를 117번이나 냈다. 이 기록은 사알과 리올 케셀(둘 다 이스라엘)이 2020년 6월 25일 이스라엘 미시마르 하시바에서 세운 기록과 동률이다. 두 기록은 코로나 봉쇄 상황에서 열린 #기네스세계기록챌린지에서 작성됐다.
한 손가락 위에 최대한 많은 포커 칩 균형 잡기: 로코 메르쿠리오(이탈리아)는 2020년 7월 10일 이탈리아 레조디칼라브리아 빌라산조반니에서 오른손 집게손가락에 칩을 200개나 올렸다. 다음 달 실비오 사바가 이탈리아 밀라노에서 같은 기록을 달성했다.

먹을 수 있는 가장 빠른 차량

2020년 11월 18일 미국 워싱턴주 리지필드의 일라니 리조트에서 90%를 먹을 수 있는 차 2대가 나란히 레이스를 펼쳤다. 2대 중 쌀케이크와 버터크림 프로스팅을 한 바닐라 케이크 139개에 하얀 폰던트를 덮은 차가 더 빨랐다. 전 F1 및 인디카 레이서인 마이클 안레티가 27.4km/h의 속도로 주행했다. 마이클 엘더(미국)가 기획한 행사로, **가장 멀리 이동한 먹을 수 있는 차**로도 기록됐다(106.6m).

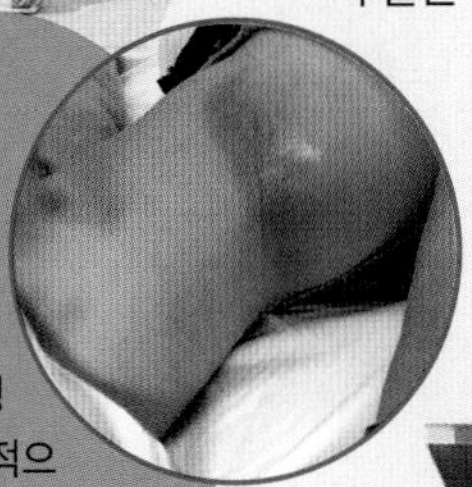

최장 시간 마라톤 훌라후프

제니 도안(호주)은 미국 일리노이주 시카고에서 2019년 11월 19일부터 23일까지 100시간 동안 훌라후프를 했다. 그녀는 몸에 큰 멍이 들 정도로(삽입된 사진) 극한의 참을성이 필요한 상황에서 신체 및 정신적으로 자기의 한계를 뛰어넘으려 다짐하며 기록에 도전했다. 제니는 멘털 헬스 아메리카를 위한 모금 활동을 함께했다.

최단 시간 축구공 드리블 콘 20개 슬랄롬
루카스 아마르(미국)는 2020년 7월 3일 미국 메릴랜드주 록빌에서 공을 드리블하며 50cm 간격으로 떨어진 콘 20개 사이를 17초05에 지나갔다. 루카스는 자신의 초등학교 주차장에서 멋진 풋워크를 선보였다.

최다…
휠체어를 타고 농구 자유투 연속으로 넣기: 2019년 7월 29일 킵 왓슨(미국)이 미국 뉴멕시코주 리오 랜초에서 자유투를 12개 연속으로 넣었다. 킵은 브루클린 휠러웨이에 합류하며 휠체어 농구를 시작했다.
1분 동안 외발자전거를 타며 발로 모자 튕겨 머리에 쓰기: 무셍 카차트리안(아르메니아)은 2019년 10월 28일 아르메니아 예레반에서 60초 동안 외발자전거를 타고 균형을 잡으며 발로 모자를 차올려 머리에 쓰는 동작을 16번이나 성공했다.
1분 동안 치아로 음료수 캔 윗면 열기: 찰스 매디(캐나다)는 2020년 6월 22일 캐나다 온타리오 윈저에서 60초 동안 알루미늄 음료

가장 큰 팝콘 기계

최근 태국 푸껫에 문을 연 카니발 매직 테마파크에는 7.89m 높이의 팝콘 기계가 있다. 기록은 2020년 9월 26일 측정했다. 같은 날, 이 테마파크에서 가장 높은 등롱(등불을 켜서 어두운 곳을 밝히는 데 쓰는 기구)도 기록됐는데, 표준 전봇대보다 긴 12.04m다.

가장 큰 전통 무용 의상

테이바스문화레크리에이션사회협회가 2020년 9월 20일 포르투갈 테이바스에서 8.01m 높이의 의상을 공개했다. 빨간 구슬이 바느질된 166m의 천으로 만들어진 옷이 철제 프레임에 걸쳐져 있다. 전통 모르가디냐 무용수가 입은 드레스를 모델로 제작했다.

최장거리 웨이크보드 경사대 점프

오마르 사이드 오마르 유세프 알메이리(UAE)는 2020년 10월 22일 UAE 아부다비에서 웨이크보드를 타고 경사대를 점프해 볼링 레인보다 더 긴 21m를 날아가는 묘기를 선보였다. 그는 2004년 이후 깨지지 않던 이전 기록을 6m 차이로 박살 냈다.

마라와 더 어메이징

공연가인 마라와 이브라힘은 기네스 세계기록의 타이틀을 갖는 일을 '슈퍼파워 클럽'의 회원이 되는 것이라고 말한다. 하지만 그녀의 경우 '후퍼(hooper)-파워 클럽'일지도 모른다!

소말리아 아버지와 호주 어머니 사이에서 태어난 마라와는 어린 시절 대부분을 여행하며 보냈다. 그녀는 중국의 서커스 학교를 여행한 뒤 호주 멜버른의 국립 서커스예술학교에 진학하기로 결심한다. 마라와는 공중그네를 전공했지만, '정말 간편하고, 아주 재미있는' 훌라후프에서 자신의 미래를 열어 줄 열쇠를 찾았다.

그녀는 네팔에서 북한에 이르기까지 전 세계를 돌며 훌라후프를 가르치고 공연했다. 이 길을 지나오며 다양한 기네스 세계기록 TV 쇼에 등장해 수많은 세계기록을 경신했다. 이 중 가장 상징적인 기록은 ▶**훌라후프 동시에 가장 많이 돌리기**로(200개), 2015년 11월 25일 미국 캘리포니아주 로스앤젤레스에서 세웠다. 그녀의 해당 기록 네 번째 경신이었다. 마라와는 '후프로 세계를 정복!'하기로 마음먹은 게 분명하다.

중요 통계
무대명: 마라와 더 어메이징
출생지: 호주 멜버른
영감(동기): 체조선수 올가 코르부트, 무대 뮤지컬 〈스타라이트 익스프레스〉
자격: 서커스 예술 학사
현재 기네스 세계기록 타이틀: 8개
기술: 훌라후프, 하이힐 롤러스케이트, 공중그네
저술: 『더 걸 가이드』

8명으로 이루어진 마라와의 공연단 메이저렛은 **1분 동안 발로 훌라후프 많이 옮기기** 기록도 가지고 있다(26개).

허리로 동시에 훌라후프 많이 돌리기(팀)

마라와는 자신만의 슈퍼 후퍼 군단인 '메이저렛' 공연단도 이끌고 있다. 이들은 2017년 5월 24일 영국 런던에서 299개의 후프를 동시에 돌렸다. 어린 시절 뮤지컬 〈스타라이트 익스프레스〉에서 영감을 받은 마라와는 스케이트의 끈을 묶을 때면 언제나 행복을 느낀다. 그녀는 2013년 8월 21일 **하이힐 롤러스케이트를 타고 100m 빨리 가기** 기록을 달성했다(26초10, 위 사진).

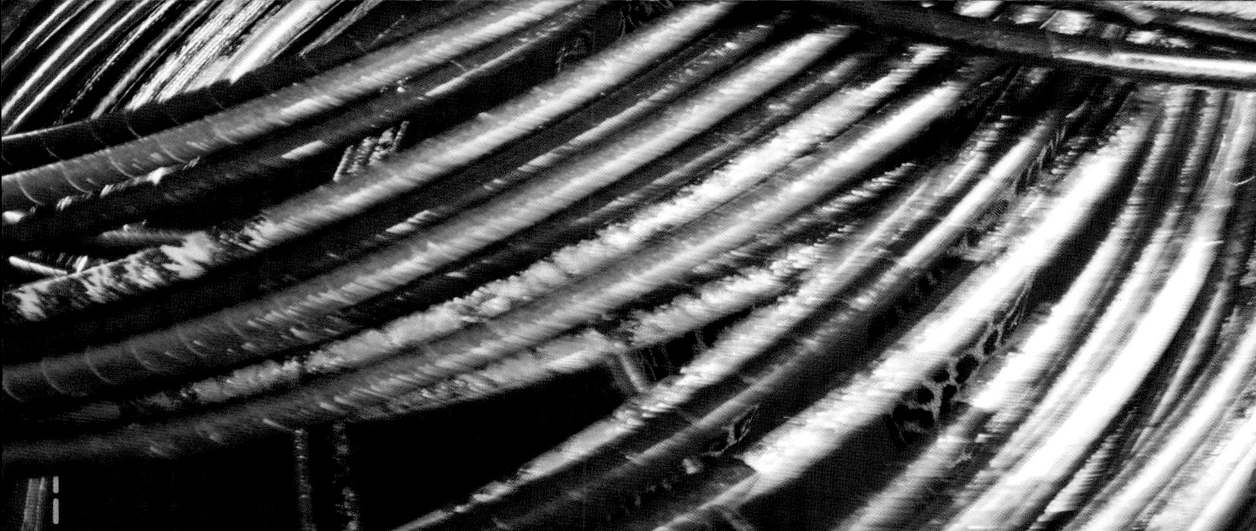

1. 마라와는 미국 뉴욕시에서 슈피겔월드 제작사의 〈디자이어〉에 연예인 조세핀 베이커 역할로 출연했다.

2. 마라와는 2017년 사춘기를 겪는 젊은 여성들을 위한 핸드북『더 걸 가이드』를 출간했다.

3. 마라와는 2011년 〈브리튼 갓 탤런트〉에 참가해 관중들의 탄성을 자아내며 준결승까지 진출했다. 그녀는 2015년 〈아메리카 갓 탤런트〉 무대에서 같은 성적을 거뒀고, 2013년 <아랍 갓 탤런트>에서는 최종 3위로 더 좋은 성적을 냈다.

4. 2011년 런던 전역에 시위가 이어지자, 마라와와 단원들은 해크니에서 시위대의 얼굴에 미소를 되찾아주려고 노력했다.

5. 마라와는 파리와 런던에서 열린 패션 행사를 진행했고, 스포츠웨어에 초점을 맞춘(짐작했겠지만) 자신만의 의류 라인도 가지고 있다.

마라와가 세운 더 많은 기록은
www.guinnessworldrecords.com/2022
명예의 전당 섹션에서 찾아보자.

영국 런던

큐왕립식물원

위치: 영국 런던 리치먼드

창립연도: 1759년

면적: 133.5ha

보유한 종 수: 1만 6,900종(2019년 기준)

수목원 나무 수: 1만 4,000그루(2,000종)

주요 구조물: 그레이트 파고다, 트리톱 워크웨이, 종려나무 온실, 온대 식물 온실

연간 방문객 수: 약 210만 명

큐왕립식물원은 원예학의 천국이다. 타의 추종을 불허하는 식물군을 수집해 전문 식물학자는 물론 아마추어들도 꼭 가 봐야 하는 장소다.

이곳은 1759년 웨일스 왕자의 아내인 오거스타 왕비가 만든 평범한 정원이었지만, 1802년 왕실 소유의 땅 2곳을 합치며 성장했고, 1840년에는 왕가의 소유에서 국가의 소유로 변경됐다. 오늘날 이곳은 **살아 있는 식물 종을 가장 많이 수집한 식물원**(단일 장소)으로, 2019년에 1만 6,900종을 재배했고 2021년 조사 후에는 더욱 늘어났다.

큐식물원은 133.5ha 면적에 다양한 서식 환경을 갖추고 있다. 습한 팜 하우스(왼쪽)에는 **가장 나이가 많은 화분 식물**(아래 오른쪽)을 포함해 풍부한 열대종이 살고 있다. 다이애나 왕세자빈 온실(The Princess of Wales Conservatory)에는 10개의 미기후(특정 좁은 지역의 기후) 존이 있는데, 각각 컴퓨터로 조절하며 1만 4,000그루가 넘는 나무가 자란다.

큐식물원은 250년의 역사를 이어오며 런던 남부의 본관 외에도 여러 곳으로 확장해 나갔다. 이 중에는 웨스트서식스주 웨이크허스트에 있는 위성 사이트와 약 4만 종의 24억 개 씨앗을 보유한 **세계에서 가장 큰 종자 은행**인 밀레니엄 시드뱅크도 포함돼 있다. 큐식물원의 식물학자들은 최상 상태의 새로운 식물 표본을 찾아내기 위해 세계를 여행한다. 이 중에는 밤에 꽃이 피고 낮에는 지는 **가장 야행성인 난초**(불보필룸 녹터늄)와 열매 한 송이가 60kg에 이르는 **가장 큰 바나나 나무**(무사 인젠스)도 포함돼 있다! 둘 다 그 자체로 신기록을 보유한 섬인 태평양 뉴기니에서 왔다(55쪽 참조).

아주 작은 씨앗부터 거대한 나무까지, 큐왕립식물원은 지구의 식물상을 풍부하게 보여 주는 하나의 창이다.

KEW.ORG

온실 속의 생명

빅토리아풍의 온실은 큐식물원에서 가장 눈에 띄는 곳이다. 1844년부터 역사를 이어온 팜 하우스(왼쪽)에는 미니 정글이 있는데, 현재 야생에서 멸종된 종도 몇몇 살고 있다. 아래는 1899년 지어진 온대 식물 온실의 모습으로 2018년 5년간의 수리 끝에 다시 문을 열었다. 삽입된 사진은 초기부터 있었던 당종려 나무(야자나무)의 당시 모습이다. 이곳의 식물들은 큐식물원에 있는 350명 이상의 과학자들이 제약 및 여러 분야의 연구를 다양하게 할 수 있도록 도와준다.

재배 중인 가장 긴 벌레잡이통풀 함정

큐식물원에 있는 육식성 식물 네펜시스 트룬카타의 통발은 2020년 7월 15일 바닥에서 뚜껑까지 길이가 43cm로 측정됐다. 다른 모든 통발 식물과 마찬가지로 이 종들은 잎을 변형시켜 만든 함정을 이용해 먹이를 잡는다(46쪽 참조). 미끄러운 내부에 소화액이 고여 있다.

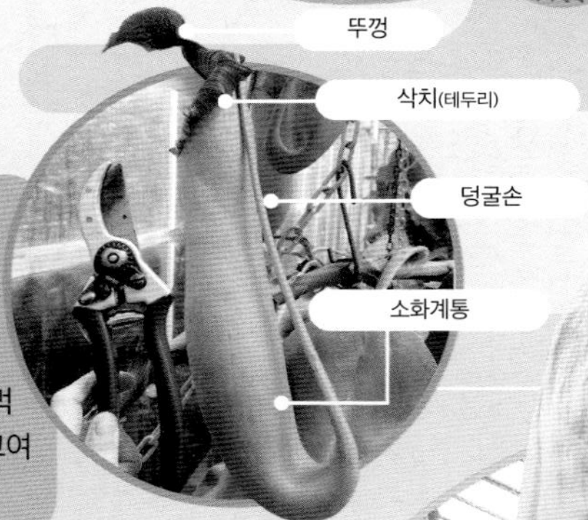

가장 오래된 화분 식물

팜 하우스에는 1775년 남아프리카에서 영국으로 옮겨 온 가시로 덮인 소철나무가 있다. 이 양치식물을 닮은 종은 '살아 있는 화석'으로 불리는, 가장 오랫동안 살아남은 식물 중 하나다. 위 사진은 2009년 직원들이 큐식물원의 오랜 터줏대감 소철나무 화분을 조심스럽게 옮기는 모습이다.

▶ 가장 키가 큰 꽃

루이스 리키아르디엘로(미국)가 미국 뉴햄프셔 길퍼드에서 기른 거대한 꽃이 2010년 6월 18일 3.1m로 측정됐다. 2019년 기네스 세계기록이 큐식물원에서 측정한 3m 높이의 시체꽃(아모르포팔루스 티타눔)은 이 기록에 아주 조금 모자랐다. 시체꽃으로 불리는 아모르포팔루스 티타눔은 고기가 썩는 듯한 심한 악취를 내뿜어 파리를 끌어들여 꽃가루를 퍼뜨린다. 이 냄새는 0.8km에서도 맡을 수 있어 ▶**가장 냄새가 심한 식물**로도 기록됐다.

'늙은 사자들'

이 사진은 중국이 원산지인 은행나무로, 영국에 처음 심어진 나무 중 하나다. 큐식물원의 '늙은 사자들' 중 한 그루로 1762년 아가일 공작의 트윅커넘 영지에서 옮겨왔는데, 그곳에서 가장 오래된 나무들은 정확한 연대가 기록돼 있다. 하지만 이 개체는 비교적 어린 편인데, 은행나무는 약 3,500년까지도 살 수 있다!

조감도

큐왕립식물원은 건축의 과거와 미래가 뒤섞여 장관을 이룬다. 2008년 지어진 18m 높이의 트리톱 워크웨이에서는 방문객들이 나무 꼭대기 사이를 걸으며 가지들 틈으로 식물과 동물을 가까이서 관찰할 수 있다. 근처에 있는 10층 높이의 그레이트 파고다는 식물원의 창립자인 오거스타 왕비에게 선물하기 위해 1762년 완공되었다. 계단 253개를 오를 체력이 있는 방문객에게는 런던의 놀라운 전경이 보상으로 펼쳐진다.

큐식물원의 워터릴리 하우스가 1852년 문을 열었을 때, 이곳은 세계에서 단일 건물로 된 온실 중 폭이 가장 넓었다.

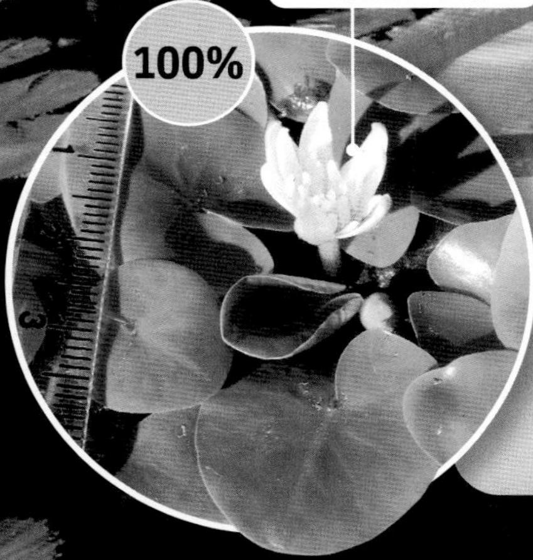

가장 작은 수련

피그미 르완다 수련은 부엽의 지름이 겨우 10~20mm다. 야생에서는 멸종됐지만, 2009년 큐식물원의 원예가가 이 식물을 재배하는 방법을 창안해 냈다. 오늘날, 이곳에 50개 이상의 표본이 있는데, 일부는 워터릴리 하우스에 있다.

가장 큰 수련

빅토리아수련의 잎은 폭이 3m까지 자라고 물속에 있는 줄기를 포함한 길이가 약 7~8m에 이른다. 이곳 식물원 직원의 말은 잎들의 아랫면을 잎맥이 갈빗대 모양으로 견고하게 받치고 있어 모양이 무너지지 않고 평평하게 유지된다고 말한다. 이 패턴은 1851년 영국 만국박람회를 위해 지어진 수정궁 주변의 금속제 대들보 망에 영감을 줬다고 전해진다.

모험

대양을 조정으로 건넌 최연소 인물

막심 이바노프(불가리아, 2003년 8월 25일생)는 2020년 6월 14일 16세 294일의 나이로 대서양을 노 저어 건너는 모험을 시작했다. 사업가인 아버지 스테판과 팀을 이뤄 포르투갈의 포르티망에서 네버레스트호를 타고 출발해 동쪽에서 서쪽으로 향했다. 이들은 114일 9시간 36분을 바다에 머물며 8,230km를 항해했고, 2020년 10월 6일 바베이도스에 도착했다. 이로써 막심은 **대양을 조정 페어로 건넌 최연소 인물**로도 기록됐다.

이바노프 부자는 원래 브라질을 향할 계획이었으나, 코로나19로 여행이 제한돼 계획을 수정했다. 허리케인 계절에 대서양을 건넌 최초의 사례로, 이 둘은 열대저기압과 허리케인 테디에 맞서 시앵커(풍랑에 의한 배의 전복을 막기 위한 임시 기구)를 설치해 며칠이나 버텨냈다.

막심과 그의 아버지는 차고에서 유리섬유 보트 네버레스트를 제작했다.

목차 Contents

울트라사이클링 114
극지에서: 북극 116
극지에서: 남극 118
수상 대서사시 120
8000좌 122
열기구 124
위대한 여정 126
종합 128
명예의 전당:
비리디아나 알바레스 차베스 130

울트라사이클링

최단 시간 일본 사이클 종단

타카오카 아키히로(일본)는 사타곶에서 소야곶까지, 자신의 조국을 남에서 북으로 단 6일 13시간 28분 만에 자전거를 타고 종단했다. 이 여정은 2020년 8월 5일부터 11일까지 진행돼 이전 기록을 30시간 이상 경신했다. 타카오카는 그가 사랑하는 사이클을 위해 은행 투자자라는 직업을 버리고 현재는 도쿄 메구로 지역에서 자전거 가게를 운영하고 있다.

2인용 자전거 세계 일주 최고 기록

레이첼 마스던과 캐서린 딕슨(둘 다 영국)은 2019년 6월 29일부터 2020년 3월 18일까지 263일 8시간 7분 만에 전 세계를 돌았다. 이들에게는 날씨와 환경 조건이 가장 힘들었는데, 유럽의 혹서기와 인도와 동남아시아의 몬순을 겪어야 했다. 유럽에 돌아왔을 때는 코로나-19가 퍼져 국경이 닫히기 전에 레이스를 마치고 고국으로 돌아가기 위해 서둘러야 했다.

1주일 동안 가장 멀리 이동하기(페이스 안내 없이)

잭 톰슨(호주)은 2020년 9월 28일부터 10월 4일까지 스페인 세비야에서 3,505km를 주행했다. 프로 사이클 선수인 톰슨은 이로써 자신의 오랜 목표인 기네스 세계기록 타이틀을 손에 넣었다. 그는 코로나바이러스 팬데믹 상황에서 안전 유지를 위해 자신이 머무는 지역 내에서만 주행했다.

핸드사이클로 최단 시간에 랜즈엔드부터 존 오그로츠까지 간 기록

멜 니콜스(영국)는 2019년 6월 13일부터 20일까지 6일 22시간 17분 만에 핸드사이클을 타고 영국을 종단했다. 전업 운동선수이자 영국 패럴림픽 대표인 그녀는 2008년까지 다중 발작으로 고통받아왔다. 니콜스는 초장거리 핸드사이클 선수 및 마라톤 휠체어 주자로 세계 대회에 나서며, 런던 2012 및 리우 2016 패럴림픽에도 출전했다.

1년 동안 가장 먼 거리를 이동한 기록(WUCA)

2016년 5월 15일부터 2017년 5월 14일 사이 아만다 코커(미국)는 지구의 적도 길이보다 4배 이상 먼 13만 9,326.34km를 주행했다.

이 여행 과정에서 코커는 2개의 기록을 추가로 달성했다. 그녀는 2017년 4월 1일부터 30일까지 WUCA의 **1개월 최장 거리 이동** 기록을 압도적으로 달성했고(1만 2,894.87km), **최단기간 10만 마일 사이클 주행**도 달성했는데(423일), 토미 갓윈이 1939~1940년 작성한 정확히 500일의 기록을 무려 77일이나 단축했다.

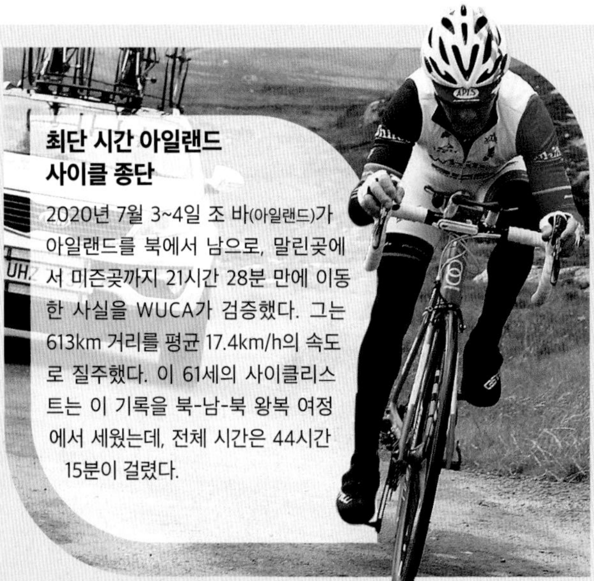

최단 시간 아일랜드 사이클 종단

2020년 7월 3~4일 조 바(아일랜드)가 아일랜드를 북에서 남으로, 말린곶에서 미즌곶까지 21시간 28분 만에 이동한 사실을 WUCA가 검증했다. 그는 613km 거리를 평균 17.4km/h의 속도로 질주했다. 이 61세의 사이클리스트는 이 기록을 북-남-북 왕복 여정에서 세웠는데, 전체 시간은 44시간 15분이 걸렸다.

최단 시간 마닐라-레 고속도로 사이클 이동

바라트 판누(인도)는 35시간 32분 22초 만에 인도 북부에 있는 고산 도로의 주행을 마치고 2020년 10월 11일 히마찰프라데시주 마날라에 도착했다. 그가 이동한 거리는 총 472km에 달한다.

최단 시간 키슈미르에서 카니아쿠마리까지 사이클 기록

옴 히텐드라 마하잔(인도)은 인도 아대륙 북부의 키슈미르에서 주행을 시작해 8일 7시간 38분 뒤인 2020년 11월 21일 남부의 카니아쿠마리에 도착했다.

실외 트랙 6시간 2인 팀 최장 거리 주행

피터 호턴과 매튜 핸콕스(둘 다 영국)는 2020년 10월 10일 영국 스컨소프의 퀴벨 파크 스타디움에서 6시간 동안 241.22km를 질주했다. 놀랍게도 호턴은 겨우 7개월 전 폐에 구멍이 나고 골반, 쇄골, 손이 부러지는 큰 사고를 당했다.

최단기간 사이클 세계 일주

마크 보몬트(영국)는 전 세계를 78일 14시간 40분 만에 사이클로 일주했다. 이 여정은 프랑스 파리에서 시작하고 끝났다. 2017년 7월 2일부터 9월 18일까지 진행된 이 위대한 여정에서 그는 16개국을 방문했다.

여자 기록은 제니 그레이엄(영국)이 보유하고 있다. 그녀는 2018년 6월 16일부터 10월 18일까지 124일 11시간 만에 지원을 받지 않고 세계를 일주했다. 독일 베를린에서 시작하고 끝났다.

최장 거리 24시간 로드 사이클(WUCA)

슬로베니아의 장거리 사이클 베테랑, 스타니슬라우 베르스토우셰크는 2020년 7월 2~3일 914.020km 거리를 사이클을 타고 이동했다. 그는 슬로베니아 프레크무리에 있는 코스를 평균 38.08km/h의 속도로 가로질렀다. 베르스토우셰크는 훈련 기간에 사이클을 타고 이탈리아 전체 둘레의 약 2배에 달하는 2만 2,000km를 이동했다. (반대쪽에 더 많은 내용이 있다.)

기네스 세계기록은 세계울트라사이클링협회(WUCA)와 함께 이 뛰어난 지구력 종목의 수많은 기록을 이 페이지에 선보이게 된 걸 자랑스럽게 생각한다. 1980년 설립된 WUCA는 장거리 사이클링 분야의 세계적 권위 기관이다. 래리 오스룬드가 다양한 카테고리의 사이클 기록이 수록된 엄청난 데이터베이스를 관리하고 있으며, 회원들의 기록을 검증하기도 한다.

WUCA는 실내 트랙, 실외 트랙 그리고 도로(로드) 이 3개의 주요 울트라 사이클링 종목의 속도와 거리 기록을 모니터한다. 그리고 자전거의 종류, 단독/팀 사이클, 성별, 나이에 따라 하위 카테고리를 분류한다. 우리는 여기에서 실외 종목 2개의 전체 속도를 기반으로 한 개인 기록을 선보이려 한다. 2021년 4월 27일 기준이다.

실외 트랙(여자)

거리	시간	이름	날짜
100 km	02:49.46	카렌 테일러(영국)	2018년 8월 8일
200 km	06:22.33	안나 메이(이탈리아, 오른쪽 사진)	2020년 10월 8일
300 km	09:43.25	안나 메이(이탈리아)	2020년 10월 8일
500 km	17:02.58	안나 메이(이탈리아)	2020년 10월 8일
100 mi	03:10.27	바바라 부아투아(프랑스)	2014년 7월 13일
200 mi	09:44.39	시아나 호건(미국)	2012년 5월 4일
300 mi	16:25.21	안나 메이(이탈리아)	2020년 10월 8일

최단 시간 실외 트랙 500km(여자)

안나 메이(이탈리아)는 2020년 10월 8일 이탈리아 비첸차 바사노델그라파에 있는 경륜장에서 사이클로 500km를 17시간 2분 58초 만에 질주했다. 메이는 **최단 시간 실외 트랙 1,000km** 기록에 도전하는 와중에 이 기록을 세웠지만, 염좌로 완주에는 실패했다. 그녀는 또 희귀 피부 질환을 앓는 어린이를 지원하는 자선단체 데브라를 위한 모금 활동도 함께 했다.

최단 시간 로드 500km(여자)

젠 오르(미국)는 2020년 11월 7일 미국 캘리포니아주 브레고 스프링스에서 사이클을 타고 500km를 17시간 33분 7초 만에 질주했다. 이 노련한 울트라 사이클 선수는 80km/h의 바람과 갑자기 내린 비 등 악천후와 맞서 싸우며 다수의 24시간 기록을 이뤘다(오른쪽 참조).

로드(여자)

거리	시간	이름	날짜
100 km	03:15.21	베아트리스 바에사(스페인)	2018년 6월 2일
200 km	06:35.40	젠 오르(미국, 왼쪽 참조)	2020년 11월 7일
300 km	10:26.59	젠 오르(미국)	2020년 11월 7일
500 km	17:33.07	젠 오르(미국)	2020년 11월 7일
100 mi	05:15.06	파멜라 엣우드(미국)	2006년 5월 23일
200 mi	11:14.44	젠 오르(미국)	2020년 11월 7일
300 mi	16:56.02	젠 오르(미국)	2020년 11월 7일

로드(남자)

거리	시간	이름	날짜
100 km	02:21.42	스타니슬라우 베르스토우세크(슬로베니아, 왼쪽 참조)	2020년 10월 2일
200 km	04:44.09	스타니슬라우 베르스토우세크(슬로베니아)	2020년 10월 2일
300 km	07:10.50	스타니슬라우 베르스토우세크(슬로베니아)	2020년 10월 2일
500 km	12:18.42	스타니슬라우 베르스토우세크(슬로베니아)	2020년 10월 2일
1,000 km	1:04:50.14	마르코 발로흐(슬로베니아)	2020년 7월 25일
100 mi	03:48.06	스타니슬라우 베르스토우세크(슬로베니아)	2020년 10월 2일
200 mi	07:43.50	스타니슬라우 베르스토우세크(슬로베니아)	2020년 10월 2일
300 mi	11:51.17	스타니슬라우 베르스토우세크(슬로베니아)	2020년 10월 2일
500 mi	22:23.23	마르코 발로흐(슬로베니아)	2020년 7월 25일

24시간 실외 트랙 최장 거리 주행

랄프 디스비스코트(룩셈부르크)는 2020년 7월 11~12일 룩셈부르크 비안덴에서 915.395km를 주행했다. 그는 또 251.343km의 **6시간 신기록**을 포함해 이날 8개의 WUCA 속도 기록을 달성했다(왼쪽 참조). 이 페이지의 많은 선수들처럼 디스비스코트(사진은 그의 지원팀과 함께 있는 모습)는 팬데믹으로 여러 대회가 취소되고 연기되자, 1년 동안 새로운 기록에 도전했다.

실외 트랙(남자)

거리	시간	이름	날짜
100 km	02:19.13	랄프 디스비스코트(룩셈부르크, 오른쪽 참조)	2020년 7월 11일
200 km	04:44.30	랄프 디스비스코트(룩셈부르크)	2020년 7월 11일
300 km	07:12.42	랄프 디스비스코트(룩셈부르크)	2020년 7월 11일
500 km	12:27.48	랄프 디스비스코트(룩셈부르크)	2020년 7월 12일
1,000 km	1:07:23.01	프란시스코 바카스 로드리게스(스페인)	2010년 6월 6일
100 mi	03:47.02	랄프 디스비스코트(룩셈부르크)	2020년 7월 11일
200 mi	07:46.11	랄프 디스비스코트(룩셈부르크)	2020년 7월 11일
300 mi	11:59.45	랄프 디스비스코트(룩셈부르크)	2020년 7월 12일
500 mi	21:01.46	랄프 디스비스코트(룩셈부르크)	2020년 7월 12일

극지에서: 북극

POLAR EXPEDITIONS
PECS
CLASSIFICATION SCHEME

극지탐험분류체계(PECS)는 지구의 극지점과 그 주변의 다양한 무동력 여행을 분류하고 등급을 매긴다. 2020년 창설됐으며, 극지방 탐험 전문가들로 구성된 위원회가 관리한다. 여행의 방식, 출발지와 끝나는 지점, 루트, 계획에 따른 정의를 제공해 탐험가들이 자신의 여정을 어떻게 분류하고 홍보하며 기록을 영구적으로 남길지 알 수 있다. 여기 4쪽에 걸쳐 우리는 PECS의 전문가들이 분류한 극지방 최초의 기록들을 시리즈(다양하게)로 제시한다.

최초의 북극해 표면 횡단

1

월리 허버트(대장), 앨런 길, 캔 헤지스 소령, 로이 코르너 박사(사진 오른쪽부터 왼쪽으로)로 구성된 영국 북극 횡단 탐험대는 미국 알래스카에서 여행을 시작해 북극을 통과하며 총 3,200km를 지나 1969년 5월 29일 노르웨이령 스발바르제도에 도착했다. 이들의 463일간의 위대한 여정에는 부빙 위에서 월동한 5개월이 포함돼 있다.

최초의 북극 단독 스키 탐험

4

장-루이 에띠엔 박사(프랑스)는 1986년 5월 14일 63일 동안 개도 동반하지 않고 홀로 스키를 타고 이동해 북극에 도달했다. 자신의 몸에 썰매를 연결한 줄을 매달고 매일 평균 8시간씩 스키를 타고 20km를 이동했다. 에띠엔 박사는 1989년 윌 스테거와 함께 7개월에 걸쳐 6,048km를 이동해 남극 대륙을 육로로 횡단하는 여정을 시작했다(118쪽 참조).

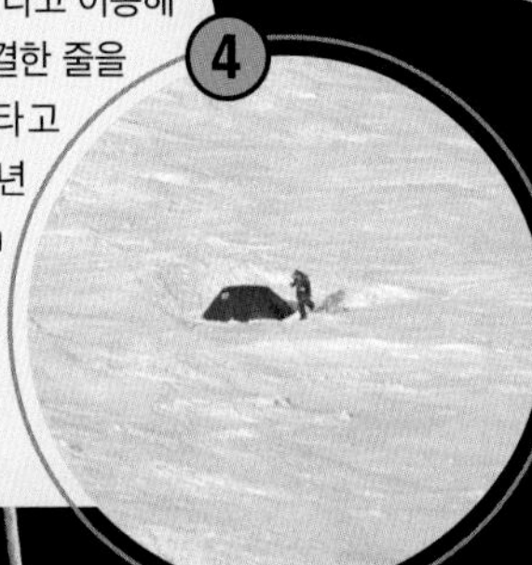

물자 지원 없이 진행한 최초의 북극 탐사

5

스테거 국제 극지방 탐험대는 1986년 5월 1일 물자 지원을 받지 않고 56일에 걸쳐 개 썰매로 790km를 이동해 북극에 도착했다. 이 팀은 윌 스테거, 폴 슐케, 제프 캐롤, 앤 밴크로프트(모두 미국), 밥 매케로(뉴질랜드), 리처드 웨버, 밥 맨텔, 브랜트 보디(모두 캐나다) 8명으로 구성됐다. 이 중 밴크로프트는 **지면을 이동해 북극에 도달한 첫 여성**이다.

최초의 북극 단독 탐사

2

우에무라 나오미(일본)는 단독으로 개 썰매 탐사를 시작해 북극해 빙하 780km를 지나 1978년 4월 29일 북극에 도달했다. 이 여정에서 그는 캠프에 침입한 북극곰과 맞서 싸우며, 부빙 구석에 개들과 함께 갇히기도 했다.

오슬랜드와 혼은 팩크래프트를 써서 극빙의 물기가 많은 틈새인 '리드'를 건너는 데 활용했다.

최초의 북극해 스키 횡단(선박으로 접근하고 복귀)

18

보르게 오슬란드(노르웨이)와 마이크 혼(남아공)은 2019년 9월 11일부터 12월 7일까지 스키를 타고 1,557km를 이동해 북극 빙원을 횡단했다. 이들은 범선 판게아를 타고 북위 85.56°에서 내려 87일 동안 영하 40℃를 견디고, 태풍, 24시간 어둠, 동상을 겪는 위험천만한 여정을 이겨낸 뒤 북위 82.38°에 도착해 극지탐사선 경력이 있는 랜스호에 탑승했다.

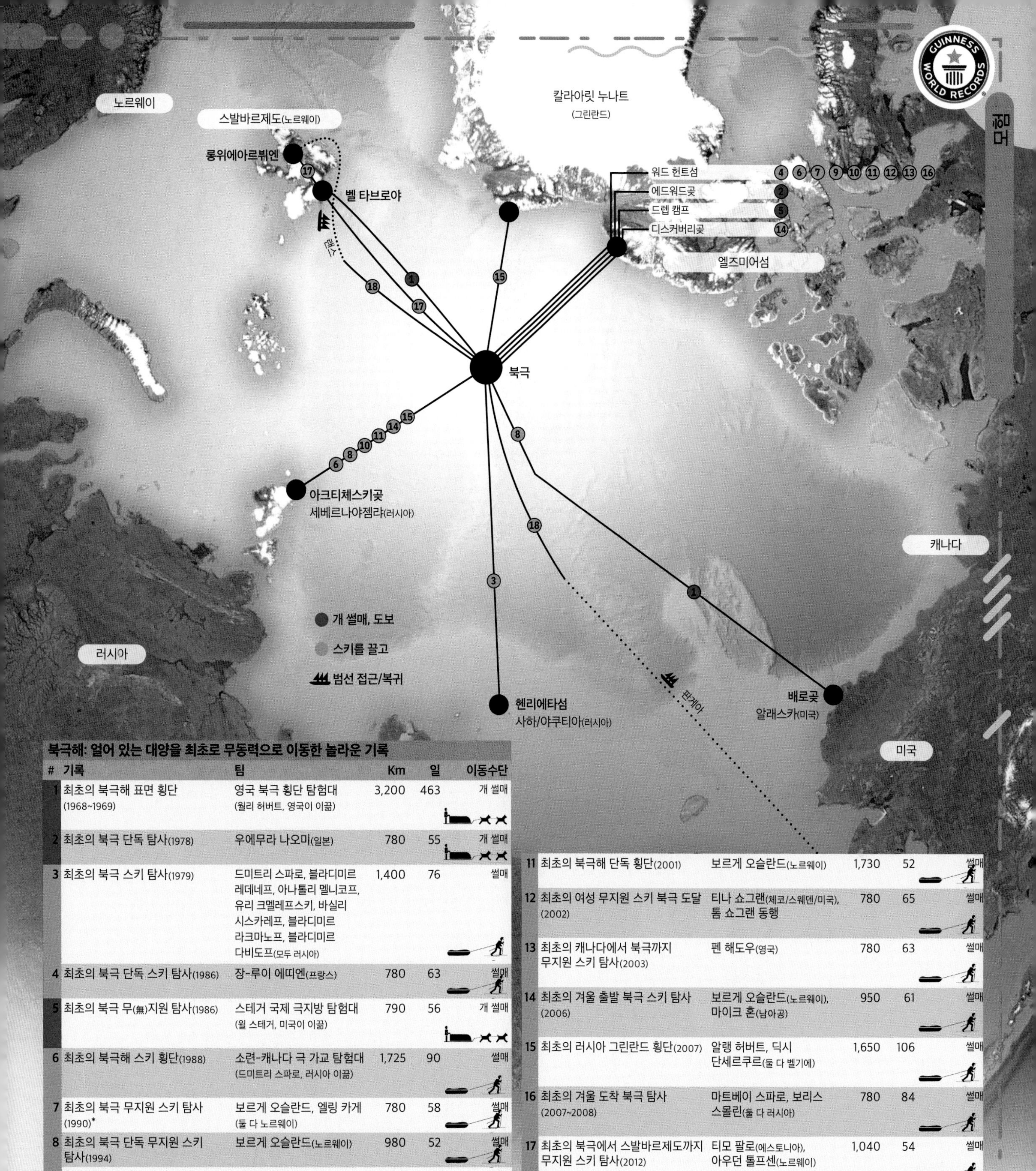

북극해: 얼어 있는 대양을 최초로 무동력으로 이동한 놀라운 기록

#	기록	팀	Km	일	이동수단
1	최초의 북극해 표면 횡단 (1968~1969)	영국 북극 횡단 탐험대 (윌리 허버트, 영국이 이끎)	3,200	463	개 썰매
2	최초의 북극 단독 탐사(1978)	우에무라 나오미(일본)	780	55	개 썰매
3	최초의 북극 스키 탐사(1979)	드미트리 스파로, 블라디미르 레데네프, 아나톨리 멜니코프, 유리 크멜레프스키, 바실리 시스카레프, 블라디미르 라크마노프, 블라디미르 다비도프(모두 러시아)	1,400	76	썰매
4	최초의 북극 단독 스키 탐사(1986)	장-루이 에띠엔(프랑스)	780	63	썰매
5	최초의 북극 무(無)지원 탐사(1986)	스테거 국제 극지방 탐험대 (윌 스테거, 미국이 이끎)	790	56	개 썰매
6	최초의 북극해 스키 횡단(1988)	소련-캐나다 극 가교 탐험대 (드미트리 스파로, 러시아 이끎)	1,725	90	썰매
7	최초의 북극 무지원 스키 탐사 (1990)*	보르게 오슬란드, 엘링 카게 (둘 다 노르웨이)	780	58	썰매
8	최초의 북극 단독 무지원 스키 탐사(1994)	보르게 오슬란드(노르웨이)	980	52	썰매
9	최초의 북극 왕복 스키 탐사(1995)	리처드 웨버(캐나다), 미카일 말라코프(러시아)	1,560	108	썰매
10	최초의 북극해 무지원 스키 횡단 (2000)	루네 겔드네스, 토리 라르센 (둘 다 노르웨이)	1,700	109	썰매
11	최초의 북극해 단독 횡단(2001)	보르게 오슬란드(노르웨이)	1,730	52	썰매
12	최초의 여성 무지원 스키 북극 도달 (2002)	티나 쇼그랜(체코/스웨덴/미국), 톰 쇼그랜 동행	780	65	썰매
13	최초의 캐나다에서 북극까지 무지원 스키 탐사(2003)	펜 해도우(영국)	780	63	썰매
14	최초의 겨울 출발 북극 스키 탐사 (2006)	보르게 오슬란드(노르웨이), 마이크 혼(남아공)	950	61	썰매
15	최초의 러시아 그린란드 횡단(2007)	알랭 허버트, 딕시 단세르쿠르(둘 다 벨기에)	1,650	106	썰매
16	최초의 겨울 도착 북극 탐사 (2007~2008)	마트베이 스파로, 보리스 스몰린(둘 다 러시아)	780	84	썰매
17	최초의 북극에서 스발바르제도까지 무지원 스키 탐사(2012)	티모 팔로(에스토니아), 아우던 톨프센(노르웨이)	1,040	54	썰매
18	최초의 북극해 스키 횡단(범선으로 접근하고 나옴)(2019)	보르게 오슬란드(노르웨이), 마이크 혼(남아공)	1,557	87	범선/썰매

*세 번째 대원이 구조됐다. PECS는 현재 구조를 지원의 한 형태로 분류하지만, 여전히 이 탐험을 무지원 기록의 유산으로 분류하고 있다.

극지에서: 남극

8

최초의 남극 단독 횡단

보르게 오슬란드(노르웨이)는 웨들해에 있는 버크너섬에서 카이트 스키로 2,845km를 이동해 1997년 1월 18일 맥머도만에 도착했다. 오슬랜드는 론네와 로스 빙붕을 모두 건넜는데, 185kg 무게의 썰매를 끌고 64일 동안 빙하와 사스트루기(단단한 눈으로 된 능선)를 지나갔다. 116~117쪽에 오슬란드가 북극에서 작성한 신기록의 위업을 확인해 보자.

13 7

남극 대륙을 횡단한 최초의 여성들

리브 아르네센(노르웨이)과 앤 밴크로프트(미국)는 2000년 11월 퀸모드랜드의 '블루 원' 활주로에서 남극 횡단을 시작했다. 이들은 2001년 1월 16일 남극에 도착했지만, 흔치 않은 무풍의 방해를 받아 카이트 스키(스키를 신고 연의 힘을 이용해 이동하는 방법)를 사용하지 못했다. 식량이 줄면서 이들의 94일간의 위대한 여정은 로스 빙붕의 모퉁이에서 마무리됐다. 이 듀오는 113kg의 썰매를 끌고 얼어붙은 땅을 2,747km나 지나갔다.

아르네센은 6년 전 **최초로 남극을 단독 탐사한 여성**이 됐는데, 1994년 크리스마스이브에 허큘리스만에서 출발해 50일 만에 여정을 마쳤다.

최초의 남극 무동력 횡단

국제 남극 횡단 탐사대가 1990년 라르센 빙붕의 씰 누나탁에서 개 썰매로 출발해 남극을 거쳐 6,048km를 이동한 뒤 미르니 기지에 도착했다. 이 220일간의 여행(1989년 7월 26일부터 1990년 3월 3일)은 기후변화 문제를 알리기 위해 기획됐다. 윌 스테거(미국)가 모집한 이 팀은 장-루이 에띠엔(프랑스), 제프 소머스(영국), 빅토르 보야르스키(러시아), 친 다헤(중국), 후나츠 케이조(일본)로 구성됐다.

3

1

최초로 남극에 도달한 탐사대

로알 아문센(대장), 오스카 위스팅(사진), 헬메르 한센, 올라브 바아란드, 스베르 하셀(모두 노르웨이)은 훼일스만에서 개 썰매로 행진을 시작해 53일 뒤인 1911년 12월 14일 남극에 도달했다. 이 탐사대는 전에는 알려지지 않았던 악셀 헤이버그 빙하의 루트를 개척해 남극 고원으로 올라갔다. 이들은 영국의 로버트 펠콘 스콧이 이끈 불운한 탐사대보다 34일 먼저 극점에 도달했는데, 스콧의 탐사대는 복귀하던 중 5명이 모두 사망했다.

최초의 동남극 스키 탐사

로랑스 드 라 페리에르(프랑스, 모로코 출생)는 1999년 11월 23일 스키로 남극을 출발해 2000년 2월 6일 연안에 있는 뒤몽 도르빌에 도착했다. 그녀는 이 과정에서 연구의 일부로 빙하 코어를 채취했다. 페리에르는 이전에도 남극을 탐사한 경험이 있는데, 3년 전 허큘리스만에서 단독으로 출발해 57일 만에 극점에 도달했다. 자신의 커리어를 산악인으로 시작한 그녀는 1992년 에베레스트를 산소통 없이 등반했다.

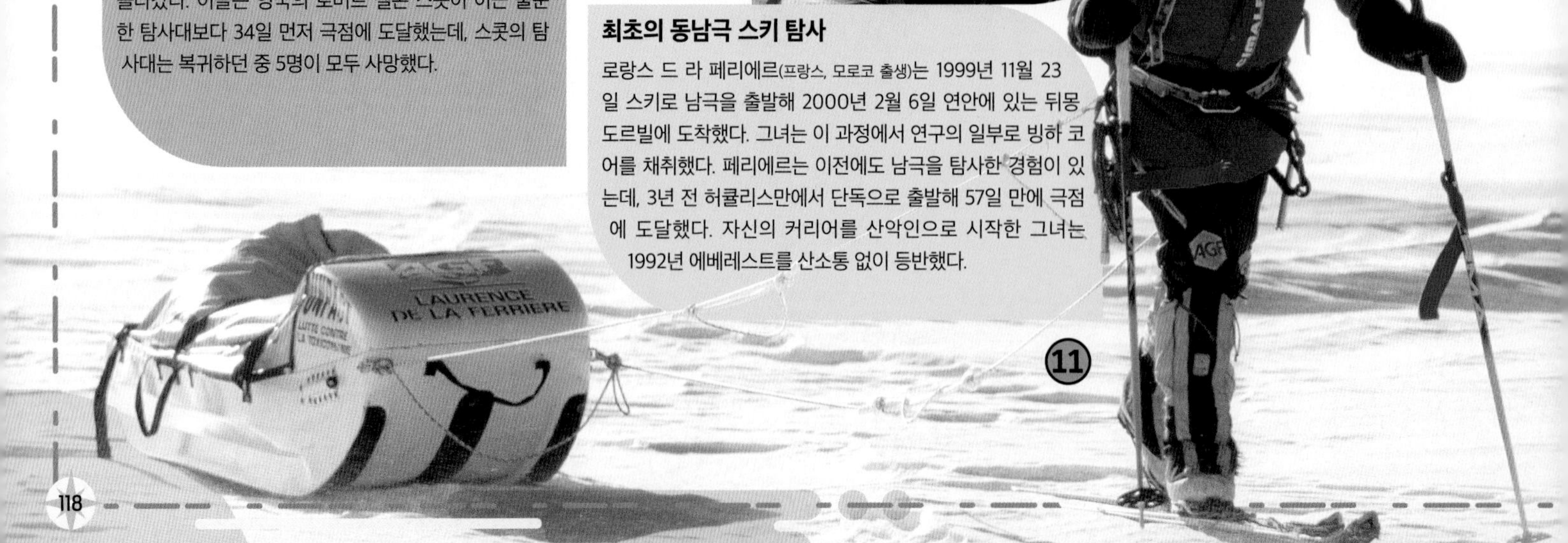

11

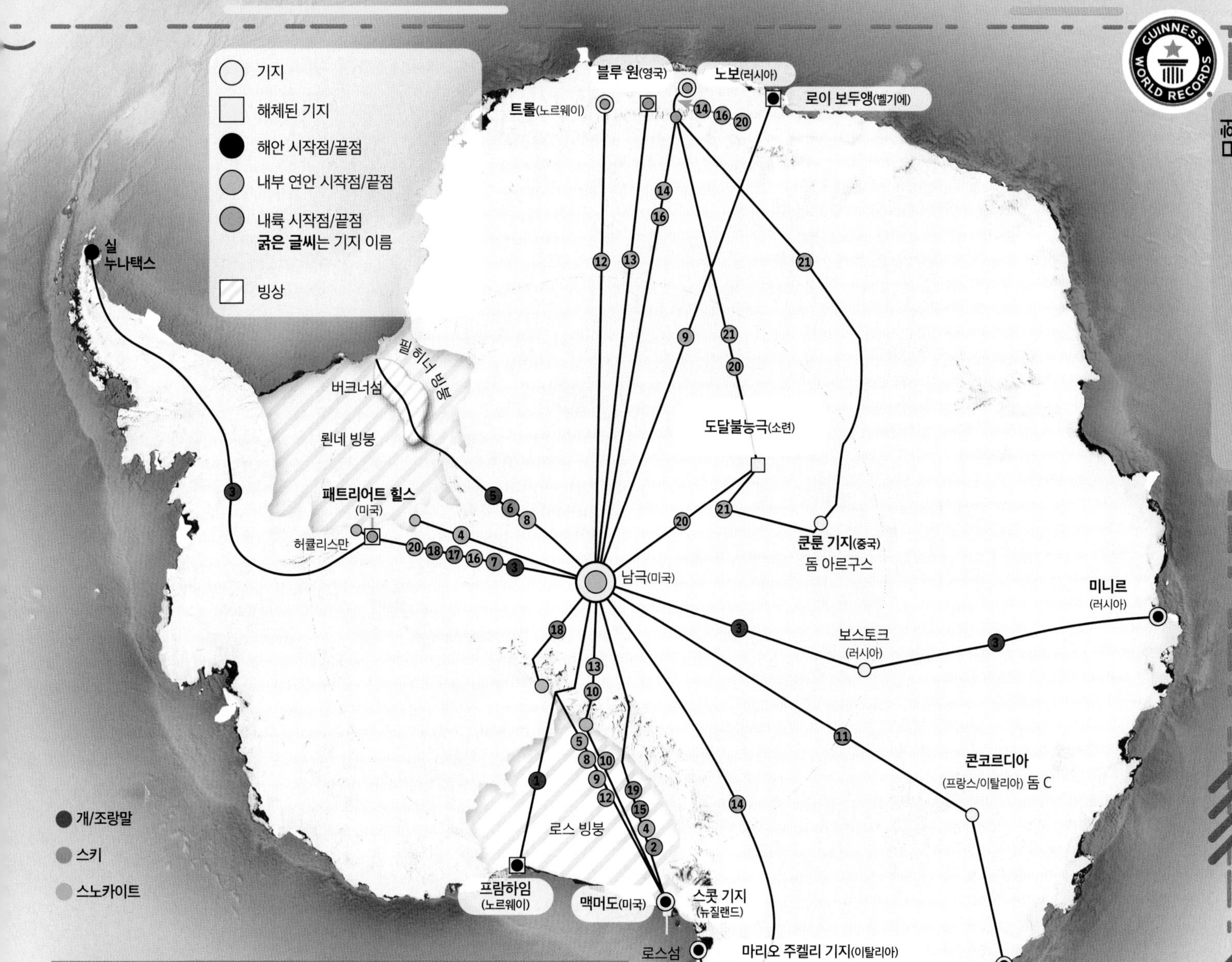

남극 대륙: 얼어 있는 대륙을 최초로 무동력으로 이동한 놀라운 기록

#	기록	팀	Km	일	이동수단
1	최초의 남극 탐사(1911~1912)	노르웨이 남극 탐사대 (로알 아문센이 이끎)	2,700	53	개 썰매
2	최초의 남극 스키 탐사(1985~1986)	로버트 스완, 로저 미어(둘 다 영국), 가레스 우드(캐나다)	1,405	69	썰매
3	최초의 무동력 남극 횡단(1989~1990)	국제 남극 횡단 탐사대 [윌 스테거(미국)와 장-루이 에띠엔(프랑스)이 이끎]	6,048	220	개 썰매
4	최초의 남극 대륙(육괴) 스노카이트 횡단(1989~1990)	라인홀트 메스너(이탈리아), 아르페트 푹스(독일)	2,390	92	카이트 스키
5	최초의 버크너섬에서 로스섬까지 클래식 루트 횡단(1990~1991)	슈르 뫼르드레, 시멘 뫼르드레(둘 다 노르웨이)	2,845	91	개 썰매
6	최초의 남극 단독 탐사(1992~1993)	엘링 카게(노르웨이)	1,375	50	카이트 스키
7	최초의 남극 단독 탐사(여성)(1994)	리브 아르네센(노르웨이)	1,200	50	썰매
8	최초의 남극 단독 횡단(1996~1997)	보르게 오슬란드(노르웨이)	2,845	64	썰매
9	최초의 남극 동서 방향 스노카이트 횡단(1997~1998)	알랭 허버트, 딕시 단세르쿠르(둘 다 벨기에)	3,924	99	카이트 스키
10	최초의 섀클턴 빙하에서 남극까지 오르막(신 루트) 도달(1998~1999)	에릭 필립스, 존 뮤어(둘 다 호주), 피터 힐러리(뉴질랜드)	1,450	84	카이트 스키
11	최초의 동남극 스키 탐사(1999~2000)	로랑스 드 라 페리에르(프랑스, 모로코 출생)	2,776	75	
12	최초의 남극 동서 방향 무지원 스노카이트 횡단(2000~2001)	롤브 배, 에릭 쇤넬란드(둘 다 노르웨이)	3,800	107	카이트 스키
13	최초의 남극 대륙(육괴) 횡단 여성(2000~2001)	리브 아르네센(노르웨이), 앤 밴크로프트(미국)	2,747	94	카이트 스키
14	최초의 동남극 단독 횡단(남성)(2005~2006)	루네 겔드네스(노르웨이)	4,804	90	카이트 스키
15	최초의 로스섬 출발 남극 무지원 탐사(2008~2009)	헨리 월슬리, 윌 고우, 헨리 애덤스(모두 영국)	1,480	66	썰매
16	최초의 노보에서 허큘리스만까지 안내 없이 스노카이트로 횡단(2011~2012)	알베르토 이뉴라테히, 미켈 사발사, 후안 바예호(모두 스페인)	3,270	55	카이트 스키
17	최초의 남극 무지원 왕복 탐사(2011~2012)	알렉산더 감마(노르웨이), 제임스 카스트리슨, 저스틴 존스(둘 다 호주)	2,260	87	썰매
18	최초의 남극 단독 스키 횡단(2011~2012)	펠리시티 애스턴(영국)	1,744	59	썰매
19	최초의 남극 완전 왕복 스키 탐사(2013~2014)	타르카 엘헤르피니어, 벤 손더스(둘 다 영국)	1,795	105	썰매
20	최초의 도달불능극을 거친 남극 단독 스노카이트 탐사(2014~2015)	프레데릭 디온(캐나다)	4,171	55	카이트 스키
21	최초의 돔 아르구스 무동력 도달(2020~2021)	제프 윌슨(호주, 케냐 출생) 128~129쪽 참조	5,179	58	카이트 스키

수상 대서사시

10km 바다 수영 최고 기록(한 팔)

이란의 수영선수 엘함 사다트 아스가리는 2019년 12월 19일 이란 차바하르만에서 한쪽 팔로만 헤엄을 쳐 10km를 4시간 58분 32초 만에 주파했다. 아스가리는 2019년 2월 6일 이란의 수도 테헤란에서 **수갑을 차고 가장 멀리 헤엄치기** 기록도 달성했다(5.488km). 이로써 그녀는 자신이 세웠던 이전 기록을 1km 이상 경신했다.

최단 시간 영국제도 조정 일주(40ft 이하 선박)

이안 리핀스키(프랑스)가 7일 17시간 50분 47초 만에 영국과 아일랜드의 주위를 홀로 항해하고 2020년 7월 9일 협정세계시 22시 12분 콘월주 리저드곶에 있는 가상의 결승선을 통과했다. 리핀스키는 2020년 7월 2일 클래스-40 요트 크레딧 무츄얼을 타고 바다로 나섰다. 그는 평균 17.66km/h의 속도로 항해해, 2018년 필 샤프와 그의 선원들이 세운 영국 일주 기록을 10시간 이상 차이로 확실하게 경신했다.

최초로 카약으로 대양을 건넌 팀

레벤테 코바치크와 노르베르트 아담(둘 다 헝가리)은 2015년 10월 21일부터 2016년 1월 30일까지 켈레를 타고 대서양을 동쪽에서 서쪽으로 노 저어 가로질렀다. 둘은 스페인 우엘바에서 출항해 카리브해 안티과섬에서 항해를 마쳤다.

당당하게 서서 탐험하고 호소하다: 실피카 가우탐

탐험가이자 사회운동가인 실피카 가우탐(영국)은 2016년 10월 2일부터 2017년 1월 11일 사이 인도 갠지스강의 수원에서 하구까지 2,641.3km를 여행했다. 이는 스탠드 업 패들보드(SUP)로 가장 멀리 이동한 여행으로 기록됐다.

어떻게 SUP로 갠지스강을 여행할 생각을 하게 됐나요?

저는 전 세계의 사람들이 깨끗한 물을 얻기 힘든 이유를 찾아보려고 했어요. 동시에 런던 운하에서 스탠드 업 패들보드를 배우기 시작했죠. 1km부터 3,000km까지 노 저어 가는 건 완전히 미친 일로 보였는데, 심지어 저는 수영도 정말 못하거든요. 그런데 처음에 먹었던 생각을 떨쳐낼 수가 없었어요!

준비는 어떻게 했나요?

섀넌강의 수원부터 하구까지 노 저어 이동하며 '갠지스 SUP'를 위해 연습했어요.

최단 기간 세계 일주 항해

프란시스 조이온(프랑스)과 5명의 선원은 120ft의 삼동선 IDEC를 타고 쉬지 않고 항해해 40일 23시간 30분 30초 만에 세계를 일주했다. 이들의 여정은 2016년 12월 16일부터 2017년 1월 26일까지 이어졌고, 평균 40.6km/h의 속도로 4만 3km를 이동했다. 이 항해는 프랑스 브리타니 연안의 르 크리치 등대와 영국 콘월주 르저드 포인스 사이에서 시작하고 끝났으며, 세계세일링속도위원회(WSSRC)가 인증했다.

가장 빠른 조정 단독 세계 일주(여성)

엘런 맥아서(영국)는 2004년 11월 28일부터 2005년 2월 7일까지 삼동선 B&Q를 타고 71일 14시간 18분 33초 만에 세계를 일주했다. 3년 동안 남녀 전체 **단독** 기록이었으나, 프랑수아 가바(프랑스)가 2017년 11월 4일부터 12월 17일까지 자신의 삼동선 MACIF로 42일 16시간 40분 15초 만에 새로운 기록을 달성했다.

한 번의 항해로 가장 멀리 노 저어 이동한 기록

카를리스 바르델리스(라트비아)는 2018년 7월 14일 페루 카야오에서 출항해 2만 1,010km를 단독으로 노를 저어 이동한 뒤 2020년 6월 29일 말레이시아의 폰티안 지역에 도착했다. 그는 린다호를 타고 715일 16시간 5분을 항해했다. 하루에 12~13시간씩 노를 저었고 7개의 섬에 잠시 방문했다.

카누/카약으로 24시간 동안 가장 멀리 이동한 기록

퀸튼 루더포드(남아공)는 2020년 11월 13일 남아공 콰줄루나탈주의 연안에서 출발해 227.2km를 노 저어 이동했다. 그는 6m 길이의 패들 스키로 기록을 작성했다.

모노핀으로 가장 멀리 헤엄친 기록

에스토니아의 환경 운동가 메를레 리반드가 2021년 4월 17일 자신의 30번째 생일을 맞아 미국 플로리다주 마이애미 비치에서 '인어 수영'으로 30km를 헤엄쳐갔다. 팔을 사용할 수 없는 세계바다수영협회의 규칙에 따라 코어근육과 하체, 즉 '꼬리'의 움직임에 전적으로 의지해 수영했다. 대양 청소에 열정적인 리반드는, 코로나19로 마스크 같은 1회 용품의 사용이 늘어나며 심각해진 '플라스틱 팬데믹'을 조명하고자 이 수영 행사를 기획했다.

영국을 조정으로 일주한 최연소 팀

'엑스 엔듀로' 팀(영국)은 2020년 7월 5일 런던 타워브리지에서 평균 나이 22세 206일로 항해를 시작했다. 올리버 다우-레인(1997년 12월 17일생), 아서 샤토(1999년 2월 5일생), 찰스 브롬헤드(1997년 1월 1일생), 해리 리들리(1997년 9월 21일생)는 42일 동안 2,747km를 노 저어 이동했고 8월 16일 항해를 마쳤다.

갠지스에는 어떤 문제가 있었나요?
아시다시피 갠지스는 오염 문제를 겪고 있어요. 도시 환경에서는 눈으로 보기 전에 냄새로 알 수 있어요. 그리고 강을 가로막는 댐이나 인공 다리가 건설돼 있고 모래 절도도 일어나요. 모래를 불법으로 파헤쳐 매년 더 많은 홍수가 일어나요.

여행 중에 놀랄 만한 일이 있었나요?
돌고래를 그렇게 많이 보게 될지 몰랐어요. 환경 조사를 하면서 867마리까지 셌어요. 안개가 아름답게 낀 아침도 정말 좋았고, 소와 버펄로들이 헤엄치는 장면도 봤어요.

이 여행으로 배운 게 있다면?
여성 탐험가로서 이야기하자면, 세상은 우리가 듣는 것보다 친절해요. 현명하게 위험을 잘 가늠하되, 나가서 스스로 도전해 보길 바라요.

한 번의 호흡으로 물속에 잠수해 가장 멀리 헤엄친 기록(바다, 핀, 남자)

스티그 세베린센(덴마크)은 2020년 11월 26일 멕시코 바하칼리포르니아수르주 라파스에서 물속에 잠수해 한 번의 호흡으로 202m 거리를 헤엄쳤다. 프리다이버이자 세계기록을 다수 보유한 세베린센은 폐의 용량이 14ℓ로 평균 사람의 2배 이상이다.

가장 북쪽/남쪽에서 한 얼음수영

국제얼음수영협회에서 관리하는 얼음 수영은 5℃ 이하의 물에서 최소 1km 이상을 헤엄쳐야 한다.

- **남자(북):** 북위 90°, 지리적 북극에서 루이스 퓨(영국)가 2007년 7월 15일 기록.
- **여자(북):** 북위 78.3°, 노르웨이 스발바르 스피트스베르겐제도에서 킹가 코린(폴란드)이 2017년 6월 27일 기록.
- **남자(남):** 남위 70.76°, 남극 대륙 퀸모랜드 롱레이크에서 램 바카이(남아공)가 2008년 2월 7일 기록.
- **여자(남):** 남위 66.6°, 남극 대륙 그레이엄랜드 하누세만에서 캐서린 펜들턴(영국)이 2020년 2월 22일 기록.

최단 시간 단독 모노홀 세계 일주 항해(여성)

클라리세 크레메(프랑스)는 2021년 2월 3일 프랑스 레사블 돌론에 87일 2시간 24분 25초 만에 도착하며 방데 글로브 세계 일주 레이스를 완료했다. 그녀는 IMO CA 60 반크 포퓰리어 X를 타고 항해했다. 크레메는 이 종목을 상대적으로 최근에 시작했음에도 불구하고, 1989년 시작한 방데 글로브 대회를 순위권으로 마친 단 일곱 번째 여성에 등극했다.

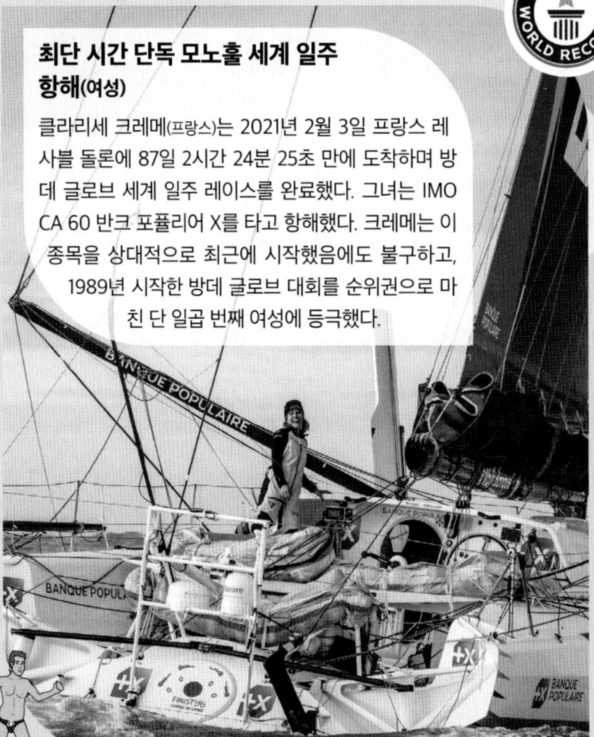

최장 시간 해양 스쿠버 다이빙

다이빙 강사인 사담 킬라니(이집트)는 2020년 11월 5~11일 이집트 다합 홍해의 바닥에서 145시간 25분 25초를 머물렀다. 그는 6일 동안 운동과 기도를 했고 심지어 그림까지 그렸으며 잠을 자기 위해 몸을 발판에 매달기도 했다.
여자 기록은 크리스티 퀼(미국)이 보유한 51시간 25분으로 그녀는 미국 캘리포니아주 샌디에이고의 라호이아 연안에 2015년 7월 9일부터 11일까지 잠수해 지냈다. 퀼은 '암을 항복시키자'는 캠페인을 위해 기록을 작성했다.

한 번의 호흡으로 얼음 밑에서 가장 멀리 헤엄치기(핀과 잠수복 없이, 여성)

프리다이버인 앰버 필러리(남아공)는 2020년 2월 29일 노르웨이 얼음판 아래 물속(Oppsjø 호수)에서 70m를 헤엄쳐 갔다. 그녀는 2019년에 시도한 앞선 도전에서 줄이 엉키며 실패했지만, 이번에는 아무 문제도 일어나지 않았다. 필러리는 이렇게 말했다. "추위도 느껴지지 않을 정도로 기분이 정말 좋았어요."

최단 시간 노스해협 편도 릴레이 수영 횡단

2020년 8월 2일 'OA 자이언츠'가 영국 북아일랜드부터 스코틀랜드 사이 34.4km 거리를 9시간 2분 41초 만에 헤엄쳐 건넜다. 키스 개리, 도미니크 머지, 빌 도넬리, 크리스 저지, 콜린 린제이, 존 매킬로이(모두 아일랜드)를 파드리그 말론이 이끌었다. 이들의 기록은 아일랜드 장거리수영협회에서 인증했다.

알렉산데르 도바(1946~2021)

기네스 세계기록은 2021년 2월 22일 탐험가인 알렉산데르 도바의 사망 소식을 듣고 슬픔을 감출 수 없었다. 도바는 **최다 대양 횡단 카약 탐사**(3회)를 2011년, 2014년 2017년에 완성하며, 해양 카약의 한계를 개척한 인물이다. 그는 세 번째 여정을 시작하며 **대양을 인력으로 단독 횡단한 최고령자**에 등극했고(70세 249일), **카약으로 대양을 횡단한 최고령자**로 남아 있다.

8000좌

상위 8,000좌를 산소통 없이 등반한 최초의 부부

남편과 아내인 로마노 베네트와 니베스 메로이(둘 다 이탈리아)는 세계에서 가장 높은 산의 다섯 봉우리를 산소통을 사용하지 않고 등반했다. 이들은 2004년 5월 16일에 로체, 2006년 7월 26일에 K2, 2007년 5월 17일에 에베레스트, 2014년 5월 17일에 칸첸중가, 2016년 5월 12일에 마칼루에 올랐다.

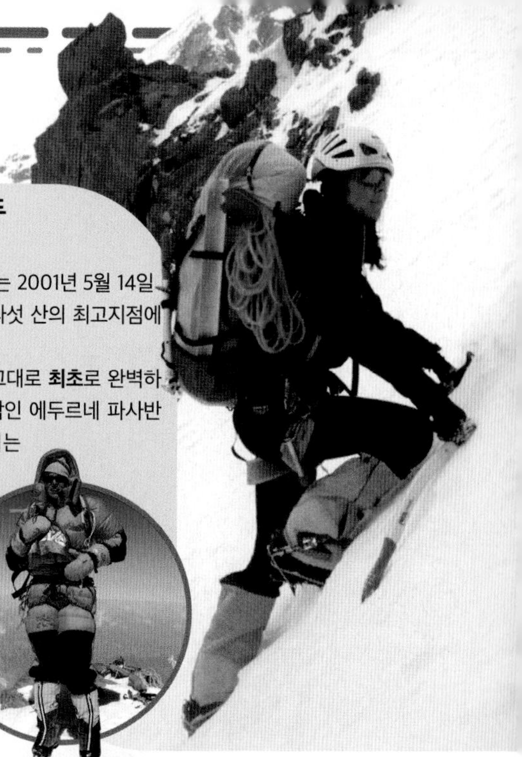

산소통 없이 상위 8,000좌를 모두 등반한 최초의 여성

겔린데 칼텐브루너(오스트리아, 오른쪽 사진)는 2001년 5월 14일부터 2011년 5월 24일까지 가장 높은 다섯 산의 최고지점에 '알파인 스타일'로 올라갔다.

이 기록을 달성한 **최연소 여성**이자 말 그대로 **최초**로 완벽하게 달성한 인물은 스페인 바스크의 산악인 에두르네 파사반(1973년 8월 1일생, 삽입된 사진)이다. 그녀는 2001년 5월 23일부터 2009년 5월 18일까지 등반 기록을 달성했으나 에베레스트에서 어쩔 수 없이 산소통을 사용했다.

'8,000좌'는 해발 8,000m가 넘는 14개의 산을 말한다. 이 중 5번째와 6번째 봉우리에 상당한 차이가 있어, '상위 8,000좌'라는 별칭이 붙었으며 여기 페이지에서는 그와 관련된 기록에 집중하고 있다. 하위 8,000좌의 일부 역사적인 등반 기록은 현재 재검토 중이다. 여기에 나열된 기록들은 특별한 언급이 없을 경우 논란의 여지가 없다.

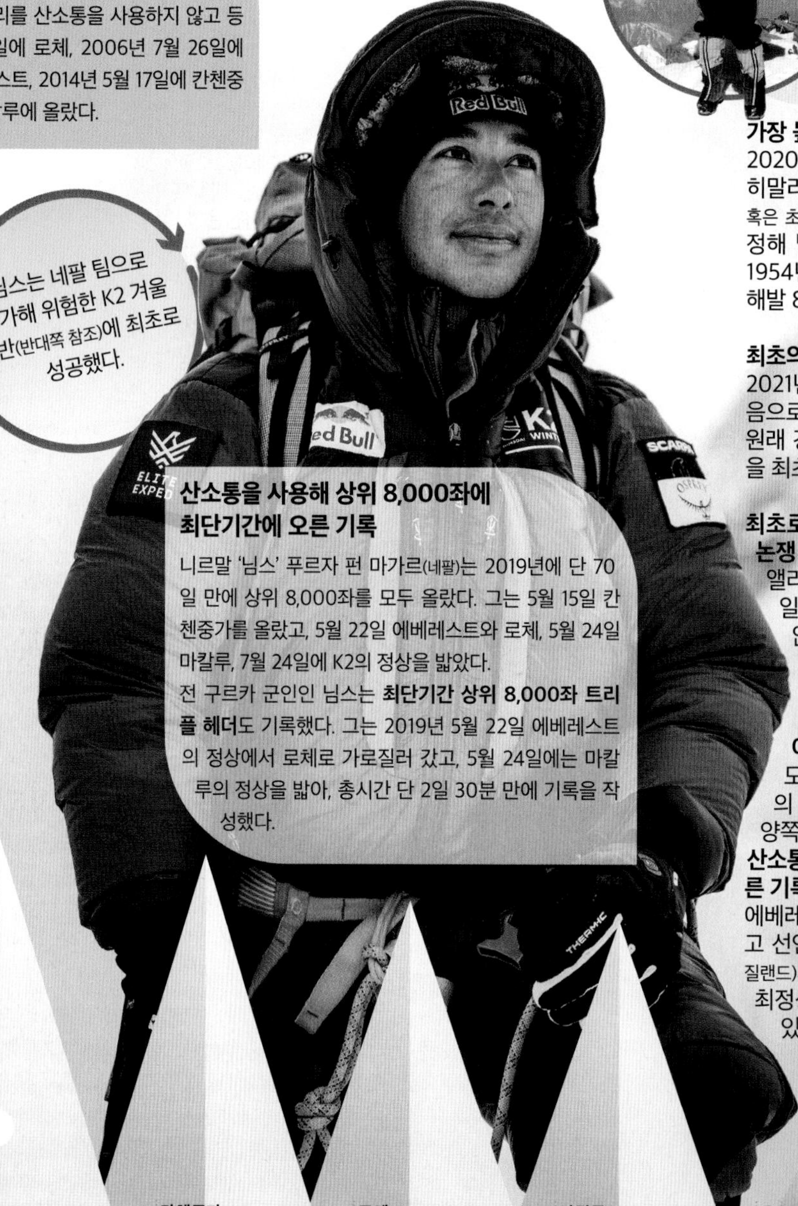

님스는 네팔 팀으로 참가해 위험한 K2 겨울 등반(반대쪽 참조)에 최초로 성공했다.

산소통을 사용해 상위 8,000좌에 최단기간에 오른 기록

니르말 '님스' 푸르자 펀 마가르(네팔)는 2019년에 단 70일 만에 상위 8,000좌를 모두 올랐다. 그는 5월 15일 칸첸중가를 올랐고, 5월 22일 에베레스트와 로체, 5월 24일 마칼루, 7월 24일에 K2의 정상을 밟았다.

전 구르카 군인인 님스는 **최단기간 상위 8,000좌 트리플 헤더**도 기록했다. 그는 2019년 5월 22일 에베레스트의 정상에서 로체로 가로질러 갔고, 5월 24일에는 마칼루의 정상을 밟아, 총시간 단 2일 30분 만에 기록을 작성했다.

가장 높은 산

2020년 12월 중국과 네팔의 합동 조사단이 히말라야산맥에 있는 에베레스트(사가르마타 혹은 초몰룽마)의 변화무쌍한 높이를 최신 측정해 발표했다. 결과는 오랫동안 인정받던 1954년의 조사 기록에서 86cm가 높아진 해발 8,848.86m였다.

최초의 K2 겨울 등반

2021년 1월 16일 네팔의 등반가 10명이 처음으로 K2의 정상을 겨울에 밟았다. 이들은 원래 경쟁을 펼치는 사이지만, 이 등반 기록을 최초로 달성하기 위해 함께 뭉쳤다.

최초로 산소통 없이 에베레스트에 등반한 논쟁 없는 사례(여성)

앨리슨 하그리브스(영국)는 1995년 5월 13일 산소통 없이 셰르파의 도움도 받지 않고 에베레스트의 정상에 올랐다. 그녀는 1995년 8월 13일에는 2번째로 높은 산의 정상을 밟으며 **최초로 에베레스트와 K2를 산소통 없이 오른 여성**에 등극했다. 하지만 비극적이게도 그녀는 정상에서 내려오던 중 33세의 나이로 사망했다. 그녀가 92일 만에 양쪽 산의 정상에 오른 기록은 **최단기간에 산소통 없이 에베레스트와 K2의 정상에 오른 기록(여성)**으로 남아있다.

에베레스트의 정상을 산소통 없이 정복했다고 선언한 첫 번째 여성은 리디아 브래디(뉴질랜드)지만, 그녀가 1988년 10월 14일 산의 최정상에 도달했다는 주장은 논란이 남아있다.

최초의 등반

산소통 없이 처음 등반한 기록

	에베레스트 8,848m	K2 8,611m	칸첸중가 8,586m	로체 8,516m	마칼루 8,485m	초오유 8,188m	다울라기리 I 8,167m
남성 (산소통 사용)	에드먼드 힐러리(뉴질랜드), 텐징 노르게이(인도/티벳), 1953년 5월 29일	아킬레 콤파뇨니, 리노 라체델리(둘 다 이탈리아) 1954년 7월 31일	조지 밴드, 조 브라운(둘 다 영국) 1955년 5월 25일	프리츠 루크싱거, 에른스트 리스(둘 다 스위스) 1956년 5월 18일	장 코지, 리오넬 테레이(둘 다 프랑스) 1955년 5월 15일	*	*
여성 (산소통 사용)	다베이 준코(일본) 1975년 5월 16일	*	*	*	*	베라 코마르코바 (체코/미국), 마르기타 슈테르보바(슬로바키아/체코) 1984년 5월 13일	*
남성 (산소통 없이)	라인홀트 메스너(이탈리아), 페터 하벨러(오스트리아) 1978년 5월 8일	루이스 F 라이하르트(미국) 1978년 9월 6일	더그 스콧, 피터 보드먼, 조 태스커(모두 영국) 1979년 5월 16일	미헬 다허(독일) 1977년 5월 11일	마리안 만프레다(슬로베니아) 1975년 10월 6일	요제프 외힐러, 헤르베르트 티히(둘 다 오스트리아) 파상 다와 라마(네팔) 1954년 10월 19일	스위스 탐험대 6명 (딤베르거, 디너 외) 1960년 5월 13일
여성 (산소통 없이)	앨리슨 하그리브스(영국) 1995년 5월 13일(논란 없는, 위 오른쪽 참조)	릴리안 배러드(프랑스), 반다 루트키에비츠(폴란드) 1986년 6월 23일	지넷 레슬리 해리슨(영국) 1998년 5월 18일	샹탈 모뒤(프랑스) 1996년 5월 10일	캐서린 '키티' 칼훈(미국) 1990년 5월 18일	베로니크 페릴라(프랑스) 1988년 9월 12일	륏하르더 피베이스(벨기에) 1982년 5월 6일

최단기간 산소통 없이 상위 8,000좌를 합동 등반한 형제자매

1991년 9월 30일부터 1996년 5월 6일 사이 스페인 바스크 출신 형제인 알베르토와 펠릭스 이뉴라테히는 함께 산소통을 사용하지 않고 가장 높은 5개의 산 정상을 밟았다. 이 과정에서 둘은 **최단기간에 산소통 없이 상위 8,000좌를 등반**하는 기록도 달성했는데, 단 4년 219일 만에 기록을 완성했다.

산소통을 사용해 에베레스트와 K2에 가장 빨리 등반한 기록

밍마 갸부 '데이비드' 셰르파(네팔)는 2018년 5월 21일 에베레스트의 정상을 밟은 뒤, 2018년 7월 21일 K2에 올라 61일 55분의 기록을 작성했다. **여성** 기록은 66일로, 허창주안(중국)이 2018년 5월 16일(에베레스트)과 7월 21일(K2) 사이 달성했다.

최초로 바다에서 에베레스트 정상까지 산소통 없이 오른 기록(무동력)

해수면 높이에서 지구의 가장 높은 지점까지 혼자만의 힘으로 올라간 최초의 인물은 팀 매카트니 스네이프(호주)다. 그는 1990년 2월 5일 인도 벵골만 사가르 섬에서 출발해, 1990년 5월 11일까지 95일 만에 에베레스트 정상까지 걸어서 도달했다. 그는 셰르파와 동료 산악인의 도움 없이 등반했고, 산소통도 쓰지 않았다.

이 고된 도전을 **최단 시간**인 67일 만에 완성한 인물은 대한민국의 김창호다. 그는 자신의 '0m~8,848m' 탐험을 2013년 3월 14일 사가르 섬에서 시작해, 카약으로 갠지스를 따라 156km를 이동한 뒤, 인도 북부에서 네팔 툼링타르까지 893km를 자전거로 갔다. 그리고 162km를 걸어서 에베레스트 베이스캠프에 도착해 5월 20일 정상을 밟았다.

이 힘든 도전의 **최장 거리** 버전은 1995년 10월 16일 시작했는데, 예란 크로프(스웨덴)가 1995년 10월 16일 스웨덴 옌셰핑에서 출발해 자전거를 타고 9,656km를 달려 에베레스트에 도착했다. 그는 1996년 5월 3일 정상에 도전했으나 목표를 단 90m 앞에 두고 궂은 날씨로 철수해야 했다. 그는 5월 23일 다시 도전해 성공을 거뒀다.

최단 시간에 바다에서 칸첸중가 정상까지 오른 기록(무동력)

크리스티안 슈탕글(오스트리아)은 2011년 3월부터 5월까지 해수면 높이에서 세계에서 3번째로 높은 산인 칸첸중가의 정상까지 인간의 힘만 사용해 올라갔다. 그는 인도 벵골만에서 자전거를 타고 히말라야로 가서 11일 동안 칸첸중가의 베이스캠프까지 걸어간 뒤, 산소통 없이 76일 만에 정상까지 탐험했다.

최초의 상위 8,000좌 등반

예지 유제프 "유레크" 쿠쿠치카(폴란드)는 1979년 10월 4일 처음으로 상위 8,000좌 5봉을 모두 정복하는 계획을 시작해, 1986년 7월 8일 기록을 완성했다. 5 봉우리 중 4곳은 산소통 없이 성공했지만 1980년 에베레스트 남쪽 면의 새로운 루트로 등반하다 어쩔 수 없이 산소통을 썼다. 그는 1989년 10월 로체의 남쪽 면을 오르다 목숨을 잃었다.

최초로 산소통 없이 상위 8,000좌 등반

라인홀트 메스너(이탈리아)는 1978년 5월 8일부터 1986년 10월 16일까지 8년 161일 만에 5개의 산봉우리를 알파인 스타일로 올라갔다. 이 과정에서 그는 1980년 8월 20일 **최초로 산소통 없이 에베레스트에 단독 등반**하는 기록까지 작성했다.

최단기간 상위 8,000좌 트리플 헤더(여성, 산소통 사용)

니마 장무 셰르파(네팔)는 2018년 4월 29일 세계에서 4번째로 높은 산인 로체의 정상을 밟았다. 그리고 단 2주 뒤인 5월 14일 그녀는 에베레스트에 성공적으로 올랐고, 5월 23일 칸첸중가의 정상에 도달하며 23일 18시간 30분 만에 여자 트리플 헤더 신기록을 달성했다.

마나슬루 8,163m	낭가 파르밧 8,125m	안나푸르나 I 8,091m	가셔브룸 I 8,080m	브로드피크 8,051m	가셔브룸 II 8,034m	시샤팡마 8,027m
이마니시 토시오(일본), 걀젠 노르부(인도) 1956년 5월 9일	*	*	앤드루 J 카우프먼, 피터 K 쇼닝(둘 다 미국) 1958년 7월 5일	*	*	*
모리 미에코, 나카세코 나오코, 우치다 마사코(모두 일본) 1974년 5월 4일	*	베라 코마르코바(체코/미국), 아이린 밀러(미국) 1978년 10월 15일	*	*	*	타베이 준코(일본) 1981년 4월 30일
라인홀트 메스너(이탈리아) 1972년 4월 25일	헤르만 불(오스트리아) 1953년 7월 3일	모리스 에르조그, 루이 라슈날(둘 다 프랑스) 1950년 6월 3일	페터 하벨러(오스트리아), 라인홀트 메스너(이탈리아) 1975년 8월 10일	오스트리아 4인 팀 (불, 딤베르거 외) 1957년 6월 9일	요제프 라르히, 프리츠 모라페크, 요한 빌렌파르트(모두 오스트리아) 1956년 7월 7일	중국 10인 팀(휴, 창, 왕 외) 1964년 5월 2일
우르슬라 후버(스위스) 1988년 5월 1일	릴리안 배러드(프랑스) 1984년 6월 27일	반다 루트키에비치(폴란드) 1991년 10월 22일	마리-조제 발랑상(프랑스) 1982년 7월 27일	크뤼스튀나 팔모브슈카 (폴란드) 1983년 6월 30일	할리나 크루게르-시로콤스카, 안나 오코핀스카(둘 다 폴란드) 1975년 8월 12일	마리아네 발터(독일) 1983년 4월 29일

열기구

버너로 뜨거워진 열기구 내부의 공기가 외부의 차가운 공기보다 가벼워지면서 기구를 떠오르게 한다. 같은 원리로 '풍선' 안의 온도가 떨어지면, 열기구는 아래로 내려간다. 바람은 고도에 따라 방향이 다양하게 바뀌는데, 파일럿은 열기구의 고도를 조종해 원하는 방향으로 공기의 흐름을 타고 이동한다.

최초의 열기구 비행

바르톨로메우 데 구스망(브라질) 신부가 1709년 8월 8일 포르투갈 리스본의 카사 다 인디아의 실내를 날아다니는 열기구 모형을 발명했다. 이 예수회 신부는 비행선에 관한 몇 가지 아이디어를 냈는데, 새처럼 생긴 비행 수단도 포함돼 있었다.

최초의 유인 비행

과학 선생님 장 프랑스와 플라트르 드 로지에는 1783년 10월 15일 조지프와 자크 몽골피에(모두 프랑스)가 만든, 줄이 연결된 열기구를 타고 프랑스 파리 26m 상공 높이로 떠올랐다. 이 비행은 약 4분간 계속됐다.
드 로지에는 프랑수아 로랑, 마퀴스 다란데스와 함께 1783년 11월 21일 **줄이 묶여 있지 않은 최초의 유인 비행**에 성공했다. 이들은 파리의 중앙에서 이륙해 25분 뒤 시의 변두리에 착륙했다. 드 로지에는 1785년 6월 15일 영국해협 횡단을 시도하다 사고로 사망했다. 그와 부조종사 피에르 로맹은 **최초의 기구 사고 사망자**로 기록됐다.

단독 비행: 최장거리 단신 열기구 비행

복합 탐험가인 표도르 코누호프(러시아)는 2016년 7월 12~23일 모톤을 타고 3만 3,521.4km를 쉬지 않고 이동해 전 세계를 돌았다. 그의 단독 여행은 웨스턴오스트레일리아주에서 시작하고 끝났으며, 268시간 20분으로 최단 시간 열기구 세계 일주로 기록됐다. 이 2가지 사항은 국제항공연맹(FAI)에서 공인했다.

언제나 모험에 목말라 계신가요?
네, 어렸을 때부터요. 15세 때 평범한 고기잡이 보트를 타고 아조프해를 횡단했어요.

세계를 날아서 일주할 때 어려운 점은 무엇이었나요?
저는 비가압 곤돌라를 타서 11일 동안 산소통으로 호흡해야 했어요. 산소공급기가 고장이 나면 단 몇 초 만에 목숨을 잃었을 거예요. 잠도 자동 비행장치로 고도를 유지하면서 한 번에 20~30분씩만 잤어요. 출발 후 4일째 기내 히터가 고장 났고, 곤돌라 온도가 영하 40℃까지 떨어졌죠. 매일 새로운 상황에 대처해야 했어요.

어떻게 이전 세계 일주 최단 기록을 이틀이나 단축할 수 있었나요?
처음 며칠은 호주 상공에서 천천히 이동했는데, 제트기류에 진입하니 속도가 200km/h까지 올랐어요. 비행 기간 대부분을 강력한 제트기류에 머물렀어요. 우리 팀이 지상에서 잘해 주었고, 저도 공중에서 심각한 실수를 하지 않았어요.

모험을 시작할 적당한 시기를 알 수 있나요?
제 기록들은 파일럿 기술과 집중력, 지식이 필요하지만 이런 프로젝트들에 나이 제한은 없어요. 저는 제가 걸어서 북극까지 가고, 에베레스트에 오르고, 전 세계를 항해하고, 대양을 노 저어 횡단할 걸 알았어요. 제가 20년만 젊었으면 화성에 착륙하는 최초의 인간이 되는 걸 목표로 삼았을 거예요.

기구를 이용한 최초 세계 일주

베르트랑 피카르(스위스)와 브라이언 존스(영국)는 1999년 3월 20일 북아프리카 모리타니의 서경 9.27° '결승선'을 지나며 최초의 논스톱 열기구 세계 일주를 마쳤다. 이들은 1999년 3월 1일 스위스 샤또데에서 브레이틀링 오비터 3호를 타고 날아올랐다.
또 피카르와 존스는 3월 21일 4만 814km를 이동한 뒤 착륙하며, **최장거리 열기구 비행**을 기록했다. 이 기록은 FAI가 공인했다.

기구 단독 최초의 세계 일주

스티브 포셋(미국)은 높이 42.6m의 혼합 가스 기구 '버드 스피릿 오브 프리덤'을 타고 날아 단독으로 세계를 일주했다. 그는 2002년 6월 19일 웨스턴오스트레일리아에서 이륙해 7월 2일 퀸즐랜드 에로망가에 착륙했다. 하루 전날 포셋은 최고 속도 322.25km/h에 도달하며, 유인 기구 최고 속도를 달성했다. 속도 기록은 FAI가 검증하지 않았다.

가장 높이 올라간 유인 기구 비행

2014년 10월 24일 구글의 경영진 앨런 유스터스는 헬륨 기구에 연결된 여압복을 입고 미국 뉴멕시코 상공 4만 1,422m까지 올라갔다. 그는 폭발장치를 사용해 기구에서 분리되며 **최고 높이 낙하산 자유낙하**를 기록했는데, 2시간 반이 걸려 올라간 41km 높이에서 지상까지 15분 만에 질주해 내려왔다. 71쪽으로 점프해 다른 성층권 기록도 찾아보자.

열기구에 매달려서 최단 시간에 구속복을 탈출한 기록

용감무쌍한 탈출 곡예사 수퍼 닝(중국)이 2017년 7월 22일 중국 산둥성 웨이하이 상공 30m에 발이 매달린 채 53초70 만에 구속복을 벗었다.
한편, **서스펜션 구속복을 탈출한 최고 높이**는 스콧 해멀(캐나다)이 2003년 8월 13일 미국 테네시주 녹스빌 상공 2,194.5m에서 기록했다.

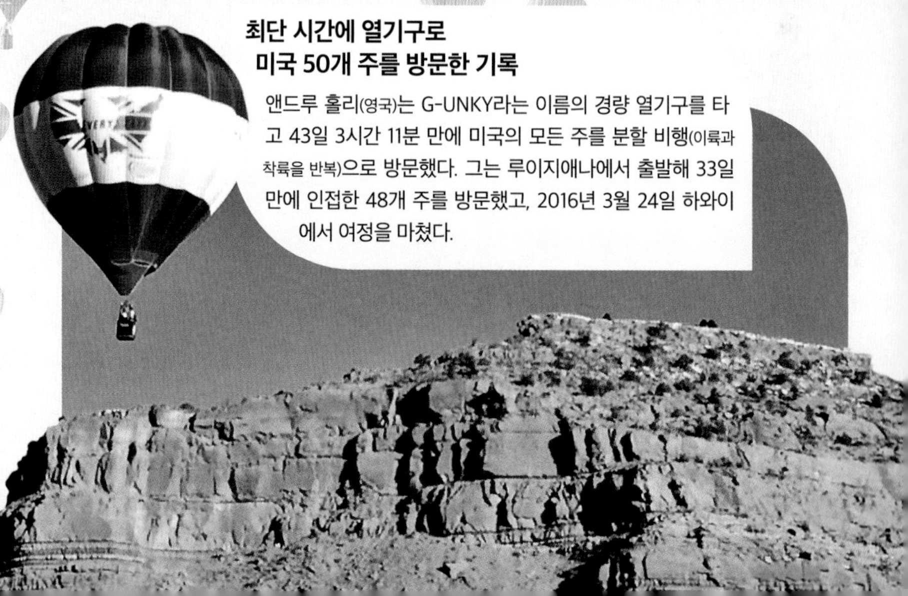

최단 시간에 열기구로 미국 50개 주를 방문한 기록

앤드루 홀리(영국)는 G-UNKY라는 이름의 경량 열기구를 타고 43일 3시간 11분 만에 미국의 모든 주를 분할 비행(이륙과 착륙을 반복)으로 방문했다. 그는 루이지애나에서 출발해 33일 만에 인접한 48개 주를 방문했고, 2016년 3월 24일 하와이에서 여정을 마쳤다.

최장기간 열기구 비행

표도르 코누호프(왼쪽 Q&A 참조)와 이반 메니아이로(둘 다 러시아)는 2017년 2월 9일 쉬지 않고 55시간 9분 57초를 비행했다. 둘은 러시아 리빈스크에서 이륙해 카자흐스탄과 인접한 크라스니컷까지 남쪽으로 1,029km를 비행했다. 이 장시간 열기구 기록은 FAI에서 공인했다.

가장 높이 올라간 열기구 비행

비제이팟 싱하니아(인도) 박사는 2005년 11월 26일 카메론 Z-1600 기구를 타고 인도 뭄바이 상공 2만 1,027m까지 올라갔다. 이는 민간 항공기가 비행하는 고도보다 2배 높다.

가장 높이 올라간 열기구 비행(여성)

오스트리아의 열기구 조종사 하이드룬 프로슈가 2002년 8월 19일 고도 1만 773m에 도달했다. 스카이다이버 파울 슈타이너와 동행했는데, 그녀는 리트임인크라이스에서 뛰어내려 오스트리아 피클라브루크에 착륙했다. 프로슈는 꽤 어린 나이에 하늘과 사랑에 빠졌는데, 그녀의 아버지는 겨우 세 살의 프로슈와 함께 글라이더를 타고 하늘을 날았다!

가장 깊이 내려간 기구 비행

이판 트리포노프(오스트리아)는 2014년 9월 18일 크로아티아 오브로바치에 있는 마멧 동굴의 바닥까지 206m를 하강해 내려갔다. 좁은 입구를 통과하기 위해, 트리포노프는 작은 기구에 바스켓(조롱)을 설치하지 않고, 한 쌍의 가스 실린더에 앉아 내려갔다. 하강과 상승의 전체 과정이 단 25분 만에 완료됐다. 비행 후 그는 "정말 어려워요. 누가 이 모험을 다시 할 수 있을지 모르겠군요"라고 말했다.

최초의 열기구 태평양 횡단

기업가 리처드 브랜슨(영국, 왼쪽)과 페르 린스트란드(스웨덴)는 1991년 1월 15~17일 일본에서 캐나다의 노스웨스트 준주까지 7,500km를 여행했다. 이들의 기구는 7만 3,600㎥의 버진 오츠카 퍼시픽 플라이어로, 당시에는 역대 가장 큰 기구였다. 이 용감무쌍한 두 명은 앞서 1987년 7월 2~3일 **최초의 열기구 대서양 횡단**을 이미 달성했다.

최대 규모 열기구 부상

2019년 10월 6일 미국 뉴멕시코에서 열린 48회 앨버커키 국제 열기구축제의 아침, 대규모 이륙 행사에서 총 524대의 열기구가 날아올랐다. 10월 5일부터 13일까지 진행된 2019년 행사는 17개국에서 온 588대의 열기구가 참가했다. 눈길을 끄는 출품작 중에는 기술적으로 '특수 모양' 기구로 알려진 별난 창작물이 많았다(삽입된 사진 참조).

위대한 여정

최연소 유럽 모든 국가 방문

모리셔스인인 게비시 쿠마르 케도(2000년 11월 30일 생)는 2020년 1월 25일 19세 56일의 나이로 유럽 일주를 마쳤다. 그는 대학 수업까지 빠먹지 않고 들으며 약 2년 만에 아이슬란드 레이캬비크에서 자신의 일정을 마쳤다. 여기 사진들은 그가 프라하(체코, 가운데 사진), 아테네(그리스, 위), 코펜하겐(덴마크, 아래)을 방문했을 때의 모습이다.

1인승, 단일 엔진 피스톤 비행기 최단 시간 세계 일주

맷 존스, 스티븐 브룩스와 이언 스미스는 월드 워 II 슈퍼마린 스핏파이어 Mk IX를 조종해 122일 만에 세계를 돌고 2019년 12월 5일 집으로 돌아왔다. 제랄트 존스, 라클란 몬로, 벤 어틀리(모두 영국)의 지원을 받았다. 비행기의 기능에 한계가 있어 비행은 맑은 날 낮에만 진행됐다.

최초의 오토자이로 세계 일주

제임스 켓첼(영국)은 2019년 9월 22일 매그니 M16C 오토자이로를 타고 175일 동안 4만 4,450km를 비행해 세계를 일주했다. 그가 조종한 개방형 조종석 비행기는 최고 속도가 129km/h로 보통 헬리콥터 속도의 절반 정도다. 그의 오토자이로는 최대 이동 거리가 약 1,300km로 122회 이착륙했다.

가장 빠른…

도보로 미국 횡단(여자): 샌드라 빌린스(미국)는 2017년 9월 11일부터 11월 5일까지 55일 16시간 23분 만에 미국을 걸어서 횡단했다. 그녀는 캘리포니아주 샌프란시스코에서 여정을 시작해 뉴욕시에서 마무리했다.

자전거로 미국의 인접한 48개 주 모두 방문: 파올라 자노티(이탈리아)는 2016년 5월 1일부터 6월 12일 사이 43일 만에 미국의 인접한 모든 주를 자전거로 방문했다.

홍콩의 모든 MTR 역 방문: 조나단 웡(중국)은 2020년 2월 1일 정확히 7시간 36분 10초 만에 중국 홍콩의 모든 MTR(지하철) 역을 방문했다.

최장 거리 여행…

수단	거리	이름	종료일
카이트 버기	1,015km	피트 애시, 키에론 브래들리, 브라이언 커닝엄(모두 영국)	2004년 9월 21일
우유 배달용 소형 전기 자동차	1,659km	폴 톰슨(영국)	2015년 9월 20일
포켓바이크	2,504km	시르 운나르스도티르(이스라엘), M. 리드, C. 파브르(둘 다 미국)	2016년 9월 17일
롤러 스키	2,783km	제라르 프로티유(프랑스)	2014년 6월 28일
지상용 윈드서퍼	3,410km	로버트 톨린(미국)	2001년 6월 16일
죽마	4,804km	조 보웬(미국)	1980년 7월 26일
굴삭기	5,649km	노먼 바티(호주)	2019년 4월 20일
목발	6,006km	가이 아말피타노(프랑스)	2013년 9월 6일
릭샤	6,248km	렌 콜링우드(영국)	2018년 9월 17일
킥 스쿠터	7,100km	타키자와 코스케, 라케 아카(일본)	2020년 4월 21일
전기 기동성 스쿠터(팀)	8,609km	J. 덕워스, J. 시몬스, S. 패럿, J. 우렌, G. 웨스트(모두 영국)	2007년 10월 17일
스케이트보드	12,159km	롭 톰슨(뉴질랜드)	2008년 9월 28일
트랙터	25,378km	후베르트 베르거(독일)	2016년 10월 23일
전기 스쿠터	25,547km	송 지안, 야디아 기술 그룹(둘 다 중국)	2020년 12월 28일
휠체어(모터 장착, 입으로 조종)	28,000km	최창현(대한민국)	2007년 12월 6일
휠체어(수동)	40,075km	리처드 마빈 '릭' 한센(캐나다)	1987년 5월 22일
소방차	50,957km	스티븐 무어(영국)	2011년 4월 10일
사륜 오토바이/ATV	56,239km	발레리오 드 시모니, 크리스토퍼 다반트, 제임스 케년(모두 호주)	2011년 10월 22일
택시	69,716km	리 퍼넬, 폴 아처, 조노 엘리스(모두 영국)	2012년 5월 11일
버스	87,367km	휴이 톰슨, 존 웨스턴, 리처드 스틸(모두 영국)	1989년 12월 3일
자전거	646,960km	월터 스톨(영국)	1976년 12월 12일

최단 시간 단독 먼로 배깅

'먼로 배깅'은 스코틀랜드의 해발 914m가 넘는 282개 봉우리 중 하나에 오르는 것을 말한다. 솔로 먼로이스트인 도니 캠벨(영국)은 단 31일 23시간 2분 만에 282봉을 모두 오르고 2020년 9월 2일 영국 서덜랜드의 하이랜드 카운티에서 일정을 마쳤다. 그는 자전거를 타고 산 사이를 1,443km 이동했고, 달려서 1,422km를 갔으며, 해발 12만 6,143m를 올랐다. 이는 에베레스트를 14번 오른 것과 맞먹는 높이다!

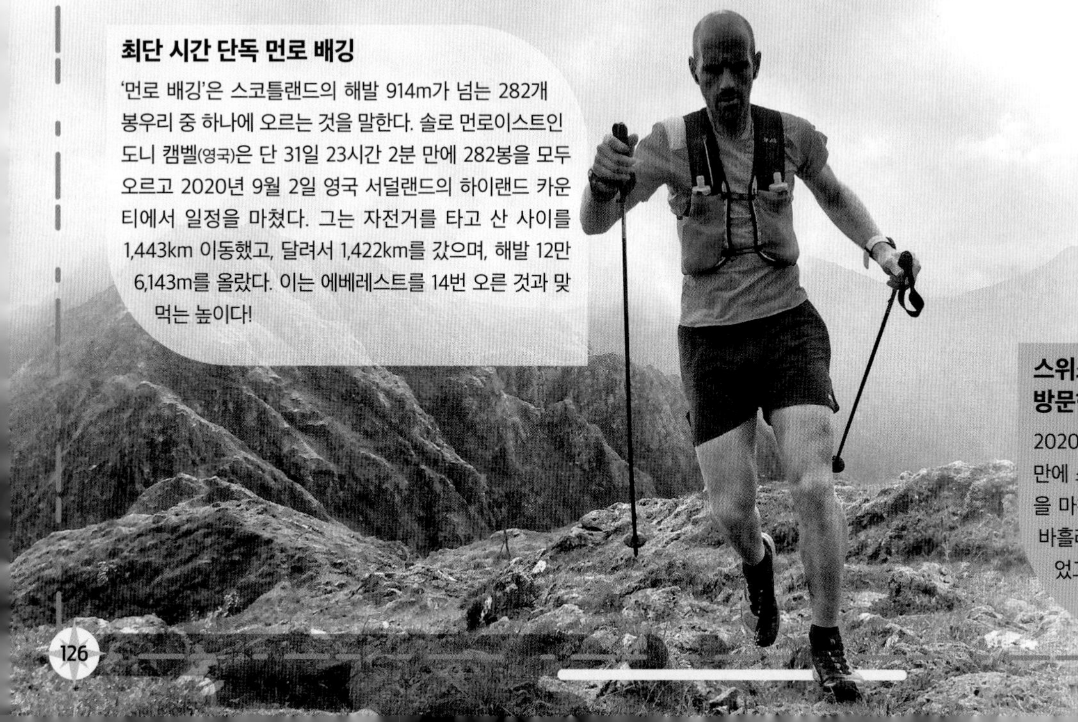

스위스의 모든 캔턴(주)을 가장 빨리 방문한 기록

2020년 5월 22일 지안-루카 바흘러(스위스)는 15시간 30분 만에 스위스의 26개 캔턴을 모두 방문하고 티치노에서 일정을 마쳤다. 동료들과 술을 마시다가 떠오른 생각인데, 당시 바흘러는 스위스의 거의 모든 대중교통 시간표를 외우고 있었고, 이런 자신의 지식을 실험하기로 결심했다.

대척점을 지나 세계를 일주한 최초의 헬리콥터

대척점은 지구의 서로 정확히 반대쪽에 있는 두 지점을 말한다. 피터 윌슨과 매튜 갤러거(둘 다 영국)는 2017년 4월 8일부터 8월 7일까지 로빈슨 R66을 조종해 세상을 돌았는데, 영국 버킹엄셔 말로우에서 여행을 시작해 대척점인 인도네시아 팔렘방, 그리고 콜롬비아 네이바를 방문했다.

전기 스케이트보드 최장 거리 여행

독일의 슈테파니 하스바우어는 자신의 전기 스케이트보드로 1,210km를 이동 후 2020년 1월 6일 포르투갈 포르투에 도착하며 여행을 마무리했다. 하스바우어는 (비록 되찾기는 했지만) 출발하기도 전에 스케이트보드를 도둑맞는 등 많은 시련을 겪었다. 또 여행 중 타이어가 10번이나 펑크 나기도 했다.

최단 시간 자동차 세계 일주

지구를 자동차로 일주한 최초이자 가장 빠른 남자와 여자 기록은 Saloo Choudhury와 그의 아내 Neena Choudhury(둘 다 인도)다. 이들은 1989~1991년 적용된, 6개 대륙을 지나 적도 거리(4만 75km) 이상을 주행해야 한다는 규칙을 지키며 일주했다. 여행은 1989년 9월 9일부터 11월 17일까지 총 69일 19시간 5분이 걸렸다. 출발지와 도착지 모두 인도 델리였으며, 1989 힌두스탄 '콘테사 클래식'을 타고 일주했다.

전기 자동차 한 번의 충전으로 가장 많은 국가를 방문한 기록

프레데릭 반 오버루프(벨기에)는 2016년 7월 8일 테슬라 모델 S 차를 타고 재충전 없이 7개의 국가를 여행했다.

한 번의 충전으로 가장 먼 거리를 여행한 전기 스쿠터는 656.8km로, 량 지하오, 량 지치, 리우 하이판, 자오 양지가 2020년 10월 21일 중국 허난성 뤄양에서 달성했다. 이 기록은 둥관 테일링 전기 차량 유한회사(모두 중국)가 후원했다.

4극 도전을 달성한 최초의 여성

바네사 오브라이언(영국/미국)은 2012년 5월 19일 에베레스트의 정상을 밟았고, 2012년 12월 15일(위 사진)과 2013년 4월 16일에는 스키로 남극과 북극에 도달했으며, 2020년 6월 12일에는 챌린저 해연에 잠수해 내려갔다. 이로써 그녀는 지구의 가장 높은 곳과 가장 낮은 곳, 그리고 지리적 양극에 방문한 최초의 여성이 됐다.

양극에 방문한 최고령자

버즈 알드린 박사(1930년 1월 20일생)는 2016년 11월 29일 86세 314일의 나이로 남극에 도달했다. 그는 앞서 1998년 7월 러시아의 핵동력 쇄빙선인 소베츠키 소유즈를 타고 남극에 방문했다.

알드린 박사는 **최초의 유인 달착륙선에 탑승한 대원**으로 유명하다. 그는 1969년 7월 21일 협정세계시 3시 11분 닐 암스트롱(둘 다 미국)에 이어 달의 표면을 밟았다.

24시간 동안 도보로 가장 높은 수직 높이를 이동한 기록(오르막과 내리막)

벤 워닉(영국)은 2020년 9월 26~27일 영국 미드글러모건주 글린노그르의 언덕의 정상을 101번 왕복했는데, 한 번 당 고도 변화는 224.52m였다. 23시간 43분 후, 그가 오르고 내린 고저 차이는 합계 2만 2,676.52m였다.

지상의 가장 큰 고저 차이 지점을 방문한 기록

데이비드 테이트(영국)는 고도 차이가 1만 910m인 지상의 두 지점을 방문했다. 그는 에베레스트에 5번 올랐는데 가장 최근은 2013년이다. 그리고 그는 2019년 3월 18일 해발 -2,062m인 남아공 가우텡주 음포넹 금광에 내려갔다.

바이칼의 얼어붙은 표면은 두 기록을 달성하는 데 잠재적인 위험이었다. 일부 얼음의 두께는 겨우 10cm 정도밖에 안 됐다.

모터사이클 얼음 위 최장 거리 주행(오프로드)

케빈 에만스(영국)는 자신의 KTM 500 EXC 오토바이를 타고 러시아 시베리아의 바이칼 호수 위를 743.43km 달린 뒤 2020년 2월 22일에 여정을 마쳤다. 그의 차량은 스파이크 타이어와 추운 날씨에 대비한 보호 장비를 제외한 어떤 개조도 하지 않았다. 에반스는 **세계에서 가장 깊은 호수**(1,642m)의 얼어붙은 물 위를 완전히 종단하는, 6명의 모터사이클리스트로 구성된 바이칼 프로젝트팀의 일원으로 주행했다.

같은 도전에서, 프로젝트의 리더인 개리 오키프(아일랜드)는 2020년 2월 16일부터 2월 22일까지 798.3km를 달려 **일주일 동안 얼음 위에서 가장 멀리 주행하기**(삽입된 사진) 기록을 달성했다. 그는 1976년식 사륜구동 러시안 UAZ 밴을 운전했는데, 화목 난로가 장착돼 있었다.

종합

일주일 동안 3,000m 산을 가장 많이 오른 기록
에밀리 우드하우스(영국)는 2020년 8월 2~9일 스페인 안달루시아에 있는 3,000m가 넘는 산 13곳을 정복했다.

최고 높이 2인용 낙하산 점프
짐 위깅턴(미국)과 아르카디우시 마예프스키(폴란드)는 2019년 10월 25일 폴란드 비슈쿠프 상공 1만 1,405m에서 함께 낙하산을 매고 점프했다. 이 둘은 푸냐 갑상선 암 연구재단을 위한 모금 활동을 위해 하늘에서 뛰어내렸다. (반대쪽에 위깅턴의 더 많은 업적이 나온다.)

최고 고도 로드 마라톤
파키스탄 동계 스포츠 연맹, 파키스탄 공군, 세레나 호텔, Z 어드벤처(모두 파키스탄)는 2019년 9월 21일 카라코람산맥의 해발 4,693m 쿤자랍 고개를 달리는 마라톤 행사를 개최했다.

지하 가장 깊은 곳에서 마라톤 거리 달리기(팀)
영국 육군사관학교 대사인 샐리 오렌지와 조던 와일리를 포함한 6명의 릴레이 주자들이 2020년 10월 10일 영국 노스요크셔 ICL-불비 광산 지하 1,041.1m 깊이에서 합계 42.5km를 달렸다. 이 '표면 아래(Beneath the Surface)' 행사는 정신 건강 자선 단체를 위한 모금 활동으로 진행됐다.

우주 및 지구 가장 깊은 곳에 모두 방문한 최초의 인물
캐서린 설리번 박사(미국)는 1984년 10월 5일 챌린저 우주 왕복 임무 STS-41-G의 대원으로 참가했다. 그 뒤, 2020년 6월 7일 그녀는 심해잠수정 리미팅 팩터를 타고 지구의 **가장 깊은 지점**(해수면 약 11km 아래)인 챌린저 해연의 바닥에 도달했다. 이 잠수정은 챌린저 해연을 **가장 많이 방문**한 빅터 베스코보가 조종했다(반대쪽 참조).

최장 거리 얼음 수영
남자: 3.5km, 파울 제오르제스쿠(루마니아)가 2021년 2월 10일 루마니아 스나고브 호수에서 달성했다. 57분 56초 동안 헤엄쳤다.
여자: 3.3km, 카멜 콜린스가 2016년 2월 21일 영국 아마 와일드 워터에서 달성했다. 두 기록은 국제얼음수영협회에서 인증했다.

최장 거리 삼점 방향 전환 행글라이더 비행
글라우쿠 핀투(브라질)는 2019년 10월 10일 브라질 파라이바 타시마에서 자신의 라미나 14 이카로 2000 행글라이더를 타고 630.9km를 비행했다. 이 턴 방식을 쓰면 파일럿이 시작 지점으로 돌아올 수 있다. 이 기록은 국제항공연맹에서 인증했다.

최초의 전기 동력 윙슈트
스턴트맨 페터 잘츠만(오스트리아)이 전기 동력 윙슈트를 입고 최초로 비행한 사실이 2020년 11월 확인됐다. 그는 오스트리아 알프스 상공 3,050m를 날던 헬리콥터에서 뛰어내려, 입고 있던 BMW 디자인웍스 슈트의 가슴에 달린 20마력 '임펠러' 덕분에 300km/h의 속도로 비행할 수 있었다. 이 장치는 세계에서 **가장 빠른 새**인 매가 급강하할 때 내는 속도로 유지할 수 있다.

최장 거리 용암호 티롤리안 횡단
등반과 동굴 탐사에서 폭넓게 활용되는 티롤리안 횡단은 골짜기 등 깊은 틈의 양 지점에 로프를 연결해 타고 지나가는 방법을 말한다. 브라질의 '탐험 박사' 카리나 올리아니는 2017년 12월 3일 에티오피아 아파르에 있는 활화산 에트라 에일의 용암호 100.58m 거리를 티롤리안 횡단으로 건너갔다. 준비에 6개월 정도 걸렸지만, 건너는 시간은 단 5분 정도였다.

최장 거리 지원 없이 동력을 사용하지 않고 북극을 탐사한 기록(PECS)
군인 출신 탐험가 제프 윌슨(호주, 케냐 출생)은 2019년 11월 9일부터 2020년 1월 7일 사이 남극 토르스 해머부터 노볼라자레프스카야기지까지 카이트(연)를 활용해 5,179km를 여행했다. 그는 58일간의 여정에서 모든 연안에서 가장 먼 지점인 도달 불능남극점과 돈 아르구스를 지났다. 그 뒤에는 해발 4,093m인 남극빙상의 가장 높은 지점에도 도달했다. 윌슨은 **지원 없이 돔 아르구스에 오른 최초의 인물**이다(118쪽 참고).

북극에 도달한 최연소 여성(PECS)
몰리 휴스(영국, 1990년 7월 3일생)는 여정을 시작한 지 58일 만인 2020년 1월 10일 29세 191일의 나이로 남극에 도달했다. 그녀는 매일 10~12시간 정도 스키를 신고 보급품이 실린 썰매를 끌고 이동했다. 또 영하 45℃를 견뎠으며, 눈보라로 시야가 극도로 좁아지는 상황을 8일이나 겪었다. 휴스와 윌슨(왼쪽)의 기록은 남극 탐험 분류 계획(PECS, 116쪽 참조)의 전문가들이 인증했다.

올드맨 오브 호이에 최초로 등반을 안내한 맹인

맹인 등반가 제시 더프턴(영국)은 2019년 6월 4일 영국 오크니섬의 수직 해안 암석인 올드맨 오브 호이의 높이 137m 등반을 이끌었다. 정상 시력을 가진 몰리 톰슨이 그를 따라 올라갔다. 더프턴은 중심 시력을 단 20%만 가지고 태어났는데, 그마저 점점 줄어들고 있다. 그는 명암을 구분할 수 있는 정도의 시력만 가지고 이 등반을 이끌었다.

뉴질랜드를 도보로 가장 빨리 횡단한 기록 (여성)

멘나 에번스(영국)는 2020년 1월 1일부터 2월 5일까지 35일 27분 만에 뉴질랜드를 세로로 주파했다. 에번스는 매일 54.7~64.3km를 이동했다. 그녀는 가장 더운 한낮은 피하고자 매일 아침 6시 30분에 달리기를 시작했다. 에번스는 다양한 날씨를 경험했는데, 첫날에는 몹시 더워서 일정이 끝날 무렵 정신을 잃었고, 34일째에는 심한 홍수가 발생했다.

최단 시간 바이칼 호수를 도보 횡단

마이클 스티븐슨(영국)은 러시아 시베리아의 얼어붙은 바이칼 호수를 11일 14시간 11분 만에 횡단했다. 그는 2020년 2월 25일 오전 7시 19분 쿨툭에서 단독 여정을 시작해 652.36km를 걸어갔다. 그는 2020년 3월 7일 오후 9시 30분 자신의 목적지인 북쪽의 니즈네안가르스크에 도착했다.

그랜드 캐니언을 가장자리에서 가장자리로 횡단한 최고령자

존 젭케마(미국, 1928년 6월 8일생)는 2019년 11월 7일 91세 152일의 나이로 북아메리카의 가장 상징적인 협곡을 횡단했다. 그는 전체 여정을 여러 번으로 나눠 진행했고 애리조나의 그랜드 캐니언 빌리지에서 마쳤다. 젭케마는 그랜드 캐니언의 바닥을 6번 하이킹했는데, 4번은 단체, 2번은 혼자였다.

최단 시간 폴스만 수영 횡단

라이언 스트램루드(남아공)는 2021년 3월 18일 백상아리 번식장으로 알려진 이 남아프리카의 만을 8시간 39분 만에 헤엄쳐 횡단했다. 스트램루드는 밀러스 포인트에서 루이 엘스까지 서에서 동으로 헤엄쳤는데, 반대 방향으로 단독 횡단 기록을 달성한 사람은 5명이 있다.
여자 기록은 9시간 56분으로 아네미 란트메테르스(벨기에)가 1989년 1월 30일 달성했다. **릴레이** 기록은 바렌드 노르체, 앤서니 피어스, 마크 체임벌린, 브래드 게일(모두 남아공)이 세운 7시간 29분으로 2021년 3월 26일 작성됐다. 위 3가지 기록은 케이프(곶) 장거리 수영 협회와 폴스만 수영 협회가 인증했다.

최단 시간 네스호 프론 패들보드 횡단

제임스 플레처(영국)는 2020년 8월 10일 엎드려 타는 패들보드를 이용해 스코틀랜드의 유명 호수를 건넜다. 그는 남쪽 포트 아우구스투스에서 시작해 4시간 33분 1초 만에 약 37km를 이동해 북쪽의 로첸드에 도착했다. 심장에 문제가 있는 플레처는 사람들에게 병에 대한 정보를 알리고 청년 심장 질환 재단에 성금을 모으기 위해 이 도전을 진행했다.

역류 풀에서 가장 오래 헤엄친 기록

마이라 산투스(브라질)는 2020년 11월 5~6일 포르투갈 마데이라 카니수의 역류 풀장에서 31시간 7분 동안 헤엄을 쳤다. 이 특별 제작된 풀장은 물이 강처럼 계속 흐르도록 설계됐는데, 물리 치료나 전문 수영 선수들의 훈련 등 다양하게 사용된다.
남자 기록은 25시간으로 파블로 페르난데스 알바레스(스페인)가 2020년 5월 6~7일 스페인 마드리드에서 달성했다. 두 기록은 세계 바다수영협회에서 인정했다.

챌린저 해연: 대양의 밑바닥으로 향하는 항해

괌 남서쪽 400km 지점으로 항해해 태평양 수면 약 11km 아래로 내려가면 마리아나 해구에 있는 자신을 발견할 수 있다. 이곳의 남서쪽 끝이 ▶ **바다의 가장 깊은 지점**인 챌린저 해연이다(약 1만 934m 아래). 지금까지 단 17명만 이 영원한 어둠의 지하 세계에 방문했는데, 이곳은 수압이 해수면의 대기압보다 1,000배 이상 높아, 점보제트기 약 300대가 한 명을 짓누르는 격이다!

1 캐서린 설리번 박사(1)는 2020년 6월 7일 챌린저 해연에 도달한 **최초의 여성**이 됐다(전체 8번째). 전 우주비행사이자 국립해양대기국의 관리인인 그녀는 DSV 리미팅 팩터를 타고 잠수해 내려갔는데, 전 미국 해군 장교인 탐험가 빅터 베스코보가 조종했다. (그는 다음 모든 잠수 기록에서 파일럿으로 나섰다.) 베스코보는 2021년 3월 11일 기준 **챌린저 해연에 가장 많이 방문**해(10회), 해저에 약 30시간을 머물렀다. 2019년 그는 **지구의 모든 대양의 바닥에 도달한 최초의 인물**이 됐다.

2020년 6월 26일 베스코보는 짐 위킹턴(1949년 2월 23일)과 함께 해저를 12시간 여행했다. 위킹턴(2)은 71세 124일의 나이로 **챌린저 해연에 도달한 최고령자**가 됐다.

3 **지구의 가장 높은 지점과 가장 낮은 지점에 도달한 최초의 여성**은 바네사 오브라이언(영국/미국;3)이다. 그녀는 2012년 5월 19일 에베레스트의 정상을 밟았고, 설리번 박사의 방문(127쪽 참조) 5일 뒤인 2020년 6월 12일에 챌린저 해연에 도달했다.

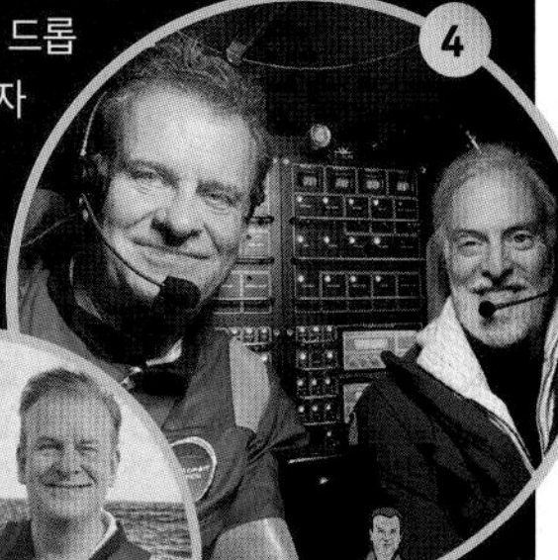

하미쉬 하딩(영국, 왼쪽 베스코보와 함께)은 2021년 3월 5일 **챌린저 해연 최장 거리 탐사**를 기록했는데, 4.634km 거리의 여정이 4시간 15분 동안 이어졌다. 하딩의 아들 가일스(5)는 지원선박 DSSV 프레셔 드롭에 탑승해 그의 아버지가 우리에게 그 자체로 미스터리로 남아있는, 또 다른 세상으로 향한 여정을 소셜 미디어를 통해 기록했다.

비리디아나 알바레스 차베스

극한의 등산은 몸에 큰 어려움을 초래한다. 8,000m 이상으로 올라가면 해수면보다 산소가 3분의 1로 줄어든다. 그 결과 구역질, 어지러움, 불면증이 발생한다. 산악인들은 동상이나 저체온증의 위험뿐 아니라 극도의 일광화상도 감수해야 한다. 19시간의 등산 후 에베레스트 캠프4에서 찍은 비리디아나의 사진(위)을 보면 얼마나 혹독한 환경인지 알 수 있다.

비리디아나 알바레스 차베스가 28세의 나이에 본격적으로 운동을 시작했을 때, 그녀는 그게 자신을 세상의 꼭대기로 인도할 끝내주는 모험이 되리라고는 생각하지 못했다.

멕시코 아과스칼리엔테스주의 한 도시에서 자란 비리디아나는 등산 경험이 전혀 없었다. 하지만 마라톤과 철인 3종 경기를 완주하자, 새로운 도전을 갈망했고 인터넷 영상을 보며 등산 기술을 배우기 시작했다. 2년 뒤 그녀는 멕시코에서 가장 높은 산인 오리사바산을 정복했다. 이 경험으로 등산과 사랑에 빠진 비리디아나는 인생이 바뀌어 버렸다. "산이 주는 마법을 경험하기 위해 회사를 그만뒀어요." 그녀가 말했다.

비리디아나는 히말라야를 계속 탐험했고, 1년 364일이라는 **최단기간에 가장 높은 산 3곳 등반하기(여성, 산소통 사용)** 기록을 달성했다. 그녀는 2017년 5월 16일 가장 높은 산인 8,848m의 에베레스트를 처음으로 정복했다. 그다음은 K2였는데, 비리디아나는 2018년 7월 21일 이 산의 정상을 밟은 최초의 라틴아메리카 여성이 됐다. 2019년 5월 15일 그녀는 칸첸중가산을 정복하며 기록을 완성했다.

현재 그녀는 지구에서 가장 높은 8,000m급 14좌를 모두 정복할 계획을 세우고 있다. 성공을 향한 그녀의 억누를 수 없는 투지를 생각하면, 우리 중 그 누구도 그녀가 실패할 거라고 말할 수 없다.

주요 통계
이름: 비리디아나 알바레스 차베스
출생 장소: 멕시코 아과스칼리엔테스주
등반한 8,000m 산: 5봉
에베레스트(8,848m) / K2(8,611m) / 칸첸중가(8,586m) / 로체(8,516m) / 마나슬루(8,163m)
취미: 마라톤, 철인 3종 경기, 강의, 와인 만들기

1

2

비리디아나는 각 대륙의 가장 높은 산인 세븐 서미츠(7대륙을 대표하는 7개의 최고봉) 중 4곳을 정복했다.

3

4

비리디아나에 관한 더 많은 기록은 www.guinnessworldrecords.com/2022 명예의 전당에서 찾아보자.

1. 비리디아나(오른쪽 두 번째)는 중국과 파키스탄의 국경에 있는 K2를 정복한, 여성으로만 구성된 팀의 일원이었다. K2는 등반하기 매우 어려운 봉우리 중 하나로 정평이 나 있는 데다 비리디아나는 다른 등반가가 추락해 사망하는 장면을 목격해 그 충격을 극복해야 했다. 그녀는 마음속으로 만트라를 외우며 침착함과 집중력을 유지하곤 했다.

2. 비리디아나는 강연과 행사에서 청년들을 대상으로 자신의 등산 경험을 공유한다. 그녀는 긍정의 메시지를 전하는데, 정서 지능과 훈련, 일관성이 고정관념을 극복하고 목표를 달성하는 데 도움을 준다고 전한다.

3. 산으로 관심을 돌리기 전, 비리디아나는 마라톤과 철인 3종 경기를 훈련했다. 2014년 그녀는 멕시코시티 마라톤과 아이언맨® 70.3 몬테레이 대회를 완주했다.

4. 비리디아나는 성평등과 뛰어난 여성 스포츠 챔피언의 등장을 독려하는 단체인 무헤레스엔라시마('주도적인 여자들')의 홍보대사로 활동하고 있다.

가상 방문

루브르 박물관

위치: 프랑스 파리 75001

개관일: 1793년 8월 10일

총면적: 24만 4,000m^2

갤러리 공간: 7만 2,735m^2

수집품: 약 50만 점, 3만 5,000점 전시

큐레이터 부서: 8개

연간 방문자 수: 960만 명(2019년)

파리의 심장에 자랑스레 자리 잡은 루브르는 프랑스의 국보이며, 휘황찬란한 예술계의 걸작들로 가득 차 있다.

루브르는 원래 12세기 무렵 성으로 건설됐다. 1527년 프랑시스 1세가 자신의 공식 거처로 선언했고 이 요새를 왕궁으로 개조하기 시작했다. 1789년 프랑스혁명이 일어나며 사람들이 예술품을 감상할 수 있도록 루브르를 개방하라는 법령이 만들어졌다. 4년 뒤, 총 537점의 그림이 공개됐다.

오늘날, 루브르에는 이집트와 근동의 유물부터 다빈치, 라파엘, 미켈란젤로 등 세계적으로 유명한 거장의 그림들까지 약 3만 5,000점의 수집품이 전시돼 있다. 매일 수천 명이 방문하는 박물관으로, 통로와 갤러리의 길이가 14.5km에 이른다. 다수의 확장과 추가로 현재는 면적이 24만 4,000m^2에 이르는 루브르는 **세계에서 가장 큰 예술 갤러리**다.

루브르는 의심의 여지 없이 앞으로 수 세기 동안 변화할 것이다. 하지만 현재 세계에서 **가장 많은 사람이 방문하는 예술 갤러리**의 지위는 변치 않을 텐데, 2018년에는 방문객이 1,020만 명으로 최고를 기록했다. 이 모든 예술적 환희를 제공하다니, 놀랍지 않은가?

LOUVRE.FR

모나리자

레오나르도 다 빈치가 그린 (아마도) 이탈리아 귀족 여성 리사 게라르디니의 초상화는 세상에서 가장 유명한 그림 중 하나다. 다빈치의 스푸마토 기법을 잘 보여주는 작품으로, 유약을 사용해 '은은한' 효과를 만들어 색과 색 사이를 부드럽게 연결한다. 〈모나리자〉는 1911년 8월 21일 루브르에서 도둑맞았는데, **도난당한 가장 비싼 물건**으로 추정된다. 2년 뒤 되찾았는데, 박물관 직원이었던 빈센초 페루자가 절도범이었다.

마르텐 술만스와 오프옌 코피트

2016년 2월 1일 루브르와 네덜란드의 레이크스 미술관은 1억 7,300만 달러를 내고 **가장 비싼 렘브란트 그림**을 함께 매입했다. 이제 막 결혼한 부부의 실물 크기 초상화 한 쌍으로 1634년 작품이다. 두 박물관이 공유하고 있지만 절대 따로 전시하지 않는다.

크리스트와 알보트 메나

루브르의 이집트 수집품 중 하나인 **가장 오래된 콥트 교회의 성화**는 서기 8세기의 작품이다. 예수 그리스도(오른쪽, 광륜 안의 십자가로 구분)와 알보트가 이집트 바우이트 수도원에 있는 모습으로 이 성화는 1900년 무렵 발견됐다. 콥트 교회는 이집트의 토착 기독교 집단이다.

우르케시 사자

302호실에 방문하면 **가장 오래된 후르리어 글씨가 새겨진** 석회석 명판 위에 앉은 작은 구리합금 사자를 볼 수 있다(후르리인은 청동기 시대 아나톨리아, 시리아 메소포타미아에 살았던 사람들이다). 기원전 2200~기원전 2100년, 건물의 토대에 놓는 보호 주술이 새겨진 부적, 일명 '토대 말뚝'으로, 메소포타미아의 신 네르갈을 모시는 사원에 놓였던 물건이다.

67.3m²의 캔버스에
약 15개월 동안 그렸다.

가나의 혼인 잔치

파올로 베로네세의 작품으로 높이 6.77m에 길이 9.94m로, 루브르에 있는 가장 큰 그림이다. 1563년 완성된 이 그림은 호화로운 베네치아인의 결혼을 배경으로 예수가 물을 포도주로 바꾸는 성경의 이야기를 담고 있다. 최소 130명이 묘사돼 있다.

한때 루브르 박물관 뜰의 서쪽 끝은 1871년 튈리르 궁전이 파괴될 때까지 완전히 닫혀 있었다.

1803년 루브르는 수집품의 확장을 감독한, 황제의 이름을 따 나폴레옹 박물관으로 개명되었다.

내부가 빈
석고 껍질

신석기 석고상

루브르에 있는 가장 오래된 예술작품은 기원전 약 7000년으로 거슬러 올라간다. 요르단인 가잘에서 발견돼 1997년 이 박물관으로 대여됐다.

성흔을 받는 아시시의 성 프란체스코

지오토가 기독교 성인의 인생 네 장면을 패널에 그린 작품으로 1300~1325년에 완성된, 루브르에서 가장 오래된 그림이다. 이탈리아 피사의 성 프란치스코 교회에 걸렸던 것으로 추정된다. 원래 액자에는 'OPUS IOC TI FLORENTINI(플로렌티네 지오토의 작품)' 서명이 있다.

3.13 × 1.63m

박물관에 입장하려면 유명한 루브르 피라미드를 통과해야 하는데, 뜰에 있는 21m 높이의 장엄한 유리 구조물로 아래 지하 로비가 있다. 유명 건축가인 I. M. 페이가 설계해, 1989년 완성됐다.

최대 규모 태양로

프랑스 남서부 오델로 마을 인근에 있는 이 9층 높이의 거울 벽은 과학 연구시설인 오델로 태양로의 핵심이다. 근처 들판에 설치된 태양 추적 거울('헬리오스타트'라고 함)이 1,830m^2(19,700평방피트) 넓이의 포물선 반사체로 빛을 전달한다. 이 반사체는 빛들을 모아 연구 타워에 있는 드럼 세탁기 크기의 공간으로 보내는데, 맑은 날에는 단 몇 초 만에 온도가 3,000℃까지 상승한다. 이 태양로는 1969년 4월부터 운영됐다.

목차 Contents

천문학	136
우주 탐사	138
건축	140
e-차량	142
X-항공기	144
로봇	146
컴퓨터의 역사	148
최첨단 과학	150
종합	152
명예의 전당: 페기 윗슨	154

일반 용광로는 가스를 연소해 대상을 오염시킬 가능성이 있다. 오델로는 오염 가능성이 없어 과학 실험에 이상적이다.

천문학

1년이 가장 짧은 행성

외계행성 KOI 1843.03은 모체 항성을 4시간 15분마다 한 바퀴 돈다고 한다. 케플러 우주망원경으로 발견했는데, 지구보다 약 10% 작고 철이 풍부한 암석 행성이다. 천문학자들은 이런 극한의 궤도가 행성을 럭비공 모양으로 만들었다고 말한다.

가장 많은 은하가 담긴 합성 이미지

2019년 5월 천문학자들이 먼 우주의 이미지 한 장에 거의 7,500번의 촬영을 집약했다. 여기에는 빅뱅이 일어난 지 단 5억 년 뒤인 133억 년 전부터 생긴 은하가 26만 5,000개 포함돼 있다. 허블 레거시 필드로 불리는 이 이미지는 허블 우주망원경으로 17년 이상 촬영해 만들었다.

최대 규모 블랙홀 충돌

2019년 5월 21일, 질량이 태양의 66배와 85배에 달하는 2개의 블랙홀이 충돌해 GW190521이라는 중력파가 검출됐다. 이는 우주 중력파를 찾도록 설계된 2개의 시설, LIGO(미국)와 버고 간섭계(이탈리아)에서 탐지됐다.

가장 가벼운 블랙홀은 2019년 8월 14일 LIGO와 버고가 한 블랙홀이 다른 물체를 삼키면서 발생한 중력파를 관찰하면서 발견됐다. 이는 이벤트 GW190814라고 불린다. 삼켜진 물체는 우리 태양 질량의 단 2.6배였고, 주 블랙홀은 태양의 26배다. 작은 물체도 질량이 중성자별보다 너무 커 블랙홀일 확률이 매우 높다. 이는 2개의 중성자별이 합쳐지며 하나의 작은 블랙홀로 변하는 데 필요한 충분한 질량을 형성한 것으로 보인다.

최장기간 초신성 폭발

일반적인 초신성은 엄청난 기세로 자신을 태워 몇 개월 안에 대부분 종료된다. 하지만, SN 2016iet는 2016년에 처음 밝은 빛이 발견됐고, 20일간 빛이 밝아져 가시성의 강도가 2배로 치솟았으며, 약 100일 무렵 갈라졌다. 그리고 초신성 폭발이 진정됐다고 간주할 만큼 빛이 줄어들기까지 650일이 더 걸려 총 770일을 유지했다. 이 초신성은 태양 질량의 약 200배인 항성으로 생을 시작했다. 유럽우주기구(ESA)의 가이아 위성이 2016년 11월 발견했다. 이 타입 1 초신성의 긴 주기는 초신성 관측 역사에 매우 희귀한 사례다. 하버드-스미스소니언 천체물리학센터의 천문학자들이 이 폭발을 상세하게 기록한 논문을 2019년 8월 발표했다.

지구에 가장 근접한 소행성

2020년 8월 16일 오전 4시 08분 소행성 2020 QC가 지구에서 단 2,950km 떨어진 남인도양 상공을 지나갔다. 크기가 작아(3~6m) 그다지 위협적이진 않았지만, 우리의 대기와 충돌하면서 생긴 빛이 장관을 연출했다.

최초의 '코튼 캔디(솜사탕)' 클래스의 외계행성

2019년 12월 나사의 과학자들은 허블 우주망원경의 데이터를 이용해 기존 분류 방식에서 벗어난 3개의 외계행성을 발견했다(케플러-51b, c, d). 기존 평범한 분류는 지구 같은 암석 행성, 해왕성 같은 거대 얼음 행성, 목성 같은 거대 가스 행성으로 나뉜다. 하지만 이 3개의 행성은 밀도가 이례적으로 낮아 솜사탕 혹은 솜털과 비슷한 상태로 '슈퍼 퍼프'라고도 불린다.

최대 규모의 지상 광학망원경

카나리아제도 라팔마섬의 해발 2,267m에 건설된 카나리아 대형망원경은 주경의 지름이 10.4m에 달한다. 36개의 정밀한 지상 육각 패널이 가지런히 대형을 갖추고 하나의 거대한 곡면 반사경처럼 움직인다. 2009년 7월 24일 스페인의 후안 카를로스 국왕이 이 망원경을 공식 개관했다.

가장 큰 굴절망원경

미국 위스콘신주 여키스천문대에 있는 124년 된 굴절망원경은 주 렌즈의 지름이 1.02m로 세계에서 가장 크다. 굴절망원경은 빛을 모으기 위해 거울을 사용하는 대신, 기다란 관의 끝에 달린 렌즈가 반대쪽 끝에 달린 접안렌즈 혹은 비슷한 장치에 빛을 모아 준다.

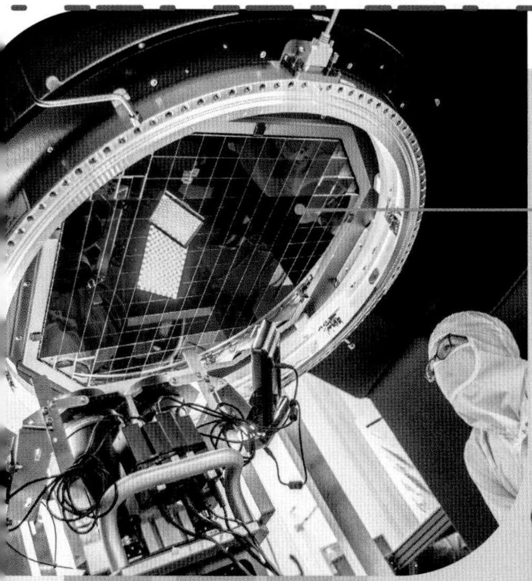

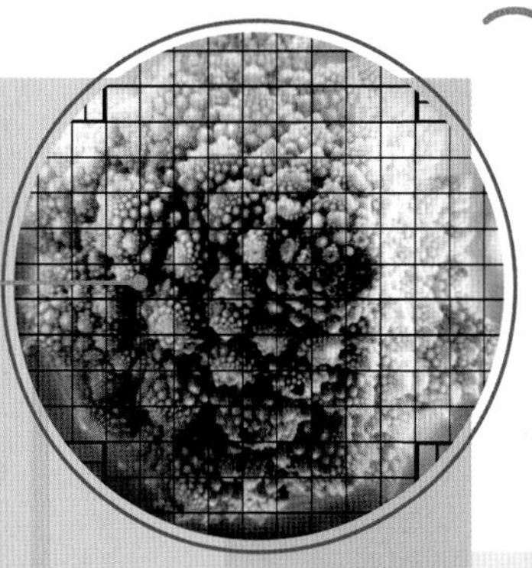

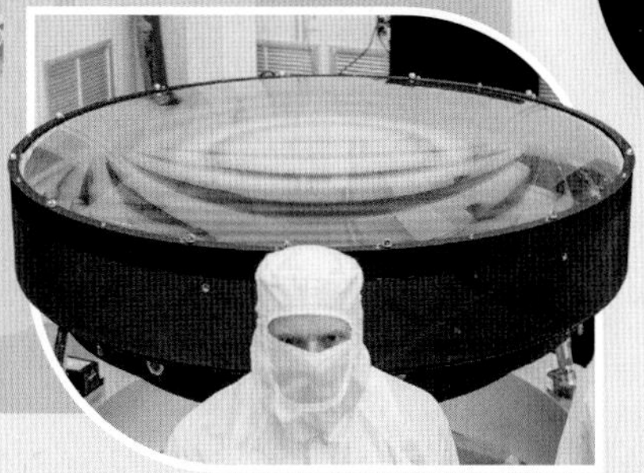

지구와 가장 가까운 외계행성

2020년 4월 태양을 제외한 **가장 가까운 별**인(4.2광년, 39조 7,000억 km) 항성 프록시마 켄타우리의 궤도를 돌고 있는 세 번째 외계행성이 발견됐다. 프록시마 켄타우리c로 명명된 이 행성은 1년이 약 1,928일로 프록시마 켄타우리b(사진)보다 더 큰 궤도를 돌고 있다. 이는 지구에 가장 인접한 외계행성이라는 뜻이다.

최고 해상도 디지털카메라

칠레 엘키 지방에 베라 C. 루빈 관측소를 위해 설계된 LSST 카메라를 건설 중이다. 이 카메라의 해상도는 CCD 이미지 센서 189개를 사용해 총 32억 픽셀이다. 또 여기에는 세계에서 **가장 큰 렌즈**도 탑재돼 있다(오른쪽 참조). 이 기기는 미국 캘리포니아의 SLAC 국립 가속기연구소에서 조립돼 2020년 9월 처음 테스트했다. 오른쪽 위에 있는 사진은 실험용 이미지로, 표면이 세밀하고 복잡한 형태로 된 로마네스크 브로콜리를 촬영한 장면이다.

가장 큰 렌즈

2019년 9월 완성된, 가장 큰 고성능 광학렌즈(위 사진) L-1은 베라 C. 루빈 관측소의 LSST 카메라를 위해 제작됐다. L-1은 카메라의 32억 픽셀 CCD 센서에 빛을 모으는 거대한 3개의 렌즈 중 가장 크다(1.57m). 이 렌즈는 볼 에어로스페이스와 애리조나 옵티컬 시스템스(둘 다 미국)가 만들었다.

최초의 비대칭 항성 진동

모든 항성은 일정 규모로 진동하며, 이 진동은 회전축에 대칭을 이룬다. 그런데 2020년 3월 과학자들이 나사의 우주망원경 테스의 정보를 분석해 눈물 모양의 항성 HD74423이 한쪽으로만 진동한다는 사실을 발견했다. HD74423은 쌍성으로 작은 적색왜성이 붙어 있는데 이 별의 중력이 독특한 진동을 일으키고 표면을 당겨 눈물 형태를 만든다. 우리의 태양보다 질량이 1.7배 큰 HD74423은 지구로부터 1,500광년 거리에 있다.

주경은 베릴륨으로 된 18개의 초경량 섹션으로 구성된다. 발사 후 최종 형태로 펼쳐진다.

가장 큰 전파망원경 접시

2016년 7월 중국에 FAST(500m 크기의 전파망원경)가 완성됐다. 중국 남서부 구이저우성의 자연 분지인 다오당 지역에 설치됐다. 이름에서 알 수 있듯이 FAST의 지름은 500m지만, 수신자의 시야에는 한 번에 폭 300m 정도만 들어온다.

가장 큰 우주망원경

나사 에드윈 P. 허블 우주망원경은 무게 11t에 길이는 13.1m이며, 지름이 2.4m에 달하는 반사경이 탑재돼 있다. 미국의 유명한 천문학자의 이름을 딴 망원경으로, 1990년 4월 24일 미국의 우주왕복선 디스커버리호에 실려 고도 547km의 우주로 발사됐다.

제임스웹망원경

2021년 10월 발사를 목표로 현재 제작 중인 이 망원경은 허블의 뒤를 잇는 **가장 큰 우주망원경**이다. 나사와 ESA, 캐나다 우주국(CAS)의 합작으로, 6.5m의 주경으로 먼 거리의 물체에서 나오는 적외선을 탐지한다. 테니스 코트와 크기가 비슷한 5겹의 선 실드(햇빛 가리개)가 열원으로부터 망원경을 보호한다.

우주 탐사

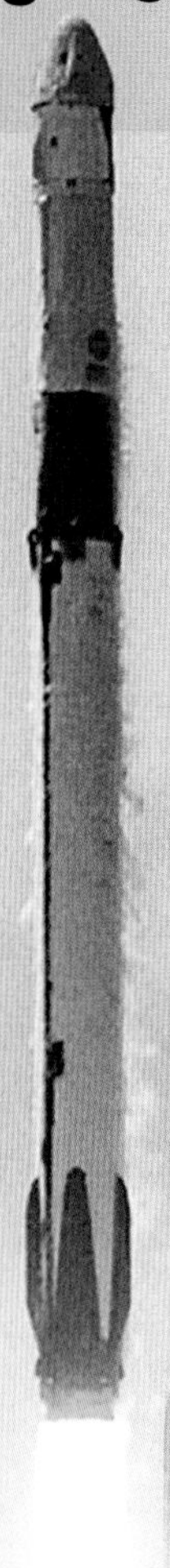

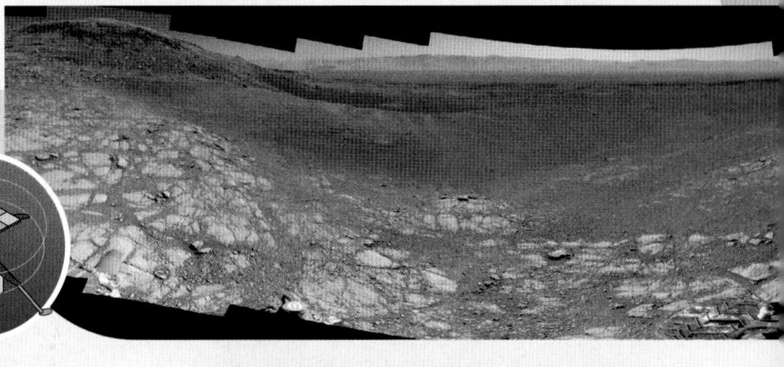

방문객이 가장 많은 우주정거장

2020년 11월 5일 기준 국제우주정거장(ISS)은 남아프리카부터 카자흐스탄까지 19개국의 241명이 방문했다. 2020년 11월 2일 ISS의 대원들은 정거장의 20주년을 기념했는데, **최장기간 인간이 우주에 연달아 존재**한 기록을 작성했다.

최단 시간 ISS 도달 기록은 2020년 10월 14일 소유스 MS-17 유인기가 기록했다. 이 우주비행선은 카자흐스탄의 바이코누르 우주기지에서 협정세계시 오전 5시 45분에 발사돼 3시간 3분의 비행 끝에 ISS의 라스벳 모듈에 오전 8시 48분 도킹했다.

행성의 몸체에 가장 가까이 선회한 궤도

2020년 10월 6일 나사의 우주비행선 오시리스-렉스는 소행성 101955 베누를 선회하던 궤도를 낮춰, 평균 고도 832m까지 다가갔다. 우주비행선이 가장 가까이 접근했을 때 높이는 소행성의 표면에서 374m였다. 2020년 10월 20일 오시리스-렉스는 이 이행궤도를 벗어나 베누의 표면으로 내려가 늘어나는 팔을 이용해 표본을 채취했다.

가장 큰 행성 탐사 로버

2021년 2월 18일 화성 탐사 로버 '퍼서비어런스(Perserverance)'가 화성의 '예제로 크레이터'에 착륙했다. 나사의 제트추진연구소가 설계하고 제작한 퍼서비어런스는 무게 1,026.4kg, 길이 3m의 원자력 탐사선으로, 이 붉은 행성의 과거에 존재했던 미생물의 흔적을 찾는 임무를 맡았다. 이 로버에는 과학 장비 외에도 실험용 인제뉴어티 헬리콥터가 실려 있다(146~147쪽).

최초로 기록된 화성의 지진

2019년 4월 6일 나사의 화성 착륙선인 인사이트가 진도 2~2.5 규모의 지진을 감지했다. 이 붉은 행성은 지구와 달에 이어 지진 활동이 탐지된 태양계에서 세 번째 천체가 됐다. 지구와 달리 화성은 지질구조 판이 없으므로 이 지진은 시간이 흘러 행성이 식으면서 크러스트(단단한 표면)가 수축해 발생한 것으로 추정된다.

인간이 탑승한 최초의 상업용 우주선

2020년 5월 30일 미국 플로리다 케네디우주센터에서 스페이스엑스 크루 드래건 데모-2가 하늘로 솟아올랐다. 이 개인 우주선은 나사의 우주비행사 더그 헐리와 밥 벤켄을 싣고 19시간의 ISS 여정을 마친 뒤, 2020년 8월 2일 귀환했다. 7인승 크루 드래건 캡슐은 ISS에 화물을 운송하는 19번의 임무를 바탕으로 제작됐다. 크루 드래건의 유인 비행을 체험하려면 좌석당 약 5,500만 달러를 내야 한다.

다른 행성에서 처음으로 발견된 오아시스의 흔적

나사의 큐리오시티 화성 탐사 로버가 2012년 폭 160km의 고대 충돌 분지인 게일 크레이터에 착륙해 탐사를 시작했다. 2019년 10월 7일 《네이처 지오사이언스》에 공개된 연구에 따르면, 35억 년 전 이곳의 얕은 구멍에 물이 있었다. 큐리오시티의 탐사로 만든 지질도는 남아메리카의 알티플라노에 있는 퀴스퀴로 소금평지와 닮았는데, 오늘날 관찰되는 것보다 생명체에 덜 적대적인 환경이었다.

처음 관측된 태양 '캠프파이어'

2020년 2월 10일 발사된 유럽우주기구의 솔라 오비터 탐사선이 '캠프파이어'라는 명칭의 태양 폭발(플레어)의 존재를 확인했다. 독일 면적과 비슷한 크기의 이 폭발은 사실 지구에서 관측할 수 있는 태양의 갑작스러운 섬광보다 훨씬 작은 형태다.

태양에 가장 가까이 다가간 비행선

무인우주선 파커 태양 탐사선은 2018년 발사돼 태양의 외부 코로나를 연구하고 있다. 금성의 중력을 이용해 점점 가깝게 근접 비행을 하며 약 1,377℃의 온도에 노출됐다. 2020년 9월 27일 이 탐사선은 태양 표면에 1,350만 km까지 접근했다. '태양중심 속도' 46만 6,592km/h로 이동해, **가장 빠른 우주 비행선**으로 기록됐다.

우주 비행을 가장 오래한 여성

나사의 우주비행사 크리스티나 코크(미국)는 자신의 첫 임무를 2019년 3월 14일부터 2020년 2월 6일까지 328일 동안이나 수행했다. 이로써 코크는 페기 윗슨(154~155쪽 참조)이 보유한 최장기 ISS 거주 기록을 경신했다.

화성에서 촬영한 최고 해상도 파노라마 이미지

2019년 11월과 12월 나사의 큐리오시티 탐사선이 화성의 풍경을 담은 이미지를 1,000장 이상 촬영했다. 그리고 2020년 3월 4일, 이 이미지들이 18억 픽셀 크기의 파노라마 한 장으로 합쳐졌다. 정오에서 오후 2시 사이, 며칠에 걸쳐 일정한 채광 아래 촬영된 이미지들이다.

우주에서 가장 정확한 시계

나사의 심우주 원자시계는 1년을 1,000만 분의 1초까지 정확하게 측정하도록 설계됐다. 2019년 6월 25일 우주로 발사돼 8월 23일 작동됐다. 이 토스터 크기의 수은 이온 원자시계(가까운 오른쪽)는 OTB-1 위성(먼 오른쪽)에 탑재돼 있다. 이 기술은 나사의 우주 탐사를 위한 일종의 GPS 시스템에 핵심 역할을 할 예정이다.

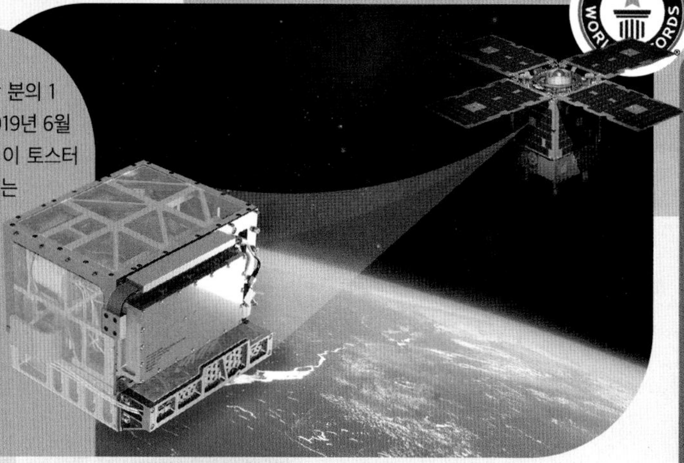

가장 멀리 있는 태양열 우주비행선

나사의 주노 탐사선은 2016년 7월 5일부터 목성을 타원형 궤도로 선회하고 있다. 2017년 1월 목성이 태양으로부터 가장 먼 지점인 원일점에 도달했는데, 이때 이 거대 가스 행성은 태양에서 가장 멀리 떨어져 있었다. 당시 태양으로부터 주노까지의 거리는 8억 2,400만 km로 계산됐다.

2019년 주노는 목성의 북극 모습을 최초로 공개했다. 각각의 크기가 북아메리카보다 큰 9개의 사이클론이 북극 주변을 천천히 회전하는 모습이 관측됐다. 이는 **행성의 극점을 선회하며 촬영한 가장 많은 태풍**이었다. 목성의 남극에서도 비슷한 사이클론들이 목격됐지만, 2019년 12월 기준 7개가 존재했다.

가장 긴 간격으로 우주유영을 한 인물

일본 우주연구개발기구의 우주비행사 노구치 소이치는 자신의 3번째 우주유영 후 15년 214일 뒤인 2021년 3월 5일 4번째 우주유영 임무를 완료했다. 그는 국제우주정거장(ISS) 외부에서 6시간 56분을 머무르며 나사의 우주비행사 케이트 루빈스와 함께 태양광발전시스템을 업그레이드했다. 노구치의 이전 우주유영은 ISS로 향한 STS 114 임무에서 진행됐으며, 2005년 8월 3일이 마지막이었다.

가장 멀리 있는 인간이 만든 물체

1977년 발사된 보이저 1호와 보이저 2호는 목성, 토성, 천왕성, 해왕성 같은 외행성을 연구하기 위해 보내졌다. 2012년 8월 25일 무렵, 보이저 1호는 **태양계를 떠난 최초의 탐사선**으로서 성간공간으로 향했다. 2020년 11월 6일 기준 보이저 1호는 지구로부터 226억 8,498만 7,276km 거리에 있지만, 미국에 있는 미션컨트롤센터에 여전히 데이터를 보내고 있다.

처음으로 관측된 태양계의 '플라즈마 실드'

2018년 11월 보이저 2호가 태양권계면을 지나며 우리의 태양계를 떠났다. 이 탐사선에서 수집된 정보를 분석한 결과 태양권계면에는 높은 밀도의 플라즈마 층이 존재했으며, 온도는 5만 ℃에 이르렀다. 이 플라즈마 층은 해로운 우주 복사선으로부터 우리의 태양계를 보호하는 역할을 한다. 보이저 2호 탐사선에 관한 기록은 148쪽에 더 많이 나온다.

달에 방문한 마지막 대원

2022년은 지휘관 진 서난(아래 사진에서 앉아 있는 사람), 지질학자 해리스 슈미트(왼쪽), 파일럿 로널드 에반스(오른쪽 모두 미국)가 참가한 아폴로 17 임무의 50주년이다. 1972년 12월 11일 서난과 슈미트는 달에 발을 디딘 열한 번째와 열두 번째 인물이 됐다. 이들은 달의 표면에서 74시간 59분 40초를 머물러, 아폴로 17을 **달에서 진행된 가장 긴 임무**로 만들었다. 12월 14일 이들이 달착륙선으로 돌아간 순간이 인간이 달에 머문 마지막 장면이 됐다.

나사의 아르테미스 프로그램의 하나로 2024년 달로 돌아가는 임무에 18명의 우주비행사 팀이 선정됐다.

건축

가장 날씬한 건물

미국 뉴욕시 '억만장자의 줄'에 위치한 111 웨스트 57번가 스트리트(가까운 왼쪽)는 높이가 435.3m에 이르지만 기반의 폭이 18m로 세장비가 1:24다. 스타인웨이 타워로도 알려져 있으며 2019년 10월 20일 완공됐다. 부동산 가격이 치솟으며 이런 스타일의 건물들이 떠올랐는데, 작은 부지에 현저하게 날씬한 건물을 지어야 이윤이 남기 때문이다.

3D 프린터로 만든 가장 큰 다리

마 궈웨이와 허베이 공과대학교 팀(둘 다 중국)이 중국 톈진에 3D 프린터로 아치의 폭이 17.94m인 콘크리트 다리를 만든 사실이 2020년 7월 21일 확인됐다. 1,400년 전 돌다리의 설계를 바탕으로 건설했다. 이 기술은 시멘트 복합재를 층층이 더함으로써 재료비와 인건비를 모두 아낄 수 있다.

최초의 바닥 난방장치

온돌은 기원전 약 1000년부터 전해 온 대한민국 전통의 건축방식이다. 아궁이의 뜨거운 공기가 돌바닥을 수평으로 물결치며 순환한 뒤 건물 반대쪽에 있는 굴뚝으로 빠져나간다. 북한 함경북도 웅기에 유적이 남아 있다.

최초의 상업용 이중 유리 창문

냉각 기술자 찰스 D. 헤븐(미국)이 1934년 자신의 '서머페인' 이중 유리 시스템을 특허로 인정받았다. 샌드위치 형태로 나란히 세운 2개의 유리판 사이에 건조한 공기를 채워 밀봉한다. 1938년 처음 판매를 시작했고 1941년 개선된 버전을 선보였다.

최초의 패시브 하우스

1980년대 독일에서 개발된 '패시브 하우스(자연 에너지를 최대한 활용해 최소한의 냉난방으로 실내온도를 유지할 수 있게 지어진 주택)'는 고강도 단열과 환기 조절을 강조한 건축물이다. 패시브 하우스는 외부와의 공기 교환을 줄여 일반적인 냉난방 시스템이 필요하지 않다. 이 기준을 만족한 첫 번째 건물은 건축가인 보트와 리더 베스테르마이어(독일)가 1990년 독일 다름슈타트-크라닉스타인에 건설했다.

가장 큰 자전거 창고

네덜란드의 위트레흐트 스테이션스톨링에는 자전거 1만 2,500대를 보관할 수 있는 공간이 있다. 새롭게 재건축된 위트레흐트 중앙역 외부 광장 밑에 있는 이 보관시설은 단계적으로 대중에게 공개됐다. 2017년 8월 첫 5,000대의 보관 공간을 시작으로 2019년 8월 19일 마지막 섹션이 개장됐다. 바닥이 색으로 구분되어 있는데, 회색은 자전거 타는 사람을 위한 길이고, 빨간색은 보행자를 위한 길이다.

가장 큰 분수

UAE 두바이에 있는 팜 분수는 면적이 7,327㎡로 테니스 코트의 28배다! 부동산 개발기업 나킬(UAE)이 제작해, 2020년 10월 22일 기록됐다. 이 분수는 음악에 맞춰 공연을 펼치며 공중으로 최고 105m까지 물을 뿜어 올린다.

가장 긴 다리

중국의 베이징-상하이 고속철도에 있는 단양-쿤산 대교는 길이가 164km다. 이는 세계에서 두 번째로 긴 다리인 114km 길이의 랑팡-칭시안 고가교를 능가하는 거리다.

가장 비싼 땅

2017년 5월 16일 중국 홍콩 정부는 현지 기업인 헨더슨 택지 개발에 2,880m^2의 땅을 30억 달러에 판매했다. 2020년 9월 자하 하디드 건설사는 이곳에 건설할 고층 건물의 디자인을 공개했다.

가장 강력한 태양열 스타디움

브라질 브라질리아에 있는 에스타디오 나시오날 마네 가린샤의 지붕에는 9,600개의 태양 전지판이 설치돼 2.5MW(메가와트)의 전력을 생산한다. 7만 2,800명을 수용할 수 있는 스타디움으로 2014 피파 월드컵을 위해 2013년에 재건축됐다.

가장 높은 주거용 건물

더 센트럴파크 타워(가까운 왼쪽)는 뉴욕 시에 있는 472.4m 높이의 고층 빌딩이다. 179세대로 구성된 고급 아파트로, 운동시설과 개인 회원제 클럽, 옥상 풀장이 구비돼 있다. 가장 저렴한 세대가 600만 달러 이상에 판매된 것으로 알려져 있으며 고층의 더 큰 세대는 6,500만 달러에 이른다. 엑스텔 개발회사(미국)의 소유로 2019년 10월 16일 완공됐다.

가장 비싼 스타디움

소피 스타디움의 가치는 50억 달러로 추정된다. 미국 캘리포니아주 잉글우드시에 있다. NFL 팀 로스앤젤레스 램스와 로스앤젤레스 차저스가 공유하는 구장으로 7만 240명을 수용할 수 있다. 2020년 9월 13일 램스와 댈러스 카우보이스가 이곳에서 첫 경기를 치렀다. 코로나19로 인한 통제로 관람석은 텅 빈 상태였다.

가장 긴 유리 바닥으로 된 다리

2020년 7월 10일 롄저우 톈칭 관광개발사(중국)가 중국 칭위안에 유리 바닥으로 된 526.14m 길이의 다리를 설치했다. 미국 풋볼 경기장의 5배에 가까운 거리다.

가장 긴 유리 바닥 캔틸레버 다리는 91.8m로 구이저우 시천 온천 투자개발사(중국)가 중국 퉁런에 설치한 사실이 2019년 9월 25일 확인됐다.

가장 높은…

- **집:** 안틸리아는 사업가인 무케시 암바니(인도)의 집이다. 2010년 완공되었으며, 173m 높이에 27층으로 구성되어 있는데, 각 층의 높이가 일반 사무용 건물의 3배로 60층 건물과 높이가 비슷하다. 인도 뭄바이에 있다.
- **캔틸레버 건물:** 미국 뉴욕시의 더 센트럴파크 타워(왼쪽 위 참조)는 동쪽 면이 캔틸레버(한쪽 끝이 고정되고 다른 끝은 받쳐지지 않은 상태의 보)로 8.5m 확장돼 있어, 88.4m 이상에 있는 층마다 250.8m² 정도의 면적이 추가돼 있다. 이 부분은 건물 꼭대기에 가까워질수록 비율에 맞춰 줄어든다.
- **조립식 건물:** 영국 런던 크로이던의 101 조지가에 있는 주거용 건물은 높이가 135m에 이른다. 첫 번째 모듈이 도착한 지 35주 뒤인 2019년 11월 1일 1,526번째 모듈이 제자리에 끼워지며 완공됐다.

최대 규모 태양열 건물

미국 캘리포니아주 쿠퍼티노에 있는 애플의 본사는 면적이 26만 m²다. 포스터 + 파트너스 건축가들이 설계한 이 거대한 반지 모양의 건물은 2017년 완공됐다. 지붕에 마련된 패널(삽입된 사진)의 발전 용량은 17MW로 **하나의 지붕에 설비된 가장 강한 태양전지판 출력**이다. 여기에 바이오가스 연료 셀로 4MW를 추가로 생산한다.

e-차량

제로백이 가장 빠른 전기 자동차

2016년 6월 22일 학생 팀인 AMZ 레이싱(스위스)이 개발한 포뮬러 스튜던드 레이싱 자동차 그림젤은 단 1초513 만에 정지 상태에서 100km/h의 속도에 도달했다. 이 엄청나게 빠른 가속은 자동차 구조를 탄소섬유로 제작해 무게를 단 168kg으로 줄인 덕분이다. 스위스 뒤벤도르프 공군 기지에서 도전했다.

가장 빠른 전기 자동차(FIA 인증)

벤투리 벅아이 불렛 3는 2016년 9월 19일 미국 유타주 보네빌 소금호수에서 왕복 플라잉 마일(달리는 상태에서 1마일 구간 측정)을 평균 549.211km/h로 달렸다. 로저 슈로어(미국)가 운전한 이 차량은 오하이오 주립대학교의 자동차연구센터 학생들이 프랑스 전기 자동차 설계업체 벤투리와 파트너십을 이뤄 제작했다. 이 기록은 국제자동차연맹(FIA)이 2017년 11월 인증했다.

전기 자동차의 시장 점유율이 가장 높은 국가

노르웨이에서 전기차는 신차 시장의 대부분을 차지한다. 이 차량의 수치는 관대한 세금 혜택의 영향으로 최근 몇 년간 상승했다. 노르웨이의 도로교통정보위원회는 2020년 9월 신차의 61.5%가 플러그인 전기 자동차로, 새로운 최고 기록을 달성했다고 발표했다. 또 하이브리드와 플러그인 하이브리드 차량은 각각 20.1%와 7.3%를 기록했다. 내부 연소 엔진을 사용하는 신차의 비중은 단 11.1%에 불과했다.

최단 시간 충전으로 존 오그로츠부터 랜즈엔드까지 주행한 전기 자동차

대니얼 로스와 션 밀러(둘 다 영국)는 2019 테슬라 모델 3 퍼포먼스를 단 1시간 15분 36초 충전해 영국의 최북단에서 최남단까지 주행했다. 이들은 콘월에 있는 랜즈엔드에 2020년 9월 19일 도착했는데, 충전을 위해 도중에 5번 멈췄다.

철로에서 가장 효율적인 전기 차량(프로토타입)

2020년 10월 17일 스웨덴 델스보에서 엑시무스 IV가 100km 기준 1인당 평균 에너지 효율 51.7Wh(와트시)를 기록했다. '와트시'는 어떤 기기가 해당 시간에 소비하는 에너지를 의미한다(60W의 전구를 2시간 켜두면 120Wh의 에너지 사용). 엑시무스 IV는 소형 1인승 기관차로, 에타(반대쪽 참조) 차량과 비슷하지만, 철로 위를 달리도록 제작됐다. 달라나대학교(스웨덴)의 학생들이 설계했다.

아주 작은 모터가 뒷바퀴에 연결돼 있다. 그리고 음료수통은 배터리를 담는 용도로 활용된다!

가장 가벼운 전기 자전거(프로토타입)

데니스 프라이부르크(독일)가 6.872kg짜리 전기 자전거를 직접 제작한 사실이 2019년 12월 3일 독일 도르트문트에서 확인됐다. 프라이부르크는 쉽게 들고 계단을 오를 수 있을 만큼 가벼운 무게의 초경량 e-바이크를 통근용으로 제작하고자 했다. 한 번의 충전으로 40km를 이동할 수 있다.

가장 높은 고도까지 올라간 전기 자동차

2020년 1월 8일 현대의 코나 전기 자동차가 중국 티베트 자치주 사울라 고개를 달려 해발 5,771m까지 올라갔다. 현대자동차 인도 지사가 마련한 행사다.

전기 모터사이클이 올라간 가장 높은 고도는 6,047m로 2015년 11월 22일 프란시스코 '찰레코' 로페스 콘타르도(칠레)가 KTM 바이크로 기록했다. 레드불이 후원한 이 기록은 **가장 높은 활화산**인 오호스델살라도 산에서 작성됐다.

전기 자동차 최장거리 드리프트

'드리프트'는 드라이버가 자신이 원하는 만큼 자동차가 옆으로 미끄러지도록 운전하는 기술을 말한다. 데니스 레테라(네덜란드)는 2020년 8월 27일 독일 호켄하임의 포르쉐 익스피리언스 센터에서 전기차로 코스를 210바퀴 돌며 42.171km를 드리프트했다. 이 기록은 포르쉐 AG(독일)와 함께 작성했다.

자동차 실내 최고 속도

레이싱 드라이버 레이 킨(미국)은 2020년 11월 18일 미국 루이지애나주에 있는 뉴올리언스 컨벤션센터에서 포르쉐 타이칸 전기 스포츠카를 타고 165.20km/h의 속도로 질주했다. 이 기록을 내려면 정신없는 가속과 칼 같은 제동이 필요한데, 킨은 단 426m 거리의 트랙에서 이 속도를 내고 차를 멈추는 데 성공했다.

가장 효율적인 전기 차량(프로토타입)

미국 대학생 팀인 듀크 전기 차량이 설계하고 제작한 에타라는 이름의 전기 자동차는 77.98Wh/100km의 에너지 효율을 기록했다. 2019년 6월 23일 미국 노스캐롤라이나 벤슨에 있는 갈롯 모터스포츠 공원에서 측정했다.

듀크 팀이 제작한 연소 엔진 차량 맥스웰은 2018년 7월 21일 **가장 연료 효율이 좋은 차량(프로토타입)** 기록을 경신했다. 같은 장소에서 0.0161ℓ/100km를 기록했다.

1시간 동안 수직 거리를 가장 높이 올라간 전기 지게차

2019년 10월 9일 한 배터리 사용 지게차가 슬로베니아 벨리카 플라니나('큰 목초지 고원')로 향하는 길을 따라 수직 높이 623.73m를 올라갔다. 운전자는 하인리히 AG(독일)의 도움을 받았다.

가장 먼 거리를 이동한 전기 차량(비 태양열)

스티븐과 데이비드 에하트(둘 다 미국)는 2018년 5월 6일부터 6월 12일 사이 테슬라 모델 3를 운전해 3만 4km를 이동했다. 이 여정은 미국 버지니아주에서 시작하고 끝났다. 이 장거리 자동차 여행은 데이비드의 은퇴를 기념해 시작했으며 여행 중간중간 메이저리그 구장 30개를 모두 방문했다.

전기 택시가 가장 많은 지역

2021년 1월 기준 중국 광둥성 선전은 중국 제조사인 BYD가 제작한 e6-모델 전기 택시를 약 2만 1,500대 보유하고 있다. 각각의 택시는 한 번의 충전으로 300km를 이동할 수 있어, 매년 약 77만 1,000t의 탄소 배출을 줄일 것으로 기대된다. 중국 북부의 작은 도시 타이위안은 2016년부터 모든 택시를 전기차로만 사용하고 있다.

최대 규모 전기 차량 퍼레이드

루이스 팔머(스위스)는 2015년 5월 23일 독일 베를린 템펠호프 공항에 전기 차량 576대를 한곳에 모았다. 이 행사는 포뮬러 E 베를린 ePrix에 앞서 진행됐다.

가장 빠른 전기 아이스크림 밴

BBC TV 〈탑기어〉의 공동 진행자인 패디 매기니스(영국)는 2020년 10월 26일 영국 요크셔주 엘빙턴 비행장에서 마이 니피를 운전해 128.816km/h를 기록했다. 1979년식 아이스크림 밴에 몬스터 트럭 타이어를 장착하고 테슬라 전기 추진기 및 메르세데스 배터리로 개조했다. 가장 중요한 소프트아이스크림 기계도 잊지 않았다.

가장 무거운 배터리 사용 차량

쿤 슈바이츠 AG(스위스)가 제작한 e덤퍼는 2019년 4월 무게가 45t으로 확인됐다. 이 배터리 교환 트럭은 짐을 최대 65t까지 실어 옮길 수 있다. e덤퍼는 운전자가 브레이크를 밟을 때마다 모터가 역회전한다. 이때 방출된 전기는 저장됐다가 다시 배터리로 보내지는 과정을 거치는데 이를 '회생 제동'이라고 한다.

e덤퍼에 짐을 실을수록 운전자는 속도를 늦추려고 자주 브레이크를 밟아야 하는데, 이때 많은 전기가 소모된다.

X-항공기

'X'는 미국에서 공식적으로 정한 분류 명칭으로 '실험적인(experimental)'을 의미한다. 여기에 나오는 많은 항공기는 미국 공군이 최첨단 기술을 특별히 적용해 보거나 항공역학에 관한 최신의 아이디어를 실험하기 위해 개발됐다. 그래서 모든 X-항공기들이 완전히 새로운 디자인은 아니다. 이미 군용으로 사용되거나 미국 공군이 현재 평가 중인 민간 항공기일 수도 있다. 여기서 우리는 'X'를 '비범함(extraordinary)'의 약어로도 사용해, 여러분을 더 넓은 스펙트럼의 한계를 초월한 항공학의 정수로 안내하고자 한다.

최초의 X-항공기

1944년부터 1945년까지 제작해 1946년 1월 19일 처음 비행한 벨 X-1 로켓 항공기가 미국 공군의 첫 번째 순수 실험용 항공기로 기록됐다.

찰스 '척' 엘우드 예거 대위(미국)는 1947년 10월 14일 미국 캘리포니아 무록 호수 상공에서 X-1으로 **최초의 초음속 비행**에 성공했다. 예거는 상공 약 1만 3,100m에서 마하 1.06(1,126km/h)으로 비행했다. X-1은 현재 스미스소니언 박물관에 보관돼 있다. 예거는 2020년 12월 7일 세상을 떠났다.

최초의 가변 후퇴익 항공기

가변-기하학 구조의 날개는 비행 단계에 따라 조종사가 비행기의 형태를 최적화할 수 있게 돼 있다. 벨 X-5는 이륙 시 날개가 뒤로 20° 젖혀져 있지만, 이후 천음속(약 마하 0.72~1.0)에 도달하면 각도가 60°까지 늘어나 조종이 훨씬 수월해진다. 1951년 6월 20일 처음 비행했다.

최고의 항공 기술자 캐시 밤

나사의 기술자 캐시 밤은 2004년 팀의 일원으로 가장 빠른 공기 흡인 항공기인 마하 10의 극초음속 드론 X-43A 하이퍼-X(아래 참조)를 제작했다. 그녀는 현재 2022년 비행할 새로운 X-항공기의 개발을 돕고 있다.

현재 무슨 일을 하시나요?

저는 저소음 초음속 시범기인 X-59의 프로젝트 부장이에요. 초음속으로 비행하는 가장 조용한 유인 항공기가 될 거예요. 기존 음속 폭음 대신에, X-59는 비행 중 '쿵' 하는 소리가 적게 나도록 설계됐어요.

음속 폭음을 어떻게 줄일 수 있나요?

충격파가 모여서 기존처럼 한곳에서 폭발하지 않도록 항공기를 설계했어요. 예를 들어, X-59는 코가 정말 긴데, 덕분에 여기서 생기는 충격파가 날개에서 생기는 충격파와 합쳐지지 않아요.

나사는 X-59로 어떤 부분을 알아내기를 원하나요?

우리의 임무는 사람들이 어떻게 차세대 초음속 항공기에 반응할지를 알아내는 거예요. X-59는 미국 상공을 비행할 예정인데, 항공기의 설계는 최첨단이지만 자동차가 지상에서 주행하며 내는 소음에 사람들이 어떻게 반응하는지를 알기 위한 실험보다 그 횟수가 적어요. 우리가 수집하려는 정보는 민간 항공 설계자들에게 "항공기의 소음이 이 수치보다 낮아야 지상을 비행할 수 있다"는 규정을 제시하기 위한 거죠. 그러면 어디에서나 초음속 여행이 가능해질 거예요.

기네스 세계기록 타이틀 보유가 당신에게도 중요한가요?

기네스 세계기록 증명서는 저의 보물이에요. 저는 학교에서 프레젠테이션할 때마다 학생들이 멋지다고 생각할 만한, 제가 했던 모든 일을 말해요. 우리는 X-43 비행기가 없어요. 지금 해저 바닥에 있죠. 그러니 그걸 기억할 만한 무언가가 있다는 것은 좋은 일이에요.

가장 빠른 로켓 추진 항공기

가장 빠른 속도를 기록한 공중에서 발사된 유인 항공기는 3만 1,120m 상공에서 마하 6.7로 비행했다. 이 기록은 미국 공군의 테스트 파일럿 윌리엄 '피트' 나이트 소령이 1967년 10월 3일 캘리포니아주 상공에서 X-15A-2 실험용 항공기로 작성했다.

최초의 경사익 항공기

1979년 12월 21일 처음 비행한 나사 AD-1은 토마스 C. 맥머트리(미국)가 조종했다. 통짜 날개의 가운데 중심축이 기체와 연결되어 있다. 이착륙 때 이 날개는 일반적인 날개와 같이 기체와 90°를 이루지만, 비행을 시작하면 비행기의 앞뒤로 날개가 60°까지 기울어진다.

최초로 항공기에 탑재된 원자로

냉전 기간 미국 공군은 원자력을 이용해 몇 달 동안 공중에 머물 수 있는 항공기를 연구했다. B-36 폭격기를 개조해 1955~1957년 사이 실험 비행을 47회 실시했다. 탑재된 원자로는 일부 실험에서 작동했지만, 비행기에 동력을 제공하지는 않았다. 이 프로젝트는 결국 취소됐다.

가장 빠른 공기 흡입 항공기

2004년 11월 16일 나사의 무인 하이퍼-X(X-43A) 스크램제트 항공기가 음속 10배에 가까운 마하 9.68(약 1만 869km/h)에 도달했다. 이 무인 드론은 보잉 NB-52B 항공기에서 폐가

가장 빠른 항공 겸용 우주선

1970년 2월 18일 노스롭 HL-10(왼쪽)이 마하 1.86(1,976km/h)을 기록했다. 이 항공기는 눈물방울 모양을 이용해 양력을 만드는 설계로 날개 없이 비행한다.

가장 임무를 많이 수행한 모함(母艦)은 나사의 보잉 NB-52B(위 사진에 날고 있는 항공기)로, 볼스 8으로도 불린다. 1960년 1월 23일부터 1976년 11월 26일까지 유인 항공기를 공중에 233회 배치했고, 무인 항공기와 관련된 임무는 수백 건에 달한다.

가장 작은 유인 X-항공기

벤슨 X-25B는 3.45m 길이의 1인용 오토자이로(autogyro)다. 이 작은 항공기는 1968년 6월 5일 캘리포니아주 에드워즈 공군 기지에서 처음 날아올랐다. 탈출용 기체로서의 가능성을 실험했는데, 추락하는 비행기에서 이젝터 좌석 대신 오토자이로로 탈출해 로터를 가동하면 다시 하늘을 날 수 있다.

보르슈베르와 피카르는 그들의 비행기로 23일 동안 하늘에 머물며 4만 3,000km 이상을 이동했다.

최초로 세계 일주에 성공한 태양열 비행기

앙드레 보르슈베르와 베르트랑 피카르(스위스)는 솔라 임펄스2로 2015년 3월 9일부터 2016년 7월 26일까지 전 세계를 일주했다. 모든 동력은 태양에서 얻은 에너지를 사용했으며, 이 기록은 국제항공연맹(FAI)에서 공인했다. 총 505일 19시간 53분이 걸렸는데, 2015년 7월부터 2016년 4월까지는 미국 하와이에 머물며 비행기를 수리하느라 불가피하게 일정이 지연됐다.

3km 코스를 가장 빨리 비행한 전기 항공기

2017년 3월 23일 독일 딘슬라켄 슈바르체 하이데 비행장에서 이륙한 엑스트라 330LE가 비행 중 최고 속도 342.86km/h에 도달하며 이전 기록을 18.84km/h 차이로 앞질렀다. 조종사는 발터 캄프스만(독일)이었다. 이 항공기는 독일의 제조사 엑스트라 에어크래프트가 생산한 곡예비행용 비행기 엑스트라330을 개조해 만들어졌다.

가장 빠른 수상비행기

미국 해군의 4제트 엔진 기뢰 부설기 마틴 XP6M-1 시마스터는 1955~1959년 비행했으며, 최고 1,040km/h의 속도를 기록했다. 수상비행기는 당시 최첨단 기술이었지만 지상 기반 비행기의 발전과 항공모함의 발달로 사용이 줄어들었다. 제2차 세계대전 후 군사 혹은 상업적 중요도가 크지는 않다.

최장기간 궤도 비행한 재사용 우주비행선

보잉 X-37B 무인 우주 비행기는 2017~2019년까지 2년 50일 동안 지구의 궤도를 돌았다. 2017년 9월 7일 미국 플로리다주 케이프 커내버럴 공군 기지에서 스페이스X 팰컨 9 로켓에 실려 발사돼 2019년 10월 27일 복귀했다. 이 우주비행선은 플로리다의 케네디우주센터의 오래된 우주왕복선 활주로에 착륙했다.

수스 로켓으로 발사돼 성공적으로 엔진을 작동시켰고, 3만 3,528m 상공에 도달한 뒤 태평양에 떨어졌다. 이는 **가장 임무를 많이 수행한 모함**인 볼스8의 마지막 작전이었다 (반대쪽 참조).

인간이 직접 움직이는 가장 빠른 비행기

홀거 로헬트(독일)은 1985년 10월 2일 독일 오베르슐라이스하임에서 무스쿨라이어 II 로 44.26km/h의 속도를 기록했다. 이 경량 비행기계는 조종사의 아버지인 군터가 제작했으며, 날개폭이 19.5m로 거대하지만 자체 무게는 겨우 25kg이다. 이 비행기는 페달로 프로펠러를 돌려 동력을 얻는다.

날개폭 기준 가장 큰 항공기

스케일드 컴포지츠 모델 351, 통칭 Roc의 날개폭은 117.35m다. 2019년 4월 13일 캘리포니아주 모하비 공항 및 우주항에서 처음 날아올랐다. 스케일드 컴포지츠가 제작하고 스트라토런치 시스템즈(둘 다 미국)가 운용했다.

가장 작은 항공기는 복엽기인 범블비II(삽입된 사진)로 로버트 H. 스타(미국)가 설계 및 제작했다. 기체 길이가 겨우 2.69m에 날개폭은 백조보다 작은 1.68m다.

로봇

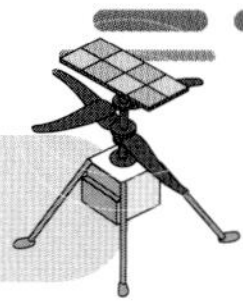

인저뉴어티에는 1903년 제작된 **최초의 동력 비행기**(12쪽 참조)인 라이트 플라이어의 날개 섬유가 탑재돼 있다.

최초의 화성 관제비행

2021년 4월 19일 나사의 인제뉴어티 화성 헬리콥터가 예제로 크레이터의 모래 위를 40초 동안 깡충 뛰듯 비행했다. 약 3m 높이로 날아올라 퍼서비어런스 탐사 로버 주변을 관찰했다(138쪽 참조). 이 1.8kg 무게의 완전 자율 비행선은, 탑재된 컴퓨터가 화성의 얇은 대기에 맞춰 안내하는 좁은 폭의 비행영역선도에 따라 비행한다.

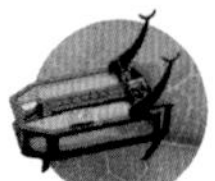

100%

가장 작은 액체 연료 로봇

서던캘리포니아대학교의 엔지니어들이 개발한 로비틀은 길이가 겨우 1cm에 연료를 제외한 무게는 단 88mg이다. 연료 탱크 안의 메탄올이 위에 있는 관(환기구)을 통해 다리에 연결된 형상기억합금 트랜스미션을 가동시킨다. 2020년 8월 19일 <사이언스 로보틱스>에 공개된 로비틀은 최고 속도 0.76mm/s로 신용카드의 세로 길이를 걸어가는데 2분 정도 걸린다.

가장 긴 로봇 팔

2021년 4월 국제우주정거장(ISS)에 탑재되어 있는 캐나담2가 20번째 '생일'을 기념했다. 길이 17.5m에 7개의 관절이 있는 이 팔은 2021년 4월 22일 캐나다의 우주비행사 크리스 해드필드가 우주정거장에 설치했다. 이 길고 막대기 같은 팔은 무중력 환경에서 작동하기 때문에 정거장 주변의 거의 모든 물체를 움직일 수 있는데, 여기에는 작은 실험체 및 우주비행사부터 우주비행선까지 해당된다.

ISS에는 자유 유영하는 로봇 보조원을 포함한 다양한 로봇 시스템이 있다. **ISS 최초의 자율 카메라 드론**인 일본의 인트볼이 2017년 6월 4일 도착했고, 그 후 유럽의 사이먼과 나사의 아스트로비 로봇 3기가 입주했다.

최초의 원격 조종 면도(면도칼 사용)

과학자인 존 피터 휘트니(미국)는 2020년 7월 자신이 설계한 로봇 팔에 면도를 맡기며 스스로 첨단 로봇 연구의 실험 대상이 됐다. 이 면도 로봇은 이발사 제시 캐비지가 조종했는데, 그가 팔을 움직이면 로봇이 따라 하는 방식으로 진행됐다. 휘트니는 상처 없이 면도를 잘 마쳤다.

가장 작은 보행 로봇

2020년 8월 코넬 대학교의 과학자들(미국)은 두께 5μm(마이크로미터), 폭 40μm, 길이 70μm의 사족 로봇을 만들었다. 몸체에 달린 광전지 마다 티타늄과 백금이 합성된 다리가 연결돼 있다. 레이저가 광전지를 비추면 전류가 생기며 다리가 움직인다.

가장 작은 마이크로 전자 로봇은 이보다 약간 더 크고 복잡하게 제작됐다. 비니스 반다리(인도), 펑 주(중국), 올리퍼 슈미트(독일)가 2020년 초에 만들었다. 이 800μm 길이의 수영 로봇에는 무선으로 전력을 받는 안테나와 독립적으로 조종할 수 있는 모터 2개, 그리고 미세한 물체를 잡을 수 있는 연접식 팔이 달려 있다. 이 기기는 언젠가 현미경을 이용하는 수술에 활용될 수 있다.

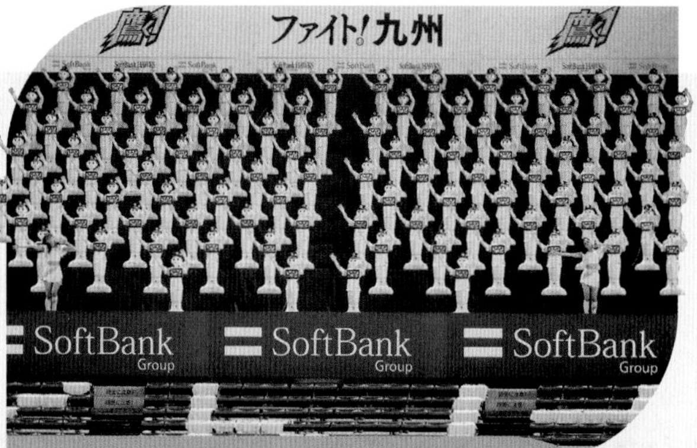

최대 규모 로봇 응원단

후쿠오카 소프트뱅크 호크스는 2021년 3월 26일 지바 롯데 마린스와의 경기에서 소프트뱅크 로보틱스의 페퍼 로봇 100대의 응원을 받았다. 호크스는 2020년 여름 코로나-19 제한으로 팀이 텅 빈 스타디움에서 경기를 하자 1.2m 크기의 로봇 몇 기로 응원을 시작했고 그 후 응원단의 규모가 점점 커지게 됐다.

가장 많은 무인비행기가 동시에 비행한 기록

현대자동차의 럭셔리 차종 제네시스의 중국 진출을 기념해, 제네시스 모터 세일즈가 다양한 색의 조명을 장착한 3,281기의 무인비행기를 하늘에 띄워 장관을 연출했다. 이 드론들은 상하이 중앙에 있는 황푸강 상공에서 지상의 컴퓨터가 내리는 지시에 따라 3D 이미지와 애니메이션을 선보였다.

공연이 끝나고 착륙지점에 돌아오지 못한 44기의 무인비행기는 최종 기록에서 제외됐다.

최고의 생체공학자: 사이배슬론의 롤란트 지그리스트

스위스의 과학자 롤란트 지그리스트는 2014년부터 **장애인 선수가 기술자들이 개발한 지원 시스템의 도움을 받아 겨루는 가장 큰 대회**인 사이배슬론을 운영하고 있다. 4년 마다 열리는 이 대회에는 전 세계에서 100개 이상의 팀이 참가한다.

사이배슬론이 뭔가요?

사이배슬론은 장애가 있는 사람들이 발전된 기술의 지원을 일상생활에서 얼마나 활용할 수 있는지 알리기 위해 기획됐어요. 각 팀의 '파일럿'(장애가 있는 사람)이 일일 과제를 가능한 빠른 속도로 완료하는 '레이스'를 펼쳐요.

이 대회는 사용자 우선 설계를 위한 팀의 노력에 초점을 맞추고 있어, 장애가 있는 사람과 기술자들이 함께 만들어가야 해요.

레이스 계획은 어떻게 만드시나요?

우리의 첫 번째 질문은 항상 "장애가 있는 사람에게 무엇이 필요할까"에요. 그 뒤에 필요에 따라 과제를 설계하죠. 인공 동력 팔 레이스를 예로 들면, 파일럿이 의수와 건강한 팔을 모두 사용하는 과제를 주고, 그다음 의수만 사용하는 과제를 줘요. 건강할 팔로만 문제를 해결하는

습관이 생기면 과도한 사용으로 부상이 생길 수 있다는 게 그 이유죠.

사이배슬론은 패럴림픽과 무엇이 다른가요?
우리는 '기술 도핑'을 추구해요! 로봇 기관들은 더 자연스러운 움직임을 취할 잠재력이 있어요. 장애우들이 남아있는 건강한 근육들만 많이 사용하기를 바라지 않아요. 우리는 현실성이 없는 시스템을 제외한 모든 방법을 허용해요.

다음 사이배슬론 뭔가요?
우리는 2016년과 2020년 사이 많은 발전을 목격했어요. 다음 대회에서는 더 어려운 과제를 만들어 한계를 넘도록 유도할 계획이에요.

로봇 물고기 50m 헤엄 최고 기록
오늘날 많은 로봇 기술자들이 생명체의 형태와 움직임을 모방하는 생체 모방에 관심을 가지고 있다. 홍콩 대학교(중국)의 BREED 로봇 팀은 더 빠른 수중 차량을 개발하기 위해 2015년부터 물고기를 연구해왔다. 2020년 10월 20일 이들의 최신 프로토타입 로봇이 올림픽 수영장 거리를 단 22초92 만에 헤엄쳐 인간의 세계기록보다 겨우 몇 초 느린 로봇 물고기로 기록됐다.
가장 큰 로봇 물고기는 쇼울로, 2012년 5월 스페인 히혼에서 실험을 마쳤다. 각각의 쇼울 로봇 물고기는 대양 오염을 탐지하도록 설계됐으며, 길이는 1.5m다.

불꽃을 동시에 발사한 가장 많은 무인 항공기
2020년 10월 30일 대한민국의 자동차 제조사 기아는 303기의 무인항공기로 멋진 안무를 펼치던 중 불꽃까지 추가하는 장관을 연출했다. 이 불꽃은 대한민국 인천항 상공에서 비행 중에 발사됐다.

푸시업을 가장 많이 하는 휴머노이드 로봇
2016년 10월 15일 켄고로가 푸시업 5개를 연속으로 했다. 사람에게는 대단한 기록은 아니지만(**인간이 1분 동안 가장 많이 한 푸시업**은 152개), 키 167cm의 로봇에게는 인상적인 성과다. 켄고로는 3D 프린터로 만든 가벼운 골격과 땀처럼 작용하는 증발 냉각 시스템으로 힘을 발휘한다.

랩 배틀을 한 최초의 로봇
조지아 테크의 음악 로봇, 시몬은 2017년 재즈 마림바 연주로 처음 세상을 놀라게 했다. 제작자인 길 와인버그와 함께 시몬은 음악 연구에 새로운 지평을 열었는데 창작곡으로 앨범도 발매했고, 자신만의 밴드로 투어도 다닌다. 2020년 시몬은 그 재능을 랩 배틀의 세계로 옮겨가, 상대의 랩에 대항해 즉흥적으로 가사를 만드는 방법을 배우고 있다. 2020년 2월 24일 시몬이 애틀랜타에서 활동하는 래퍼 대시 스미스에 맞서는 영상이 공개됐는데, 가끔은 이해할 수 없는 가사를 쓰기도 하지만 창의적으로 그의 라임에 응답하는 모습이 담겨있다.

얼음으로 만든 최초의 로봇
아이스봇은 6.3kg 무게의 바퀴 달린 로봇으로 얼음으로 된 몸체에 센서 한 세트와 구동기로 구성된다. 2020년 미국 펜실베이니아 대학교의 팀이 주변 환경에서 구할 수 있는 물질로 개조하거나 고칠 수 있는 로봇을 만들기 위해 제작했다. 이런 설계는 목성의 얼음 위성 임무에서 활용될 수 있다.

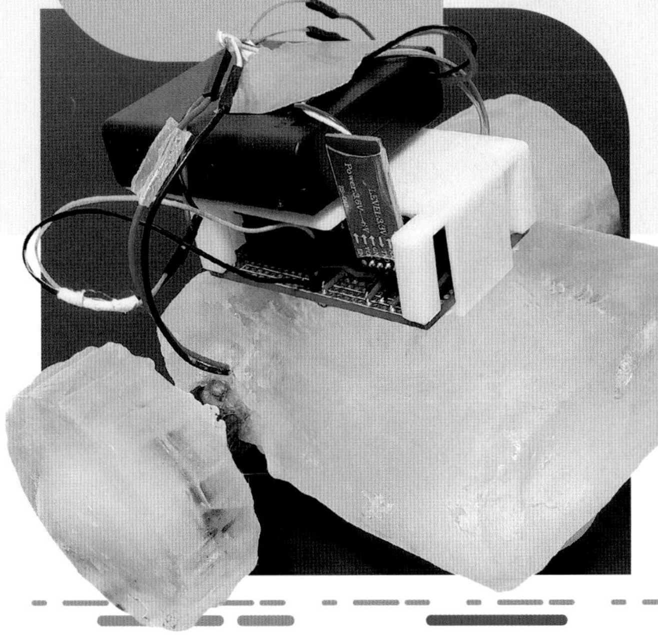

가장 높이 점프한 사족보행 로봇
미국 매사추세츠 공과 대학교의 김상배와 그의 동료들이 제작한 치타3는 지면에서 78.74cm를 뛰어 오른다. 이 45kg의 네 발 달린 로봇은 뒷다리를 구부렸다가 차올리며 수직으로 뛰어오른다. 치타의 작은 형제, 미니 치타는 심지어 뒤로 공중제비까지 넘을 만큼 민첩하다!
하지만 둘 모두 **수직 민첩성이 가장 뛰어난 로봇**(점프의 높이와 빈도를 미터법으로 계산)과 비교하면 얌전한 편이다. 캘리포니아 대학교 버클리 캠퍼스가 2018년에 개발한 살토-1P 매초 1.83m를 뛰어 오른다. 이 한 발 로봇은 팬과 반작용 조절용 바퀴를 사용해 공중에 머물 수 있다.

컴퓨터의 역사

1945: 프로그램이 작동한 최초의 전자 컴퓨터

1945년 12월 10일 미국 펜실베이니아대학교에서 에니악(전자식 숫자 구적기 및 컴퓨터)이 첫 번째 계산을 실행했다. 이 컴퓨터는 다수의 모듈로 구성되었으며, 특정 수식 연산과 업무 수행용으로 설계됐다. 각 작업 또는 '프로그램'에 맞춰 에니악을 변경할 수 있도록 모듈 사이의 연결이 설정되어 있었다.

1954: 1,000대가 출시된 최초의 전자 컴퓨터

1954년 12월 8일 미국 매사추세츠 보스턴에 있는 존 핸콕 뮤추얼 생명보험사에 최초의 IBM 650 마그네틱 드럼 데이터 프로세싱 머신이 배달됐다. 1962년까지 모델 생산이 유지됐으며 약 2,000대가 생산됐다. 650은 IBM이 중견기업을 타깃으로 만든 첫 컴퓨터다.

1967: 가장 큰 하드디스크 플래터

라이브라스코프 디스크 파일의 드라이브는 121cm의 플래터(원판)를 사용했다. 이 하드 드라이브는 단 2개만 제작됐다. 하나는 1967년 스탠퍼드대학교 AI 연구실에서, 다른 하나는 로렌스 방사능실험실(현 로렌스 리버모어 국립연구소)에서 사용했다. 각각 6개의 원판으로 구성됐으며, 무게는 2,358kg에 48MB의 데이터를 저장했다.

1947: 최초의 컴퓨터 스타트업

미국의 과학자 J. 프레스퍼 에커트와 존 모클리가 1947년 12월 8일 에커트-모클리 컴퓨터 회사를 창립했다. 펜실베이니아대학교의 무어 공대에서 에니악(위쪽 참조)을 계승하여 2명이 완성한 작업을 기반으로 상업용 컴퓨터 '유니박(UNIVAC)'을 개발하기 위해 조직된 기업이다.

1948: 가장 무거운 데이터 릴

IBM의 SSEC(서열 선택성 전자계산기)에 맞춘 종이테이프 릴의 무게는 181kg이다. 이 전자기계식 컴퓨터는 1948년 1월부터 1952년 8월까지 작동됐다. 단 1대만 제작했으며 미국 뉴욕시에 있는 IBM 본사의 커다란 방을 차지했다.

1954: 가장 무거운 이동식 컴퓨터

DYSEAC는 메릴랜드주 게이더스버그에 있는 미국 연방표준국이 제작한 진공관 컴퓨터다. 미국 국방성을 위해 제작해 1954년 5월 완성됐는데, 2개의 맞춤형 12.1m 트레일러가 포함돼 있었다. 하나는 DYSEAC 컴퓨터용이었고, 다른 하나는 전원 공급장치와 냉각 시스템, 장비 공간용이었다. 컴퓨터 트레일러의 무게는 1만 886kg, 지원 트레일러는 7,257kg으로 합계 1만 8,143kg인데, '이동식' 컴퓨터가 아프리카코끼리 3마리보다 더 무거웠다!

1962: 최초의 멀티 플랫폼 비디오게임

1962년 매사추세츠 공대에서 스티브 러셀(미국)과 자발적 '해커' 그룹이 PDP-1 컴퓨터용 〈스페이스워〉를 코드화했다. 이 빠른 페이스의 멀티플레이어 게임은 다른 기관으로 퍼져 나갔는데, 1972년에는 캘리포니아주의 팔로알토부터 영국의 케임브리지대학교까지 먼 곳에 있는 14개의 다른 컴퓨터 모델에 복사됐다.

1977: 최장기간 컴퓨터를 지속해서 작동한 기록

나사의 보이저 2 우주비행선에 탑재된 컴퓨터 커맨드 시스템(CCS)은 상호 연결된 한 쌍의 컴퓨터로 각각 메모리가 겨우 70KB다. 이 기기는 1977년 8월 20일 우주비행선이 발사된 이후 계속 실행되고 있다. 보이저 2호의 주요 컴퓨터인 CCS는 2021년 1월 28일 기준 43년 161일 동안 작동했다. 139쪽에서 보이저 2호에 관해 더 많이 알아보자.

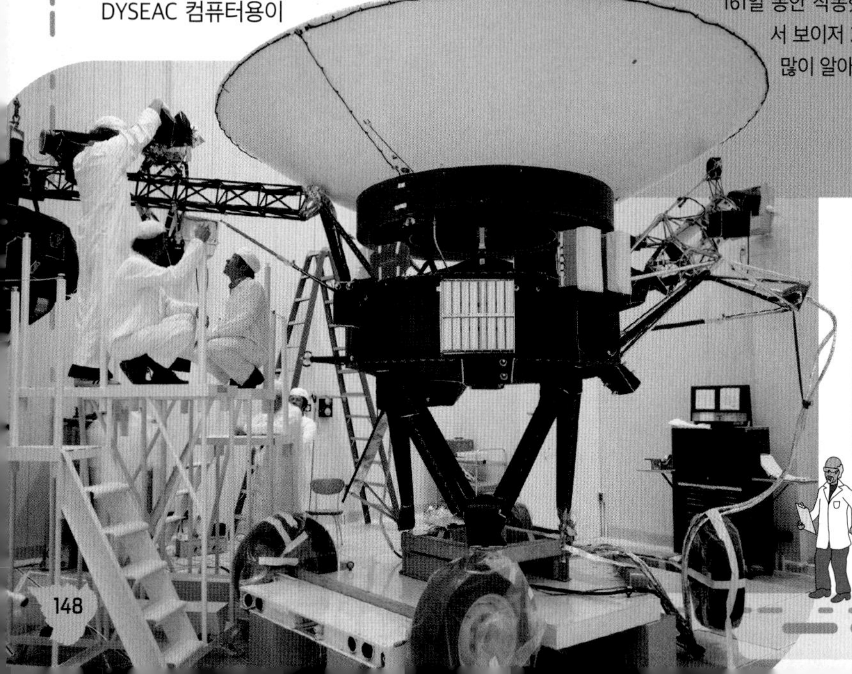

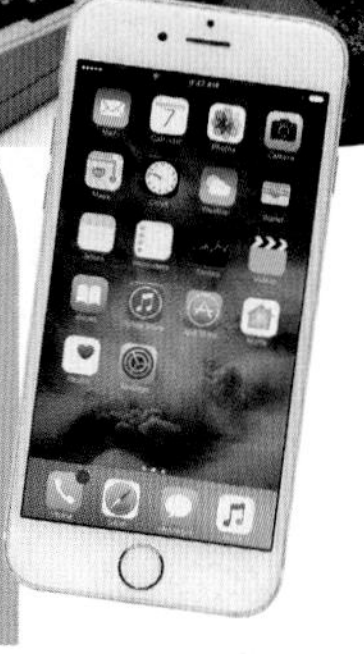

1982: 가장 많이 팔린 데스크톱 컴퓨터

코모도어 인터내셔널(미국)은 1982년 8월부터 1994년 4월까지 코모도어64를 생산했다. C64의 정확한 판매량은 알 수 없지만, 회사의 공식 수치는 1,700만 대로, 현재를 기준으로 환산하면 약 1,250만 대가 판매된 셈이다. **전체 가장 많이 판매된 컴퓨터**는 2014년 아이폰 6(삽입된 사진)로 약 2억 2,000만 대가 판매됐다.

1991: 우주에서 발송된 첫 번째 이메일

우주비행사 섀넌 루시드와 제임스 C. 애덤슨은 1991년 8월 9일 나사의 우주왕복선 아틀란티스에서 지구로 이메일 답장을 보냈다. 이 메시지는 애플링크 네트워크를 통해 미국 휴스턴 존슨 우주센터의 마샤 이빈스에게 보내졌다. 전체 문장은 다음과 같다. "안녕 지구! STS-43 대원이 인사를 전합니다. 우주에서 처음 애플링크를 사용하네요. 좋은 시간을 보내고 있어요, 당신도 왔으면 좋았을 텐데… 크라이오(cryo)와 RCS를 보냅니다! 하스타 라 비스타(잘 지내길), 돌아가서 만나요!"

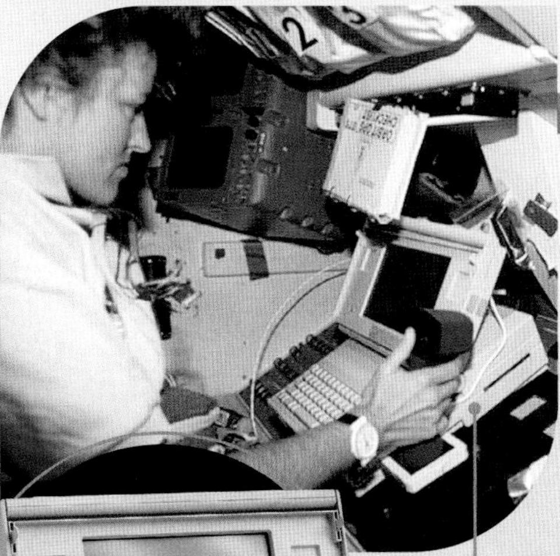

1993: 가장 오래 운영된 해커 대회

데프 콘(DEF CON)은 지금은 존재하지 않는 캐나다 기반의 해킹 네트워크인 '플레티넘 넷'의 회원을 위한 파티로 1993년 시작됐다. 미국 라스베이거스에서 개최되며 매년 컴퓨터 보안의 양쪽 진영에서 3만 명이 모여든다. 참가자들은 티켓을 현장에서 현금으로 구매해야 하는데, 사용한 신용카드의 정보로 경찰에게 추적당하는 일을 피하기 위해서다.

1964: 가장 오래된 컴퓨터 구조

IBM 시스템/360 메인프레임 컴퓨터는 1964년 4월 7일 완성됐다. 이 컴퓨터의 기본 구조(메모리의 구성, 프로그램의 작동방식, 프로세서가 사용하는 명령어 집합)는 오늘날에도 여전히 판매되는 IBM 메인프레임의 특색을 그대로 갖추었다.

이런 안정성은 58년 전에 제작된 소프트웨어가 현대 IBM 기기에서도 여전히 작동된다는 걸 의미하며 이 특성은 미국 국세청과 사브르 항공사 예약 시스템(IRS) 2곳이 IBM의 주요 고객이 되는 데 결정적인 역할을 했다고 한다. 이 기관들의 시스템은 **꾸준히 사용되는 가장 오래된 소프트웨어** 기록에 가장 강력한 후보들이다. IRS 개인 마스터 파일은 심지어 1962년에 작성된 코드도 포함하고 있다.

1971: 최초의 마이크로프로세서

인텔(미국)이 설계하고 제작한 최초의 4004 칩이 1971년 1월 완성됐다. 엄지손톱 크기의 이 단일 칩 프로세서는 초당 1,200회의 연산을 해낸다. 1972년에는 후속작인 8008이 출시됐는데, 1950년대의 방을 가득 채우던 컴퓨터보다 성능이 좋았다.

2019: 뢰브너상 최다 수상

미국의 발명가 휴 뢰브너가 1990년에 만든 이 연례 대회 시상식은 인간의 자질을 보여주는 AI 프로그램에 상을 준다. 스티븐 워스윅(영국)은 그의 챗봇인 '미츠쿠'로 5회 수상했으며 가장 최근에는 2019년 9월 15일에 상을 받았다. AI와 인간을 구분할 수 없다는 사실이 증명되면 설계자는 10만 달러를 받고 대회는 끝이 난다.

2016: 최대 규모 마이크로프로세서 모델

제임스 뉴먼(영국)은 2016년 6월 22일 4만 2,370개의 개별 트렌지스터로 마이크로프로세서의 모형을 완성했다. 그의 '메가프로세서'는 우리가 매일 사용하는 컴퓨터의 내부 활동 모습을 인간에게 적합한 크기와 속도로 보여 준다. 1만 개 이상의 LED 논리 회로가 작동하면서 데이터가 프로세서를 이동하는 모습을 보여 준다. 현재 메가프로세서는 영국 케임브리지에 있는 컴퓨팅역사센터에 전시돼 있다.

2020: 가장 빠른 컴퓨터

슈퍼컴퓨터 후가쿠는 일본 고베의 리켄컴퓨터과학센터에 설치돼 있다. 고성능 린팩(HPL)이 장착돼 415.5페타플롭(1초당 41경 5,500조 번의 연산)의 성능을 기록했다. 후가쿠는 2020년 6월에 공개된, 세계에서 가장 강력한 슈퍼컴퓨터를 나열한 목록인 제55회 톱500 리스트에서 최상단을 차지했다.

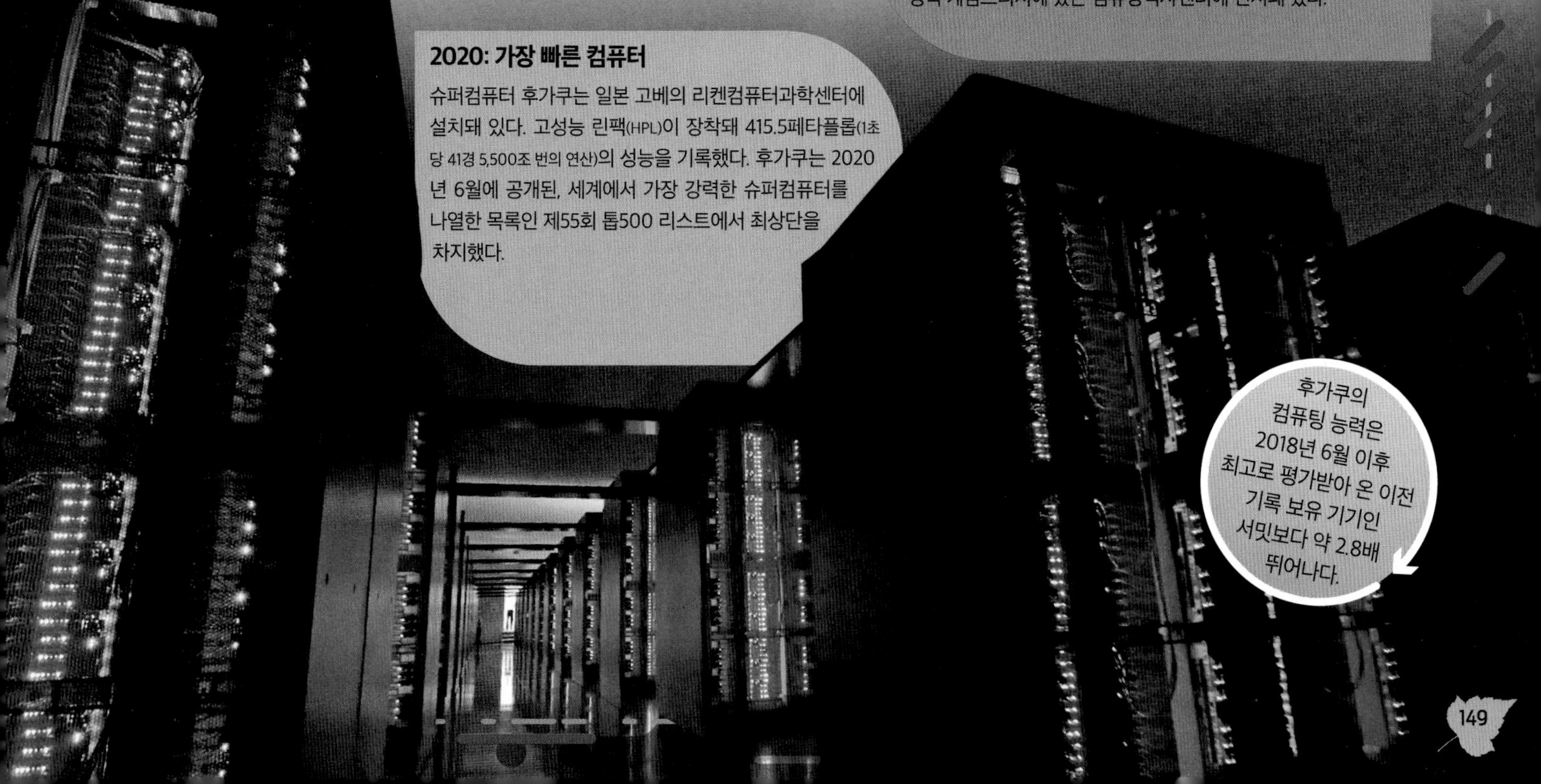

후가쿠의 컴퓨팅 능력은 2018년 6월 이후 최고로 평가받아 온 이전 기록 보유 기기인 서밋보다 약 2.8배 뛰어나다.

최첨단 과학

CASP 최고점수

단백질 구조 예측 대회(CASP)는 1994년 이후 격년으로 열린다. 참가자들은 아미노산 서열을 보고 다양한 단백질의 3D 구조를 구분해야 한다. 각 팀의 예측성과는 글로벌 디스턴스 테스트(GDT)를 사용해 0~100까지 측정치로 정량화된다. 영국의 AI 연구소 딥마인드가 만든 시스템, 알파폴드가 CASP14에서 92.4GDT를 획득했다고 2020년 11월 30일 발표됐다. 단백질의 정확한 형태를 구분해 기능을 알아내는 과정은 많은 약을 개발하기 위한 하나의 기본적인 절차다.

임상으로 사용된 최초의 mRNA 백신

토지나메란 코로나19 백신은 2020년 12월 2일 영국 의약품 및 의료기구 관리국의 승인을 받았다. 바이온텍(독일)이 화이자(미국)와 푸싱(중국)의 지원을 받아 개발했다. 이 백신은 살아 있는 세포를 자극해 특정 반응을 유도하는 DNA 형태의 구조물, 즉 '전령RNA(혹은 mRNA)'로 불리는 유전암호를 이용한다. 토지나메란의 mRNA는 세포들이 바이러스의 무해한 파편을 생산하게 만들어 면역 시스템이 학습할 수 있도록 한다.

우주에서 생존 가능성이 확인된 최초의 박테리아

2020년 8월 발표된 한 연구에 따르면, 국제우주정거장의 외부에 부착한 건조 펠릿의 데이노코쿠스 박테리아가 3년 동안 살아남았다고 한다. 이 박테리아의 생명력은 화성 여행에서도 살아남을 가능성을 암시했으며, 행성에서 행성으로 생명체가 이동할 가능성을 보여 줬다.

방사선 저항이 가장 좋은 생물 형태는 데이노코쿠스의 친척인 D. 라디오두란스다. 사람을 죽이기에 충분한 감마선의 3,000배에 달하는 1만 5,000Sv(시버트)에서도 생존한다.

중력파로 탐지한 최대 규모 블랙홀 병합

2019년 5월 21일 레이저 간섭계 중력파 관측소와 비르고 관측소가 지구에서 170억 광년 거리에 있는 2개의 블랙홀이 합쳐지는 모습을 중력파로 식별했다. 추후 GW190521로 명명된 이 장면은 밝은 섬광으로 그 모습을 드러냈다. 두 블랙홀의 질량을 태양과 비교하면 각각 85배와 66배다. 이 발견은 2020년 9월 2일 발표됐다.

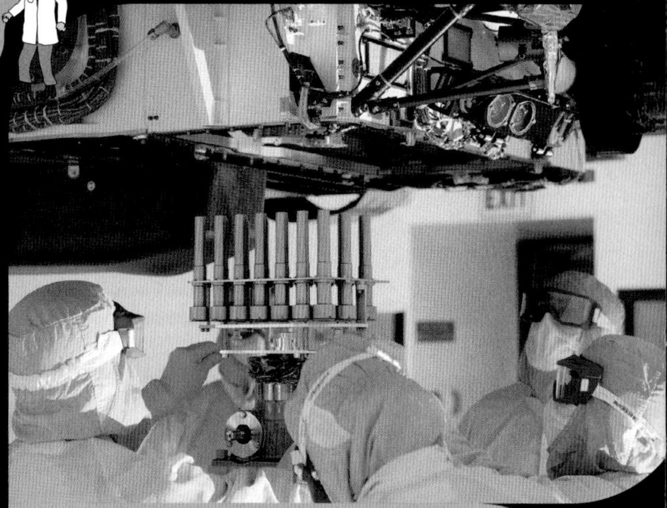

가장 깨끗하게 제작된 물체

나사의 화성 탐사 로봇인 퍼서비어런스(138쪽 참조)에 장착된 샘플 회수용 튜브는 튜브당 유기 화합물이 150ng(나노그램)이 넘지 않도록 일련의 정화 과정을 거친다. 참고로, 사람의 지문 하나는 표면에 4만 5,000ng의 유기 화합물을 남긴다. 이렇게 지구의 오염물질을 남기지 않아야 과학자들이 진짜 화성에서 기원한 생명체의 흔적을 발견할 수 있다.

최초로 인간의 조직을 이용해 만든 3D 프린트 심장

2019년 4월 텔아비브대학교(이스라엘)의 과학자들이 환자의 조직을 활용해 소형 세포 심장을 만들었다. 3D 프린터에 조직을 '바이오 잉크'로 처리해 넣어 실제로 뛰지는 않지만, 혈관, 심실, 심방이 있는 완전한 장기로 만들었다. 이 프로젝트를 이끈 탈 드비르 교수는 언젠가 이 기술로 완전한 크기의 실제 기능하는 인간의 심장을 만들어 환자들이 심장 이식을 기다리지 않아도 되는, 삶을 바꾸는 결과를 가져오길 기대한다고 말했다.

가장 정교한 직물

맨체스터대학교(영국)의 연구자들이 cm²당 770만 올이 있는 분자 직물을 만든 사실이 2020년 7월 1일 확인됐다. 이전 가장 많은 올이 사용된 정교한 직물은 이집트 리넨으로 여겨지는데 cm²당 약 230올이다. 이 팀은 금속 원자와 음이온을 사용해 탄소, 수소, 산소, 질소, 황 원자들로 이루어진 작은 분자 구조 블록을 엮어냈다. 분자 직물의 한 겹은 4nm(나노미터) 두께로, 인간의 머리카락보다 1만 배 가늘다. 이 미세한 직물은 극도로 강해 엄청나게 정교한 필터나 망을 제작할 수 있다.

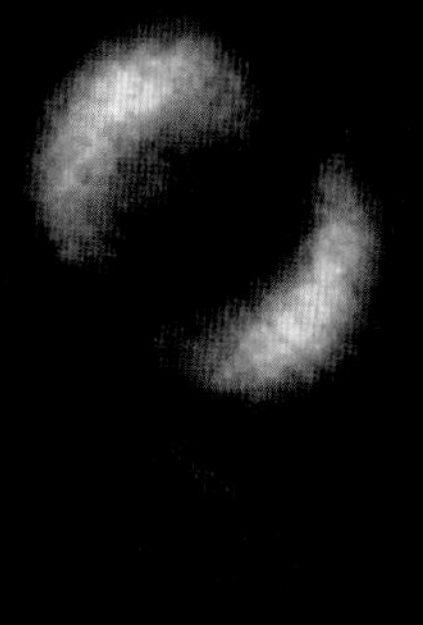

양자 얽힘 내 광자의 최초 사진

알베르트 아인슈타인이 '으스스하다'고 묘사한 '양자 얽힘'은 2개의 입자가 물리적인 거리가 멀어져도 서로 영향을 끼치는 상태를 말한다. 비록 양자 얽힘으로 현재 퀀텀 컴퓨팅의 기초를 형성하기는 했지만, 2019년 7월이 되어서야 글래스고대학교(영국)의 과학자들이 엄청나게 예민한 광자 카메라를 사용해 그 모습을 처음으로 잡아낼 수 있었다. 이들은 자외선 레이저로 크리스털을 비추고, 빛의 광자를 쪼개고, 그 뒤에 이어진 얽힘을 촬영했다.

최초로 모두 여성으로 구성된 노벨상 공동 작업

스웨덴 왕립과학아카데미는 10월 7일 2020 노벨화학상의 수상자는 제니퍼 다우드나(미국, 오른쪽)와 에마뉘엘 샤르팡티에(프랑스, 왼쪽)라고 발표했다. 이 둘은 '유전자 가위'로 자주 언급되는 크리스퍼-Cas9 기술을 개발했는데, 이를 이용해 유전자 코드의 일부를 잘라내거나 겹쳐 쓰는 새로운 의학 치료법이 가능해졌다. 지금까지 962명의 노벨상 수상자 중 단 57명만 여자다.

가장 빠른 적외선 분광기

적외선 분광기는 기후변화를 일으키는 기체의 분석부터 식품의 안전검사까지 많은 분야에서 사용된다. 이 기기는 측정하는 대상에 영향을 받은 적외선의 파장을 관찰하는 방법을 활용한다. 일본 도쿄의 광자 과학기술기관의 과학자들은 초당 8,000만 스펙트럼(빛의 파동)을 추출할 수 있는 적외선 분광기를 만들었다. 이들은 양자 캐스케이드 탐지기를 사용해 표본 물질에서 나오는 레이저 파동을 '느리게' 만든다. 분석에 2년이 걸리던 물질들을 이제 단 1초면 끝낼 수 있다.

가장 작은 초음파 탐지기

헬름홀츠 젠트럼 뮌헨과 뮌헨공과대학교(둘 다 독일)의 연구진이 2020년 9월 실리콘 도파관-에탈론 탐지기(SWED)라는 이름의 혈액세포 크기의 장치를 공개했다. 이 장치는 겨우 0.5㎛(마이크로미터) 폭의 실리콘 칩에 장착된 소형 광자 회로를 사용한다. 이 칩은 200개를 일렬로 놔도 그 폭이 겨우 프린터 용지 두께 정도다. 이 탐지기의 대규모 집합체를 활용하는 방법으로는, 수술 전 장기의 내부를 극도로 세밀하게 스캔하는 과정을 예로 들 수 있다.

배터리가 필요 없는 최초의 휴대용 콘솔

에너지 어웨어 게이밍 플랫폼(ENGAGE)은 태양열 전지판과 사용자가 버튼을 누를 때 생기는 에너지(압전기)를 동력으로 사용한다. 이 기기는 또 인터미턴트 컴퓨팅이라는 기술을 사용해 전력 사용도 낮게 유지한다. ENGAGE는 노스웨스턴대학교(미국)와 델프트 공과대학교(네덜란드) 팀이 제작했다. 이 기술들은 미래에 배터리 저장이 불가능하거나 동력이 제한되는 상황에서 활용될 수 있다.

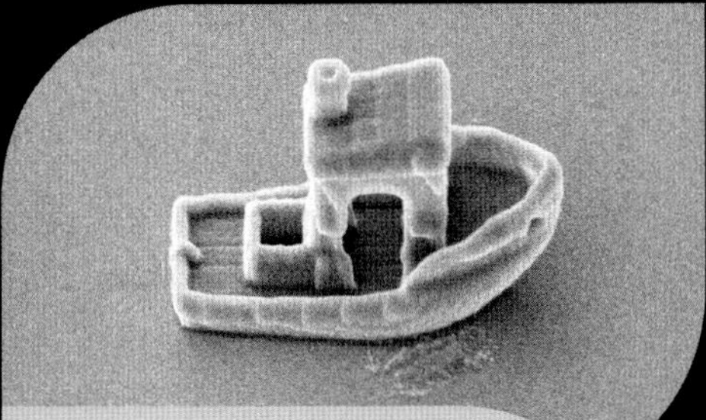

가장 작은 보트

2020년 10월 30일 사람의 머리카락 안에서 항해할 수 있을 정도로 작은 11.5μm(마이크로미터)의 배가 처음으로 출항했다. '예인선 벤치'를 따라 만든 이 모델은 레이던대학교(네덜란드) 팀이 2-광자 중합이라는 과정을 통해 실험용 3D 프린터로 제작했다. 극도로 작은 이 배는 소량의 과산화수소에 반응하는 백금 조각으로 직접 추진력을 만들어 이동한다.

히어로 팔은 3D 프린팅한 '스킨'을 고를 수 있는데, 이 사진 속 에비 램버트는 〈겨울왕국〉이 공식 커버된 의수를 하고 있다.

의학적으로 입증된 최초의 3D 프린트 생체공학 팔

오픈 바이오닉스(영국)가 2018년 제작한 '히어로 팔'은 가벼운 무게의 인공기관으로 8세 정도의 어린이들도 착용할 수 있다. 모든 의수는 3D 스캐닝과 프린트 기술을 사용해 맞춤 제작하며, 8kg까지 들어 올릴 수 있다고 한다. 착용자는 남은 팔의 근육으로 모터를 조종해 의수의 손가락을 움직인다. 사진은 오른쪽 손이 없는 상태로 태어난 캐머런 밀러의 모습이다. 그는 〈스타워즈〉가 공식 커버된 히어로 팔을 착용하고 있다. "루크 스카이워커가 된 기분이에요. 그도 생체공학 팔을 가지고 있잖아요." 캐머런이 말했다.

종합

행성을 촬영한 가장 높은 해상도의 위성 지도

2020년 2월 26일 발행된 벤누 글로벌 모자이크는 픽셀당 5cm의 해상도로 소행성 101955 벤누를 담고 있다. 이 지도는 나사의 오시리스-렉스 우주선이 2019년 3월 7일부터 4월 19일 사이 폴리캠 장비로 찍은 2,155장의 사진을 엮어 만들었다. 우주선이 극도로 낮은 궤도를 유지해 이렇게 자세한 사진을 촬영할 수 있었다.

가장 많이 비행한 로켓의 1단 부분

스페이스X 팰컨 9의 부스터 B1051은 2019년 3월 2일부터 2021년 5월 9일까지 10번의 비행 임무를 완수했다. B1051은 약 130t의 위성 장비를 지구 궤도에 올렸는데, 여기에는 캐나다의 레이더 위성 세트와 시리우스 XM 방송 위성 1기, 스타링크 위성 417기가 포함돼 있다. 아홉 번째와 열 번째 임무의 간격은 단 56일에 불과했다.

스페이스X의 트랜스포터-1 임무는 2021년 1월 24일 미국 플로리다주에 있는 케이프 커내버럴 공군기지의 케네디우주센터에서 이륙했다. **단일 로켓에 실린 가장 많은 위성**(143기)이 화물에 포함돼 있었다. 이 비행은 스페이스X의 소형 위성 합승 프로그램의 많은 임무 중 첫 번째 임무로, 이 프로그램은 작은 위성을 운영하는 업체들로부터 예약을 받아 위성 여러 기를 저렴한 가격에 우주로 합동 발사한다.

100%

소행성에서 가지고 온 가장 큰 토양 표본

일본 우주항공연구개발기구(JAXA)의 직원이 2020년 12월 6일 호주 우머라에 가서 하야부사2 탐사선이 궤도에서 떨어뜨린 캡슐을 회수했다. 캡슐 안에는 지구에서 약 3,000만km 떨어진 소행성 162173 류구의 샘플 5.4g이 들어 있었다. 하야부사2는 화물을 떨어뜨린 뒤 현재 남은 추진제를 이용해 다른 소행성을 근접 비행하고 있다.

최대 규모 은하수 지도

2020년 12월 3일 유럽우주기구의 가이아 우주 천문대는 우리 은하의 항성 18억 1,100만 개가 담긴 데이터를 만들었다. 가이아는 별의 위치 및 방사 속도를 극도로 정교하게 측정해 은하수를 3D 맵으로 창조했다. 놀랍게도, 별 10억 개는 고작 은하계의 1% 정도에 불과하다.

감자 전지로 만든 가장 높은 전압

우주과학공원(덴마크)은 300kg의 감자로 1,950V를 만들었다. 이 감자 전지는 덴마크의 과학자 한스 크리스티안 외르스테드가 전자기를 발견한 지 200주년을 기념하기 위해 2020년 10월 18일 덴마크 노르부르크에서 연결됐다. 감자에는 아연과 만나면 전자를 방출하는 인산이 들어 있다.

최대 규모 드론 신시사이저

킬로드론은 1,000개의 아날로그 발진기가 합쳐져 하나의 출력을 만들어 (음악의) 한 음을 내도록 조율돼 있다. 룩 멈 노 컴퓨터, 본명 샘 배틀(영국)이 2020년 코로나 봉쇄 기간에 이 마음을 녹이는 신시사이저를 제작해 2020년 9월 25일 영국 켄트주 램즈게이트에서 검증받았다.

최대 규모 비디오게임 프로젝트 전시

〈데스티니 2: 빛의 저편〉 출시를 기념하기 위해, X박스 시리즈 X(미국)가 미국 콜로라도주 프리스코의 쿠퍼산의 한 측면에 번지(Bungie)에서 장기간 운영해 온 온라인 공상과학 슈팅 게임을 프로젝트로 영사했다. 〈빛의 저편〉은 목성의 위성 유로파를 배경으로 펼쳐지기 때문에, 눈이 쌓인 배경이 필수였다. 2020년 11월 23일 이 투사된 영상의 면적은 1,773.6m^{2}였으며, 스노보드 선수 그랜트 길러가 플레이했다.

최초의 개 AR 고글

군용견은 교전 중 중요한 역할을 한다. 뛰어난 후각을 이용해 폭발물이나 다른 위험 요소를 탐지한다. 2020년 10월, 커맨드 사이트사(미국)가 공개한 군용견 친화적인 증강현실(AR) 고글 '렉스 스펙스'에는 개가 훈련을 통해 인식할 수 있는 원격 카메라와 시각 표시 장치가 탑재돼 있다. 지시자는 개가 보는 장면을 볼 수 있어, 개가 시야에서 사라졌을 때도 지시 혹은 관리를 할 수 있다.

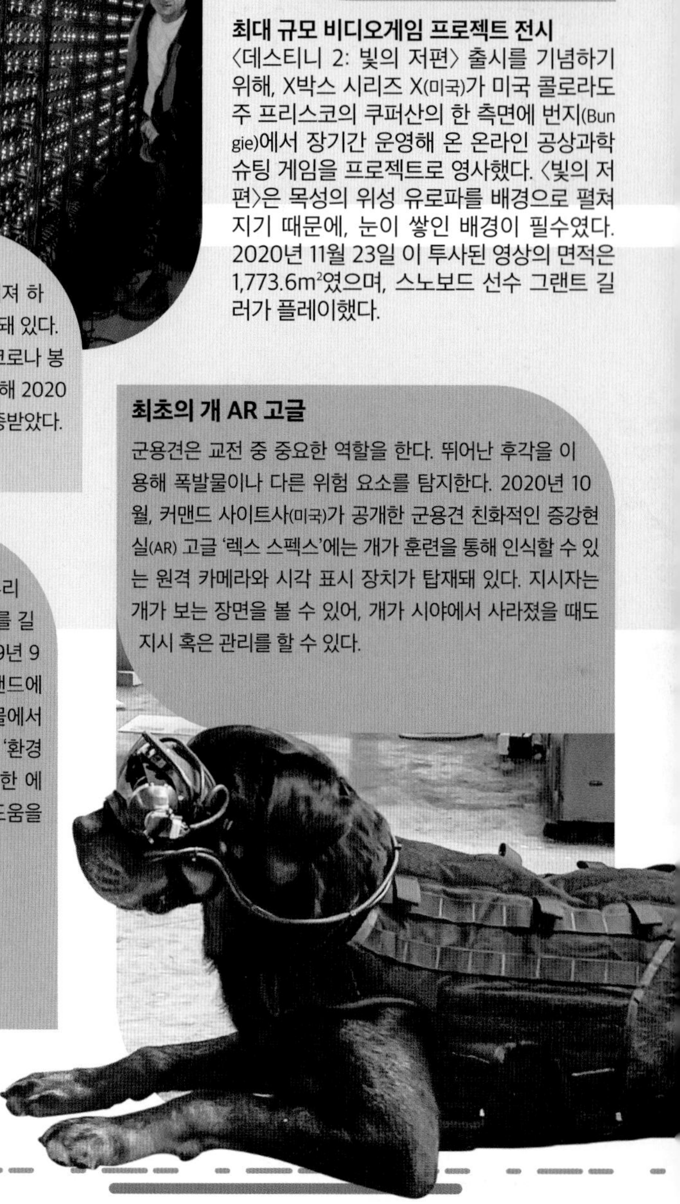

가장 긴 곰팡이 균사체 보트

학생인 케이티 에이어스(미국)가 버섯의 뿌리 부분인 지하 균사체로 2.3m 길이의 카누를 길러, '마이코누'라고 이름 붙인 사실이 2019년 9월 6일 미국 네브래스카주 그랜드아일랜드에서 확인됐다. 여전히 살아 있는 보트로, 물에서 꺼낼 때마다 버섯이 피어났다. 버섯을 '환경을 돕는 최고의 협력자'라고 말한 에이어스는 애슐리 고든의 도움을 받아 이 기록을 세웠다.

폭파 철거된 가장 높은 건물

2020년 11월 27일 모든 프로퍼티스(UAE)가 UAE 아부다비에서 높이 165.03m의 철근 콘크리트 빌딩인 미나 플라자를 무너뜨렸다. 이 극적인 장면은 단 10초 만에 끝이 났는데, 폭발선에 3,000개의 지발 뇌관과 915kg의 폭발물을 연결해 폭발을 시작했다. 이 철거로 22년 이상 된 기록이 경신됐다.

가장 튼튼한 초음속 낙하산

에어본 시스템스(미국)가 제작한 SR03 낙하산은 2018년 9월 7일 공중 실험에서 마하 1.85 속도에서 절정 하중 299.52kN(킬로 뉴턴)을 견뎌냈다. 나사의 화성 2020 퍼서비어런스 탐사 로봇을 위해 나일론, 케블러, 테크노라 등의 물질을 사용해 제작했다. 직물이 접힌 상태로 압축 실린더에 들어 있다가 방출되면 단 0.4초 만에 21.5m 폭으로 펼쳐진다.

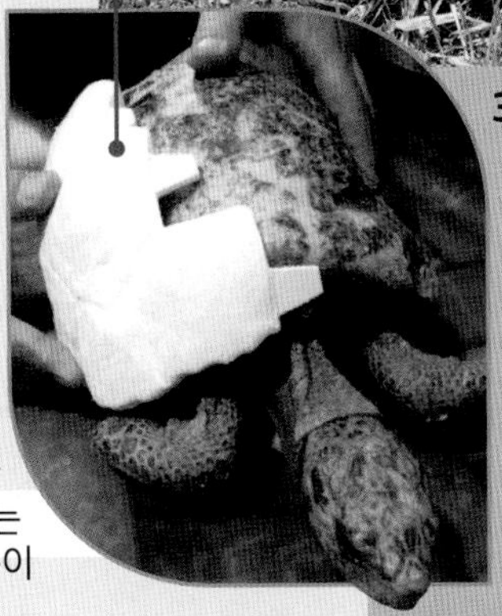

3D 프린터로 만든 최초의 거북이 등껍질

2016년 프레드라는 이름의 브라질 거북이가 산불로 인해 등껍질을 약 85% 나 잃은 상태로 봉사단체인 애니멀 어벤져스에 발견됐다. 이들은 건강한 거북이의 사진을 보고 대체할 껍질을 설계했고, 부위를 4개로 나눠 옥수수 성분의 플라스틱으로 프린트했다. 애니멀 어벤져스는 상처 입은 큰부리새에게 인공 부리를 3D프린터로 제작해 주기도 했다.

디지털 프린트된 가장 긴 사진

2020년 9월 26일 109.04m 길이의 사진이 독일 오베르스트도르프에 있는 샤텐베르크 스키 점프에 펼쳐졌다. 해당 지방의 유명 인사들이 담긴 사진으로, 프린트하는 데 16시간이 걸렸다. 카논 도이칠란트, 오베르스트도르프 토우리스무스, 오베르스트도르퍼 포토기펠, 일포트르 이메징 유럽(모두 독일)의 작품이다.

가장 긴 기동성 스쿠터

부자지간인 로이와 루크 핀치(둘 다 영국)가 6주에 걸쳐 3.10m 길이의 기동성 스쿠터를 만든 사실이 2020년 7월 26일 확인됐다. 이들은 대부분 다른 사람이 버리는 부품을 활용했기 때문에 프로젝트 비용이 127달러도 들지 않았다.

갈릴레오 대포로 가장 높이 공을 발사한 기록

이탈리아의 천문학자 갈릴레오는 공을 무게 순서대로 여러 개를 수직으로 쌓아 높은 곳에서 떨어뜨리면 가장 위에 있는 제일 가벼운 공은 떨어뜨린 높이보다 더 높이 튀어 오른다고 주장했다. 현대 버전의 이 '갈릴레오 대포'는 2020년 3월 6일 미국 노스캐롤라이나 채플 힐에서 13.08m를 기록했다. 이 '발사'는 노스캐롤라이나 과학축제, UNC 채플 힐 물리&천체학과, 노스캐롤라이나대학교가 기획했다(모두 미국).

사진으로 촬영된 가장 긴 지상의 가시선

마르크 브레트 구마(스페인)는 2016년 7월 13일 프랑스와 스페인 국경에 있는 피레네산맥의 픽 데 피네스트렐레스 정상에서 프랑스와 이탈리아 국경 인근 443km 거리에 있는 픽 가스파드산의 사진을 촬영했다. 이 사진은 파나소닉 루믹스 FZ72를 사용해 최상의 날짜와 시간, 장소를 선별하고 준비해 촬영했다.

최초의 날을 넣을 수 있는 프로토-라이트세이버

발명가 핵스미스, 본명 제임스 홉슨과 디자이너 보그단 말리노프스키(둘 다 캐나다)는 2020년 9월 8일 캐나다 온타리오주 키치너에서 〈스타워즈〉의 상징적 무기를 아주 비슷하게 창조해 내며 공상과학을 현실로 가져 왔다. 홉슨은 압축 액화 프로판가스와 산소를 혼합해 아주 멋진 제트 불꽃을 만들었는데, 약 2,200℃로 티타늄도 자를 수 있다.

포뮬러 스튜던트 대회 최다 종합 승

포뮬러 스튜던트는 영국기계학회가 기획한 대회로, 대학 팀들이 1인승 경주용 자동차를 설계하고 제작해 경쟁을 펼친다. 대회의 첫 레이스는 1999년에 열렸다. 렌테암 우니 슈투트가르트(독일)는 종합 부문(정지 및 역학 종목 점수의 합계)에서 2008년, 2009년, 2011년, 2016년까지 총 4회 우승했다.

페기 윗슨

나사에 길고 뚜렷한 족적을 남긴 경험이 풍부한 생화학자이자 우주비행사는 자신의 뛰어난 과학적 업적으로 기네스 세계기록 타이틀을 연달아 얻었다.

아이오와 농장에서 자란 페기는 1986년 미국 텍사스주 휴스턴의 나사 존슨 우주센터에 합류했고, 셔틀-미르 프로그램의 프로젝트 과학자가 됐다. 나사에서 직급이 오르며 그녀는 2005년 국제우주정거장(*ISS*)의 예비 사령관으로 훈련을 시작해, 4년 뒤 *ISS* 대원들의 준비와 지원을 총괄하는 애스트로넛 코프스(우주비행사단체)의 단장이 됐다. 페기는 2002년 6월 5일 엑스페디션5 대원과 함께 *ISS*로 처음 날아가며, 우주정거장에 방문한 최초의 나사 과학 담당관이 됐다. 그녀는 극미 중력과 인간 생명과학을 실험했고, 우주 선외 활동(EVA)으로 자신의 첫 우주 유영도 해냈다.

2007년 10월 10일 엑스페디션16이 발사되며 페기는 ***ISS*의 첫 여성 사령관**이 됐다. 그녀는 2008년 4월 17일까지 역임한 뒤 자신의 마지막 *ISS* 여정인 2017년 4월 9일 엑스페디션51에서 다시 사령관으로 재임했다. 페기는 6주 뒤인 2017년 5월 23일에 자신의 열 번째 선외 활동을 해, 아직까지 **우주 유영을 가장 많이 한 여성**으로 남아 있다.

페기는 2018년 나사에서 은퇴했다. 《타임》지는 이 선구적이고 영감을 불러일으키는 인물을 그해 가장 영향력 있는 100인에 선정하며 그녀의 위상을 알렸다.

1

주요 통계
이름: 페기 아네트 윗슨
출생일: 1960년 2월 9일
출생지: 미국 아이오와주 마운트 에어
직업: 생화학자, 우주비행사, 연구과학자
NASA 입사: 1986년
우주 유영: 10회(60시간 21분)
우주에서 머문 시간: 665일 22시간 22분
***ISS* 사령관:** 2007년 10월 19일~2008년 4월 17일, 2017년 4월 9일~6월 1일

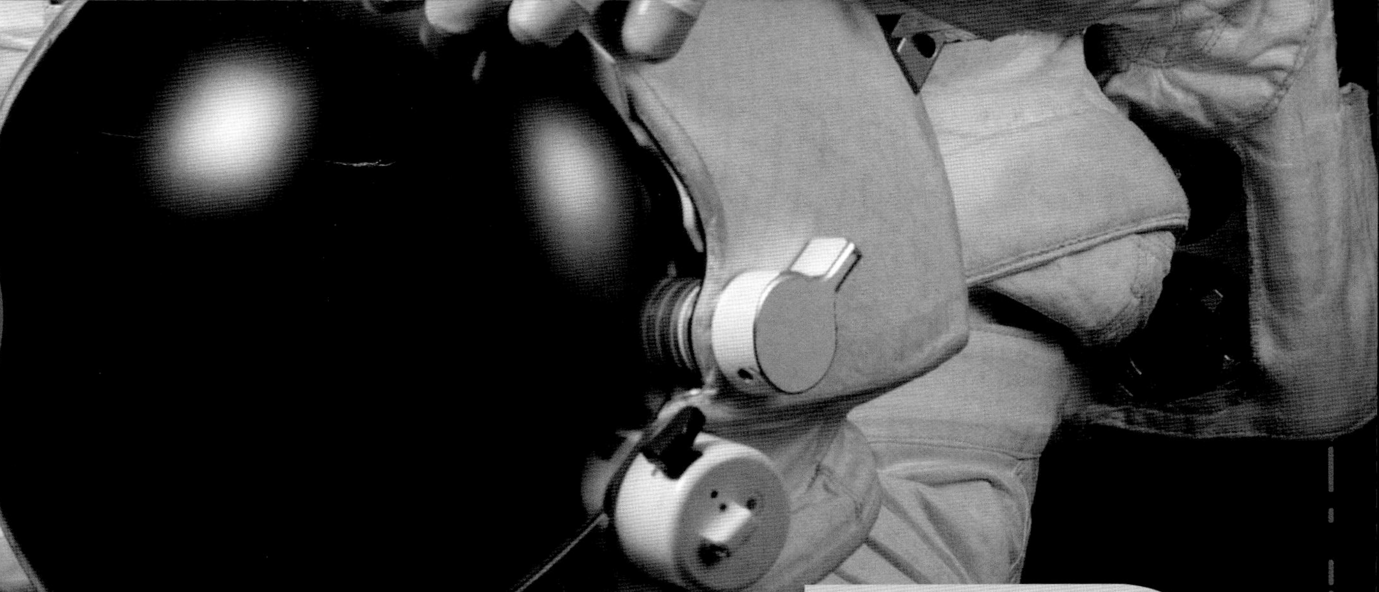

기네스
세계기록(오른쪽 참조)이
진행한 페기와의 생방송
인터뷰는 우주의
누군가와 진행한 첫
인터뷰다.

2

3

페기에 관한 더 많은 기록은
www.guinnessworldrecords.com/2022
명예의 전당 섹션에서 찾아보자.

4

5

1. 페기가 2017년 1월 우주 유영을 하는 모습이다. 그녀는 *ISS*에서 합계 60시간 21분 동안 선외 활동을 해, **우주 유영의 누적 시간이 가장 긴 여성**이다.

2. 페기는 2017년 7월 25일 ▶ *ISS*에서 기네스 세계기록 뉴욕 팀과 페이스북 라이브 인터뷰를 독점으로 진행했다.

3. 페기가 2015년 4월 나사의 존슨 우주센터에서 우주 유영 훈련을 진행하고 있다. 그녀의 오른쪽은 미생물학자 케이트 루빈스이며, 뒤에 보이는 사람은 일본의 우주비행사 오니시 다쿠야다.

4. 페기는 2017년 극미 중력에서 식물 재배에 관해 연구하는 Veg-03 프로젝트의 하나로 배추를 길러 냈다.

5. 페기는 2016년 11월 17일 56세 282일의 나이로 카자흐스탄의 바이코누르 우주 기지에서 날아오르며 **최고령 여성 우주비행사**로 기록됐다. 그녀는 마지막 2번의 우주 유영을 함께한 우주비행사 잭 피셔와 러시아의 우주비행사 표도르 유르치킨과 2017년 9월 3일 지구로 돌아왔다(왼쪽).

가상 방문

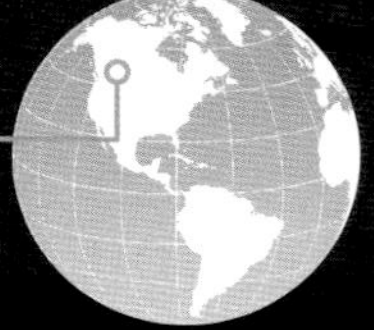

캐나다 드럼헬러

로열티렐박물관

위치: 캐나다 앨버타주 드럼헬러, 다이너소어 트레일 1500 N

개관일: 1985년 9월 25일

면적: 약 1만 2,500m²

분류 화석: 17만 점

영구 전시 화석: 약 800점

연간 방문자 수: 43만 명

캐나다 황무지에 자리 잡은, 공룡 사냥꾼들을 위한 자연의 보고인 고생물학 로열티렐박물관은 모든 종류의 고대 생물 화석을 수집한 것으로 세계적으로 유명하다.

1884년 8월 12일 젊은 지질학자 조셉 티렐은 앨버타 남부의 바위투성이 황무지에서 육식 공룡의 두개골에 걸려 발을 굴렀다. 이때 그는 7,000만 년 된 화석을 발견했는데 최초의 앨버토사우루스 사코파거스(앨버타의 고기를 먹는 파충류) 표본으로 기록됐다. 그리고 한 세기가 흐른 뒤인 1985년 조셉의 이름을 딴 고생물학 티렐박물관이 문을 열었다. 엘리자베스 2세 여왕은 1990년 이 시설에 '왕립(로열)'이라는 칭호를 하사했다.

박물관을 둘러싼 지형은 건조하고 인적이 드문, 광대한 침식지역이지만 오래전 멸종한 생물들의 흔적이 풍성하게 남아 있다. 매년 앨버타의 수천 세제곱미터 토양, 자갈 기반암 등에서 그 흔적들이 출토돼, 박물관은 이 모든 고고학 출토지를 보호하기 위해 긴밀히 협조하는 동시에 여러 발굴 작업을 직접 실시해 참신한 발견을 자주 끌어내고 있다. 한 예로, 1990년대 드라이 아일랜드 버펄로 점프 주립공원 인근에서 12~24마리의 티라노사우루스가 '떼죽음을 당한 집합지'인 **최대 규모 티라노사우루스 골층**이 발굴된 사례가 있다.

오늘날, 로열티렐박물관의 방대한 화석 및 지질학 표본 수집품 중에는, 어떤 종의 이름과 특징을 정의하는 기준이 되는 완전모식표본이 350개 이상 포함돼 있다. 이곳의 방문객들은 선사시대 야수들을 자세히 관찰할 수 있다. 가까이 다가갈 용기만 있다면….

TYRRELLMUSEUM.COM

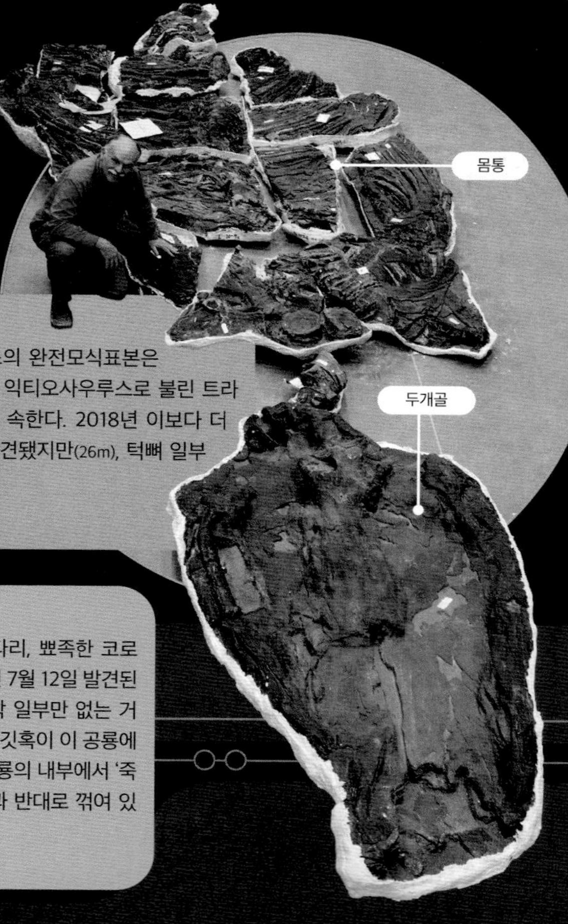

역대 가장 큰 해양 파충류

이 박물관에 있는 쇼니사우루스 시칸니엔시스의 완전모식표본은 길이가 21m로 볼링 레인보다 길다! 이 공룡은 익티오사우루스로 불린 트라이아스기의 해양 파충류, 샤스타사우루스과에 속한다. 2018년 이보다 더 컸을 가능성이 있는 익티오사우루스 화석이 발견됐지만(26m), 턱뼈 일부로만 추정한 내용이라 논란의 여지를 남겼다.

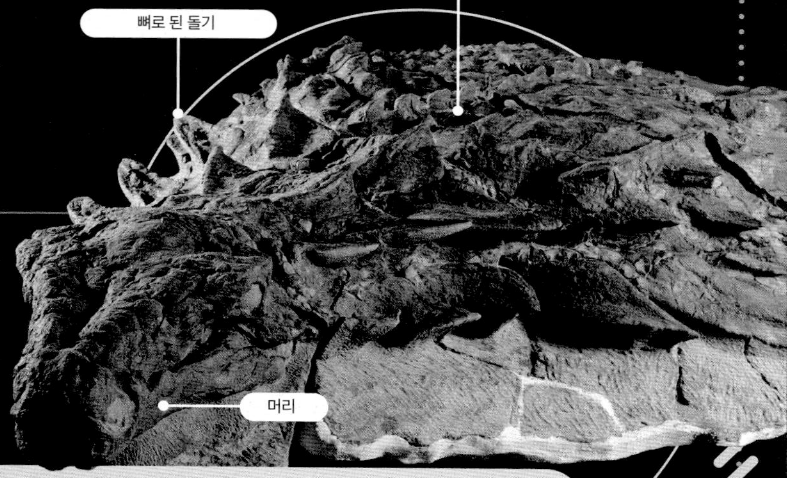

가장 잘 보존된 갑옷공룡

2011년 보레알로펠타 마크미첼리의 표본이 유사(油砂) 광산에서 발견됐는데, 피부를 덮고 있는 부드러운 조직과 각질 비늘이 여전히 입체적인 형태를 유지하고 있었다. 보존 상태가 너무 좋아 마지막 식사가 위장에 남아있을 정도였다! 보레알로펠타 같은 노도사우루스는 **가장 큰 갑옷공룡**(41쪽 참조)으로 잘 알려진 안킬로사우루스의 가까운 친척이지만, 곤봉 모양의 꼬리는 달리지 않았다.

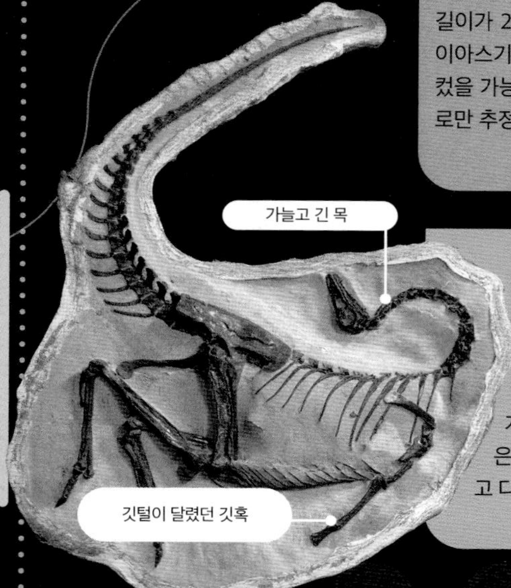

가장 완벽한 오르니토미미드

오르니토미미드는 긴 목과 튼튼한 다리, 뾰족한 코로 종종 '타조 공룡'으로 불린다. 1995년 7월 12일 발견된 오르니토미미드의 표본은 앞 발가락 일부만 없는 거의 100% 완벽한 상태였다. 앞다리의 깃혹이 이 공룡에게 깃털이 있었음을 보여 준다. 육식 공룡의 내부에서 '죽은 자세'로 발견됐는데, 목과 꼬리가 몸과 반대로 꺾여 있고 다리는 안으로 말려 있었다.

가장 완벽한 티라노사우루스 두개골

이 박물관에 있는 청년기의 고르고사우루스 표본은 왼쪽 앞다리와 위석(복늑골), 몇 개의 발가락을 제외한 약 93%가 완벽한 형태다. 코끝부터 꼬리까지 길이가 5.1m이며 두개골 상태가 완벽하다. 앨버타의 공룡 주립공원에서 발견됐다.

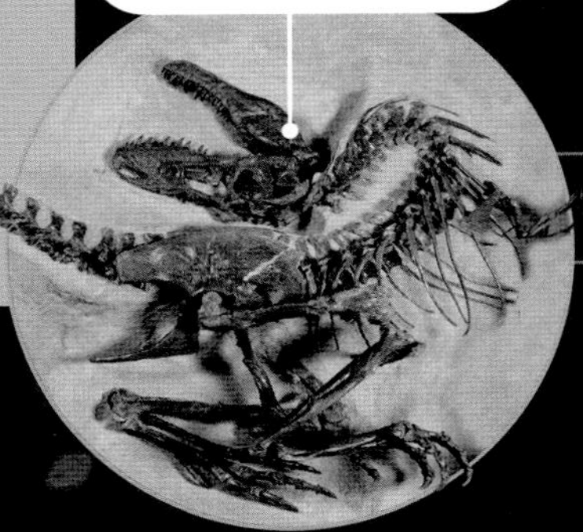

고르고사우루스('무시무시한 파충류')는 백악기 후기에 서식했다.

전시 중인 공룡

로열티렐박물관의 공룡관 내부를 방문한 관람객은 티라노사우루스부터(가운데 사진) 거대한 카마라사우루스까지 받침대로 형태를 고정해 놓은 30종 이상의 공룡 표본을 가까이서 볼 수 있다. 이곳은 지구상에 있는 최대 규모의 공룡 화석 전시관 중 하나다. 40~41쪽에 가면 최고의 공룡들이 살아난 모습을 볼 수 있다.

이 박물관은 멸종된 거대 포유류의 흔적도 전시하는데, 신생대 전시실에 가면 검치호랑이나 매머드(삽입된 사진) 등이 있다.

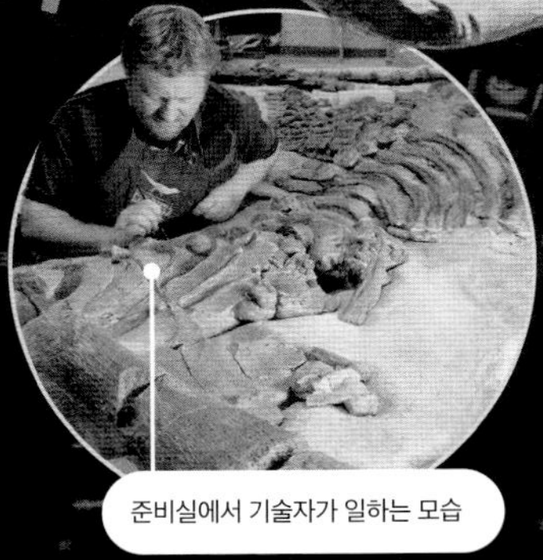

준비실에서 기술자가 일하는 모습

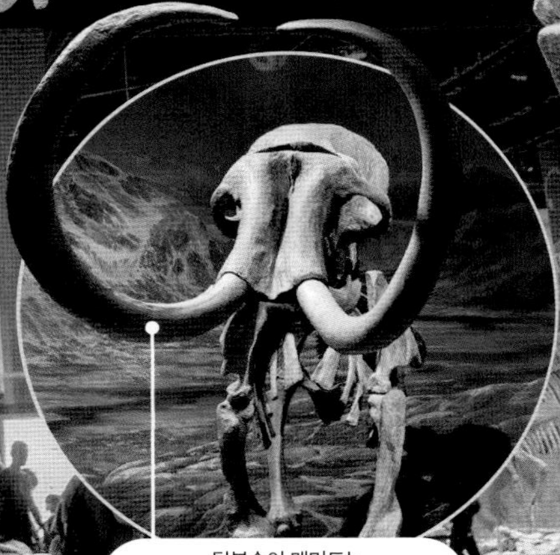

털북숭이 매머드는 1만 500년 전 대규모로 죽은 것으로 여겨진다.

시간문제…

- 신생대: 6,600만 년 전부터 지금까지
- 백악기: 1억 4,500만~6,600만 년 전
- 쥐라기: 2억 100만~1억 4,500만 년 전
- 트라이아스기: 2억 5,200만~2억 100만 년 전

가장 긴 목(척추골의 수 기준)

플레시오사우루스 알베르토넥테스 반더벨데이의 완전모식표본은 목뼈가 76개이며 목의 길이는 7m다. 이 해양 파충류의 뼈대는 앨버타의 후기 백악기 베어파우 형성대에서 (두개골과 지느러미 일부를 제외한) 거의 완전한 형태로 발견됐다. 길이를 기준으로 따지면 심지어 목이 더 긴 공룡도 있었는데, **역대 가장 목이 긴** 사우로포세이돈은 펼친 길이가 11~12m에 달했다. 하지만 이 거대한 육지의 공룡은 목뼈의 수가 적었는데 가장 많은 용각류가 단 '19개'였다. 참고로 사람의 목뼈는 7개다.

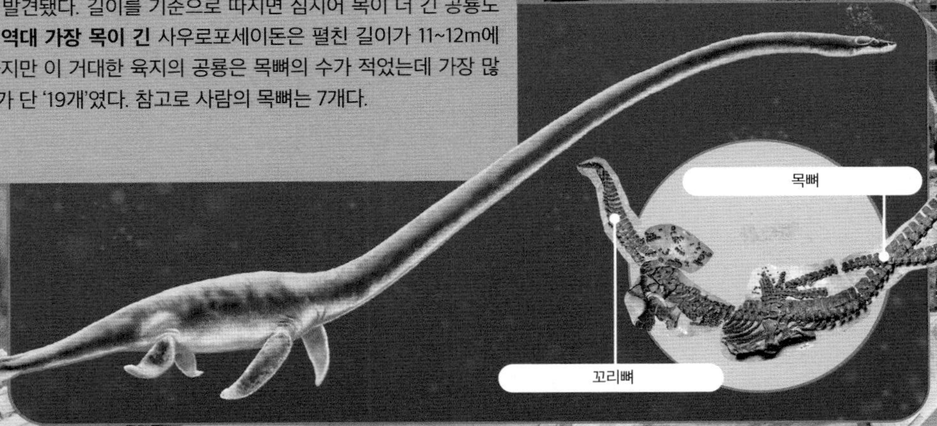

미국 대통령 선거 최다 득표

초당파 매체 《쿡 폴리티컬 리포트》에 따르면 조지프 로비넷 바이든 주니어(미국)는 2020년 미국 대통령 선거에서 8,128만 1,502표를 획득했다. 이는 그의 라이벌인 도널드 트럼프보다 700만 표 앞선 숫자다. 치열하고 경쟁적인 선거로 투표율이 높았는데, 양 후보 모두 2008년 버락 오바마가 기록한 이전 최고 기록인 6,900만 표를 넘었다. 민주당의 바이든은 선거인단 결과 306표로 232표를 얻은 트럼프를 이기고 승리를 확정지었다.

바이든은 캘리포니아의 상원의원 카멀라 해리스를 부통령으로 지명했다. 그녀는 **최초의 여성, 최초의 흑인** 그리고 **최초의 남아시아계 미국인인 미국 부통령**이 됐다.

목차 Contents

범죄 & 형벌	160
개	162
왕족	164
미식의 역사	166
팬데믹	168
신기한 직업	170
종합	172
명예의 전당: 말랄라 유사프자이	174

조 바이든(1942년 11월 20일생)은 2021년 1월 20일 78세 61일의 나이로 대통령에 취임했다. 그는 최고령 미국 대통령이다.

범죄 & 형벌

최대 규모 투자 사기

미국의 금융인이자 투자 회사 설립자인 베르니 매도프는 최소 20년 동안 자신의 회사에 자산 관리를 맡기고 투자한 고객의 돈을 개인 계좌로 빼돌렸다. 2008년 12월 11일 체포될 당시 그는 총 4,800명의 투자자에게서 190억 달러를 챙겼다. 고객들이 본 투자 수익률은 완전히 날조된 것이었다.

최초의…

법의학적 부검: 1302년 이탈리아의 내과 의사 바르톨로메오 다 바리냐나가 독사 당한 것으로 의심되는 귀족 아촐리노 델리 오네스티를 법의학적으로 부검했다. 바르톨로메오는 후에도 몇 건의 부검을 진행했다.
사형 제도를 폐지한 국가: 베네수엘라는 후안 크리소스토모 팔콘의 집권 당시인 1863년 사형 제도를 폐지했다.
과속 벌금: 월터 아놀드(영국)는 1896년 1월 28일 영국 켄트주 패독 우드의 마을에서 자신의 '자동차'를 규정 속도의 4배 이상인 13km/h로 운전했다. 그는 자전거를 탄 경찰관에게 잡혔고 4개의 위반 항목에서 4파운드 7실링을 벌금(오늘날 350달러)으로 냈는데, 10실링은 과속 벌금이었다.
납치당한 상업 여객기: 1947년 7월 25일 불만을 품은 군인 장교 단체가 루마니아 부쿠레슈티에서 출발한 정기 항공편을 '공중납치'했다. 항공기관사는 저항하다 총에 맞아 사망했다. 이 비행기는 터키 차낙칼레에 착륙했고, 납치범들은 체포됐다. 이들의 대장인 아우렐 도브레아 중위는 후에 살인 혐의로 재판을 받았다.

가장 부유한 범죄 조직

솔른체프스카야 브라트바(러시아 마피아)는 1980년대 후반 모스크바 솔체보 지역에서 조직된 범죄 집단이다. 《포춘》에 따르면 브라트바의 연간 수입은 약 85억 달러다.

최대 규모 은행권 위조

제2차 세계대전 당시 독일 장교 베른하르트 크뤼거는 영국의 경제를 뒤흔들 목적으로 '베른하르트 기업'이라는 암호명의 위조 사업체를 운영했다. 영국의 액면가 5, 10, 20, 50파운드 지폐를 900만 장, 약 5억 2,000만 달러어치를 위조했다. 작센하우젠 수용소의 유대인 수감자 140명이 제작했다.

납치당한 가장 큰 상업선

2008년 11월 15일 소말리아 연안에서 해적들이 MV 시리우스 스타호(UAE)를 억류했다. 이 배는 약 330m 길이에 총톤수가 16만 2,252로 1억 1,000만 달러 가치의 원유를 싣고 있었다. 이들은 2009년 1월 9일 풀려났는데, 몸값으로 300만 달러를 지불했다고 한다.

가장 자주 도난당한 그림

겐트 제단화, 〈어린 양에 대한 경배〉는 15세기 초 후베르트 반에이크와 그의 동생 얀이 그린 플라망 화풍의 그림이다. 이 그림은 프랑스와 독일의 군사 약탈을 포함해 7번 도둑맞았다. 1934년에는 12개의 원작 중 2개를 도둑맞았는데 하나는 찾지 못했다.

최장기 범죄 공판

맥마틴 유치원 공판은 미국 캘리포니아주 맨해튼 비치에서 아이들을 성적으로 학대하는 조직을 운영한 혐의를 받은 유치원 직원을 대상으로 열렸다. 이 재판은 1987년 7월 14일부터 1990년 1월 18일까지 919일 동안 진행됐다. 배심원단은 한 피고인(버지니아 맥마틴)에게는 모든 혐의에 대한 무죄를 선고했지만 다른 피고인(레이 버키)에 대한 판결은 교착상태에 빠졌었다. 하지만 나중에 무죄를 선고하며 모든 혐의가 취하됐다.

최대 규모 미술품 도난

1990년 3월 18일 미국 매사추세츠주 보스턴에 있는 이사벨라 스튜어트 가드너 박물관에서 약 5억 달러어치의 작품 13점이 도난당했다. 이 중에는 램브란트의 1633년 그림 〈갈릴리 호수의 폭풍〉(위 사진)이 포함돼 있었다. 경찰관 복장을 한 2명(오른쪽 스케치)이 야간에 경비실로 침입해 경비원들을 제압했다. 이들은 아직 체포되지 않았으며, 작품은 여전히 사라진 상태다.

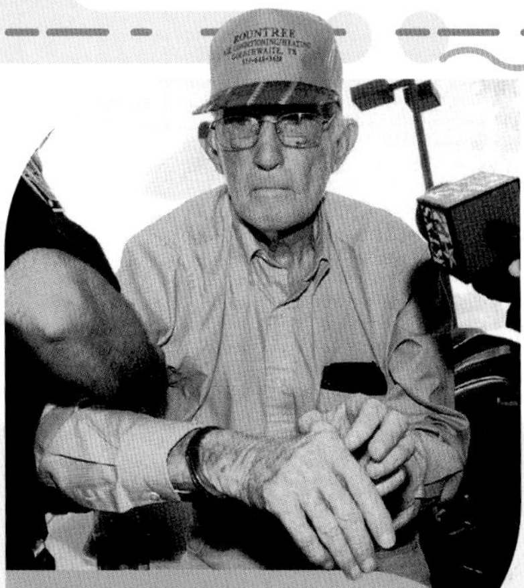

최고령 은행 강도

J. L. 헌터 라운트리(미국, 1911년 12월 16일생)는 2004년 1월 23일 92세 38일의 나이로 징역 151개월을 선고받았다. 그는 2003년 8월 12일 미국 텍사스주 은행에서 1,999달러를 훔쳤다. 라운트리가 처음 은행을 턴 건 약 12년 전이다. "제가 거래했던 코퍼스크리스티(텍사스) 은행이 저를 파산하게 했습니다. 그 뒤로 은행을 좋아하지 않습니다." 그는 양로원보다 감옥의 음식이 낫다는 말도 덧붙였다.

최단 시간 배심원단 심의

니콜라스 클라이브 맥알리스터(뉴질랜드)는 대마초 경작 협의를 받았으나 2004년 7월 22일 뉴질랜드 웨스트코스트의 그레이마우스 지방법원에서 진행된 공청회에서 단 1분 만에 무죄판결을 받았다.

최대 규모 마피아 공판

이탈리아 시칠리아주 팔레르모에서 1986년 2월 10일 시작된 공판에 마피아로 지목된 474명이 정식 재판을 받았다. 이 중 426명이 유죄를 선고받았고 19명은 영구 구금을 선고받았다.

최대 규모 보석 도난

2013년 7월 28일 무장한 남자가 프랑스 칸의 칼튼 인터내셔널 호텔에 들어와 90초 만에 모두 1억 3,700만 달러 가치의 다이아몬드가 장식된 반지, 귀걸이, 시계 등을 훔쳤다. 이 호텔에서 전시 중인 보석들이었다. 2019년 독일 드레스덴의 그뤼네스 게뵐베 박물관에서 도난당한 보석이 더 값비싼 것으로 추정되는데, 이 보석은 단 한 번도 정식으로 그 가치를 검증받지 않았다.

최대 규모 열차 강도

1963년 8월 8일 오전 3시 3분부터 3시 27분 사이 영국 글래스고에서 출발한 중앙우체국의 우편 열차가 시어스 크로싱에서 습격당해 버킹엄셔에 있는 브라이드고 다리에서 강도를 당했다. 일당은 120개의 우편가방을 탈취해 그 안에 있던 263만 1,784파운드(736만 9,784달러)의 은행권을 훔쳐 런던으로 향하던 중 궤멸했다. 이 중 회수한 돈은 겨우 34만 3,448파운드(96만 1,978달러)였다. 피해 금액은 현재 가치로 환산하면 7,720만 달러 이상이다.

가장 규모가 큰 교도소(수감자 수 기준)

시실브리 교도소는 터키 이스탄불 북서부 지역에 있다. 터키 의회의 조사에 따르면 2019년 11월 이곳에는 계획된 인원의 2배인 2만 2,781명의 수감자가 수용돼 있다.

최다 종신형 선고

테리 린 니콜라스(미국, 삽입된 사진)는 테러리스트 티모시 맥베이의 계획에 가담해 1995년 4월 19일 미국 오클라호마주 연방 정부 건물을 폭파했다. 이 사건으로 총 168명이 사망했다. 2번의 공판에서 맥베이는 독극물 주사 사형을 선고받았고, 니콜라스는 161건의 일급살인 혐의를 재판받아 가석방 없는 161회의 종신형을 선고받았다.

가장 큰 교도소 농장

7,300ha 면적의 루이지애나주 교도소는 미국에서 운영하는 교도소 농장이다. 이곳은 삼면이 미시시피강으로 둘러싸여 있다. 이 농장에는 소 2,000마리가 있으며 매년 1,814t의 채소를 생산한다. 또 이 시설은 미국에서 가장 크고 경비가 삼엄한 교도소로 2020년 7월 기준 5,489명의 수감자가 생활하고 있다.

최대 규모 은행 강도

2007년 7월 11일 이라크 바그다드에 있는 다르에스살람 투자은행이 강도를 당했다. 도둑들은 미국 지폐로 2억 8,200만 달러와 2억 2,000만 이라크 디나르(당시 약 17만 3,000달러 가치)를 훔쳤다. 이 범죄는 내부 소행으로 2~3명의 은행 보안 요원이 연루됐다고 한다. 이들은 당시 특정 종파 민병대의 일원이거나 그들을 위해 일했던 것으로 추정된다. 현재까지 아무도 체포되지 않았다.

도주 차량을 처음 사용했다고 알려진 사례

1904년 2월 14일 한 무리의 강도가 스페인 산티야나델마르에 있는 성훌리아나 대성당에 침입해 금과 은으로 된 교회 접시를 대량으로(약 200kg 정도) 훔쳤다. 범죄자들은 '빠른 모터의 차량'으로 탈출했으며, 습격 자체가 "능숙하게 계획됐다"고 묘사됐다. 오른쪽 사진은 그 당시 자동차 모습이다.

개

입에 테니스공 많이 물기

골든레트리버 핀리가 입에 6개의 테니스공을 한 번에 물 수 있는 사실이 2020년 2월 23일 미국 뉴욕주 캐넌다이과에서 검증됐다. 이는 한 번의 인상적인 능력으로 2003년 같은 레트리버종이 세운 공 5개의 기록을 깼다. 핀리의 가족인 셰리와 롭 몰리(둘 다 미국)의 딸 에린이 인스타그램에 핀리의 기술을 널리 알렸다.

최고령 개
2020년 11월 12일 기준 미니어처 닥스훈트인 퍼니(1999년 5월 27일생)는 현존하는 최고령 개로 나이가 21세 169일이다. 이 암컷 개의 주인은 일본 오사카 사카이시에 사는 후지무라 요시코다.
역대 최고령 개(신뢰할 만한 기록)는 '블루이'라는 이름의 오스트레일리언 목축견으로 29년 5개월을 살았다. 레스 홀(호주)이 길렀던 이 견공 '므두셀라'는 1910년 강아지 때 농장에 와서 약 20년 동안 양치기 일을 하다 1939년 세상을 떠났다.

크러프츠도그쇼
· **최초의 베스트 인 쇼(BIS) 수상:** 영국의 쇼맨 찰스 크러프트가 기획한 크러프츠도그쇼는 1891년 처음 개최됐다. 하지만 BIS 타이틀은 1928년이 되어서야 처음으로 시상했다. 첫 BIS 챔피언은 옅은 황갈색의 그레이하운드인 프림리 셉터로 허버트 휘틀리(영국)가 주인이다.
· **BIS를 가장 많이 수상한 품종:** 잉글리시 코커 스패니얼은 BIS를 7회 수상했다. 1930~1931년, 1938~1939년, 1948년, 1950년, 1996년이다.

가장 빠른 5회 벽 달리기

오스트레일리언 셰퍼드인 다이키리가 자신의 주인인 제니퍼 프레이저(캐나다)와 함께 2020년 10월 4일 캐나다 앨버타주 스트라스모어에서 벽 달리기 5회를 9초24 만에 성공했다. 이 역동적인 한 쌍은 2020년에 개와 관련해 놀라운 기네스 세계기록들을 많이 달성했다(아래 참조).

다이키리와 제니퍼: 영광의 기록들	
개가 다리 사이를 통과하며 30m 빨리 가기	13초55
가장 빨리 30m 다시 불러들이기	17초54
사람 발 위에 개의 발을 올리고 30m 빨리 걸어가기	42초03
1분 동안 가장 많은 장난감 찾아오기	15개
1분 동안 돼지저금통에 동전 많이 넣기	18개
30초 동안 다리 사이 많이 통과하기	37회

최초로 길들여진 동물
동아시아에서 최고 1만 5,000년 전 초기 구석기 시대에 개(공격성이 없는 늑대)를 길렀던 화석이 나왔다. 하지만 개의 사육이 더 일찍 시작됐다는 추측도 있다. 2021년 1월 PNAS 학술지에 발표된 한 연구는 시베리아의 사냥꾼들이 약 2만 3,000년 전에 늑대를 길들였다고 상정하고 있으며 4만 년 전에 시작됐다는 다른 추측도 있다.

품종이 가장 다양한 포유류
전 세계의 개 협회들은 개들을 약 800 품종으로 분류하고 있으며, 영국애견협회와 미국애견협회는 221품종과 253품종을 인정하고 있다. 이중 치와와가 가장 작은데 섰을 때 어깨높이가 15~23cm다. 반대로 가장 큰 개는 아이리시울프하운드와 그레이트데인으로 보통 90cm다.
역대 가장 귀가 큰 개는 그레이트데인 품종의 제우스로 2011년 10월 4일, 섰을 때 어깨높이가 111.8cm로 측정됐다. 미국 미시건주에서 둘락 가족과 함께 살고 있다.

1분 동안 가장 많은 재주에 성공한 개 2마리

보더콜리 위시와 할로가 에밀리 라르함(미국)과 2020년 12월 22일 미국 캘리포니아주 앨 커혼에서 60초 동안 28가지 재주를 선보였다. 에밀리는 물리적 혹은 정신적으로 스트레스를 주지 않고 개를 인도적으로 훈련하는 영상을 자신의 유튜브 채널 '키코펍(kikopup)'에 올리기로 유명하다.
12월 초 위시는 **5m 빨리 기어가기(개)** 기록도 달성했다(2초175).

· **최연소 BIS 수상:** 존 T 버나드(영국)가 키운 불도그 노웨이즈 처클스는 1952년 2월 9일 1살 115일의 나이로 크러프츠도그쇼의 최고상을 받은 암컷 개다.
· **최고령 BIS 수상:** 브보스 더 켄터키언(별칭 제트)이라는 이름의 플랫코티드 레트리버는 2011년 3월 13일 9세 195일의 나이로 타이틀을 획득했다. 이 수컷 개의 주인은 짐 어빈(영국)이다.

최다 인스타그램 팔로워 보유
지프폼으로 알려진 포메라니안 지프는 2021년 4월 22일 기준 1,028만 9,624명의 팬을 보유하고 있다. 이 수컷 개는 다양한 옷을 입고 찍은 스냅샷을 올리는데, 집에서 쉬는 모습이나 영화 시사회 같은 레드카펫 행사에

유전자 탓일까... 루(왼쪽, 오른쪽 사진 모두)는 이전 기록 보유견인 '하버'라는 이름의 쿤하운드와 먼 친척이다.

귀가 가장 긴 개

페이지 올슨(미국)이 키우는 루라는 이름의 블랙 앤 탄 쿤하운드의 귀가 길이 34cm로 2020년 7월 30일 미국 오리건주 밀워키에서 측정됐다. 이 암컷 개의 귀는 **역대 귀가 가장 긴 개**의 기록에 아주 약간 모자란다. 피거라는 이름의 블러드하운드는 오른쪽 귀가 34.9cm, 왼쪽 귀가 34.2cm로 2004년 9월 29일 기록됐다. 이 수컷 개는 브라이언과 크리스티나 플레스너가 미국 일리노이에서 키웠다.

프레디에게 보내는 작별 인사

2021년 1월 기네스 세계기록은 한때 **현존하는 키가 가장 큰 개**였던 프레디에게 작별 인사를 고했다. 우리는 이 수컷 개의 주인 클레어 스톤맨(영국)에게 애도의 뜻을 전했다. 이 거대한 그레이트데인 품종의 개는 기갑(양어깨 사이 도드라진 부분)까지 높이가 103.5cm로 2016년 9월 13일 영국 에식스 리-온-시에서 확인됐다. 기네스 세계기록이 새로운 기록 보유자를 찾고 있으니 이 기록에 도전할 엄청난 개를 가지고 있다면 도전하길 바란다.

참석한 모습도 있다.

가장 비싼 양치기 개

'킴'이라는 이름의 1살 난 빨갛고 하얀 털의 암컷 보더 콜리가 2021년 2월 3일 영국 귀네드의 파머스 마켓에서 진행한 온라인 경매에서 3만 8,893달러에 낙찰됐다. 웨일스의 농부이자 목양견 트라이얼리스트인 데위 젠킨스가 킴을 길러 이몬 본(둘 다 영국)에게 판매했다.

뒤로 5m 빨리 달리기

아나 오닥(크로아티아)이 훈련한 보더 콜리 품종의 코타는 2020년 6월 10일 크로아티아 자그레브에서 5m를 단 2초42 만에 뒤로 달려갔다. 치료견으로 일하는 암컷 개 코타는 자신의 재주로 아이와 노인들을 즐겁게 해준다.

5m 이상 거리에서 던진 원반을 3분 동안 가장 많이 잡은 기록

2013년 7월 13일 보더 콜리 품종의 리노는 그의 주인인 앙카라 개 대학의 설립자, 타르칸 외즈바르다르(터키)가 던진 원반을 24회나 잡았다. 이 기록은 터키 이스탄불에 마련된 <레콜라르 뒤니아스(세계 기록)> 무대에서 작성됐다.

10m 기록은 20개로, 2017년 10월 8일 미국 노스다코타주 마이놋에서 오로와 그의 주인 재커리 슐츠(미국)가 달성했다.

연속으로 물건 많이 받기

2021년 1월 8일 이탈리아 빌라산조반니에서 아메리칸 스태퍼드셔 테리어 품종의 사샤가 주인 로코 메르쿠리오(이탈리아)가 3m 거리에서 던진 간식을 10개 연속으로 낚아챘다. 2월 1일에는 **물건 10개 가장 빨리 받기** 기록도 달성했다(9초69).

킥보드를 타고 5m를 가장 빨리 간 개와 고양이

모든 개와 고양이가 서로 적이 아니라는 게 2020년 9월 19일 증명됐다. 보스턴 테리어 롤리팝과 그의 고양이 친구 사시미는 캐나다 온타리오주 스파르타에서 스쿠터를 타고 5m 거리를 4초73 만에 지나갔다. 이들의 주인은 멜리사 밀렛(캐나다, 아래 참조)으로 영화와 TV에 나오는 동물들을 훈련한다.

같은 날 멜리사의 젤리빈(왼쪽)은 **농구공 밀면서 5m 빨리 가기** 기록(10초31)과 **30초 동안 사람과 개가 번갈아 농구공 많이 튕기기**(21회) 기록을 달성했다.

멜리사는 청각 장애견이 세트장의 이상한 소리나 큰 목소리에 겁을 먹지 않아 배우로 활동하기에 장점이 많다고 한다.

개와 고양이의 시대

멜리사 밀렛은 반려동물에게 연기를 가르치는 자신의 열정, 그리고 귀가 거의 들리지 않는 하운드와 일하는 어려움과 그 보람에 대해 이야기했다.

청각 장애견을 훈련하는 건 많이 힘든가요?

롤리팝은 강아지 때 정말 순해서 청각 장애견을 한 마리 더 입양해도 될 것 같았어요. 그런데 젤리빈은 특정 부분에 크게 반응했는데, 그림자 쫓기에 집착했고 분리불안이 있었어요. 일로 정신을 자극하거나 묘기를 배우는 게 녀석에게 큰 도움이 됐어요.

어떻게 킥보드를 함께 타는 개와 고양이 드림팀을 만드신 건가요?

롤리팝과 사시미는 함께 일하는 걸 좋아해요! 킥보드를 서로 타려고 싸우다가 둘이 함께 타는 묘기를 만들었어요! 동물들이 스스로 묘기를 만드는 일이 종종 있어요.

가장 어려운 공연업계 일은 뭐였나요?

젤리빈은 샘 워싱턴과 넷플릭스의 <플렉처드>에 출연했어요. 대부분 제가 배우의 옆이나 뒤에 있었죠. 젤리빈은 혼란스러운 세트장이나 야외에서도 저의 보디랭귀지 사인에만 반응하도록 훈련됐어요. 하지만 여배우를 쳐다보라고 한 번 신호를 보내면, 저를 다시 쳐다보지 않았어요. 너무 자랑스러웠죠!

일을 놀이처럼 보이도록 어떻게 훈련하시나요?

개들이 즐기게 해야 돼요! 의사소통을 분명히 하고 성격에 맞는 묘기를 훈련하는 게 중요한 요소에 포함되죠. 이 개가 영리한가? 운동 능력이 좋은가? 장애물을 두려워하지 않나? 물론 맛있는 간식을 아끼면 안 돼요. 저는 잘 줘요!

PDSA 디킨 메달을 가장 많이 수상한 동물

개는 '아픈 동물을 위한 사람들의 진료소'(PDSA)가 주는 훈장을 35회나 받았다. 이 상은 1943년 시작돼 총 72회 수여됐다. 사진에 나온 쿠노는 가장 최근인 2020년 11월 24일 상을 받은 개다. 이 용감한 벨지언 말리누아 품종의 개는 2019년 영국군에 복무하며 심각한 부상을 입어 현재 발에 의족 2개를 달고 있다.

왕족

가장 오래된 통치 가문

일본의 황제 가문인 야마토 왕가는 국가의 원수 자리에 처음 오른 뒤 이들의 혈통 126명이 후계자로 계승해 왔다. 현재 일본의 천황인 나루히토는 진무 텐노의 후예다. 진무 텐노는 집권 기간이 전통적으로 기원전 660~기원전 581년으로 기록됐지만, 기원전 40~기원전 10년일 가능성이 더 크다.

현재 최연소 집권 군주

오요 왕, 루키라바사이자 오요 니임바 카밤바 이구루 루키디 4세(1992년 4월 16일생)는 동아프리카 우간다의 다섯 반투 왕가 중 하나인 토로의 통치자로 28세다. 그는 3세 때 권력을 이양받았다.

현재 주권국가의 최연소 집권 군주는 카타르의 아미르(왕), 셰이크 타밈 빈 하마드 알-타니(1980년 6월 3일생)다. 2021년 4월 29일 기준 그의 나이는 40세 330일이다. 그는 2013년 6월 25일 그의 아버지가 퇴위하자, 33세 22일의 나이로 그 뒤를 이어 카타르의 통치자가 됐다.

가장 비싼 왕관

영국 왕실 왕관의 백미는 1661년 제작된 성 에드워드의 왕관이다. 22캐럿 금관에 444개의 보석 혹은 준보석이 있어, 가격을 매길 수가 없을 정도다. 하지만 2019년 10월 국제보석협회의 부분별 가치 산정 방식으로 평가한 조사에 따르면, 왕관의 전체 가격은 451만 9,709달러다.

가장 비싼 왕가 웨딩드레스

2004년 5월 22일 미래의 스페인 왕비인 레티지아가 미래의 왕인 펠리페 6세와 결혼하며 입은 드레스의 가격이 1,070만 달러였다. 길이가 4.5m인 옷자락에 실크와 금실이 수놓여 있었다.

방문객이 가장 많은 궁전

중국 베이징의 자금성은 2018년 1,700만 명 이상이 방문했다. 1406년 영락제 시대 공사를 시작해 100만 명 이상이 14년에 걸쳐 완공했다. 오늘날 자금성은 축구장 100개보다 큰 72만 m^2의 면적에 건물만 980채가 있다.

키가 가장 큰 왕세자

노르웨이의 호콘 왕세자는 신장이 193cm다. 그는 하랄 5세와 소냐 왕비의 아들로 자신의 아버지가 1991년 1월 17일 왕좌에 오르며 왕세자가 됐다.

이전 기록 보유자는 197cm의 돈 펠리페 데 보르본 이 그레시아로, 그는 2014년 6월 19일 펠리페 6세로 스페인의 국왕 자리에 오르며 **키가 가장 큰 왕**이 됐다.

주권국가에서 가장 오래 집권한 기록

'태양왕'으로 알려진 프랑스의 루이 14세는 1643년 5월 14일부터 1715년 9월 1일까지 72년 110일 동안 계속 통치했다. 그의 집권 기간에 프랑스는 유례없는 부흥을 누렸다. **문서로 기록된 가장 오래 집권한 군주**는 고대 이집트의 제6대 파라오 파이옵스 2세다. 기원전 약 2281년 6세의 나이로 왕좌에 올라 약 94년 동안 통치했다고 여겨진다.

민중 혁명으로 가장 많이 죽은 왕족

1918년과 1919년 사이 볼셰비키(구소련 공산당)들이 러시아혁명 기간에 황족을 15명 죽였다. 이 중에는 1918년 7월 17일 예카테린부르크에서 암살당한 니콜라스 2세 황제, 알렉산드라 여황제와 그들의 다섯 아이가 포함돼 있다. 1917년 니콜라스 2세가 퇴위하기 전까지, 로마노프 가문은 러시아를 304년 동안 통치했다.

사고로 가장 많이 사망한 왕족은 6명이다. 알렉산드라 여황제의 남매이자 마지막 헤센 대공(재위 1892~1918)이었던 에른스트 루드비히의 아내, 아들, 며느리, 손주 3명이 1937년 11월 16일 벨기에 오스텐트에서 비행기 사고

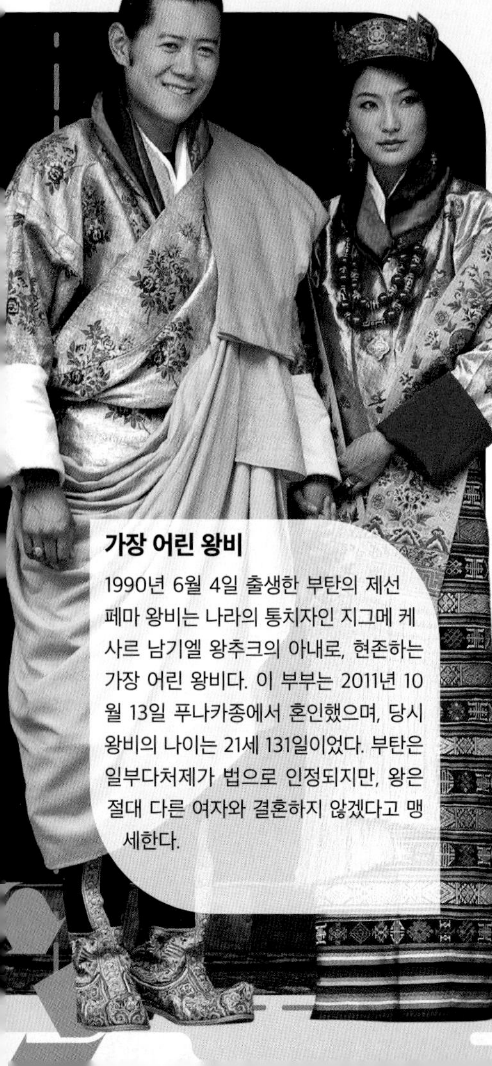

가장 어린 왕비

1990년 6월 4일 출생한 부탄의 제선 페마 왕비는 나라의 통치자인 지그메 케사르 남기엘 왕추크의 아내로, 현존하는 가장 어린 왕비다. 이 부부는 2011년 10월 13일 푸나카종에서 혼인했으며, 당시 왕비의 나이는 21세 131일이었다. 부탄은 일부다처제가 법으로 인정되지만, 왕은 절대 다른 여자와 결혼하지 않겠다고 맹세한다.

최초의 대변기 담당관

대변기 담당관은 헨리 6세가 영국을 집권할 당시 정식 관직이 됐다. 오스터리 공, 휴 데니스(약 1440~1511년)는 헨리 7세에게 처음 이 지위를 하사받았다. 데니스는 왕의 화장실 장비는 물론이고, 심지어 그의 배변 활동까지 관리했다. 하지만 나중에 역할이 늘어나 헨리 왕의 가까운 고문이자, 궁정 사실(私室)까지 관리하는 왕의 개인 창고지기가 됐다. '실내 변기'라는 말은 약 1650년에 등장했다.

휴 데니스(위 표시)는 1509년 헨리 7세의 임종 장면에도 등장한다. 데니스의 모습은 튜더 왕가의 내실에서 그의 직책이 중요한 비중을 차지했음을 보여 준다.

코로나19에 감염된 최초의 군주

2020년 3월 19일 모나코의 왕자 알베르 2세의 코로나19 검사 결과가 양성으로 발표됐다. 그는 자가격리 기간에 왕궁 내 개인 아파트에만 머물면서 계속 왕가의 의무를 모두 수행했다. 3월 31일 그가 완전히 회복됐다는 뉴스가 나왔지만, 그 후로 몇 개월간 극도의 피로감을 느꼈다.

로 비명횡사했다. 대공은 겨우 몇 주 전 병으로 먼저 사망했다.

가장 오래 후계자 지위에 머문 인물

영국의 찰스 왕자는 2021년 4월 29일 기준 69년 82일 동안 후계자 지위에 머물고 있다. 그는 1952년 2월 6일 자신의 어머니가 왕좌에 오르자 후계자로 지목됐다.

가장 부유한 여왕

2020년 5월 《선데이 타임스》의 부자 리스트에 따르면 엘리자베스 2세 여왕의 재산은 4억 3,000만 달러로 평가됐다. 순수미술 작품, 보석, 잉글랜드와 스코틀랜드의 영지는 여왕의 개인 재산 중 일부로, 작년보다 2,400만 달러가 감소했다.

엘리자베스 2세가 소유한 백만 점 이상의 예술품은, **개인 최다 미술 수집품**으로 기록됐다. 약 7,000점의 그림과 45만 장의 사진이 영국 내에 있는 국왕의 처소 13곳에 분산돼 있다. 일부는 여왕이 개인적으로 소유하고 있지만, 나머지는 왕가의 재산이다.

가장 부유한 군주

태국의 마하 와찌랄롱꼰 왕은 개인 재산이 최소 300억 달러로 추정된다. 이 통치자의 자산은 원래 국왕이 아닌 태국 왕가에 제도적으로 속해 있었다. 하지만 와찌랄롱꼰이 2018년 내탕금으로 전환했다. 그는 또 **가장 큰 연마 다이아몬드**인 545.67캐럿의 '골든 주빌리 다이아몬드'도 소유하고 있다.

가장 오래 집권 중인 군주

엘리자베스 2세 여왕은 영국의 여왕이자 영연방 국가의 수장으로, 1952년 2월 6일 아버지인 조지 6세 왕이 서거하자 왕좌를 물려받았다. 2021년 4월 29일 기준 그녀는 69년 82일 동안 통치 중이다. 그녀는 또 세계에서 **최고령 여왕**이자 군주로, 2020년 자신의 94번째 생일을 축하했다. 엘리자베스의 남편 에든버러 공작 필립(영국, 그리스 출생, 아래 사진은 2017년 모습)은 **최장기간 군주의 배우자**로 기록됐다. 안타깝게도 그는 2021년 4월 9일 99세의 나이로 타계했다. 결혼 생활을 73년 이상 이어 왔으며 군주의 남편으로 69년 62일 동안 머물렀다.

가장 많이 묘사된 현존하는 군주

엘리자베스 2세 여왕은 수많은 무대와 스크린에 등장했다. 최소 60개 TV 프로그램과 63편의 영화, 4편의 연극에서 그녀를 묘사했으며, 이 중에는 헬렌 미렌의 오스카 수상작인 영화 〈더 퀸〉(2006년 작)과 그녀가 같은 역할로 무대에 오른 올리비에 수상작 〈더 오디언스〉(2013년 작), 올리비아 콜맨이 출연한 TV 드라마 〈더 크라운〉(넷플릭스, 2016~현재, 위 참조)이 포함돼 있다.

여왕의 모습은 최소 33개국의 주화에 등장해, **가장 많은 통화에 등장한 인물**로 기록됐다.

주거 중인 가장 큰 성

영국 버크셔주에 있는 왕가의 거주지인 윈저성은 가운데가 얇은 평행사변형 형태로 576×164m 규모다. 이 성은 11세기 5ha 면적의 대지에 지어졌다. **주거 중인 가장 큰 성터**는 영국 애버딘셔 로열 디사이드의 발모랄이다. 약 2만 230ha 면적의 대지로, 리히텐슈타인과 모나코를 합친 것보다 크다.

미식의 역사

사회

우리가 좋아하는 많은 음식은 유래가 명확하지 않다. 고고학자들과 역사학자들은 끝없는 열정으로, 때로는 논쟁도 불사하며 우리의 조상들이 무엇을 먹었는지 찾아낸다. 여기, 가장 최근 연구를 기반으로 당신을 즐겁게 할 미식 유물의(그리고 최초의) 스모가스보드(스웨덴식 모둠 요리)를 마련했다.
주의: 호화로운 뷔페 사진은 실제 기록과 관련이 없으며, 다만 당신의 식욕을 돋우기 위해 준비했다. 본 아페티!

1. 가장 오래된 케이크
스위스 브베에 있는 알리멘타리움 음식 박물관에는 기원전 약 2200년 당시의 밀 케이크가 있다. 고대 이집트에서 살았던 페피온크의 무덤 속 구리 거푸집에서 진공 상태로 발견됐으며, 재료 중에는 참깨, 꿀, 우유가 포함돼 있었다.

2. 최초의 상업용 땅콩버터
이 스프레드의 기원에 관한 이야기는 완벽하게 증명되지 않았다. 콜럼버스가 미 대륙을 발견하기 전 라틴 및 남아메리카 사람들, 즉 13~16세기 왕국을 번영시킨 이들은 구운 땅콩을 갈아 반죽에 넣었다. 캐나다의 화학자 마르셀루스 길모어는 1884년 미국에서 상업용 땅콩 스프레드의 특허를 받았지만, 이는 현대의 제품과 완전히 비슷하지는 않다. 시리얼 사업가 존 하비 켈로그(미국)도 자신이 개발자라고 주장하며 1895년 11월 4일 제품과 생산에 관련된 특허 2개를 제출했다.

3. 가장 오래된 빵
코펜하겐대학교(덴마크)의 고고학자들이 요르단의 검은 사막에서 1만 4,400년 된 빵을 찾았다. 야생의 소맥/보리와 수생 식물의 뿌리를 갈아서 말려 맛을 냈다. 이 재료들을 물과 섞어 반죽을 만들고 뜨거운 돌에 구웠다. 이 발견으로 인해 처음 빵이 발견된 시기가 5,000년 더 빨라졌다.

4. 최초의 '공정 거래' 커피
1973년 페어트레이드 오리지널(네덜란드)이 과테말라에서 최초의 공정 거래로 커피를 수입했지만, 정식으로 증명된 '공정 거래' 커피는 1988년 11월 15일이 처음이다. 이날 라틴아메리카에서 주로 활동하는 네덜란드 가톨릭의 지원기관인 솔리다리데드(연대 단체)는 급락하는 세계 커피 가격으로부터 지역 농부들의 소득을 지키기 위해 막스하벨라르재단을 만들었다.

5. 최초의 발효식품
과학자들은 오랫동안 음식을 보존하는 수단인 발효가 쌀, 꿀, 과일을 알코올로 발효한 중국에서 유래했다고 믿었다(7번 사진 참조). 그런데 이 가설은 2016년 스웨덴 블레킹에주에서 대규모 생선 뼈 더미가 발견되면서 전환점을 맞았다. 이것은 음식을 발효하여 저장한 기원을 기원전 7200년, 중석기 시대까지 앞당겼다.

6. 최초의 마카로니 치즈
파스타와 치즈 조리법은 14세기 초 나폴리 궁전의 한 무명의 인물이 라틴어로 쓴 『리베르 데 코퀴나('요리책')』에 나와 있다. 400년 뒤 1769년 엘리자베스 라팔드의 요리책 『능숙한 영국 주부(The Experienced English Housekeeper)』에는 마카로니 앤 치즈 조리법이 자세히 나와 있다. 1937년 미국의 식품 제조업체 크래프트가 지금까지도 인기 있는 마카로니 앤 치즈 디너를 내놨고, 언제나 부엌 찬장에 있는 음식이 됐다.
가장 오래된 고체 치즈는 기원전 13세기 이집트의 도시 멤피스의 시장이었던 프타메스의 무덤에서 발견됐다. 겨우 몇 mg의 샘플을 질량 분석법으로 분석해 보니 소의 우유와 양 혹은 염소의 우유를 섞어 만든 고체 유제품으로 밝혀졌다.

7. 가장 오래된 알코올음료
알코올음료의 화학적 증거는 기원전 7000년 무렵으로 돌아가는데, 중국 허난성의 황허강 계곡의 초기 신석기 마을 가호에서 출토된 도자기 병에서 나왔다. 잔여물에는 (포도와 산사나무 열매에서 나온) 타르타르산, (꿀에서 나온) 밀랍 혼합물, (쌀에서 나온) 피토스테롤 페룰레이트 에스테르가 포함돼 있었다. 이 확실한 단서들은 그릇에 담긴 액체가 와인, 벌꿀 술, 맥주의 혼합물이었음을 나타낸다.
1,000년이 지나, 알코올을 담았던 도자기 병은 나무통으로 대체됐다. 현재 우리와 많이 친숙한 코르크마개가 있는 유리 와인병은 17세기가 되어서야 등장했다. **최초로 기록된 코르크마개**는 1685년 프랑스의 새장 스타일의 철 모형이다. 하지만 영국은 그보다 훨씬 전부터 코르크를 사이다나 맥주병의 마개로 사용했고, 영국에서 가장 오래된 코르크마개의 기록은 1681년이다. 런던 보우성당의 교구 목사였던 새뮤얼 헨셸은 1795년 이 기구를 '헨셸 버튼 코르크마개'라는 명칭으로 처음 특허를 제출했다.

8. 최초의 현대식 아이스크림 기계
미식의 역사는 요리법뿐만 아니라 요리 기구에도 관심을 기울인다. 고대부터 얼음과 크림은 구하기가 힘들어 부자들만 즐겼다. 하지만 19세기 중엽 아이스크림이 마침내 구하기가 한결 쉬워졌다. 1843년 낸시 존슨(미국)이 손으로 크랭크를 돌리는 기계를 개발한 덕분이었다. 계속 뚜껑을 열어 손으로 휘저어야 하는 이전 모델과는 달리, 그녀의 발명품은 크랭크를 돌리면 나무통 내부의 금속 용기 안에 '교반기'가 내용물을 고르게 휘저어 부드럽고 크리미한 맛을 만들어 냈다.

9. 최초의 속이 빈 초콜릿 부활절 달걀

속이 빈 초콜릿 부활절 달걀은 1873년 영국의 브리스틀에 기반을 둔 기업 프라이스가 처음으로 만들었다. 이 부활절 간식은 2년 뒤 큰 인기를 얻었는데, 라이벌 기업인 캐드버리가 그들의 달걀 안에 설탕을 묻힌 아몬드를 채워 넣기 시작했다.

최초의 초콜릿은 오랫동안 그 기원이 약 3,900년 전 중앙아메리카에서 시작된 것으로 여겨졌다. 메소아메리카의 올멕과 마야 문명에서 카카오가 많이 나온 게 그 근거였다. 하지만 2018년 《네이처》 '생태와 진화'에 발표된 연구에 따르면 초기 카카오 가공의 증거가 에콰도르 산타 아나-라 플로리다의 아마존 지역에서 5,300~5,450년 전에 있었던 것으로 드러났다. 이곳은 마요 친치페 문화에 속하며 가장 오래된 고고학 발굴 현장으로 알려져 있다.

10. 최초의 현대적 와플 틀

비록 고대 그리스에서 금속 집게를 사용해 불 위에서 웨이퍼를 만들고, 1300년대 네덜란드에서 사용했던 긴 손잡이의 기구가 남아 있긴 하지만, 우리가 말하는 '와플 틀'은 19세기 중반이 되어서야 등장했다. 미국의 발명가 코르넬리우스 스왈트워트는 수 세기나 된 불 위에 직접 올려서 쓰던 기구를 간결하고 난로에 올리는 버전으로 바꿔 특허(1869년 인정)를 받았다. 더 실용적이며 와플을 태울 확률도 낮아 요리가 한결 쉬워졌다!

11. 최초의 팝콘

방사성탄소연대측정법으로 확인한 약 6,700년 전(기원전 4700년) 팝콘이 발견됐다. 2007~2011년 사이 페루의 북부 연안 파레도네스와 와카 프리에타 고고학 발굴 현장에서 옥수수속대의 거화석이 출토됐다. 이 유물은 기원전 5000년에 팝콘(세아 마이스 에베르타)을 만들었던 것으로 확인됐다. 한편, 튀긴 팝콘은 1893년 미국 시카고에서 열린 세계박람회에서 찰스 크레터스가 이동식 증기 튀김기계를 대중에 공개하며 간식으로 큰 인기를 끌게 됐다.

12. 최초의 솜사탕

아이러니하게도 이 가벼운 설탕 실뭉치는 치과의사가 발명했다! 윌리엄 모리슨이 제과점 주인 존 C. 와튼(둘 다 미국)과 함께 1897년 테네시주 내슈빌에서 작은 구멍이 난 철통에 설탕 입자가 회전하는 '전동 캔디기계'를 만들었다. 이들은 1899년 특허를 인정받았다. 둘은 1904년 세인트루이스 만국박람회에서 이 발명품을 '요정의 실'이라는 이름으로 상자당 0.25달러에 판매했다. 그리고 즉각 성공을 거둬, 약 6만 8,000상자를 판매했다.

13. 최초의 티백

몇몇 발명가들이 이 기록을 자신의 것이라고 주장하는데, 모두 미국인이다. 뉴욕의 차 상인 토머스 설리번이 1908년에 발명했다는 전설이 있지만, 그보다 앞서 만들어진 원형들이 있다. 1836년 프레스턴 금주론자들이 주머니를 사용해 차를 내리는 방식을 언급했고, 다른 선도자로는 토머스 피츠제럴드가 있는데, 그는 1880년 자루가 달린 모슬린이나 천 주머니를 사용해 차나 커피의 가루를 막는 특허를 받았다. 에드워드 딜링햄은 '차 거르개'로 1893년 특허를 받았으며, 로버타 C. 로슨과 마리 맥라렌은 1903년 '찻잎 용기'로 특허를 받았다.

팬데믹

가장 오래된 전염성 질병
결핵(TB)은 결핵균으로 발생하는 호흡기 질환이다. 이 세균은 7만 년 이상 전부터 현대와 비슷한 형태로 존재했으며, 초기 선사 시대부터 인간을 감염시켰을 가능성이 있다.

처음 기록된 팬데믹
아테네 역병이 기원전 430~기원전 426년 지중해에 퍼졌다. 7만 5,000~10만 명이 사망했는데, 현재의 리비아, 이집트, 그리스가 가장 심각한 감염 지역이었다.

최초의 격리
서기 549년 동로마제국의 유스티니아누스 황제가 처음으로 격리를 법으로 집행했다. 유스티니아누스 역병으로 알려진 팬데믹 기간, 그는 수도인 비잔티움과 그 주변으로부터 질병을 옮기는 '외부인'을 막는 여러 가지 법을 통과시켰다.

가장 오래 격리된 무증상 보균자
장티푸스 마리로 불린 마리 말론(미국, 아일랜드 출생, 아래 사진)은 뉴욕 노스브라더섬에 26년간 격리됐다. 마리는 장티푸스의 '건강한 보균자'로 요리사로 일하는 동안 다른 사람들을 감염시켰다. 그녀는 1907년부터 1910년까지 처음 억류된 뒤, 가정부로 일하지 않겠다는 서약을 하고 나서야 풀려났다. 1915년 다른 발병 건이 나타나 원인을 추적해 보니 그녀가 가명을 쓰며 요리사로 일하고 있었다. 마리는 노스브라더섬으로 돌아가 1938년에 사망할 때까지 머물렀다.

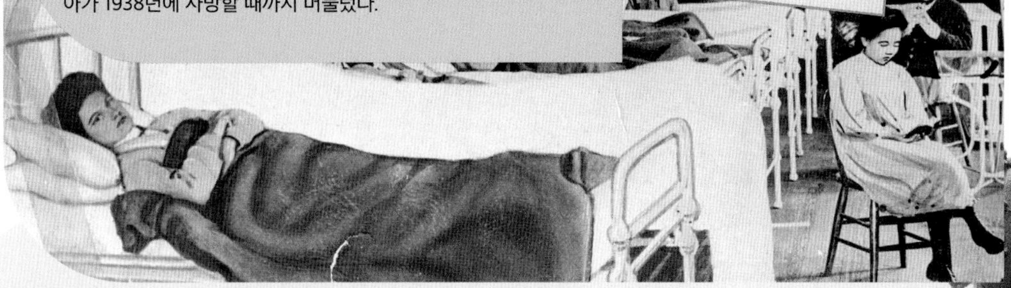

가장 오래 계속된 팬데믹
1961년 일곱 번째 콜로라 팬데믹이 인도네시아에서 퍼지기 시작했다. 약 60년 뒤인 2021년에도 여전히 진행 중으로 매년 300~500만 명이 감염된다. 콜레라는 세균감염증으로 병에 걸린 개인의 체액이 물을 오염시켜 전염된다. 이 병은 깨끗한 물과 믿을 만한 하수 시설이 없는 지역에서는 감염을 막기 어렵다.

최초의 현대적인 예방 접종
영국의 의사 에드워드 제너가 1796년 최초의 현대적 예방 접종(타깃 바이러스를 약화해 환자에게 노출)을 실행했다. 그는 낙농업 인부들이 치명적인 천연두에 종종 내성이 있는 걸 발견했고, 이들이 앞서 상대적으로 덜 해로운 우두에 감염됐다가 회복한 사실에 착안해 고안했다.
1796년 5월, 그는 8세의 제임스 핍스에게 우두를 감염시킨 뒤 나중에 천연두를 감염시켰으나 병에 걸리지 않았다. 제너는 1798년 발표한 논문에서 '백신'('젖소'를 의미하는 라틴어 '바카'에서 유래)이라는 용어를 만들었고, 그의 성공을 이끈 우두에 경의를 표했다.

병을 가장 많이 옮긴 무증상 감염자
1923년 10월 미국 뉴저지의 의료시설에 107명이 토니 라 벨라, 본명 프랭크 보니(미국, 이탈리아 출생)에게 장티푸스를 옮았다는 기록이 있다. 그는 뉴욕 도시권의 몇몇 낙농장에서 일했던 사람이다. 마리 말론(위 참조)과 달리 토니는 취사 업무 중단에 동의했고, 격리 상태가 해제됐다.

가장 빠른 백신 개발
화이자-바이온텍 '토지나메란' 코로나19 백신은 이 질병이 확인된 지 단 337일 뒤인 2020년 12월 2일 영국 의약품과 건강 제품 규제 당국의 승인을 얻었다. 화이자-바이온텍은 2020년 11월 모든 경쟁업체보다 먼저 3단계 임상시험 결과를 발표했다.

가장 치명적인 팬데믹
흑사병은 1346년부터 1353년 사이 유럽, 아시아, 북아메리카에 퍼진 팬데믹이다. 이 병은 치명적인 전염병으로 특히 악명이 높았다(페스트균이 원인이다). 최종 사망자 수가 2,500만~2억 명으로 폭넓게 추정되는데, 당시 세계 인구의 4분의 1에 해당하는 5,000만~1억 명이 감소했다. 아래 사진은 영국 런던 동부에 전염병으로 사망한 피해자들을 매장해 놓은 구덩이 모습이다.

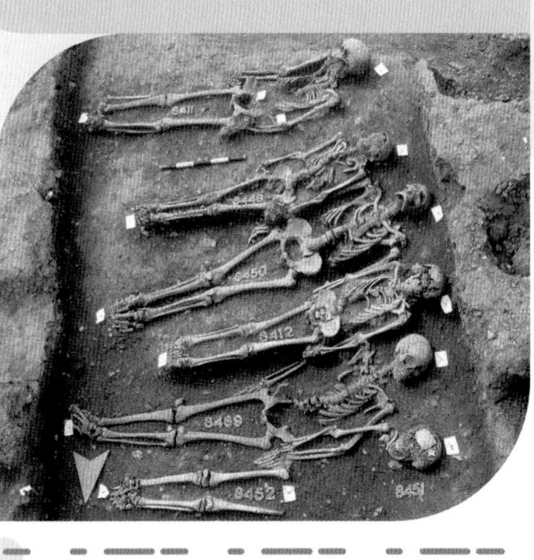

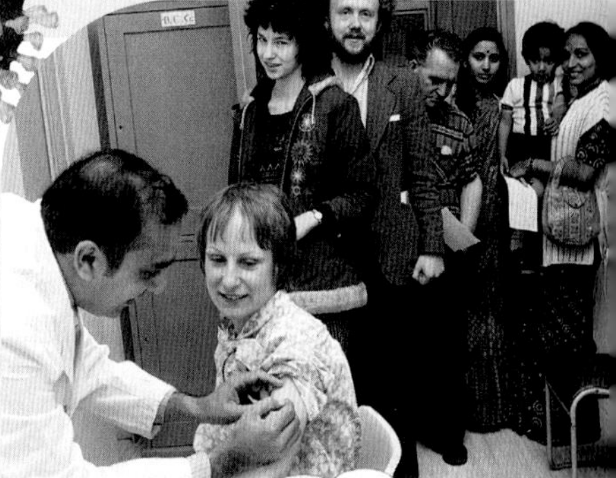

가장 성공한 예방 주사
1979년 12월 9일 세계 천연두 근절 확인 위원회가 전 세계는 이 치명적인 질병으로부터 자유로워졌음을 발표했다. 예전에 세계에서 가장 치명적인 전염병이었던 천연두는 모든 종류의 천연두에 효과를 발휘하는 하나의 백신이 개발되며 근절됐다. 이 병의 근절은 감염된 사람과 접촉한 모든 사람에게 백신을 접종하는 방식이 효과를 발휘했다.

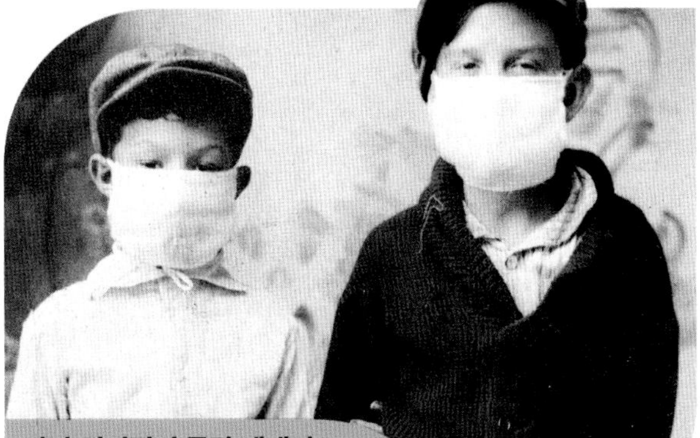

가장 치명적인 독감 팬데믹

1918년부터 1920년까지 '스페인독감'으로 전 세계에서 5,000만~1억 명이 사망했다. 이 병은 제1차 세계대전 마지막 해에 군인 수송선이 이동하면서 퍼져 나갔다. 과학자들은 아직도 이 질병의 발생지를 찾지 못했다. 스페인의 지명이 붙은 이유는 발생지여서가 아니라, 초기 단계일 때 많은 양의 기사가 쏟아졌기 때문이다.

무도병이 가장 심하게 발병한 사례

무도병(무도광 혹은 춤추는 병)은 11세기에 처음 기록됐지만 15세기와 17세기 사이 이탈리아 남부에서 특히 유행했다. 감염자들은 춤을 추고 싶은 끝없는 욕구에 사로잡혔는데, 몇 시간, 심지어 며칠 동안 몸을 비틀다가 탈진해 쓰러졌다. 최악의 발병 사례는 1374년 독일 아헨에서 기록됐는데 뜨거운 여름날 매일 약 15명이 춤을 추다가 사망했다고 한다. 이 질병의 원인은 알려지지 않았지만, 극심한 스트레스를 받거나 곤경에 처했을 때 주로 발병하는 집단 히스테리의 일종이라는 설명이 가장 설득력이 있다.

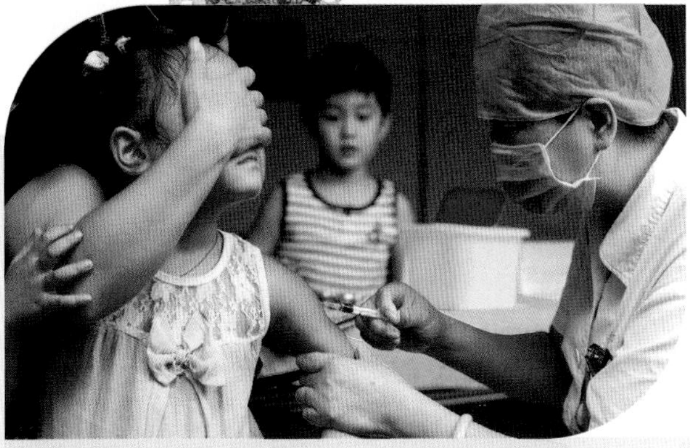

가장 흔한 전염성 질병

일반적으로 감기는 사람이 살고 있는 모든 대륙에 존재하는 풍토병으로, 아주 고립된 사회만 빈번한 감염을 피할 수 있다. 리노바이러스가 가장 흔하지만 다양한 바이러스가 원인이 되며, 성인은 평균적으로 매년 두세 번 감염된다.

가장 사망률이 높은 바이러스성 질병

광견병은 증상이 나타나기 전에 발견하지 못하면 실질적으로 100% 사망하며, 매년 약 1만 7,000명이 목숨을 잃는다. 광견병 증상을 보인 뒤 살아남은 환자는 단 14명으로 아주 공격적인 치료를 받아야만 했다. 이 질병은 치료할 수 있는데, 감염되면 증상이 발현되기 전에 백신 주사를 맞아야 한다.

가장 전염성이 강한 질병

홍역은 홍역 바이러스로 감염된다. 이 질병의 재생산 지수(R0)는 12~18로, 1명이 감염되면 평균적으로 백신을 맞지 않은 15명에게 옮긴다는 의미다. 매년 약 14만 명이 이 병으로 사망한다. 홍역은 선진국에서는 백신을 사용해 효과적으로 종식됐지만, 접종률이 낮아지면 다시 성행하기도 한다. 선진국 외의 국가에서는 여전히 어린이들이 흔하게 걸리는 질병이다.

후천면역결핍증후군(AIDS) 감염 비율이 가장 높은 국가

WHO의 가장 최근 조사(2019년)에 따르면 아프리카의 작은 국가인 레소토는 1,000명당 6.43명이 새로 후천면역결핍증후군(HIV/AIDS)에 감염된다.

또 레소토는 **결핵 감염 비율이 가장 높은 국가**다. 매년 10만 명당 654명이 이 질병에 걸리는 것으로 진단된다. 레소토의 심각한 결핵 발병은 에이즈의 유행과 연관되는데, 에이즈로 면역 시스템이 약해지면 환자가 호흡기 질환에 걸리기 쉬운 상태가 된다.

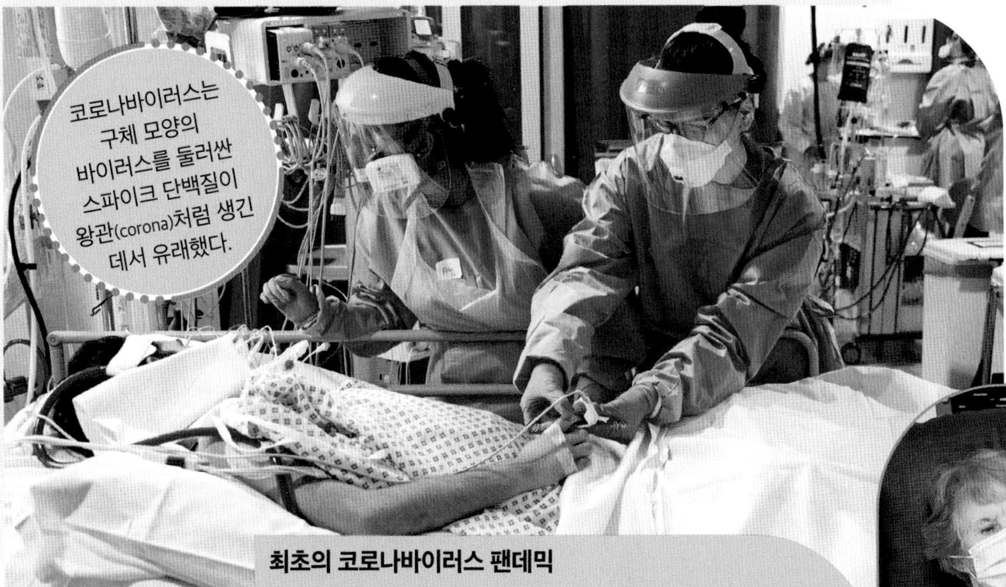

코로나바이러스는 구체 모양의 바이러스를 둘러싼 스파이크 단백질이 왕관(corona)처럼 생긴 데서 유래했다.

최초의 코로나바이러스 팬데믹

2020년 3월 11일 세계보건기구(WHO)는 코로나19를 세계적으로 심각한 유행을 의미하는 팬데믹으로 선언했다. 이전에 사스(2002년)나 메르스(2012년)를 포함한 여러 코로나바이러스 전염이 있었지만, 이 병들은 세계적으로 유행하기 전에 억제됐다. 코로나19는 발병한 **가장 치명적인 코로나바이러스**로, 2021년 2월 25일 기준 249만 776명이 사망했다. 코로나19의 대응 기록 중에는 **가장 빠른 백신 개발**(반대쪽 참조)과 2020년 12월 8일 영국의 마가렛 키넌(오른쪽)에게 실행한 최초의 무임상 투여가 포함돼 있다.

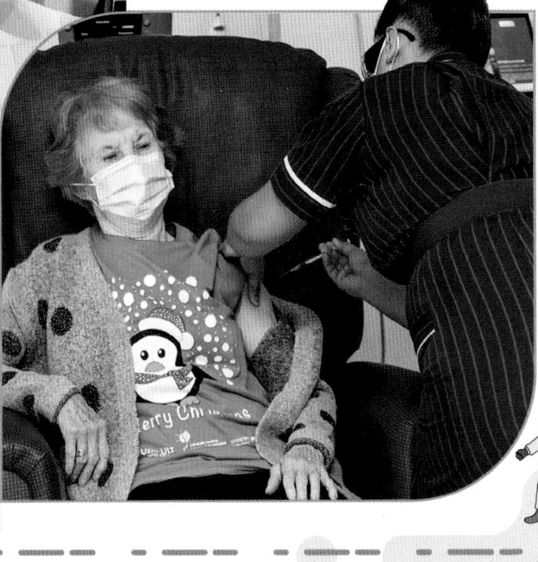

신기한 직업

엘비스 프레슬리 헌정 연기

로큰롤의 왕이 이미테이션 연예인들에게 자신의 왕관을 이어가도록 영감을 줬다. **최장기간 엘비스 헌정 연기 경력**은 48년으로 벨기에의 '골반 춤꾼' 빅 비즐리다. 그는 1954년 처음 가짜 다이아몬드 벨트를 찼고, 2002년 7월 6일 마지막 전문 공연을 펼쳤다. 빅은 엘비스의 출생지인 미국 미시시피주 투펠로의 명예시민이다.

관 제작자

허버트 웨버(오스트리아)는 1978년 9월 5일부터 2008년 9월 5일 사이 오스트리아 잘츠부르크의 목공 제조사 모저 홀친두스트리에서 일하며 70만 7,335개 관을 만들었다. 이는 **평생 가장 많은 관을 제작**한 기록이다.

효과음 전문가

효과음 스튜디오에서는 연기 화면에 맞춰 발걸음 소리나 문을 세게 닫는 소리를 생생한 음향 효과로 녹음한다. 잭 폴리(미국)는 '발성영화' 초기부터 유니버설스튜디오에서 이 작업을 맡아, 그의 이름을 따라 (영어) 직업명이 생겨났다(폴리-효과음 녹음 기술자). 그는 경력을 40년간 이어오며 제임스 카그니, 말론 브랜도, 커크 더글러스 같은 배우들을 대신해 발소리를 8,000km가량 녹음했다. 이는 **효과음 전문가 경력 최장거리 제자리걸음** 기록이다.

남극 관리인

천체물리학자인 로버트 '더 아이스-맨' 슈워츠(독일/미국)는 1997년부터 2019년까지 **남극에서 가장 많이 겨울을 나는** 기록을 세웠다(15번). 아문센-스콧 남극 기지에서 일하는 그는 과학 장비를 관리하고 망원경으로 관측하는 임무를 맡는다. 영하의 기온에서 고립돼 캄캄한 겨울을 6개월 동안 보내는 일이 매 '임무 기간'의 특징이다.

외계인 연기자

빌 블레어(미국)는 특수 분장이나 인공 장비가 필요한 괴물 혹은 비현실적인 캐릭터들만 연기하며 자신의 경력을 쌓아 왔다. 2011년 5월 6일까지 그는 **특수 효과 분장 캐릭터 최다 연기 기록**을 세웠다(202회).

시계탑 안내자

영국 런던 국회의사당의 엘리자베스 시계탑에는 '빅벤' 시계가 있다. 탑 안내자인 브라이언 데이비스(영국)는 **경력 기간 중 가장 많은 계단을 오르는 기록**을 세웠다(210만 1,528개). 브라이언은 1997년 3월 1일까지 13년 동안 6,292번 탑에 올랐다. 이는 해수면으로부터 에베레스트 정상까지 38번 오른 것과 같다.

채소악기 연주가

베지터블 오케스트라(오스트리아)는 당근 마림바, 무 베이스 플루트, 리크 바이올린, 파스닙 트럼펫 같은 악기를 연주하는 10명으로 이루어진 합주단이다. 악기는 콘서트 아침에 신선하게 준비하며, 공연이 끝나면 먹을 수 있는 부분으로 수프를 만들어 관중들에게 대접한다. 2019년 10월 기준, 이 합주단은 **채소 오케스트라 최다 콘서트**를 기록했다(331회).

스케일 스턴트 대역

은막의 전사들에게 신체 크기는 중요하지 않다. **가장 작은 스턴트맨**인 키런 샤(영국)는 2003년 10월 20일 키가 126.3cm로 확인됐다. 1976년 스크린에 데뷔한 그는 〈슈퍼맨〉(1978년 작), 〈반지의 제왕〉(2001~2003년), 〈스타워즈〉 시리즈 5편(1983~2019년) 등 수많은 작품에 출연했다.

미스터 메탄은 요가 '연꽃 만개' 자세를 배우며 방귀연주자로 타고난 자신의 능력을 처음 발견했다고 한다.

방귀연주자

미스터 메탄, 폴 올드필드(영국)는 음악에 맞춰 다양한 음으로 가스를 분출해 관객들을 즐겁게 한다. 그는 1990년 12월 처음 '방귀연주자'로 TV에 출연료를 받고 출연했으며, 1991년 10월 원래 직업인 기관사를 그만두고 배우 조합에 등록해 **최장기간 방귀연주자**로 활동하고 있다. 서커스 오브 호러 팀과 함께 공연하는 그는 수많은 라디오와 TV 프로그램에 출연했다.

인간 충돌 실험 더미

W R '러스티(녹이 슨)' 해이트(미국)는 '충돌 재건 전문가'로서 경력을 쌓으며 자동차 충돌을 1,000번 이상 직접 감행했다. 러스티는 그의 몸과 차량에 센서를 장착해 매번 충격의 정보를 수집한다. 최고 86km/h의 속도로 달리는데, 지금까지 그가 입은 최악의 부상은 에어백으로 생긴 작은 상처였다.

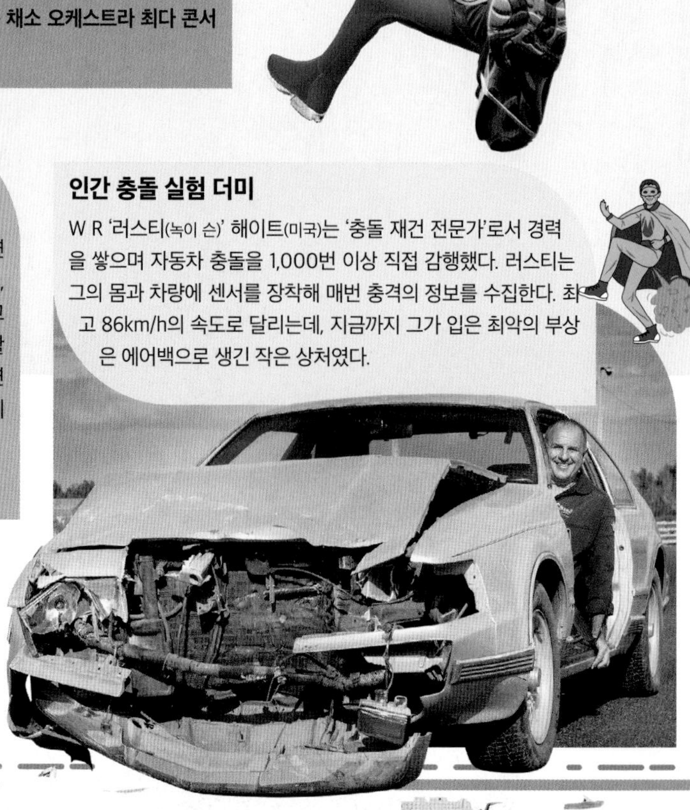

현대 요먼 지원자는 영국의 육군, 해군 혹은 공군에서 22년 이상 근무한 준위여야 한다.

비피터

공식 명칭이 '요먼 워더스'인 영국 런던 타워의 예식 관리인(보초병)은 15세기부터 죄수들을 감독하고 영국의 왕권을 상징하는 보석을 지키는 임무를 맡아 왔다. 전통적으로 남성 지원자들이 이 역할에 선발됐지만, 2007년 1월 모이라 캐머런(영국)이 **최초의 여성 비피터**가 되는 역사를 만들었다.

최초의 흑인 비피터는 영국 육군의 베테랑 로렌스 왓츠(영국, 삽입된 사진)로 2016년 3월 1일 자신의 '꿈의 직업'에 임명됐다.

사이드 쇼 예능인

다니엘라 드빌(본명 다니엘라 마틴, 영국)은 칼이나 전기톱, 바늘방석 같은 날카롭고 위험한 물건들로 공연을 펼치며 경력을 이어왔다. 2013년 10월 12일 그녀는 **최단 시간에 몸에 올린 콘크리트 벽돌 16장 깨기** 기록을 달성했는데(30초40), 조니 스트레인지(영국)가 보조로 나서 큰 쇠망치를 휘둘렀다.

무덤 파는 일꾼

무덤 파는 일꾼으로 가장 오래 일한 사람은 독일 알덴부르크의 교회관리인인 요한 하인리히 카를 티메로, 50년의 경력 기간에 2만 3,311개의 묏자리를 판 것으로 기록됐다. 1826년 그가 죽자, 요한의 대역이 그를 위한 묘를 팠다.

산타클로스

사실, 진짜 크리스마스의 할아버지는 너무 바빠 우리 앞에 나타날 수 없다. 그를 대신해 **가장 오래 산타클로스 역할을 해 온 사람**은 데이튼 C. 파우츠(미국)로 1937년부터 1997년 12월 14일까지 매년 빨간 복장을 걸쳐 왔다. 데이튼은 이 역할을 미국 일리노이주 하비에서 55년 동안 했고, 애리조나주 투손에서 5년을 더 했다.

법의학 화가

범죄자를 가장 많이 찾도록 도운 몽타주 화가는 미국 텍사스주의 루이스 깁슨(미국)으로, 1982년부터 2021년 2월 사이 1,266명으로 기록됐다. 그녀는 휴스턴 경찰국에서 일을 시작하기 전 텍사스주 샌안토니오에서 여행객들의 초상화를 그리며 자신의 기술을 연마했다.

커피콩 테이스터

로이드의 2009년 3월 9일 보고에 따르면 게나로 펠리시아(영국)는 섬세한 혀의 감각을 지녀 **보험금이 가장 높은 혀**로 인정받았다(1,400만 달러). 코스타 커피(영국)의 커피 마이스터인 게나로는 가게로 나가는 모든 커피콩을 단위별로 테스트한다.

보험금이 가장 높은 코는 포도원 주인인 일야 호르트(네덜란드, 삽입된 사진)의 코로 약 780만 달러다.

발 냄새 감별사

미국 오하이오주 신시내티의 건강관리 기업인 닥터 숄의 데오도란트 실험자인 매들린 알브레히트(미국)는 **가장 많은 발 냄새**를 맡는 독특한 기록을 남겼다(15년이 넘는 기간 동안 약 5,600족). 또 그녀는 정확히 가늠할 수 없는 수의 겨드랑이 냄새도 맡았다.

TV 게임쇼에서 가장 많이 손뼉 친 기록

2015년 2월 9일 마지막으로 확인했을 때 〈휠 오브 포춘〉의 진행자인 바나 화이트(미국)는 프로그램의 32시즌 동안 박수를 372만 1,446번 쳤다. 에피소드마다 평균 606회를 치며, **손뼉을 가장 많이 친 사람**이 됐다.

기차 파괴자

1896년 9월 9일부터 1932년 8월 27일 사이 공연가인 조셉 S. 코널리(미국)는 미국 전역에서 열린 주 박람회에 참가해 관람객들 앞에서 의도적으로 기관차를 정면충돌시키는 공연을 73회나 펼쳤다. 철도 기술자들이 거의 쓸모가 없어진 기관차 한 쌍을 증기로 가동해 같은 철로 위에서 달리게 했다. '정면충돌 조'는 **가장 많은 기차를 파괴한 경력**을 달성했다(146대).

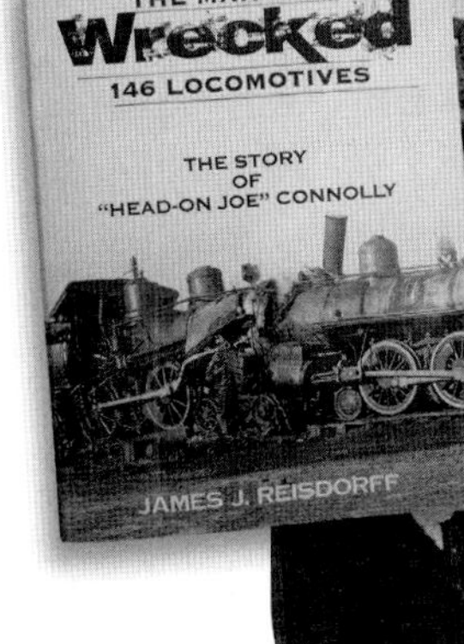

종합

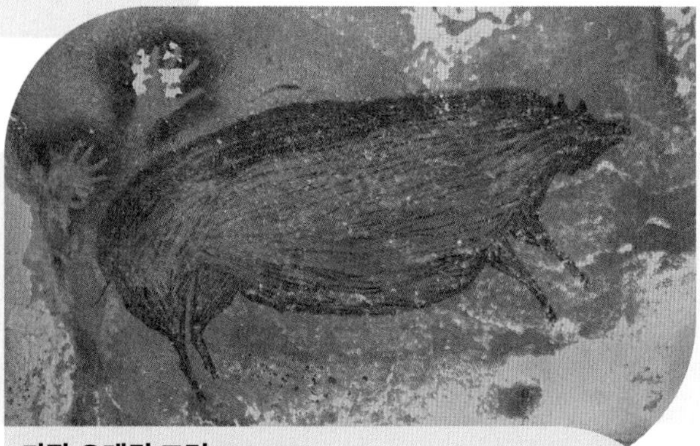

가장 오래된 그림(조형 미술)

최소 4만 5,500년 전 동굴 벽화 하나가 발견돼 2021년 1월 13일 <사이언스 어드밴시스>에 발표됐다. 인도네시아 술라웨시섬의 레앙 테동게 석회 동굴에서 2017년 발견된 이 그림은 술라웨시 사마귀돼지로 추정되는 동물의 무리가 그려져 있으며 어두운 빨간색과 보라색 색소로 그린 그림 주변에 손을 스텐실로 찍은 형상이 있다.

최초로 우주에서 생산된 실험실 고기

스타트업 식품공학 기업 알파 팜(이스라엘)이 2019년 9월 26일 국제우주정거장에서 소의 세포를 이용해 실험실 고기를 만들었다. 3D 프린터를 이용해 세포들을 근육조직으로 성장시켜, 지구 위 399km에서 자랐을 뿐 아니라 도살되지도 않은 고기가 만들어졌다.

지속해서 운영된 가장 오래된 신호 정보시설

영국 요크셔주에 있는 정부통신본부(GCHQ) 스카버러는 1912년 독일제국 해군의 대양함대를 감시하기 위해 영국해군이 설치한 무선전신국이다. 이곳은 제2차 세계대전에도 같은 역할을 수행했고 냉전 기간에는 소련의 군사 행동을 감시했다. 오늘날에도 해군 대화를 감시하지만, 영국 글로스터셔 첼튼엄에 있는 GCHQ의 주 본부를 대신해 일반 위성도 운용한다.

최고령 라마

2020년 11월 14일 기준 라마단의 아라파호 골드(별칭 래퍼, 1994년 3월 2일생)의 나이는 26세 257일이다. 은퇴한 공연용 라마로 미국 워싱턴주 올림피아에서 자신의 주인 브라이언 키넨 베르거와 조디 맥도니와 함께 살고 있다.

24시간 만에 개인 순자산이 가장 많이 오른 기록

2020년 7월 20일 아마존의 CEO이자 공동 창립자인 제프 베이조스(미국)는 자신의 자산이 130억 달러 증가하는 경험을 했다. 블룸버그에 따르면 아마존닷컴의 주식이 7.9% 오르며, 베이조스의 순자산이 1,893억 달러로 평가됐다. 온라인 쇼핑 트랜드 분야의 긍정적인 평가가 증가하며 주식 상승에 영향을 끼쳤다.

가장 비싼…

꿀: 켄타우리 허니의 아흐메트 에렌 차크르(둘 다 터키)가 2021년 2월 16일 터키 이스탄불에서 한 꿀의 샘플을 1만 2,130달러/kg에 판매했다. 이 달콤 쌉쌀한 다크 허니는 1년에 10~15kg 정도만 나온다.

다리 햄: 2020년 2월 3일 일본의 고가 음식 수입업체 다이시 기업이 도토리를 먹여 기른 돼지의 다리 한 짝으로 만든 이베리안 벨로타 햄을 1만 3,183달러에 판매했다.

양: 2020년 8월 27일 영국 래넉셔의 경매장에서 족보 있는 수컷 새끼 양 스포츠맨스 더블 다이아몬드가 48만 3,963달러에 판매됐다. 이 수컷은 육종가를 높게 평가받아 가격이 높게 책정됐다.

비둘기: 퀴르트 판더바우어르(벨기에)가 사육하고 훈련한 2살 된 경주용 비둘기 뉴 킴이 2020년 11월 15일 경매를 통해 180만 달러에 판매됐다.

가장 오래된 애완동물의 묘지

2011년 이집트 홍해 연안에 있는 폐허가 된 항구, 베레니케에서 작업하던 폴란드의 고고학자들이 서기 1~2세기 경 애완동물의 묘지를 발굴했다. 여기에는 536마리의 고양이, 32마리의 개, 작은 원숭이와 청년기의 개코원숭이도 한 마리씩 있었다. 화려한 목걸이를 한 고양이를 비롯해 집에서 기른 다양한 증거가 발견됐다(사진).

1시간 동안 개인 위생용품을 가장 많이 기부한 기록

인도의 독지가 락시아라지 싱 메와르는 2021년 1월 25일 인도 라자스탄 시골의 가난한 가정들을 위해 1만 2,508개의 개인위생용 제품을 기부했다. 또 메와르는 21t의 교과서 및 다른 문구를 기부해 **24시간에 가장 많은 학용품을 기부**한 기록도 작성했다.

한 번에 새끼를 가장 많이 출산한 염소

2019년 2월 16일 나이지리아 난쟁이 염소 암컷인 밀러스 페어리우드 MP 안젤리카는 미국 애리조나주 길버트에 있는 집에서 새끼 7마리를 출산했다.

염소는 보통 3~4마리의 새끼를 낳는다. 안젤리카의 새끼들은 모두 건강해 모두를 더 놀라게 했다.

1분 동안 가장 많은 재주를 선보인 고양이

알렉시스와 주인 아니카 모리츠(오스트리아)는 2020년 6월 10일 오스트리아 니더외스터라이히주 라이타에서 60초 동안 재주를 26개나 선보였다. 알렉시스의 레퍼토리에는 하이파이브(위 사진), 고개 흔들기, 앞발 교차하기, 왼쪽 오른쪽으로 돌기, 냄비 열기 등이 있다. 이 암컷 고양이는 아주 긴 시간 동안 재주를 배웠는데, 아니카가 새끼 때부터 조기교육을 했다.

슈퍼볼 최초의 여성 심판

사라 토마스(미국, 오른쪽 사진)는 2021년 2월 7일 미국 플로리다주 탬파에서 열린 슈퍼볼LV의 심판을 맡았다. 그녀는 1999년 고등학교 대표팀 경기를 커리어 처음으로 진행했고, 2015년 내셔널 풋볼 리그에 합류했다. **UEFA 챔피언스리그 최초의 여성 심판**은 스테파니 프라바트(프랑스)로 2020년 12월 2일 이탈리아 토리노에서 유벤투스와 디나모 키예프의 경기를 진행했다.

실험실 고기를 허가한 최초의 국가

2020년 12월 싱가포르 정부는 기술 스타트업 기업 잇 저스트(미국)가 만든 실험실 닭고기의 판매를 허가했다. 이 고기는 바이오리액터에서 닭의 세포에 식물 기반의 영양소를 공급해 성장시켜 만든다. 오늘날 세계 온실가스의 약 14%가 축산업에서 배출된다.

가장 오래된 다과점

이치몬지야 와스케(약칭 이치와)는 일본 교토 기타 구에 위치한 전통 다과점이자 카페다. 서기 약 1000년에 설립돼 2020년 12월 당시 가문의 24대 후손인 하세가와 나오미가 운영하고 있었다. 이곳의 음식 아부리-모찌(아래 사진)는 쌀가루로 만든 떡을 구운 뒤 달콤한 미소 페이스트 소스를 발라 나온다.

가장 비싼 디지털 예술품

2020년 3월 11일 비플(본명 마이크 윈켈만, 미국)의 '매일: 첫 5000일'이 크리스티 경매에서 6,934만 6,250달러에 판매됐다. 이 작품은 비플이 하루에 한 작품 씩 만들며 진행한 예술 프로젝트의 첫 5,000일을 콜라주로 합쳐 만들었다. 이 예술품은 대체 불가능한 토큰으로 판매됐는데, 이는 기본적으로 진품의 디지털 증서로, 가상화폐 스타일의 블록체인을 사용해 독자성과 소유권을 기록한다. 같은 기술이 **가장 비싼 트윗**의 판매에도 사용됐다(205쪽 참조).

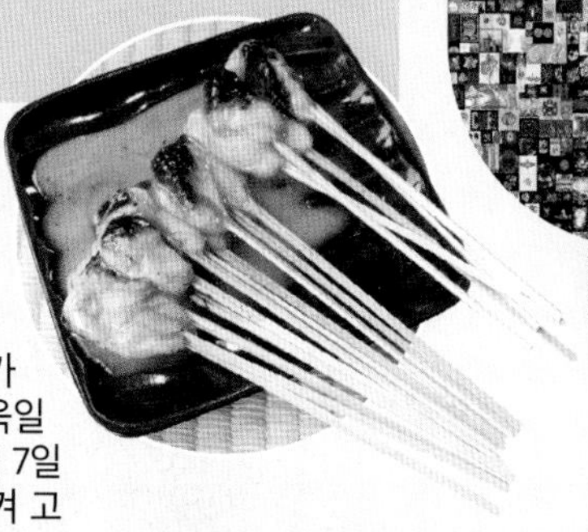

시민상 최다 수상

2020년 11월 11일 일본의 발명가이자 사업가인 코가 츠네지로는 자신의 98번째 어두운 푸른색 리본이 장식된 훈장을 받았다. 이는 사회공헌 기부를 많이 한 개인에게 수여되는 상이다. 그가 받은 103번째 시민상으로 여기에는 욱일장도 포함돼 있다. 첫 상은 1982년 11월 7일 받았다. 코가는 어린 시절 문제를 일으켜 고등학교를 중퇴해, 자신의 자선 단체로 비슷한 상황에 처한 젊은 사람들을 돕는다.

가장 비싼 운동화(개인 판매)

2021년 4월 26일 경매에서 신기록이 작성되고 약 1년이 안된 시점에, 소더비는 카녜이 웨스트가 2008 그래미 시상식 공연에서 신었던 나이키 에어 이지1 프로토타입 한 켤레가 개인 판매 신기록을 경신했다고 발표했다. 유명 수집가 라이언 창이 판매를 위해 내놓은 이 검은 가죽 신발을 신발 수집 투자에 초점을 둔 스타트업 기업 RARES가 180만 달러에 구입한 것으로 알려졌다.

경매에서 팔린 가장 비싼 운동화

2020년 5월 17일 소더비에서 개최한 온라인 경매에서 마이클 조던이 1985년 경기에서 신었던 나이키 에어 조던1 한 켤레가 56만 달러에 판매됐다. 15만 달러에 판매될 것으로 예상됐지만, 마지막 20분에 호가가 2배로 늘며 이 가격이 형성됐다. 조던이 경기에서 신었던 대로 신발 양쪽이 사이즈가 다르며(왼쪽:13, 오른쪽 13.5), 오른쪽 신발에 그의 사인이 있다.

말랄라 유사프자이

주요 통계
이름: 말랄라 유사프자이
출생일: 1997년 7월 12일
출생지: 파키스탄 밍고라
대학교: 옥스퍼드대학교(영국)
직업: 사회운동가, 연설가, 작가
경력: 국제어린이평화상(2013년), 노벨평화상(2014년), UN 평화대사(2017년)

우리가 옳다고 믿는 일을 위해 목소리를 내는 데에는 많은 용기가 필요하다. 그리고 말랄라는 그 용기로 인해 거의 목숨을 잃을 뻔했다. 그녀의 '놀라운 페미니스트 아버지'(말랄라의 말)는 교사이자 학교의 소유주로, 말랄라가 형제들과 똑같은 기회를 받아야 한다고 믿었다. 2008년 탈레반이 그녀의 고향인 파키스탄 밍고라를 점령했고, 그들은 여성의 교육을 포함한 삶의 많은 부분을 억압했다. 2009년 말랄라가 탈레반 밑에서의 삶이 어떤지 묘사한 일기가 BBC의 우르두어 웹사이트 블로그에 포스팅됐다. 하지만 그녀는 유명해질수록 더 큰 위험에 처했다. 2012년 10월 9일, 총을 든 남자가 그녀의 학교 버스에 올라타 15세 소녀의 머리를 쐈다. 말랄라는 수술을 받고 구사일생으로 살아났고, 기적적으로 회복했다. 그녀는 가족과 함께 추가 치료를 위해 영국 버밍엄으로 이사를 와 계속 머물게 됐다. 2021년 말랄라는 이제 그곳이 '자신의 두 번째 고향'으로 느껴진다고 말했다. 그 습격은 그녀의 결심을 더 굳건하게 만들었는데, 말랄라는 비영리 말랄라재단을 만들어 소녀들의 교육에 투자와 지원을 하고 있다.

그녀의 노력이 알려지며, 말랄라는 2014년 12월 10일 17세 151일의 나이로 노벨평화상을 받았고, **최연소 노벨상 수상자**로 기록됐다. 그녀는 모든 아이의 교육 및 기본적인 권리를 지켜달라고 요구하는 감동적인 수상 연설을 남겼다. 3년 뒤 그녀는 19세 272일의 나이로 **최연소 UN 평화대사**가 됐다. 말랄라는 우리가 나이, 성별, 배경에 상관없이 누구든 세상을 변화시킬 수 있다는 걸 보여 주는 살아 있는 증거다.

1

2

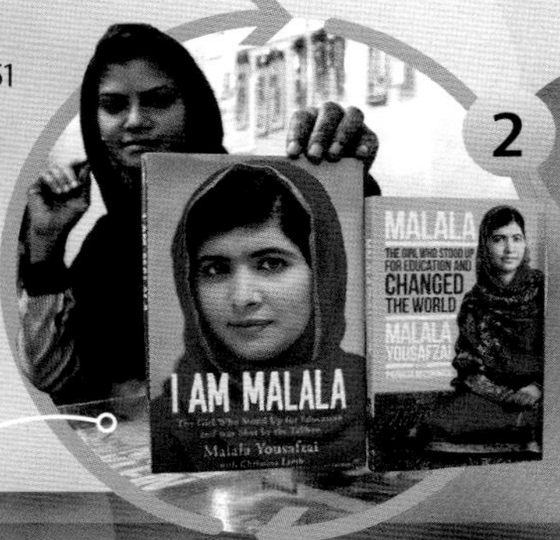

3

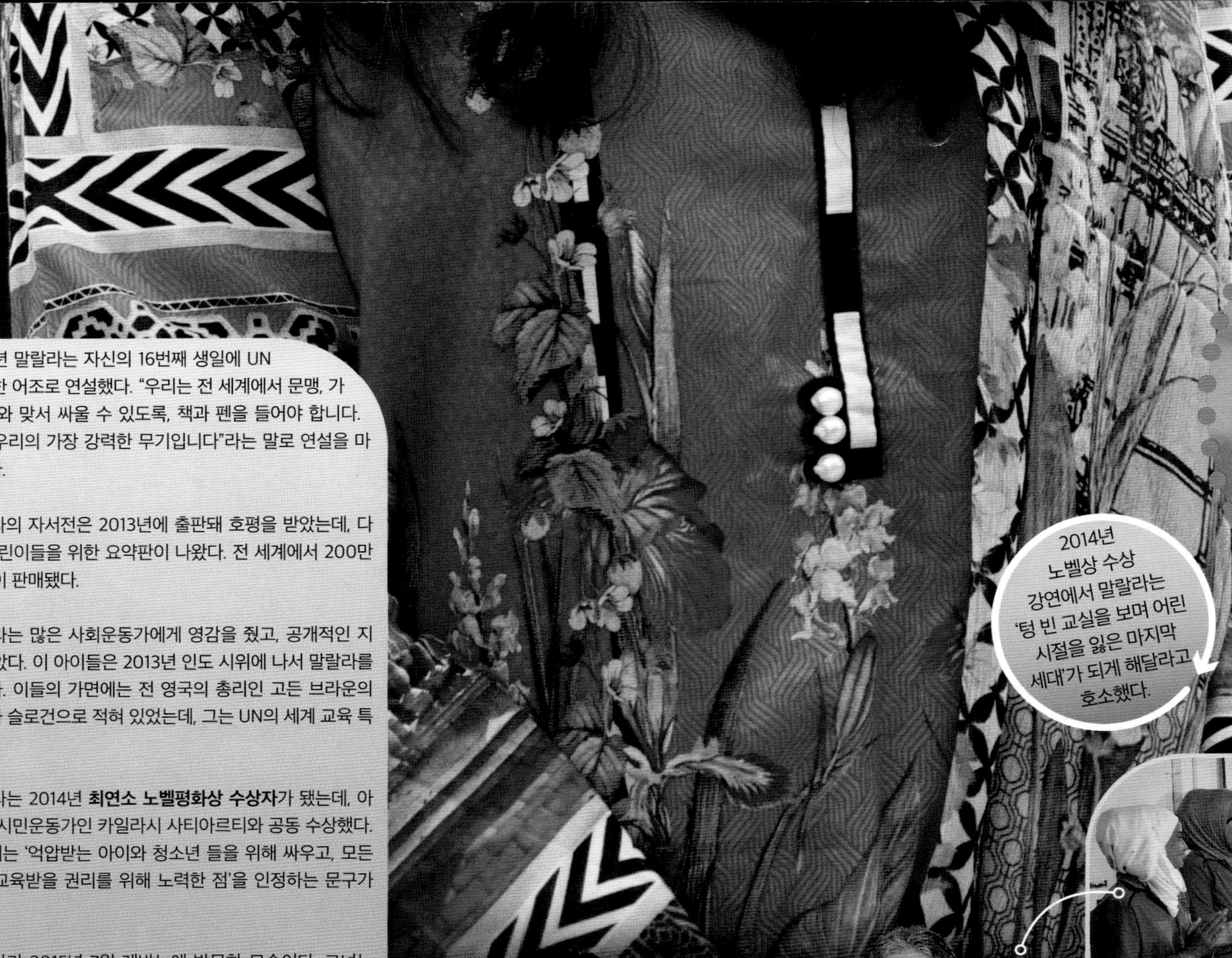

1. 2013년 말랄라는 자신의 16번째 생일에 UN에서 강한 어조로 연설했다. "우리는 전 세계에서 문맹, 가난, 테러와 맞서 싸울 수 있도록, 책과 펜을 들어야 합니다. 이것이 우리의 가장 강력한 무기입니다"라는 말로 연설을 마무리했다.

2. 말랄라의 자서전은 2013년에 출판돼 호평을 받았는데, 다음 해 어린이들을 위한 요약판이 나왔다. 전 세계에서 200만 부 이상이 판매됐다.

3. 말랄라는 많은 사회운동가에게 영감을 줬고, 공개적인 지지를 받았다. 이 아이들은 2013년 인도 시위에 나서 말랄라를 지원했다. 이들의 가면에는 전 영국의 총리인 고든 브라운의 탄원서가 슬로건으로 적혀 있었는데, 그는 UN의 세계 교육 특사였다.

4. 말랄라는 2014년 **최연소 노벨평화상 수상자**가 됐는데, 아동 권리 시민운동가인 카일라시 사티아르티와 공동 수상했다. 표창장에는 '억압받는 아이와 청소년 들을 위해 싸우고, 모든 아이가 교육받을 권리를 위해 노력한 점'을 인정하는 문구가 있다.

5. 말랄라가 2015년 7월 레바논에 방문한 모습이다. 그녀는 베카 밸리의 난민 캠프에 사는 200명의 시리아 아이들을 위해 말랄라 유사프자이 여자 어린이 학교를 설립했다.

6. 2015년 9월 24일 다큐멘터리 〈말랄라〉를 개봉했다. 말랄라의 왼쪽은 감독인 데이비스 구겐하임이다. 샤지아 람잔(제일 왼쪽)과 카이냣 리아즈(제일 오른쪽)는 2012년 말랄라가 버스 습격을 당했을 때 상처를 입었던 아이들이다.

2014년 노벨상 수상 강연에서 말랄라는 '텅 빈 교실을 보며 어린 시절을 잃은 마지막 세대'가 되게 해달라고 호소했다.

www. guinnessworldrecords.com/2022
명예의 전당 섹션에서 말랄라에 관해 더 많이 알아보자.

록산느 다운스

호주의 여학생 록산느 다운스는 2017년 여덟 살의 나이로 《잇 걸》에 자리를 꿰차며 최연소 잡지 편집자가 됐다.

이 매거진은 10대 초반 독자들의 흥미와 관심을 생생하게 아는 사람을 고용해 그들과 접점을 만들기로 했다. "록시는 항상 학교에서 읽기와 쓰기를 잘했어요. 그래서 편집자로 적합한 후보였죠." 그녀의 아버지 마이클이 설명했다. 록산느의 입사 후 발행된 첫 매거진이 2017년 4월 6일 호주와 뉴질랜드의 뉴스 가판대를 장식했다. 현재 그녀는 학교와 집안일 그리고 화려한 인터뷰와 편집 미팅까지 해내는 업무 수완을 발휘하며 《잇 걸》의 발행부수를 늘려 나가고 있다.

《잇 걸》 편집자의 어떤 점에 가장 끌렸나요?

제 나이 또래 친구들 사이에서 무언가 큰 역할을 하고 싶었어요. 전 어린이고 《잇 걸》은 어린이를 위한 매거진이에요. 저는 온종일 비슷한 나이의 아이들과 지내서 그들이 무엇을 좋아하는지, 어떤 정보를 원하는지 알아요.

무슨 일을 하고 어떤 부분을 책임지나요?

주요 유명인 인터뷰는 도맡아서 해요. 발행호마다 주제도 정하고 매달 어떤 선물을 줄지도 정해요. 가끔 출판사와 판매 미팅도 해요. 대형 슈퍼마켓 체인은 제가 회의실에 들어가면 언제나 깜짝 놀라요.

학교와 숙제는 어떻게 하나요?

머리를 써서 한 주의 숙제를 월요일에 빨리 해치워 버려요. 그러면 개인 시간 대부분을 제가 좋아하는 일에 쓸 수 있어요.

인터뷰를 진행한 사람 중 가장 유명한 사람은 누구인가요?

아마 저스틴 비버나 조조 시와겠지만, 다른 유명한 사람도 아주 많아요. 작가, 틱톡 스타, 가수, 배우… 세다가 까먹을 정도예요!

다른 어린 친구들에게 해 주고 싶은 조언이 있나요?

매일 작은 일이라도 똑바로 하는 거예요. 함께 일하기 편하고, 공손하고, 열심히 일하는 사람들에게 큰 기회가 주어지거든요.

나이가 더 들었을 때 하고 싶은 꿈의 직업이 있나요?

TV 프로그램 진행자나 배우를 하고 싶어요. 물론 잡지 편집자는 계속하고 싶어요!

1

2

3

1. 록산느가 시드니의 카페 파테르에서 호주의 배우이자 래퍼인 애비 코니쉬를 만나 언론인으로서 질문 공세를 펼쳤다.

2. CBS의 스핀오프 시리즈 〈영 셸든〉의 주연이자, 어린 영재에 관한 모든 걸 알고 있는 이언 아미티지가 2019년 록산느와 만났다.

3. 록산느는 2020년 《타임》지가 선정한 세계에서 가장 영향력 있는 100인 중 한 명인 댄서/가수/유튜버인 조조 시와를 인터뷰했다.

다라 맥아널티

다라 맥아널티(영국, 2004년 3월 31일생)**는 2019년 10월 26일 왕립 조류보호협회에서 수여하는 최고 훈장인 RSPB 메달을 최연소로 받았다. 이 상을 받은 조류학자 중에는 데이비드 애튼버러 경도 포함돼 있다**(54~55쪽 참조)**. 당시 다라의 나이는 겨우 15세 209일이었다.**

다라는 열두 살에 북아일랜드 퍼매너주의 전원 지대에 영감을 받아 자연에 관한 블로그와 트위터를 시작했다. 자폐증을 앓던 중, 야생동물 관찰에 필요한 침착한 집중력이 치료에 도움이 된다는 것을 알았다. 하지만 다라는 생물의 다양성이 훼손되는 현실이나 맹금류가 핍박받는 환경문제에 관해서도 말할 필요성을 느꼈다. 그는 자원봉사로 해변을 청소하고 자선기금을 모으는 활동을 하면서 자신의 말을 행동으로 옮기고 있다. 대담과 TV 출연으로 미디어 노출이 늘었고, 2020년 처음 출판한 그의 책은 비평가와 독자들 사이에서 인기를 끌었다(오른쪽 참조).

1

2

3

1. 2019년 5월 15일 다라는 청년들의 사회운동을 위한 #아이윌(iwill)의 홍보대사로 찰스 왕자와 만났다. 다라는 BBC의 〈스프링 왓치〉 같은 TV 프로그램에 동식물 연구가 크리스 팩햄(아래 왼쪽)과 함께 출연했는데, 그는 다라를 자신의 '영웅'이라고 불렀다.

2. 다라는 지역에서 '미래를 위한 목요일' 기후 시위를 펼치고 있다. 이 환경운동은 그레타 툰베리가 처음 시작했다(30~31쪽 참조).

3. 2020년 5월 다라는 자신의 첫 책 『어린 동식물 연구가의 일기(Diary of a Young Naturalist)』를 출판했다. 이 책은 2020년 9월 명망 높은 웨인라이트 상에서 UK 자연수필상을 받았다.

RSPB 메달 최연소 수상자가 된 기분이 어떤가요?
정말 낯설었어요. 이전 수상자들은 평생을 자연보호에 힘썼는데, 너무 이른 건 아닌가 의문이 들었어요! 저는 지금껏 쉬지 않고 일했고 자연을 위한 캠페인을 펼쳤어요. 저의 노력에 보상을 주셔서 너무 영광이고 책임감을 느껴요.

"자연은 자기들을 위한 게 아니다"라고 주장하는 사람들에게 뭐라고 말할 건가요?
그 사람들이 무심하다고 생각하지는 않아요. 하지만 우리 사회가 빠르게 변하면서 자연을 궁지로 몰고 있어요. 모두 힘을 합쳐야 해요. 특히 교육자와 힘이 있는 사람들이 인간은 자연에 의지하며 살아가는 존재라는 메시지를 던져야 해요.

세상이 여전히 어린 사람들의 생각이나 주장을 과소평가한다고 생각하나요?
어린 사람들의 새로운 아이디어와 에너지를 통해 구세대 어른들이 영감을 얻을 수 있다고 생각해요. 하지만 모두 함께해 나가야 해요. 모두가 위기 상황이라는 걸 이해할 때 건강한 지구를 위해 필요한 변화를 일으킬 수 있어요.

환경보호에 동참하고 싶은 사람들에게 조언한다면?
집에 마당이 있다면 그곳부터 시작하세요. 풀이 길게 자라도록 두거나 야생 꽃을 화분에 기르는 것도 자연에 많은 도움이 돼요. 저에게 활동가란 자연을 돌보고 만나는 모든 사람과 그 열정을 나누는 사람이에요.

블로그를 잘 운영하는 비결이 뭔가요?
자신이 정말 열정이 있는 분야에 관해 쓰세요. 글쓰기를 꾸준히 연습하고 자신의 스타일을 길러서, 나만의 개성으로 만들어야 해요.

기네스 세계기록의 가족이 된 기분이 어떤가요?
정말 좋아요! 크리스마스 선물들 사이에 기네스 세계기록 책이 항상 있었어요. 아빠는 어린 시절의 그 책을 아직도 가지고 있어요. 너무 멋진 일이에요.

어린 성취자들에 관한 신기록을 더 알고 싶다면 guinnessworldrecords.com에 방문해 보자.

치논소 에체

이열한 살의 나이지리아 프리스타일 축구선수는 세계기록에 도전할 때 자신이 정확히 무슨 일을 해야 하는지 알고 있었다. 열심히 연습하고 자신을 믿으며 언제나 침착함을 유지해야 한다…

프리스타일 축구는 그에게 아주 잘 맞는다. 치논소는 현재 **머리에 공을 올려 1분 동안 다른 공을 연속으로 터치 많이 하기** 기록을 보유하고 있다. 그는 2019년 11월 14일 나이지리아 와리에서 111회의 터치에 성공했다. '어메이징 키드 에체'라는 별명을 얻기까지는 아직 많은 과정이 남아 있지만, 치논소는 그 이상을 해냈다. 그의 기록이 담긴 유튜브 영상을 보면 치논소의 경이로운 집중력과 경지에 이른 침착함을 느낄 수 있다. 여기서 끝이 아니다. Q&A에서 그가 계획하는 미래의 기록들을 살펴보자.

1. 치논소가 신기록을 세웠을 때 입었던 옷을 입고 촬영했다. 치논소의 집에는 그의 기네스 세계기록 증서와 공식 편지가 자랑스럽게 놓여 있다.

2. 치논소는 DJ 다이베니, 션 가르니에, 에를렌드 파거리와 함께 매니저인 추쿠에부카 에즈하를 자신의 프리스타일 아이돌로 꼽는다.

3. 치논소가 2019년 와리 타운십 스타디움에서 키피유피로 신기록을 작성할 당시에 찍은 몇몇 사진이다.

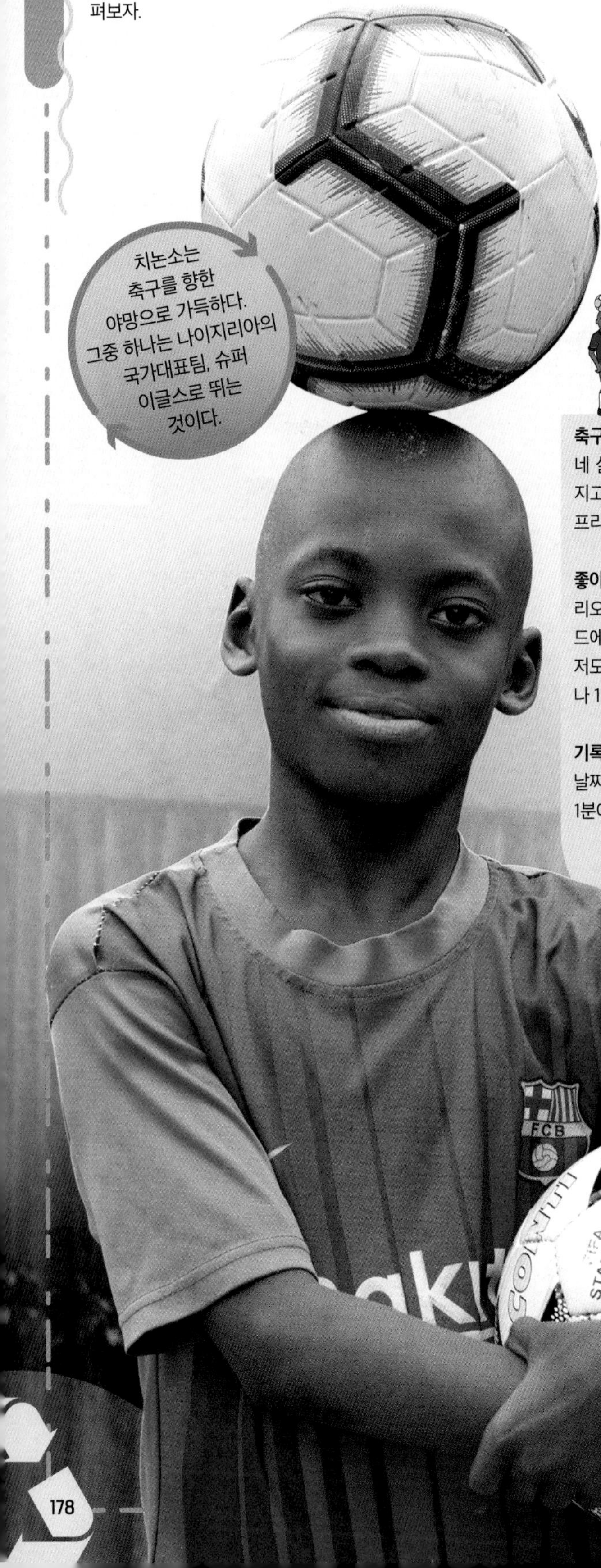

치논소는 축구를 향한 야망으로 가득하다. 그중 하나는 나이지리아의 국가대표팀, 슈퍼 이글스로 뛰는 것이다.

축구를 처음 한 기억이 언제인가요?
네 살 무렵에는 동그랗게 생긴 모든 물체를 가지고 노는 걸 좋아했어요, 심지어 아빠 컵까지요! 프리스타일 축구는 여덟 살에 시작했어요.

좋아하는 프리스타일 선수는 누구인가요?
리오넬 메시와 호나우지뉴를 꼽는데, 이들은 그라운드에서 플레이할 때도 프리스타일 기술을 활용해요, 저도 그렇게 하고요. 저는 미드필더인데 항상 8번이나 10번을 입어요.

기록을 위해 했던 훈련을 말해 주세요.
날짜가 정해지면 프로그램을 시작하는데, 제한시간 1분에 맞추기 위해 속도를 높여서 기술을 연마해요.

포기하고 싶을 때나, 기록을 달성하기 힘들다고 느꼈을 때가 있나요?
저의 팀과 가족들 덕분에 한 번도 실망한 적이 없어요.

기네스 세계기록 공식 인증서를 받았을 때 기분이 어땠나요?
정말 좋아요! 기네스 세계기록에 등록된 최연소 나이지리아인이라는 꿈을 이뤘어요. 가족들이 저를 정말 자랑스러워해요.

축구 프리스타일 기록을 위한 계획 중에 우리에게 얘기해 줄 수 있는 게 있나요?
많아요! 머리에 공을 올리고 장거리 달리기를 하거나 또 머리에 공 올리고 균형을 잡으면서 다른 공으로 저글링 2,000번 하기도 도전해 보고 싶어요.

초심자도 시도해 볼 만한 쉬운 묘기를 추천해 줄 수 있나요?
두 발로 공 하나를 저글링 하는 거예요. 무릎도 한번 활용해 보고, 등에 공을 올리고 균형을 잡아 보세요.

기네스 세계기록의 영광을 꿈꾸는 다른 아이들에게 조언해 준다면?
절대 포기하지 마세요! 항상 자신을 믿어야 해요. 그리고 부모님들이 아이들에게 용기를 주고 도와줘야 해요, 우리 가족이 그랬던 것처럼 말이에요.

구이 쿠어리

스케이트보드는 어린 친구들도 경쟁을 펼칠 수 있는 종목 중 하나로 종종 나이를 뛰어넘는 실력을 보이기도 한다. 그 증거로 브라질 쿠리치바 출신의 구이 쿠어리만 한 실력자도 없다.

2020년 5월 8일 열한 살짜리 소년이 **▶수직램프(경사로)에서 최초로 1080 스케이트보드 묘기**에 성공했다. 공중에서 360° 회전을 3번이나 하는 기술이다. 톰 샤(미국)는 2012년 최초의 스케이트보드 1080을 성공했지만, '메가램프'를 사용해 충분한 속도를 받은 상태에서 기술을 시도했다.

구이는 어떻게 기술을 연습할까? 코로나19로 인한 봉쇄로 그는 할머니 집 마당에 있는 경사대에서 끈기 있게 기술을 연마했다!

그것도 모자랐는지, 구이는 작년에 **최연소 X게임(익스트림 스포츠) 선수**로 기록됐다(2008년 12월 18일생). 그가 2019년 7월 31일 미국 미네소타주 미니애폴리스에서 스케이트보드 버트 일리미네이션 라운드(예선 경기)에 출전할 당시 나이는 겨우 10세 225일이었다.

역대 최연소 X게임 선수가 된 기분이 어떤가요?

꿈이 이뤄진 기분이에요! X게임에 다녀온 사실이 아직도 믿기지 않아요.

1080에 성공하고 어떻게 축하했나요?

집에서 만든 맛있는 피자와 케이크를 먹었어요!

기록 보유자가 됐는데 가족과 친구들의 반응은 어떤가요?

사실 부모님은 1080을 촬영하고 계셨고, 친구 2명이 보고 있었어요. 다들 아주 기뻐했어요!

주변에 유명인이 됐겠어요?

사실… 스케이트보드는 브라질에서 인기가 많아요. 저는 스케이트보드 커뮤니티에서 유명한데, 이번 주에 누군가가 저에게 오더니 "너 구이 쿠어리 맞아?"라고 물었고 함께 셀피를 찍었어요.

스케이트보더나 영웅으로 생각하는 다른 사람이 있나요?

토니 호크, 밥 번퀴스트, 대니 웨이예요.

스케이트보드 외에 다른 취미는 뭐가 있나요?

서핑, 스노보드, 웨이크보드를 하며 시간을 보내거나 축구도 해요.

이제 1260을 연습한다고 들었는데, 잘되고 있나요?

정말 잘되고 있어요. 매일 연습하니까 언젠가는 착지까지 성공할 거예요.

마지막으로, 세계기록에 도전하려는 친구들에게 조언해 준다면?

포기하지 말고 언제나 단호하게 도전하세요.

1

2

3

SKATEBOARD TRAINING FACILITY

1. 구이는 모든 종류의 보드를 열정적으로 탄다. 서핑과 스노보드도 열심히 즐기고 있다.

2. 스케이트에 돌풍을 일으킨 구이가 기네스 세계기록 증서를 뽐내고 있다. 그는 겨우 다섯 살에 하프파이프에서 묘기를 펼쳤다. 그의 아버지 리카르도는 구이가 '큰 경사로를 내려오는 조그만 아이'였다고 한다.

3. 구이가 세계적으로 유명한 미국의 스케이터 토니 호크(왼쪽), 케빈 스탭과 함께 시간을 보내고 있다. 구이의 우상 중 한 명인 토니는 1999년 스케이트보드 900 묘기를 최초로 성공했다.

guinnessworldrecords.com에 방문해서 신기록을 세운 어린 성취자들을 더 많이 찾아보자.

클로에 챔버스

클로에 챔버스(미국)의 혈관에는 속도를 향한 열정이 흐르고 있다. 그녀는 아버지가 뉴저지의 레이스트랙에 출전해 달리는 모습을 보고, 자신도 운전대를 잡기로 결심했다. 그리고 지금 클로에는 고카트를 챔피언으로 졸업하고 세계기록까지 거머쥐었다.

클로에는 2020년 8월 21일 미국 뉴저지주 리딩턴 타운십에서 포르쉐 자동차 북아메리카와 팀을 이뤄 **자동차 활강 최고 속도 기록**에 도전했다. 그녀의 임무? 포르쉐 718 스파이더를 최대한 빨리 몰아 15m 간격으로 있는 50개의 원뿔을 도는 일이었다. 클로에는 코스를 단 47초45 만에 활강하며 이전 기록을 0.5초 이상 경신해, 도전을 뛰어넘는 실력을 증명했다. 심지어 클로에는 이 모든 기록을 자동차 면허증을 따기 전인 16세에 달성했다!

1

2

3

4

1. 클로에가 2011년 자신의 첫 고카트 연습에서 타고난 운전 재능을 뽐냈다.

2. 클로에의 가족은 트랙 안팎에서 그녀의 최고 후원자다.

3. 클로에에게 시상대는 익숙한 장소가 됐는데, 카트에서 가장 높은 등급인 '시니어'로 가는 모든 레벨에서 우승을 거뒀다.

4. 2019년 1월 클로에는 ROK 컵 USA 플로리다 겨울 투어 첫 경기에서 우승했다. 그녀는 100cc 주니어 경기에 출전했다.

5. 기네스 세계기록 도전을 위해 클로에는 고카트를 포르쉐 718 스파이더로 교체했다. "많은 걸 배울 수 있었어요." 나중에 그녀가 말했다.

언제 고카트를 시작했나요?

일곱 살 때 카트에 처음 관심이 생겼어요. 포뮬러 원 경기를 아빠와 함께 TV로 봤는데, 아빠는 모토크로스나 트랙 경기에 출전하시곤 했어요. 어느 날, 엄마한테 나도 운전해도 되냐고 물어봤어요. 그리고 얼마 후 고카트 수업을 처음으로 받았죠. 어린이 카트 반에서 레이싱을 시작했고 첫해에 챔피언십을 우승했어요.

기록 도전은 어떻게 하게 된 건가요?

포르쉐에서 낸 아이디어였어요. 먼저 촬영 감독님이 대표로 저에게 연락해서 도전하고 싶은지 물었는데, 나중에 알고 봤더니 포르쉐였어요.

혹시 기록을 깨지 못할까 봐 두려웠던 순간이 있나요?

처음 연습할 때, 빠르게 속도를 올려 기록에 가까워졌어요. 하지만 기온이 그립에 영향을 줘서 기록을 크게 좌우했어요. 쉽지 않았지만, 팀으로 열심히 노력해서 해내고야 말았죠!

기록을 깬 걸 알았을 때 기분이 어땠나요?

마음이 놓이면서 자부심이 느껴졌어요. 제가 우승한 레이스들과 비교했을 때, 대부분 사람이 이루지 못하는, 일생에 한 번뿐인 기회를 잡은 거라 제게 더 의미가 있었어요.

태권도도 검은 띠인데, 레이싱과 무술에 공통점이 있나요?

2개의 스포츠 모두 최고의 경기력을 선보이려면 침착함을 유지해야 해요. 집중력과 용기, 눈과 손의 조정력이 좋아야 해요.

10년 뒤에는 어디에 있을까요?

포뮬러 원 세계 챔피언이나 인디 500, 르망 24시에서 우승하고 싶어요.

5

알렉사 라우엔부르거

강아지에게 헌신적인 독일 가정에서 자란 알렉사 라우엔부르거는 개들에게 명령을 내리는 방법을 금방 배웠다. 현재 그녀와 그녀의 놀라운 강아지들은 전 세계에서 뛰어난 재능을 선보이며 관객들의 감탄을 자아내고 있다.

알렉사의 아버지 볼프강도 서커스 경력이 있으니, 동물과 함께 일하는 능력은 라우엔부르거 가문의 전통이라고 할 수 있다. 알렉사는 겨우 아홉 살의 나이로 독일의 TV쇼 〈다스 슈퍼탤런트〉에서 우승하며 처음 스포트라이트를 받았다. 3년 뒤인 2019년 12월 8일 그녀와 볼프강은 한 팀으로 하루에 기네스 세계기록을 5개나 달성하며 완벽한 실력을 선보였는데, 이 중에는 엠마, 제니퍼, 케이티, 마야, 나라, 사브리나, 샐리, 스페키와 함께 달성한 ▶ **앞으로나란히**(콩가 라인)**로 선 가장 많은 개** 기록이 포함돼 있다(8마리). 알렉사와 그녀의 놀라운 개들은 더 크고 화려한 무대를 찾고 있으며, 이 재능 있는 훈련사의 경력은 이제부터 시작이다.

1

2

3

4

몇 살부터 개 훈련을 시작했나요?
다섯 살 때부터예요. 겨우 한 살 때부터 개들에게 명령을 내리기는 했지만요. 제가 상자에 들어가라고 하면 개들이 말을 들었어요!

지금 개를 몇 마리 데리고 있나요?
총 13마리고, 24시간 가족들과 함께해요. 저는 학교를 마치고 돌아오면 밥을 빨리 먹고 개들에게 달려가요. 그리고 숙제를 하고 다시 개들에게 가죠.

묘기를 잘 배우는 견종이 따로 있나요?
개마다 성격이 다 달라요. 게으른 녀석도 있고, 변덕스러운 녀석도 있어요. 학습하기를 정말 좋아하는 개도 있고, 아닌 개도 있죠.

관중 앞에서 무대에 올라 개들과 묘기를 선보일 때 가장 어려운 점은 무엇인가요?
모든 묘기에 성공해야 사람들을 즐겁게 할 수 있어요. 보통 제가 긴장하면 개들도 긴장해요.

신기록을 세운 개들과 함께하는 기분은 어떤가요?
많은 기록을 세운 개들이 정말 자랑스러워요. 집에 가면 보상을 해 줘야죠!

신인 동물 훈련사에게 가장 좋은 팁 하나를 준다면요?
개의 성격에 맞는 묘기를 가르치는 게 정말 중요해요.

장래에 어떤 계획이 있나요?
더 많은 묘기를 개발해서 우리 개들에게 가르치고 싶어요. 무대에 더 많이 서고 싶은데, 저도 공연을 좋아하고 저의 개들도 좋아하거든요. 또 하나 분명한 건 나이가 더 들면 개 학교(훈련소)를 열고 싶어요.

5

1. 라우엔부르거의 일상은 학교와 훈련으로 가득 차 있지만, 휴식도 매우 중요하다. 발이 2개인 식구든 4개인 식구든 마찬가지다!

2. 알렉사는 12세의 나이로 기네스 세계기록 인증서를 3개나 받았지만, 그녀는 이게 끝이 아닐 가능성을 내비쳤다.

3. 2019년 10월 알렉사와 그녀의 '앞으로나란히' 강아지들이 〈브리튼즈 갓 탤런트: 더 챔피언스〉 그랜드 파이널에 진출했다.

4. 2019년 12월 8일 알렉사가 엠마와 팀을 이뤄(사진), **앞발 들고 허들 5개를 최단 시간에 넘은 개** 기록을 작성했다(5초66). 같은 날 그녀와 제니퍼는 **5m를 뒤로 가장 빨리 간 개** 기록도 세웠는데, 그 후에 경신됐다(163쪽 참조).

5. 짠! 알렉사가 2020년 2월 〈아메리카 갓 탤런트: 더 챔피언스〉 결승전에 올라, 〈스쿠비-두〉를 주제로 한 동작을 선보이고 있다.

guinnessworldrecords.com에서 신기록을 달성한 어린 성취자들에 대해 더 많은 것을 알아보자.

기탄잘리 라오

호기심과 혁신의 기쁨을 아는 덕분에 기탄잘리(미국)는 어린 과학자들은 물론 어른 과학자들까지도 대표하는 아이콘이 되었다. 그래서 《타임》지가 2020년에 처음 시작한 '올해의 어린이'에 그녀를 선정한 건 그리 놀라운 일이 아니다.

기탄잘리는 열 살의 나이로 물속에 납이 많은지 알려 주는 이동식 장비인 '테티스', 아편유사제 중독을 초기에 알려 주는 장비인 '에피오네', 그리고 사이버 폭력으로부터 보호해 주는 AI 기술인 '카인들리' 등을 개발했다. 그녀는 TED에서 강연을 3번이나 했고, 『스템』에 영감이 넘치는 글을 썼다(왼쪽 참조). 하지만 그녀의 영향력은 자신의 분야를 훨씬 넘어선다. 그녀는 《타임》지에서 "개인적인 경험상, 자신과 비슷한 사람을 보는 건 쉬운 일이 아니에요. 제가 정말로 전하고 싶은 말은, 내가 할 수 있다면, 당신도 할 수 있고, 모두가 할 수 있다는 거예요." 라고 말했다.

누구에게 영감을 받아서 기술을 통한 긍정적인 변화를 가져올 생각을 했나요?

소아마비를 근절한 조너스 소크 같은 과학자나 세계 기아를 위해 노력한 노먼 볼로그는 한 사람이 어떻게 수십억 명에게 영향을 끼치는지 너무나 잘 알려 주는 예라고 봐요. 저도 제 나름의 작은 변화를 만들고 싶어요.

많은 프로젝트 중에서 어떤 게 가장 보람 있었나요?

유전자 기술을 사용한 아편유사제 중독 처방 연구가 개인적으로 보람 있었는데, 복잡한 개념을 2년 정도 천천히 배울 수 있었어요.

평범한 10대처럼 보이지 않는데, 정말 그런가요?

다른 10대들과 똑같아요! 저도 친구들과 마찬가지로 귀찮은 일이나 시간 관리, 일의 순서를 정하거나 집중하는 일에 애를 먹어요. [기탄잘리는 피아니스트, 펜싱 선수, 파일럿 지망생으로 2020년 12월에는 첫 단독 비행을 했다(위 사진).] 하지만 친구들과 더 많은 시간을 보내지 못해 아쉬워요.

《타임》지 표지에 선정된 게 어떤 의미가 있을까요?

과학이 중요한 사회적 변화를 몰고 올 수 있다는 것과 누구든 세상의 큰 문제를 해결할 과학적 혁신을 일으킬 수 있다는 저의 메시지를 널리 전달해 줄 플랫폼이 되어 줬다는 게 가장 좋은 점이에요.

10년 뒤에 당신은 어떤 모습일까요?

요즘 제가 전 세계에서 하는 혁신 워크숍을 늘릴 계획이에요. 저 외에도 세계의 여러 곳에서 일을 진행할 수 있는 다른 봉사자들의 도움을 받을 생각이에요.

이 책을 읽는 어린 친구들에게 조언해 준다면?

일단 해 보세요. 자신의 재능을 찾아서 사회문제를 줄이는 데 사용하세요. 시간은 무한정으로 있어요. 실패도 할 수 있지만 노력해서 성공할 수 있는 시간도 여전히 있죠.

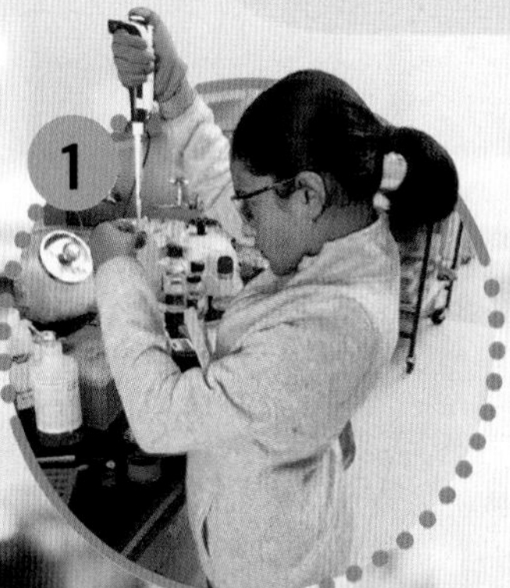

1. 기탄잘리가 자신의 멘토인 콜로라도대학교의 마이클 맥머리 부교수의 연구실에 있는 모습이다. 당시 그녀는 아편유사제 중독 처방을 탐지하는 방법을 연구하고 있었다.

2. 그녀가 마이크로소프트와 실시간으로 사이버 폭력을 진단하는 카인들리를 앱과 크롬 추가 기능으로 개발하는 모습이다. 그녀의 남동생 아누도 함께 나와 있다.

3. 기탄잘리가 2017년 미국 콜로라도주 하이랜즈 랜치의 스템 학교에서 테티스를 시연하고 있다. 그녀는 이 발명으로 디스커버리 에듀케이션 3M 어린이 과학자 챌린지에서 우승해 상금으로 2만 5,000달러를 받았다.

4. 그녀가 2018년 다른 어린 발명가들과 함께 〈투나잇 쇼〉에 출연해 진행자인 지미 펄론에게 테티스가 어떻게 작동하는지 보여 주고 있다.

자일라 아방가르드

몇 어린 성취자들은 한 가지 분야에 만족하지 않는다. 자일라를 보라, 그녀는 농구코트에서만큼이나 스펠링 비 대회에서도 활약 중이다.

그녀는 2020년 11월 2일 자신의 고향인 미국 루이지애나주에서 **1분 동안 공을 튕기며 저글링 많이 하기(농구공 4개)** 기록을 달성했다(255회). 그리고 그녀는 **30초 동안 공 많이 튕기기(농구공 4개)** 기록도 세웠고, **한 번에 가장 많은 농구공 드리블하기**(6개) 기록은 조셉 오디암보(미국)와 동률을 이뤘다. 예상할 수 있듯이, 그녀는 언젠가 WNBA에서 플레이하기를 바라고 있으며, 고고학자가 되는 것도 고려하고 있다.

그래서 자일라의 영웅들은 다방면에 걸쳐 있는데, 르브론 제임스, 앨버트 아인슈타인, 세레나 윌리엄스, 말랄라 유사프자이(174쪽 참조)가 있다. 자일라는 책을 많이 읽는 습관을 지녔는데, 이는 또 다른 성공에 도움을 줬다. 바로 2020년 카플란-헥스코 온라인 스펠링 비 대회에서 우승을 거둔 것이다. 자일라는 참가자 88명과 맞서 6일간의 대결 끝에 이란의 유목민 부족의 이름인 '캐시카이(Qashqai)'의 스펠링을 정확히 말하며 최고의 자리에 올랐다.

1. 다재다능한 자일라는 뛰어난 체조선수이기도 하다. "저는 언제나 에너지가 넘쳐요" 그녀가 고백했다.

2. 자일라는 학교 농구부 레이디 이글스의 선수로 활동하며, 남는 시간에 프리스타일 농구 묘기를 마스터했다.

3. 카플란-헥스코 2020 스펠링 비 대회에서 우승한 자일라가 트로피와 함께 1만 달러를 수표로 받았다.

4. 자일라의 농구 기술은 자신의 우상 중 하나인 전설 할렘 글로브트로터스의 눈길을 사로잡아 함께 공연할 기회를 얻었다. "처음에는 조금 무서웠지만, 저는 제가 정말 잘하는 일을 할 때는 무대가 두렵지 않아요." 그녀가 나중에 말했다.

"세계에서 지금까지 아무도 못 한 무언가를 달성했다는 사실을 알면 큰 힘이 솟아요."

농구에 특히 끌린 점이 있나요?

육상이나 드럼 같은 것도 잠시 해 봤는데, 농구처럼 동료애를 느낄 수 있는 팀 운동이 정말 좋아요. 다섯 살 때부터 시작했어요.

학교나 다른 취미들 때문에 기록을 위한 훈련이 힘들지는 않았나요?

가끔은 정말 힘들어요. 시간을 잘 관리하는 방법을 배워야만 했죠. 저는 많은 일을 동시에 해요. 종종 프리스타일 드리블을 연습하면서 철자도 외워요. 농구 연습을 하다가 잠시 쉴 때 철자 공부를 하기도 하고요.

2020년 8월 원격 스펠링 비 대회에서 우승했어요. '내가 우승하겠는걸' 하는 순간이 있었나요?

완전히 끝났을 때요, 하하. 제가 이겨서 정말 놀랐어요. 그래도 이제는 제가 미국 최고의 암기왕들이랑 경쟁하고, 심지어 이길 수 있다는 걸 알았고, 예전보다 자신감이 훨씬 많이 생겼어요.

농구와 철자 대회 사이에 비슷한 점이 있나요?

물론이죠. 정말 많은 연습과 인내심, 노력이 필요해요. 그리고 두 가지 모두 인생에 중요한 교훈을 주는데 어떻게 공부하고, 어떻게 목표를 향해 나아가며, 또 어떻게 좋은 동료가 될 수 있는지를 배울 수 있어요.

세계기록을 처음 달성했을 때 기분이 어땠나요?

끝내줬어요. 이전 기록이 정말 높아서, 도달하기까지 말 그대로 몇 년이 걸렸어요. 제가 중요한 이정표를 달성해서 정말 행복해요.

기네스 세계기록 증서는 집 어느 곳에 있나요?

제가 공부하는 책상 옆 벽에 걸려 있어요. 제가 받은 상장 중 가장 중요한 것들을 그곳에 놓고 동기부여를 해요.

guinnessworldrecords.com에서 신기록을 달성한 어린 성취자들에 대해 더 많은 것을 알아보자.

광둥 과학센터

위치: 중국 광둥성 광저우 샤오구웨이섬

설립일: 2008년

바닥 면적: 12만 6,513.6m²

영구 전시실: 12개

건축 비용: 2억 7,700만 달러

연간 방문객 수: 220만 명

우주여행. 복잡한 인체. 로봇과 가상현실(VR). 운송수단의 역사. 친환경 혁신. 이 모두와 그 이상이 있는 중국의 명소는 그 자체로 이미 신기록이다.

12만 6,500m² 면적의 광둥 과학센터는 세계에서 **가장 큰 과학박물관**이다. 이 기록은 2020년 12월 다시 공식 인증됐는데, 오른쪽 사진은 기네스 세계기록의 심사관 안젤라 우가 박물관의 직원 및 대중 공연자들과 인증서를 들고 있는 모습이다.

이 체험형 박물관은 광둥대학교 시티캠퍼스 내 샤오구웨이섬에 자리 잡고 있다. 이곳은 교육과 영감을 발견하는 섬으로 여겨진다. 파격적인 건물 외형부터 놀라움을 안기는데, 광둥의 상징인 케이폭 꽃과 닮은, 다섯 갈래로 나누어진 구조다. 8만 m² 면적의 인공 호수에는 수생 테마 전시가 펼쳐져 있고, 땅에 난 길을 통해 다양한 현지 식물들 사이를 거닐 수 있다. '과학 광장(사이언스 스퀘어)'으로 불리는 광활한 장소에는 야외 전시회가 수시로 펼쳐진다.

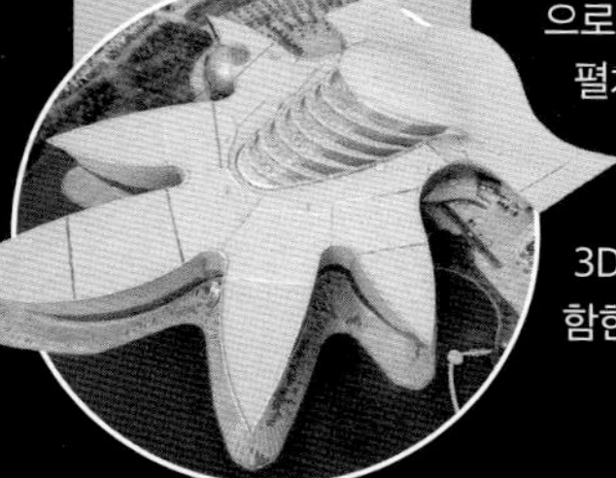

내부에는 12개의 영구 전시실과(아래 몇 몇 장소의 프로필을 적어 놨다), 아이맥스 3D 시설 및 4D 체험을 위한 시설들을 포함한 최첨단 극장들이 있다. 이곳의 상호작용 시뮬레이터는 극한의 날씨나 심지어 위성 발사의 효과까지 모방할 수 있다. 링난 과학기술의 역사 전시실은 이 지역에서 6,000년 동안 과학이 발달해 온 과정을 간략히 보여 준다. 우리의 유일한 문제는, 어떤 걸 먼저 볼까 하는 것이다.

인체

방문객들은 우리의 몸이 생물학적으로 어떻게 작동하는지 배울 수 있고, 생활 방식이 우리의 건강에 어떤 영향을 끼치는지 볼 수 있다. 또 의학 기술도 면밀히 살펴볼 수 있다. 왼쪽 사진은 가이드가 우리의 근육과 힘줄이 어떻게 팔다리를 움직이는지 설명해 주는 모습이고, 아래 사진은 어린 방문객이 치아 관리 전시물을 체험해 보는 장면이다.

우주의 꿈

이 전시실에서는 열기구와 행글라이더부터 우주선까지 비행을 향한 인간의 열망을 역사적으로 되짚어 준다. 방문객들은 우주 과학의 발전을 탐사하는 건 물론이고 탑승자를 360° 천천히 회전하며 낙하시키는 롤러를 통해 우주비행사들이 우주에서 견디는 회전력을 체험할 수 있다.

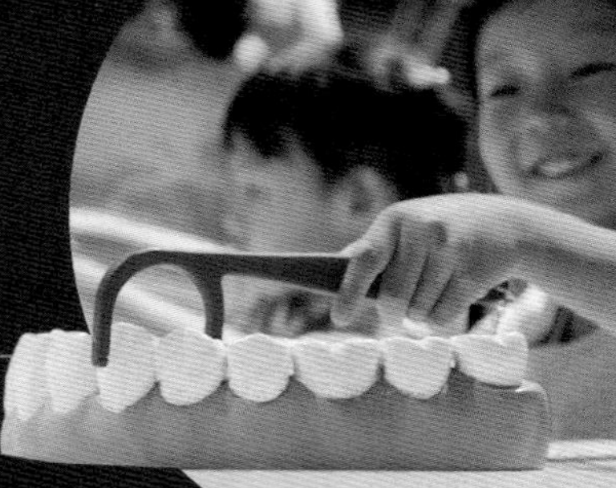

운송수단의 세계

이곳은 운송수단을 단계별로 체험하는 곳으로 자동차, 기차, 배, 그리고 미래의 운송 형태까지 포함하고 있다. '페달 엔진'은 이곳에서 가장 인기 있는 전시품 중 하나다. 발의 움직임을 운동 에너지로 바꾸는 게임으로 엔진의 피스톤 역할을 모방한다. 페달을 더 밟을수록 자동차가 빨라져 가상의 공간에서 숨 막히는 레이스를 펼칠 수 있다.

디지털 파크

가장 큰 과학박물관에 최신 로봇공학, 인간과 컴퓨터의 상호작용, VR 섹션이 마련된 건 놀라운 일이 아니다. 방문객들은 오토마타(스스로 움직이는 기계)와 상호작용할 수 있는데, 여기에는 축구 로봇과 휴머노이드 NAO 로봇(위 사진)이 포함돼 있다. 특히 NAO는 보디랭귀지도 배울 수 있고… 춤도 꽤 잘 추는 편이다!

실험 & 발견

이곳에는 60개 이상의 상호작용 전시품이 있다. 이 중 EM스테이지는 벤저민 프랭클린과 니콜라 테슬라 같은 선구자들의 고전 실험을 일부 재창조해, 전자기 효과로 머리카락을 쭈뼛 세우는 체험을 전한다. 초거대 만화경(오른쪽 사진)에는 6개의 거울과 2개의 구멍이 있는데, 하나는 크고(외부가 보인다), 하나는 작다(내부가 보인다). 이 조합은 엄청난 반사 효과로 사람들의 혼을 쏙 빼놓는다.

푸른 조국

우리는 운 좋게도 태풍에 직접 날려가지 않아도 풍동 장치에서 안전하게 그 놀라운 힘을 경험할 수 있다. 방문객들은 이 전시장에 있는 45개 전시품을 통해 인간과 자연이 탄소 순환으로 어떻게 서로 영향을 끼치며, 달은 어떻게 지구의 조수 현상에 영향을 끼치는지를 발견할 수 있다.

건물의 물결 모양 지붕은 금속 패널과 유리 조각이 혼합돼 있어 그 아래 있는 전시실에 빛이 분산되어 들어간다.

2008년 개관한 이후 광둥 과학센터는 2,000만 명이 넘는 방문객을 맞았다.

최대 규모 멀티플레이어 비디오게임 전쟁

아이슬란드 CCP게임즈가 개발한 〈이브 온라인〉은 우주를 배경으로 한 초현대적인 다중 사용자 온라인 롤플레잉 게임(MMORPG)이다. 그리고 이 게임에서 2020년 10월 6일 총 8,825명이 대규모 PvP(유저 간 대결)에 참가해 'FWST-8 전투'라는 우주선 전쟁을 벌였다.

총 114개 연맹에서 1만 1,258개의 캐릭터가 14시간 동안 대규모 교전을 펼쳤다.

특히 한 치열한 스테이지에서는 6,557명의 플레이어가 동시에 전쟁을 벌여, **최대 규모 실시간 참여 PvP 전투**로 기록됐다.

또 다른 기념비적인 전투인 'M2-XFE 대참사'는 2020년 12월 30~31일 일어났다. 이브 온라인에서 가장 큰 2개의 플레이어 연합의 충돌이 14시간 동안 이어졌는데, 약 23조 ISK(게임 내 통화, 인터스텔라 크레딧)의 재산 손실이 일어났다. 이는 현금 37만 8,012달러로 **가장 큰 비용이 든 비디오게임 전쟁**으로 기록됐다.

'M2-XFE 대참사'는 가장 많은 타이탄이 손실된 전쟁 기록도 경신했다(257대).

목차 Contents

헬로키티, 미키 마우스, 위니-더-푸	188
포켓몬	189
스타워즈	190
마인크래프트	191
호빵맨, 일본 소년 만화, 디즈니 공주들	192
마리오	193
DC	194
마블	195
위저딩 월드	196
GTA, 트랜스포머	197
포트나이트	198
토이 스토리, 건담, 드래곤볼	199
영화	200
음악	202
소셜 미디어	204
게이밍 테크	206
e스포츠 & 스트리밍	208
종합	210
명예의 전당: BTS	212

헬로키티

헬로키티 기념품 최다 수집

일본 지바현의 군지 마사오는 요쓰카이도시에 있는 자신의 집에 희귀한 헬로키티 5,169개를 (빽빽하게) 진열해 놓았다. 그는 수집을 35년 넘게 해 왔다.

헬로키티는 디자이너 시미즈 유코가 1974년 카와이(귀여운) 문화에 특화된 일본 브랜드 산리오에서 일할 당시 제작됐다. 이 회사는 유코의 창작물로 지금까지 860억 달러를 벌어들였지만, 그녀는 직원이어서 큰돈은 받지 못했다.

키티는 고양이처럼 보이지만, 사실 키티 화이트라는 이름의 영국 여학생으로 '런던에서 아주 가까운 근교'에 산다. 키티에게는 차미라는 이름의 고양이가 있다.

미키마우스

미키마우스 기념품 최다 수집

재닛 이스트브는 미국 텍사스 케이티에 있는 자신의 집에 미키마우스 수집품 1만 210개를 자랑스럽게 진열해 놓았다. 마지막 공식 집계는 2016년 4월 29일로, 이 중에는 찻주전자 9개, 골프공 23개, 퍼즐 54개, 자동차 안테나 토퍼 145개, 열쇠고리 422개가 포함되었다.

월트 디즈니의 이 말썽꾸러기 설치류는 1928년 5월 15일 〈미친 미행기〉라는 제목의 애니메이션 실험용 무성 영상으로 데뷔했으며 다음 해 11월 18일 〈증기선 윌리〉로 대중에 처음 모습을 드러내 관객들을 열광시켰다. 미키는 1978년 **할리우드 명예의 전당에 이름을 올린 최초의 가상 캐릭터**가 됐다.

경매에서 최고가에 팔린 미키마우스 장난감은 희귀한 태엽 오토바이로, 1939년 무렵 독일에서 영국 시장을 겨냥해 만들어졌다. 미국의 수집가 도널드 코프먼은 2000년 10월 정품 상자에 들어 있는 이 장난감을 11만 달러에 구입했다.

위니-더-푸

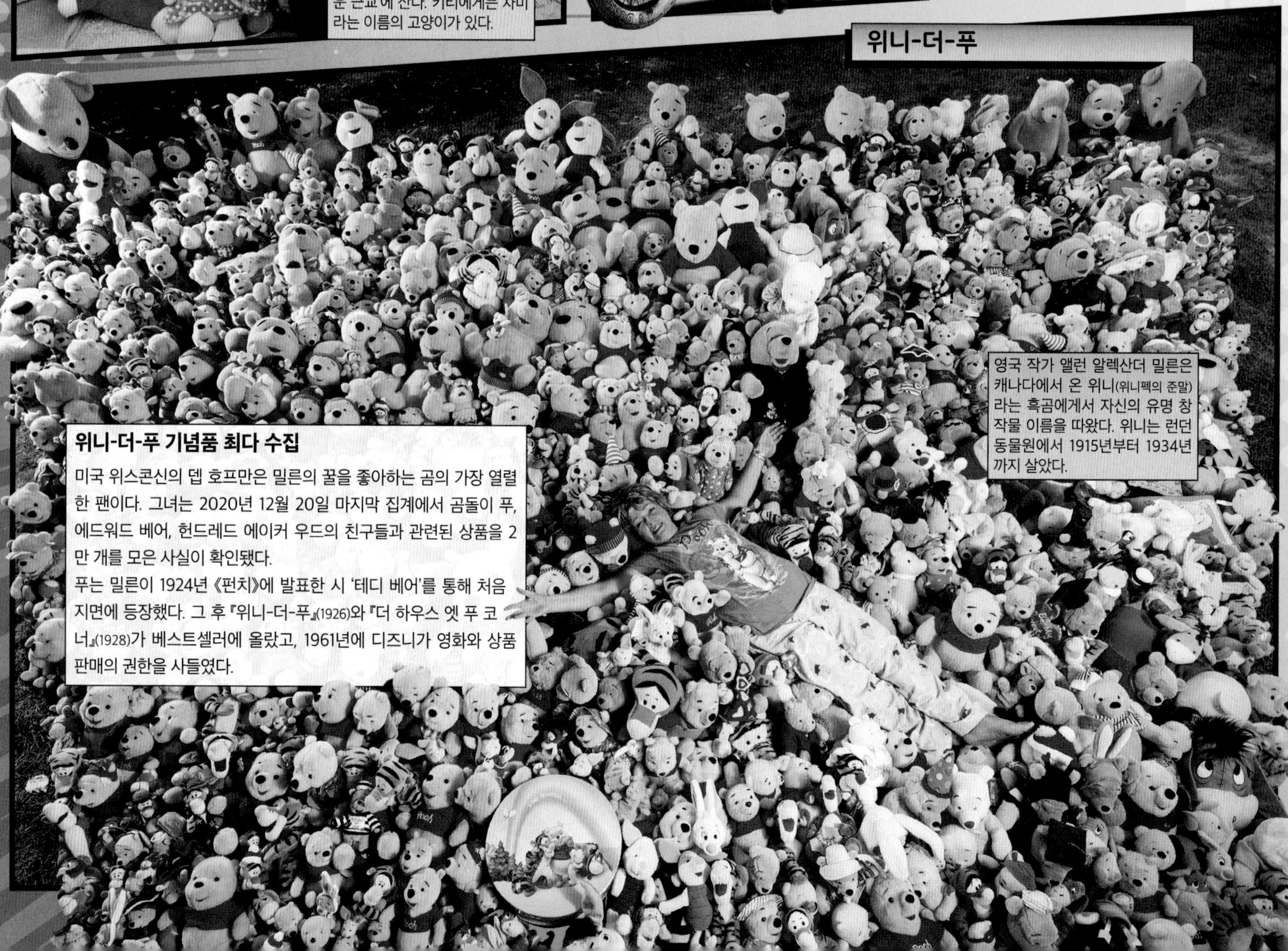

위니-더-푸 기념품 최다 수집

미국 위스콘신의 뎁 호프만은 밀른의 꿀을 좋아하는 곰의 가장 열렬한 팬이다. 그녀는 2020년 12월 20일 마지막 집계에서 곰돌이 푸, 에드워드 베어, 헌드레드 에이커 우드의 친구들과 관련된 상품을 2만 개를 모은 사실이 확인됐다.

푸는 밀른이 1924년 《펀치》에 발표한 시 '테디 베어'를 통해 처음 지면에 등장했다. 그 후 『위니-더-푸』(1926)와 『더 하우스 엣 푸 코너』(1928)가 베스트셀러에 올랐고, 1961년에 디즈니가 영화와 상품 판매의 권한을 사들였다.

영국 작가 앨런 알렉산더 밀른은 캐나다에서 온 위니(위니펙의 준말)라는 흑곰에게서 자신의 유명 창작물 이름을 따왔다. 위니는 런던 동물원에서 1915년부터 1934년까지 살았다.

포켓몬

최초의 포켓몬… 스기모리 켄이 〈적/녹〉(1996년 작, 오른쪽 아래 참조)을 위해 처음 만든 코뿌리.

최장신… 신장 20m의 거대한 에너지 흡수 포켓몬인 무한다이노로, 포켓몬 중에서 가장 고고하다.

최단신… 키가 단 10cm로 기록된 플라베베(왼쪽)와 파쪼옥(오른쪽), 에블리, 큐아링, 코스모움, 시니스티가 동률을 이루고 있다.

가장 느린… 굼뜬 포켓몬 3종은 해무기(위쪽), 단단지(아래 왼쪽), 먹고자다. 모두 속도 5를 기록하고 있다. 야돈은 이름(영어 이름 슬로우포케)과 달리 속도가 15다.

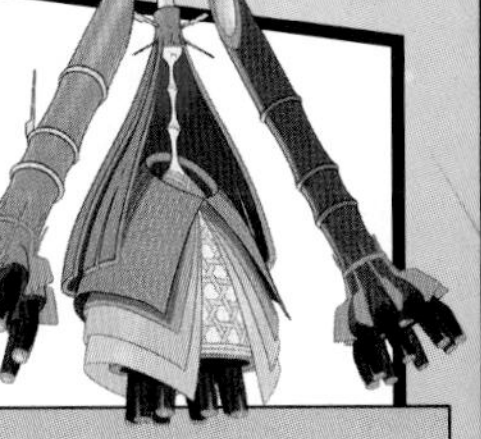

가장 무거운… 포켓몬 도감의 포켓몬은 다른 세계에서 온 철화구야와 원시별 코스모움으로 999.9kg이다(킬로그램은 소수점 한 자리까지).

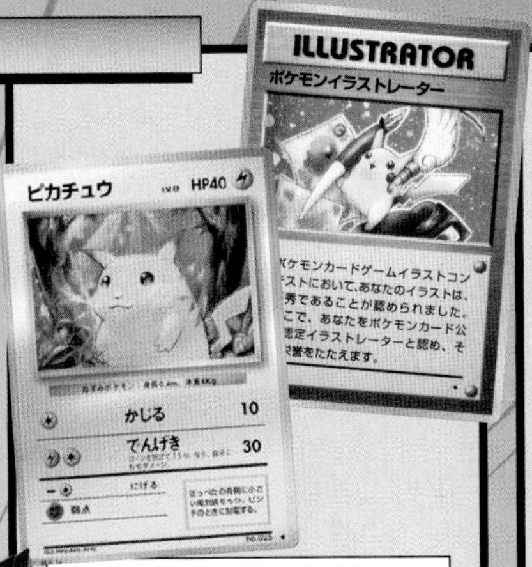

경매에서 가장 비싸게 팔린 포켓몬 트레이딩 카드

1998년 '피카츄 일러스트레이터' 카트(위쪽 참조)가 2020년 7월 23일 일본 젠플러스 경매에서 23만 3,581달러에 판매됐다.

소매: 2016년 10월 순금으로 재발매된 한정판 첫 번째 피카츄 카드가 2,061달러에 판매됐다.

최단 시간에 수익 1억 달러를 기록한 모바일 게임

2016년 7월 6일 호주, 뉴질랜드, 미국에서 출시한 나이언틱의 GPS 기반 게임 〈포켓몬 GO〉가 단 20일 만에 1억 달러의 수익을 기록했다. 이 기록이 더욱더 놀라운 건 포켓몬의 마음의 고향인 일본에서는 7월 22일까지 출시도 안 됐다는 점이다. 791일 후에 이 게임은 20억 달러라는 기념비적인 수치를 달성했다.

가장 많이 팔린 포켓몬 게임은 2013년 8월 기준 3,137만 장이 판매된 게임보이 기반의 타이틀 〈포켓몬 적 버전과 청 버전〉(게임프릭, 1996년 작) 합본이다. 원작은 일본에서 출시된 〈포켓몬스터: 적 & 녹〉이며 포켓몬 타이틀 최초로 해외로 수출됐다.

1999년 11월 포켓몬은 《**타임**》**지 표지를 장식한 최초의 비디오게임**이 됐다. 이 일류 주간 매체의 기사 제목은 '포켓매니아'의 힘을 경고하는 내용이었으며, 표지는 평소와 달리 정치인이나 유명인이 아닌 수륙챙이와 친구들이 멋지게 장식했다.

가장 많이 판매된 RPG 비디오게임 시리즈

VG차트(VGChartz)에 따르면 포켓몬 시리즈는 2020년 9월 28일 기준 3억 6,804만 장이 판매됐다. 일본 비디오게임 디자이너 타지리 사토시가 1995년 제작한 이 롤플레잉 게임은 게임계는 물론 영화, 만화, 트레이딩 카드와 저작권 판매 산업 전체로 뻗어 나갔다. 이 브랜드는 짧은 기간에 전 세계에서 1,000억 달러의 수익을 올림으로써 미키 마우스, 스타워즈와 함께 역대 수익성 좋은 미디어 프랜차이즈 중 하나로 등극했다.

포켓몬에서 가장 유명한 피카츄는 미국 뉴욕에서 열리는 메이시스 백화점의 추수감사절 퍼레이드에 2001년부터 매년 등장하고 있다. 사진은 높이 16m의 대중문화 아이콘이 포켓몬 팬들 90명에 의해 맨해튼 거리를 둥둥 떠가는 모습이다.

세계 박스오피스에서 가장 많은 수익을 올린 영화 시리즈

더 넘버스닷컴(The-Numbers.com)에 따르면 12편의 〈스타워즈〉 영화는 2021년 3월 16일 기준 총 103억 2,018만 9,178달러를 벌어들였다. 이 수치에는 재개봉 및 스페셜 에디션이 포함돼 있다. 〈스타워즈〉는 '스카이워커 사가'(위 사진)로 알려진 3개의 핵심 3부작을 중심으로 머나먼 은하계에서 제다이와 시스가 전쟁을 벌이는 이야기를 다룬다.

영화 프랜차이즈로 가장 큰 부를 축적한 인물

《포브스》에 따르면 〈스타워즈〉 감독 조지 루카스(미국)는 2020년 12월 11일 기준 순자산이 64억 달러다. 사진은 **세계 박스오피스에서 가장 많은 수익을 올린 영화 제작자**(여성) 캐슬린 케네디(미국)와 함께한 모습이다. 5편의 〈스타워즈〉를 포함해 그녀가 제작한 영화의 총수익은 128억 달러다.

최대 규모 〈스타워즈〉 코스튬 그룹

2020년 11월 18일 기준 1만 4,141명의 회원이 501번째 군단(501st Legion)(미국)의 대열에 합류했다. 이 군단의 정식 승인을 받은 의상만 3만 벌이 넘는다. 앨빈 존슨이 1997년 '스톰트루퍼 팬클럽'으로 만든 이 단체는 현재 은하 제국군과 함께 현상금 사냥꾼의 합류도 환영하고 있다.

2020년에 〈스타워즈〉 장난감 및 여타 상품들의 판매로 최고 수익을 올렸는데, 약 200억 달러로 평가되며, **가장 성공적인 영화 상품 판매 활동**으로 기록됐다.

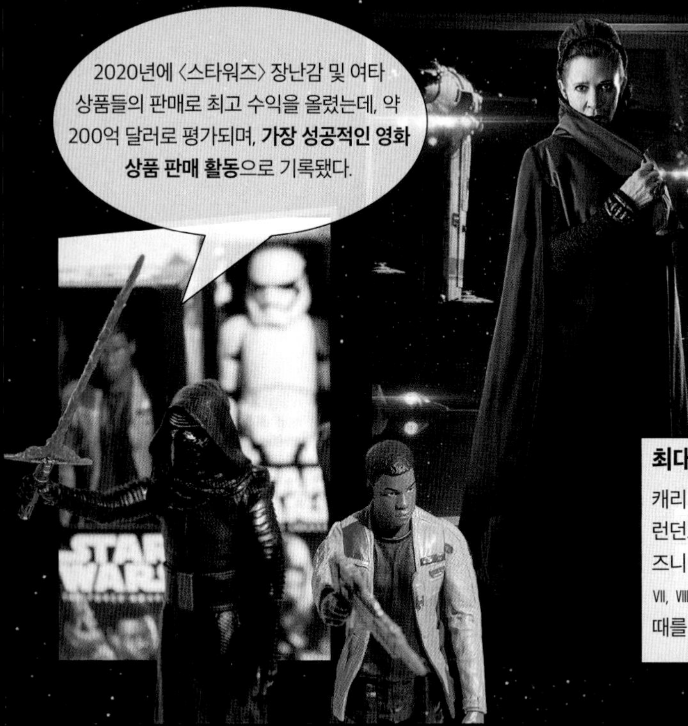

스티브 샌스윗(미국)은 ▶ 〈스타워즈〉 **상품을 가장 많이 수집**한 사람이다. 미국 캘리포니아에 있는 '오비완의 오두막'에 50만 개로 추정되는 독특한 아이템이 있는데, 이 중 '단' 9만 3,260개만 목록에 추가했다. 본인 생각에 가장 비싼 수집품은 1997년 〈스타워즈〉 원작에 등장했던 다스 베이더 의상이다.

최대 규모 개인 보험금 지불

캐리 피셔가 2016년 12월 27일 갑자기 세상을 등지며, 런던로이즈는 디즈니에 5,000만 달러를 지불했다. 디즈니 스튜디오는 피셔가 〈스타워즈〉 신작 영화(에피소드 Ⅶ, Ⅷ 혹은 Ⅸ)에 레아 공주 역할로 다시 출연하지 못할 때를 대비해 보험에 가입했던 것이다.

'스티브' 의상을 입은 사람들이 가장 많이 모인 기록

2015년 9월 12일 오브라이언 이벤트 매니지먼트가 영국 피트버러에서 기획한 마인벤션 행사에 총 337명의 팬이 게임의 첫 번째 스킨으로 고정된 옷을 입고 참석했다. '스티브'는 마인크래프트의 제작자가 제안한 캐릭터의 별명에 불과하다. 두 번째 플레이어(여성) 스킨인 알렉스는 2015년에 추가됐다.

덕후 대니얼 미들턴(영국)의 채널 〈DanT DM〉은 2021년 3월 16일 기준 178억 3,273만 9,882회 시청으로 ▶ **마인크래프트 전문 유튜브 채널 최다 뷰**를 기록했다.

컨벤션을 좋아하는 게임…

마인크래프트의 커뮤니티는 마인콘 2015(사진)처럼 함께 모여 그들의 열정을 공유하는 행사를 좋아한다. **최초의 공식 마인크래프트 컨벤션**은 마인콘 2011로 미국 네바다주 라스베이거스에서 2011년 11월 18일 개최됐다. 미국 펜실베이니아주 필라델피아에서 열린 마인페어 2016은 1만 2,140장의 티켓이 판매돼, **단일 비디오게임 최대 규모 컨벤션**으로 기록됐다.

마인크래프트에서 마우스와 키보드로 케이크 10개 최단 시간에 만들기(서바이벌 모드)

유튜버 '스탬피롱헤드(stampylonghead)'의 조셉 가렛(영국)은 2018년 4월 3일 케이크 10개를 3분 51초 만에 잽싸게 만들었다. 조셉의 유튜브 채널은 마인크래프트 영상을 '스탬피캣(Stampy Cat)'으로 업로드하기 시작하면서 폭발했다. 그의 채널은 2021년 1월 2일 기준 구독자가 979만 명이다.

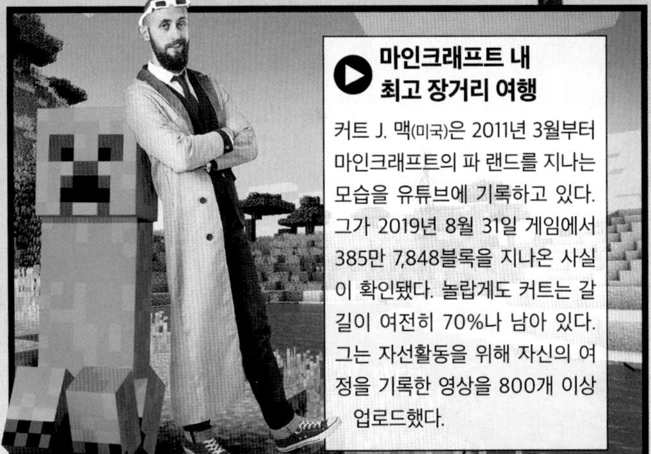

▶ 마인크래프트 내 최고 장거리 여행

커트 J. 맥(미국)은 2011년 3월부터 마인크래프트의 파 랜드를 지나는 모습을 유튜브에 기록하고 있다. 그가 2019년 8월 31일 게임에서 385만 7,848블록을 지나온 사실이 확인됐다. 놀랍게도 커트는 갈 길이 여전히 70%나 남아 있다. 그는 자선활동을 위해 자신의 여정을 기록한 영상을 800개 이상 업로드했다.

가장 많이 팔린 비디오게임

2020년 5월 마이크로소프트는 마인크래프트(모장 스튜디오/마이크로소프트, 2011년 작)의 판매가 2억 장을 넘어섰다고 발표했다. 이 10년이나 된 블록 쌓기 비디오게임은 월간 실사용자가 1억 2,600만 명으로 인기가 줄어들 기미가 보이지 않는다. 유튜브에 따르면 〈마인크래프트〉 영상은 2020년 2,010억 뷰를 기록해 〈포트나이트〉 영상보다 3배나 많았다!

▶ **최대 규모 레고® 마인크래프트 디오라마**는 17.13m² 면적에 환상적인 도시 경관을 자랑한다. 이 작품은 2014년 11월 27~30일 런던에서 열린 브릭 2014 전시회에서 제작됐다.

호빵맨

1988년부터 일본에서 방송된 〈날아라 호빵맨〉은 지금도 현지에서 가장 인기 있는 어린이 애니메이션 중 하나로 꼽힌다. 호빵맨은 '안판빵(일본식 단팥빵)'에서 영감을 얻어 탄생했다(오른쪽 사진은 시리즈 캐릭터를 기반으로 한 제품). 야나세 다카시(일본)가 집필한 『날아라 호빵맨』은 2018년 10월 기준 2,300파트(편) 이상 제작됐으며, **가장 캐릭터가 많은 애니메이션 시리즈**다. 만화책은 1973년 탄생했다.

일본 소년 만화

가장 많이 팔린 일본 잡지

일본 잡지출판사협회의 가장 최근 수치를 기반으로, 제일 인기 있는 만화 잡지는 슈에이샤의 《주간 소년 점프》다. 2019년 1~12월 기간 164만 권이 판매됐다. 지금까지 판매량을 모두 더하면 75억 권 이상인 것으로 추정된다. '소년' 만화는 십 대, 대개 남자 독자를 겨냥한 작품이다.

켄시로(오른쪽)는 만화 『북두의 권』의 주인공이다. 이 시리즈는 《주간 소년 점프》에 1983~1988년 처음 등장해, 가장 수익성이 좋은 미디어 프랜차이즈로 거듭나며 200억 달러 이상을 벌어들였다.

디즈니 공주들

만화 인세

1932년부터 1969년 사이 **오스카 최다 수상**(26회)을 기록한 월트 디즈니(미국)가 동화 속 공주들의 세상을 애니메이션 영화로 다시 만들어 많은 사랑을 받았다. 2000년 디즈니 경영진은 디즈니 프린세스라는 스핀오프를 만들어 현재 약 460억 달러의 가치로 평가받는다. 상품 판매(사진 참조)가 많은 수익을 올려 큰 비중을 차지한다.

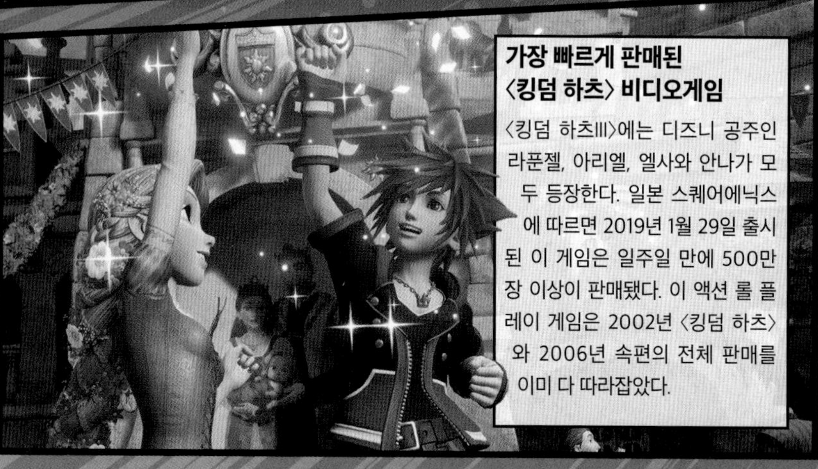

가장 빠르게 판매된 〈킹덤 하츠〉 비디오게임

〈킹덤 하츠III〉에는 디즈니 공주인 라푼젤, 아리엘, 엘사와 안나가 모두 등장한다. 일본 스퀘어에닉스에 따르면 2019년 1월 29일 출시된 이 게임은 일주일 만에 500만 장 이상이 판매됐다. 이 액션 롤 플레이 게임은 2002년 〈킹덤 하츠〉와 2006년 속편의 전체 판매를 이미 다 따라잡았다.

가장 비싼 애니메이션

지루하게 반복된 사전 제작 기간과 첨단 CGI의 발달로 〈라푼젤〉(미국, 2010년 작)이 역대 제작된 가장 비싼 애니메이션으로 기록됐다(약 2억 6,000만 달러). 동화 『라푼젤』이 원작으로 디즈니 스튜디오가 제작한 50번째 영화다. 전 세계 박스오피스에서 5억 8,572만 7,091달러의 수익을 기록했다.

마리오

마리오는 **최초의 진짜 플랫폼 비디오게임**인 닌텐도의 1981년 아케이드 게임 〈동키 콩〉에서 점프맨이라는 이름으로 데뷔했다. 그래픽디자이너인 미야모토 시게루의 첫 작품이기도 하다.

가장 흔히 볼 수 있는 비디오게임 캐릭터

성과 이름이 마리오 마리오인, 게이밍에서 가장 사랑받는 이 배관공은 2020년 11월 24일 기준 리메이크와 재발매를 포함한 237개 비디오게임에 등장했다. 위 장면은 2017년 〈슈퍼마리오 오디세이〉에 묘사된 모습이다. 그의 차기작은 재발매 확장판인 〈슈퍼마리오 3D월드 + 퓨리 월드〉로 2021년 2월에 출시됐다.

NES로 출시된 〈슈퍼마리오 브라더스〉(닌텐도, 1985년 작)는 가장 많이 팔린 마리오 게임이다. VG차트에서 확인한 바에 따르면 2019년 1월 11일까지 총 4,024만 장이 판매됐다.

SNES기반의 〈슈퍼마리오 카트〉는 1992년 8월 27일 발매됐다. 28년 50일 후인 2020년 10월 16일에 나온 〈마리오 카트 라이브: 홈 서킷〉은 **최장 기간 출시된 카트 시리즈**가 됐다.

가장 많은 판매를 기록한 비디오게임 캐릭터

2020년 마리오 형제가 35주년을 기념했다. VG차트에 따르면 같은 해 9월 30일 기준 마리오가 등장하는 비디오게임은 총 6억 5,746만 장이 판매됐다. 이는 〈NBA 스트리트 V3〉나 〈SSX 온 투어〉처럼 게스트로 등장하는 타이틀은 제외한 수치다. 스위치로 발매된 〈마리오 카트 라이브: 홈 서킷〉은 시리즈의 15번째 작품으로, 2020년 하반기에 발매됐다.

〈마리오 카트8 디럭스〉는 **가장 많이 팔린 타이틀**로, 닌텐도에 따르면 2020년 9월 30일까지 2,899만 장이 판매됐다.

DC

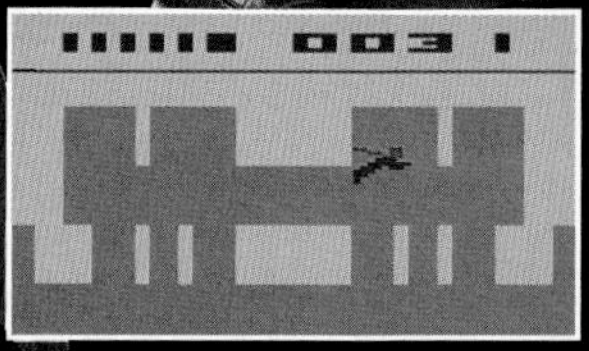

비디오게임에 가장 오래 등장한 캐릭터

슈퍼맨은 2018년 10월 16일 TT게임즈의 〈레고 DC 슈퍼 빌런〉이 출시되며 39년 289일째 비디오게임에 등장하고 있다. 이 '맨 오브 스틸'은 1978년 12월 아타리 2600 게임기를 기반으로 한 〈슈퍼맨〉으로 비디오게임에 데뷔했다. 그는 1999년 작 〈슈퍼맨 64〉에서 살아남았으며, 2017년 〈인저스티스 2〉의 파이터로 다시 날아올랐다.

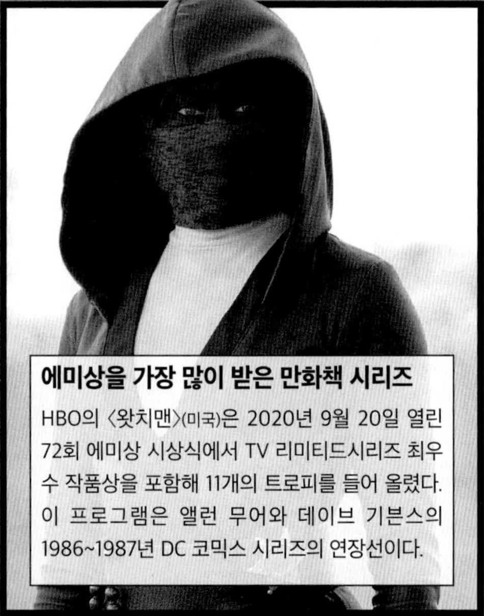

에미상을 가장 많이 받은 만화책 시리즈

HBO의 〈왓치맨〉(미국)은 2020년 9월 20일 열린 72회 에미상 시상식에서 TV 리미티드시리즈 최우수 작품상을 포함해 11개의 트로피를 들어 올렸다. 이 프로그램은 앨런 무어와 데이브 기븐스의 1986~1987년 DC 코믹스 시리즈의 연장선이다.

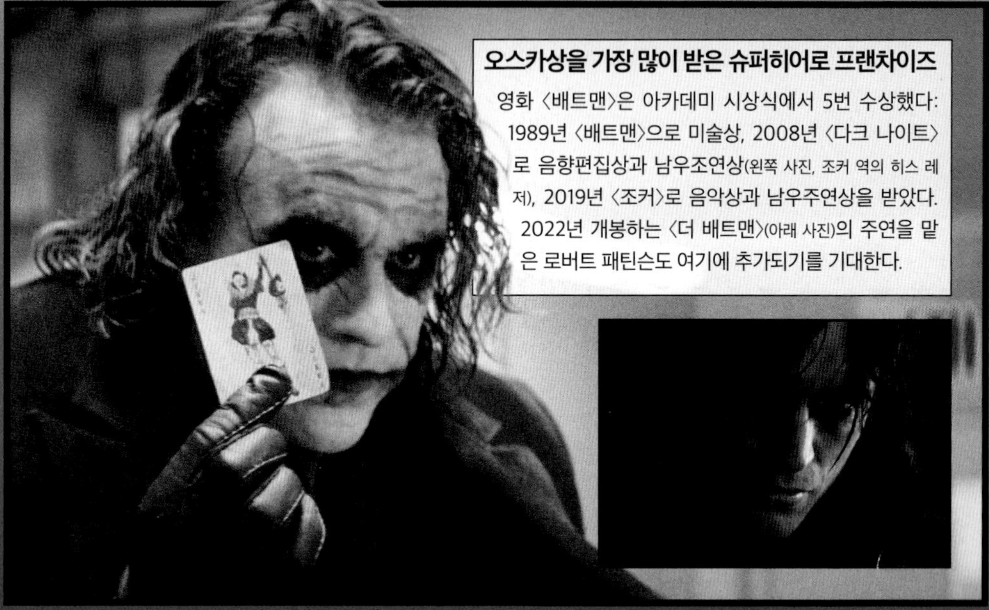

오스카상을 가장 많이 받은 슈퍼히어로 프랜차이즈

영화 〈배트맨〉은 아카데미 시상식에서 5번 수상했다: 1989년 〈배트맨〉으로 미술상, 2008년 〈다크 나이트〉로 음향편집상과 남우조연상(왼쪽 사진, 조커 역의 히스 레저), 2019년 〈조커〉로 음악상과 남우주연상을 받았다. 2022년 개봉하는 〈더 배트맨〉(아래 사진)의 주연을 맡은 로버트 패틴슨도 여기에 추가되기를 기대한다.

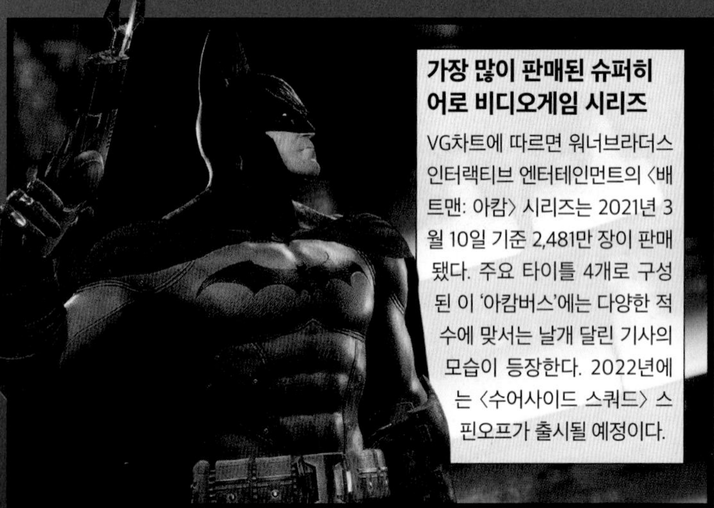

가장 많이 판매된 슈퍼히어로 비디오게임 시리즈

VG차트에 따르면 워너브라더스 인터랙티브 엔터테인먼트의 〈배트맨: 아캄〉 시리즈는 2021년 3월 10일 기준 2,481만 장이 판매됐다. 주요 타이틀 4개로 구성된 이 '아캄버스'에는 다양한 적수에 맞서는 날개 달린 기사의 모습이 등장한다. 2022년에는 〈수어사이드 스쿼드〉 스핀오프가 출시될 예정이다.

가장 큰 코스프레용 기계 날개

DC의 호크맨을 코스프레한 의상의 날개폭이 5.84m를 기록했다. 앤디 홀트(미국)의 작품으로 2019년 10월 24일 미국 캘리포니아주 어바인에서 처음 날개를 펼쳤다. 이 날개는 휴대용 리모컨이 연결된 리니어 액추에이터(선형 구동기)로 작동한다.

최초의 슈퍼히어로 팀

DC의 〈저스티스 리그〉(2017년 영화의 오리지널 판, 사진) 같은 악에 맞서는 영웅들의 앙상블이 현재 극장가를 점령하고 있다. 이들의 기원은 DC 코믹스의 전신인 올스타 코믹스에 있다. 『올스타 코믹스 3』(1940년 겨울, 삽입된 사진)에서 호크맨과 플래시 같은 영웅들이 저스티스 소사이어티 오브 아메리카에 합류했다.

세계 박스오피스에서 최단 기간에 10억 달러를 기록한 영화

<어벤져스: 엔드게임>(2019년 작)은 전 세계에 개봉된 지 5일 만에 10억 달러를 벌었다. 마블 시네마틱 유니버스의 22번 작품으로, 20억 달러 이상을 기록한 5번째 영화가 됐다. 2021년 3월까지 역대 최고 수익을 올린 영화였으나, <아바타>(2009년 작)가 2021년 초 재개봉하며 28억 달러를 달성했다.

가장 많이 판매된 만화(단편)는 『X-맨』 #1로 818만 6,500권이 팔렸다. 크리스 클레어몬트(영국)가 글을 쓰고 짐 리(미국)가 그림을 그렸는데, 내용이 연결되는 5개의 표지가 있다.

세계 만화책 도매사인 다이아몬드 코믹 디스트리뷰터가 제공하는 수치에 따르면, **가장 큰 만화책 출판사**는 마블 코믹스다. 마블은 2019년 연말 기준 소매시장 점유율이 40.3%로, 모든 만화 출판사 중 가장 컸다. DC 코믹스가 29.23%로 2위였다.

<캡틴 마블의 모험>(미국, 1941년 작, 위 사진)은 특별한 의상을 입은 초인적인 힘을 가진 영웅이 등장하는 최초의 만화책이 원작이다.

수익을 가장 많이 올린 여성 슈퍼히어로 영화

브리 라슨이 캐롤 댄버스/비어스/캡틴 마블 역할을 맡은 <캡틴 마블>(미국, 2019년 작)이 2021년 3월 10일 기준 세계에서 11억 2,972만 7,388달러를 벌어들였다. 원조 캡틴 마블(현재 DC의 소유로 샤잠!으로 리부트됨)은 『위즈 코믹스』 #2(1940년 2월 작)에서 처음 탄생했다. 이 캐릭터는 1941년 톰 타일러(왼쪽)가 히어로 역을 맡은 **최초의 슈퍼히어로 영화**에 영감을 줬다.

<블랙 팬서>는 **가장 많은 수익을 올린 슈퍼히어로 오리지널 영화**로 세계 박스오피스에서 13억 3천만 달러를 기록했다.

오스카 최우수 작품상 후보에 오른 최초의 슈퍼히어로 영화

채드윅 보스먼이 출연한 <블랙 팬서>(미국, 2018년 작)는 모두에게 충격을 안겼다. 91회 아카데미에서 <그린 북>(미국, 2018년 작)에 밀려 작품상은 못 받았지만, 음악상, 의상상, 미술상을 받으면서 **오스카 최다 수상 슈퍼히어로 영화**가 됐다.

위저딩 월드

아씨오! 빅토리아 맥클린(영국)은 ▶ **가장 많은 위저딩 월드 상품**을 소환했는데, 2019년 2월 28일 기준 3,686개를 수집했다. 그녀는 〈해리 포터〉와 〈신비한 동물들〉 프랜차이즈와 관련된 상품을 18년 동안 모아 왔다.

그녀의 소중한 수집품 중에는 일본에서 온 24캐럿 금판으로 된 골든 스니치 퍼즐도 있다.

브로드웨이에서 가장 큰 수익을 올린 연극

〈해리 포터와 저주받은 아이〉는 2021년 3월 10일까지 브로드웨이에서 뮤지컬을 제외한 작품 중 가장 큰 1억 7천 405만 6,581달러의 수익을 올렸다. 잭 쏜, J. K. 롤링, 존 티파니(모두 영국)가 집필한 2개의 파트로 구성된 연극이다. 닐슨과 MPC 북스캔의 수치에 따르면 2020년 11월 7일 기준 이 작품의 희곡(삽입된 사진)은 923만 7천 886권이 판매돼, 책 판매량이 집계된 이후 **가장 많이 팔린 희곡**이 됐다.

가장 큰 수익을 올린 책 시리즈 기반의 영화

2021년 3월 10일 기준 〈해리 포터〉 영화 8편(2001~2011년)은 전 세계에서 합계 76억 8,433만 574달러의 수익을 올렸다. 이 수치는 J. K. 롤링이 쓴 7권의 원작 책 시리즈를 바탕으로 한 것이며, 2편의 스핀오프 〈신비한 동물 사전〉은 포함되지 않았다. 만약 '위저딩 월드'라는 이름으로 모두 합쳤으면 총 92억 달러까지 늘어난다.

가장 많이 팔린 어린이 책 시리즈

블룸스버리 출판사에 따르면 J. K. 롤링의 『해리 포터』 책들은 2018년 2월까지 5억 권 이상이 판매됐다. 이 수치는 7권의 원작 시리즈와 3권의 외전 판매량을 포함한다. 이 신비한 이야기는 80여 개 언어로 번역됐다.

2017년 11월 22일 호주 퍼스의 웨스트 바이포드 초등학교에서 997명의 학생이 각자 좋아하는 소년 마법사의 옷을 입고 마법 봉을 휘둘렀는데, **해리 포터 옷을 입은 사람이 가장 많이 모인 기록**을 작성했다.

GTA

가장 빨리 10억 달러 수익을 기록한 엔터테인먼트 콘텐츠

2013년 9월 17일 가정용 콘솔로 출시된 범죄 액션 어드벤처 비디오게임 〈GTA V〉는 단 3일 만에 10억 달러의 벽을 뛰어넘었다. 개발사인 락스타에 따르면 이 타이틀은 24시간 만에 8억 달러를 기록했다.

'범죄 기록'은 GTA **온라인에서 가장 많이 플레이된 작업**으로 2020년 10월 14일 기준 2억 2,590만 회 플레이됐다. 멀티플레이어 레이스 미션으로 플레이어 8명이 그레이트 세뇨라 사막에 있는 보링브로크 교도소 주변의 트랙을 굉음과 함께 질주한다.

트랜스포머

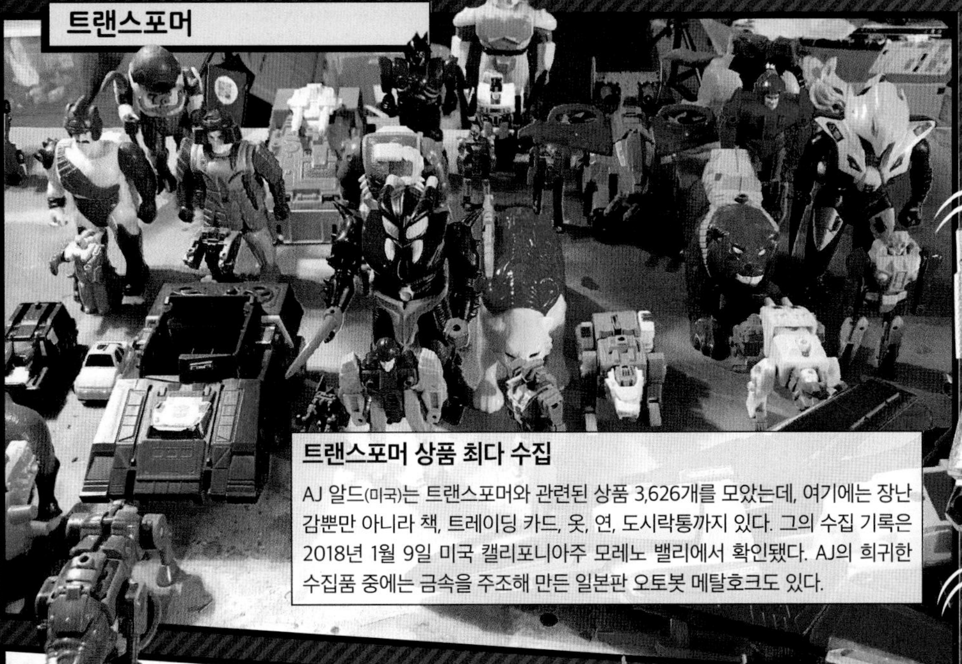

트랜스포머 상품 최다 수집

AJ 알드(미국)는 트랜스포머와 관련된 상품 3,626개를 모았는데, 여기에는 장난감뿐만 아니라 책, 트레이딩 카드, 옷, 연, 도시락통까지 있다. 그의 수집 기록은 2018년 1월 9일 미국 캘리포니아주 모레노 밸리에서 확인됐다. AJ의 희귀한 수집품 중에는 금속을 주조해 만든 일본판 오토봇 메탈호크도 있다.

최초의 옵티머스 프라임 장난감은 1984년 일본에서 '배틀 콘보이'라는 이름의 다이아클론 장난감 라인으로 출시됐다. 트랜스포머로 브랜드가 변경된 프라임은 트럭의 전면을 몸통으로 사용하는 '변신 로봇' 특유의 상징적 기능을 담고 있다.

최고 수익을 올린 로봇 영화

〈트랜스포머 3〉(미국, 2011년 작)은 전 세계에서 11억 2,379만 4,079달러의 순이익을 올려 10억 달러 이상을 벌어들인 열 번째 영화가 됐다. 살아 움직이는 로봇 시리즈의 세 번째 작품으로, 옵티머스 프라임(사진 참조)을 비롯한 오토봇이 숙적인 디셉티콘과의 전쟁을 이어간다.

포트나이트

닌자(본명 리처드 타일러 블레빈스, 미국)는 2021년 1월 21일 1,663만 2,966명의 팬을 보유한, **트위치에서 팔로우가 가장 많은 채널**을 운영한다. 〈포트나이트〉를 시작하며 인기가 치솟은 이 게이머는 2019년 단명한 플랫폼인 믹서와 독점 계약을 했지만, 2020년 트위치에서 다시 스트리밍을 시작했다.

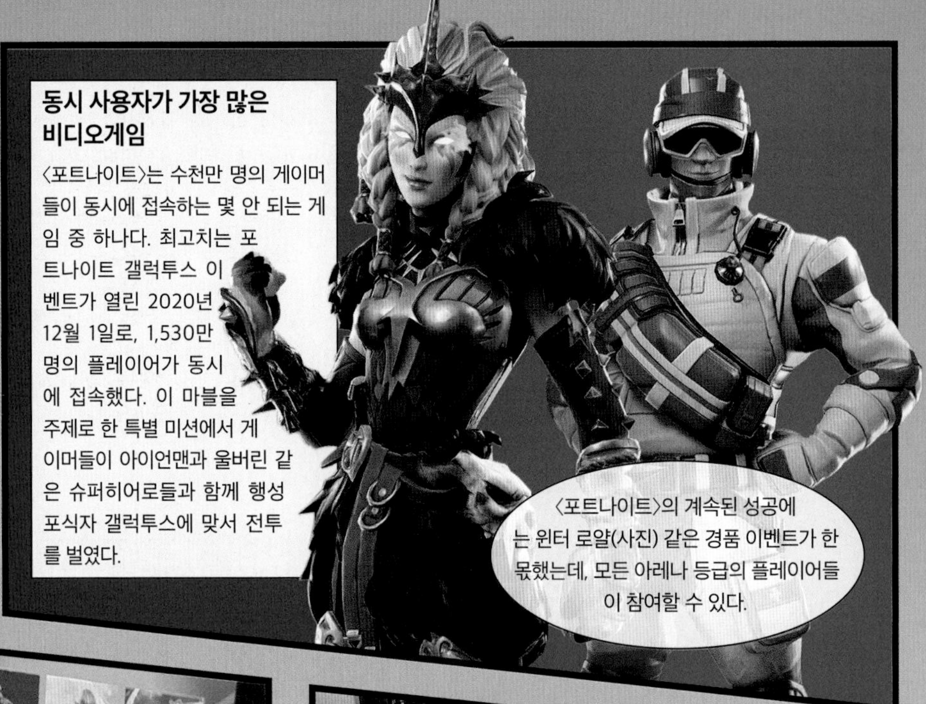

동시 사용자가 가장 많은 비디오게임

〈포트나이트〉는 수천만 명의 게이머들이 동시에 접속하는 몇 안 되는 게임 중 하나다. 최고치는 포트나이트 갤럭투스 이벤트가 열린 2020년 12월 1일로, 1,530만 명의 플레이어가 동시에 접속했다. 이 마블을 주제로 한 특별 미션에서 게이머들이 아이언맨과 울버린 같은 슈퍼히어로들과 함께 행성 포식자 갤럭투스에 맞서 전투를 벌였다.

〈포트나이트〉의 계속된 성공에는 윈터 로얄(사진) 같은 경품 이벤트가 한몫했는데, 모든 아레나 등급의 플레이어들이 참여할 수 있다.

트래커 네트워크의 〈포트나이트〉 통계에 따르면, 2021년 2월 12일 기준 **포트나이트 배틀로얄 최다 킬**(엘리미네이션)은 27만 3,341로 BH nixxxay(캐나다)가 기록했다. 그는 킬/데스 비율이 9.39로 상위 0.1%에 든다.

트래커 네트워크에 따르면 트위치 십(미국)은 2021년 2월 12일 기준 2만 2,764승으로 포트나이트 배틀로얄 최다 우승을 기록했다. 다른 모든 플레이어보다 승수가 거의 2배에 가깝다. 십의 승률은 51.9%이며 킬 수는 BH nixxxay에 이어 2위다(왼쪽 참조).

최초로 2억 5,000만 명 이상이 가입한 배틀로얄 형식의 비디오게임

2019년 3월 20일 에픽게임즈는 〈포트나이트 배틀로얄〉의 가입자가 2억 5,000만 명이 넘었다고 발표했다. 단 9개월 만에 2배로 늘어난 수치다. 그리고 이 무료 슈팅 게임은 곧 인기가 식으리라는 예상을 깨고 2020년 5월 6일 가입된 플레이어가 3억 5000만 명이 넘어섰다.

2017년 9월 26일 출시된 〈포트나이트 배틀로얄〉은 단순한 형식의 게임이다. 100명의 온라인 플레이어가 마지막 한 명이 남을 때까지 싸우면 된다. 이를 바탕으로, 이 게임은 45억 달러의 가치가 넘는 전 세계 프랜차이즈로 성장했다.

토이 스토리

최초의 장편 컴퓨터 애니메이션 영화

픽사 스튜디오가 제작한 〈토이 스토리〉(미국, 1995년 작)는 처음부터 끝까지 컴퓨터로 제작된 최초의 애니메이션 영화다. 우디와 버즈 라이트이어의 모험을 그린 이 영화는 관객들에게 충격을 안기며 3억 6,000만 달러 이상을 벌어들였고, 세 편의 속편이 나왔다. 〈토이 스토리 3〉(미국, 2010년 작)는 2010년 12월 **10억 달러를 벌어들인 최초의 애니메이션 영화**가 됐다.

〈토이 스토리 4〉(미국, 2019년 작)는 **가장 많은 수익을 올린 전체관람가 영화**로, 전 세계 박스오피스에서 10억 7,339만 4,813달러를 기록했다.

건담

가장 큰 이동식 휴머노이드 로봇

2020년 9월 일본 요코하마에서 18m 높이로 우뚝 솟은 건담 로봇이 대중 앞에서 첫 발걸음을 뗐다. 이 건담은 그 후 걷고, 손가락을 굽히며, 심지어 무릎을 꿇는 모습도 필름에 담겼다. 이 22t짜리 휴머노이드는 1979년 일본 아니메 오리지널 TV 시리즈 〈기동전사 건담〉의 RX-78-2 건담의 디자인을 바탕으로 만들어졌다. 프랜차이즈 창립 40주년을 기념하기 위해 2014년에 출범한 사단법인 건담글로벌챌린지(JPN)가 제작했다.

드래곤볼

〈드래곤볼 파이터즈〉 최다 누적 상금

2020년 10월 기준 GO1, 본명 기시다 고이치(일본)가 반다이 남코의 3D 전사를 플레이해 6만 2,882달러를 벌어들였다. 그는 2019년 8월 3일 도미니크 '소닉 팍스' 매클레인을 꺾으며 자신의 첫 번째 EVO 챔피언십 시리즈 우승을 차지했다. 2020년에 작성된 또 다른 〈드래곤볼〉 게임 기록은 Ohh_Snap(미국)이 3월 11일에 3시간 55분 43초라는 **〈드래곤볼 Z 카카로트〉(PC)를 최단 시간에 엔딩까지 완료**한 것이다.

도리야마 아키라가 1984《소년 점프》에 만화 시리즈로 제작한 〈드래곤볼〉은 10년 뒤 TV 애니메이션으로도 출시됐다. 이 프랜차이즈는 현재 약 300억 달러의 가치가 있다. 옆의 그림은 시리즈의 메인 주인공인 무술 고수 손오공으로, 모두 모으면 신룡이 나와 소원을 들어주는 여의주를 찾기 위한 모험을 펼친다.

영화

**다른 표시가 없다면, 모든 박스오피스 기록은 2021년 4월 20일 TheNumbers.com의 수치이다.*

가장 높은 수익을 올린 영화

<아바타>(미국/영국, 2009년 작)는 2020년 중국에서 재개봉하며 2021년 3월 16일 기준 전 세계에서 지금까지 28억 달러의 수익을 올렸다. 이 공상과학 영화는 역대 가장 많은 수익을 올린 영화 기록을 <어벤져스: 엔드게임>으로부터 되찾아왔다(195쪽 참조). 무려 4편이나 되는 속편이 계획 중인데, <아바타 2>는 2022년 개봉할 예정이다.

가장 많이 후보에 오른 흑인 여자배우: 비올라 데이비스(미국)는 <마 레이니, 그녀가 블루스>(미국, 2020년 작)에서 멋진 연기를 선보여 커리어 4번째로 오스카 여우주연상 후보에 이름을 올렸다. 데이비스는 이전에 <헬프>(미국, 2008년 작)로 같은 상의 후보에 올랐으며, <다우트>(미국, 2008년 작)와 <펜스>(미국/캐나다, 2016년 작)로 여우조연상 후보에 이름을 올려 후자로 자신의 첫 아카데미상을 수상했다.

최초의 분장상 흑인 수상자: 아프리카 출신의 미국인 헤어스타일리스트 미아 닐과 자미카 윌슨(둘다 미국)이 블루스 가수 마 레이니의 전기 영화로 분장상을 받았다. 메이크업 아티스트 세르지오 로페스 리베라와 공동 수상했다. 그리고 이 영화의 의상 디자이너 앤 로스(미국, 1931년 10월 30일)는 89세 177일의 나이로 **오스카 경쟁 부문 최고령 여성 수상자**가 됐다.

연 수익이 가장 높은 영화배우

포브스의 최근 평가에 따르면, 배우/프로듀서인 타일러 페리(미국)는 2020년 6월 1일까지 12개월 동안 9,700만 달러를 벌어들였다. 다재다능한 페리는 <마디아> 프랜차이즈로 가장 잘 알려져 있는데, 극 중에서 자신과 동명의 철두철미한 여성을 연기한다. **여자 영화배우** 기록은 안젤리나 졸리(미국, 삽입된 사진)로, 같은 기간 3,550만 달러의 수익을 올렸다고 한다.

아카데미 시상식 2021

제93회 오스카 시상식은 코로나-19로 2개월 미뤄져 열렸다. 그리고 마침내 2021년 4월 25일 레드카펫 행사가 열렸고, 후보자들은 직접 참석하기를 권장 받았다. 다음은 이번에 경신된 기록들이다(오른쪽과 아래 참조).

최고령 연기상 수상자: <더 파더>(영국/프랑스, 2020년 작)의 주연을 맡은 앤서니 홉킨스 경(영국, 1937년 12월 31일생)이 83세 115일의 나이로 남우주연상을 받았다. **최고령 연기상 후보**는 크리스토퍼 플러머(캐나다, 1929년 12월 13일)로 2018년 <올 더 머니>에서 J 폴 게티 역을 맡아 88세의 나이로 후보에 올랐다. 그는 2021년 2월 세상을 떠나, 시상식의 '인 메모리엄(In memoriam)' 때 추모하는 시간을 가졌다.

한 해에 오스카에 가장 많은 여성이 감독상 후보에 오른 사례

2명의 여성이 2021년 제93회 아카데미 시상식에서 감독상 후보에 올랐다. 클로이 자오(중국)는 프랜시스 맥도먼드(위 사진)가 출연한 <노매드랜드>(미국/독일, 2020년 작)로 최종 후보에 올랐고, 에머럴드 피넬(영기)은 캐리 멀리건(삽입된 사진)이 출연한 <프라미싱 영 우먼>(영국/미국, 2020년 작)으로 이름을 올렸다. 그리고 자오가 상을 받으며 **감독상을 받은 최초의 아시아 여성**으로 기록됐다. 이 탐나는 상을 받은 **최초**(이자 오직 두 명뿐인)의 여성은 캐서린 비글로우(미국)로 <허트 로커>(미국, 2009년 작)로 수상했다.

최연소 BAFTA 후보

앨런 S 김(미국, 2012년 4월 23일)은 2021년 3월 8살 320일의 나이로 영국 아카데미 시상식의 남우조연상 최종후보에 올랐다. 한국계 미국인인 앨런은 오스카 후보작 <미나리>(미국, 2020년 작)에서 겨우 7세의 나이로 데이비드 역할을 연기했다.

4월 11일에 열린 2021 BAFTA 시상식에서 <더 파더>의 주연을 맡은 앤서니 홉킨스(왼쪽 참조)는 83세 101일의 나이로 **최고령 남우주연상**을 수상했다.

극장이 가장 많은 국가

코로나 팬데믹으로 영화 산업이 타격을 입었지만 중국은 2020년 영화관이 거의 6,000개 늘어 총 7만 5,581개이며 이 중 복합관은 1만 2,700개 정도다. 반면, 전미 극장소유자 협회에 따르면 미국에는 4만 998개의 스크린이 있다.

오스카 후보에 오른 이름이 가장 긴 영화

2021년 3월 15일 <보랏 속편 영화: 한때 영광스러웠던 국가인 카자흐스탄을 위해 미국 정부에 엄청난 뇌물을 전달(Borat Subsequent Moviefilm: Delivery of Prodigious Bribe to American Regime for Make Benefit Once Glorious Nation of Kazakhstan)>(영국/미국, 2020년 작)은 110글자의 제목으로 각색상 후보에 올랐다. 또 보랏의 딸 투타르 역할을 맡은 마리아 바카로바는 여우조연상 후보에 이름을 올렸다. 아주 좋아!

박스오피스 현존 커리어 최고 기록...

역할	이름	누적 기록
주연배우	로버트 다우니 주니어(미국)	143억 9,000만 달러
주연 여배우	스칼렛 요한슨(미국)	136억 5,000만 달러
조연배우	워윅 데이비스(영국)	144억 9,000만 달러
조연 여배우(영화)	케이트 블란쳇(호주)	80억 7,000만 달러
조연 여배우(목소리)	라레인 뉴먼(미국)	83억 8,000만 달러
감독	스티븐 스필버그(미국)	105억 4,000만 달러
각본가	크리스토퍼 마커스 & 스티븐 맥필리(둘 다 미국, 파트너십)	93억 6,000만 달러
제작자	케빈 파이기(미국)	225억 5,000만 달러
제작 책임자*	루이스 데스포지토(미국)	222억 4,000만 달러
영화 촬영 기사†	다리우스 월스키(폴란드)	75억 1,000만 달러
미술 총감독	릭 카터(미국)	119억 6,000만 달러
편집자	마이클 칸(미국)	119억 6,000만 달러
작곡가	한스 짐머(독일)	298억 9,000만 달러
의상 디자이너	주디아나 마코브스키(미국)	113억 3,000만 달러
배역 감독	사라 핼리 핀(미국)	281억 8,000만 달러

*스탠 리(미국, 1922~2018년) 영화, 320억 4,000만 달러
†앤드류 레즈니(호주, 1956~2015년) 영화, 78억 9,000만 달러

우리의 영화 <블록버스터!>에는 TheNumbers.com에서 공개한 현재 할리우드에서 활약 중인 **가장 많은 수익을 올린 배우**와 **제작자**가 함께한다 (왼쪽 아래 표 참조). **제작 방식, 창작 방법, 장르, 원작, 심의등급**에 따른 박스오피스 신기록 정보를 바탕으로 실사, 오리지널 각본의 현대 모험, 원 각본, 13세 미만은 보호자 동반 등급으로 제작했다. 이제 팝콘을 가지고 와서 휴대폰은 끄고, 이 페이지에 나와 있는 영화를 상상해보자. 최소한 역대 가장 큰 성공을 거둔 영화일 테니까!

음악

1년 동안 가장 많이 스트리밍된 곡

배드 버니(본명 베니토 오카시오, 푸에르토리코)의 곡들이 2020년 83억 회 스트리밍됐다. 레게 음악계의 스타이자 WWE 레슬러인 그는 당해 <YHLQMDLG>(2020년 **가장 많이 스트리밍된 앨범**, 33억 회)를 포함한 3개의 앨범을 발표했다. 배드 버니는 2018년 드레이크의 이전 기록인 82억 회를 아슬아슬하게 넘어섰다.

가장 많이 판매된 디지털 싱글(현 연도)

국제음반산업협회가 2021년 3월 9일 발표한 내용에 따르면 위켄드(본명 에이블 테스페이, 캐나다)의 <블라인딩 라이츠>는 2020년 모든 디지털 포맷을 합쳐 27억 2,000만 번의 '구독자 스트리밍과 동일한 가치'의 기록을 달성했다. 2019년 11월 29일 발표된 <블라인딩 라이츠>는 30개국 이상에서 1위에 올랐고, 2020년 스포티파이에서 **가장 많이 스트리밍된 곡**이다(16억 회). 이 노래는 미국 빌보드의 연말 핫100 차트에서 1위를 차지했고, 2021년 5월 1일 기준 **핫 100 톱 5**(43주) 및 **톱 10**(57주) **최다 주간 등극**을 기록했다.

스포티파이에서 최다 스트리밍을 기록한 그룹

2021년 4월 27일 기준 BTS(대한민국)의 노래는 스포티파이에서 163억 회 스트리밍됐다. 이들의 가장 인기 있는 곡은 <다이너마이트>(8억 2,970만 회)와 <보이 위드 러브>(6억 4,260만 회)다. K-팝 아이콘의 더 많은 기록은 212~213쪽에 나와 있다.

12시간 동안 콘서트를 가장 많이 한 기록(여러 도시 및 마을)

2019년 12월 7일 민희 존스(영국, 미국 출생)는 반나절 만에 영국 도시 8곳에서 공연을 했다. 애빙던, 밀턴케인스, 밴베리, 에일즈베리, 노샘프턴, 코번트리, 울버햄프턴, 스토크다. 이 기록은 가이드라인에 따라 각각의 공연이 최소 50km 떨어진 인구가 최소 1만 5,000명 이상인 장소에서 진행됐다. 이 얼터너티브 팝 예술가는 지역 공연장을 지원하고 크리스마스 분위기를 돋우기 위해 이 기록에 도전했다.

최단 시간에 스포티파이에서 1억 스트리밍을 기록한 음악 곡

올리비아 로드리고(미국)의 <드라이버스 라이센스>가 2021년 1월 8일부터 17일 사이 10일 만에 1억 번이나 스트리밍됐다. 이 배우 출신 가수의 데뷔 싱글은 엄청난 히트를 기록하며 전 세계 차트에 올랐다. 또한 **스포티파이에서 일주일 동안 가장 많이 스트리밍된 곡**으로 1월 11~17일 8,901만 3,286번 재생됐다.

스포티파이에서 팔로워가 가장 많은 그룹

미국의 록밴드 이매진 드래곤스는 2021년 4월 27일 기준 스포티파이에서 3,379만 5,204명의 팔로워를 보유하고 있다. 이들은 <빌리버>와 <썬더> 2곡으로 처음 스트리밍 10억 회를 달성하는 영향력 있는 록그룹 행보를 보였다. 2013년 대 히트곡인 <라디오액티브>는 여전히 **빌보드 핫 100에 최다 주간 머문 곡**으로, 2012년 8월 18일부터 2014년 5월 10일 사이 87주를 기록했다(비연속).

한 해에 프레미오 로 누에스트로(PLN) 최다 후보 등극

레게톤 가수 J 발빈(콜롬비아)은 2021년 2월 18일 열린 제33회 PLN 시상식에 앞서 14개 부문에 후보에 올랐다. 이 중에는 올해의 아티스트, 올해의 앨범, 올해의 곡(<콜로레스>)이 포함돼 있었다. 하지만 그는 단 하나의 상만 수상했는데, 그날 밤의 주인공은 배드 버니(왼쪽 참조)로 7개의 상패를 들어 올렸다. **여자** 기록은 15개 부문의 후보에 오른 나티 나타샤(본명 나탈리아 바티스타, 도미니카공화국)로, 2019년 제31회 PLN 시상식에서 기록했다.

신곡이 첫 주에 빌보드 핫100에 1위에 가장 많이 오른 가수

2020년 11월 7일 아리아나 그란데(미국)의 <포지션스>가 미국 핫 100 싱글 차트에 1위로 진입하며 그녀의 5번째 1위 진입 곡으로 기록됐다. 그 외 <땡큐, 넥스트>, <7링스>, <스턱 위드 유>(피처링, 저스틴 비버) 그리고 레이디 가가와 함께 부른 <레인 온 미>가 있다.

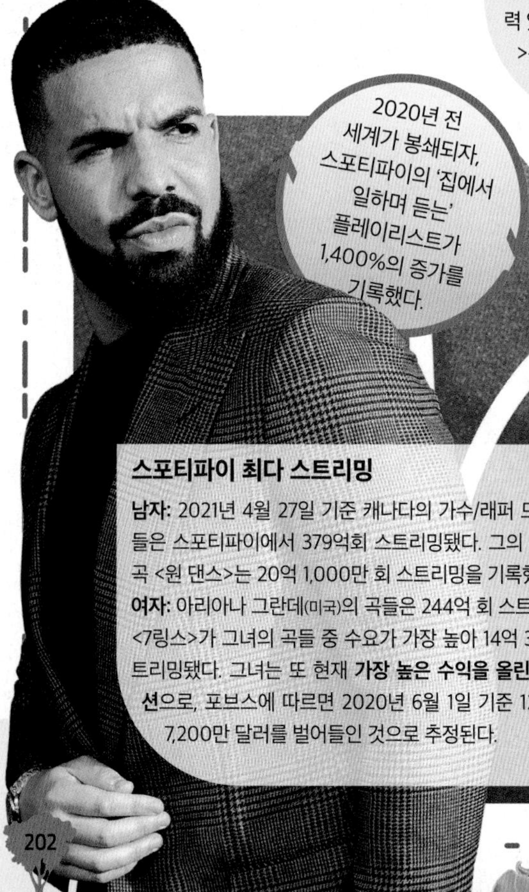

2020년 전 세계가 봉쇄되자, 스포티파이의 '집에서 일하며 듣는' 플레이리스트가 1,400%의 증가를 기록했다.

스포티파이 최다 스트리밍

남자: 2021년 4월 27일 기준 캐나다의 가수/래퍼 드레이크의 곡들은 스포티파이에서 379억회 스트리밍됐다. 그의 가장 인기 있는 곡 <원 댄스>는 20억 1,000만 회 스트리밍을 기록했다.
여자: 아리아나 그란데(미국)의 곡들은 244억 회 스트리밍됐다. <7링스>가 그녀의 곡들 중 수요가 가장 높아 14억 3,000만 번 스트리밍됐다. 그녀는 또 현재 **가장 높은 수익을 올린 여성 뮤지션**으로, 포브스에 따르면 2020년 6월 1일 기준 12개월간 7,200만 달러를 벌어들인 것으로 추정된다.

21세기에 가장 많이 팔린 크리스마스 앨범(영국)

오피셜 차트 컴퍼니에 따르면 마이클 부블레(캐나다/이탈리아)의 <크리스마스>는 2020년 1월 9일 기준 영국에서 303만 43장이 판매 됐다. 2011년 발매된 <크리스마스>는 2015년을 제외한 매년 UK 톱 10에 역주행해, 총 44주를 머물렀다. 이 앨범에는 <징글벨>과 <화이트 크리스마스> 같은 부블레의 목소리로 부른 명곡들이 포함돼 있다.

영국 앨범 차트에 최다 연속 10년대 1위 등극(여자)

카일리 미노그(호주/영국)는 영국 오피셜 앨범 차트에서 대략 10년 주기로 5번 연속 1위에 등극했다. 1980년대(<카일리>, <엔조이 유어셀프>, 삽입된 사진), 1990년대(그레이티스트 힛츠), 2000년대(피버), 2010년대(<아프로디테>, <골든>, <스텝 백 인 타임- 더 데피니티브 콜렉션>), 2020년대(<디스코>)다. <디스코>는 2020년 11월 19일 정상에 올랐다.

ARIA 올해의 앨범상 최다 수상

테임 임팔라(본명 케빈 파커, 호주)는 <더 슬로우 러시>로 2020년 11월 25일 호주 음반 산업 협회(ARIA)가 주는 올해의 앨범상을 3번째로 수상했다. 이는 1999년, 2001년, 2003년 같은 상을 수상한 록 밴드 파우더핑거(호주)와 동률이다.

같은 시상식에서 4인조 록밴드 파이브 세컨즈 오브 서머는 <티스>로 ARIA 올해의 곡 최다 수상 기록을 작성했다. 이들은 지금까지 3번 이 트로피를 획득했다.

최고령 영국 싱글 차트 진입

데임(훈장을 받은 여성에게 붙이는 직함) 베라 린(영국, 1917년 3월 20일생)은 <위 윌 미트 어게인>으로 2020년 5월 21일 영국 오피셜 싱글 차트에 55위로 진입할 당시 나이가 103세 62일이었다. 그녀는 한 달 뒤 세상을 떠났다. 이 곡은 2020년 유럽 전승 기념일 75주년을 맞아 제작됐다. 데임 베라는 같은 날 <100>이 다시 30위에 올라 **영국 앨범 차트에 최고령으로 진입한 인물**로 기록됐다.

미국 빌보드 200 최소 간격 신규 앨범 1위 등극(여자)

테일러 스위프트(미국)는 2020년 단 140일 간격으로 발표한 깜짝 앨범 2개가 미국 빌보드 200 앨범 차트에 모두 1위에 올랐다. <포크로어>가 2020년 8월 8일에, 뒤이어 나온 '자매 앨범' <에버모어>가 12월 26일에 등극했다. 이 포크팝 앨범은 팬데믹 봉쇄 기간에 아론 데스너와 함께 제작했다.

라이브 스트리밍 콘서트 티켓을 가장 많이 판매한 여성 아티스트

2020년 11월 27일 라이브 스트리밍된 두아 리파(영국)의 '스튜디오 2054' 콘서트는 전 세계에서 티켓이 28만 4,000장이나 판매됐다. 4개의 파트로 구성된 이 공연은 제작에 150만 달러가 들었고, 제이 발빈과 앨튼 존이 게스트로 참가해 공연을 펼쳤다.

남자 기록은 루이 톰린슨(영국)이 보유하고 있는데, 2020년 12월 12일 펼쳐진 자선 콘서트 '라이브 프롬 런던'의 티켓이 16만 장 판매됐다. 전(前) 원 디렉션 그룹의 멤버였던 그는 자선기금으로 100만 달러 이상 모금했다.

미국 싱글 차트 1위에 오르기 전에 가장 많은 곡을 진입시킨 가수

니키 미나즈(트리니다드토바고)는 2020년 5월 16일 그녀의 109번째 미국 빌보드 핫 100 차트 진입 곡인 <세이 소>로 1위를 차지했다. 도자 캣의 히트곡을 미나즈가 피처링했는데, 이 둘은 **미국 싱글 차트에서 1위에 오른 최초의 여성 랩 듀오**로 기록됐다.

최다 그래미 후보

제이 지(본명 숀 카터, 미국)는 2021년 제63회 그래미 어워드에서 3개 부문 후보에 올라 커리어 총 80회를 기록했다. 이는 프로듀서인 퀸시 존스(미국)가 1961년부터 2019년 사이 달성한 총 횟수와 동률이다. 제이 지의 아내, 비욘세(오른쪽 참조)는 단 1회 적은 79회로 **그래미 최다 후보**(여성)에 오른 기록을 가지고 있다.

올해의 앨범상 최다 수상 가수

테일러 스위프트는 2021년 3월 14일 그래미 올해의 앨범상을 해트트릭 한 최초의 여성 보컬리스트가 됐다. <피어리스>, <1989>, <포크로어>(오른쪽 참조)로 수상했고, 프랭크 시나트라, 스티비 원더, 폴 사이먼(모두 미국)에 이어 네 번째 아티스트가 됐다.

비욘세와 남편 제이 지는 **그래미상을 가장 많이 받은 부부**다(51회).

한 호흡으로 가장 오래 노래하는 영국 히트 싱글(여성 아티스트)

배우 윌 페렐(미국)과 스웨덴의 보컬리스트 몰뤼 산덴이 넷플릭스 영화 <유로비전 송 콘테스트 - 파이어 사가 스토리>에서 부른 <후사비크>는 클라이막스에 한 번의 호흡으로 18초 동안 노래하는 발라드곡이다. 이 곡은 영국 오피셜 싱글 차트에 4주 머물렀으며 2020년 7월 16일 최고 59위를 기록했다.

한 호흡으로 가장 오래 노래하는 미국 히트 싱글 곡은 19초3으로, 캐나다의 록커 셰리프가 부른 <웬 아임 위드 유>가 1989년 1위에 올랐다.

그래미상을 가장 많이 받은 여성 아티스트

비욘세(미국)는 2021년 3월 14일 제63회 그래미 시상식에서 4개의 트로피를 들어 올리며 커리어 총 28개를 수상, 블루그래스계의 별 앨리슨 크라우스를 1개 차이로 앞섰다. 비욘세는 베스트 R&B 퍼포먼스(<블랙 퍼레이드>), 베스트 뮤직비디오(<브라운 스킨 걸>) 상을 받았고, 피처링 아티스트로 참여한 메건 더 스탤리언의 <새비지>로 베스트 랩 송 및 베스트 랩 퍼포먼스를 수상했다. <브라운 스킨 걸>은 비욘세의 딸 블루 아이비 카터(미국, 2012년 1월 7일생)가 피처링했는데, 그녀는 9세 66일의 나이로 **그래미 수상자로 이름을 올린 최연소 인물**(개인)로 기록됐다.

소셜 미디어

인스타그램 최단 시간 100만 팔로워

2020년 11월 10일 루퍼트 그린트(영국)가 인스타그램에 가입한 지 4시간 1분 만에 100만 명의 팬이 모여들었다. 이 <해리 포터>의 배우는 자신의 딸 웬즈데이와 함께 있는 모습을 첫 포스트로 올렸다. 그린트는 단 2개월 전 4시간 44분 만에 100만 팔로워를 달성한 TV 동식물 연구가 데이비드 애튼버러(54~55쪽 참고)의 기록을 경신했다.

플랫폼 별 소셜 미디어에서 가장 인기 있는 개인

남	크리스티아누 호날두(포르투갈)	124,726,150 좋아요
여	샤키라(본명 샤키라 리폴, 콜롬비아)	111,705,557 좋아요
남	퓨디파이(본명 펠릭스 셸베리, 스웨덴)	109,000,000 구독자
여	디아나(미국, 우크라이나 출생) 키즈 디아나 쇼	77,400,000 구독자
남	크리스티아누 호날두(포르투갈)	277,859,815 팔로워
여	아리아나 그란데(미국)	232,322,350 팔로워
남	버락 오바마(미국)	130,272,840 팔로워
여	케이티 페리(본명 캐서린 허드슨, 미국)	109,576,700 팔로워
남	조이 조(미국) - 오 조이	14,866,413 팔로워
여	트레이 랫클리프(미국)	6,419,152 팔로워
남	찰리 더밀리오(미국, 반대쪽 참조)	113,600,000 팔로워
여	잭 킹(미국)	58,800,000 팔로워

최고 수입 유튜버
포브스에 따르면, 라이언 카지는 2020년 6월 1일까지 1년 동안 2,950만 달러를 벌어들였다. 당시 9세였던 그는 장난감 언박싱 및 리뷰, 상황극(가끔 그의 가족들이 참여), 과학 실험 및 DIY 팁 영상을 제작해 올렸다.
또 카지는 **가장 많은 유튜브 뷰를 기록한 개인(남성)**이다. 라이언스 월드 채널의 영상들은 2021년 4월 22일 기준 466억 3,689만 1,195뷰를 기록했다.

유튜브에서 가장 많이 본 영상

핑크퐁(대한민국)의 <아기상어>가 83억 8,696만 7,151뷰를 기록했다. 2016년 6월 18일 처음 업로드된 이 귓전을 맴도는 노래는 한국계 미국인 한보미가 10세 때 불렀다. 영상에는 2명의 한국인 아역배우가 춤 동작을 함께 선보인다(위 사진, 왼쪽은 일레인 존스턴). 이 곡은 빌보드 핫 100에서 32위, 영국 차트에서 6위까지 올랐다.

유튜브에서 구독자가 가장 많은 그룹

2016년 6월 29일 유튜브를 시작한 블랙핑크(대한민국)는 현재 6,030만 명의 구독자를 보유하고 있다. 이 4인조의 싱글 <하우 유 라이크 댓>은 영상이 공개된 지 단 하루 만에 8,600만 뷰 이상을 기록했다. 이 영상은 2020년 6월 26일에 포스팅돼 **유튜브에서 24시간 동안 가장 많은 뷰**를 기록했는데, 후에 같은 대한민국의 K-팝 메가 스타 BTS가 이 기록을 경신했다(오른쪽 참조).

유튜브 뷰를 가장 많이 기록한 개인 채널
7살인 아나스타샤 라진스카야(러시아)는 자신의 어린이 채널 라이크 나스티아에서 565억 4,816만 2,410뷰를 기록했다.
라진스카야는 또 **수입이 가장 높은 유튜버(여성)**인데, 2020년 6월 1일까지 12개월 동안 1,850만 달러의 순이익을 올렸다.

유튜브에서 24시간 동안 가장 많은 뷰를 기록한 영상
2020년 8월 22일 대한민국의 보이 밴드 BTS는 그들의 싱글 '다이너마이트' 뮤직비디오로 1억 110만 뷰를 기록했다. (211~213쪽에 BTS의 기록이 더 많이 있다.)
전날 이 영상은 한 번에 300만 명 이상의 유저들이 시청해, **가장 많은 시청자가 동시도 본 영상 시사회**로도 기록됐다.

페이스북 라이브 스트이밍으로 가장 많은 시청자를 기록한 DJ 세트
프랑스의 DJ 데이비드 게타가 2020년 4월 18일 미국 플로리다주 마이애미에서 페이스북으로 온라인 스트리밍한 <유나이티드 엣 홈> 세트를 최대 16만 1,823명이 시청했다.

인스타그램 팔로워가 가장 많은 쥐

구조된 쥐 아이스큐브는 현재 인스타그램 팔로워가 2만 5,745명이다. 이 병든 설치류는 2019년 1월 동상에 걸려 발과 꼬리를 잃은 상태로 구조됐다. 이 수컷 쥐는 캐나다 퀘벡주 몬트리올 거리에서 오드리-로즈 팔루 랑드리(캐나다)가 길거리에서 발견했다.

가장 많이 다운로드한 앱(2020년 1월~11월, 출처: 앱 애니 인텔리전스)

1. 틱톡
2. 페이스북
3. 왓츠앱
4. 줌
5. 인스타그램
6. 메신저
7. 구글 미트
8. 스냅챗
9. 텔레그램
10. 라이키

모든 기록은 다른 언급이 없다면 2021년 4월 22일이 기준이다.

10만 구독자 채널을 가장 많이 보유한 사람(개인)

2021년 1월 22일 기준 잭 웰시(영국)는 각각 10만 명 이상이 있는 유튜브 채널을 9개나 가지고 있다. 초기에는 <마인크래프트> 콘텐츠가 많았으나 요즘에는 게임, 언박싱, 테슬라 자동차에 관한 평가 등 다양한 영상을 만든다. 그의 주요 채널은 '잭석스엣라이프(JackSucksAtLife)'다.

좋아요를 가장 많이 받은 트윗

2020년 9월 1일 미국의 배우 채드윅 보즈먼이 세상을 떠났다는 메시지에 750만 명의 트위터 유저가 반응했다. 이 트윗은 그가 4년 동안 암과 싸웠다는 내용도 공개했다. 보즈먼은 수상작인 <블랙 팬서>(2018년 작, 195쪽 참조)에서 주연을 맡았고, <마 레이니, 그녀가 블루스>(2020년 작)로도 잘 알려져 있다.

최초로 1억 팔로워를 기록한 틱토커

2019년 여름 틱톡에 가입한 찰리 더밀리오(미국)는 2020년 11월 22일 1억 팔로워를 달성했다. 그녀는 대부분 영상에서 립싱크와 짧은 춤을 선보인다. 이 인플루언서는 2021년 3월 13일 열린 제34회 니켈로디언 키즈 초이스 어워드에서 '인기 여성 소셜 스타'상을 받아, 관례에 따라 슬라임을 뒤집어썼다!

가장 수입이 높은 틱토커

포브스의 발표에 따르면, 애디슨 레이 이스털링(미국)은 2020년 6월 1일까지 12개월 동안 500만 달러의 수입을 기록했다. 그녀는 춤 영상으로 빠르게 유명해져, 리복 및 십대 의류 브랜드 아메리칸 이글과 거액의 계약을 맺었다.

그녀의 가장 가까운 **남자** 라이벌은 스스로를 '엣지 있는 십대'이자 미래의 언론사 간부로 부르는 조시 리처드(미국, 삽입된 사진)로 같은 기간 150만 달러의 수입을 올렸다.

이스털링은 현재 틱톡에서 찰리 더밀리오(왼쪽) 다음으로 많은 7,980만 명 이상의 팬을 보유하고 있다.

최단 시간 더우인 1,000만 팔로워 달성

배우이자 영화 제작자인 유덕화(중국)는 2021년 1월 28일 이 중국 네트워크에서 12시간 22분 만에 1,000만 명의 팬을 모았다. 유저들은 이 플랫폼에서 짧은 영상을 제작하고, 영상 속에서 제품을 검색하며, 예약까지 할 수 있다.

당일, 유덕화의 계정은 **24시간 더우인 최다 팔로워** 기록마저 달성했다(1,956만 9,754명).

유튜브에서 싫어요를 가장 많이 받은 영화 예고편

<사닥 2>(인도, 2020년 작, 아래 사진)의 공식 트레일러는 부정적이고 논란이 있는 온라인 홍보로 '이 동영상이 마음에 들지 않습니다.'를 1,347만 8,901회나 받았다.

싫어요를 가장 많이 받은 영상은 1,912만 4,328회를 기록한 <YouTube Rewind 2018: Everyone Controls Rewind>다. 구식의 주제를 벗어난 콘텐츠로 많은 비난을 받았다.

경매에서 팔린 가장 비싼 트윗

2021년 3월 21일 정확히 15년 전 트위터의 공동 창립자인 잭 도시가 '이제 막 나의 트위터 세팅이 끝났어.'라고 보낸 트윗이 대체 불가능한 토큰(NFT)으로 291만 5,835달러에 판매됐다. 이 트윗은 **가장 처음 보내진 트윗**이기도 하다. 낙찰 받은 응찰자는 가상화폐 사업가 세나 에스타비다. NFT는 가상의 증서로 특정 자산/파일이 '진짜'임을 확인해 준다. 이 토큰의 소유권은 디지털 원장에 기록돼, 복제나 도용이 불가능하다. NFT는 누군가 '오리지널' 트윗, 메모, 영상 클립 혹은 심지어 **가장 비싼 디지털 예술작품**(173쪽 참조)까지 소유할 수 있게 해준다.

소비자 지출이 가장 많은 앱(2020년 1~11월, 출처: 앱 애니 인텔리전스)

1. 틴더
2. 틱톡
3. 유튜브
4. 디즈니+
5. 텐센트 비디오
6. 넷플릭스
7. 아이치이
8. 구글 원
9. 비고 라이브
10. 판도라 뮤직

게이밍 테크

최초의 콘솔

1972년 발매된 마그나복스 오디세이는 텔레비전 세트를 통해 작동하는 단순한 장치로 배터리를 전원으로 썼다. 판매는 형편없었지만, 가정용 컴퓨터와 비디오게임 혁신의 시작임은 분명하다.

가장 비싼 콘솔(인플레이션 적용)

인플레이션을 고려했을 때, 불운하게 막을 내린 3DO가 역사상 가장 비싼 게임 콘솔이다. 이 기기는 1993년 10월 4일 699.99달러에 출시됐다. 2020년 12월 31일 기준, 소매가격을 환산하면 1,251달러다. 엄청난 가격표를 생각하면 1996년 판매가 중단된 게 별로 놀랍지는 않다.

가장 큰 조이스틱

고전 아타리 CX40 컨트롤러를 확대해 놓은 이 기기는 높이가 2.74m로 실제 컨트롤러보다 약 14배 크다. '자이언트조이스틱'이라는 이름의 이 장치는 예술가인 마리 플래너건(미국)이 2006년에 제작했다. 그녀는 "(사람을) 아주 작게 만들어서, 함께 모여 이야기하며 플레이할 수 있는" 상황을 만들고 싶었다고 밝혔다. 나무, 철, 고무를 사용한 이 거대한 조이스틱은 현재 독일 카를스루에 ZKM 예술 및 미디어센터에 보관돼 있다.

작동하는 가장 작은 컨트롤러

2018년 2월 12일 콘솔 개조자 매드모다(미국)는 가로 63mm, 세로 45mm, 두께 31mm인 닌텐도 게임큐브 컨트롤러를 공개했다. 완전히 작동하는 기기로 심지어 진동 기능도 있다. 매드모다는 게임큐브 컨트롤러 모양의 열쇠고리에, 3D 프린터를 사용해 L, R, Z 같은 추가 부품을 따로 만들어 설치했다.

버튼이 가장 많은 컨트롤러

매드캣츠의 〈락 밴드 3〉(2010년 작)용 펜더 머스탱 프로-기타 컨트롤러는 버튼이 113개로, 17프렛 기타를 연주할 때의 모든 손가락 위치를 구현할 수 있다. 이는 심지어 PC 표준 키보드보다 많은 숫자로 콘솔 역사상 주변기기 중 가장 많은 개별 입력 버튼을 가지고 있다.

가장 많이 팔린 가정용 콘솔 브랜드

VG차트에 의하면 2020년 12월 18일 기준 플레이스테이션은 4억 6,531만 대가 판매됐다(플레이스테이션 5의 잠정 판매 숫자만 더해진 합계 수치, 반대쪽 참조). 소니 인터랙티브 엔터테인먼트(미국)가 제작한 이 콘솔은 1994년 일본에서 처음 출시됐다. 플레이스테이션 브랜드의 출하 수치는 플레이스테이션 포터블과 플레이스테이션 비타를 포함하면 5억 6,261만까지 늘어난다. VG차트에 따르면, **가장 많이 팔린 콘솔**은 소니의 플레이스테이션 2(2000년 출시)다. 13년 동안 생산돼, 전 세계에서 1억 5,768만 대가 판매됐다.

최초의 9세대 콘솔

마이크로소프트의 X박스 시리즈 X(저가형 모델은 시리즈 S)는 라이벌인 소니의 플레이스테이션 5보다 이틀 빠른 2020년 11월 10일에 매장에 나왔다. 닌텐도 스위치는 8세대인 Wii U의 후속 기기지만, 휴대용/가정용 하이브리드 콘솔이기 때문에 9세대 콘솔로 분류하지는 않는다(반대쪽 참조).

콘솔의 세대는 대략 6년마다 제조사들이 고성능 하드웨어를 갖춘 새로운 세트를 출시하며 업데이트된다.

최초의 공식 적응형 컨트롤러

과거 장애가 있는 게이머들은 기존 컨트롤러를 사용할 방법을 스스로 찾아야만 했는데, X박스 적응형 컨트롤러(XAC)는 사용자에게 맞추도록 기능이 설계돼 있다. 마이크로소프트가 2015년 개발한 기기로, 2018년 9월 4일에 출시됐다. 직사각형 상자에 X박스 원 컨트롤러의 버튼과 상호작용하는 포트가 있어 맞춤형 기기나 컨트롤러의 거의 모든 조합을 X박스나 PC와 연결할 수 있다.

플레이 가능한 가장 큰 게임 & 시계 기기

토마스 틸리(호주)가 가로 1.93m, 세로 1.16m 두께 0.14m의 게임 & 시계 기기를 제작한 사실이 2017년 10월 21일 호주 포트 엘리엇에서 확인됐다. 이 기기는 〈미스터리스 오브 더 시〉와 〈미스터리스 오브 더 딥〉으로 알려진 닌텐도 게임 〈옥토퍼스〉를 실행할 수 있다.

가장 많이 팔린 휴대용 콘솔

가장 최근 확인된 수치에 따르면 닌텐도 DS는 1억 5,488만 대 이상이 판매됐다. 이 콘솔은 2004년 11월 21일 북미에 출시됐고, 그다음 달 일본에서 출시됐다.

최초의 진동 기능 주변 기기

럼블 팩은 1997년 4월 닌텐도의 레일 슈팅 게임 〈스타폭스 64〉와 함께 출시됐다. 컨트롤러의 확장 슬롯에 끼우면 플레이어에게 피드백을 주는 기능을 했다. 진동 기능이 기본으로 탑재된 컨트롤러는 소니의 듀얼쇼크로 1997년 11월 출시됐다.

최초의 온라인 가능 콘솔

세가의 드림캐스트는 1998년 11월 27일 출시됐다. 1990년대 콘솔들은 모뎀 어댑터를 따로 사야 하는 주변 기기로 출시됐는데, 드림캐스트는 이 기능을 표준으로 내장한 최초의 기기다. 이 전화선 포트는 56킬로비트의 모뎀이 포함된 이동식 모듈로 이 기기를 사용하면 게이머들이 세가넷에 연결할 수 있었다.

SSD가 포함된 최초의 콘솔

X박스 시리즈 X와 시리즈 S(반대쪽 참조)는 SSD 저장장치가 탑재돼 있다. 시리즈 X는 1TB 드라이브가, 저가인 시리즈 S는 512GB 드라이브가 사용됐다.

2018년 8월 소니는 5억 대 판매라는 금자탑을 세운 플레이스테이션 시리즈를 기념하기 위해 '5억 대 기념 한정판' PS4 프로 콘솔을 출시했다. 2TB의 하드 드라이브가 탑재된 **저장 용량이 가장 큰 콘솔**이다.

가장 많이 팔린 콘솔

- **1세대:** 랄프 베어(미국)가 제작한 마그나복스 오디세이(1972~1975년), 33만 대 (반대쪽 참조).
- **2세대:** 아타리 2600(1977~1992년), 2,764만 대.
- **3세대:** 닌텐도 엔터테인먼트 시스템(NES, 1983~2003년) 6,191만 대.
- **4세대:** 슈퍼 닌텐도 엔터테인먼트 시스템(SNES, 1990~2003년) 4,910만 대.
- **5세대:** 소니 플레이스테이션(1994~2006년) 1억 250만 대.
- **6세대:** 소니 플레이스테이션 2(2000~2013년) 1억 5,768만 대.
- **7세대:** 닌텐도 Wii(2006~2013년) 1억 164만 대.

가장 큰 게임보이

일한 위날(벨기에)이 이 고전 콘솔 기기를 세로 1.01m, 가로 0.62m, 두께 0.2m의 커다란 크기로 제작한 사실이 2016년 11월 13일 벨기에 앤트워프에서 확인됐다.

예룬 돔뷔르흐(네덜란드)가 제작한 **가장 작은 게임보이**는 길이가 54mm로, 2016년 12월 15일 중국 상하이에서 확인됐다.

PS5의 커다란 크기는 시끄러운 팬을 설치하지 않고도 콘솔을 식히기 위해 노력한 결과다.

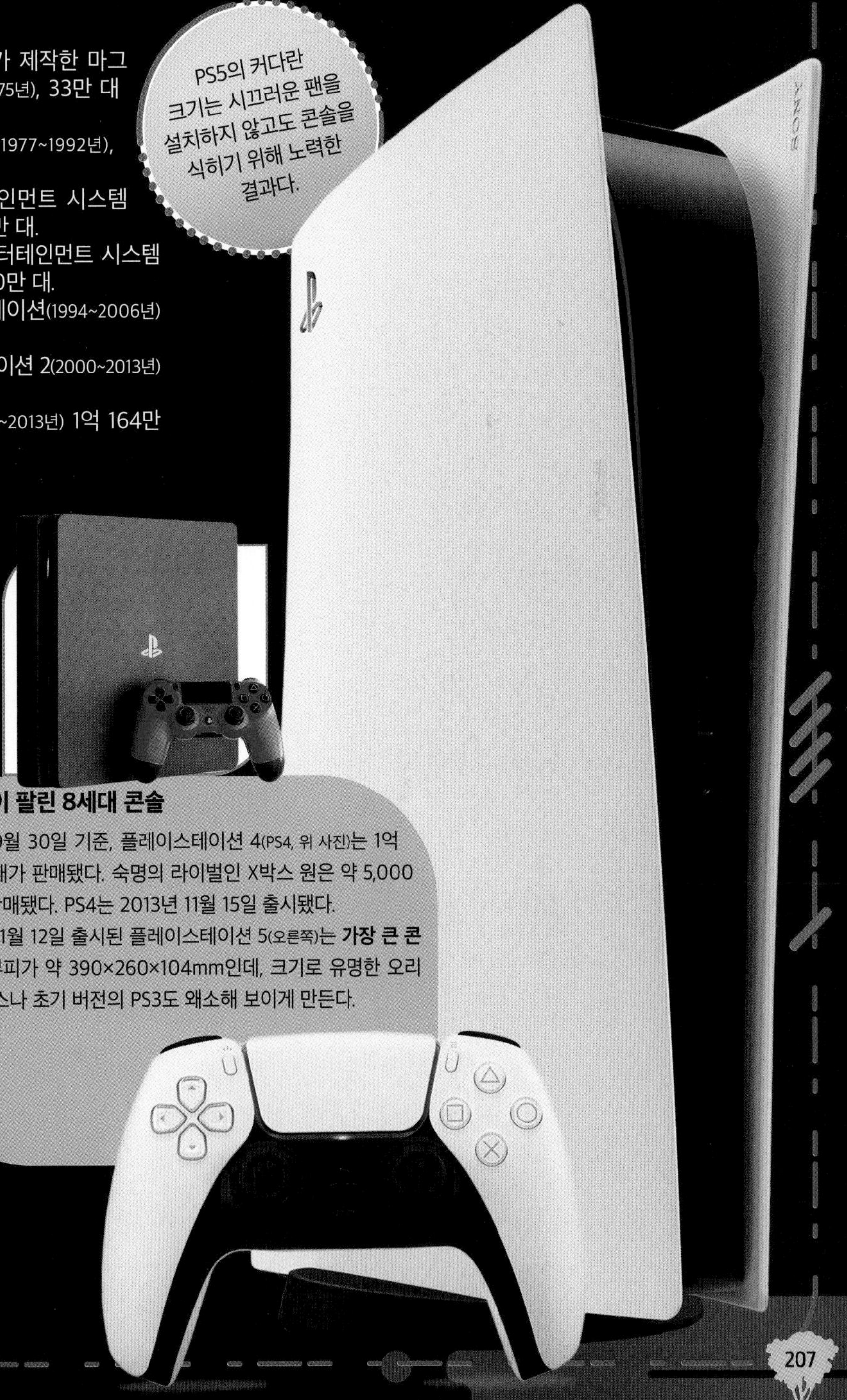

가장 많이 팔린 8세대 콘솔

2020년 9월 30일 기준, 플레이스테이션 4(PS4, 위 사진)는 1억 1,350만 대가 판매됐다. 숙명의 라이벌인 X박스 원은 약 5,000만 대가 판매됐다. PS4는 2013년 11월 15일 출시됐다.

2020년 11월 12일 출시된 플레이스테이션 5(오른쪽)는 **가장 큰 콘솔**이다. 부피가 약 390×260×104mm인데, 크기로 유명한 오리지널 X박스나 초기 버전의 PS3도 왜소해 보이게 만든다.

스크린이 가장 큰 휴대용 콘솔

닌텐도 스위치 가정용/휴대용 하이브리드 콘솔의 스크린은 크기가 6.2in이다. 2011년 12월 17일 일본에서 출시돼 이전 기록을 보유하고 있던 기기인 플레이스테이션 비타의 5in를 스위치가 2017년 3월 3일 출시와 동시에 경신했다. 컨트롤러를 제외한 스위치의 무게는 약 297g이다.

e스포츠 & 스트리밍

최초의 비디오게임 토너먼트

은하계 〈스페이스워〉 올림픽이 1972년 10월 19일 미국 캘리포니아주 스탠퍼드대학교의 인공지능연구소에서 펼쳐졌다. 약 24명의 참가자가 1962년 전투 게임인 〈스페이스워〉로 경쟁을 펼쳤다. 논란의 여지가 있는 **최초의 e스포츠 대회**로 스탠퍼드의 대학원생 브루스 바움가르트가 우승을 거뒀고, 이 대회를 후원한 《롤링스톤》지의 1년 구독권을 얻었다. 148쪽을 참조하자.

〈동키 콩〉 최고 점수

아케이드 게임의 최고 점수 경쟁은 1980년대의 e스포츠였고, 현재까지도 게이머들의 관심을 끌고 있다. 2020년 6월 15일 로비 레이크먼(미국)은 닌텐도의 1981년 고전 플랫폼 게임 〈동키 콩〉을 플레이해 126만 700점을 기록했다. 레이크먼은 트위치에서 자신이 세계기록을 세우는 장면을 4시간 동안 라이브로 스트리밍했다.

가장 많은 사람이 본 e스포츠 토너먼트

2015 리그 오브 레전드 월드 챔피언십은 2015년 10월 4주 동안 온라인과 TV 채널을 통해 방송됐고, 총 3억 3,400만 명의 개별 시청자가 시청했다. 이 대회는 영국과 프랑스, 독일을 포함한 몇몇 유럽 지역에서 73경기가 펼쳐졌다. 배급사인 라이엇게임즈에 따르면 경기마다 평균 420만 명의 동시 시청자를 기록했다고 한다.

트위치 데뷔 스트리밍 최다 시청

미국의 정치인 알렉산드리아 오카시오코르테스가 2020년 10월 19일 유권자 지원 활동의 일부로 트위치에서 〈어몽 어스〉(이너슬로스, 2018년 작)를 플레이했고, 스트리밍 중 최다 동시 시청자가 43만 9,000명에 달했다. 그녀는 스트리머인 하산아비, 포키메인(왼쪽 참조), 동료 의원인 일한 오마와 함께했다. 오카시오코르테스는 2020년 7월 〈리그 오브 레전드〉 실버 3 랭크를 달성했을 정도로 게임을 좋아한다.

트위치 팔로워가 가장 많은 여성 게이머

포키 메인, 본명 이마네 애니스(캐나다, 모로코 출생)는 2021년 2월 8일 기준, 트위치에서 팔로워가 723만 762명으로 해당 플랫폼 전체 스트리머 중 상위 10위 안에 든다. 2013년 채널을 시작한 그녀는 〈리그 오브 레전드〉와 〈포트나이트〉를 플레이하며 유명해졌고, 2018년 트위치 올해의 스트리머로 쇼티 어워즈를 수상했다.

스팀에서 팔로워가 가장 많은 콘텐츠 제작자

루크 밀란타(호주)가 밸브사의 디지털 배급 플랫폼에서 12만 1,754명의 팔로워를 보유한 사실이 2020년 9월 23일 확인됐다. 6년 차 컨트리뷰터인 그는 프나틱, 레이저 등의 브랜드와 함께 일하며 〈카운터 스트라이크: 글로벌 오펜시브〉, 〈팀 포트리스 2〉, 〈도타 2〉 같은 게임을 위한 콘텐츠를 제작했다. 위 사진은 기네스 세계기록 증서를 들고 있는 루크의 모습으로, 그는 "벽에 걸 만한, 아주 특별한 게 생겼어요"라고 말했다.

가장 큰 수익을 올린 e스포츠 팀

2021년 2월 8일 기준, 팀 리퀴드는 1,900개 대회에서 3,623만 3,860달러의 수익을 올렸다. 이 e스포츠 단체는 2000년 네덜란드에서 설립됐다. 로스터는 전 세계에서 모인 60명 이상의 선수로 구성되며 가장 인기 있는 14개 게임에서 경쟁을 펼친다. 리퀴드의 가장 큰 수익은 유로피언 도타 2 팀이 더 인터내셔널 2017 대회에서 1,080만 달러 이상의 대박을 터뜨리며 기록했다. 하지만 이 외에도 〈카운터스트라이크: 글로벌 오펜시브〉와 〈리그 오브 레전드〉에서도 주목할 만한 성공을 거뒀다.

최다 연패를 기록한 e스포츠 팀

상하이 드래곤즈(중국)는 2018~2019년 사이 〈오버워치〉 리그에서 42경기를 연속으로 패했다. 2018 시즌을 승리 없이 0 대 40으로 마친 드래곤즈는 2019년 2월 22일 마침내 불운한 기록을 마무리했는데, 팀의 라인업을 대거 교체해 보스턴 업라이징을 상대로 3 대 1 승리를 거뒀다.

최대 상금 규모의 단일 e스포츠 대회

2020년 5월 22일부터 10월 9일 사이 더 인터내셔널 2020 대회의 상금으로 총 4,001만 8,195달러가 모금됐다. 하지만 코로나19 팬데믹으로 대회가 취소돼, 선수들은 이 엄청난 상금을 획득할 기회를 잠시 미뤄야 했다. 이 상금은 밸브의 멀티플레이어 전략 게임 〈도타 2〉의 게임 내 구매가 축적된 금액이다.

〈도타 2〉에서 가장 큰 영예를 얻은 게이머는 N0tail, 본명 조한 선스테인(덴마크, 삽입된 사진)이다. **가장 큰 수익을 올린 e스포츠 게이머**인 그는 eSportsearnings.com에 따르면 2020년 11월 12일 기준 694만 4,322달러를 벌어들였다.

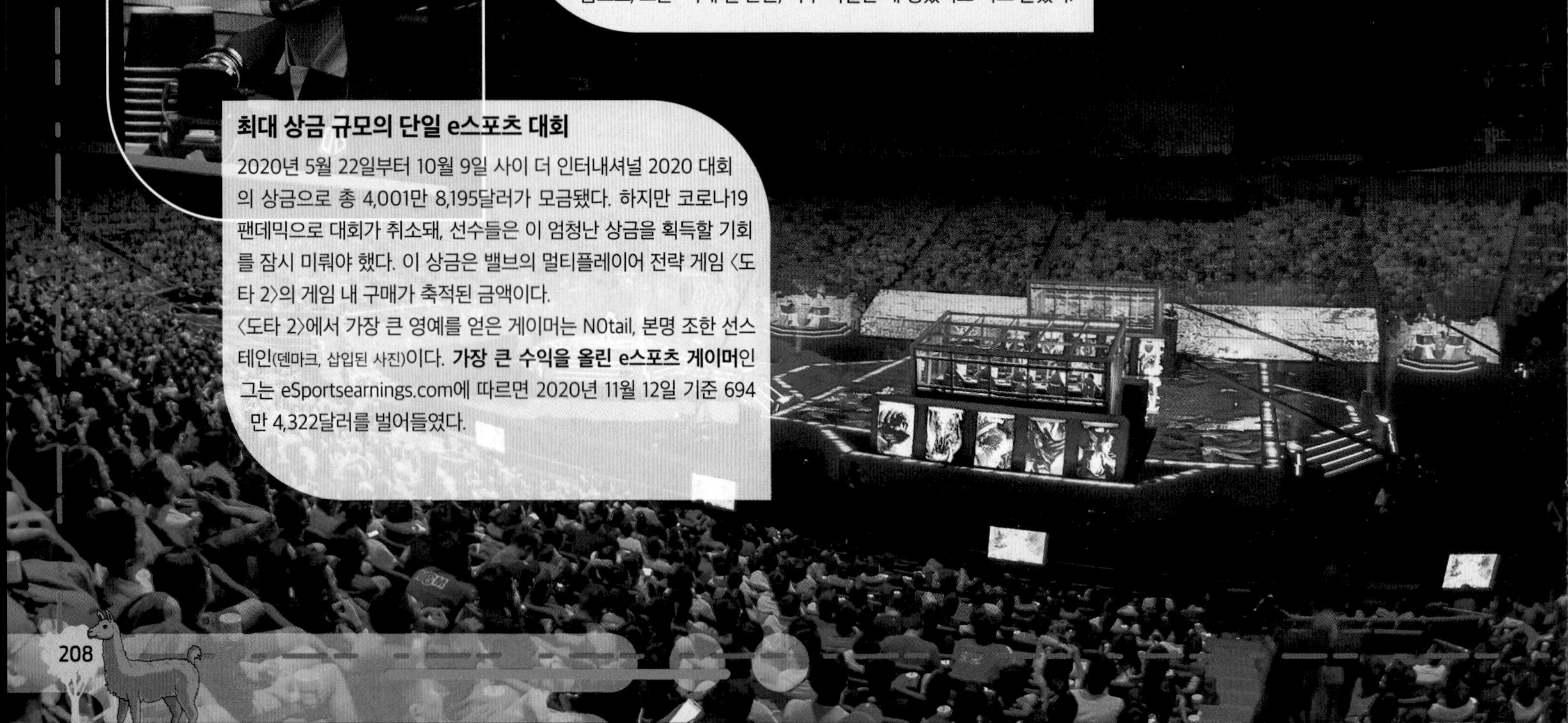

빌리 미첼

아케이드 게이머인 빌리 미첼(미국)이 기네스 세계기록에 요청해 실격됐던 여러 이전 기록들이 다시 인정받게 됐다. 2020년 6월 확인 결과, 미첼은 1982년 11월 7일 **최초로 〈동키 콩〉**(닌텐도, 1981년 작) **킬 스크린에 도달한 게이머**(117레벨)다. 이는 당시 **〈동키 콩〉 최고 점수**였으나, 미첼이 2005년 6월 4일 104만 7,200점을 쌓아 **최초로 〈동키 콩〉 100만 점에 도달한 플레이어**가 되며 자신의 기록을 경신했다. 그는 이 최고점 기록을 2007년 7월 14일 105만 200점으로 경신했고, 2010년 7월 31일 106만 2,800점으로 한 번 더 경신했다.

또, 미첼은 〈팩맨〉(남코, 1980년 작) **퍼펙트 스코어를 달성한 최초의 인물**이기도 하다. 그는 1999년 7월 3일에는 한 번도 죽지 않은 상태에서 전체 256레벨에서 모든 점, 에너자이저, 유령, 과일을 획득해 333만 3,360점을 기록했다. 256번째 화면에서 작은 결함과 함께 킬 스크린이 나타나며 게임이 끝났다.

*킬 스크린 - 프로그램 혹은 설계 상 오류로 플레이어가 게임을 할 수 없게 된 단계 혹은 레벨

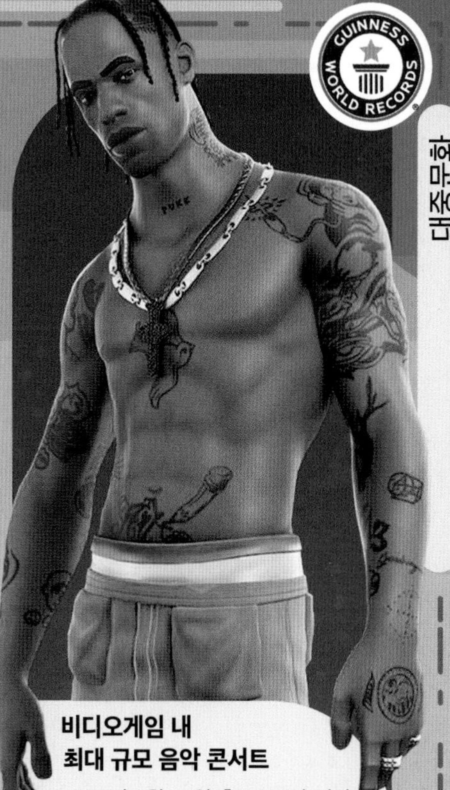

비디오게임 내 최대 규모 음악 콘서트

2020년 4월 24일 총 1,230만 명의 동시 시청자가 미국의 래퍼 트래비스 스콧이 〈포트나이트〉 속의 가상 무대에서 펼친 '아스트로노미컬' 콘서트에 빠져들었다. 10분 정도 진행된 쇼에서 스콧은 키드 커디와 〈더 스콧〉이라는 제목의 신곡을 공개했는데, 이 곡은 5월 9일 빌보드 핫100 차트에 1위로 데뷔했다.

게임 라이브 스트리밍 서비스 최다 동시 시청자 기록

2020년 6월 11일 트위치가 최대 605만 9,527명의 동시 시청자를 기록했다. 비록 이 플랫폼의 일일 시청자가 2020년 봄 코로나19 팬데믹으로 급격히 늘기는 했지만, 이 기록은 플레이스테이션 5의 공개 덕분이었다. 이는 약 310만 명을 끌어모았다.

가장 많은 돈을 모은 비디오게임 라이브 스트리밍 모금 활동

Z 이벤트는 매년 프랑스의 트위치와 유튜브 스트리머들이 비디오게임을 플레이하며 자선 모금 활동을 펼치는 행사다. 10월 16일부터 19일까지 진행된 2020년 행사에서 몽펠리에가 국제앰네스티를 위해 660만 달러를 모금했다.

최장 시간 가상현실 게임 마라톤

콜린 카브랄(미국)은 2020년 4월 14~16일 미국 로드아일랜드주 브리스틀에서 48시간 8분 31초 동안 밸브 인덱스 헤드셋을 착용했다. 그는 〈본웍스〉(스트레스 레벨 제로)와 〈하프 라이프: 알릭스〉(밸브) 같은 VR 타이틀을 플레이했다.

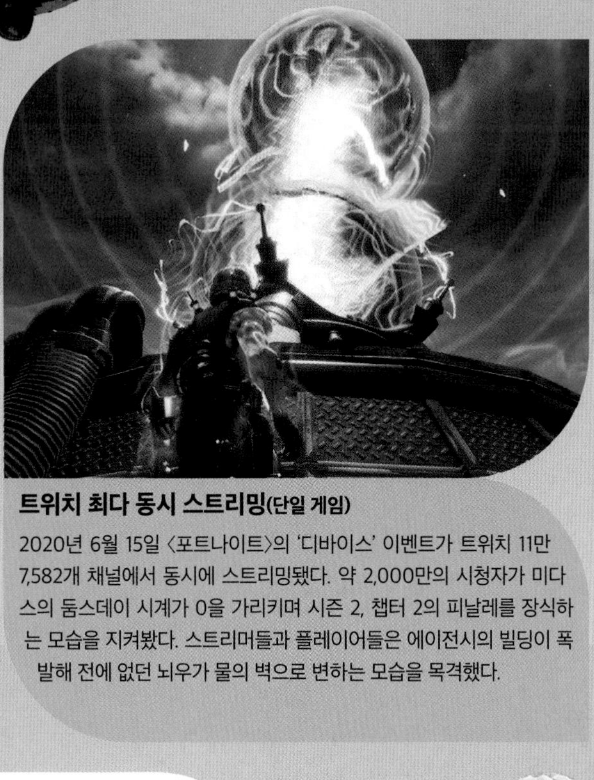

트위치 최다 동시 스트리밍(단일 게임)

2020년 6월 15일 〈포트나이트〉의 '디바이스' 이벤트가 트위치 11만 7,582개 채널에서 동시에 스트리밍됐다. 약 2,000만의 시청자가 미다스의 둠스데이 시계가 0을 가리키며 시즌 2, 챕터 2의 피날레를 장식하는 모습을 지켜봤다. 스트리머들과 플레이어들은 에이전시의 빌딩이 폭발해 전에 없던 뇌우가 물의 벽으로 변하는 모습을 목격했다.

가장 많은 현 포뮬러 원(F1) 드라이버가 참가한 e스포츠 시리즈

2020 F1 시즌이 코로나19로 연기되자, 드라이버들이 코드마스터즈의 〈F1 2019〉 서킷으로 향했다. F1 선수 11명이 가상 그랑프리 시리즈에 참가했다. 페라리의 샤를 르클레르(프랑스)는 4월 5일 **최초로 F1 e스포츠 레이스에서 승리한 F1 드라이버**가 됐으나, 윌리엄스의 조지 러셀(영국)이 레이스 8번 중 4번을 승리하며 **F1 e스포츠 레이스에서 가장 많이 승리한 F1 드라이버**가 됐다.

유튜브에서 '좋아요'를 가장 많이 받은 비디오게임 트레일러

2016년 5월 6일 업로드된 EA의 '〈배틀필드 1〉 정식 공개 트레일러(예고편)'는 230만 개의 '좋아요'를 받았다. 밀리터리 슈팅 시리즈 〈배틀필드〉의 14번째 타이틀이다.

'싫어요'를 가장 많이 받은 비디오게임 트레일러는 '〈콜 오브 듀티: 인피니트 워페어〉'로 2016년 5월 2일 이후 390만 개를 기록했다. 팬들은 FPS 프랜차이즈에 새롭게 도입된 우주 배경에 아연실색했다.

가장 많이 다운로드된 PS 플러스 게임

플레이스테이션의 온라인 구독 서비스는 매달 사용자에게 무료로 게임을 제공한다. 혼돈의 카툰 배틀로얄 〈폴 가이즈〉(미디어토닉/디볼버 디지털)는 2020년 8월 4일 출시돼 몇 주 만에 PS 플러스의 다운로드 차트에서 역대 최고의 자리에 올랐다. 이 게임은 〈콜 오브 듀티: 블랙 옵스 3〉나 〈데스티니 2〉처럼 큰돈을 들여 만든 타이틀을 물리쳤다.

2020년 8월 28일 〈폴 가이즈〉는 트위치에서 최고 70만 8,865명의 시청자를 기록했다.

종합

BAFTA 특별상을 수상한 최연소 인물

영국의 유튜버이자 사회운동가인 니키 릴리(2004년 7월 22일생)는 2019년 12월 1일 15세 133일의 나이로 영국 아카데미 최고의 영예를 안았다. 얼굴이 부어오르고 코피가 흐르는 뇌동정맥기형으로 태어난 니키는 8살 때부터 장애와 괴롭힘, 긍정에 힘에 관해 브이로그를 찍어 올렸다. 그녀는 "저는 사람들이 조금이나마 덜 어두워질 수 있도록 도왔을 뿐이에요."라고 말했다.

한 해에 애미상 후보에 가장 많이 오른 방송사
2020년 9월 20일 상당 부분이 화상으로 진행된 제72회 프라임타임 에미상 시상식에서 넷플릭스는 <더 크라운>, <기묘한 이야기>, <오자크>(후자가 18회로 최다)를 포함한 그들의 메가 히트 시리즈로 후보에 160회나 올랐다. 하지만 이날 밤 수상 횟수로 바뀐 건 '겨우' 21개뿐이다.

한 시즌에 에미상을 가장 많이 받은 코미디 시리즈
<시트 크릭>(팝 TV, 캐나다)은 2020 에미상에서 6번째 시즌으로 9개의 트로피를 차지했다. 한 시리즈가 한 해에 남우주연상(유진 레비), 여우주연상(캐서린 오하라), 남우조연상(댄 레비), 여우조연상(애니 머피)을 포함한 모든 코미디 주요 카테고리에서 수상한 최초의 사례다.

가장 오래된 온라인 게임 길드
1996년 2월에 만들어진 신디케이트(미국)는 2021년 1월 2일 기준 24년 337일째 활동 중이다. 이 커뮤니티는 <울티마 온라인>(1997년 작), <에버퀘스트>(1999년 작) 같은 MMORPG에 중점을 두고 있다.

BAFTA 후보에 가장 많이 오른 비디오 게임
<더 라스트 오브 어스 파트 2>(너티독, 2020년 작)는 제17회 영국 아카데미 게임 시상식에서 13개 부문 후보에 오르며 포스트 아포칼립스 시리즈의 대성공을 이어갔다. 2021년 3월 25일 이 게임은 팬 투표 EE 올해의 게임상을 포함해 3개 카테고리에서 수상했다.

최고 고도에서 한 군중이 모인 음악 콘서트
팝스타 막문위(캐나다)가 '울티메이트' 월드 투어 중인 2019년 10월 12일 해발 3,646m의 중국 티베트자치주 사라에서 1만 명 이상의 관중 앞에서 공연을 펼쳤다. 이 공연은 목 어 바이 베이비 워크숍, 청두 쇼타임 문화 미디어, 소니 뮤지 엔터테인먼트 중국 홀딩스, 유토피안 엔터테인먼트가 기획했다.
가장 낮은 곳에서 열린 콘서트는 해발 -1,893m로, 셰프트 바텀 보이즈(캐나다)가 2020년 3월 7일 캐나다 온타리오주 그레이터 서드베리에 있는 베일스 크레이턴 광산에서 공연했다.

<CoD: 워존> 경기에서 입으로 조작하는 조이스틱으로 최다 킬을 기록한 인물

록키노핸즈, 본명 록키 스타텐버그(미국)는 2020년 11월 18일 <콜 오브 듀티: 워존>(액티비전, 2020년 작) 경기에서 17명의 플레이어를 제거했다. 2006년 사고를 당해 몸이 마비된 록키는 쿼드스틱의 입으로 조종하는 컨트롤러를 숙달해 게임을 계속 해왔다. 또 그는 이 기기를 사용해 <포트나이트>를 플레이하며 2개의 기록을 더 세웠다.

가장 오래 방영된 TV 범죄 드라마
다스 에르슈테 채널에서 처음 방영된 <토르트>('범행 장소')는 2020년 11월 29일 50주년을 맞이했다. 독일에서는 가장 오래된 TV 드라마 시리즈다.

인터넷에서 가장 많이 검색한 TV 쇼

구글의 연간 트랜드 보고를 기반으로 했을 때, 2020년에 <타이거 킹: 무법지대>(넷플릭스)보다 사람들의 호기심을 자극한 TV 쇼는 없었다. 코로나 봉쇄가 처음 시작한 3월 20일에 출시 된 이 프로그램은 (스포일러 주의) 현재 감옥에 있는 미국의 동물원 사육사 조 이그조틱의 눈이 휘둥그레지는 삶의 단면을 보여준다.

트위치 스트리밍 최다 동시 시청자

<포트나이트>(에픽게임즈, 2017년 작)에 열심인 TheGrefg, 본명 다비드 카노바스 마르티네스(스페인)는 2021년 1월 11일 비디오게임 라이브 스트리밍 플랫폼에서 가장 많은 시청자를 모으는 역사를 썼다. 그가 자신의 아바타로 만든 새로운 '스킨'을 공개했을 때 최고 시청자 수가 246만 8,668명을 기록했는데, <포트나이트>에서 다른 유저들도 다운로드 할 수 있다.

최고 수입을 기록한 유명인

리얼리티 TV 스타이자 사업가인 카일리 제너(미국)는 2019년 6월 1일부터 2020년 6월 1일 사이 5억 9,000만 달러를 벌어 포브스의 최신 셀러브리티 100 리스트에서 최상단을 차지했다. 라이온스 셰어는 2019년 그녀의 화장품 회사 카일 코스메틱의 판매로 생겨났다.
최고 수입을 기록한 남성(전체 2위)은 뮤지션 카녜이 웨스트(미국)로 1억 7,000만 달러를 기록했다. 이 둘은 2021년 2월 웨스트가 제너의 이복 언니 킴 카다시안과 이혼하기 전까지는 사돈 지간이었다.

프라임타임 에미상 리얼리티 / 경쟁 프로그램 최우수 진행자 최다 수상

<타임>지가 '세상에서 가장 영향력 있는 드래그 퀸(여장 남자)'으로 묘사한 루폴 찰스(미국)는 <루폴의 드래그 레이스>(로고 TV, VH1, 미국)로 2020년 9월 20일 자신의 연속 5번째 에미상을 들어 올렸다. 이 프로그램은 에미상에 총 39회 후보에 올라 19회 수상했다.

한 영화를 영화관에서 가장 많이 본 사람

마블의 메가 팬인 라미로 앨라니스(미국)는 2019년 4월 25일부터 7월 29일 사이 <어벤져스: 엔드게임>을 191회나 봤다. 개인 트레이너인 그는 이 3시간짜리 대서사시를 개봉 주말에만 5번이나 봤다! 그는 호주의 조앤 코너가 <보헤미안 랩소디>(영국/미국, 2018년 작)를 108회나 영화관에서 본 이전 기록을 2배 가까이 경신했다.

출판된 가장 큰 만화책

고단샤(일본)가 각 페이지가 1 × 0.7m인 인기 만화 <진격의 거인>의 슈퍼사이즈 버전을 발행한 사실이 2021년 4월 13일 확인됐다. 일반 만화 단행본의 크기보다 6배 이상 크다. 이 만화는 애니메이션으로도 제작돼 큰 인기를 끌었는데, **수요가 가장 높은 애니메이션 TV 시리즈**로 기록됐다(오른쪽 참조).

플레이가 가능한 게임기기 최다 수집

미국 텍사스주 갈런드의 레트로 게이머 린다 길로이가 게임기기 2,430개를 수집한 사실이 2019년 10월 26일 확인됐다. 여기에는 <팩맨>(콜레코, 1981년 작), <킹 콩>(타이거비전, 1982년 작), <어드벤처 비전>(엔텍스, 1982년 작) 같은 아케이드 고전의 소형 태블릿 버전도 포함돼 있다. 그녀의 빈티지 게임 저장소에는 **가장 많은 LCD 게임기기 수집품**도 포함돼 있다(1,599개).

가장 비싼…

변장용 왕관: 고인이 된 힙합 아티스트 노토리어스 B.I.G.(본명 크리스토퍼 윌리스)가 그의 '킹 오브 뉴욕' 사진을 위해 썼던 6달러짜리 플라스틱 왕관이 2020년 9월 16일 소더비에서 59만 4,750달러에 판매됐다.

비디오게임: 포장이 유지된 NES용 <슈퍼 마리오브러더스>(닌텐도, 1985년 작)가 2021년 4월 2일 헤리티지 경매장의 온라인 판매를 통해 66만 6,000달러에 팔렸다.

빌보드 디지털 곡 판매 차트에서 최다 주간 1위

2021년 4월 10일 BTS(대한민국)의 <다이너마이트>가 빌보드 디지털 곡 판매 차트에서 누적 18주 동안 정상에 올랐다. 이로써 2017년 루이스 폰시, 대디 양키, 저스틴 비버가 부른 <데스파시토>의 17주 기록을 앞질렀다.

<다이너마이트>는 같은 날 **미국 핫 100에 최다 주간을 머문 K팝 곡**으로도 기록됐다(32주). 방탄소년단이 박살 낸 더 많은 기록들은 다음 페이지에 나온다.

<더 만달로리안>의 첫 시즌은 제작에 약 1억 달러를 사용했는데, 에피소드당 1,250만 달러인 셈이다!

수요 정의: 패럿 애널리틱스

가장 인기 있는 TV 시리즈의 순위를 매기기 위해 기네스 세계기록은 데이터 분석 업체 패럿 애널리틱스와 협력했다. 이 기업은 '수요 표현'이라는 측정법으로 특정 기간 가장 인기 있는 프로그램을 평가한다. 이 측정법은 스트리밍 횟수뿐만 아니라 소셜 미디어의 좋아요나 코멘트 등 다양한 활동을 근거로 한다. 최고의 프로그램들의 수요를 기준치와 비교해 평가하는데, 예를 들어 <더 만달로리안>(오른쪽 사진)은 평균 TV 프로그램들보다 '수요'가 57.6배 높다.

가장 수요가 높은 글로벌 TV…

장르	수요	프로그램
드라마 & 전체	74.1	왕좌의 게임(HBO, 미국)
공상과학	62.0	워킹데드(AMC, 미국)
코미디 각색	57.6	더 만달로리안(디즈니+, 미국, 오른쪽 참조)
애니메이션	52.7	진격의 거인(MBS, 일본)
시트콤 & 코미디	49.9	브루클린 나인나인(폭스, 미국)
메디컬 드라마	47.8	그레이 아나토미(ABC, 미국)
슈퍼히어로	45.4	더 보이즈(아마존 프라임, USA, 위쪽 참조)
어린이	40.8	스폰지밥 네모바지(니켈로디언, 미국)
데뷔 시리즈	28.8	레이즈드 바이 울브즈(HBO 맥스, 미국)
다큐멘터리	27.0	더 라스트 댄스(ESPN, 미국)

패럿 애널리틱스, 2020년 3월 1일~2021년 2월 28일

가장 수요가 높은 디지털 원작 TV 시리즈

디즈니+의 스타워즈 스핀오프 <더 만달로리안>(미국)은 2021년 2월 28일 기준 보통 TV 프로그램보다 57.6배나 인기가 높다. 이 프로그램은 또 가장 수요가 높은 **액션 & 어드벤처 작품**이자 **공상과학 작품**으로도 기록됐다. 이 드라마는 영화 에피소드 Ⅶ의 이전 상황을 배경으로 현상금 사냥꾼 딘 자린('만도', 패드로 파스칼 분)과 그의 외계인 식솔 그로그('아기 요다')의 이야기를 다룬다.

BTS

RM, 진, 슈가, 제이홉, 지민, 뷔, 정국으로 이루어진 대한민국의 보이밴드 BTS는 아시아에서 시작해 전 세계 차트를 압도하고 있는 K-팝을 이끌어 왔다. 그리고 2020년 BTS는 오늘날 세계 최고 팀으로서 위상을 확실히 드러냈다.

2010~2012년 사이 결성된 BTS는 2013년 6월 12일 그들의 데뷔 앨범 〈2 Cool 4 Skool〉을 발표했다. 화려한 음악에 진실한 감성이 조화를 이뤄 듣는 사람의 마음을 사로잡았고, 이들의 헌신적인 팬클럽 '아미(ARMY)'가 생겨났다. 특히 소셜 미디어에서 활발하게 활동하는 아미는 BTS의 다양한 기록을 세우는 데 기여했다.

아시아 팝에서 가장 큰 센세이션이 된 BTS는 미국으로 시선을 돌렸다. 2018년 6월 2일 〈Love Yourself: Tear〉가 빌보드 200에 1위로 진입하며 **K팝 최초로 미국 앨범 차트에서 1위**에 오르는 기록을 달성했다.

2020년 BTS는 심지어 더 강력해졌다. 이들이 발표한 2개의 앨범은 최고의 판매량을 기록하며 대한민국과 세계 시장에서 상을 받았고, 온라인 콘서트로 신기록을 여러 번 달성했으며, 〈다이너마이트〉 영상으로 인터넷을 마비시켰다(211쪽 참조). 2021년 3월 4일 그간의 성과를 인정받은 BTS는 국제음반산업협회가 선정한 2020년 올해의 글로벌 아티스트가 됐다. 지금 세계는 BTS에 완전히 사로잡혔다.

주요 통계
이름: BTS
국적: 대한민국
데뷔: 2013년
멤버: 김남준, 김석진, 민윤기, 정호석, 박지민, 김태형, 전정국
총 앨범 판매량: 약 2,000만 장
수상 경력:
· 빌보드: 5회
· MTV 유럽: 10회
· 엠넷 아시아: 33회

1

2

3

4

BTS는 '방탄소년단'의 영어 이름(Bulletproof Boy Scouts) 이니셜이다.

진(김석진)
지민(박지민)
제이홉(정호석)

www.guinnessworldrecords.com/2022
명예의 전당 섹션에서 BTS에 관해 더 많이 알아보자.

1. 2020년 8월 22일 〈다이너마이트〉 공식 영상이 처음 업로드된 날 **유튜브에서 24시간 동안 가장 많은 뷰를 올린 영상**으로 기록됐다(1억 110만 뷰).

2. BTS를 사랑하는 사람들은 자신을 '청춘을 대변하는 사랑스러운 MC'라는 뜻의 아미(ARMY)로 부른다. BTS는 이들의 열렬한 지원으로 2017~2020년 빌보드 시상식의 '톱 소셜 아티스트' 부문에서 4회 연속으로 상을 받았다.

3. 2018년 9월 24일 BTS는 유엔 총회에서 전 세계 청년층의 교육과 훈련을 증진하기 위해 열린 '제너레이션 언리미티드' 행사에 참여해 연설했다.

4. BTS가 2020년 사회적 거리 두기 상황에서 열린 엠넷 아시안 뮤직 어워즈에 참석해 상을 받으며 **최다 대상 수상** 기록을 13회로 늘렸다.

5. 2020년 6월 14일 코로나 봉쇄 기간에 열린 BTS의 온라인 콘서트 〈방 방 콘: 더 라이브(BANG BANG CON: THE LIVE)〉의 티켓을 75만 6,000명의 팬이 구매하며 **라이브스트리밍 콘서트 티켓 최다 판매**로 기록됐다.

6. BTS의 일곱 번째 앨범 〈Map of the Soul: 7〉은 이들의 조국에서 2021년 3월 기준 444만 818장이 판매돼 **대한민국에서 가장 많이 팔린 앨범**으로 기록됐다.

빅토리아 앨버트 박물관

VAM.AC.UK

위치: 영국 런던 켄싱턴 & 첼시 크롬웰 로드

설립연도: 1852년

바닥 면적: 12ha

수집품: 230만 점

갤러리: 145개

가장 인기 있는 전시: 크리스챤 디올: 꿈의 디자이너(2019년), 59만 4,994명 방문

연간 방문객: 390만 명(2019년)

역사가 약 170년에 이르는, 세계에서 가장 오래된 디자인 박물관은 방문객들에게 즐거움과 가르침을 선사해 왔다. 이곳은 고대 도자기부터 20세기 록스타의 물건에 이르는 200만 점이 넘는 소장품으로 5,000년이 넘는 인류의 창조 행위를 기념하고 있다.

이 박물관의 아이디어는 영국 대중에게 예술과 디자인을 가르치기 위한 열망에서 나왔다. 재단 기획자인 헨리 콜은 이곳이 '모두를 위한 교실'이어야 한다고 선언했다. 처음에는 '생산자를 위한 박물관'으로 명명돼 1852년 5월 런던의 말보로 하우스(왕실 별궁)에 문을 열었다. 5년 뒤, 현재 위치로 옮겼고, 이름도 사우스 켄싱턴 박물관으로 바뀌었다. 혁신적인 시설로, 처음으로 사진을 예술작품으로 수집했고, 방문객들에게 다과를 제공했으며, 저녁에도 가스등을 사용해 박물관을 열어 더 많은 근로자가 관람할 수 있게 유도했다.

1899년 5월 17일 이 박물관은 이름이 한 번 더 바뀌어, 빅토리아 앨버트 박물관(V&A 박물관)이 됐다. 빅토리아 여왕이 직접 참석해 애스턴 웹 건물의 초석을 하사했는데, 여왕의 마지막 공개 행사였다. 수십 년 뒤, 제2차 세계대전 기간에 박물관 수집품 안전을 위해 일부를 올드위치 지하 터널에 옮겨 보관했다.

오늘날, V&A 박물관의 방문객들은 동선이 11km에 이르는 갤러리를 둘러볼 수 있다. 매년 이곳을 방문하는 수백만 명은 이 박물관이 얼마나 꾸준히 사랑받고 있는지 말해 준다. 이는 헨리 콜의 위대한 비전이 실현된 결과이기도 하다.

헨리 콜의 크리스마스카드

1843년 V&A 박물관의 창립자는 예술가인 존 캘코트 호슬리에게 자신의 친구에게 보낼 크리스마스 메시지를 만들어 달라고 부탁했다. 그 결과 가족들이 건배하는 모습의, **처음으로 프린트된 크리스마스카드**가 나왔다. 수천 장이 제작된 이 카드는 인사말을 손수 쓸 수 있게 되어 있었다. 2001년 영국의 경매회사 헨리 알드리지 앤 손(Henry Aldridge & Son Ltd)에서 이 카드의 원본 한 장이 3만 6,120달러에 판매되어 **경매에서 팔린 가장 비싼 인사 카드**로 기록됐다.

제임스 2세의 신랑 예복

V&A 박물관의 영국 갤러리에는 요크 공작(후 제임스 2세 왕)이 1673년 11월 21일 영국 켄트 도버에서 메리 모데나와 결혼할 당시 입은 코트와 반바지가 있다. 현재까지 남아 있는 가장 오래된 신랑 예복으로, 프랑스 군복 '쥐스토코르'에서 영감을 받아 영국에서 새로운 스타일로 유행할 패션의 시작을 알리는 복장이었다.

웨어의 거대한 침대

높이 2.67m, 가로 3.26m, 세로 3.38m의 **가장 큰 4주식 침대**는 커플 4쌍이 동시에 누울 수 있을 정도로 크다. 1590년 무렵 영국 하트퍼드셔주 웨어의 한 여관에서 손님을 끌기 위한 목적으로 제작된 것으로 추정된다. 손님들이 종종 그들의 이니셜을 침대 기둥이나 머리맡 나무판에 새기기도 했다.

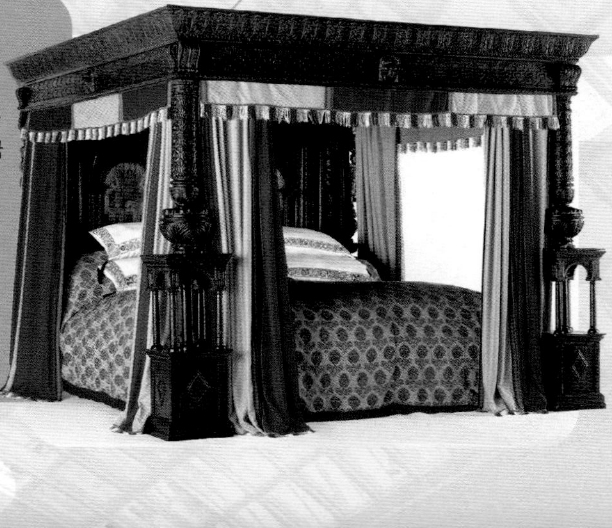

아르다빌 카펫

V&A 박물관의 이슬람 중동관의 바닥을 덮은 채 전시 중인 카펫은 무슬림 달력으로 946년이 적혀 있는(서기 1539~1540년), **가장 오래된 카펫**이다. 이란의 통치자 샤 타마스프가 아르다빌 도시에 있는 자신의 조상 샤이크 사피 알딘의 성지를 장식하려고 주문한 한 쌍 중 하나다.

엘튼 존

빅토리아 앨버트 박물관(V&A)에는 신기록 싱어송라이터 엘튼 존과 그의 남편 데이비드 퍼니시의 이름을 딴 사진 갤러리가 있다. 존의 〈썸씽 어바웃 더 웨이 유 룩 투나잇/캔들 인 더 윈드 1997〉 앨범은 전 세계에서 3,300만 장이 판매되어 **차트가 시작된 이래 가장 많이 팔린 앨범**이다. 그는 V&A에 자신의 트레이드마크인 안경을 다수 기증했다(삽입된 사진).

흰 모조 다이아몬드 장식

의회 거리 사진

트래펄가 광장에서 찍은 의회 거리 사진은 현재 남아 있는 런던의 가장 오래된 모습이 담긴 사진이다. 성자 크로이가 1839년 9월 프랑스의 새로운 발명품인 다게레오타입, 즉 은판사진법을 보여 주기 위해 영국의 수도에 와 촬영한 몇 장의 사진 중 하나다.

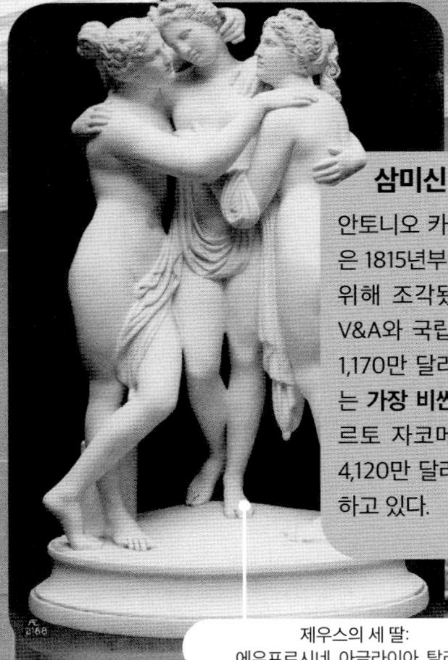

삼미신

안토니오 카노바의 신고전주의 대리석 걸작은 1815년부터 1817년 사이 영국의 수집가를 위해 조각됐다. 삼미신(三美神)은 1994년 V&A와 국립스코틀랜드미술관이 공동으로 1,170만 달러를 지불하고 구입했다. 당시에는 **가장 비싼 조각품**이었지만, 2015년 알베르토 자코메티의 〈가리키는 남자〉가 1억 4,120만 달러에 판매돼 현재 신기록을 보유하고 있다.

제우스의 세 딸:
에우프로시네, 아글라이아, 탈리아

피사 세례당의 설교단
(1302~1310년, 1865년 무렵 제작)

피사 세례당의 연단
(1260년, 1864년 무렵 제작)

순교자 성 베드로의 무덤
(1338년, 1869년 무렵 제작)

루카 델라 로비아의 〈방문〉
(약 1445년, 1883년 무렵 제작)

깃대 받침(1505년)

카를로 마르수피니 기념비
(1453~1460년, 1890년 제작)

미켈란젤로의 〈다비드〉
(1501~1504년, 1856년 제작)

벤베누토 첼리니의
〈퐁텐블로 님프〉
(1542년, 1864년 무렵 제작)

추기경 아스카니오 스포르차의 묘
(1505~1509년,
1852~1854년 무렵 제작)

V&A의 캐스트 코트에는 세계에서 가장 유명한 조각품들의 복제품도 일부 전시돼 있다.

스포츠

최연소 올해의 선수상 수상

아르망 뒤플랑티스(스웨덴, 1999년 11월 10일 미국 출생)는 2020년 12월 5일 열린 가상 시상식에서 21세 25일의 나이로 올해의 남자 선수상을 받았다. 체육계의 떠오르는 스타인 이 젊은 장대높이뛰기 선수는 2020년에 참가한 16개 대회에서 모두 우승했고, 한 시즌에 6m를 10회나 넘은 단 두 번째 선수다. 뒤플랑티스는 2월 15일 실내경기에서 장대높이뛰기 최고 기록을 작성했다(6.18m). 그는 또 9월 17일 이탈리아 로마에서 6.15m를 넘으며 장대높이뛰기 실외경기 최고 기록을 달성했는데, 실내경기의 기록이 더 높아서 세계육상이 세계기록으로 인정하지 않았다.

목차 Contents

미식축구	218
야구	219
농구	220
아이스하키	221
축구	222
육상	224
장애인 스포츠	226
복싱	228
예술적인 스포츠	229
테니스	230
테스트 크리켓	231
골프	232
백야드 스포츠	233
포뮬러원	234
X게임	235
수영	236
투르 드 프랑스	237
익스트림 스포츠	238
울트라러닝	240
압도적인 챔피언들	241
종합	242
명예의 전당: 엘리우드 킵초게	244

장대높이뛰기 및 7종 경기 선수의 아들인 뒤플랑티스는 세 살 때부터 장대높이뛰기를 시작했다.

미식축구

최소 경기 터치다운 패스 100회 기록

캔자스시티 치프스의 패트릭 마홈스는 2020년 11월 8일 캐롤라이나 팬서스와의 경기에서 자신의 100번째 NFL 터치다운 패스를 뿌리며 팀의 33-31 승리를 도왔다. 그는 댄 마리노의 이전 기록을 4경기 차이로 경신했다. 마홈스는 6주 전인 9월 28일 **최소 경기 1만 패싱 야드** 기록을 달성했다(34경기).

커리어 최다 터치다운

와이드 리시버 포지션인 제리 라이스는 1985년부터 2004년까지 샌프란시스코 포티나이너스(오른쪽 사진), 오클랜드 레이더스, 시애틀 시호크스 소속으로 303경기에 나서 엔드존에 208번 들어갔다. 이 기록에는 **슈퍼볼 최다 터치다운**도 포함됐다(8회). 1985년 NFL 드래프트에서 포티나이너스로 선발된 라이스는 20시즌 동안 뛰며 슈퍼볼에서 3회 우승을 거뒀고, 많은 리시브 기록도 작성했다.

최다 연속 경기 색

2020 NFL 시즌 마지막, 피츠버그 스틸러스의 수비가 73경기 연속으로 상대 쿼터백을 태클(색)하는 데 성공했다. 이 연속 기록은 2016년 11월 6일 볼티모어 레이븐스를 상대로 시작했다. 최소 29명의 수비수가 기여했고, T J 와트가 이끌었다. 스틸러스는 템파베이 버커니어스가 1999년부터 2003년까지 세운 69회 기록을 경신했다.

NFL 커리어 기록

최다	기록	이름	경력
리시빙 야드	22,895	제리 라이스(위 참조)	1985~2004년
야드 러시	18,355	에밋 스미스	1990~2004년
터치다운 패스	581	톰 브래디	2000년~
필드 골	599	애덤 비나티에리	1996~2019년
색	200	브루스 스미스	1985~2003년
가로채기	81	폴 크라우스	1964~1979년
경기 출장	382	모르텐 안데르센(덴마크)	1982~2007년

모두 내셔널 풋볼 리그(NFL)의 기록으로, 별다른 표기가 없다면 미국인이다.

커리어 최장 패스 야드

2021년 3월 은퇴한 쿼터백, 드류 브리스는 2001년 NFL에 데뷔한 이후 8만 358 패스 야드, **최다 패스 성공**을 기록했다(7,142회). 2009년 10월 18일부터 2012년 11월 25일까지 브리스는 **최다 연속 경기 터치다운 패스** 기록도 완성했다(54경기).

최고령 감독

로메오 크레넬(1947년 6월 18일생)은 2021년 1월 3일 73세 199일의 나이로 휴스턴 텍슨스를 감독해 테네시 타이탄스와 경기를 치렀고 41-38로 패했다. 크레넬은 1967년 12월 17일 이후 이어져 온 조지 할라스의 이전 기록을 경신했다.

최소 경기 터치다운 패스 400회 달성

2020년 12월 6일 아론 로저스는 그린베이 패커스 소속으로 자신의 193번째 NFL 경기에 나서 커리어 400번째 터치다운 패스를 뿌렸다. 그는 이후 12월 19일 캐롤라이나 팬서스와의 경기에서 자신의 40번째 시즌 터치다운 패스를 기록하며 24-16 승리에 기여했다. 이는 로저스의 3번째 이정표로(2011년, 2016년), 그는 **최다 시즌 40회 이상 터치다운 패스**를 기록한 선수다.

첫 100경기 최다 패스 캐치

키넌 앨런은 2013년부터 2020년 사이 샌디에이고/로스앤젤레스 차저스 소속으로 출전한 자신의 NFL 첫 100경기에서 624개의 패스를 받아냈다.

최다 킥오프 리턴 터치다운

시카고 베어스의 코다렐 패터슨은 2020년 11월 16일 미네소타 바이킹스를 상대로 104야드를 질주해 자신의 커리어 8번째 킥오프 리턴 터치다운을 성공했다. 조슈아 크립스와 레온 워싱턴이 세운 기록과 동률이다.

한 경기 최다 러시 터치다운

뉴올리언스 세인츠의 러닝 백, 앨빈 카마라는 2020년 12월 25일 미네소타 바이킹스를 상대로 6번의 터치다운을 기록했다. 그는 시카고 카디널스의 어니 네버스가 1929년 11월 28일에 세운 NFL의 91년 묵은 기록과 동률을 달성했다. 이는 **한 경기 최다 터치다운** 전체 기록이기도 한데, 클리블랜드 브라운스의 윌리엄 '덥' 존스(1951년 11월 25일), 시카고 베어스의 게일 세이어스(1965년 12월 12일)와 공유하고 있다.

슈퍼볼 최다 우승 쿼터백

톰 브래디는 2021년 템파베이 버커니어스로 이적한 첫 시즌에 자신의 7번째 슈퍼볼을 차지하는 동화 같은 업적을 달성했다. 뉴잉글랜드 패트리어츠와 함께 2002년부터 2019년까지 6번 우승을 차지했던 브래디는 43세인 현재 자신이 가진 여러 슈퍼볼 기록에 숫자를 더했는데, **최다 출장**(10경기), **최다 패스 성공**(277회), **최다 터치다운 패스**(21회), **최다 MVP 수상**(5회)가 포함돼 있다.

야구

헨리 '행크' 에런(1934~2021)

야구의 전설 헨리 에런이 2021년 1월 22일 세상을 떠났다. 그는 1954~1976년까지 23시즌 동안 MLB에서 활약했고 이중 21시즌을 밀워키/애틀랜타 브레이브스에서 뛰며 **최다 타점**(2,297점)과 **최다 루타**(6,856개)를 포함한 다양한 기록을 세웠다. 에런은 홈런 755개로 베이브 루스의 **최다 홈런**을 경신했는데, 이는 여전히 배리 본즈의 762개에 이은 역대 2위 기록이다.

모두 메이저 리그 베이스볼(MLB)의 기록으로, 다른 표기가 없다면 모두 미국인이다.

최장 시간 9이닝 경기

뉴욕 양키즈와 클리블랜드 인디언스가 2020년 9월 30일 와일드카드 시리즈 경기에서 4시간 50분 동안 혈투를 펼쳤고, 양키즈가 10-9로 승리했다. 이들은 2006년 8월 18일 열린 양키즈와 보스턴 레드삭스의 이전 9이닝 최장 시간 경기를 5분 차이로 경신했다.

최장 시간 경기는 1984년 5월 8~9일 열린 시카고 화이트삭스와 밀워키 브루어스의 경기다. 무려 8시간 6분 동안 25이닝이 진행됐고, 화이트삭스가 7-6으로 승리를 거뒀다.

단일 시즌 최소 이닝에서 100 삼진 아웃을 기록한 투수

클리블랜드 인디언스의 셰인 비버는 2020 시즌 62와 1/3이닝 만에 100개의 삼진을 잡아냈다. 그는 2018년 맥스 슈어저가 세운 63이닝 기록을 경신했다. 비버는 2020년 아메리칸 리그에서 사이영상을 수상했다.

포스트시즌 경기에서 가장 많은 삼진을 잡은 팀

탬파베이 레이스의 투수들은 2020년 10월 6일 뉴욕 양키즈를 상대로 열린 아메리칸 리그 디비전 시리즈 2경기에서 상대 타자들을 18번이나 삼진 아웃 시켰다. 타일러 글라스노우가 5이닝 동안 10개를 잡았고, 닉 앤더슨이 4개, 디에고 카스티요(도미니카공화국)와 피터 페어뱅크스가 2개씩 잡아냈다.

포스트시즌에서 가장 많은 삼진을 잡은 투수

(커리어)

로스앤젤레스 다저스의 클레이튼 커쇼는 2008년 이후 포스트시즌에서 207개의 삼진을 잡아냈다. 그는 탬파베이 레이스를 상대로 열린 2020년 월드시리즈 5경기에서 저스틴 벌렌더의 205개를 넘어섰다. 이는 커쇼의 포스트시즌 37번째 경기였다. 다저스는 월드시리즈를 4-2로 제압했고, 커쇼는 자신의 첫 챔피언십을 차지했다.

헨더슨은 왼손으로 던지고 오른손으로 타격하기로 유명하다.

커리어 최다 도루

리키 헨더슨은 1979년과 2003년 사이 1,406개의 베이스를 훔쳐, '맨 오브 스틸(steal)'이라는 별명을 얻었다. 그를 제외하면 MLB 역사상 1,000개를 넘긴 선수는 없다. 헨더슨은 1982년에만 130개의 도루를 기록해 **단일 시즌 최다 기록**을 세웠다. 월드시리즈 챔피언에 2회 등극한 그는 9개의 MLB 팀에서 뛰었으며 **최다 득점**(2,295점)과 **선두 타자 최다 홈런**(81개) 기록도 보유하고 있다.

한 이닝 최다 연속 홈런(팀)

2020년 8월 16일 시카고 화이트삭스는 세인트루이스 카디널스와의 경기에서 4명의 타자가 연속으로 홈런을 때렸다. 요안 몬카다, 야스마니 그랜달, 호세 아브레유(모두 쿠바), 엘로이 히메네즈(도미니카공화국)가 5회에 타구를 담장 밖으로 날려 보냈다. 이들과 같은 기록은 앞서 9번 달성됐다.

한 이닝 최다 홈런(팀)은 5개로 7번 기록됐다. 가장 최근에는 뉴욕 양키즈가 2020년 9월 17일 토론토 블루제이스와의 경기 4회에 기록을 달성했고, 10-7로 승리했다. 타자는 브렛 가드너, DJ 르메이휴, 루크 보이트, 지안카를로 스탠튼, 글레이버 토레스(베네수엘라)로 이들은 모두 블루제이스의 투수 체이스 앤더슨을 상대로 홈런을 쳤다.

포스트시즌 한 이닝 최다 득점

2020년 10월 14일 로스앤젤레스 다저스는 애틀랜타 브레이브스와의 내셔널 리그 챔피언십 시리즈 3경기에서 1회에 11득점을 올렸다. 이들은 2019년 세인트루이스 카디널스, 2002년 애너하임 에인절스, 1968년 디트로이트 타이거스와 1929년 필라델피아 애슬레틱스가 기록한 10득점을 경신했다. 다저스는 이 경기를 15-3으로 승리했다.

최다 3홈런 경기

로스앤젤레스 다저스의 무키 베츠는 2020년 8월 13일 샌디에이고 파드리스를 상대로 자신의 커리어 6번째 3홈런 경기를 기록했다. 그는 자니 마이즈와 새미 소사(도미니카공화국)와 횟수에서 동률이지만 경기 수가 현저히 적다(813경기, 1,884경기, 2,354경기). 베츠는 또 텐핀 볼링의 프로선수이기도 하다.

단일 포스트시즌 최다 홈런

탬파베이 레이스의 란디 아로사레나(쿠바)는 2020년 포스트시즌에 10개의 홈런을 때려 이전 최고 기록을 2개 차이로 경신했다. 그는 아메리칸 리그 챔피언십 시리즈에서 휴스턴 애스트로스를 상대로 4개의 홈런을 때려 MVP에 등극했다. 아로사레나는 레이스가 월드시리즈에 진출하는 과정에 **단일 포스트시즌 최다 안타**도 기록했다(29개).

농구

모두 전미농구협회(NBA)의 기록으로 다른 표시가 없다면 기록 보유자의 국적은 미국이다.

최다 챔피언십 타이틀

로스앤젤레스 레이커스는 2020년 그들의 17번째 NBA 타이틀을 차지하며 보스턴 셀틱스가 1957년부터 2008년에 기록한 우승 숫자와 동률을 이뤘다. 또한 레이커스는 그들이 보유한 **파이널 최다 진출** 기록을 32회로 늘렸다.

플레이오프 데뷔 경기 최다 득점

2020년 8월 17일 댈러스 매버릭스의 루카 돈치치(슬로베니아)는 서부 콘퍼런스 첫 번째 라운드에서 로스앤젤레스 클리퍼스를 상대로 42득점을 올렸다. 돈치치는 70년 이상 깨지지 않던 조지 마이칸의 37점을 경신했다.

한 경기 최다 3점 성공(팀)

2020년 12월 29일 밀워키 벅스는 마이애미 히트와의 경기에서 3점 슛 29개를 꽂아 넣으며 144 대 97 승리를 거뒀다. 12명의 선수가 51번의 슛 시도 끝에 합작한 기록이다. **개인** 기록은 14개로 골든스테이트 워리어스의 클레이 탐슨이 2018년 10월 29일 시카고 불스를 상대로 작성했다.

전반 최다 점수 차

2020년 12월 27일 댈러스 매버릭스가 LA 클리퍼스를 상대로 77 대 27, 50점 차이로 앞서며 2쿼터를 마무리했다. 매버릭스는 124 대 73으로 승리를 거뒀다.

WNBA 최다 챔피언십 타이틀

시애틀 스톰은 2020년 10월 파이널에 톱시드로 진출한 라스베이거스 에이시스를 3 대 0으로 전승하며 그들의 네 번째 WNBA 타이틀을 차지했다. 시애틀은 휴스턴 코메츠와 미네소타 링스와 함께 4회 우승팀 반열에 올랐다.

또한 스톰은 10월 6일 에이시스를 92 대 59로 물리치면서 **WNBA 결승전 최다 점수 차 승리**를 이루어 냈다.(33점)

파이널 MVP를 서로 다른 팀에서 가장 많이 받은 기록

LA 레이커스의 르브론 제임스는 2020년 자신의 네 번째 파이널 MVP를 차지했다. 그는 전에 마이애미 히트(2012년과 2013년)와 클리블랜드 캐벌리어스(2016년)로 뛰며 같은 상을 받았었다. 올스타에 17번이나 선정된 이 선수는 현재 **플레이오프 최다 출전**(260경기), **최장 출장 시간**(1만 811분), **최다 득점**(7,491점) 기록을 보유하고 있다.

최연소 트리플더블

샬럿 호네츠의 라멜로 볼(2001년 8월 22일생)은 2021년 1월 9일 애틀랜타 호크스와의 경기에서 19세 140일의 나이로 22득점, 12리바운드, 11어시스트를 기록하며 팀의 113 대 105 승리를 도왔다. 라멜로의 형 론조가 이전 기록을 2017년 11월부터 2018년 4월까지 보유했었다.

압둘-자바는 NBA **최장 출장 시간**(5만 7,446분)과 **최다 파울**(4,657개) 기록도 보유하고 있다.

커리어 최다 득점

카림 압둘-자바(본명 퍼디낸드 루이스 앨신더 주니어)는 1969년부터 1989년까지 밀워키 벅스와 LA 레이커스 소속으로 뛰며 총 3만 8,387득점을 기록했다. 트레이드마크인 스카이 훅슛(오른쪽 사진)으로 유명한 키 2.18m의 센터인 그는 자유투로 6,712점을 올렸고 **최다 필드골** 성공 기록도 보유하고 있다(15,837개). 이 중 3점 슛은 하나뿐이다.

WNBA 한 경기 최다 어시스트(선수)

시카고 스카이의 코트니 밴더슬룻은 2020년 8월 31일 18개의 어시스트를 뿌리며 인디애나 피버를 상대로 100 대 77 승리를 이끌었다. 그녀는 치샤 페니셰이루가 1998년과 2002년 작성한 단일 경기 기록 16개를 경신했다.

WNBA 커리어 최다 리바운드

실비아 파울즈는 2008년 이후 리그에서 3,400개의 리바운드를 잡아냈다. 키 1.98m의 센터로 시카고 스카이와 미네소타 링스 소속으로 플레이해 2020년 7월 28일 레베카 브런슨의 3,356개를 넘어섰다. 파울즈는 **시즌 최다 기록**도 보유하고 있는데, 404리바운드다. 그녀는 WNBA 올해의 수비수 상을 3회나 수상했다. 리그 역대 최다 기록들은 아래 표에 나와 있다.

커리어 최다 어시스트

포인트가드 존 스탁턴은 1984년부터 2003년까지 유타 재즈 소속으로 1,504경기에 나서 1만 5,806개의 어시스트를 뿌렸다. 여기에는 1990/91 시즌 달성한 한 시즌 최다 기록도 포함돼 있다(1,164개). 스탁턴은 수비에서 **최다 스틸** 기록도 보유 중이다(3,265개). 그는 칼 말론(위 사진 왼쪽)과 엄청난 듀오로 활약했는데, 말론은 **자유투 최다 성공** 기록을 보유하고 있다(9,787개).

WNBA 커리어 기록

최다…	기록	이름	커리어 기간
점수	8,931	다이애나 터라시	2004년-
3점 슛 필드골	1,164	다이애나 터라시	2004년-
자유투	2,125	다이애나 터라시	2004년-
어시스트	2,888	수 버드	2002년-
스틸	1,074	타미카 캐칭	2002~2016년
블록	877	마고 디덱	1998~2008년
경기 출장	519	수 버드	2002년-

아이스하키

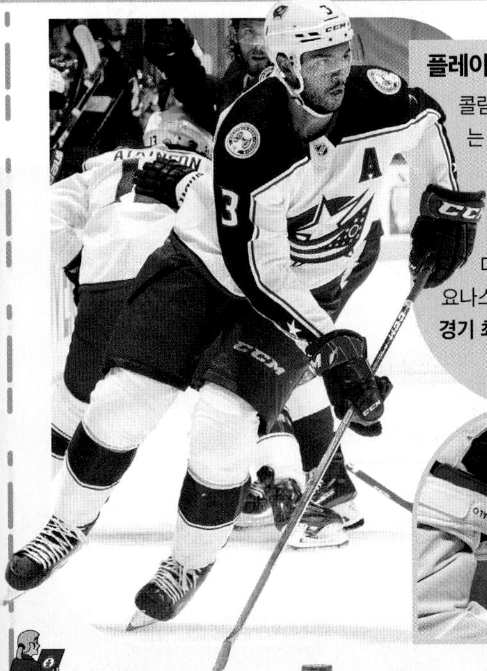

플레이오프 한 경기 최장 시간 출장

콜럼버스 블루 재키츠의 수비수 세스 존스(미국)는 2020년 8월 11일 탬파베이 라이트닝과의 첫 번째 라운드 1경기에서 65분 6초 동안 얼음 위에서 경기를 펼쳤다. 블루 재키츠는 NHL 역사상 네 번째로 긴 5차 연장 끝에 3 대 2로 패했다. 이 마라톤 경기에서 블루 재키츠의 골텐더 요나스 코르피살로(핀란드, 아래 사진)는 **플레이오프 한 경기 최다 세이브**를 기록했다(85개).

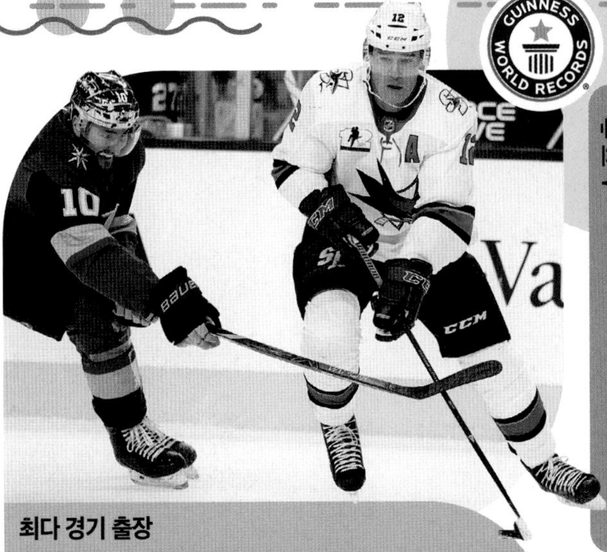

최다 경기 출장

패트릭 말루는 2021년 4월 19일 NHL 자신의 1,768번째 경기에 출전하며 고디 하우의 41년 된 기록을 경신했다. 이는 말루가 리그에서 치른 23번째 시즌으로 그는 새너제이 샤크스, 토론토 메이플 리프스, 피츠버그 펭귄스 소속으로 뛰었다. 그는 1,768번째 경기까지 899회 연속 출장 중이다. 이는 NHL의 현역 철인이 기록한 두 번째로 긴 연속 기록이다.

모두 북아메리카프로아이스하키리그(NHL)의 기록이며 다른 표시가 없다면 기록 보유자의 국적은 캐나다다.

단일 포스트 시즌 최다 승 골텐더

안드레이 바실레브스키(러시아)는 2020년 탬파베이 라이트닝 소속으로 포스트 시즌 18승을 기록하며 스탠리 컵의 영예를 안았다. 그는 그해 도입된 추가 퀄리파잉(예선) 라운드를 포함해 플레이오프 전 경기에 나서, 총 1,708분 12초의 출장 시간을 기록했다.

커리어 최다 히트

더스틴 브라운(미국)은 로스앤젤레스 킹스로 플레이하며 2021년 4월 12일 기준 상대방 선수를 3,526번이나 때렸다. NHL에서 처음으로 꾸준히 이 기록을 남기기 시작한 건 2005/06 시즌이다.

한 경기 최다 히트는 15회로 니키타 자도로프(러시아)가 2018년 3월 22일 기록했다. 그는 콜로라도 애벌랜치 소속으로 경기에 나서 킹스에게 7 대 1로 패하던 중 기록을 작성했다.

슛아웃 최다 득점

시카고 블랙호크스의 조나단 테이스는 2020년 2월 29일 플로리다 팬서스와의 경기에서 자신의 50번째 슛아웃 골을 기록하며 팀의 승리를 도왔다.

최다 슛아웃 결승 골은 23회로 프란스 닐센(덴마크)이 뉴욕 아일랜더스와 디트로이트 레드 윙스로 뛰며 달성했다.

최다 시즌 득점왕

워싱턴 캐피털스의 알렉스 오베츠킨(러시아)은 코로나 단축 시즌인 2019/20 시즌에서 자신의 9번째 리그 득점 선두 기록을 달성했다. 그는 48골을 기록한 보스턴 브루인스의 다비트 파스트르냐크(체코)와 공동 득점왕에 올랐다.

2021년 1월 30일 오베츠킨은 자신의 **정규 시즌 최다 연장전 골**을 24번째로 성공시키며 승리를 결정지었다. 캐피털스는 보스턴 브루인스를 4 대 3으로 꺾었다.

최다 승을 기록한 골텐더

마틴 브루듀어는 1992년 3월 26일부터 2015년 1월 2일까지 뉴저지 데블스와 세인트루이스 블루스에서 691승을 기록했다. NHL에서 22시즌, 이 중 데블스 소속으로 21년을 뛴 브루듀어는 스탠리 컵에서 3회 우승했고 **최다 골텐딩 출전**(1,266회)과 **최다 슛아웃***(125회) 기록도 가지고 있다. 또 그는 골텐더 중 가장 많은 리그 3골을 넣기도 했다.

*축구의 승부차기

최다…

연속 경기 출전: 964경기, 더그 저비스가 1975년 10월 8일~1987년 10월 10일 기록.

최다 팀 소속: 12팀, 마이크 실린저가 1990년~2009년 기록.

페널티 시간: 3,971분, 데이브 '타이거' 윌리엄스가 1974년~1988년, 962경기에서 기록.

연장전 포인트: 37, 파트리크 엘리아시(체코)가 뉴저지 데빌스 소속으로 1995년~2016년에 기록.

유효 슛: 6,206회, 레이 보크가 보스턴 브루인스 소속으로 1979년~ 2001년에 기록.

스탠리 컵 최다 우승 선수: 11회, 헨리 리처드가 몬트리올 캐나디언스 소속으로 1956년~1973년에 달성.

경기 감독: 2,141경기, 스코티 보먼이 1967년~2002년에 기록.

레이디 빙 트로피 수상: 7회, 프랭크 부셰가 1928년부터 1935년 사이 기록. 레이디 빙 트로피는 매 시즌 스포츠맨십이 가장 좋은 선수에게 준다.

최다 골

웨인 그레츠키는 1979년부터 1999년 사이 에드먼턴 오일러스, 로스앤젤레스 킹스, 세인트루이스 블루스, 뉴욕 레인저스로 뛰며 894회 득점했다. 그레츠키만큼 자신의 종목에서 많은 통계를 지배한 선수는 흔치 않다. 또한 그는 **최다 해트트릭**(50), **최다 어시스트**(1,963), **최다 포인트**(2,857)를 기록했다. 이 '위대한 자'는 1985/86 시즌에 오일러스 팀에서 **단일 시즌 최다 득점**(215점)을 기록했다. 그 외에 NHL에서 200득점을 올린 선수는 아무도 없지만, 그레츠키는 4번이나 달성했다.

축구

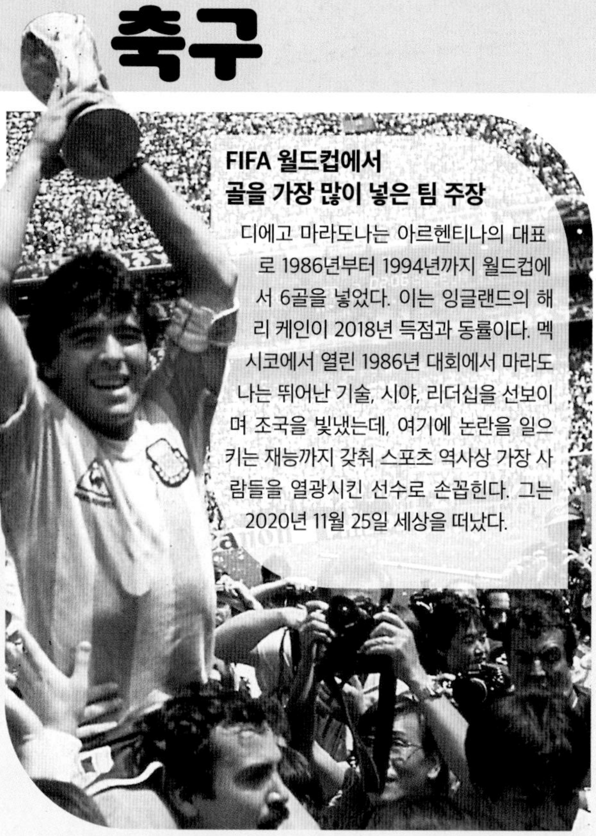

FIFA 월드컵에서 골을 가장 많이 넣은 팀 주장

디에고 마라도나는 아르헨티나의 대표로 1986년부터 1994년까지 월드컵에서 6골을 넣었다. 이는 잉글랜드의 해리 케인이 2018년 득점과 동률이다. 멕시코에서 열린 1986년 대회에서 마라도나는 뛰어난 기술, 시야, 리더십을 선보이며 조국을 빛냈는데, 여기에 논란을 일으키는 재능까지 갖춰 스포츠 역사상 가장 사람들을 열광시킨 선수로 손꼽힌다. 그는 2020년 11월 25일 세상을 떠났다.

UEFA 챔피언스리그 최다 연승

바이에른 뮌헨(독일)은 2019년 9월 18일부터 2020년 11월 25일 사이 챔피언스리그 15경기를 연속으로 승리했다. 이들은 2019/20 대회 한 시즌의 전 경기에서 승리하며 타이틀을 차지했다. 이들의 연승 기록은 2020년 12월 1일 아틀레티코 마드리드와 1-1로 비기며 마무리됐다. 바이에른에 관한 더 많은 기록이 오른쪽에 나온다.

UEFA 챔피언스리그 최다 연속 시즌 득점

바르셀로나의 리오넬 메시(아르헨티나)는 2020년 10월 20일 페렌츠바로시를 상대로 페널티킥을 넣어 챔피언스리그에서 16시즌 연속 득점을 기록했다. 레알 마드리드의 카림 벤제마(프랑스)는 2020년 10월 27일 보루시아 묀헨글라트바흐를 상대로 골을 넣으며 메시의 기록과 동률을 이뤘다.

벤제마는 이 대회에서 통산 70골을 넣었고, 메시는 120골을 기록했다. 이 아르헨티나 선수의 기록은 자신의 가장 큰 라이벌인 크리스티아누 호날두(포르투갈)가 달성한 **UEFA 챔피언스리그 최다 골**, 176경기 134골에 뒤져 있다. 호날두와 메시는 대회 **최다 해트트릭** 기록을 공유하고 있다(8회).

UEFA 챔피언스리그 최연소 출전

보루시아 도르트문트 소속의 유수파 무코코(독일, 2004년 11월 20일 카메룬 출생)는 2020년 12월 8일 제니트 상트페테르부르크와의 경기에 16세 18일의 나이로 출장했다. 10일 뒤, 무코코는 16세 28일의 나이에 우니온 베를린을 상대로 **분데스리가 최연소 득점자**로 등극하며, 홈 팬들을 열광시켰다.

국가 최고 여자 리그 최다 연속 우승

보스니아 헤르체고비나의 SFK 2000 사라예보는 2002/03 시즌부터 2019/20시즌 사이 여자 프리미어 리그에서 18회 연속 우승을 달성했다. 이들의 가장 최근 타이틀은 코로나-19로 인한 단축 시즌이 마무리 된 2020년 6월 1일 결정됐는데, 이로써 페로의 KI 클락스비크 크비누르가 2000년부터 2016년 세운 기록을 경신했다.

남자 기록은 남태평양의 섬나라 바누아투의 타페아 FC가 보유하고 있다. 이들은 포트빌라 축구 리그의 첫 15 시즌에서 우승을 차지했다. 1994~2007년 그리고 2008/09 시즌이다.

세리에 A 최다 출전

잔루이지 부폰(이탈리아)은 1995년 11월 19일부터 2021년 4월 21일 사이 이탈리아 최고 리그에서 656경기에 출장했다. 이 월드컵 우승 골키퍼는 2019년 세리에 A로 돌아와 2020년 7월 4일 자신의 648번째 리그 경기에 출전하며 파올로 말디니의 기록을 경신했다. 부폰은 또 유벤투스 소속으로 자신의 10번째 스쿠데토를 차지하며 **이탈리아 최고 리그에서 가장 많은 우승을 기록한 선수**가 됐다.

CAF 챔피언스리그 최다 우승

이집트의 알 아흘리는 2020년 11월 27일 같은 이집트의 자말렉을 2-1로 꺾고 그들의 9번째 아프리카축구연맹(CAF) 챔피언스리그 타이틀을 차지했다. 모하메드 막디가 86분 결승 골을 넣으며 단판 승부에서 승리를 거뒀다. 1964년 챔피언 클럽들의 아프리칸 컵으로 시작한 CAF 챔피언스리그는 매년 아프리카 대륙 최고의 클럽들이 출전한다.

2020년 9월 알 아흘리는 그들이 보유한 이집트 **최고 리그 최다 타이틀** 획득을 42회로 늘렸지만, 스코틀랜드의 레인저스에 여전히 13회 뒤져있다(아래 참조).

국가 최고 리그 최다 우승

레인저스가 2021년 3월 7일 10년 만에 우승하며, 그들의 55번째 스코틀랜드 최고 리그 타이틀을 차지했다. 이는 스코틀랜드 리그가 시작된 이래, 시즌 가장 이른 시기에 우승이 결정된 사례다. 레인저스는 같은 날 북아일랜드 리그에서 우승을 차지한 린필드 보다 챔피언십을 1회 더 많이 기록했다.

AFC 챔피언스리그 최다 골

스트라이커 이동국(대한민국)은 2010년부터 2019년까지 아시아축구연맹 챔피언스리그에서 대한민국의 전북 현대모터스 소속으로 37골을 넣었다.

국가대표 경기에서 골을 가장 많이 넣은 수비수(남자)

스페인의 세르히오 라모스는 2005년 10월 12일부터 2020년 9월 6일 사이 득점을 23차례나 했다. 이 센터백은 2020 UEFA 네이션스리그에서 우크라이나를 상대로 2골을 넣으며 22골을 기록한 아르헨티나의 다니엘 파사렐라를 넘어섰다. 2018~2019년 라모스는 9번의 국제경기에서 8골이나 넣었다.

UEFA 여자 챔피언스리그 최다 타이틀

프랑스의 올림피크 리옹 여자팀은 2020년 8월 30일 열린 결승전에서 VfL 볼프스부르크를 3-1로 꺾고 그들의 7번째 챔피언스리그 왕좌에 올랐다. 리옹의 선수 유지니 르 서머, 웬디 르나르, 사라 부하디(모두 프랑스, 삽입된 사진 왼쪽부터)는 7번의 결승전에 모두 출전하는 엄청난 **개인** 기록을 달성했다. 이들은 레알 마드리드의 프란시스코 헨토가 1956년부터 1966년 사이 세운 **남자** 기록인 6회를 경신했다.

내셔널 여자 축구 리그(NWSL) 최연소 데뷔전 득점

워싱턴 스피릿의 트리니티 로드먼(미국, 2002년 5월 20일생)은 2021년 4월 10일 18세 325일의 나이로 골을 넣었다. 농구계의 전설 데니스의 딸인 로드먼은 경기에 출전한 지 5분 만에 골망을 흔들었다.

NWSL 최연소 득점 선수는 엘리 카펜터(호주, 2000년 4월 28일생)로 2018년 5월 19일 18세 21일의 나이로 골을 넣었다.

라리가 최연소 출전 선수

RCD 마요르카의 루카 로메로(아르헨티나, 2004년 11월 18일생)는 2020년 6월 24일 리그 경기에 15세 219일의 나이로 출전해 무승부를 기록했다.

프랑스 최고 리그에서 최연소 100골을 기록한 선수

파리생제르맹의 킬리안 음바페(프랑스, 1998년 12월 20일생)는 2021년 3월 21일 22세 91일의 나이로 리옹과의 경기에서 2골을 넣으며 리그앙 100골을 달성했다. 이는 생테티엔의 에르베 레벨리가 1969년에 달성한 기록보다 1년 이상 빠르다. 음바페는 2017년 파리로 이적하기 전에 모나코에서 리그 16골을 기록했다.

세리에 A 최단 시간 골

AC 밀란의 하파엘 레앙이 2020년 12월 20일 이탈리아 레조넬에밀리아 마페이 스타디움에서 열린 사수올로와의 경기에서 단 6초76 만에 득점을 올렸다. 이는 소위 '빅 5' 유럽 리그에서 나온 최단 시간 골이다.

- **잉글리시 프리미어 리그(EPL):** 7초69, 사우샘프턴의 셰인 롱(아일랜드)이 2019년 4월 23일 기록.
- **라리가:** 7초8, 레알 바야돌리드의 호세바 요렌테(스페인)가 2008년 1월 20일 에스파뇰을 상대로 득점.
- **리그앙:** 8초, 캉의 미셸 리오(프랑스)가 1992년 2월 15일 칸을 상대로 기록.
- **분데스리가:** 9초, 바이어 04 레버쿠젠의 카림 벨라라비(독일)가 2014년 8월 23일 보루시아 도르트문트를 상대로 득점. 호펜하임의 케빈 폴란드(독일)가 2015년 8월 22일 바이에른 뮌헨을 상대로 기록.

EPL 골든 부트 최고령 수상자

제이미 바디(영국, 1987년 1월 11일생)는 EPL 2019/20 시즌에 23골을 넣고 득점왕에 올라 2020년 7월 26일 33세 197일의 나이로 골든 부트 트로피를 수상했다.

분데스리가 최다 타이틀 획득(개인)

2021년 5월 8일 바이에른 뮌헨의 다비드 알라바(오스트리아)와 토마스 뮐러(독일)는 그들의 현재 혹은 이전 동료들보다 1회 이상 많은 10번의 타이틀을 획득했다. 이 팀은 2012/13 시즌부터 **최다 연속 분데스리가 우승**을 기록하고 있다(9회).

에레디비지에 경기 최다 점수 차 승리

2020년 10월 24일 네덜란드의 거인 AFC 아약스가 VVV 펜로와의 리그 경기에서 0-13으로 승리를 거뒀다. 라시나 트라오레가 5골을 넣었다.

FA 여자 슈퍼리그 최다 골

아스널의 피비아너 미데마(네덜란드)는 잉글랜드 여자 축구 최고 리그에서 59골을 기록했다. 그녀는 2020년 10월 18일 지역 라이벌 토트넘을 상대로 해트트릭을 기록하며 니키타 파리스의 역대 기록을 경신했다. 미데마의 전체 골에는, 2018/19에 달성한 **한 시즌 최다 골** 기록이 포함돼 있다(22골). 그녀는 2019년 12월 1일 브리스톨 시티를 상대로 **한 경기 최다 골**인 6골을 넣으며 아스널의 11-1 완승을 이끌었다(사진).

미데마는 2011년 겨우 15세의 나이로 네덜란드 여자 축구 리그에서 데뷔전을 치렀다.

육상

5,000m 최고 기록(남자)

조슈아 셉테게이(우간다)가 2020년 8월 14일 모나코 스타드 루이 II에서 5,000m를 12분 35초36의 기록으로 주파했다. 이는 셉테게이가 2020년에 박살 낸, 오랫동안 깨지지 않던 케네니사 베켈레의 2가지 기록 중 하나다. 그는 10월 7일 10,000m 최고 기록을 26분 11초로 경신했는데, 이전 최고 기록보다 6초나 빠르다.

실외 트랙 대회

남자	시간/거리	이름	장소	날짜
100m	9.58	우사인 볼트(자메이카)	독일 베를린	2009년 8월 16일
200m	19.19	우사인 볼트(자메이카)	독일 베를린	2009년 8월 20일
400m	43.03	웨이드 반 니커크(남아공)	브라질 리우데자네이루	2016년 8월 14일
800m	1:40.91	다비드 레쿠타 루디샤(케냐)	영국 런던	2012년 8월 9일
1,000m	2:11.96	노아 응게니(케냐)	이탈리아 리에티	1999년 9월 5일
1,500m	3:26.00	히샴 엘 게루지(모로코)	이탈리아 로마	1998년 7월 14일
1마일	3:43.13	히샴 엘 게루지(모로코)	이탈리아 로마	1999년 7월 7일
2,000 m	4:44.79	히샴 엘 게루지(모로코)	독일 베를린	1999년 9월 7일
3,000 m	7:20.67	다니엘 코멘(케냐)	이탈리아 리에티	1996년 9월 1일
5,000 m	12:35.36	조슈아 셉테게이(우간다)	모나코 퐁비에유	2020년 8월 14일
10,000 m	26:11.00	조슈아 셉테게이(우간다)	스페인 발렌시아	2020년 10월 7일
20,000 m	56:26.00	하일레 게브르셀라시에(에티오피아)	체코 오스트라바	2007년 6월 27일
1시간	21,330m	모하메드 파라(영국)	벨기에 브뤼셀	2020년 9월 4일
25,000 m	1:12:25.40	모세스 모소프(케냐)	미국 유진	2011년 6월 3일
30,000 m	1:26:47.40	모세스 모소프(케냐)	미국 유진	2011년 6월 3일
3,000m 장애물 경주	7:53.63	사이프 사에드 샤힌(카타르)	벨기에 브뤼셀	2004년 9월 3일
110m 허들	12.80	애리스 메리트(미국)	벨기에 브뤼셀	2012년 9월 7일
400m 허들	46.78	케빈 영(미국)	스페인 바르셀로나	1992년 8월 6일
4 × 100m 릴레이	36.84	자메이카 (네스타 카터, 마이클 프레이터, 요한 블레이크, 우사인 볼트)	영국 런던	2012년 8월 11일
4 × 200m 릴레이	1:18.63	자메이카 (니켈 애쉬미드, 워렌 위어, 저메인 브라운, 요한 블레이크)	바하마 나소	2014년 5월 24일
4 × 400m 릴레이	2:54.29	미국 (앤드루 발몽, 퀸시 와츠, 버치 레이놀즈, 마이클 존슨)	독일 슈투트가르트	1993년 8월 22일
4 × 800m 릴레이	7:02.43	케냐(조셉 무투아, 윌리엄 이암포이, 이스마엘 콤비치, 윌프레드 번게이)	벨기에 브뤼셀	2006년 8월 25일
4 × 1500m 릴레이	14:22.22	케냐(콜린스 체보이, 실라스 키플라갓, 제임스 킵라갓 마것, 아스벨 키프롭)	바하나 나소	2014년 5월 25일

1시간 동안 최장거리 달리기(남자)

모하메드 파라(영국, 소말리아 출생)는 2020년 9월 4일 37세의 나이로 자신의 첫 실외 트랙 세계 신기록을 작성했는데, 60분 동안 하프 마라톤보다 긴 2만 1,330m를 달렸다. 이 흔치 않은 육상 경기는 벨기에 브뤼셀에서 열린 다이아몬드 리그에 무대가 마련됐다. 트랙사이드의 LED 불빛이 선수들이 세계 신기록 페이스를 가늠할 수 있도록 도왔다.

여자	시간/거리	이름	장소	날짜
100m	10.49	플로렌스 그리피스 조이너(미국)	미국 인디애나폴리스	1988년 7월 16일
200m	21.34	플로렌스 그리피스 조이너(미국)	대한민국 서울	1988년 9월 29일
400m	47.60	마리타 코흐(동독)	호수 캔버라	1985년 10월 6일
800m	1:53.28	자밀라 크라토치빌로바(체코슬로바키아)	독일 뮌헨	1983년 7월 26일
1,000m	2:28.98	스베틀라나 마스테르코바(러시아)	벨기에 브뤼셀	1996년 8월 23일
1,500m	3:50.07	젠제베 디바바(에티오피아)	모나코 퐁비에유	2015년 7월 17일
1마일	4:12.33	시판 하산(네덜란드)	모나코 퐁비에유	2019년 7월 12일
2,000m	5:23.75 (i)	젠제베 디바바(에티오피아)	스페인 사바델	2017년 2월 7일
3,000m	8:06.11	왕 쥔샤(중국)	중국 베이징	1993년 9월 13일
5,000m	14:06.62	레테센벳 지데이(에티오피아)	스페인 발렌시아	2020년 10월 7일
10,000m	29:17.45	알마즈 아야나(에티오피아)	브라질 리우데자네이루	2016년 8월 12일
20,000m	1:05:26.60	테그라 로로우페(케냐)	독일 보르크홀츠하우젠	2000년 9월 3일
1시간	18,930m	시판 하산(네덜란드)	벨기에 브뤼셀	2020년 9월 4일
25,000m	1:27:05.90	테그라 로로우페(케냐)	독일 멍게르슈키르헨	2002년 9월 21일
30,000m	1:45:50.00	테그라 로로우페(케냐)	독일 바르슈타인	2003년 6월 6일
3,000m 장애물 경주	8:44.32	베아트리체 켑코에치(케냐)	모나코 퐁비에유	2018년 7월 20일
100m 허들	12.20	켄드라 해리슨(미국)	영국 런던	2016년 7월 22일
400m 허들	52.16	달릴라 무하마드(미국)	카타르 도하	2019년 10월 4일
4 × 100m 릴레이	40.82	미국 (티아나 메디슨, 앨리슨 펠릭스, 비안카 나이트, 카멜리타 지터)	영국 런던	2012년 8월 10일
4 × 200m 릴레이	1:27.46	미국 '블루'(라타샤 젠킨스, 라타샤 콜랜더-리처드슨, 낸신 페리, 매리언 존스)	미국 필라델피아	2000년 4월 29일
4 × 400m 릴레이	3:15.17	구소련(타티아나 레도프스카야, 올가 나자로바, 마리아 피니기나, 올가 브리지나)	대한민국 서울	1988년 10월 1일
4 × 800m 릴레이	7:50.17	구소련(나데즈다 올리자렌코, 루보프 구리나, 루드밀라 보리소바, 이리나 포디아로프스카야)	러시아 모스크바	1984년 8월 5일
4 × 1500m 릴레이	16:27.02	나이키/바우어만 트랙 클럽(콜린 퀴글리, 엘리스 크래니, 카리사 슈바이처, 셸비 훌리한, 모두 미국)	미국 포틀랜드	2020년 7월 31일

모든 국적은 기록을 세운 날 기준

(i)실내 기록

세계육상(전 IAAF)은 1998년부터 '지붕이 있는 혹은 없는 시설'에서 세계기록을 세울 수 있도록 규정했는데, 이 말은 실내에서 달성된 높이와 거리 기록도 특정 조건을 충족하면 실외 기록으로 인정될 수도 있다는 의미다. 예를 들어, 트랙만 기울어지지 않았으면 된다.

1시간 동안 최장거리 달리기(여자)

시판 하산(네덜란드, 에티오피아 출생)은 2020년 9월 4일 브뤼셀에서 60분 동안 1만 8,930m를 달렸다. 레이스를 1분 남겨 놓고 그녀는 브리짓 코스게이(위 사진 왼쪽)를 완전히 제쳤고, 코스게이는 나중에 트랙을 이탈하며 실격됐다. 하산은 2019년 1,500m와 1,000m에서 세계 정상에 올랐으며, 3개 대회에서 세계 기록을 작성했다.

도로 경기

남자	시간/거리	이름	장소	날짜
5km	12:51	조슈아 셉터게이(우간다)	모나코	2020년 2월 16일
10km	26:24	로넥스 키프루토(케냐)	스페인 발렌시아	2020년 1월 12일
하프마라톤	57:32	키비웟 칸디에(케냐)	스페인 발렌시아	2020년 12월 6일
마라톤	2:01:39	엘리우드 킵초게(케냐)	독일 베를린	2018년 9월 16일
100km	6:09:14	카자미 나오(일본)	일본 사로마호	2018년 6월 24일
로드 릴레이	1:57:06	케냐 (조세팟 응당비리, 마틴 마타시, 대니얼 무추누 망기, 메쿠보 모구수, 오네스무스 네레레, 존 카리우키)	일본 치바현	2005년 11월 23일

여자	시간/거리	이름	장소	날짜
5km	14:44 (Wo)	시판 하산(네덜란드)	모나코	2019년 2월 17일
	14:43 (Mx)	베아트리체 켑코에치(케냐)	모나코	2021년 2월 14일
10km	30:29 (Wo)	아스마에 레그자우이(모로코)	미국 뉴욕	2002년 6월 8일
	29:43 (Mx)	조이실린 젭코스게이(케냐)	체코 프라하	2017년 9월 9일
하프마라톤	1:05:16 (Wo)*	페레스 쳅치르치르(케냐)	폴란드 그디니아	2020년 10월 17일
	1:04:02 (Mx)*	루스 체픈게티치(케냐)	터키 이스탄불	2021년 4월 4일
마라톤	2:17:01 (Wo)	마리 케이타니(케냐)	영국 런던	2017년 4월 23일
	2:14:04 (Mx)	브리짓 코스게이(케냐)	미국 시카고	2019년 10월 13일
100km	6:33:11	아베 도모에(일본)	일본 사로마호	2000년 6월 25일
로드 릴레이	2:11:41	중국 (지앙 보, 동 얀메이, 자오 펭팅, 마 자이지에, 란 리신, 리 나)	중국 베이징	1998년 2월 28일

하프마라톤 최고 기록 (여자, 혼성)*

루스 체픈게티치(케냐)는 2021년 4월 4일 터키에서 열린 N 코레이 이스탄불 하프마라톤 대회에서 1시간 4분 2초의 기록으로 우승했다. 세계 육상은 여자 도로 경기의 기록을 '여자(Wo)'와 '혼성(Mx)' 카테고리로 나누는데, 후자는 남자 선수들과 함께 달리며 경쟁하기 때문에 유리한 점이 있다.

경보 50km 최고 기록(여자)

리우 홍(중국)은 2019년 3월 9일 중국 경보 그랑프리에서 3시간 59분 15초의 기록으로 결승선을 통과하며 50km 경보에서 4시간 벽을 무너뜨린 최초의 여자 선수가 됐다. 그녀는 20km 기록도 6년 동안 보유하고 있었으나, 양 지아유가 2021년 3월 20일 경신했다.

경보

남자	시간/거리	이름	장소	날짜
20,000m	1:17:25.6	베르나르도 세구라(멕시코)	노르웨이 베르겐	1994년 5월 7일
20km(도로)	1:16:36	스즈키 유스케(일본)	일본 노미	2015년 3월 15일
30,000m	2:01:44.1	마우리치오 다밀라노(이탈리아)	이탈리아 쿠네오	1992년 10월 3일
50,000m	3:35:27.2	요한 디니츠(프랑스)	프랑스 랭스	2011년 3월 12일
50km(도로)	3:32:33	요한 디니츠(프랑스)	스위스 취리히	2014년 8월 15일

여자	시간/거리	이름	장소	날짜
10,000m	41:56.23	나데즈다 리아스키나(구소련)	미국 시애틀	1990년 7월 24일
20,000m	1:26:52.3	올림피아다 이바노바(러시아)	호주 브리즈번	2001년 9월 6일
20km(도로)	1:23:49*	양 지아유(중국)	중국 황산	2021년 3월 20일
50km(도로)	3:59:15	리우 홍(중국)	중국 황산	2019년 3월 9일

*세계 육상 인증 대기 중

실외 필드 경기

남자	거리/점수	이름	장소	날짜
높이뛰기	2.45m	하비에르 소토마요르(쿠바)	스페인 살라망카	1993년 7월 27일
장대높이뛰기	6.18m	아르만드 두플란티스(스웨덴)	영국 글래스고	2020년 2월 15일
멀리뛰기	8.95m	마이크 파월(미국)	일본 도쿄	1991년 8월 30일
세단뛰기	18.29m	조나단 에드워즈(영국)	스웨덴 예테보리	1995년 8월 7일
포환던지기	23.12m	랜디 반스(미국)	미국 로스앤젤레스	1990년 5월 20일
원반던지기	74.08m	위르겐 슐트(동독)	독일 노이브란덴부르크	1986년 6월 6일
해머던지기	86.74m	유리 세디흐(구소련)	독일 슈투트가르트	1986년 8월 30일
투창	98.48m	얀 젤레즈니(체코)	독일 예나	1996년 5월 25일
10종 경기†	9,126점	케빈 마이어(프랑스)	프랑스 탈랑스	2018년 9월 15~16일

†100m 10초55, 멀리뛰기 7.80m, 포환던지기 16.00m, 높이뛰기 2.05m, 400m 48초42, 110m 허들 13초75, 원반던지기 50.54m, 장대높이뛰기 5.45m, 투창 71.90m, 1,500m 4분 36초11

여자	거리/점수	이름	장소	날짜
높이뛰기	2.09m	스테프카 코스타디노바(불가리아)	이탈리아 로마	1987년 8월 30일
장대높이뛰기	5.06m	옐레나 이신바예바(러시아)	스위스 취리히	2009년 8월 28일
멀리뛰기	7.52m	갈리나 치스티야코바(구소련)	구소련 레닌그라드	1988년 6월 11일
세단뛰기	15.50m	이네사 크라베츠(우크라이나)	스웨덴 예테보리	1995년 8월 10일
포환던지기	22.63m	나탈리야 리소프스카야(구소련)	구소련 모스크바	1987년 6월 7일
원반던지기	76.80m	가브리엘레 라인슈(동독)	독일 노이브란덴부르크	1988년 7월 9일
해머던지기	82.98m	아니타 브워다르치크(폴란드)	폴란드 바르샤바	2016년 8월 28일
투창	72.28m	바르보라 슈포타코바(체코)	독일 슈투트가르트	2008년 9월 13일
7종 경기††	7,291점	재키 조이너 커시(미국)	대한민국 서울	1988년 9월 23~24일

††100m 허들 12초69, 높이뛰기 1.86m, 포환던지기 15.80m, 200m 22초56, 멀리뛰기 7.27m, 투창 45.66m, 800m 2분 8초51

10종 경기†††	8,358점	아우스트라 스쿠이테(리투아니아)	미국 컬럼비아	2005년 4월 14~15일

†††100m 12초49, 멀리뛰기 6.12m, 포환던지기 16.42m, 높이뛰기 1.78m, 400m 57초19, 100m 허들 14초22, 원반던지기 46.19m, 장대높이뛰기 3.10m, 투창 48.78m, 1,500m 5분 15초86

장대높이뛰기 최고 기록

아르망 뒤플랑티스(스웨덴, 미국 출생)는 2020년 2월 15일 영국 글래스고에서 열린 뮐러 실내 그랑프리의 장대높이뛰기 종목에서 6.18m 높이에 설치된 바를 넘었다. 이는 '만도(멋진, 대단한)'로 불리는 이 선수가 대회에서 일주일 동안 6년간 깨지지 않던 이전 세계기록을 두 번째로 경신한 기록이다. 216~217쪽에 더 많은 기록이 나온다.

장애인 스포츠

장애인 조정 2,000m 싱글 스컬 최고 기록(PR1)

로만 폴리안스키(우크라이나)는 2019년 9월 1일 오스트리아 린츠-오텐스하임에서 열린 세계 조정선수권대회의 PR1 남자 싱글 스컬 종목 결승에서 9분 12초99의 기록으로 우승을 차지했다. 폴리안스키(2020년 사진)는 이전 최고 세계기록을 4초나 앞당겼다. 그는 원래 장애인 카누선수였지만, 2013년 노를 바꿔 들었다.

패럴림픽 멀리뛰기에서 획득한 메달 2개 외에도, 그는 4×100m 계주에서도 금메달을 받았다.

멀리뛰기 최장거리 기록

'블레이드 점퍼' 마르쿠스 렘(독일)은 2018년 8월 25일 독일 베를린에서 열린 세계 장애인 육상경기 유럽선수권대회에서 8.48m를 기록했다. 이는 이전 2번의 올림픽 우승 기록보다 먼 거리다. 웨이크보드를 타다가 사고를 당해 오른쪽 다리 아랫부분을 잃은 렘은 탄소섬유로 된 의족을 사용한다.

세계 마라톤 메이저 대회 최초의 그랜드슬램

휠체어 레이서 마누엘라 셰어(스위스)는 2018년 9월 16일부터 2019년 4월 28일까지 베를린, 시카고, 뉴욕시, 도쿄, 보스턴, 그리고 런던(사진)에서 열린 세계 메이저 마라톤 시리즈 XII에서 모두 우승을 차지했다. 그녀는 2019년 11월 17일 일본 오이타시에서 1시간 35분 42초로 **휠체어 마라톤 최고 기록**(T54, 여성)도 작성했다.

올림픽에 출전한 첫 장애인 운동선수

미국 체조선수 게오르게 아이저(독일 출생)는 미국 미주리주 세인트루이스에서 열린 1904년 올림픽에서 오른쪽 다리에 나무 의족을 착용하고 출전했다. 10월 28일 그는 줄타기, 손짚고 뛰어넘기, 평행봉 종목을 포함해 하루에 6개의 메달을 획득했다.

패럴림픽의 움직임은 1948년 7월 29일에 시작됐는데, 휠체어 양궁이 런던 올림픽의 개막 종목 중 하나로 펼쳐졌다. 첫 패럴림픽 대회는 1960년 9월 18~25일 이탈리아 로마에서 열렸다. **올림픽에 출전한 첫 패럴림픽 선수**는 네롤리 페어홀(뉴질랜드)이다. 그녀는 2회의 하계 패럴림픽(1972년과 1980년)에 참가한 뒤 1984년 올림픽 여자 양궁 개인전에 참가할 조건을 갖췄다.

최초의 올림픽과 패럴림픽 메달리스트

1991년 올림픽 펜싱 동메달리스트인 팔 세케레시(헝가리)가 버스 사고로 다쳤다. 그는 휠체어 펜싱으로 종목을 바꿔 1992년부터 2008년까지 헝가리 대표로 5번의 패럴림픽에 참가해, 금메달 3개와 동메달 3개를 목에 걸었다.

패럴림픽 최다 메달

수영선수인 트리스차 존(미국)은 1980년부터 2004년 사이 하계 패럴림픽 대회에서 55개의 메달을 획득했다. 태어날 때부터 시각이 온전하지 않았던 존은 동메달 5개, 은메달 9개, 금메달 41개로 **패럴림픽 최다 금메달**도 기록했다.

패럴림픽 최다 메달(남성)은 34개로 하인츠 프라이(스위스)가 1984~2016년 사이 달성했다. 그의 합계 기록에는 15개의 금메달이 포함돼 있다. 프라이는 하계 패럴림픽의 육상경기와 로드 사이클링 종목에 출전했으며, 동계 패럴림픽에도 출전해 크로스컨트리 스키에서 8개의 메달을 획득했다.

휠체어 마라톤 최고 기록(T54, 남성)

하인츠 프라이가 1999년 10월 31일 일본 오이타시에서 열린 오이타 국제 휠체어 마라톤 대회에서 1시간 20분 14초의 기록을 세웠다. 이는 기록이 인정되는 코스에서 작성된 휠체어 마라톤 남자 최고 기록이다. 마르셀 허그는 2017 보스턴 마라톤 대회에서 1시간 18분 4초의 기록으로 우승을 차지했지만, 이 코스는 출발점과 결승선 사이의 거리와 고도 편차로 인해 기록을 인정받지 못한다. 대니얼 로만후크는 2020년 10월 22일 뉴욕시에서 가상 마라톤을 겨우 1시간 13분 57초 만에 완주했다. 그는 미국 일리노이주 중부를 지나는 코스에서 홀로 달렸다.

장애인 사이클링 남자 200m 타임 트라이얼 최고 기록(C1)

리카르도 텐 아르힐레스(스페인)는 2020년 1월 31일 캐나다 온타리오주 밀턴에서 열린 장애인 사이클링 트랙 세계선수권대회에서 200m를 12초325의 기록으로 주파했다. 패럴림픽 수영에서 3회나 금메달을 딴 텐 아르힐레스는 2017년에서야 트랙 사이클을 시작했다. 그는 어린 시절 사고로 양팔과 한쪽 다리의 무릎 아래를 잃었다.

리카르도 텐 아르힐레스는 2019년 스페인의 로얄 오더 오브 스포츠 메리트(국가 훈장) 금메달을 수상했다.

장애인 사이클링 1시간 최장거리 이동(C5, 여성)
사라 스토리(영국)는 2015년 2월 28일 영국 런던에서 사이클로 60분 만에 45.502km를 이동했다. 그녀는 무제한 UCI 여자 시간 기록에 겨우 563m가 모자랐다. 2020년 기준 스토리는 수영과 사이클(로드 및 트랙) 종목에서 세계 타이틀 38회를 차지했고, 패럴림픽에서 14개의 금메달을 획득했다.

여자 휠체어 농구 세계 선수권 최다 우승
캐나다는 여자 휠체어 농구에서 세계 챔피언에 5회 등극했다. 이들은 1994년, 1998년, 2002년, 2006년, 2014년에 우승했다. **남자** 기록은 6회로 미국이 달성했다.

휠체어 럭비 세계 선수권 최다 우승
높은 수준의 신체 접촉으로 인해 원래 '살인구'라고 알려진 휠체어 럭비는 사지가 불편한 운동선수들이 혼합 팀으로 경쟁한다. 미국은 세계 선수권을 1995년, 1998년, 2006년, 2010년에 4회 차지했다.

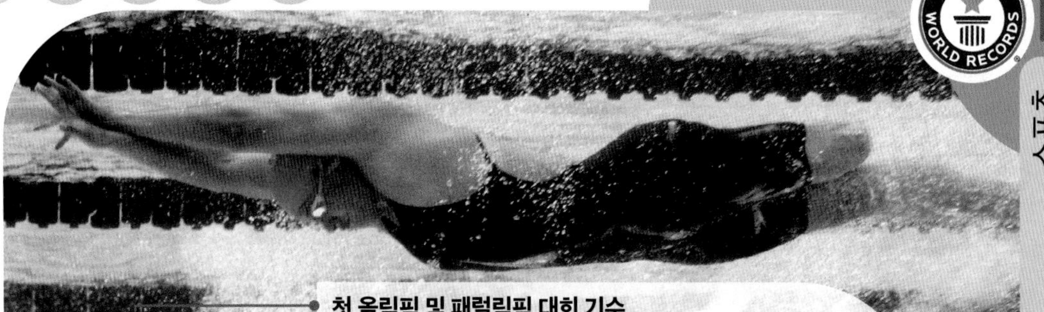

첫 올림픽 및 패럴림픽 대회 기수
나탈리 뒤 투아(남아공)는 2001년 2월 스쿠터 사고로 17세의 나이에 왼쪽 다리 아래쪽을 잃었다. 놀랍게도 그녀는 단 18개월 후 풀장으로 돌아와 영연방 경기대회에 출전 자격을 얻었다. 뒤 투아는 중국 베이징에서 열린 2008 패럴림픽에서 금메달 5개를 획득했고 2008년 올림픽의 10km 바다 수영 출전 자격을 얻었다. 그녀는 이 2개 대회 모두에서 남아프리카공화국의 기수를 맡았다.

장애인 역도

남자	기록	이름	장소	날짜
-49kg	183.5kg	레 반 꽁(베트남)	멕시코 멕시코시티	2017년 12월 4일
-54kg	205kg	셰리프 오스만(이집트)	UAE 두바이	2014년 4월 6일
-59kg	211kg	셰리프 오스만(이집트)	브라질 리우데자네이루	2016년 9월 9일
-65kg	221kg	폴 케힌데(나이지리아)	UAE 두바이	2018년 2월 19일
-72kg	229kg	루할라흐 로스타미(이란)	인도네시아 자카르타	2018년 10월 9일
-80kg	240kg	마지드 파르진(이란)	브라질 리우데자네이루	2016년 9월 12일
-88kg	234kg	예 지싱(중국)	인도네시아 자카르타	2018년 10월 11일
-97kg	243kg	모하메드 엘디브(이집트)	UAE 두바이	2016년 2월 18일
-107kg	247kg	소드놈필지 엔크바야르(몽골)	카자흐스탄 누르술탄	2019년 7월 18일
107+kg	310kg	시아만드 라흐만(이란)	브라질 리우데자네이루	2016년 9월 14일

여자	기록	이름	장소	날짜
-41kg	104.5kg	쿠이 제(중국)	카자흐스탄 누르술탄	2019년 7월 13일
-45kg	118kg	구오 링링(중국)	카자흐스탄 누르술탄	2019년 7월 13일
-50kg	131kg	에스터 오예마(나이지리아)	호주 골드코스트	2018년 4월 10일
-55kg	132kg	마리아나 셰브추크(우크라이나)	영국 맨체스터	2021년 3월 25일
-61kg	142kg	루시 에지케(이란)	브라질 리우데자네이루	2016년 9월 11일
-67kg	140.5kg	탄 유지아오(중국)	인도네시아 자카르타	2018년 10월 9일
-73kg	150kg	소우하드 가주아니(프랑스)	러시아 알렉신	2013년 5월 25일
-79kg	142.5kg	보스 오몰라요(나이지리아)	영국 맨체스터	2021년 3월 27일
-86kg	150.5kg	폴라세이드 올루와페미아요(나이지리아)	영국 맨체스터	2021년 3월 28일
86+kg	160kg	조세핀 오르지(나이지리아)	브라질 리우데자네이루	2016년 9월 14일

장애인 역도 최고 기록(-59kg, 남성)
셰리프 오스만(이집트)은 2016년 9월 9일 브라질 리우데자네이루에서 열린 패럴림픽에서 59kg급으로 출전해 211kg을 들어 올리며 금메달을 획득했다. 생후 9개월에 소아마비에 걸린 오스만은 현재 패럴림픽 프로그램에서 한 체급 이상(54kg과 59kg) 세계기록을 작성한 유일한 장애인 역사다.

동계 패럴림픽 최다 금메달(국가)
노르웨이는 1976년부터 2018년까지 동계 패럴림픽에서 136개의 금메달을 획득했다. 이 스칸디나비아 국가는 4번의 대회에서 메달 획득 선두를 기록했다(1980년, 1988년, 1994년, 1998년).

랑힐드 뮈클레부스트(먼 오른쪽)는 1988년부터 2002년까지 크로스컨트리 스키, 아이스 슬레지 스피드 레이싱, 바이애슬론에서 금메달 22개로 **동계 패럴림픽 최다 금메달**(개인) 선수에 등극하며 노르웨이의 합계 기록에 그 빛을 더했다. 그녀는 은메달 3개와 동메달 2개까지 더해 **동계 패럴림픽 최다 메달**(개인) 기록도 보유하고 있다(27개).

복싱

최다 체급 세계 타이틀 획득

매니 파키아오(필리핀, 오른쪽)는 2010년 11월 13일 슈퍼 웰터급에서 안토니오 마가리토를 꺾으며 8개의 다른 체급에서 세계 타이틀을 획득했다. 그는 플라이급에서 자신의 첫 벨트를 차지했고, 그 후 체급을 옮겨 가며 페더급의 마르코 안토니오 바레라나 웰터급의 미구엘 코토 같은 훌륭한 파이터들을 물리쳤다.

이전 체급 분류에서 동시에 최다 체급 타이틀을 보유한 기록

복싱의 전통 혹은 '화려한' 8체급 분류는 1909~1910년 무렵 런던 내셔널스포팅클럽에서 성문화됐다. 역사상 단 한 명의 복서만이 중 3개의 체급에서 동시에 타이틀을 보유했는데, 바로 헨리 '살인마 행크' 암스트롱(미국)이다. 그는 1938년 8월 17일 루 엠버스를 꺾으며 웰터급, 페더급, 라이트급 동시 세계 챔피언이 됐다. 암스트롱은 1940년 미들급에서 네 번째 세계 타이틀에 도전했는데, 챔피언인 세페리노 가르시아와 무승부로 경기를 마쳤다.

세계 타이틀을 가장 많이 탈환한 기록

슈거 레이 로빈슨(미국, 본명 워커 스미스 주니어)은 미들급 타이틀을 5번이나 따로 획득했다. 그는 1958년 3월 25일 미국 일리노이주 시카고 스타디움에서 카르멘 바실리오를 꺾으며 네 번째이자 마지막으로 타이틀을 탈환했다. 자신의 첫 123회 대결에서 단 1번만 패한 로빈슨은 ESPN과 《더 링》지가 선정한 체급 불문 역사상 가장 뛰어난 복서다.

최초의 2체급 4벨트 통합 세계 챔피언

클라레사 쉴즈(미국)는 2021년 3월 5일 자신의 단 열한 번째 프로 경기에서 여자 미들급과 라이트미들급의 통합 챔피언에 등극했다. 마리-이브 디캐이어를 상대로 승리를 거둔 쉴즈는 자신의 WBC와 WBO 타이틀에 IBF와 공석이었던 WBA 라이트미들급 벨트를 추가했다. 당시 그녀는 2019년 4월 13일 크리스티나 해머를 꺾으며 이미 미들급 통합 챔피언에 오른 상태였다.

《더 링》지가 선정한 '올해의 명승부' 최다 출전

무하마드 알리(미국, 카시우스 클레이)는 1963년부터 1978년 사이 《더 링》지가 선정한 '올해의 명승부'에 6번이나 선정됐다. 여기에는 1974년 조지 포먼을 넘어선 '정글의 혈전'(위 사진)과 1975년 조 프레이저를 쓰러뜨린 '스릴라 인 마닐라' 경기 등 그의 상징적인 승리들이 포함돼 있다.

최연소 세계 챔피언

윌프레드 베니테스(푸에르토리코, 1958년 9월 12일 미국 출생)는 1976년 3월 6일 푸에르토리코 산후안에서 17세 176일의 나이로 WBA 라이트웰터급 타이틀을 차지했다. 15세에 프로로 전향한 그는 타이틀 경기를 치르기 전 자신의 첫 25경기에서 모두 승리했다.

최소 경기 세계 타이틀 획득

최현미(대한민국, 북한 출생)는 2008년 10월 11일 자신의 첫 프로 경기에서 공석이었던 WBA 여자 페더급 타이틀을 획득했다. 최현미(1990년 11월 7일생)는 또 17세 339일의 나이로 **최연소 여자 세계 챔피언**에도 등극했다. 그녀는 4년 전 북한에서 남한으로 귀순했다.

최다 연속 세계 타이틀 방어

세실리아 브레쿠스(노르웨이, 콜롬비아 출생)는 2009년 5월 30일부터 2019년 11월 30일까지 자신의 여자 웰터급 타이틀을 25번 방어하는 데 성공했다. 그녀는 1937년 8월 30일부터 1948년 6월 25일까지 헤비급에서 방어전에 성공한 전설의 선수 조 루이스(미국, 삽입된 사진)와 이 기록을 공유하고 있다. 루이스는 11년 252일 동안 벨트를 차지해 **최장기간 집권한 세계 챔피언**이다.

최연소 월드 복싱 슈퍼 시리즈 승자

이노우에 나오야(일본, 1993년 4월 10일생)는 2019년 11월 7일 26세 211일의 나이로 월드 복싱 슈퍼 시리즈 밴텀급에서 승리를 거뒀다. 그가 나니토 도네이어를 꺾은 경기는 《더 링》이 '올해의 명승부'로 선정했다(위 참조).

최연소 4벨트 통합 세계 챔피언

테오피모 로페스(미국, 1997년 7월 30일생)는 WBO, WBA, WBC '프랜차이즈'와 IBF 라이트급 세계 타이틀을 23세 79일의 나이로 모두 획득했다. '더 테이크오버(강탈자)'라는 별명의 로페스는 바실 로마첸코와의 통합 대결에서 만장일치 판정승을 거뒀다(사진). 그는 1988년 WBO가 창설된 이후 탄생한 9명의 4벨트 통합 세계 챔피언 중 가장 어린 선수다.

예술적인 스포츠

최초의 동계 올림픽 스포츠
첫 동계 올림픽이 열리기 16년 전인 1908년 런던 올림픽 때 피겨스케이팅이 종목에 포함됐다. 이 대회는 10월 나이트브리지 아이스링크에 무대가 마련됐고, 몇 개월 뒤 나머지 대회가 마무리됐다.

올림픽 최다 메달(여성)
체조선수 라리사 라티니나(소련)는 1956년부터 1964년까지 18개의 메달을 획득했다. 금메달 9개, 은메달 5개, 동메달 4개다.
단일 올림픽 대회 최다 메달(여성)은 7개로, 소련의 체조선수 마리아 고로코프스카야가 1952년에 기록했다. 그녀는 핀란드 헬싱키에서 2개의 금메달과 5개의 은메달을 목에 걸었다.

최초의 올림픽 체조 퍼펙트 10점
14세의 나디아 코마네치(루마니아)가 1976년 7월 18일 캐나다 몬트리올에서 열린 단체전 이단평행봉에서 퍼펙트 스코어를 획득했다.

피겨스케이팅 쇼트 프로그램 최고 점수(남자)
하뉴 유즈루(일본)는 2020년 2월 7일 대한민국 서울에서 열린 4대륙피겨선수권대회 쇼트 프로그램에서 111.82점을 기록했다. 올림픽 2회 챔피언인 그는 2018년 동계 올림픽 이후 신기록을 일상처럼 반복해 작성하고 있다. 이는 하뉴의 열 번째 쇼트 프로그램 신기록으로, 2분 40초 동안 7가지 필수요소를 수행해야 한다.

바일스는 현재 자신의 이름을 딴 체조 기술을 4개 가지고 있다. 2개는 마루, 1개는 평균대, 1개는 도마 기술이다.

세계선수권 및 올림픽 합계 금메달 최다 획득
시몬 바일스(미국)는 2013년부터 2019년까지 총 23개의 금메달을 획득했다. 그녀는 2016년 단 한 번 올림픽에 출전해 4개를 획득했고, **기계체조 세계선수권에서 최다 금메달**을 목에 걸었다(19개). 그녀는 2019년 독일 슈투트가르트(위 사진)에서 5개를 획득해 한 대회에서 최다 획득 기록과 동률을 이뤘다.

올림픽에 연속으로 가장 많이 출전한 체조선수
옥사나 추소비티나(우즈베키스탄, 1975년 6월 19일생)는 1992년부터 2016년까지 올림픽에 7번 출전했다. 그녀는 리우 2016에서 41세 56일의 나이로 도마 종목에 출전하며 **최고령 올림픽 체조선수(여성)**로 기록됐다.

리듬체조 세계선수권대회 최다 금메달 획득
리듬체조 선수 예브게니아 카나예바(러시아)는 2007년부터 2011년 사이 4번의 세계선수권대회에서 17개의 금메달을 획득했다. 그녀는 2009년 개인 공, 후프, 리본, 로프와 단체전까지 다섯 종목을 석권하는 유례없는 기록을 달성했다. 또 그녀는 2011년 같은 기록을 반복했다. 카나예바는 2008년과 2012년 올림픽에서도 금메달을 획득했는데 리듬체조 개인종합 종목이다.

올림픽 피겨스케이팅 최다 메달 획득
테사 버츄와 스캇 모이어(둘 다 캐나다)는 2010~2018년까지 5개의 메달을 획득했다. 두 사람은 아이스댄스에서 2개의 금메달과 1개의 은메달을 획득했으며, 팀 경기에서 금메달과 은메달을 하나씩 추가했다. 모이어는 일리스 그라프스트룀(스웨덴)이 1920~1928년에 작성한 **올림픽 피겨스케이팅 최다 금메달(남성)** 기록과 동률을 이뤘다. 버츄는 **여자** 기록에서, 1972~1980년 사이 페어 경기에서 3개의 금메달을 획득한 소련의 이리나 로드니아와 동률이다.

올림픽 아티스틱 스위밍 최다 금메달
러시아는 1984년 올림픽에 도입된, 정식 명칭 싱크로나이즈드스위밍에 지금까지 배정된 총 17개 금메달 중 10개를 획득했다. 놀랍게도, 러시아는 2000년부터 2016년까지 모든 대회를 석권하며 이 기록을 연속으로 달성했다. 팀원인 아나스타샤 다비도바(2004~2012년), 스베틀라나 로마시나, 나탈리아 이셴코(둘 다 2008~2016년)는 각 5개로 **올림픽 아티스틱 스위밍 최다 금메달(개인)** 기록을 보유하고 있다.

텀블링 세계선수권대회 개인 최다 타이틀
지아 팽팽(중국)은 2011년부터 2018년 사이 텀블링 세계선수권대회에서 개인 타이틀을 5회나 차지했다. 그녀는 단체전에서도 5개의 타이틀을 획득했다. 텀블링은 1976년부터 트램펄린 체조 세계선수권대회의 한 종목으로 포함됐다. **트램펄린 세계선수권대회 개인 최다 타이틀** 기록은 5회로, 주디 윌스 클라인(미국), 이리나 카라바에나, 알렉산더 모스카렌코(둘 다 러시아)가 공유하고 있다.

테니스

최초의 오픈 시대 그랜드슬램 대회

1968년 프랑스 오픈(5월 27일~6월 9일)은 테니스의 가장 명망 있는 대회에서 프로 선수들과 아마추어가 함께 경쟁을 펼치는, 오픈 시대의 도래를 알렸다. 남자 타이틀은 켄 로즈월이 차지했고, 낸시 리치가 여자 챔피언에 올랐으나 아마추어였기 때문에 우승 상금 5,000프랑(1,005달러)은 못 받았다.

최고 연간 수익(여자)

《포브스》에 따르면 오사카 나오미(일본)는 2020년 6월 1일 기준 12개월 동안 3,740만 달러를 벌어들였다. 이는 **여자 운동선수 역대 최고 연간 수입**으로, 마리아 샤라포바가 2014~2015년 기록한 2,970만 달러를 무색하게 만들었다. 오사카는 광고로 3,400만 달러, 상금으로 340만 달러를 벌어들였다. 그녀는 2021년 2월 호주 오픈에서 자신의 네 번째 그랜드슬램 타이틀을 차지했다.

그랜드슬램 남자 단식 최다 타이틀

라파엘 나달(스페인, 오른쪽 사진)은 2020년 10월 11일 프랑스 오픈 결승에서 노박 조코비치를(왼쪽 참조) 물리치고 자신의 20번째 그랜드슬램 왕관을 차지했다. 이는 나달이 롤랑 가로스 경기장의 클레이 코트에서 거둔 13번째 우승으로 **그랜드슬램 단식 타이틀 최다 획득**으로 기록됐다. 또 그는 US 오픈 4회, 윔블던 2회, 호주 오픈 1회 우승을 거뒀다.

나달의 라이벌인 로저 페더러(스위스, 아래 사진)도 그랜드슬램에서 20회 우승했는데, 이 중에는 **윔블던 남자 단식 최다 우승**이 포함돼 있다(8회). 그는 호주 오픈에서 6회, US 오픈에서 5회, 프랑스 오픈에서 1회 우승했다.

남자 단식 최다 타이틀

지미 코너스(미국)는 1972년부터 1996년 사이 남자 단식 타이틀을 109회 차지해 그의 가장 위협적인 경쟁자 로저 페더러보다 6회 앞서 있다. 코너스는 또 **남자 단식 경기 최다 우승(오픈 시대)** 기록도 유지 중이다(1,274경기). **남자 최다 타이틀**은 155회로, 존 매켄로(미국)가 단식에서 77회와 복식에서 78회 우승했다. 여기엔 그랜드슬램 대회가 17회 포함돼 있다.

그랜드슬램 휠체어 최다 타이틀

쿠니에다 싱고(일본)는 2020년 9월 13일 US 오픈 휠체어 남자 단식 결승에서 알피 휴잇을 꺾으며 자신의 45번째 그랜드슬램 타이틀을 차지했다. 쿠니에다는 이 우승으로 에스터 르 페르헤이르(241쪽 참조)를 1회 앞서게 됐다.

남자 단식 최다 주간 랭킹 1위

노박 조코비치(세르비아)는 2021년 4월 5일 기준 총 315주 동안 남자 단식 최고의 자리를 차지했다. 그는 3월 8일 로저 페더러의 310주 기록을 앞질렀다. 조코비치는 2021년 2월 21일 다닐 메드베데프를 7-5, 6-2, 6-2로 꺾고, **호주 오픈 남자 단식 최다 타이틀 획득**을 기록했다(9회). 이는 그의 18번째 그랜드슬램 타이틀로, 자신의 최고 라이벌을 단 2회 차이로 뒤쫓고 있다(위쪽 참조). 조코비치는 **커리어 누적 최다 상금**을 기록 중인데, 2021년 4월 5일 기준 상금으로 1억 4,774만 4,252달러를 벌어들였다.

그랜드슬램 단식 경기 최다 승

세리나 윌리엄스(미국)는 2021년 2월 16일 호주 오픈 준준결승에서 시모나 할렙을 꺾으며 그랜드슬램 단식 경기에서 362승을 기록한 로저 페더러와 동률을 이루게 됐다. 윌리엄스는 마거릿 코트(호주)가 기록한 **그랜드슬램 여자 단식 최다 타이틀**(24회)에 단 1회 뒤처져 있다. 또 그녀는 그랜드슬램 복식 우승을 16회나 거뒀고(자매인 비너스와 함께 14회), 올림픽 금메달도 4개나 목에 걸었다.

WTA 최다 타이틀

마르티나 나브라틸로바(미국, 체코 출생)는 1975년부터 2006년까지 세계여자테니스협회(WTA) 투어에서 단식 167회, 복식 177회 우승을 거뒀다. 그녀의 대회 344회 우승 중에는 그랜드슬램 단식 타이틀 18회와 **그랜드슬램 복식 최다 타이틀 획득**(41회, 여자 복식 31회, 혼합 복식 10회) 기록이 포함돼 있다. 나브라틸로바의 그랜드슬램 59회 우승은 오픈 시대의 그 어떤 테니스 선수도 아직 따라잡지 못했다. **그랜드슬램 최다 타이틀**은 64회로, 마거릿 코트(호주)가 1960년부터 1975년 사이에 달성했다.

윌리엄스는 그랜드슬램 4개 대회와 올림픽에서 단식과 복식을 모두 우승한 유일한 선수다.

테스트 크리켓

커리어 최다 런

사친 텐둘카르(인도)는 1989년부터 2013년 사이 329이닝에서 1만 5,921런을 기록해, 그의 가장 가까운 라이벌인 호주의 리키 폰팅보다 2,500런 이상 앞서 있다. '작은 도사' 텐둘카르는 1989년 11월 15일 16세의 나이로 테스트 경기 데뷔전을 치렀고, 200경기 이상에 나서 평균 53.78런을 기록했다. 그의 기록에는 더블 헌드레즈 6회와 **테스트 경기 최다 센추리**(51회)가 포함돼 있다 (센추리는 100타점을 말한다).

한 이닝 최다 런(여자)

키란 발루치(파키스탄)는 2004년 3월 15~16일 파키스탄 카라치의 내셔널 스타디움에서 열린 서인도제도와의 경기 첫 번째 이닝에서 242런을 기록했다. 그녀는 타석에서 488구를 맞이해 38개의 포(4점 타격)를 때렸다. 발루치는 **최연소 테스트 크리켓 선수**인 사지다 샤와 함께 오프닝 스탠드로 나서서 241런을 올렸다. 샤는 2000년 7월 30일 단 12세 178일의 나이로 아일랜드와 데뷔전을 치렀다.

위켓키퍼 커리어 최다 포구 아웃

남아공의 마크 부셰는 1997년 10월 19일부터 2012년 3월 27일 사이 147회의 경기에서 55명의 타자를 포구 아웃으로 잡아냈다. 532회 캐치 기록은 이 분야 2위인 애덤 길크리스트보다 153회나 많다. 그는 타자를 23번이나 *스텀드(야구의 삼진 낫아웃 태그아웃) 아웃시켰다. 그는 위켓에서 딱 한 번 *보울링(삼진)에 성공했는데, 2005년 5월 3일 드웨인 브라보를 상대로 기록했다.

최다 득점 이닝(팀)

1997년 8월 4~6일, 스리랑카는 콜롬보의 R. 프레마다사 스타디움에서 원정팀 인도를 상대로 952득점을 기록했다. 사나스 자야수리야가 가장 많은 340점을 올렸는데, 역대 개인 이닝 최다 득점 7위에 해당한다.

개인 이닝 최다 득점

브라이언 라라(트리니다드토바고)는 2004년 4월 10~12일 안티과 레크리에이션 그라운드에서 영국을 상대로 아웃을 당하지 않고 400점을 올렸다. 여기에는 4개의 식스와 43개의 포가 포함돼 있다.

가장 길게 이어진 개인 이닝은 하니프 모하매드(파키스탄)의 전설적인 337구로 1958년 1월 20~23일 바베이도스 브리지타운에서 서인도제도를 상대로 기록했다. 그는 16시간 10분 동안 타석에 머물렀다.

데뷔 4회 가장 높은 득점

카일 메이어스(바베이도스)는 2021년 2월 6~7일 치타공에서 서인도제도 대표로 처음 경기에 나서 아웃당하지 않고 210점을 올렸다. 첫 이닝에서 40점을 올린 메이어스는 원정팀을 상대로 더블 센추리를 기록하며 팀의 395점 승리를 도왔다.

한 이닝 최다 위켓(야구의 삼진)

2명이 각각 10개의 위켓을 잡았다. 짐 레이커(영국)가 1956년 7월 30~31일 영국 올드트래퍼드에서 기록했고, 아닐 쿰블(인도)이 1999년 2월 7일 인도 뉴델리에서 달성했다. **여자** 기록은 8개로 왼손 저격수 니투 데이비드(인도)가 1995년 11월 26~27일 인도 잠셰드푸르에서 영국을 상대로 기록했다.

한 팀을 상대로 가장 많은 위켓을 잡은 볼러

세인 원(호주)은 1993년부터 2007년 사이 영국을 상대로 195개의 위켓을 잡았다. 그는 1993년 6월 4일 '볼 오브 더 센추리' 마이크 개팅을 상대로 자신의 첫 위켓을 기록했다.

해트트릭을 기록한 최연소 볼러

파키스탄의 나심 샤(2003년 2월 15일생)는 2020년 2월 9일 16세 359일의 나이에 3개의 위켓을 연속으로 잡아냈다.

커리어 평균 배팅 최고 기록

돈 브래드먼 경(호주)은 1928년부터 1948년까지 호주 대표로 경기에 52번 나서 평균 99.94를 기록했다. 이 수치에 근접한 선수는 아무도 없다. 브래드먼은 6,996런을 때렸는데, 여기에는 12회의 **최다 더블 헌드레즈**가 포함돼 있다. 그는 1948년 8월 14일 자신의 마지막 이닝에서 단 하나의 런도 없이 아웃됐는데, 이로써 단 4개 차이로 평균 100런을 기록하지 못한 일화로 유명하다.

앤더슨은 런던 크리켓 경기장(로즈)에서 103개의 위켓을 잡아, **한 경기장에서 가장 많은 위켓을 잡은 속구 볼러가** 됐다.

속구 볼러(야구의 투수) 최다 위켓

영국의 제임스 앤더슨은 2021년 3월 6일 기준 테스트 경기에서 614개의 위켓을 잡아냈다. 그는 2003년 5월 짐바브웨를 상대로 위켓 5개를 잡으며 자신의 기록을 시작했고, 18년 뒤 영국 햄프셔의 디 아게아스 보울에서 열린 잉글랜드 서드 테스트에서 파키스탄을 상대로 자신의 600번째 위켓을 잡아냈다. 속구 볼러인 앤더슨은 역대 위켓 순위에서 4위를 기록 중인데 앞의 3명은 모두 변화구 볼러다. **최다 위켓** 기록은 스리랑카의 묫티아 무라리다란의 800개로, 1992년부터 2010년까지 133경기에 출전하며 달성했다.

골프

최연소 랭킹 1위 선수

리디아 고(뉴질랜드, 1997년 4월 24일 대한민국 출생)는 2015년 2월 2일 17세 284일의 나이로 여자 세계 골프 순위 최정상에 올랐다. 이미 2012년 8월 26일 15세 124일의 나이로 최연소 LPGA 투어 우승을 기록한 리디아 고는, 2015년 9월 13일 18세 142일의 나이로 에비앙 챔피언십에서 **최연소 여자 메이저 우승자**에 등극했다.

PGA 투어 싱글 라운드 최저타

짐 퓨릭(미국)은 2016년 8월 7일 미국 코네티컷주 크롬웰에서 열린 트래블러스 챔피언십에서 18홀을 58타 만에 끝냈다. 그는 단 24회의 퍼팅으로 10개의 버디(7연속)와 1개의 이글을 잡았다. 투어 60만 타 이상의 라운딩에서 가장 낮은 타수를 기록했다. **LPGA** 기록은 59타로 애니카 소렌스탐(스웨덴)이 2001년 3월 16일 스탠더드 레지스터 PING에서 기록했다. **유로피언 투어** 기록도 역시 59타로 올리버 피셔(영국)가 2018년 9월 21일 포르투갈 마스터스에서 작성했다.

PGA 유로피언 투어 최다 참가

미겔 앙헬 히메네스(스페인)는 1983년 10월 20일부터 2021년 2월 7일까지 712회의 유로피언 투어 대회에서 티오프 샷을 날렸고, 약 2,900만 달러의 상금을 벌어들였다. 히메네스는 **유로피언 투어 최다 홀인원**도 기록했다(10회).

PGA 투어 최장거리 퍼팅 성공

크레이그 발로(미국)는 2008년 1월 27일 미국 캘리포니아주 샌디에이고 토리 파인스에서 열린 뷰익 오픈에서 33.9m짜리 퍼팅에 성공했다.

대회 최다 우승…

라이더 컵: 23회, 닉 팔도(영국), 1977~1997년.
솔하임 컵: 22회, 애니카 소렌스탐(스웨덴) 1994~2007년, 로라 데이비스(영국) 1990~2011년.
워커 컵: 18회, 제이 시겔(미국) 1977~1993년.
커티스 컵: 18회, 캐롤 셈플 톰슨(미국) 1974~2002년.

PGA 투어 평균 최장거리 드라이브

브라이슨 디샘보(미국)는 2019/20 PGA 투어 시즌 평균 드라이브가 294.5m로 기록됐다. 그는 신체 훈련과 식단으로 몸을 키웠고, 코스에서 그 힘을 드러내며 파란을 일으켰다. 2020년 9월 20일 디샘보는 자신이 처음으로 우승한 메이저 대회인 US 오픈에서 6번의 티오프 샷 평균 297m를 기록했다.

US 마스터스 합계 최저 타

더스틴 존슨(미국)은 2020년 11월 15일 오거스타 내셔널 골프 클럽에서 72홀 268타(20 언더파)로 우승을 확정 지었다. 이 대회는 코로나19로 연기돼, 존슨은 상대적으로 부드러운 가을 잔디의 이점을 톡톡히 누렸다. 전 세계 랭킹 1위의 이 선수는 모든 라운드에서 선두를 한 번도 놓치지 않으며 우승을 거뒀고, 마스터스에서 20언더파를 기록한 최초의 선수가 됐다.

메이저 챔피언십 라운드 최저 타

김효주(대한민국)는 2014년 9월 11일 프랑스 에비앙레뱅에서 열린 2014 에비앙 챔피언십의 첫 번째 라운드에서 61타를 기록했다. 그녀는 10번의 언더파 라운드를 10번의 버디로 달성했고, 1타 차이로 대회 우승까지 차지했다. **남자** 기록은 62타로 브랜든 그레이스(남아공)가 2017년 7월 22일 영국 머지사이드 로열 버크데일에서 열린 디 오픈 챔피언십에서 기록했다.

메이저 챔피언십 최다 우승

잭 니클라우스(미국)는 1962년부터 1986년까지 메이저 대회에서 16회나 우승을 거뒀다. 이 '골든 베어'는 4개의 메이저 대회에서 각각 최소 3회 이상 우승했으며, US 마스터스(6회), **PGA 챔피언십**(5회, 월터 하겐(미국)과 동률), **US 오픈**[4회, 윌리 앤더슨(영국), 바비 존스, 벤 호건(둘 다 미국)과 동률]에서 **최다 우승**을 기록했다.

PGA 투어 커리어 누적 최고 상금

타이거 우즈는 2021년 1월 25일 기준 PGA 투어에서 1억 2,085만 1,706달러를 벌어들였다. 이는 그의 가장 가까운 경쟁자인 필 미컬슨보다 거의 3,000만 달러 많은 금액이다. 메이저 대회 15회 우승자인 우즈(잭 니클라우스보다 단 1회 적다)는 PGA 우승이 82회로, 샘 스니드와 동률이다. 또 그는 **최다 주간 랭킹 1위**를 달성했다(11번의 활동 기간 중 683주). 이는 2위 골퍼인 그렉 노먼(331주)보다 2배 이상 많은 숫자다.

투어 최고 기록

	PGA 투어	PGA 유로피언 투어	LPGA 투어
최다 우승(커리어)	82회(샘 스니드, 미국; 타이거 우즈, 미국)	50회 (세베 바예스테로스, 스페인)	88회 (캐시 위트워스, 미국)
최다 우승(연간)	18회, 1945년도 (바이런 넬슨, 미국)	6회, 1986년도 (세베 바예스테로스, 스페인)	13회, 1963년도 (미키 라이트, 미국)
최저 타(72홀)	253타 (저스틴 토마스, 미국)	257타 (앤디 설리번, 영국)	257타 (김세영, 대한민국)
최다 언더파(72홀)	-31 (어니 엘스, 남아공)	-29 (어니 엘스, 남아공)	-31 (김세영, 대한민국)
커리어 누적 최고 상금	1억 2,085만 1,706달러 (타이거 우즈, 미국)	3,794만 6,253유로 (리 웨스트우드, 영국)	2,257만 7,025달러 (애니카 소렌스탐, 스웨덴)

백야드 스포츠

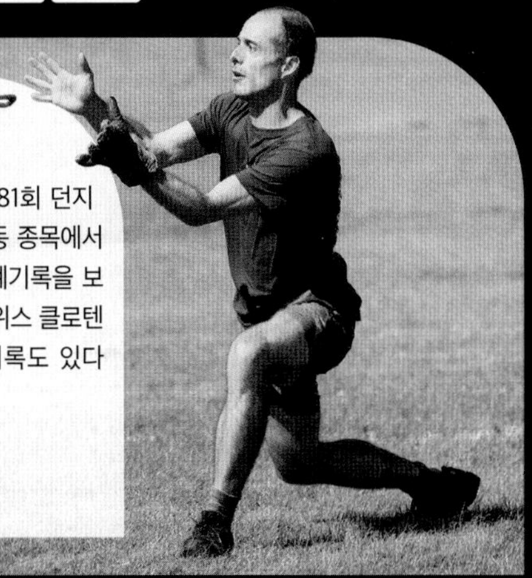

부메랑 많이 잡기 기록

마누엘 슐츠(스위스)는 2005년 10월 2일 이탈리아 밀라노에서 5분 동안 부메랑을 81회 던지고 잡았다. 슐츠(2017년에 찍은 사진)는 이 운동 종목에서 국제부메랑협회연맹이 인증한 다수의 세계기록을 보유하고 있다. 여기에는 1999년 5월 1일 스위스 클로텐에서 달성한 **최장거리 부메랑 던지기** 기록도 있다(238m, 던지는 사람 위치 기준).

포고스틱 최고 높이 점프

드미트리 아르센예프(러시아)는 2018년 11월 20일 이탈리아 로마에서 3.4m 높이에 설치된 바를 높이 튕겨 넘어갔다. 포고팔루자 대회 전 프리스타일 챔피언인 아르센예프는 자랑스럽게도 포고 기네스 세계기록 타이틀을 다수 보유하고 있는데, 이 중에는 2017년 11월 5일 미국 펜실베이니아주 윌킨즈버그에서 작성한 **최다 연속 스틱플립**(26회)과 2020년 6월 8일 러시아 상트페테르부르크에서 달성한 **최다 연속 손 떼고 뒤로 공중제비 넘기**(11회) 기록이 있다.

플라잉 디스크를 가장 멀리 던진 기록

데이비드 위긴스 주니어(미국)는 2016년 3월 28일 미국 네바다주 프림에서 열린 하이 데저트 디스턴스 챌린지에서 플라잉 디스크를 338m나 날려 버렸다. 그는 평균 61km/h로 분 뒤바람의 이점을 살려 기존 기록을 박살 냈다. 제니퍼 앨런(미국)은 2일 전 같은 대회에서 173.3m로 여자 기록을 달성했다. 두 기록은 모두 국제플라잉디스크연맹에서 인증했다.

세계 홀스슈 대회 최다 타이틀

알란 프랜시스(미국)는 1989년부터 2019년 사이 전미 홀스슈피처스(말굽 던지기)협회 세계 대회에서 남자부 챔피언에 24회나 등극했다. 2020년 대회는 코로나19로 취소됐다.

최장거리 콘홀 샷

콘홀 선수는 멀리서 옥수수 알갱이가 든 주머니를 던져 기울어진 판에 뚫린 구멍에 넣어야 한다. 조슈아 비거스(미국)는 2020년 7월 28일 미국 플로리다주 클리어워터에서 16.764m 거리의 표적을 명중시켰다.

포고스틱 최다 연속 점프

잭 섹스티(영국)는 2015년 7월 2일 미국 펜실베이니아주 필라델피아의 페인스 파크에서 열린 포고팔루자 2015에서 포고 점프를 8만 8,047회 연속으로 실행했다. 섹스티의 이 마라톤 기록은 10시간 20분 동안 계속됐는데, 초당 평균 2.5회 점프한 셈이다.

포고스틱 최장거리 점프는 5.52m로, 달톤 스미스(미국)가 2019년 5월 18일 일본 도쿄에서 기록했다.

크로케 월드 챔피언십 최다 우승

레지 뱀포드(남아공)는 2020년 2월 23일 호주 멜버른에서 자신의 다섯 번째 세계 챔피언십 타이틀을 차지했다. 그는 로버트 펄포드(영국)가 1990~2002년 사이 작성한 기록과 동률을 이뤘다.

또 멜버른에서 스티븐 뮬리너(영국)가 자신의 **크로케 월드 챔피언십 최다 참가** 기록을 16회로 늘렸다. 지금까지 대회에 단 한 번 불참했으며, 2016년에는 우승까지 차지했다.

숟가락에 달걀 올리고 100m 빨리 달리기

호주의 허들선수 샐리 피어슨이 2013년 9월 23일 호주 뉴사우스웨일스 시드니에서 열린 학교 운동회에서 16초59를 기록했다.

프로디스크골프협회 투어 커리어 최고 누적 상금

디스크 골프는 골프와 비슷하지만, 디스크를 던져 높은 곳에 있는 철제 바스켓에 넣어야 한다. 폴 맥베스(미국, 위 사진)는 2021년 3월 8일 기준 51만 1,880달러를 벌어들여 커리어 상금 명단에서 최상단을 차지한다. 그는 2006년 이후 대회에서 130회 우승을 차지했는데, 월드 챔피언십 우승도 5회 포함돼 있다.

PDGA 월드 챔피언십 최다 우승(남자)은 12회로 켄 클리모가 1990~1998년, 2000년, 2002년, 2006년에 기록했다. **여자** 기록은 5회로 일레인 킹, 줄리아나 코버, 페이지 피어스(모두 미국)가 달성했다. 왼쪽 사진은 피어스가 2019년 자신의 다섯 번째 타이틀을 차지한 대회 때의 모습이다.

양궁 1440라운드 최고점

(컴파운드, 남자)

마이크 슐로저(네덜란드)는 2020년 8월 30일 네덜란드 부컬에서 펼쳐진 1440라운드 경기에서 1,421점을 획득했다. 이 종목은 거리가 점점 멀어지는 4번의 세트에서 각각 36발을 쏘게 되어 있다. 슐로저는 30m 총 360점 중 360점, 50m 353점, 70m 356점, 90m 352점으로 11년 동안 깨지지 않던 기록을 경신했다.

팀버스포츠 팀 릴레이 최고 기록

호주 팀은 2018년 10월 19일 영국 리버풀에서 열린 스틸 팀버스포츠 팀 월드 챔피언십 준결승에서 45초 10의 기록으로 나무를 썰고 베며 결승으로 향했다. 팀 릴레이는 전기톱, 도끼 아래로 찍기, 1인 톱질, 도끼 옆으로 찍기(오른쪽) 등 4개의 종목으로 구성된다. 제이미 헤드, 브레이든 메이어, 브래드 데 로사, 글렌 길램으로 구성된 '초퍼루스' 팀이 결승에서 미국을 꺾었다(아래 사진).

포뮬러 원

그랑프리 최다 출전 제작사

스쿠데리아 페라리(이탈리아)는 1950년 5월 21일부터 2021년 4월 18일 사이 1,010번의 포뮬러원 레이스를 완주했다. 이 유명 자동차 제조사는 2020 토스칸 그랑프리에서 1,000번째 레이스를 치렀다. 그들은 이를 특별하게 기념하기 위해, 2대의 차량에 1947년 제작된 첫 번째 페라리 125 S와 같은, 그들을 상징하는 진홍색으로 도색해 출전했다(위 사진). 이 '도약하는 말' 팀은 **최다 레이스 우승**(238회)과 **최다 챔피언십 타이틀 획득 제조사**(16회) 기록을 보유하고 있다.

그랑프리 최다 출전(남자)

2001년 호주 그랑프리에 데뷔한 키미 라이쾨넨(핀란드)은 2021년 4월 18일 기준 F1 레이스에 331회 출전했다. 그는 2020 아이펠 그랑프리에 출전하며 루벤스 바리첼로의 322회 출전 기록을 넘어섰다. 라이쾨넨은 자우버, 맥라렌, 페라리(2번), 로터스, 알파로메오 소속으로 주행을 펼쳤다. 그는 페라리 소속으로 2007 F1 챔피언십 타이틀을 차지했고, 21번의 레이스에서 우승을 거뒀다.

그랑프리 최다 출전(여자)

마리아 '렐라' 롬바르디(이탈리아)는 1975년 3월 1일부터 1976년 8월 15일 사이 12번의 레이스에서 라인업에 선, 단 2명뿐인 F1 그랑프리 여자 출전자 중 하나다. 마치-포드 팀으로 주행을 펼친 롬바르디는 1975년 4월 27일 열린 1975 스페인 그랑프리에서 6위로 경기를 마치며 승점 0.5점을 획득했는데, 이는 지금까지 여성 드라이버가 챔피언십에서 획득한 유일한 포인트다.

가장 빠른 평균 랩 스피드

2018년 9월 1일 페라리의 키미 라이쾨넨(핀란드, 위 참조)은 몬차에서 열린 이탈리아 그랑프리에서 플라잉 랩을 평균 263.5km/h의 속도로 달려 예선을 1위로 통과했다. 그는 5.7km 거리의 코스를 1분 19초119에 완주했다. **그랑프리 전체 레이스 평균 최고 속도**는 247.5km/h로 페라리의 미하엘 슈마허(독일)가 2003년 9월 14일 역시 몬차에서 기록했다.

가장 긴 서킷

1957년 페스카라 그랑프리는 이탈리아 페스카라의 언덕을 구불구불 지나는 25.8km의 로드 코스에서 펼쳐졌다. 8월 18일 열린 이 레이스에서는 스트어링 모스가 우승을 차지했다. 잭 브라밤은 자신의 쿠퍼 클라이맥스 차량의 연료를 길가 주유소에서 채우기도 했다.

최연소 레이스 우승자

맥스 페르스타펜(네덜란드, 1997년 9월 30일 벨기에 출생)은 18세 228일의 나이로 몬트멜로에서 열린 2016 스페인 그랑프리에서 우승을 거뒀다. 이 네덜란드의 에이스는 **월드 챔피언십에서 포인트를 획득한 최연소 인물**로 2015년 3월 29일 열린 말레이시아 그랑프리에서 17세 180일의 나이로 기록에 올랐다.

동일 그랑프리 최다 연속 우승

아일톤 세나(브라질)는 1989년부터 1993년 사이 맥라렌으로 주행을 펼쳐 모나코에서 5회 연속 우승을 차지했다. 이 기록은 루이스 해밀턴(영국)이 2017년부터 2021년 스페인 그랑프리에서 세운 기록과 동률이다. 세나는 이 길거리 서킷에서 총 6번이나 우승하는 전설적인 퍼포먼스를 선보여 '모나코의 왕'이라는 별명을 얻었다. 그는 또 **최다 연속 폴 포지션**(예선 1위) 기록도 세웠는데(8회), 1988년 스페인부터 1989년 미국 그랑프리까지 달성했다.

최고령 월드 챔피언

후안 마누엘 판지오(아르헨티나, 1911년 6월 24일생)는 1957년 8월 4일 46세 41일의 나이로 자신의 5번째 파이널 F1 챔피언십을 차지했다. 판지오는 51번의 레이스에 출전해 24번 우승을 거뒀고 4개의 다른 팀에서 타이틀을 들어 올렸다. 알파로메오, 페라리, 메르세데스 벤츠, 마세라티다.

최연소 월드 챔피언은 세바스찬 베텔(독일, 1987년 7월 3일)로, 2010년 11월 14일 23세 134일의 나이로 자신의 첫 타이틀을 차지했다.

첫 우승까지 가장 오래 걸린 기록

레이싱 포인트의 세르히오 페레스(멕시코)는 2020년 12월 6일 바레인에서 열린 샤키르 그랑프리에서 우승했다. 이는 그의 190번째 F1 레이스로, 첫 번째 랩에서 사고가 발생해 꼴찌로 뒤쳐졌지만, 결국 우승을 차지했다.

그랑프리 최다 우승

루이스 해밀턴(영국)은 2021년 5월 9일 기준 F1에서 우승을 98회나 달성했다. 메르세데스 소속인 그는 2020 포르투갈 그랑프리에서 미하엘 슈마허의 91회 우승을 넘어섰고, 이 독일 레이서가 보유한 **월드 챔피언십 최다 타이틀** 기록과는 동률을 이루고 있다(7회). 해밀턴은 2021년 5월 8일 기준 **최다 폴 포지션** 기록도 달성했다(100회). 하지만 그는 자신이 가진 **최다 연속 레이스 참가** 기록(265회)을 2020년 12월 6일 샤키르 그랑프리에 불참하면서 끝이 났다.

X게임

최연소 메달리스트

히라키 코코나(일본, 2008년 8월 26일생)는 2019년 8월 2일 겨우 10세 341일의 나이로 여자 스케이트보드 파크 종목에서 은메달을 차지했다. 그녀는 X게임의 최연소 역사에서 오카모토 미스구의 13세 기록을 경신했다. 또 히라키는 **최연소 X게임 출전자**(여자)다. 뛰어난 기록 보유자 구이 쿠어리에 관한 기록은 179쪽에 더 많이 나온다.

최연소 X게임 금메달리스트

하계 대회	나이	이름	종목
남자	12세 229일	톰 샤 (미국, 1999년 9월 14일생)	미니 메가 (2012년)
여자	13세 1일	브라이튼 조이너 (미국, 2004년 7월 14일생)	스케이트보드 파크(2017년)
동계 대회	**나이**	**이름**	**종목**
남자	15세 225일	터커 히버트 (미국, 1984년 6월 24일생)	스노모빌 스노크로스(2000년)
여자	13세 193일	무라세 코코모 (일본, 2004년 11월 7일생)	스노보드 빅 에어 (2018년)

최다 메달(여자)

제이미 앤더슨(미국)은 X게임 아스펜 2021의 스노보드 슬로프스타일과 빅에어 종목에서 우승하며 커리어 통산 19개 메달을 획득했다. 금메달 8개, 은메달 7개, 동메달 4개다. 이중 16개는 슬로프스타일 종목에서 획득했다. 앤더슨은 현재 **X게임 최다 메달**(동계) 기록을 보유한 스노보더 마크 맥모리스(캐나다)의 전체 기록에 단 1개 뒤져있다.

최초의 금메달리스트

저스틴 시어스(호주)는 1995년 6월 25일 워터스키 종목 베어풋 점핑에서 최초의 '익스트림 게임' 챔피언에 등극했다. 시어스는 미국 로드아일랜드 프로비던스의 로저 윌리엄스 파크에서 열린 결승전에서 4차례나 월드 챔피언에 등극한 론 스카르파를 물리쳤다.

최다 금메달

숀 화이트(미국)는 2003년부터 2013년까지 15개의 타이틀을 차지했다. 그는 스노보드에서 **동계 종목 최다 금메달** 13개를 획득했고, 2007년 및 2011년 하계 대회 스케이트보드 버트 종목에서 금메달 2개를 획득했다.

스키 최다 메달

헨리크 할라우트(스웨덴)는 X게임 아스펜 2021 대회의 스키 너클 헉 종목에서 우승하며 자신의 총 메달 수를 13개로 늘렸다. 금메달 8개 은메달 5개다. 그는 2020 대회에서 금메달 1개를 획득하며 태너 홀의 총 11개 기록을 넘어섰다.

최고령 메달리스트

크리스 데블린-영(미국, 1961년 12월 26일생)은 1월 22일 열린 X게임 아스펜 2015 대회의 모노 스키어 X 종목에 출전해 53세 27일의 나이로 우승을 거뒀다. 데블린-영은 비행기 사고를 당해 신체가 마비됐지만, 이를 극복하고 패럴림픽 스키 금메달리스트에 2번이나 등극했다. 그는 안젤리카 카스테네다가 1996 X 벤처 레이스에서 세운 이전 기록을 단 하루 차이로 경신했다.

최고령 X게임 출전 선수는 존 버펌(미국, 1943년 10월 4일생)으로, 63세 305일의 나이로 X게임 로스앤젤레스 2007 대회의 랠리 카 레이싱 종목의 출발선에 섰다.

단일 대회 최다 금메달 획득

3명 선수가 단일 대회에서 3개의 메달을 획득했다. 데이브 미라(미국)가 1998년 BMX 버트, 버트 더블, 파크 종목에서, 호지우 지 아라우주(브라질)가 2002년 스케이트보드 파크, 스트리트, 스트리트 베스트트릭 종목에서, 트래비스 패스트라나(미국)가 2006년 랠리 카 레이싱, 모토 X 프리스타일, 모토 X 베스트트릭 종목에서 달성했다. 이 중 패스트라나는 **최초의 모터사이클 2연속 공중 뒤돌기**로 베스트 트릭의 왕좌에 올랐다.

최다 메달(남자)

스케이트보더 밥 번퀴스트(브라질)는 1997년부터 2015년 사이 30개의 메달을 목에 걸었다. 금메달 14개, 은메달 8개, 동메달 8개다. 그는 대회가 처음 열린 1995년부터 2017년까지 모든 하계 X게임에 출전해 **최다 출전** 기록(26회)도 보유하고 있다. 2001년 스케이트보드 버트 종목에서 기술로 98.00점을 받으며 금메달을 획득한것으로 유명하다. 토니 호크는 '우리가 본 역대 최고의 버트 묘기'라고 표현했다.

모토 X 최다 메달

네이트 애덤스(미국)는 2003년에서 2015년 사이 X게임에서 19개의 메달을 차지했다. 그는 심각한 어깨 부상을 극복하고 5개의 금메달(프리스타일 2개, 스피드 & 스타일 3개), 6개의 은메달, 8개의 동메달을 목에 걸었다.

모토 X 종목 최다 연속 금메달은 4개로 재리드 맥닐(호주)가 2016년부터 2019년까지 달성했다.

첫 대회 최다 금메달(여자)

프리스타일 스키 선수 아일린 구(중국, 미국 출생, 구 아일링)는 자신의 첫 출전 대회인 X게임 아스펜 2021에서 2개의 금메달을 획득했다. 이 17세 선수는 스키 슈퍼파이프와 슬로프스타일에서 금메달을, 스키 빅 에어에서 동메달을 목에 걸었다. 구는 또 뛰어난 피아니스트이자 크로스컨트리 주자로, <보그 차이나>의 모델로 나선 경험도 있으며 스탠퍼드 대학의 조기 입학 허가도 받았다.

수영

국제수영연맹(FINA)은 수영장의 2가지 종류에 따라, 롱코스(50m)와 숏코스(25m)로 기록을 분류한다. 이 페이지에서 우리는 2020년 헝가리 부다페스트에서 열린 국제수영 리그에서 경신된 몇몇 숏코스 세계기록을 집중해서 알아본다.

4×50m 혼성 자유형 릴레이 최고 기록

혼성 숏코스 릴레이는 2014년 FINA에 처음 기록됐다. 미국 팀의 카엘렙 드레셀, 라이언 헬드, 맬로리 코머포드, 켈시 달리아는 2018년 12월 12일 중국 항저우에서 열린 4×50m 자유형 릴레이 종목에서 1분 27초89의 기록으로 헤엄쳤다.

혼성 혼계영은 1분 36초22가 최고 기록으로 러시아 팀의 크리멘트 코레스니코프(배영), 블라디미르 모로조프(평영), 아리나 수르코바(접영), 마리아 카메네바(자유형)가 2019년 12월 5일 영국 글래스고에서 달성했다.

숏코스 100m 개인 혼영 최고 기록
(남자)

카엘렙 드레셀(미국)은 2020년 11월 22일 열린 ISL 그랜드 파이널 100m 개인 혼영에서 49초28을 기록했다. 이는 같은 대회에 참가한 모든 선수보다 거의 1초나 빠른 기록이다. 드레셀은 그의 팀인 칼리 콘도르스가 2020년 ISL 타이틀을 획득하도록 도왔고, 대회에서 4개의 세계기록을 작성하며 MVP에 올랐다.

숏코스 100m 배영 최고 기록(남자)

클리멘트 코레스니코프(러시아)는 배영 구간에서 48초58을 기록하며 에너지 스탠더드 4×100m 혼계영 팀이 ISL 그랜드 파이널에서 승리할 수 있도록 힘을 보탰다. 코레스니코프는 중국 쉬 지아위의 세계기록을 되찾아 왔는데, 그는 2017년 12월 22일 17세 당시 처음 기록을 작성했다.

숏코스 50m 배영 최고 기록(여자)

2020년 11월 14일 런던 로어의 키라 타우사인트(네덜란드)는 첫 ISL 준결승 여자 50m 배영에서 25초60의 기록으로 1위를 차지했다. 그녀는 2020년 12월 18일 같은 기록을 다시 달성했다. 타우사인트는 눈에 띄는 수중 킥 기술을 가지고 있는데, 몸이 기울어진 상태에서 발을 구른다.

숏코스 수영(25m 수영장)

남자	시간	이름	장소	날짜
50m 자유형	20.16	카엘렙 드레셀(미국)	헝가리 부다페스트	2020년 11월 21일
100m 자유형	44.94	아마우리 레베옥스(프랑스)	크로아티아 리예카	2008년 12월 13일
200m 자유형	1:39.37	파울 비더만(독일)	독일 베를린	2009년 11월 15일
400m 자유형	3:32.25	야닉 아넬(프랑스)	프랑스 앙제	2012년 11월 15일
800m 자유형	7:23.42	그랜트 해켓(호주)	호주 멜버른	2008년 7월 20일
1,500m 자유형	14:08.06	그레고리오 팔트리니에리(이탈리아)	이스라엘 네타니아	2015년 12월 4일
4 × 100m 자유형 릴레이	3:03.03	미국(카엘렙 드레셀, 블레이크 피에로니, 마이클 채드윅, 라이언 헬드)	중국 항저우	2018년 12월 11일
4 × 200m 자유형 릴레이	6:46.81	브라질(루이스 아우타미르 멜루, 페르난두 스셰페르, 레오나르두 코엘류 산투스, 브레누 코헤이아)	중국 항저우	2018년 12월 14일
50m 접영	21.75	니숄라스 산투스(브라질)	헝가리 부다페스트	2018년 10월 6일
100m 접영	47.78	카엘렙 드레셀(미국)	헝가리 부다페스트	2020년 11월 21일
200m 접영	1:48.24	세토 다이야(일본)	중국 항저우	2018년 12월 11일
50m 배영	22.22	플로랑 마나우두(프랑스)	카타르 도하	2014년 12월 6일
100m 배영	48.58	클리멘트 코레스니코프(러시아)	헝가리 부다페스트	2020년 11월 21일
200m 배영	1:45.63	밋치 라르킨(호주)	호주 시드니	2015년 11월 27일
50m 평영	25.25	카메론 판 데르 부르흐(남아공)	독일 베를린	2009년 11월 14일
100m 평영	55.34	일리야 시마노비치(벨라루스)	벨라루스 브레스트	2020년 12월 19일
200m 평영	2:00.16	키릴 프리고다(러시아)	중국 항저우	2018년 12월 13일
100m 혼영	49.28	카엘렙 드레셀(미국)	헝가리 부다페스트	2020년 11월 22일
200m 혼영	1:49.63	라이언 록티(미국)	터키 이스탄불	2012년 12월 14일
400m 혼영	3:54.81	세토 다이야(일본)	미국 로스앤젤레스	2019년 12월 20일
4 × 100m 혼계영	3:19.16	러시아(스타니슬라프 도네츠, 세르게이 게이벨, 에브게니 코로티슈킨, 다니라 이조토프)	러시아 상트페테르부르크	2009년 12월 20일

여자	시간	이름	장소	날짜
50m 자유형	22.93	라노미 크로모위드조조(네덜란드)	독일 베를린	2017년 8월 7일
100m 자유형	50.25	케이트 캠벨(호주)	호주 애들레이드	2017년 10월 26일
200m 자유형	1:50.43	사라 셰스트룀(스웨덴)	네덜란드 에인트호번	2017년 8월 12일
400m 자유형	3:53.92	아리안 티트머스(호주)	중국 항저우	2018년 12월 14일
800m 자유형	7:59.34	미레아 벨몬테(스페인)	독일 베를린	2013년 8월 10일
1,500m 자유형	15:18.01	자라 쾰러(독일)	독일 베를린	2019년 11월 16일
4 × 100m 자유형 릴레이	3:26.53	네덜란드(잉케 데커, 펨케 힘스케르크, 마우트 판데르메이르, 라노미 크로모위드조조)	카타르 도하	2014년 12월 5일
4 × 200m 자유형 릴레이	7:32.85	네덜란드(잉케 데커, 펨케 힘스케르크, 라노미 크로모위드조조, 샤론 판 루벤달)	카타르 도하	2014년 12월 3일
50m 접영	24.38	테레세 알샤마르(스웨덴)	싱가포르	2009년 11월 22일
100m 접영	54.61	사라 셰스트룀(스웨덴)	카타르 도하	2014년 12월 7일
200m 접영	1:59.61	미레아 벨몬테(스페인)	카타르 도하	2014년 12월 3일
50m 배영	25.60	키라 타우사인트(네덜란드)	헝가리 부다페스트	2020년 11월 14일
			네덜란드 암스테르담*	2020년 12월 18일
100m 배영	54.89	민나 아서튼(호주)	헝가리 부다페스트	2019년 10월 27일
200m 배영	1:58.94	케이리 맥커운(호주)	호주 브리즈번	2020년 11월 28일
50m 평영	28.56	앨리아 앳킨슨(자메이카)	헝가리 부다페스트	2018년 10월 6일
100m 평영	1:02.36	=루타 메일루티테(리투아니아)	러시아 모스크바	2013년 10월 12일
		=앨리아 앳킨슨(자메이카)	카타르 도하	2014년 12월 6일
			프랑스 샤르트르	2016년 8월 26일
200m 평영	2:14.57	레베카 소니(미국)	영국 맨체스터	2009년 12월 18일
100m 혼영	56.51	커틴커 호수(헝가리)	독일 베를린	2017년 8월 7일
200m 혼영	2:01.86	커틴커 호수(헝가리)	카타르 도하	2014년 12월 6일
400m 혼영	4:18.94	미레아 벨몬테(스페인)	네덜란드 에인트호번	2017년 8월 12일
4 × 100m 혼계영	3:44.52	미국(올리비아 스몰 리가, 리릴 킹, 켈시 달리아, 에리카 브라운)	헝가리 부다페스트	2020년 11월 21일

*국제수영연맹의 인증 대기 중

투르 드 프랑스

최다 스테이지 승리

에디 메르크스(벨기에)는 1969년부터 1975년까지 대회 34개 스테이지에서 승리를 거뒀다. 레이스를 지배한 이 '더 카니발(육식 동물)'은 한 해에 제너럴(통합 순위), 포인트(점수), 마운틴 종목에서 모두 승리를 기록한 유일한 사이클 선수다(1969년). 그는 1973년 레이스에 참가하지 않았고, 1975년에는 부상을 당해 어려움을 겪었다. 메르크스는 1969~1972년과 1974년 **투르 드 프랑스 최다 우승**을 기록했다(5회). 그는 이 기록을 자크 앙크틸(프랑스)(1957년부터 1964년 사이), 베르나르 이노(프랑스)(1978년부터 1985년 사이), 미겔 인두라인(스페인)(1991년부터 1995년 사이)과 공유하고 있다.

가장 아슬아슬한 레이스

1989년 대회에서 그렉 르몽드(미국, 위 사진 왼쪽)는 로랑 피뇽(프랑스, 위 사진 오른쪽)에 단 8초 앞선 87시간 38분 35초의 기록을 우승을 차지했다. 르몽드는 50초 뒤진 채 최종 스테이지를 시작했으나 당시 대회 역사상 개인 최고 기록을 작성하며 자신의 최고 라이벌을 간발의 차이로 앞질렀다. 이 2명의 선수는 그동안 1분 이상 차이 난 레이스가 없었다.

최다 관중을 기록한 스포츠 대회

스포츠 언론 《리키프》에 따르면, 투르 드 프랑스는 매년 약 1,000~1,200만 관중이 모인다.

최연소 우승자

앙리 코넷(프랑스, 1884년 8월 4일생)은 1904 투르 드 프랑스에서 19세 355일의 나이로 우승을 거뒀다. 코넷은 레이스를 5위로 마쳤으나 앞선 4명이 모두 실격되면서 우승을 차지했다.

가장 긴 대회

1926년 대회는 코스가 프랑스 국경을 따라 반시계방향으로 5,745km나 펼쳐졌다. 바욘에서 루숑까지 산악지형에 326km나 이어진 스테이지10은 투어 역사상 가장 어려운 코스 중 하나로 회자되는데, 루시앙 바이시가 17시간 12분 4초의 기록으로 최종 승리를 거뒀다.

개인 타임 트라이얼 최고 기록

로한 데니스(호주)는 2015년 7월 4일 투르 드 프랑스의 첫 스테이지에서 평균 55.446km/h로 승리를 차지했다. 그는 네덜란드 위트레흐트 13.8km 구간을 14분 56초로 마쳤다.

팀 타임 트라이얼 최고 기록은 오리카 그린엣지(호주)가 2013년 7월 2일 프랑스 니스에서 작성했다. 이들은 25km 스테이지를 평균 57.841km/h로 질주했다.

최다…

마운틴 종목 최다 승: 7회, 리차드 비랑크(프랑스), 1994~1997년, 1999년, 2003~2004년.
영라이더 종목 최다 승: 3회, 얀 울리히(독일), 1996~1998년, 앤디 슐렉(룩셈부르크) 2008~2010년.
매스 피니시 스테이지 승: 30회, 마크 카벤디시(영국), 2008년부터 2016년 사이.
출전: 18회, 실뱅 샤바넬(프랑스), 2001년부터 2018년 사이.
레이스 완주: 16회, 실뱅 샤바넬, 헨드릭 '줍' 주테멜크(네덜란드) 1970~1986년.

최장거리 솔로 이스케이프

(전후 시대)

알베르 부롱(프랑스)은 1947년 7월 11일 카르카손느부터 루숑까지 펼쳐진 스테이지에서 다른 선수들을 한참 앞선 채 홀로 253km를 달려 승리를 거뒀다. 그는 2위에 16분 앞선 8시간 10분 11초를 기록했는데, 그 투어에서 그의 유일한 스테이지 승리였다. 제2차 세계대전 기간 부롱은 독일 포로수용소에서 탈출해 부쿠레슈티-플로이에슈티-부쿠레슈티 클래식에서 우승을 거뒀다.

포인트 종목 최다 승

1953년 이후 각 스테이지의 최종 순위에 따라 선수들에게 포인트가 주어지는데, 특정 구간의 중간 스프린트로 추가점을 획득할 수 있다. 각 포인트 구간에서 가장 많은 포인트를 획득한 선수는 전통적으로 초록색 저지(maillot vert, 마요 베흐)를 입는다. 피터 사간(슬로바키아, 사진 가운데)은 포인트 종목에서 2012~2016년, 2018~2019년 총 7번 우승했다. 그는 12번의 투어 스테이지를 승리로 장식했다.

익스트림 스포츠

최대 규모 윙슈트 산개 대형(FAI 공인)

타야 바이스(미국)가 이끄는 스카이다이버 61명이 2015년 10월 17일 미국 캘리포니아주 패리스밸리 상공 1,676m에서 화려한 색깔의 다이아몬드 대형을 만들었다. 국제항공연맹(FAI)의 심사관들이 참관해 다이버 팀원들이 손을 잡지 않고 정해진 공간에 맞춰 비행하는지 확인했다.

패러슈팅 최고 속도(여성, FAI 공인)

엠버 포르테(노르웨이, 영국 출생)는 2017년 11월 6일 미국 네바다주 오버턴에서 열린 윙슈트 플라잉 FAI 월드컵에서 283.7km/h를 기록했다. 윙슈트는 겨드랑이와 다리 사이에 천이 있어 접촉면을 넓혀 준다. 일단 낙하를 시작하면 파일럿은 팔의 날개를 펼쳐 하강을 더 자유롭게 제어할 수 있다.

스피드 스키 최고 속도 (여성)

발렌티나 그레조(이탈리아)는 2016년 3월 26일 프랑스 바에서 스키로 247.083km/h를 기록했다. 이는 아셀라 고속열차보다 빠른 속도다. 이 종목은 선수들의 안전에 대한 우려로 지금까지 동계 올림픽 정식 종목에 포함되지 못하고 있다.

레드불 암벽 다이빙 월드 시리즈 최다 우승

개리 헌트(프랑스, 영국 출생)는 2010~2019년 사이 레드불 암벽 다이빙 월드 시리즈에서 우승을 8회 거뒀다. 그가 지금까지 기록한 가장 낮은 합계 순위는 2위다. 헌트는 2024년 파리에서 열리는 올림픽의 10m 다이빙 종목에 프랑스 대표로 출전하기 위해 2020년 9월 국적을 프랑스로 바꿨다.

최고 속도…

스피드 스키

이반 오리고네(이탈리아)는 2016년 3월 26일 프랑스 바에서 열린 스피드마스터대회에서 254.958km/h를 기록했다. 모터의 힘을 빌리지 않은 인간이 지상에서 기록한 최고 속도다. 이반은 스키로 코스의 막바지 100m 구간을 1초41 만에 돌파하며 자신의 형 시모네가 세운 기록을 경신했다. **여성** 기록은 같은 날 바에서 경신됐다(위쪽 참조).

모래 스키 속도

헨릭 메이(나미비아, 동독 출생)는 2010년 5월 31일 나미비아 스바코프문트의 사구를 스키를 타고 내려오며 92.12km/h를 기록했다. 메이는 어린 시절 노르딕 복합 스키 선수였다. 1998년 나미비아로 이민 간 후 그는 나미비아 사막의 모래로 눈을 대체했다. "깊이 쌓인 눈에서 스키를 타는 것과 비슷합니다. 하지만 그 정도로 깊이 빠지지는 않아요." 그가 말했다.

윈드서핑 속도

안톤 알뷰(프랑스)가 2015년 11월 2일 나미비아 뤼데리츠에서 98.65km/h를 기록했다. 뤼데리츠에 있는 800m 길이의 해자는 스피드 세일링 기록을 위해 만들어진 장소로 강한 바람과 잔잔한 물이 조화를 이룬다. 알뷰의 기록은 세계세일링속도위원회(WSSRC)가 공인했다.
여성 기록도 뤼데리츠에서 작성됐는데, 2017년 11월 22일 윈드서퍼 자라 데이비스(영국)가 86.09km/h를 기록했다.

스피드 세일링(500m)

폴 라슨(호주)은 2012년 11월 24일 나미비아 월비스베이에서 베스타스 세일로켓2로 항해해 121.21km/h를 기록했다. 그는 500m를 14초85에 주파했다. 라슨의 오랜 기록은 2022년 경신될 가능성이 있는데, 스위스 기술자들로 구성된 팀이 커다란 연으로 추진력을 얻는 SP80 수중익선을 제작해 148km/h의 벽을 깨기 위해 노력하고 있다.

모래 마라톤(MDS) 최다 우승

1986년 처음 시작된 모래 마라톤은 모로코 사하라 사막에서 6일 동안 250km를 달리는 울트라마라톤 경주다. 라흐센 아한살(모로코, 오른쪽 사진)은 1997년과 1999~2007년 10회 우승을 달성했다. 라흐센의 형제 모하마드는 5회 우승자로 1998년에는 16시간 22분 29초로 대회 최단 시간 기록을 달성했다.

최고 깊이 노 리미트 프리다이빙

허버트 니슈(오스트리아, 아래 오른쪽)는 2007년 6월 14일 그리스 인근의 섬 스페체스에서 슬레드를 타고 214m까지 내려갔다. 프리다이빙 역사상 가장 깊은 기록이다. 니슈는 2012년 6월 6일 자신의 기록을 깨기 위해 도전하던 중 의식을 잃어, 심각한 감압병을 겪었다. 그는 6개월 동안 휠체어를 타고 생활했다. 노 리미트 프리다이빙은 다이버가 더 깊은 곳으로 내려가기 위해 모든 장비를 사용해 추진력을 얻을 수 있는 종목으로, 다이빙 협회 AIDA에서 규정하고 있다.

서핑한 가장 큰 파도(여성)

마야 가비에라(브라질)는 2020년 2월 11일 포르투갈에서 열린 월드서프리그의 나자레 토우 서핑 챌린지에서 22.4m 높이의 파도를 서핑했다. 나자레의 프라이아 두 노르치(북쪽 해변)는 가렛 맥나마라가 2011년 당시 최고 기록이었던 23.77m 높이의 파도를 탄 이후 서퍼들이 몰려드는 장소다. '괴물 파도'는 깊은 해저 협곡으로 인해 발생하는데, 압축된 물이 협곡의 물길을 지나 해안으로 향하면서 너울이 생긴다.

프리다이빙

남자 깊이 종목	깊이	이름	장소	날짜
고정 무게, 핀 착용	130m	알렉세이 몰차노브(러시아)	바하마 롱 아일랜드	2018년 7월 18일
고정 무게, 바이핀 착용	113m	알렉세이 몰차노브(러시아)	이집트 샤름 엘 셰이크	2020년 11월 26일
고정 무게, 핀 없이	102m	윌리엄 트루브리지(뉴질랜드)	바하마 롱 아일랜드	2016년 7월 20일
가변 무게	150m	왈리드 보우디아프(튀니지)	이집트 샤름 엘 셰이크	2021년 1월 17일
노 리미트	214m	허버트 니슈(호주)	그리스 스페체스	2007년 6월 14일
프리 이멀전	125m	알렉세이 몰차노브(러시아)	바하마 롱 아일랜드	2018년 7월 24일

여자 깊이 종목	깊이	이름	장소	날짜
고정 무게, 핀 착용	114m	알렌카 아르트니크(슬로베니아)	이집트 샤름 엘 셰이크	2020년 11월 7일
고정 무게, 바이핀 착용	92m	알렌카 아르트니크(슬로베니아)	필리핀 팡라오	2019년 6월 11일
고정 무게, 핀 없이	73m	알레시아 체키니(이탈리아)	바하마 롱 아일랜드	2018년 7월 22일
가변 무게	130m	난야 판 덴 브룩(네덜란드)	이집트 샤름 엘 셰이크	2015년 10월 18일
노 리미트	160m	탄야 스트리터(미국)	터크스 케이커스 제도	2002년 8월 17일
프리 이멀전	98m	알레시아 체키니(이탈리아)	퀴라소	2019년 10월 16일

스피드 패러슈팅(FAI 공인)

트래비스 미클(미국)은 2017년 11월 6일 오버턴에서 열린 윙슈트 플라잉 FAI 월드컵에서 325.4km/h의 속도를 기록했다. 같은 날 세워진 여자 기록은 반대쪽에 나와 있다.

스피드 패러슈팅 캐노피 파일롯팅(FAI 공인)

마리오 파토루소(이탈리아)는 2019년 11월 23일 남아프리카공화국 프리토리아에서 열린 제10회 캐노피 파일롯팅 FAI 월드컵에 출전하여 70m 코스를 1초943의 기록으로 날아갔다.

1km 얼음 수영

스벤 엘페리흐(네덜란드)는 2019년 2월 16일 알텐워스에서 열린 오스트리아 아이스 스위밍 챔피언십에 출전해 3.6℃의 물속에서 1km 거리를 11분 55초4 만에 헤엄쳐 갔다. 당시 그는 19세였다. 이 대회는 국제얼음수영협회의 규정에 따라 치러졌다.

여성 기록은 12분 48초7로 알리자 파툼(독일)이 2019년 1월 6일 파이츠브론에서 열린 아이스 스위밍 독일 오픈 대회에서 작성했다. 수온은 1.4℃였다.

북극 마라톤

토마스 맥과이어(아일랜드)는 2007년 4월 15일 북극해 러시아 지역에서 열린 북극 마라톤 대회에 출전해 3시간 36분 10초의 기록으로 우승을 거뒀다. 맥과이어는 눈신발에 옷을 3겹으로 입고 고글과 발라클라바(방한용 모자)를 착용했다. 그는 당시 환경을 "모래 언덕을 달리는 것처럼 극도로 힘들었습니다"라고 표현했다.

허버트 니슈는 8개 종목에서 30회 이상 프리다이빙 세계기록을 작성했다.

남극 얼음 마라톤 최고 기록

윌리엄 해퍼티(미국, 오른쪽 사진)는 2019년 12월 13일 체감 온도 영하 15℃와 싸워가며 남극 얼음 마라톤 대회에서 3시간 34분 12초 만에 우승을 거둬 이전 기록을 35초 경신했다. 장소는 유니온 빙하로, 엘스워스산맥 인근에서 진행됐다. **남극 마라톤 최고 기록**은 마이클 와디언(미국, 삽입된 사진)이 2017년 1월 23일 세운 2시간 54분 54초다. 이 기록은 월드 마라톤 챌린지의 첫 번째 구간에서 작성됐는데, 이 대회에 출전한 선수들은 일주일 안에 7개 대륙에서 각각 마라톤을 완주해야 한다.

울트라러닝

페나인웨이 울트라러닝 최고 기록

데미안 홀(영국)은 2020년 7월 22~24일 영국에서 가장 오래된 국도를 61시간 35분 15초 만에 달렸다. 페나인웨이 달리기는 스코티시보더스주에서 더비셔까지 431km 거리이며, 수직 높이는 1만 1,836m의 편차가 있다. 홀은 전체 코스를 지나며 40분 이상 잠을 자지 않았다. 헌신적인 환경운동가인 그는 달리기 도중 쓰레기를 줍고, 차나 후무스, 아보카도 샌드위치 같은 식물성 음식만 먹었다.

최장거리 연례 달리기 대회

스리 친모이 자기 초월 3,100마일 레이스는 매년 여름 미국 뉴욕시의 연장 구간을 도는 대회다. 참가자들은 52일 동안 매일 약 96km씩 달려야 완주할 수 있는 코스를 숨 막히는 습도와 폭우에 맞서며 질주해야 한다. **우승자 최고 기록**은 아스흐프리하날 알토(핀란드, 위 사진)가 2015년 6월 14일부터 7월 24일까지 작성한 40일 9시간 6분 21초다.

50km 달리기 최고 기록(여자)

앨리슨 딕슨(영국)은 2019년 9월 1일 루마니아 브라쇼브에서 열린 IAU 50km 월드 챔피언십에 출전해 3시간 7분 20초 만에 우승하며 초장거리 달리기 대회 데뷔에서 30년 된 기록을 경신했다. 딕슨은 7일 후 영국 타인위어주에서 열린 그레이트노스런에서 원더우먼 의상을 입고 **슈퍼히어로 복장 하프 마라톤 최고 기록(여자)**을 작성했다(1시간 18분 26초).

가장 오래된 울트라마라톤

컴래드 마라톤 대회는 1921년 5월 24일 제1차 세계대전에서 전사한 남아프리카 군인들을 기리기 위해 시작됐다. 남아공 더반부터 피터마리츠버그 사이의 언덕이 많은 약 90km 코스를 달리는 대회로 매년 '오르막'과 '내리막'으로 방향이 바뀐다. 최단 시간 우승 기록은 데이비드 가테베(남아공)가 2016년 5월 29일 '내리막' 코스에서 달성한 5시간 18분 19초다.

스파르타스론 최고 기록

야니스 쿠로스(그리스)는 1984년 9월 30일 그리스의 상징적인 울트라마라톤을 20시간 25분 만에 완주했다. 1983년 처음 열린 스파르타스론은 아테네와 스파르타의 246km 거리를 달려야 한다. 참가자들은 기원전 490년 페르시아를 상대로 벌어진 마라톤 전투에서 지원을 요청하기 위해 스파르타까지 달려간 고대 아테네의 병사 페이딥피데스의 업적을 본받으려고 한다.

여성 기록은 24시간 48분 18초로 파트리차 베레즈노프스카(폴란드, 아래 참조)가 2017년 9월 30일 작성했다.

바클리 마라톤 최단 시간 완주

브렛 마우네(미국)는 2012년 4월 2일 미국의 색다른 최장거리 경기를 52시간 3분 8초 만에 완주했다. 개리 '라자루스 레이크' 캔트렐이 생각해 낸 바클리 마라톤은 테네시 언덕 32km 거리를 5바퀴 달리는데, 에베레스트의 2배 높이인 총 1만 8,000m의 고도를 올라야 한다. 지금까지 단 18명의 선수만이 전체 레이스를 제한시간인 60시간 이내에 완주했다. 매년 40명의 달리기 선수들이 참가하는데, 여기에는 완주할 확률이 가장 낮은 1명의 '인간 재물'이 포함돼 있다. 출발시각은 비밀에 부쳐지며, 1시간 전에 소라껍데기를 불어 참가자들에게 경고를 보낸다.

최장거리 달리기

남자	시간/거리	이름	장소	날짜
50km	2시간 43분 38초	톰슨 마가와나(남아공)	남아공 케이프타운	1988년 4월 12일
100km	6시간 09분 14초	카자미 나오(일본)	일본 사로마 호수	2018년 6월 24일
100miles*	11시간 19분 13초	잭 비터(미국)	미국 밀워키	2019년 8월 24일
1,000km	5일 16시간 17분 00초	야니스 쿠로스(그리스)	호주 콜락	1984년 11월 26일~12월 1일
1,000miles	10일 10시간 30분 36초	야니스 쿠로스(그리스)	미국 뉴욕시	1988년 5월 20~30일
6시간	97.2km	도널드 리치(영국)	영국 런던	1978년 10월 28일
12시간*	168.79km	잭 비터(미국)	미국 밀워키	2019년 8월 24일
24시간	303.50km	야니스 쿠로스(그리스)	호주 애들레이드	1997년 10월 4~5일
48시간	473.49km	야니스 쿠로스(그리스)	프랑스 슈흐쥐흐	1996년 5월 3~5일
6일	1,036.8km	야니스 쿠로스(그리스)	호주 콜락	2005년 11월 20~26일

여자	시간/거리	이름	장소	날짜
50km	3시간 07분 20초	앨리슨 딕슨(영국)	루마니아 브라쇼브	2019년 9월 1일
100km	6시간 33분 11초	아베 토모에(일본)	일본 사로마 호수	2000년 6월 25일
100miles	12시간 42분 40초	카미유 헤론(미국)	미국 비엔나	2017년 11월 11일
1,000km	7일 16시간 08분 37초	파울라 마이어(호주)	미국 뉴욕시	2002년 9월 29일~10월 6일
1,000miles	12일 14시간 38분 40초	산드라 바윅(뉴질랜드)	미국 뉴욕시	1991년 10월 16~28일
6시간	85.49km	넬레 알더-베렌스(독일)	독일 뮌스터	2017년 3월 11일
12시간	149.13km	카미유 헤론(미국)	미국 피닉스	2017년 12월 9~10일
24시간	270.11km	카미유 헤론(미국)	프랑스 알비	2019년 10월 26~27일
48시간	397.10km	이나가키 스미에(일본)	프랑스 슈흐쥐흐	2010년 5월 21~23일
6일	883.63km	산드라 바윅(뉴질랜드)	호주 캠벨타운	1990년 11월 18~24일

*국제울트라러너협회의 인증을 대기 중이다

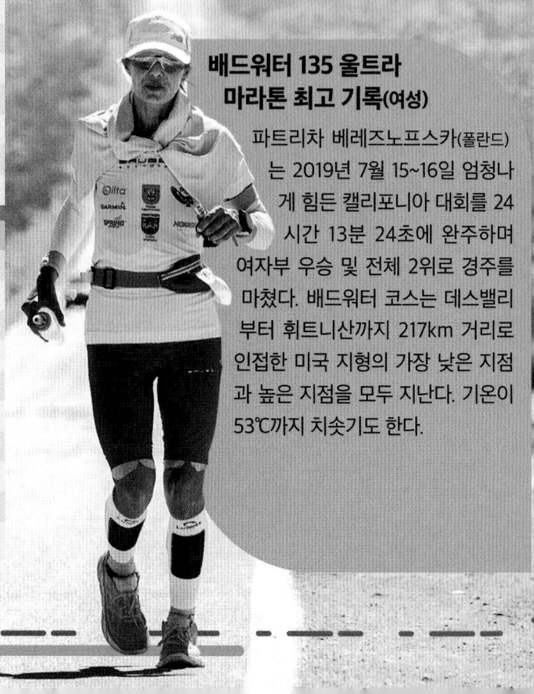

배드워터 135 울트라 마라톤 최고 기록(여성)

파트리차 베레즈노프스카(폴란드)는 2019년 7월 15~16일 엄청나게 힘든 캘리포니아 대회를 24시간 13분 24초에 완주하며 여자부 우승 및 전체 2위로 경주를 마쳤다. 배드워터 코스는 데스밸리부터 휘트니산까지 217km 거리로 인접한 미국 지형의 가장 낮은 지점과 높은 지점을 모두 지난다. 기온이 53℃까지 치솟기도 한다.

압도적인 챔피언들

트랙 경기 최다 연승
에드윈 모지스(미국)는 1977~1987년까지 400m 허들 경기에서 122연승을 거뒀다. 2.9m의 엄청난 보폭에 힘입어 그는 9년 9개월 9일 동안 패배를 모르며 질주했다. "천천히 달려도 다른 선수들이 빨리 달리는 것보다 빨라요." 그가 말했다. 모지스는 1987년 6월 4일 스페인 마드리드 경기에서 마지막 허들에 걸리며 마침내 패했다.
필드 경기 최다 연승은 150회로 루마니아의 높이뛰기 선수 이올란다 발라스가 1957~1967년까지 기록했다. 그녀는 대회에서 세계기록을 14회 작성했고, 1958년 10월 18일에는 6ft(1.8m)를 넘은 최초의 여자 선수가 됐다.

최장기간 스쿼시 무패 기록
헤더 맥케이(호주)는 1962년부터 1981년 은퇴까지 19년 동안 무패를 이어갔다. 맥케이는 하키 호주 국가대표로도 선발된 대단한 운동선수로, 강력한 신체 능력과 라켓 스킬로 스쿼시 코트를 지배했다. 그녀는 전체 경력에서 단 2패만 기록했으며, **브리티시 오픈 챔피언십 최다 우승**인 16회를 연속으로 달성했다. 그녀는 1968년 결승에서는 베브 존슨을 상대로 단 15분 만에 9-0, 9-0, 9-0 승리를 거뒀다.

승마 최다 연승을 기록한 기수
조르지 히카르두(브라질)는 2021년 3월 15일 기준 1만 3,069회나 우승 트로피를 들어 올렸다. 그는 2018년 2월 7일 이전 기록 보유자인 러셀 베이즈를 합계 기록에서 넘어섰고, 2020년 9월 25일 자신의 홈 트랙인 브라질 리우데자네이루에서 58세의 나이로 1만 3,000번째 승리를 거뒀다. 남아공을 기반으로 활동하는 히카르두는 브라질 기수 타이틀도 26회나 연속으로 획득했다.

윈드서핑 월드 챔피언십 최다 타이틀
비외른 던커벡(스위스, 덴마크 출생)은 1988년부터 2016년 사이 윈드서핑 세계 타이틀을 42회나 획득했다. 그의 기록에는 12회 연속 국제프로서핑선수협의회 종합 챔피언, 활강 10회, 레이싱 9회, 웨이브 7회, 스피드 3회, 프리스타일 1회 타이틀이 포함돼 있다.

바이애슬론 월드 챔피언십 최다 메달
올레 에이나르 비에른달렌(노르웨이)은 1997~2017년까지 월드 챔피언십 메달을 45개 획득했다. 이 '바이애슬론의 왕'은 **동계 올림픽 메달 최다 획득 기록**도 가지고 있다(13개).

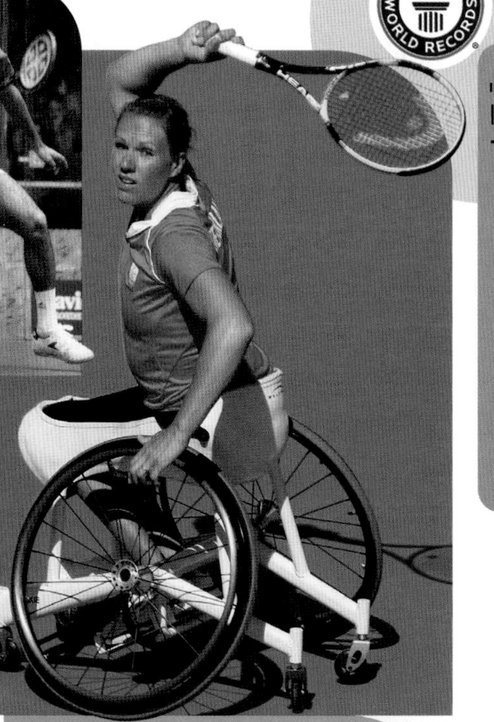

최다 연속 휠체어 테니스 단식 경기 승리
에스터르 페르헤이르(네덜란드)는 2003~2012년 사이 휠체어 테니스 단식 경기에서 470승을 거뒀다. 그녀는 월드 챔피언에 12년 연속 올랐으며, 패럴림픽에서 단식 4회, 여자 복식 3회로 총 7번 타이틀을 거머쥐었다. 국제테니스연맹에 따르면 페르헤이르의 연승 기록은 스쿼시의 전설 자한기르 칸(파키스탄, 삽입된 사진)이 1981년 11월부터 1986년 11월까지 555연승을 거둬 달성한 **남자 스쿼시 최다 무패 기록**에 이어 두 번째로 많은 기록이다.

그레코로만 레슬링 챔피언십 및 올림픽 최다 금메달
알렉산더 카렐린(소련/러시아)은 1988~1999년 사이 슈퍼헤비급에서 올림픽 금메달 3개와 9번의 세계 타이틀을 획득했다. 믿을 수 없는 힘과 상대를 뒤집는 능력으로 유명한 카렐린은 13년 동안 무패를 기록했다. 그의 박사학위 논문은 「수플렉스 되치기를 실행하는 방법」이다.

트라이얼 세계 챔피언십 최다 타이틀
2020년 트라이얼 선수 안토니 보우(스페인)는 자신의 2007년 이후 연속 스물여덟 번째 세계 챔피언십 타이틀을 획득했다. 그는 국제 모터사이클경기협회(FIM) X-트라이얼(오른쪽)의 실내 경기에서 14회, FIM 트라이얼 월드 챔피언십에서 14회 타이틀을 획득했다. 모터사이클 트라이얼은 선수가 장애물을 건드리거나 발을 땅에 대지 않고 지나는 비(非)속도 경쟁 경기다.

ASP/월드서프리그 월드 챔피언십 최다 타이틀(남성)
켈리 슬레이터(미국)는 1992~2011년까지 세계 타이틀을 11회 획득했으며, 남자 세계 서핑 챔피언 **최연소**(20세 299일) 기록과 **최고령**(39세 302일) 기록도 가지고 있다. 또 그는 **ASP/월드서프리그 챔피언십 투어 대회 최다 우승**(남자) 기록도 가지고 있다(55승). 그는 자신의 유려한 스타일과 공중 묘기로 서핑의 새로운 시대를 열었으며 인공 파도 풀장 기술을 개발하기 위해 수년간 헌신했다.

종합

스누커 최다 순위 타이틀

로니 오설리반(영국)은 2020년 8월 16일 자신의 37번째 순위 타이틀을 차지하며, 월드 스누커 챔피언십 트로피를 6번째로 들어 올렸다. '더 로켓'은 자신의 첫 순위 타이틀을 1993년 11월 28일 영국 챔피언십에서 단 17세의 나이로 차지했다. 그의 통산 기록에는 **영국 챔피언십 최다 우승**(7회) 및 **마스터스 최다 타이틀 획득**(7회)이 포함돼 있다.

최다...

AFL 놈 스미스 메달

1979년 처음 수여된 놈 스미스 메달은 호주 풋볼리그의 그랜드 파이널 경기에서 '최고의 활약'을 선보인 선수에게 주어진다. 더스틴 마틴(호주)은 2020년 10월 24일 리치먼드가 질롱을 31점 차이로 꺾으며 이 상을 3번째로 수상했다. 그들은 4년 동안 3개의 프리미어십 타이틀을 차지했다. 그는 4골 및 21번의 볼 처리를 기록했다.

FIS 프리스타일 스키 월드 챔피언십 금메달

미카엘 킹즈버리(캐나다)는 2021년 3월 자신의 5번째와 6번째 월드 챔피언십 금메달을 목에 걸었다. 이 프리스타일 스키 선수는 부상 시즌을 눈부시게 마무리했는데, 카자흐스탄 알마티에서 모굴 1인 및 2인(듀얼) 종목에서 우승하며 카리 트라와 제니퍼 헤일의 역대 최고 기록을 2회 경신했다.

FIS 알파인 스키 월드컵 한 종목 최다 우승 (여자)

미카엘라 쉬프린(미국)은 FIS 알파인 스키 월드컵 회전 종목에서 45회 우승했다. 그녀는 린지 본의 활강 43회 우승을 2021년 1월 12일 우승하며 앞질렀다. 쉬프린은 **남자** 기록에 단 1회 뒤쳐져 있는데, 잉에마르 스텐마르크(스웨덴)이 1975년 2월 23일부터 1989년 2월 19일까지 대회전 종목에서 46회 우승을 기록했다.

가장 빠른...

15m 스피드 클라이밍

률리아 카플리나(러시아)는 2020년 11월 21일 러시아 모스크바에서 열린 국제스포츠클라이밍연맹 유로피언 챔피언십에서 15m 표준 암벽을 6초964 만에 올랐다.

1,500m 실내 육상(여자)

구다프 체가이(에티오피아)는 2021년 2월 9일 프랑스 리에벵에서 열린 세계 육상 실내 투어 골드 미팅 대회 여자 1,500m에서 3분 53초09로 우승을 차지했다. 그녀는 이전 기록을 2초 이상 차이로 박살 내버렸다.

럭비 슈퍼리그 트라이

헐 킹스턴 로버스의 센터 벤 크룩스(영국)는 2021년 4월 16일 허더즈필드 자이언츠를 상대로 7초 만에 더치 다운에 성공했다. 헐이 25-24로 승리를 거뒀다.

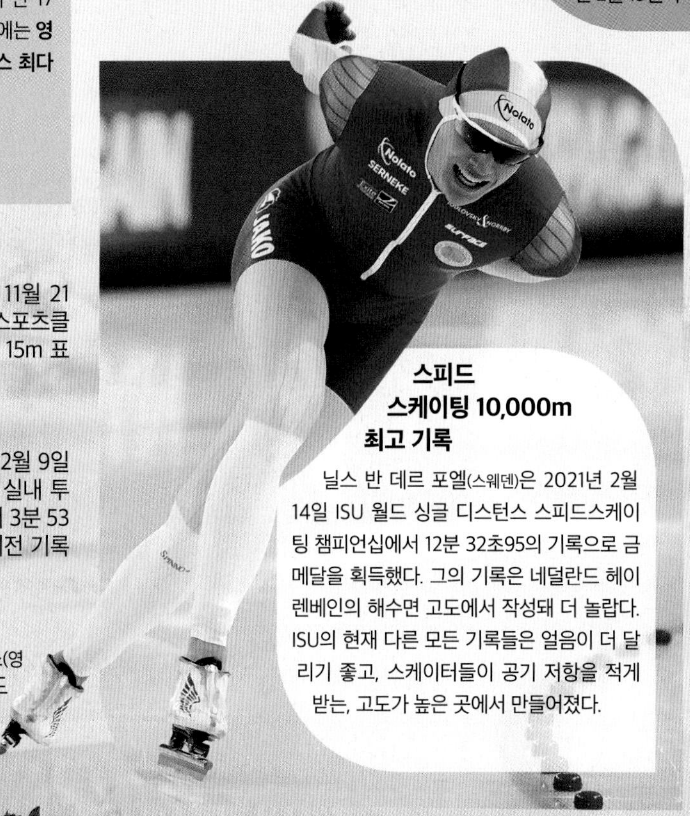

스피드 스케이팅 10,000m 최고 기록

닐스 반 데르 포엘(스웨덴)은 2021년 2월 14일 ISU 월드 싱글 디스턴스 스피드스케이팅 챔피언십에서 12분 32초95의 기록으로 금메달을 획득했다. 그의 기록은 네덜란드 헤이렌베인의 해수면 고도에서 작성돼 더 놀랍다. ISU의 현재 다른 모든 기록들은 얼음이 더 달리기 좋고, 스케이터들이 공기 저항을 적게 받는, 고도가 높은 곳에서 만들어졌다.

게일식 풋볼 올 아일랜드 파이널 연속 우승

더블린은 2020년 12월 19일 아일랜드 더블린 크로크 파크에서 마요를 2-14, 0-15로 꺾고 샘 맥과이어컵을 6회 연속으로 차지했다.

ITTF 월드투어 그랜드 파이널 남자 단식 타이틀

마 롱(중국)은 2020년 11월 22일 국제탁구연맹 월드투어 그랜드 파이널에서 자신의 6번째 단식 타이틀을 획득했다. 같은 날 첸멍은 4연속 우승을 달성하며 장이닝(둘 다 중국)의 **여자 단식** 기록과 동률을 이뤘다.

프로 볼링 협회 메이저 챔피언십

제이슨 벨몬트(호주)는 2020년 3월 15일 PBA 월드챔피언십에서 앤서니 시먼슨을 213-190으로 꺾고 자신의 13번째 메이저 챔피언십을 차지했다. 벨몬트는 마이크 올비 이후 PBA의 5개 메이저 대회, '슈퍼 슬램'에 모두 출전한 단 두 번째 텐핀 볼링 선수다.

그랜드내셔널에서 우승한 최초의 여성 기수

레이첼 블랙모어(아일랜드)는 2021년 4월 10일 영국 머지사이드의 에인트리경마장에서 미넬라 타임스를 타고 우승을 차지했다. 블랙모어는 2015년 전문 기수가 되기 전에 말 관리학을 공부해 학위를 취득했다. 그녀는 1839년 스티플체이스(장애물 경주)가 처음 시작된 이래 그랜드내셔널에 출전한 단 19명의 여성 기수 중 한 명이다.

다카르 랠리 최다 우승

스테판 페테르한셀(프랑스)은 1월 3~15일 사우디아라비아에서 열린 다카르랠리 2021년 대회에서 자신의 14번째 우승을 차지했다. 모터사이클 종목에서 1991년부터 1998년 사이 6번의 타이틀을 차지했고, 자동차 종목 타이틀은 8번 기록했는데 이중 7번은 항법사 장-폴 코트레와 함께였다. 3개의 다른 대륙에서 우승한 유일한 드라이버로, 아프리카, 아시아, 남아메리카에서 달성했다. **최다 스테이지 승리**도 기록하고 있는데, 1988년 이후 81승을 거뒀다.

럭비 유니언 국제 경기 최다 출전

알룬 윈 존스는 국제 테스트 매치에 157경기 출전했다. 웨일스로 148경기, 영국과 아이리시 라이온스로 9경기다. 그는 2006년 6월 11일 아르헨티나와의 경기에서 데뷔해, 2020년 10월 31일 리치 맥코우의 148경기 기록을 경신했다. 윈 존스는 10년 이상 웨일스의 주장을 맡았고, 2013년에는 라이온스의 주장으로 팀을 이끌며 서드 테스트에서 호주를 넘어 우승을 차지했다.

럭비 유니온 국제 경기 심판

나이젤 오언스(영국)는 2020년 11월 28일 자신의 100번째 국제 테스트 매치 경기를 진행했다. 스타드 드 프랑스에서 열린 어텀 네이션스 컵 대회 프랑스와 이탈리아의 경기였다. 이 경기 후 그는 국제 럭비 은퇴를 선언했다. 이 웨일스인은 2003년 포르투갈과 조지아의 경기 진행을 맡아 테스트 매치에 데뷔했고, 2015년에는 럭비 월드컵 결승전의 심판을 봤다.

슈퍼바이크 월드 챔피언십

가와사키 레이싱 팀의 조나단 레아(영국)는 2020년 슈퍼바이크 타이틀을 6회 연속으로 자치했다. 그는 같은 국적의 조이 던롭이 1982~1986년 TT 포뮬러 원(월드 SBK 전신)에서 달성한 5회 연속 기록을 경신했다.
레아는 또 자신의 **최다 슈퍼바이크 레이스 승리**를 99회로 늘렸는데, 그는 2009년 6월 21일 처음 승리를 거뒀다.

슈퍼 넷볼 정규 시즌 골

웨스트 코스트 피버의 자니엘레 파울러(자메이카)는 2020 슈퍼 넷볼 정규 시즌에 795골을 넣었다. 그녀의 총득점에는 2점으로 인정되는 '슈퍼 샷'이 13개 포함돼 있다. 그녀는 플레이오프에서 웨스트 코스트 피버가 그랜드 파이널까지 가는 동안 전체 965골로 기록을 늘렸지만 멜버른 빅슨스에게 66-64로 패배를 당했다.
파울러의 시즌 득점에는 **슈퍼 넷볼 한 경기 최다 골**도 포함돼 있는데, 2020년 9월 12일 뉴사우스웨일스 스위프츠를 상대로 69골을 기록했다.

UFC 승리(여자)

아만다 누네스(브라질)는 2021년 3월 6일 UFC 259에서 메간 앤더슨을 1라운드 서브미션으로 꺾고 자신의 14번째 울티메이트 파이팅 챔피언십 승리를 쟁취했다. 누네스는 이 승리로 **최다 연속 승리(여자)** 기록을 12회로 늘렸다. 그녀는 UFC 역사에 모든 여자 밴텀급 선수 및 페더급 챔피언을 1라운드에서 꺾는 기록을 세웠다.

UFC KO/TKO 승리

데릭 루이스(미국)는 2021년 2월 20일 UFC 베가스 19에서 자신의 12번째 UFC KO를 기록하며 비토 벨포트(브라질)와 동률을 이뤘다.

가장 많이 완주한 24시간 원격 마라톤

2020년 10월 4일 버진 머니 런던 마라톤이 사상 최초로 원격으로 개최됐고, 3만 7,966명의 주자들이 결승선을 통과했다. 실제 레이스는 코로나-19로 인해 정예 선수들만 출전했지만, 전 세계의 사람들이 자신이 선택한 코스에서 전체 거리를 달리며 대회에 참가했다.

여자 루지 월드컵

나탈리 가이센베르거(독일)는 2020/21 FIL 루지 월드컵의 여자 싱글 종목에서 우승하며 자신의 8번째 크리스털 지구본 트로피를 들어 올렸다. 그녀는 아이를 출산하고 4개월 만에 대회에 복귀해 우승을 거뒀다.

가라테 1 프리미어 리그 최다 메달 획득

산드라 산체스(스페인)는 2014년 1월 10일부터 2021년 3월 12일 사이 가라테 1 프리미어 리그에서 36개의 메달을 획득했다. 금메달 18개, 은메달 10개, 동메달 8개다. 그녀는 가라테 여자 카타 종목에 출전하는데 가라테의 동작과 기술을 연결 동작으로 구성해 선보여야 한다. 출전 선수들은 기술적인 요소와 운동 능력 등으로 평가 받는다.

아이언맨® 트라이애슬론에 최초로 출전한 다운 증후군 선수

2020년 11월 7일 크리스 니키(미국)는 아이언맨 플로리다 트라이애슬론을 16시간 46분 9초의 기록으로 완주하며 새 역사를 썼다. 이 21세의 청년은 어렸을 때 수술을 여러 차례 받았고, 4세 때까지 걷지도 못했지만, 이 경기를 위해 하루에 8시간 씩 훈련을 받았다. 철인3종은 수영 3.8km, 자전거 180km, 마라톤 42.1km를 완주해야 한다.

엘리우드 킵초게

주요 통계
이름: 엘리우드 킵초게
출생일: 1984년 11월 5일
출생지: 케냐 캅시시와
세계 메이저 마라톤…
 ·레이스 우승: 9회
 ·시리즈 타이틀: 4회
올림픽 마라톤 타이틀: 1회(2016년)
세계 올해의 남자 선수상: 2회(2018년, 2019년)

42.1km를 달려야 하는 마라톤은 가장 상징적이면서 힘든 운동 경기다. 그리고 한 남자가 불가능하리라 생각했던 속도를 넘어서는 기록을 작성했다.

엘리우드 킵초게는 어린 시절 달리기를 시작했는데 매일 3.2km를 달려 학교에 갔다. 그는 18세의 나이로 5,000m 세계 챔피언이 되었고, 2013년에는 마라톤에 데뷔했다. 경기를 지배한 엘리우드는, 자신의 첫 12번의 레이스에서 11번 우승을 거뒀다. 그는 2018 베를린 마라톤에서 2시간 1분 39초로 **마라톤 최단 시간** 기록을 달성했다. 하지만 그는 훨씬 더 빨리 달리기로 계획했다.

오랜 기간 마라톤의 2시간 벽을 넘기란 신체적으로 불가능한 일로 여겨졌다. 엘리우드는 그게 틀렸다는 걸 증명했다. 이네오스(INEOS) 1:59 챌린지는 2019년 10월 12일 오스트리아 빈의 프라터 공원에서 열린 특별 마라톤 행사로, 이곳은 해수면 높이에 근접한 평평한 코스가 있어 도전 장소로 선택됐다. 전기자동차가 속도를 조절했고, 잉게브릭젠 형제들 같은 선수들이 나이키의 최첨단 베이퍼플라이 트레이너를 특별 제작해 신고서 엘리우드의 주변에 대형을 짜고 함께 달렸다. 이런 준비들로 인해 그의 기록은 마라톤계에서 정식으로 인정받을 수 없게 되었지만, 대신 엘리우드는 역사에 맞서는 레이스를 펼쳤다. 마지막 직선 구간, 그는 전력으로 질주해 1시간 59분 40초의 기록으로 결승선을 통과하며 **최초로 2시간 안에 달리는** 기록을 달성했다.

1

2

3

1. 프랑스 파리에서 열린 2003 세계선수권대회에서 엘리우드는 자신의 첫 성인 트랙 경기에서 금메달을 획득했다. 그는 5,000m 경기에서 막판 접전 끝에 우승했는데, 세계기록을 다수 보유하고 있는 히샴 엘 게루지(위 사진 오른쪽)를 포함해 스타 선수들이 즐비한 필드에서 승리를 쟁취했다.

2. 2016년 리우 올림픽 마지막 날, 엘리우드는 습한 날씨를 극복하고 마라톤 종목에서 금메달을 목에 걸었다. 그는 필드에서 70초나 앞서며, 1972년 남자 올림픽 마라톤 이후 가장 큰 격차로 우승을 차지했다.

3. 엘리우드는 2018년 9월 16일 **마라톤 최고 기록**을 달성하며 스포츠 역사에 자신만의 입지를 굳혔다. 그는 독일 베를린 마라톤에서 이전 세계기록을 1분 이상 앞당긴 2시간 1분 39초의 기록으로 우승을 차지했다.

4. 엘리우드는 2019년 4월 28일 결승선을 2시간 2분 37초 만에 통과하며 **런던 마라톤 최고 기록**을 작성했다. 그는 여자 대회 우승자인 브리짓 코스게이와 함께 해리 왕자에게 메달을 받았다. 그녀는 6개월 뒤 미국 일리노이주 시카고에서 2시간 14분 4초에 달려 **마라톤 최고 기록**(여자)을 달성했다.

5. 엘리우드는 2019년 10월 12일 오스트리아 빈에서 **최초로 마라톤 거리를 2시간 안에 달리는** 역주를 펼쳤다. 41명의 엘리트 페이스메이커들이 돌아가며 그를 도왔는데, 이들의 앞길에 레이저를 비춰 대형의 모양과 페이스 라인을 안내했다.

4

5

엘리우드는 평균 속도 21.1km/h를 기록했는데, 이는 100m를 17.08초의 속도로 422회 달린 것과 같다.

www.guinnessworldrecords.com/2022의 명예의 전당 섹션에서 엘리우드에 관해 더 많이 알아보자.

색인의 **굵은 글씨**는 주제에 대한 주 항목, 전체 장을 나타냅니다.

1~9
10종 경기 225
2인용: 낙하산 128, 사이클 114, 스카이다이빙 65, 패러글라이딩 11
2진수 암기 87
3D 프린팅: 거북이 등껍질 153, 다리 140, 생체공학 팔 151, 심장 150, 암초 27,
3D프린트 심장 150
4극 도전 127
4륜 오토바이 126
4주식 침대 214
7종경기 225
8,000좌 122-23

A~Z
AFC 챔피언스 리그 222,
AIDS 169
AR 고글 152
ARIA 203
BAFTA 200, 210
BTS 202, 204, 211, **212-13**
CAF 챔피언스리그 222
CASP 점수 150
CO_2 23
DC 코믹스 194
DJ 204
DNA 52
e-차량 142-43
e스포츠 & 스트리밍 204, **208-09**
e폐기물 29
FA 여자 슈퍼리그 223
FIFA 월드컵 222
***GTA* 197**
K-팝 211, 212-13
K2 등반 122, 123
L 시트 연속으로 많이 하기 11
mRNA 백신 150
NOAA 최고위 박사 42
PGA 투어 232
RSPB 메달 177
TV: 범죄 드라마 211, 수요가 높은 211, 인터넷 검색 210, 진행자 54, 65, 공상 과학 211
UEFA 챔피언스리그 222
UEFA여자 챔피언스리그223
UFC 243
US 마스터스 232
WWE 90-91
X-게임 179, **235**
X-항공기 144-45
zoom 204

ㄱ
가라테 243
가방: 마대 98, 254, 플라스틱 백 20, 21
가상 방문 8-9: 광동 과학센터 184-85, 로열티렐박물관 156-57, 루브르 박물관 132-33, 미국 국립 항공우주박물관 12-13, 미니어처 원더랜드 56-57, 빅토리아 앨버트 박물관 214-15, 옐로스톤 공원 78-79, 큐왕립식물원 110-11, 호주 동물원 32-33
가위 98
가이드북 49
가장 깨끗하게 제작된 물체 150
가죽 채찍 휘두르기 105
각룡 40
간헐천 78
간헐천 분출 78
갈릴레오 대포 153
감독: 미식 축구 218, 아이스하키 221
감자 배터리 152
감자: 감자 튀김 96, 으깬 97
갑옷공룡 41, 156
개 50, 88, 106, 152, **162-63**, 181
개의 귀 162
개인 위생용품 172
갯과 38, 39, 79
거꾸로: 농구공 던지기 89, 달리는 개 163, 181, 86 단어 철자 86
거대한 물건 98-99
거미 39
거북이 등껍질 153
건담 199
건물: **건축 140-41**, 캔틸레버 141, 철거 153, 주거용 건물 24, 25, 141, 패시브 하우스 140, 조립식 141, 빌딩 오르기 84, 고도 141, 날씬한 140, 태양열141
건축 140-41, 컴퓨터 구조 149 건물 참조
걷기: 가로질러 얼어붙은 호수 129, 경주 걷기 225, 국가 간 126, 129, 그랜드캐니언 129, 레고® 맨발로 벽돌 11, 106, 손 84,
게놈 46
게이밍 테크 206-07
게일식 풋볼242
게임 & 시계 기기 207
게임보이 207
게임쇼에서 박수 171
게임패드 99
격리 168
견과류 깨기 11
결핵 169
경기장 141, 태양열 140
경력: 레슬러 90, 무덤 파는 일꾼 171, TV 사회자 54, 산타클로스 171, 엘비스 프레슬리 헌정 연기 170
경매: 변장용 왕관 211, 비디오게임 211, 인사 카드 214, 운동화 173, 장난감 188, 트윗 205
경보 225
경사 항공기 144
경사대 점프: 몬스터 트럭 102, 103, 웨이크보드 11, 107
경사익 항공기 144
경주용 자동차 153, 234
계단 오르기 11, 84, 170, 훌라후프 105
고도: 기상 관측소 28, 동물 39, 로드 마라톤 128, 식물 44, 46, 열기구 125, 전기자동차 142, 콘서트 210
고래 36, 50, 53
고무줄 사슬 104
고스트버스터즈 88
고양이: 고양이 관련 물품 88, 스쿠터 163, 재주 172
고카트 180, 비디오 게임 193
곤충: 곤충 호텔 7, 메탄 내성 38, 소금 내성 38, 수집품 88
골: 농구 220, 아이스하키 221, 축구 222, 223
골든 부트 223
골프 232
골프 클럽 99
공: 농구공 10, 당구 11, 볼링 106, 스티커 99, 축구 82, 107, 탁구 11, 105, 테니스 162
공구: 미니어처 89, 돌 60
공기 흡입으로 몸에 캔 많이 붙이기 11
공룡 40-41, 52, 101, 156-57
공룡 꼬리 41
공상 과학 TV 시리즈 211
공항 모형 56
과속 벌금 160
과학 & 기술 134-55
관 제작자 170
관리인 170
관성력 71
관중: e스포츠 토너먼트 208, 레슬링 91, 사이클 이벤트 237
광자 150
교도소 농장 161
교도소 인구 161
구글 미트 204
구덩이 파기 104
구름꼭대기 53
구름다리 매달리기 84
구속복 탈출 124
국가: 대기 오염 22, 도보 횡단 129, 방문 126, 127, 보호지역 26, 쌍둥이 비율 63, 자전거 종단 114, 폐기물을 에너지로 전환 29, 환경성과지수 (EPI) 28
국립공원 26, 78-79
국제우주정거장 (ISS) 138-39, 로봇 145, 사령관 154, 우주유영 139, 154-55, 최단시간 138
군주 164, 165, 무대 및 화면 165
군주의 배우자 164, 165
굴 96
굴삭기 126
궁전 164
궤도 138, 145
균사체 보트 152
균형: 야구 배트 105, 전기 톱 105, 축구공 178, 포커 칩 107, 화장지 11
그랑프리 234
그래미 후보 203
그랜드 캐니언 129
그랜드내셔널 242
그랜드슬램 230
그레코로만 레슬링 241
극지 연구소 28
극지 탐험 116-19, 127, 128
극지에서: 남극 118-19
극지에서: 북극 116-17
극한 생물 38-39
극한 체온 70
금속 먹기 70
기관차 84
기네스 세계기록의 날 2020년 10-11
기념품: *고스트버스터즈* 88, *닥터 후* 89, *릴로 & 스티치* 89, 미키 마우스 188, *샵킨즈* 89, 스머프 89, *스타워즈* 190, 자동차 88, 위니-더-푸 188, *위저딩 월드* 196, 코카콜라 106, *트랜스포머* 197, *해피 데이스* 88, *헬로 키티* 188, **수집품** 참조
기동성 스쿠터 80-81, 93, 126, 153
기록 80-109
기름 유출 23, 42
기린 33, 52
기부: 식품 96, 개인 위생용품 172, 학용품 172
기상 관측소 28
기수 241, 242
기억력스포츠 87
기차: 강도 161, 끌기 72, 84, 모형 기차 세트 56, 57, 파괴자 171
기후 시위 28-29, 30
기후 이주 16
기후변화 16-17
깊이: 물고기 39, 바다 21, 해양 미세 플라스틱 21
꼬치 97
꿀 172
꿀벌 51, 벌집 100, 스펠링 비 86
끈끈이주걱 46, 47

ㄴ
나무 34, **44-45**, 110, 삼림 파괴 34
나무 숟가락 99
나비 39
나이: <타임>지 올해의 인물 29, BAFTA 200, 210, RSPB 메달 수상자 177, UN평화대사 174, 그래미 수상자 203, 나무 44, 노벨 수상자 174, 175, 동물 33, 162, 범죄자 161, 선수 83, 90-91, 179, 216, 222, 223, 226, 231, 232, 234, 235, 237, 쌍둥이 62, 양극 방문자 127, 왕족 164, 우주 비행사 155, 잡지 편집자 176, *또한* **가장 나이가 많은 참조...**
낙하산 238, 239, 2인용 128, 자유 낙하 124, 초음속 낙하산 153,
낚시용 루어 99
난초 110
날개: 코스프레용 날개 194, 항공기 날개 길이 145,
남극 118-19, 239
남극: 관리인 170, 탐험 118-19, 128
납치: 상업선 160, 여객기 160,
내셔널 여자축구 리그 223
냄새 나는 식물 110
네잎 클로버 53
네스호 129
넷볼 243
노벨상 151, 174, 175
노스해협 수영 121
노트르담 100
놈 스미스 메달 242
농구 10, 11, 89, 105, 183, **220**, 개 163, 휠체어 107, 227
농장: 교도소 농장 161, 수직형 27
높이 뛰기 225
누가 97
눈가리고: 블로우건 10, 콘홀 샷 104, 주사위 잡기 10, 클로츠키 퍼즐 86, 탁구공 튕기기 11
눈알 장식 98

ㄷ
다과점 173
다둥이 62-63
다리 140; 3D 프린터 140, 유리 바닥 141, 재활용 19
다양한 생물 53
다운 증후군 243
다이빙: 스쿠버 다이빙 121, 암벽 다이빙 238, 포유류 53, 프리다이빙 239
다이아몬드 165
다카르 랠리 242
닥터 후 74, 89
단거리경주 224
달 임무 13, 38, 127, 139
달걀: 공룡 52, 부활절 167
달리기: 거꾸로 163, 181, 건물 오르기 84, 도로 경보 225, 마라톤 128, 225, 238, 239, 243, 244-45, **울트라러닝 240**, 육상 224, 242
달팽이 37
당구공 11
당기기: 기관차 84, 썰매 84, 트랙터 65
대관람차101
대기 오염 22, 23
대변기 담당관 164
대서양 횡단 12, 13, 112, 120
대양의 SOS 42-43
대왕판다 51
대중교통 이용 26
대중문화 186-213
대체 불가능한 토큰 173, 205
대통령 선거 158
대회: 비디오 게임 191, 해커 149
더우인 205
데드 존 17
데드 행 자세 85
데스크톱 컴퓨터 148
데이터 릴 148
도난당한 물건 132
도도 50
도마뱀 33
도시: 국립공원 26, 대기 오염 23, 동물이 만든 지하 도시37, 빛 공해 23, 저탄소 26, 환경친화적 27
도주 차량 161
독 동물 33, 52
독감 169
동계 올림픽 241
동굴 벽화 172
동물: 구조물 36, 37, 길들여진 162, 독 33, 52, 동물원 33, 48-49, 53, 밀거래 51, 반려 동물 묘지 172, 보호구역 50, 51, **생태공학자들 36-37**, 야생 동물 조사 51, 에너지 사용 38, 우주 38, 자기파괴적 37, **자연보전 50-51**, 추위와 열 38, **동물원 & 수족관 48-49** *개별 항목* 참조
동물원 & 수족관 48-49
동물이 만든 어망 36
동키 콩 208, 209
두뇌: 공룡 41, 인간 61
드래곤볼 199
등반: 계단 11, 84, 105, 170, 로프 10, 빨리 오르기 242, 암벽 등반 129, 또한 등산 참조
등산 128, 130-31, **8,000좌 122-23**, 먼로 배깅 126
디오라마 101, 191
디즈니 공주들 192
디지털카메라 137
디킨 메달 (PDSA) 163
땅강아지 36
땅콩 버터 97, 166

ㄹ
라리가 223
라마 172
라이더 컵 232
라이키 204
라이트세이버 153
랠리 235, 242
랩 배틀 147
럭비 242, 243, 휠체어 227
런: 야구 219, 크리켓 231
런던 마라톤 245
레고® 100-01, *마인크래프트 디오라마* 191, 맨발로 걷기 11, 106, 미니 피겨 89, 수집 101, 의수 100
레몬 주스 30
레몬주스 마시기 10
레슬링 90-91, 241
렌즈 137
렘브란트 그림 132
로렌스 올리비에상 64
로봇 146-47, 199, 영화 197
로켓 추진 항공기 144
로켓: 위성 합승 152, 재사용 152, 최초 인간 탑승 138

로키로드 96
로프 오르기 10
롤러 스키 126
롤러스케이트: 버피 85, 옆돌기 11, 줄넘기 105, 콩가 라인 106, 하이힐 108
뢰브너상 149
루빅큐브 86, 87
루지 243
리그 1 223
리듬 체조 229
리크 96
릭샤 126
릴레이: 경보 225, 달리기 224, 수영 236, 팀버스포츠 233
릴로 & 스티치 89
립밤 88

ㅁ
마대 주머니 98, 254
마라톤: 게임 209, 경보 225, 달리기 128, 225, 238, 239, 243, 244-45, 런던 245, 모래 238, 북극 239, 얼음 239, 원격 243, 지하 128, 훌라후프 107, 휠체어 226
마리오 193
마마이트 97
마블 195
마술 트릭 11
마우이 96
마이크로프로세서 149
마인드게임 86-87
***마인크래프트* 191**
마카로니 치즈 166
마피아 공판 161
만화 192
만화 캐릭터 68
만화책 194, 195, 211
말굽 던지기 11, 233
망원경 136, 137
맞춤법 86
매립지 18, 27
매운 고추 94
맹인 암벽 등반 129
머드 파이 96
머리: 병 뚜껑 열기 10, 총알 70, 축구공 균형잡기 178, 화장지 균형잡기 11
머리에 총알 70
먼로 배깅 126
멀리뛰기 225, 226
멀리있는: 나무 44, 인간이 만든 139
메신저 204
메탄 38
멜론 96
면도 146
면도 73
멸종 50
명예박사 31
명예의 전당: BTS 212-13, 데이비드 애튼버러 경 54-55, 마라와 더 어메이징 108-09, 말랄라 유사프자이 174-75, 미아-로즈 크레이그 30-31, 비리디아나 알바레스 차베스 130-31, 술탄 쾨센 76-77, 엘리우드 킵초게 244-45, 페기 윗슨 154-55
모노폴리 토큰 98
모노휠 93
모래 스키 238
모래성 98
모발 75, 수염과 콧수염 72-73, 아프로 헤어스타일 58, 여성다모증 73, 줄넘기 75, 한 올 73 *또한* 수염, 콧수염을 참조하십시오
모자 튕기기 107
모자이크 7
모터사이클 234, 242
모터사이클에서 물구나무서기 92
모토 X 235
모함 144
모험 112-31,
모형: 공항 56, 기차 세트 56, 57, 레고® 100-01, 마이크로 프로세서 149, 유행 64, 인간 장기 98, 콜로세움 57,
목: 공룡 157, 농구공받기 105, 화살부러뜨리기 10
목발 126
목으로 화살 부러뜨리기 10
몬스터 트럭 102-03
몬스터 트럭 도넛 기술 103
무게: 공룡 40, 물체 70, 배터리 사용 차량 143, 유기체 44, 음식 94, 96, 106, 이동식 컴퓨터 148, 출생 체중 62, 파충류 33, *들어올리기* 참조
무는 힘: 공룡 41, 악어 33
무당벌레 89
무대 모형 100
무덤 파는 일 171
무도병 169
무선 저소음 영역 22
무술 발차기 11, 105
무용 의상 107
무인항공기 (UAV) 146, 147
무작위 단어 암기 87
무증상 보균자 168
문신 68, 69
문어 39
문장: 지폐로 만든 문장 106, 자석 문장 11
물고기: 깊이 39, 로봇 147, 먹이 없이 39, 멸종 50, 수족관 48, 49
물수제비뜨기 104
뮤지션 202-03, 그래미 어워드 203, 노래 75, 203, 문신 68, 수입 202
미국 대통령 선거 158
미국 부통령 158
미세 플라스틱 21, 28, 43
미식가들 96-97
미식의 역사 166-67
미식축구 173, **218**
미키 마우스 188

ㅂ
바 에서 바로 점프 85
바나나 나무 110
바다 산책 42, 스팟 170, 오르막/내리막 127
바다 횡단: 대서양 12, 13, 112, 120, 북극 바다 116, 117, 카누 120, 열기구 125, 조정 112, 120, 카약 120, 121
바다: 깊이 21, 데드 존 17, 산성 42, 소음 공해 22, 수면 온도 16, 쓰레기 지대 42, 43, 플라스틱 21, 42, 43, 해양 연구 29, 해양건강지수 22
바닥 난방 140
바오바브 나무 44
바위 먹이 37
바이애슬론 월드 챔피언십 241
바이오매스 난방 시스템 25
바이칼 호수 129
바퀴달린 쓰레기통 93
바클리 마라톤 240
박물관: 방문자 8-9 ***가상 방문*** 참조
박스오피스 190, 195, 196, 197, 199, 200
박테리아 150
반려 동물 묘지 172
발: 발냄새 감별사171, 십대 75, 튕기기 107
발자국 60
발전소 14, 24, 25
발효식품 166
밤하늘 보호지구23
방귀연주자 170
방문자: 궁전 164, 동물원 & 수족관 48, 49, 박물관 및 갤러리 132, 우주 정거장 138
방사능: 오염 22, 70, 출입 금지 22, 폐기물 22
방사선 저항 생물 150
배드워터 울트라 마라톤 240
배설물 61
배심원단 심의 161
배우 64: 수익 200, 외계인 연기자 170, 키 66, 74, 특수 효과 분장 170, 흑인 200
배터리: 감자 152, 자동차 143, 콘솔 151
배트맨 심볼 101
배팅 기록 231
백신 168, mRNA 백신 150, 백신 개발 168, 169
백야드 스포츠 233
백플립: 몬스터 트럭 102, 오토바이 235,
밸런스 보드 106
뱀 39
곤충 호텔을 짓다 어스와치 7
버스 126
버터넛 스쿼시 96
버터워트 46, 47
버튼, 컨트롤러 206
버피 10, 85
번개 52
범죄 & 형벌 160-61
범죄 드라마 211
범죄 조직 160
법의학 화가 171
벚꽃 나무 101
베스트셀러: 만화 192, 195, 비디오 게임 189, 191, 193, 194, 싱글 202, 앨범 202, 213, 어린이 책 196, 주문 제작 집 24, 컴퓨터 148, 콘솔 206, 207, 또한 박스 오피스 참조
베이스 점프 104
벽 실행 162
벽화 7
변장용 왕관 211
병: 재활용 19, 20, 플라스틱 20, 향수 99
병뚜껑: 머리로 열기 10, 사슬 21
보그 커버 모델 64
보디빌더 74
보석 도난 161
보전 기구 51
보험: 지불금 190, 코와 혀 171, 평가 132
복싱 228
볼링 242, 크리켓 231
볼링공 10, 106
부: 군주 165, 순자산 증가 172, 영화 제작자 190 또한 실적 참조
부검 160
부라트부르스트 96
부메랑 233
부부 65, 등산 122, 신체 개조 68
부활절 달걀 167
북극 16, 116-17
북극 마라톤 239
북극 탐험 116-17
북극해 16, 116, 117
분데스리가 223
분수 140
불가사리 39
불꽃 147
브래드푸딩 96
브로드웨이 박스오피스 196
블랙홀 136, 150
블로우건 10
블루베리 96
비눗방울 104, 106
비둘기 172
비디오 게임: BAFTA 어워드 210, **e스포츠 & 스트리밍** 202, 204, **208-09**, MMORPG 186, pvp 186, 198, 게임 기기 211, **게이밍 테크 206-07**, 길드 210, 다운로드된 PS 플러스 게임 209, 동시 사용자 198, 마라톤 209, 멀티 플랫폼 148- 49, 모금 209, 비싼 211, 슈퍼히어로 프랜차이즈 194, 스위치 타이틀 193, 오래 등장한 캐릭터 194, 유튜브 예고편 209 전시 152, 최단시간 완료 199, 판매 189, 191, 192, 193, 194, 197, 플랫폼 게임 193, 플레이어 수입 199, 토너먼트 208, 흔히 보이는 캐릭터 193, 게임 *개별* 참조
비버 36
비버: 비버 관련 상품 89, 댐 36
비싼 땅 140
비싼: 경기장 141, 그림 132, 디지털 예술품 173, 땅 140, 로얄 웨딩 드레스 164, 변장용 왕관 211, 비디오 게임 211, 비디오 게임 콘솔 206, 애니메이션 192, 양 172, 양치기 163, 운동화 173, 육식성식물 47, 음식 172, 조각 215, 트윗 205, *포켓몬* 트레이딩 카드 189, 피어싱 69, *또한* 경매 참조
비트 96
비피터 171
빙산 17
빙상 녹음 16
빙상코어 28
빛 공해 23
빨간 결석 바닥 42
빨대로 만든 구조물 29
빨래집게 10, 73
빨리 기어가기 162
빵 96, 97, 166
뼈 60
뼈: 공룡 101, 157, 레고® 101
뿔 공룡 40

ㅅ
사고: 방사성 폐기물 22, 왕족 164-65
사과: 던져서 입으로 받기 105, 손으로 부수기 105, 자르기 105
사막 48
사망: 왕실 164-65, 팬데믹 168-69
사무실 관리자 65
사슬: 거품 104, 고무줄 104, 병뚜껑 21, 수영 72, 73
사슴 79
사업: 명함 89, 지속 운영 68
사이드 쇼 예능인 171
사이배슬론 146-47
사이클: 2인용 114, 미국 주 26, 세계일주 114, **울트라사이클링 114-15**, 장애인 사이클 226, 227, 종단 114, 126, **투르 드 프랑스** 237, 트랙 115, 핸드사이클 114, 후류 92, 자전거도 참조
사진 215, 가시선 153, 디지털 137, 153, 카메라 트랩 51
사형 160
사회 158-75
산: 높이 122, 탁상 26, 산림녹화 프로젝트 26, 산불 17
산타클로스 171
산호초 48, 다이 오프 42
산호초: 3D 프린트 27, 감소 42, 방파 36, 회복 43
삼림 파괴 34
상금 208
새: 고도 39, 맹금 51, 새소리 50-51, 새장 48, 쉬지 않고 비행 53, 열 내성 39, 위험한 32, 조류 관찰 31, 종 50, 51 *개별* 참조
새장 48
색칠용 그림책 99
샐서피 96
생물 교란 36
생체공학 팔 151
생태-공학자들 36-37
생태 프로젝트 26
샴쌍둥이 62
샵킨즈 89
샹들리에 98
서핑 239, 241
석기 60
선박 및 보트: 균사체 보트 152, 납치 160, 레고® 선박 100-101, 쌍동선 21, 작은 151, 플라스틱 병 보트 20, 해양 조사선43
섬 생물 다양성 53
성: 거주 165, 모래성 98, 플라스틱 병 20
성화 132
세계마인드게임챔피언십 87
세계프리스타일풋볼협회 (WFFA) 83
세단뛰기 225
세리에 A 222, 223
세쌍둥이 62, 63
세탁기 88
소금 내성 38
소년만화 192
소방관 66
소방차 126
소셜 미디어 204-05
소시지 96, 97
소음 공해 22, 23
소프트웨어 149
소행성 136, 138, 표본 152
속도: 낙하산 238, 239, 동물 79, 등반 122, 123, 130, 242, 레고® 건물 100, 먹기 94, 몬스터 트럭 103, 사이클링 114, 115, 스컬 226, 스케이트 242, 스키 238, **스트레이트라이너 92-93**, 우주선 138, 윈드서핑 238, 울트라러닝 240, 육상 224-25, 육식성 식물 47, 자동차 107, 142, 234, 자동차 레이싱 234, 장애인 사이클링 226, 전기차 143, 컴퓨터 149, 항공기 12, 144-45, 항해 120, 238, 휠체어 마라톤 226,
손 77, 걷기 84
손 짚고 재주넘기 84
손수레 92
손톱 75
솔하임 컵 232
솜사탕 167
솜사탕 167
쇼핑몰 18
수갑 120
수력 발전 24, 25
수련 111
수상 대서사시 120-21
수상 비행기 145
수상 스키 106, 235
수수께끼 십자말풀이 87

수술 환자 64
수염 10, 72-73
수염 72-73
수염 월드 챔피언십 72, 73
수염에 골프 티 73
수염에 연필 73
수염에 포크 73
수영 236: 경쟁 236, 모노핀 120, 바다 수영 120, 수갑 착용 120, 쓰레기 지대 43, 아티스틱 스위밍 229, 얼음 수영 128, 239, 역류 풀 129, 잠수 121
수입: e스포츠 208, 골프 232, 뮤지션 202, 배우 200, 비디오게임 199, 208, 선수 230, 232, 유명인 210, 유튜브 204 테니스선수 230, 틱토커 205, *또한* 부를 참조
수족관 48, 49
수중: 걷기 42, 마술 트릭 11, 설치 1, 43, 스쿠버다이빙 121, 얼음 수영 121, 잠수 71, 정화 프로젝트 28
수집품 88-89, 101, 106, 110, 211 기념품 참조
숟가락에 달걀 올리고 달리기 233
숲 보호 26
슈퍼 히어로 영화 194, 195
슈퍼볼 173, 218
슈퍼휴먼 70-71
스냅챗 204
스노카이트 119
스누커 242
스리 친모이 자기 초월 3,100마일 레이스 240
스머프 89
스모 데드리프트 84
스모어 96
스위스 주 126
스카이다이빙: 개 50, 2인 65
스케이트: 스피드 스케이팅 242, 인라인 스케이팅 10, 피겨 스케이팅 229, *롤러 스케이트*도 참조
스케이트보드 126, 127, 179, 235
스쿠버 다이빙 121
스쿠터: 개와 고양이 163, 기동성 153, 전기 126, 127, 킥 스쿠터 126
스쿼시 241
스쿼트 85
스크래블 87
스키: X게임 235, 극지 116, 117, 118, 119, 남극 원정 118, 롤러 스키 126, 모래 스키 238, 수상 스키 106, 235, 스피드 스키 238, 프리스타일 242
스타 점프 85
***스타워즈* 190**, *밀레니엄 팔콘* 100
스타트업 148
스턴트맨 170
스토피 103
스트레이트라이너 92-93
스트리밍 202, 204 **e스포츠 & 스트리밍** 참조
스티커 공 99
스팀 208
스파르타스론 240
스펠링 비 183
스포츠 216-45
스포티파이 202
습지 17
습지 48
승마 241
시계: 원자 139, 우주 139
시계탑 안내자 170
시민상 173
식물: 다양한 53, 수집 110, **육식성 식물 46-47**, 110 화분 식물 110 정원, *나무 및 개별 항목* 참조
식인 60
신기한 재능 104-05
신기한 직업 170-71
신시사이저 152
신체 예술 68-69
신호 정보시설 172
실험실 고기 172
심장 마비 74
심판 173, 243
십각류 39
십자말풀이 87
십자말풀이 챔피언십 87
십진수 많이 외우기87
싱글 및 싱글 차트 50, 65, 202, 203, 211, 215
싱잉볼 98
쌍동선 21
쌍둥이 62-63, 66
쌍절곤 105
썰매 84
쓰레기 & 재활용 18-19, 20, 21, 28
씨앗: 달 38, 저장 110

ㅇ
아시안 뮤직 어워드 213
아이스크림 스틱 106
아이스크림 스틱 106
아이스크림: 기계 166-67, 맛 97, 밴 143
아이스하키 221
아이언맨® 트라이애슬론 243
아프로 헤어 스타일 58,
악어 33
알루미늄 재활용 19
알코올음료 166
암벽 다이빙 238
암벽 등반 129
암산 86
압도적인 챔피언들 241
앞구르기 85
애니메이션 영화 및 TV 시리즈 68, 192, 199
앨범 및 앨범 차트 202, 203, 212, 213
앱: 다운로드 204, 소비자 지출 205
야구 219
야구 배트 105
야자나무 44
야행성 동물원 48
양 172
양궁 233
양서류 52
양자 얽힘 150
양치기 163
양파 96, 양파 바지 97
언론인 65
언어 61, 철자 대회 86, 183
얼굴 터널 69
얼굴과 이름 외우기 87
얼음 수영 121, 128, 239
얼음: 로봇 147, 마라톤 239, 접촉 71, 주행 127, 축구공 저글링 82, 타디그레이드 38
엄마: 다산 63, 대리 75, 출생 및 아기 참조
엄청난 키 66-67, 74, 76-77
에미상 65, 194, 210, 211
에베레스트: 등반 122, 123, 130, 청소 28
에어 기타 105
엘비스 프레슬리 170
엠파이어스테이트 빌딩 84
여왕 165
여왕 배우자 164
역도 64, 디니 스톤 84, 로그 리프트 85, 작은 손가락 11, 104, 장애인 227
연승 90, 241
연패 208
열 견디기 38, 39, 70
열 차이 견디는 38, 39, 70
열기구 124-25
열대 우림 17, 34, 동물원 49
열수 79
염소 172
영어 채널 횡단 7
영장류 39, 50
영화 <카> 88
영화 200-01, 감독 200, 로봇 197, 박스오피스 190, 195, 196, 197, 199, 200, 보험 190, 상품판매 190, 슈퍼히어로 194, 195, 애니메이션 192, 199, 여러번 보기 211, 영화 감독 200, 유튜브 205전체관람가 199, 제목 200, 제작자 190, 책 시리즈 196, 프랜차이즈 190, 194
영화 제작자 190
영화관 200 *또한* **영화** 보기
옆돌기 11
예방 접종 168
예술: 개인 수집품165, 갤러리 및 박물관 132-33, 그리기 106, 도난 160, 디지털 173, 렘브란트 그림 132, 보험금 평가 132, 선사시대 동굴 벽화 172, 수중 설치 1, 43, 조각 참조
예술적인 스포츠 229
옐로스톤 공원 78-79
오르니토미미드 156
오스카 65, 192, 194, 195, 200
오아시스 138
오염 20, **22-23**, 42, 43
오염이 심한 강 23
오존 구멍 17
오토바이: 다카르 랠리 242, 모노휠 93, 모토 X 235, 백플립 235, 슈퍼바이크 월드 챔피언십 43, 얼음 위에서 127, 전기 142, 터빈 93, 트라이얼 241, 포켓바이크 (미니모토)126, 헤드스탠드 92, 휠리 92
오토자이로 126
온도: 신체 온도 극단 70, 온도차 38, 39, 70, 일교차 52, 일정한 52, 최고최저 16
온라인 건배하기 105
올드맨 오브 호이 129, 161
올림픽 229, 기수 227, 동계 올림픽 241, 오류 56, 패럴림픽 226, 227,
올해의 선수상 216
옷: 결혼식 드레스 164, 댄스 의상 107
와인과 샴페인 라벨 89
와플 아이언 167
완두콩 97
왓츠앱 204
왕 164
왕관 164, 211
왕세자 164
왕족 164-65
왜소증 62
외계행성 136, 137
외발자전거 99, 모자 쓰기 107, 저글링 10
요가 자세 84
욕실 99
용암 호수 128
우에보스 란체로스 96
우유 배달용 소형 전기 자동차 126
우주 망원경 137
우주 왕복선 13
우주 유영 71, 139, 154, 155
우주 정거장 138
우주 탐사 138-39
우주 탐사선 138, 139, 152
우주: 동물 38, 머문 시간 71, 박테리아 150, 실험실 고기 172, 이메일 149, 인간 138
우주비행사 127, 139, 154-55
우주선: 레고® 100, 상업용 138, 우주 왕복선 13, 재사용 가능 13, 145, 태양열 139
운동화 106, 173
울트라러닝 240
울트라사이클링 114-15
워커컵 232
원반 225
원숭이 53
원숭이 꼬리 수염 72
원자로 144
원형 경기장 57
웨딩 드레스 164
웨딩 쿠키 테이블 96
웨이브 보호 36
웨이크보드 램프 점프 11, 107
위니 더 푸우 188
위대한 여정 126-27
위성: 단일 로켓 152, 지도 152 우주망원경 참조
***위저딩* 월드 196**
위조 지폐 160
윈드서핑 238, 241, 지상용 126
윔블던 타이틀 230
윙슈트 128, 산개 대형 238
유대목 32
유리: 병 재활용 19, 유리 바닥 다리 141, 캔틸레버 스카이워크 141
유리바닥 다리 141
유명인 수입 210
유엔친선대사 174
유튜브 204, 205, 구독자 204, 205, 뮤직비디오 213, 비디오 게임 191, 209, 상위 계정 204, 수입 204, 싫어요 205, 영화 205, 조회수 204
육상 224-25, 241, 242
육식 공룡 40
육식성 식물 46-47, 110
은하 136
은하수 152
은행 강도 161
음료수캔 107
음속의 벽 71
음식: 먹을 수 있는 자동차 107, 메이저리그 이팅 (MLE) 96, **미식가들 96-97, 미식의 역사 166-67**, 생존 39, 70-71 *개별 항목* 참조
음악 202-03 콘서트 참조
응원단 146
이구아나 33
이동 거리: 먹을 수 있는 차 107, 사이클 114, **위대한 여정 126-27**, 잔디 깎는 기계 105, 전기 자동차 143, 제자리걸음 170
이동: 나비 39, 조류 53
이메일 149
이슬점 기온 16
이쑤시개 73
이유식 97
이중 유리 창문 140
익스트림 스포츠 238-39
인간 장기 98
인공: 팔 69, 100, 151, 로봇 146-47
인공물 질량 29
인류 58-77
인스타그램: 개 162, 팔로워 33, 54, 162, 204, 쥐 204
일주: 사이클 114, 열기구 124, 오토자이로 126, 자동차 127, 항공기 126, 127, 145, 항해 120, 121, 헬리콥터 127
입술 접시 69
잉글랜드프리미어 리그 (EPL) 223

ㅈ
자동차: 경주용 153, 234, 도주 161, 랠리 235, 먹을 수 있는 107, 속도 142, 수염으로 끈 72, 일주 127, 전기 127, 142, 충돌 실험 더미 170, 242, 활강 180
자두 덤플링 97
자루 안에 들어가 달리기 10
자선 걷기 65
자선 행사 65, 209
자연 보전 50-51
자연계 34-55
자연주의자 30-31, 33, 54-55, 177
자유낙하 71, 124
자전거: 자전거 창고 140, 전기 142, 사이클링도 참조
잔디 깎는 기계 105
잡지 편집자 176
장거리 장애물 경주 224
장난감: 경매 188, 기념품 88, 89, 모형 기차 세트 56, 57
장대높이뛰기 216, 225
장애인 스포츠 226-27
장어 39
재생 가능한 에너지 24-25
재주: 고양이 172, 개 162, 163, 181
재판 160, 161
재활용은 **쓰레기 & 재활용**을 참조
잼 도넛 97
잼 도넛 97
잼 병 99
저글링: 사과자르기 105, 얼음 위에서 축구공 82, 외발 자전거 10
적외선 분광기 151
적채 96
전기 자동차 127, 142
전기 톱 105
전기 항공기 145
전염성 질병 168-69
전파망원경 137
절도: 보석 161, 열차 161, 예술 160, 은행 강도 161
젊은 성취자: 구이 쿠어리 179, 기탄잘리 라오 182, 다라 맥아널티177, 록산느 다운스176, 알렉사 라우엔부르거 181, 자일라 아방가르드 183, 치논소 에체 178, 클로에 챔버스 180
점프: 높이뛰기 225, 로봇 147, 멀리뛰기 225, 226, 몬스터 트럭 102, 베이스 점프 104, 세단 뛰기 225, 웨이크보드 11, 107, 포고 스틱 233
젓가락 73, 97
정원: 수직 26, **큐왕립식물원 110-11**
제이슨 리버시지 80-81
젤리 97
조각 215, 빨대 29, 수중 1, 43, 파피에 마세 98, 재활용 플라스틱 21
조류 22
조립식 건물 141
조수 24, 25
조이스틱 206, 210
조정: 대양 조정 112, 120, 실내 조정 84, 영국 120
조정 226
존 오그로츠: 잔디 깎는 기계 105, 전기자동차 142, 핸드사이클 114
종: 다양성 162, 동물원 48,

복구 51, 인간 60-61, "잃어버린 종" 51, 플라스틱 오염 20
종신형 161
종이접기 강아지 106
종합: **과학 및 과학 기술 152-53, 기록학 106-07, 내추럴 월드 52-53, 대중 문화 210-11, 모험 128-29, 사회 172-73, 스포츠 242-43, 인간 74-75, 환경 환경 28-29**
주사위 10
죽마 126
줄넘기 10, 11, 64, 롤러스케이트 105, 자기 머리 75, 헤딩하면서 82
쥐 204
증폭기, 동물이 만든 36
지게차 143
지구 극점 127, 128, 129
지구를 재건하다 26-27
지도: '순환경제'로드맵 26, 위성지도 152, 은하수 152
지속가능한 환경 서약 28
지열 발전소 24, 25
지진 138
지팡이 마술 10
지폐 위조 160
지폐로 만든 문장 106
지하: 기구 비행 125, 동물 도시 35, 마라톤 128, 콘서트 210
지형 인자 36
직물 150
진동 기능 주변 기기 207
진흙 37
집 141, 수력 발전 25, 주문제작한 24, 태양열 24
집권 군주 164, 165

ㅊ

차량: **e-차량 142-43**, 로고 식별 10, 배터리 143, 차량 드리프트 142 *자동차,* 트럭 참조
참나무 잎 53
창고 140
채소 악기 연주자 170
책: 만화책 194, 195, 211, 색칠용 99, 어린이 196, 인간 피부 74, 재활용 18
챌린저 해연 127, 128, 129
천문학 136-37
철거 153
청소 프로젝트: 수중 28, 에베레스트 28
청소년: 머리카락 75, 발 75, 키 10, 66, 67
체리 96
체조 229
초기 인류 60-61
초신성 폭발 136
초음속 비행 144
초음파 탐지기 151
초콜릿 96, 167
촛불 끄기 105
최고령… 11, 33, 44, 46, 49, 50, 52, 53, 60, 61, 62, 63, **64-65**, 68, 78, 83, 127, 162, 164, 166, 173, 203, 210, 218, 223, 234
최고의 건축가들 100-01
최다 인원: 기후변화 시위 17, 바늘방석 105, 수염 72, 스티브 191, 에어 기타 105, 열기구125, 온라인 105, 올림픽 오륜 이미지 56, 재활용 로고 19, 콘퍼런스 49, 해리 포터 196
최첨단 과학 150-51
추상 이미지 암기 87
축구 11, 65, 107, 173, 178, **222-23**
축구는 **미식축구** 참조: **축구**, 오스트레일리아 축구, 게일 축구, **축구**
출생 및 아기: **다둥이 62-63**, 대리모 75, 동물 172, 생일이 같은 가족 75, 조산 62, 출생 무게 62, 호미닌 61
출판사 195
충돌 시험 더미 170
치아 61, 음료수 따기 107
치즈 166
치킨너깃 96
칠리 94-95, 96
칠리 콘 카르네 94
침대: 바늘방석 105, 4주식 214

ㅋ

카드 10, 암기 87
카약 120, 121
카약120
카이트 버기 126
카펫 214
칸첸중가 123
칼 저글링 105
칼: 8자 돌리기 105, 삼키기 104
캔틸레버: 건물 141, 다리 141
커티스 컵 232
커피 166, 커피콩 이스터 171
컨버스 신발 106
컨트롤러, 비디오 게임 206
컴퓨터 148-49
컴퓨터의 역사 148-49
케이넥스 차량 106
케이크 166, *마인크래프트* 191
코: 보험 171, 혀 대고 있기 74
코끼리 37
코로나-19 8, 50, 169, 생존자 64, 왕족 165
코로나바이러스 169 COVID-19 참조
코르크마개 166
코미디 시리즈 210
코스프레용 기계 날개 194
코알라 50
코카콜라 106
콘서트: 고도 210, 광산 210, 미니어처 56, 비디오 게임 209, 여러 도시 202, 채소악기 연주가 170, 티켓 판매 203, 213
콘솔 206, 207, 배터리가 필요 없는 151
콘크리트 벽돌 171
콘홀 샷 104, 233
콜 오브 듀티: 워존 210
콜로세움 57, 100, 101
콧수염 72
콩 96
콩가 라인: 개 181, 롤러 스케이트 106
쿠키 96, 97
크러프츠도그쇼 162
크로케 233
크리스마스 장식 98, 수염에 73
크리스마스: 슈톨렌 97, 앨범 202, 장식품 98, 카드 214
크리켓 231
클로츠키 퍼즐 86
키: 꽃 110, 나무 44, 45, 동물 52, 동물이 만든 구조물 37, 레고 블록 구조 101, 산 122, 130, 왕족 164, 인간 60, 66-67, 74, 76-77, 164, 포켓몬 캐릭터 189
킹덤 하츠 192

ㅌ

타워 84, 아이스캔디 스틱 106, 인간 84
<타임> 189, 올해의 어린이 182, 올해의 인물 29
타임 트라이얼, 사이클링 237
타임스 테이블 록 스타스 86
탁구공 튕기기 11, 105, 242
탄자나이트 52
태그 팀 91
태양 '캠프파이어' 138
태양 굴뚝 25
태양로 134-35
태양에 접근 138
태양열 발전: 건물 24, 141, 경기장 140, 발전소 14, 25, 항공기 145
태평양 거대 쓰레기 지대 42, 43
택시: 위대한 여정 126, 전기 143
터빈: 오토바이 93, 조류 25, 풍력 24, 25
턱걸이 85
텀블링 229
테니스 230, 테니스 공 입에 물고 162, 휠체어 230, 241
테스트 크리켓 231
텔레그램 204
토너먼트: 비디오 게임 208, 상금 208, 십자말풀이 87
토마토 106
토양: 샘플 152, 흙과 낙엽 37
토이 스토리 199
톰 무어 경 65
통발 식물 46, 47, 110
통발속 46
퇴비 19
투르 드 프랑스 237
투자 사기 160
투창 225
투표: 미국 대통령 선거 158, 선박 이름 43
트라이애슬론 243
트랙터 126, 풀러 65
트랜스젠더 62
트랜스포머 197
트럭: **몬스터 트럭 102-03**, 전기 102, 143, 지게차 143
트레드밀 82
트레이딩 카드 189
트위치 198, 208, 209, 210, 동시 시청자 209, 210
트위터 205
티라노사우루스 골층 156
티라노사우리드 뼈 157
티롤리안 횡단 128
티백 167
틱톡 204, 팔로워 205
팀버스포츠 233

ㅍ

파리지옥풀 47
파스타 97, 166
파충류 33, 52, 해양 파충류 156
파피에 마세 조각품 98
팔: 로봇 146, 바이오닉 151, 의족 69, 100, 151
팔벌려뛰기 85
팝콘 167
팝콘 기계 107
패들보드 120-21, 129
패러글라이딩 11
패럴림픽 226, 227
패시브 하우스 140
팩-맨 209
팬데믹 168-69
팬케이크 96
팻버그 23
퍼레이드 143
퍼프콘 97
펀치 11
페나인웨이 울트라러닝240
페레로 로쉐® 11
페이스북 47, 204
펭귄 30, 53
폐기물 18-19, eWaste 29, 매립지 18, 27, 방사성 22, 부동 파편 18, 42, 43, 시 19, 정화 프로젝트 28, 재활용 18, 19, 퇴비 19, 에너지 전환 공장(WtE) 29, 플라스틱 19, 42, 43,
포고스틱 233
포고스틱 233
포도 96
포뮬러 스튜던트 142, 153
포뮬러 원 209, **234**
포유류: 다양성 162, 다이빙 53, 밀거래 51
포이 돌리기 10
포커 칩 107
포켓몬 189
포켓바이크 126
포트나이트 198, 210
포환던지기 225
폭발 화구 79
폭포 26
폭풍: 우주 139, 열대 17
폴스만 129
푸시업 85, 로봇 147
풀-업 85
풋백 선수 65
풍력 발전 지역 24, 25
풍력 발전기 24
풍력 터빈 24, 25, 레고® 100
프라이브레드 96
프랜차이즈 영화 190, 194
프레미오 로 누에스트로 후보 202
프렌치프라이 96
프리다이빙 239
프리스타일 축구 82-83
플라밍고 89
플라스틱 19, **20-21**, 28, 42, 43
플라잉 디스크 163, 233
플라즈마 실드 139
플래그: 기수 227, 모자이크 7
플래시 안잔TM 암산 86
플레이스테이션 209
피겨 스케이팅 229
피어싱 68, 69
피자 파티 105

ㅎ

하노이 탑 87
하드디스크 플래터 148
하키: 공 터치 106, **아이스하키 221**
할리우드 명예의 전당 188
핫도그 96
핫스테퍼 묘기 82
항공기: 대서양 횡단 항공편 12, 13 동력 비행 13, 인간 동력 145, 초음속 144, 항공기 참조
항공기: **X-항공기 144-45**, 가변후퇴 144, 경사 날개 144, 날개 145, 납치 160, 로켓 추진 144, 모함 144, 무인146, 147, 속도 12, 144-45, 수상 145, 스핏파이어 126, 일주 126, 127, 145, 전기 145, 태양열 145, 헬리콥터 127
항성 진동 137
항해: 속도 238, 일주 120, 121
해골 타투 68
해리 포터 196
해머던지기 225
해면 39
해빙 16
해수면 상승 16
해양보호구역 42
해초 42
해커 149
해트트릭 231
해피 데이스 88
핸드사이클 114
햄 172
햄스터 53
행글라이더 128
행성 탐사 138
행성: 1년 136, 외계 행성 136, 137, 위성 지도 152
향수 병 99
허들 224, 개 181
허리 측정 69
헌정 170
헛간 93
헬로 키티 188
헬리콥터 127
혀: 나누기 69, 물체 끌기 69, 보험 171, 코 만지는 74, 피어싱 69
혁명 164
혈당 70
형제자매 64, 75, 123
호모 사피엔스 36, 60
호모 에렉투스 60
호미닌 60, 61
호빵맨 192
호수 127, 129, 방사성 22, 용암 호수 128
호주 풋볼 242
호텔, 곤충 7
호흡 참기 71
홍콩 MTR 역 126
화분 식물 110
화산 142
화석: 공룡 156-57, 식물 46, 화석 유적지 60, 156
화성: 비행 146, 지진 138, 파노라마 139
화장실: 대변기 담당관 164, 움직이는 92
화장지: 균형잡기 11, 피라미드 10
환경 14-31
환경 재해: 기름 유출 23, 42, 산호초 격감 42, 해초 감소 42 *또한* **오염** 참조
환경성과지수 (EPI) 28
활강 107, 180, 242
회의 105
회전식 퍼즐 큐브 10, 86, 87
효과음 전문가 170
효율 142, 143
후계자 165
후르리어 글씨 132
훌라후프 10, 11, 87, 108-09, 계단 오르기 105, 마라톤 107, 여러 개 105, 108
휠리: 몬스터 트럭 103, 오토바이 92
휠체어: 농구 107, 227, 럭비 227, 마라톤 226, 위대한 여정 126, 테니스 230, 241
휴머노이드 로봇 199
흔한 소비 품목 21
흰개미 37
히드로충 39
힘 & 피트니스 84-85

기네스 세계기록은 기록을 검증하기 위해 많은 기관, 연합, 전문가 그룹과 협업했는데, 그중 극히 일부만 이곳 페이지를 빛내고 있다.
www.guinnessworldrecords.com/about-us/partners에 방문하면 전체 명단을 볼 수 있다.

8000ers.com
에베르하르트 주갈스키는 산맥과 봉우리를 분류하는 방법인 '고도 등식' 시스템을 개발했다. 그의 웹사이트는 히말라야와 카라코람산맥의 고도 고도 통계의 주요 정보처가 됐다.

미국 십자말풀이 퍼즐 토너먼트
윌 쇼츠(현 <뉴욕 타임즈>의 십자말풀이 편집자)가 1978년 설립한 미국 십자말풀이 퍼즐 토너먼트(ACPT)는 세계에서 가장 오래되고 규모가 큰 십자말풀이 대회다. 코네티컷주 스탬퍼드에서 매년 열리는 대회에 1,000명에 가까운 열성적인 사람들이 참가한다.

국제 식물원 보존 연맹
세계에 있는 약 3,000개의 식물원과 수목원에 매년 7억 5,000만 명이 방문한다. 국제 식물원 보존 연맹은 이 네트워크의 중심 역할을 한다. 이들은 식물원들이 파트너들과 연계해 인간과 식물의 안녕을 위한 식물의 다양성을 확보하도록 돕는 게 목표다.

칸나(CANNA) 영국 거대 채소 챔피언십
마틴 데이비스가 매년, 영국 우스터셔에서 여는 말번 가을 쇼에 전문 재배자들이 참가한다. 모든 채소는 철저한 기준을 순수하며 적합한 방법으로 측정된다.

세계초고층도시건축학회
미국 시카고를 기반으로 한 세계초고층도시건축학회는 전문가들에게 고층 빌딩 및 미래 도시의 설계, 건축, 운영에 초점을 맞춰 정보를 제공하는 세계를 선도하는 학회다.

ESPN X 게임
ESPN의 X 게임은 1995년부터 액션 스포츠 대회를 이끌어왔다. 하계에는 BMX, 스케이트보드, 모토 X와 동계에는 스키, 스노보드, 스노모빌 등의 종목으로 대회를 열어 세계 액션 스포츠 선수들을 조명한다.

노인학 연구 그룹
1990년 설립된 노인학 연구 그룹은 과학적 지식의 공유 및 적용을 통해 노화를 늦추고 궁극적으로 젊어지는 데 목적이 있다. 이 그룹은 110세 이상의 슈퍼센티네리언의 최대 규모 데이터베이스를 유지하고 있으며 로버트 영이 관리한다.

그레이트 펌프킨 코먼웰스
그레이트 펌프킨 코먼웰스는 거대한 호박을 포함한 여러 농작물을 길러 경쟁하는 대회다. 열매의 품질과 경쟁의 공정성을 보장해주는 보편적인 기준과 규정을 만든다.

국제얼음수영협회
램 바카이가 설립한 국제얼음수영협회는 2009년 얼음물에서 하는 수영을 공식화하고자 결성됐다. 이 협회는 안전을 극대화하고 수영 고유의 거리, 시간, 환경에 따른 규칙을 제정한다.

국제 조류학자 협회
국제 조류학자 협회는 생태계부터 분자 단위에 이르는 조류생물학, 기본과학 및 응용과학의 연구를 지원하고 교육과 봉사활동에 힘 쏟는 세계적인 회원 지원 조직이다. 2018년에서 2022년 사이 종신 재직 중인 현재 회장은 도미니크 홈버거 박사다.

메이저 리그 이팅
기네스 세계기록이 자체적으로 먹기 기록을 확인하기도 하지만, 전 세계에서 전문 먹기 대회를 관장하는 단체인 메이저 리그 이팅의 도움도 받는다. 이 조직은 먹기 경쟁을 스포츠로 개발하고 국제 먹기 경쟁 연합을 조직해 매년 70개 정도의 대회를 열고 있다.

해양 생물 협회
영국 플리머스를 기반으로 한 해양 생물 협회는 우리의 바다와 그 안에 사는 생물의 연구를 촉진하는 세계에서 가장 오래 운영 중인 협회 중 하나다. 이곳은 1884년부터 해양 생물 커뮤니티를 대신해 통합적이고 독립된 목소리를 내고 있다.

몬스터 잼
1992년 설립된 몬스터 잼은 몬스터 트럭 드라이버들을 위한 세계 최고의 대회다. 트럭과 드라이버들에게 맞는 레이스, 2바퀴 기술 도전 및 프리스타일 묘기 콘테스트 등의 글로벌 투어 대회를 연다.

컴퓨팅 국립박물관
영국 옥스퍼드셔 블레츨리 파크에 있는 컴퓨팅 국립박물관에는 최초의 암호 해독 컴퓨터 콜로서스나, 가장 오래된 작동하는 디지털 컴퓨터 WITCH 같은 실제 작동하는 역사적인 컴퓨터를 방대하게 보유한 독립 자선단체다.

빈 자연사 박물관
루도빅 페리에르 박사는 지질학자이자 운석 및 충돌 분화구 전문가다. 그는 오스트리아에 있는 빈 자연사 박물관의 운석 및 임팩타이트 수집품의 책임 큐레이터다.

대양 조정 협회
대양 조정 협회는 1983년 케니스 F 크러치로우와 피터 버드가 설립했고, 후에 톰 린치와 타티아나 레즈바야-크러치로우가 합류했다. 이 협회는 대양 및 주요 수역을 조정으로 건너는 모든 도전을 문서화하며, 대양 조정 기록을 분류하고 검증, 조정한다.

패럿 애널리틱스
패럿 애널리틱스는 현대의 멀티 플랫폼 TV 사업을 위한 선도적인 글로벌 콘텐츠 수요 분석 기업이다. 이 회사는 현재 100개 이상의 언어권에서 매일 수요와 관련된 표현 15억 개 이상을 추적한다.

극지 탐험 분류 계획
극지 탐험 분류 계획은 장거리, 무동력 극지 탐험을 분류하고 정보를 공유하는 단체로 극지 탐험 전문가 위원회가 감독하며 에릭 필립스가 운영한다. 극 지역, 여행의 종류, 루트, 지원의 형태를 규정에 따라 탐험을 정의해 탐험가들이 어떻게 분류하고 홍보하며 그들의 여행을 영원히 남길 수 있는지 안내해준다.

큐 왕립식물원
영국 런던에 있는 큐 왕립식물원(110~111쪽)은 세계적으로 유명한 과학 기관으로, 놀라운 수집품 및 식물의 다양성, 보존, 지속 가능한 발전과 관련된 과학적 전문성으로 존경받고 있다. 2003년 유네스코 세계유산으로 선정됐다.

스크립스 전미 스펠링 비
EW 스크립스 기업이 비영리로 운영하는 스크립스 전미 스펠링 비는 미국에서 가장 오래 운영되고 있는 교육 프로그램이다. 학생들이 그들에게 평생 도움이 될 철자 능력을 키우고, 어휘를 늘리며, 올바른 영어의 개념을 배우고 사용할 수 있게 돕는다.

Speedrun.com
이 게임 웹사이트에서는 하나의 비디오게임을 가능한 한 빨리 끝내는 기록인 '스피드 런'과 관련된 순위, 정보, 토론회장 등을 제공한다. 이 사이트에는 2만 3,000개의 게임에서 진행된 200만 회 이상의 스피드런 정보가 축적돼 있다.

더 넘버스
더넘버스닷컴(The-Numbers.com)은 영화 박스오피스 정보뿐만 아니라 5만 편의 영화와 영화 산업에서 일하는 20만 명에 관한 수치까지 기록하는 가장 큰 인터넷 데이터베이스다. 1997년 브루스 내시가 개설해, 매해 800만 명 이상이 방문하고 있다.

영국 시간기록 협회
영국 시간기록 협회는 2013년 스트레이트라이너스 유한책임회사와 SPEE3D 유한책임회사가 영국과 유럽의 육상 스피드 신기록 수립을 장려하기 위해 공동으로 설립했다. 협회는 육상 속도 기록 보유자들이 모든 방식으로 경쟁할 수 있는 환경을 추구한다.

유니버시티 칼리지 런던: 바틀렛 건축 대학
이언 보든은 영국에 있는 유니버시티 칼리지 런던의 바틀렛 학교에서 건축&도시문화학 교수로 있다. 그는 100편 이상의 책과 기사를 쓴 작가로, 여기에는 건축물과 빌딩, 도시에 관한 글이 많이 포함돼 있다.

VGChartz
브렛 월턴이 2005년 창립한 VGChartz는 사업 정보 분석 및 리서치 회사다. 현재 7,000개 이상에 이르는 비디오게임 하드웨어와 소프트웨어 판매에 관한 평가를 매주 발표하며, 역대 가장 광범위한 게임 데이터베이스를 갖추고 있다.

세계 턱수염 & 콧수염 챔피언십
2003년부터 얼굴의 털을 표방하는 비어드 팀 USA®가 미국 및 전 세계에서 턱수염과 콧수염 대회를 열어 얼굴 털의 긍정적인 점을 알리고 미국 전역에 자선 단체 역할도 한다. 비어드 팀 USA는 내셔널 비어드와 무스타시 챔피언십®도 조직 및 운영한다.

세계 큐브 협회
세계 큐브 협회는 루빅큐브 같은 작은 조각들로 만들어진 기계식 퍼즐을 사용해 진행되는 대회를 관장한다. 더 많은 국가에서 더 많은 사람과 공정하고 동일한 조건에서 경쟁하는 것이 목표다.

세계 프리스타일 풋볼 협회(WFFA)
WFFA는 프리스타일 풋볼을 관장하는 세계적인 기관이다. 신체의 모든 부분을 이용해 축구공을 저글링 하는 예술 스포츠로, 대회에서 상대보다 뛰어난 기술로 관중을 즐겁게 해야 한다. WFFA는 세계 114개국에서 세계 프리스타일 풋볼 챔피언십을 관장한다.

세계 기억력 스포츠 협회
기억력 두뇌 스포츠는 1991년 토니 부잔과 레이먼드 킨 OBE(훈장 수여자)가 설립했다. 첫 대회에서 기본으로 정해진 10가지 규정이 현재 전 세계 모든 기억력 대회에서 똑같이 적용되고 있다.

세계기상기구
랜달 세르베니 박사는 지리과학 대표교수로 날씨와 기후 전문가이다. 그는 2007년부터 세계기상기구의 극단적 기후 및 기상 조사위원을 맡고 있다.

세계 세일링 속도 위원회
세계 세일링 속도 위원회는 국제 요트 레이싱 협회(현재 세계 세일링)가 1972년 승인한 단체다. 호주, 프랑스, 그레이트브리튼(영국을 이루는 큰 섬), 미국에서 모인 전문가들로 구성돼 있다.

세계 울트라사이클링 협회
세계 울트라사이클링 협회는 세계의 울트라사이클링을 지원하는 비영리 기관이다. 회원들의 사이클링 기록을 자전거 종목별로 가장 많이 보관하고 있으며, 기록을 인증하는 작업도 한다.

우리는 또 자신의 분야를 속속들이 아는 수백 명의 전문가와 협업했다. 올해 기네스 세계기록 전문가 명단에 새로 추가된 사람들은 음식 역사, 팬데믹, 재활용, 인류학, 육식성 식물 및 몇몇 주제에서 통찰력을 발휘했다. www.guinnessworldrecords.com/about-us/partners에 전체 명단이 있다.

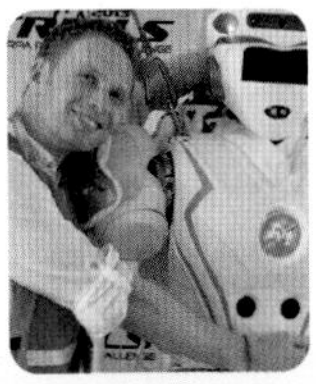

에반 애커먼은 10년 이상 로봇에 관한 글을 썼다. 2007년 로봇 블로그를 공동 설립한 뒤 그는 IEEE 스펙트럼 매거진에서 일하고 있으며, 로봇과 새로운 기술에 관한 기사를 수천 건이나 썼다. 미국 워싱턴 DC에 사는 에반은 로봇 청소기도 꾸준히 수집하고 있다.

마크 애스턴은 2010년부터 기네스 세계기록의 과학&기술 자문가로 일하고 있다. 30년 가까이 하이테크놀로지 과학 및 공학 분야에서 경력을 쌓은 그는 기네스 세계기록의 과학&기술 기록의 정확성과 유익함을 책임지고 있다. 학술 및 영리 기업에서 일하는 마크는 지금도 광학 개발 분야에서 커리어를 이어가고 있다.

톰 베커리지는 전 세계로 번역된 책을 집필한, 수상 경력이 있는 작가다. 기네스 세계기록의 스포츠 분야를 이끄는 자문가인 톰은 다양한 운동 종목의 수백 가지 새로운 기록을 매년 조사하고 기록한다. 올해 그는 팀 버스포츠, 빌딩 달리기, 사이클 선수 알버트 버론의 전시 기록들을 새로 도입했다.

다라 골드슈타인은 음식 역사가이자 가스트로노미카 저널의 창립 편집자다. 그는 상을 받은 요리책을 6권이나 쓴 작가이자 <캘리포니아 음식 및 문화 연구> 시리즈의 편집자다. 음식의 관용과 다양성을 증진하는 방법을 모색하는 단체의 하나로 유럽평의회의 자문을 맡았다.

데이비드 그리어슨은 스트래스클라이드대학교 건축학과장으로 환경 도시와 지속 가능한 건축을 연구하는 수많은 석사를 배출했다. 그는 전 세계에서 연구를 했고 현재는 책 <남반구의 건축과 어버니즘> 시리즈의 편집자다.

토마스 헤이는 컴퓨터 과학과 과학사에 학위가 있다. 그는 밀워키주 위스콘신대학교의 역사 교수이며 지겐대학교의 객원교수다. www.tomandmaria.com/tom에서 그의 최신 책 <모던 컴퓨팅의 새로운 역사>(2021년)를 포함한 더 많은 정보를 알아보자.

캐럴린 해리스는 기네스 세계기록에 왕정에 관한 조언을 해주는 역사학자이자, 작가, 왕가 해설자로 토론토대학교 평생교육대학원의 강사다. 그녀는 유럽 군주제의 전문가로, 수많은 출판물에 글을 썼다. 해리스 박사는 객원 강사로도 활발하게 활동하고 있다.

클라이브 존스는 미국 뉴욕에 있는 캐리 생태시스템 연구소의 명예 수석 과학자다. 연구 생태학자인 그는 어떻게 종들이 물리적 환경에 영향을 끼치는지 연구했다(예로, 생태-공학자). 이 빠르게 성장하는 분야의 개척자로 인정받는 그는 6권의 책을 포함해 200편 이상의 출판물을 저술했다.

조나스 리벳은 직접 방문한 1,500개 이상의 동물원의 정보를 제공하는 Les Zoos dans le Monde 사이트의 창립자로, 그는 이 프로젝트로 가장 많은 동물원을 방문한 기네스 세계기록도 보유하고 있다. 그는 영국 켄트에 있는 더럴 생태 보전 기관에서 보전생물학 석사 학위를 받았다.

한나 모들리는 영국 런던의 내셔널트러스트의 부동산 큐레이터다. 그녀의 박사 논문은 임페리얼 전쟁박물관의 큐레이터와 퀸 메리 런던대학교 학회가 공동지도 했다. 1918~1919년 '스페인 독감'으로 알려진 인플루엔자 팬데믹 뒤에 가려진 기념의 정치에 초점을 맞춘 논문이다.

린 멜버른은 자신이 박사 학위를 딴 영국 브리스틀대학교에서 해양 고생물학 강사로 일한다. 그녀는 기후 변화가 시간이 지나며 해양 석회화에 어떻게 영향을 끼치는지, 더 자세히는 산호초 같은 생태계의 구조적 온전함에 어떤 영향을 끼치는지 연구한다. 그녀는 또 린네 학회의 회원이다.

패트릭 오헤어는 영국 세인트앤드루스 대학교의 UKRI 퓨처 리더스 펠로우다. 그는 케임브리지대학교에서 사회인류학 석박사 학위를 받았고 인류의 쓰레기, 재활용, 노동에 관한 전문가다. 그는 남미에 있는 재활용 기업들을 주로 연구한다.

클레어 오스틀은 영국 플리머스를 기반으로 한 해양 생물 협회에서 태평양 연속플랑크톤기록계(CPR)의 조사를 기획한다. 그녀는 플랑크톤의 CPR 데이터를 기반으로 해양 산성화, 해양 탄소 순환, 대양의 플라스틱 등을 결부시켜 해양 환경의 지표로 삼는 연구를 한다.

배리 라이스는 우주생물학자이자 천문학 교수이다. 그는 국제 자연보호협회에서 식물학자로 10년 이상 일했으며 육식성 식물에 관해 25년 이상 연구했다. 그는 국제육식성식물학회의 학술지 편집자로 20년 이상 일했다.

낸시 시걸은 캘리포니아 주립대학교의 심리학 교수이자 쌍둥이 연구 센터의 임원이다. 그녀는 쌍둥이에 관한 200건 이상의 출판물과 몇 권의 책을 집필했다. 또 2005년에는 국제 쌍둥이 연구 학회에서 평생 공로를 인정받아 제임스 쉴즈상을 받았다.

칼 P N 슈커는 버밍엄 대학교에서 비교생리학과 동물학 박사학위를 취득했고, 런던 동물학 협회의 과학 회원이자, 왕립곤충학회 회원, 작가 협회 회원이다. 그가 집필한 25권의 책과 수백 편의 기사문은 자연사의 모든 분야를 아우른다.

크리스 스트링어는 런던 자연사박물관의 인류 기원 분야의 연구 리더이며 로열 할로웨이 런던 대학교의 명예교수다. <우리 종의 기원>(2011년), <우리 인간 이야기>(2018년, 루이스 험프리 공저)를 포함한 인류 진화에 관한 수많은 논문과 책을 집필했다.

로버트 반 펠트는 미국 워싱턴대학교의 객원교수이며, 거목 연구의 권위자다. 그는 북아메리카, 특히 캘리포니아와 태평양 연안 북서부의 오래된 숲을 광범위하게 연구했다. 전미 거목 프로그램의 워싱턴 담당자이자 <태평양 연안 숲속의 거인>(2001년)의 작가다.

폴 워커-에믹은 평생 게이머로 온오프라인에서 8년 이상 비디오게임에 관해 전문적으로 글을 썼다. 그는 <더 가디언>, <PC 게이머>, <레트로 게이머>, <와이어프레임>, <코타쿠>를 포함한 저명한 출판 및 웹사이트에 글을 기고했다. 폴은 또 팟캐스트 유토피안 호라이즌스의 진행자다.

린디 웨일가르트는 1994년부터 해저 소[illegible] 공[illegible] 해양 생물에 끼치는 영향을 연구했다. 그 [illegible]의 학위와 박사후과정 연구는 주로 고래의 음향 의사소통에 초점이 맞춰져 있었다. 현재는 캐나다 댈하우지 대학교의 겸임 연구원이며, 국제 해양 소음 연합의 과학 고문이자 고션케어의 대양 정책 자문위원이다.

추가로 고마운 사람들...

데이비드 애이글, 앤드루 굿 (나사 JPL); 제인 앨런 (월드 퀴징 챔피언십); 대니얼 앙투안(대영 박물관); 앤 어스틴; 타린 배러맨, 안드레 슈이트만 (큐왕립식물원); 에드워드 벨 (타이니스트 베이비 레지스트리); 마리옹 베나티우 (루브르); 헤더 빙엄 (UNEP-WCMC); 데인 케이브; 프로산타 차크라바티; 레온 클라센스; 카트리오나 클라크 (웨이브 에너지 스코틀랜드); 로렌 클레멘트 (WCA); 제랄드 레너드 코헨; 패트릭 콜린스 (영국국립자동차 박물관, 보리우); 필립 J 커리; 님스 다이; 러브 달렌; 크리스 데이 (WMSC); 에이미 디킨 (PDSA); 테리 에딜런 (극지 프로그램 NSF 연구소); 미샤 이골프 (에너지 절감형 도료인증제도); 피터 팽크하우저 (ANY보틱스); 데이비드 피셔; 마이크 프롬; GCHQ (데이비드 A, 피오나 S, 맷 L); 크리스티안 겔저(NASA 암스트롱 비행 연구 센터); 마샬 제로메타 (CTBUH); 마누엘 그니다; 대니 글로브스(고래 및 돌고래 보호); 베키 건; 타네스와르 구라가이; 라우리 해리스 (USA 치어); 로버트헤드랜드 (스콧 극지 연구 협회); 막시밀리아노 헤레라; 마크 오닉스바움; 래들리 호턴; 마르코 허터 (ETH 취리히); 알란 제이미슨; 알렉산드라 존스; 가레스 존스" Lab; 스티브 존스; 루카스 카즈마렉; 매튜 캄렛; 지안 강; 토트 클라인; 크레이그 크래프트; 안나 클라로바 (켄넬 클럽); 단테 로레타; 마이클 레비, 프란시스 산자로 (클라이밍 매거진); 조던 루이스, 섀넌 내쉬 (V&A); 미샤엘 린드크비스트 (온살라 우주 관측소); 맷 로더; 에릭루미스; 조나단 맥도웰 (하버드-스미스소니언 천체물리학 센터); 리사 매켄지 (유럽 해양 에너지 센터); 주앙 페드로 데 마갈라에스 (언에이지); 패러에그 말론 (아일랜드 장거리 수영 협회); 톰 매튜스; 패니 미엣리키; 야니케 미켈슨; 스콧 밀러; 앨리슨 미첼 (스미스소니언); 앤드루 미첼; 에린 모턴; 스티븐 무나톤스 (세계바다수영협회); 마크 오셔; 코리나 오에트리 (사이배슬론); 래리 오스룬드 (WUCA); 보아즈 팔디, 크리스티나 파스칼 (UN/더 라이온스 셰어); 피안 폴 (ORSI); 쿨루 파시웨(스퀘어킬로미터 어레이); 알리스테어 파이크; 베스 파이크 (해양 보전 협회); 배리 포픽; 바스티엔 쿠에스테; 린제이 레닉 메이어 (리:와일드); 알란 로복; 리피 로우스; 슈린 루안; 플로리안 시미코프스키 (독일 스파이 박물관); 브라이언 슈레더(포렌식 기술 협회); 폴 스미스 (BGCI); 브렛 스미더람 (영국 스크래블 선수 협회); 크리스토퍼 스모웃; 사무엘 스테들러 (패럿 애널리스틱스); 캐리 스텡겔; 크리스 스토크스; 브라이언 툰; 린다 베레스 (옐로스톤 국립공원); 마크 위든(동양 및 아프리카 연구 학교); 미카엘라 바이스 (세계자원연구소); 매튜 화이트; 캐리스 윌리엄스; 마크 윌리엄스 (영국 왕립국방안전보장연구소); 폴 윌리엄스; 아나톨리 잭 (러시아 스페이스 웹); 벤 짐머

SVP 글로벌 퍼블리싱
네이딘 코지
편집장
크레이그 글렌데이
편집 주간
애덤 밀워드
편집
벤 홀링엄
레이아웃 에디터
톰 베커리지, 롭 디메리
교열&사실 확인
매튜 화이트
출판&도서 제작 책임
제인 보트필드
사진&디자인 책임
프란 모랄레스
사진 조사
애비 테일러

디자인
폴 울리-디콘, 롭 윌슨(55design.co.uk)
표지 디자인
로드 헌트
자료 조사
찰리 앤더슨, 한나 프리스티지
제작 책임
패트리셔 맥길
제작 코디네이터
토머스 맥커디
제작 컨설턴트
로저 호킨스, 티나 마크
비주얼 콘텐츠 책임
마이클 휘티
원본 사진
리카르도 셀레르, 제로엔 드 비어, 에롤 거리언, 폴 마이클 휴즈, J-F 루, 캐머런 스푸너, 브라이언 스토리, 세아라 스워거

색인 작업
마리 로리머
판매 책임
조엘 스미스
해외 판매 총괄
헬레네 나바레
고객 담당 매니저
마비스 사르포
공급 & 유통 매니저
마비스 사르포
마케팅 총괄
니콜라스 브룩스
수석 PR 매니저
앰버-지오지나 길
홍보 수석
제시카 도스
마케팅 매니저
로렌 존스

PR 이사
제시카 스필레인
그래픽 복사
레스미예 카흐라만, 루이스 핀노크 (본 그룹)
인쇄 및 제본
독일 귀터슬러 소재 몬 미디어 몬두르크 GmbH
AR
AugmentifyIt® (Peapodicity)

펴낸이 이범상
펴낸곳 이덴슬리벨
번역 신용우
기획 이경원
편집 현민경 차재호 김승희 김연희 고연경 최유진 황서연 김태은 박승연
디자인 최원영 이상재 한우리
마케팅 이성호 최은석 전상미 백지혜
전자책 김성화 김희정 이병준
관리 이다정

초판 1쇄 발행 2021년 12월 15일
주소 우)04034 서울 마포구 잔다리로7길 12(서교동)
전화 02)338-2411 팩스 02)338-2413
홈페이지 www.visionbp.co.kr
이메일 editor@visionbp.co.kr
등록번호 제2009-000096호
한국 979-11-88053-75-9 03030
979-11-88053-41-4 04030 (SET)

영국도서관 출판 데이터 카탈로그: 이 책의 기록에 관한 카탈로그는 영국도서관에서 볼 수 있습니다.

영국: 978-1-913484-11-8
미국: 978-1-913484-10-1
중동: 978-1-913484-13-2
호주: 978-1-913484-14-9

기록은 언제든 경신 가능한 것입니다. 사실 이 책의 중요한 목적 중의 하나입니다. 당신이 새롭게 세울 만한 기록이 있으면, 도전하기 전에 우리에게 연락을 주시기 바랍니다.

www.guinnessworldrecords.com을 방문해 기록 경신 소식과 기록 도전 비디오 영상을 살펴보십시오. 기네스 세계기록 온라인 커뮤니티의 회원이 되면 모든 정보를 제공받으실 수 있습니다.

PEFC
PEFC/04-31-1033

minus 52%
CO_2

지속가능성

《기네스 세계기록 2022》을 인쇄하기 위한 나무는 풍경을 해치지 않는 선에서 신중히 선별된 나무를 사용했습니다. 이번 에디션의 종이는 핀란드 베이칠루오토의 스토라엔소사(社)가 제작했습니다. 제작 지역은 CoC(이력 추적) 인증이 가능하며 지속가능한 생산을 위해 환경경영체제 ISO 14001을 인증했습니다.

열과 전력 복합 기술의 혁신적인 사용 덕분에 이 책을 인쇄할 때의 CO2 배출량이 기존 에너지 사용과 비교하여 최대 52%감소하였습니다.

기네스 세계기록협회는 정확한 기록 검증을 위해 철저한 평가 인증 시스템을 가지고 있습니다. 그러나 많은 노력에도 불구하고 실수는 생기기 마련입니다. 따라서 독자들의 피드백을 늘 환영하는 바입니다.

기네스 세계기록 협회는 전통적인 도량법과 미터법을 모두 사용하고 있습니다. 그러나 미터법만 인정되는 과학적 데이터나 일부 스포츠 데이터의 경우에는 미터법만 사용합니다. 또한 특정 데이터 기록은 그 시기에 맞는 현행가치에 따라 교환율로 계산하였고, 단 한해의 데이터만 주어진 경우 교환율은 그 해의 12월 31일을 기준으로 계산했습니다.

새로운 기록 수립에 도전할 때에는 언제나 주의사항에 따라야 합니다. 기록 도전에 따르는 위험 부담과 그 책임은 모두 도전자에게 있습니다. 기네스 세계기록은 많은 기록 중 책에 담을 기록을 판단하는 데 신중을 다하고 있습니다. 기네스 세계기록 보유자가 된다 하더라도 반드시 기네스 세계기록에 이름이 실리는 것은 아닙니다.

THE JIM PATTISON GROUP

OFFICIALLY AMAZING

본사
글로벌 회장 알리스테어 리처즈

행정
앨리슨 오잔느
재무: 엘리자베스 비숍, 제스 블레이크, 리사 깁스, 루시 하이랜드, 킴벌리 존스, 오칸 케서, 메리야나 로벨, 수타 라마찬드란, 제이미 셰퍼드, 스콧 쇼어, 앤드루 우드
법률 상담: 매튜 나이트, 레이먼드 마샬, 메흐린 모굴
HR & 사무 관리: 재키 앵거스, 이사벨라 팬셔, 스테파니 룬, 모니카 틸라니

IT 및 운영
롭 하우
IT: 셀린 베이컨, 존 시비타노비치, 디오고 고메스, 벤자민 매클레인
디지털 기술: 베로니카 아이언, 알렉스 발두
중앙 기록 서비스: 루이스 블레이크맨, 애덤 브라운, 메건 브루스, 베시 커넷, 타라엘 카셰프, 마크 맥킨리, 윌 먼포드, 엠마 솔트, 윌 신든, 마리아나 시노티 알베스 드 리마, 셰일라 멜라 수아레즈, 루크 웨이크햄, 데이브 윌슨

콘텐츠 및 제품
케이티 포데
브랜드 커뮤니케이션: 더그 메일
브랜드 및 제품 관리: 루시 아필드, 줄리엣 도슨, 레베카 램, 에밀리 오스본, 루이스 톰스
수요 생성: 제임스 알렉산더 댄
디자인: 모모코 커닌, 프란 모랄레스, 알리사 자이세바
TV & 디지털 콘텐츠: 카렌 길크리스트, 제시 하이그레이브, 매튜 머슨, 조셉 오닐, 알렌 픽슬리, 도미닉 푼트, 코니 수기트, 댄 손, 마이클 휘티
콘텐츠 라이선스: 캐스린 허버드, 캐서린
창작: 폴 오닐

컨설팅 총괄
마르코 프리가티

베이징 컨설팅
찰스 와튼
브랜드 및 콘텐츠 마케팅: 클로이 리우, 앤젤라 우
클라이언트 계정 서비스: 캐서린 가오, 샤오나 리우, 콩웨이 마, 티나 란, 아멜리아 왕, 일레인 왕
상업 마케팅: 테레사 가오, 로렌 린, 카렌 팬
이벤트 제작: 페이 장
법률: 매튜 앨더슨, 자이 텅
인사 관리: 크리스털 쉬, 니나 저우
홍보: 에코 잔, 이본 장
기록 관리: 테드 리, 바네사 타오, 앨리시아 자오, 시닝 저우

두바이 컨설팅
탈랄 오마르
브랜드 및 콘텐츠 마케팅: 모하마드 카도라
클라이언트 계정 서비스: 사라 아부사드, 나세르 바타트 , 모하마드 키스와니, 카멜 야신
상업 마케팅: 섀디 가드
이벤트 제작: 다니엘 힉슨
인사 관리: 모니샤 비말
홍보: 하산 알리브라힘
기록 관리: 리엠 알 그후세인, 사라 알콜브, 카렌 함제

런던 컨설팅
닐 포스터
클라이언트 계정 서비스: 닉 애덤스, 페이 에드워즈, 시랄리 간디, 이리나 노하일릭, 샘 프로서, 니킬 슈클라
상업 마케팅: 일리얀 스토이체프, 아만다 탕
이벤트 제작: 피오나 그루시-크레이븐
기록 관리: 앤드류 패닝, 폴 힐만, 크리스토퍼 린치, 프란체스카 라기

미국 컨설팅
카를로스 마르티네스
브랜드 콘텐츠 마케팅: 루이사 페르난디 산체스, 크리스틴 스티븐슨
클라이언트 계정 서비스: 매켄지 베리, 브리타니 카펜터, 캐롤라이나, 과나바라, 랄프 한나, 니콜 판도, 킴 패트릭, 미셸 산투치
상업 마케팅: 레이첼 실버
인사 관리: 레이첼 글룩, 제니퍼 올슨
홍보: 아만다 마르쿠스, 엘리자베스 몬토야, 앨리스 패건
기록 관리: 라켈 아시스, 스펜서 카마라노, 크리스틴 페르난데스, 한나 오트만, 캘리 스미스

도쿄 컨설팅
이시카와 가오루
브랜드 및 콘텐츠 마케팅: 센다 마사카즈
클라이언트 계정 서비스: 이토 미나미, 웨이량, 마루야마 다쿠로, 나카가와 유미코, 야자키 마사미치
상업 마케팅: 다나카 히로유키, 유히라 에리
이벤트 제작: 우에보 유키
인사 관리: 야마모토 에미코
홍보: 가미오카 가자미
기록 관리: 이치카와 아키, 오모리 모모코, 사카이 나오미에밀리, 데라니시 라라

사진 제공

1 제이슨 드캐어스 테일러; **2-3** 로드 헌트, 셔터스톡; **4 (AUS/NZ)**게티, 셔터스톡, 톤스 앤드 아이/유튜브; **5** 저그 미터/레드 불 콘텐트 풀; **6** 호주 동물원; **7** PECS, 어스워치, 셔터스톡; **4 (MENA)** 사차 재프리/평 수마리아; **5** 글로벌 빌리지; **6** 마흐무드 가발라/GRW; **7** 아나살라 패밀리, 애시갈, 어스워치, 셔터스톡; **4 (US)** 마르사이 마틴, 알라미, NBC 투데이 쇼; **5 (US)** VICE 미디어, NASA, 니켈로디언, 게티; **4 (GEN)** 알란 노어가드, **5** 게티; **6** 셔터스톡; **7** 어스와치, 셔터스톡 **8-9** 셔터스톡; **10** GWR; **12** 셔터스톡, 로드 헌트, 스미스소니언 협회, NASA, 알라미; **13** 스미스소니언 협회, 알라미; **14-15** 알라미, 게티, ESA; **16** 게티, 알라미, NASA; **17** NASA, 셔터스톡, 알라미, 게티; **18** 리나 외스틀링, 알라미, 게티; **19** 알라미; **20** 뉴캐슬 대학교, 셔터스톡; **21** 게티; **22** 알라미, 게티, 사이언스 포토 라이브러리, 조셉 다이아몬드/SKA; **23** 셔터스톡, 메히 빌뇌브르루아, 테임스 워터, PA, 게티; **24** 사이언스 포토 라이브러리, 알라미, 이치조 Co, 오스테드; **25** 알라미, 오비탈 마린, GE 리뉴어블 에너지, 팀 폭스/GE 리뉴어블 에너지, CIF, ESA; **26** 알라미, 셔터스톡; **27** 에어로팜스, 게티, 리프 아라비아, 알라미; **28** 더크 콜린스/내셔널 지오그래픽, 마크 피셔/내셔널 지오그래픽, 레느 로버트/국제 극지재단, 벤저민 에버하트; **29** 본 웡, 알라미, 그레타 선버그, 셔터스톡; **30** 다니엘라 잘크만/그린피스, 필리파 워커/브리스톨 대학교; **31** 알라미, 게티; **32** 로드 헌트, 호주 동물원, 알라미, 셔터스톡; **33** 호주 동물원, 벤 비든/호주 동물원, 셔터스톡; **34-35** 셔터스톡; **36** 알라미, 네이쳐 PL; **37** 셔터스톡, 알렉스; **38** 앤드류 카니자로, 셔터스톡, NOAA, 알라미; **39** 셔터스톡, 마리칼 퀴로가카모나; **40** 셔터스톡, AugmentifyIt®; **41** 셔터스톡; **42** 셔터스톡, 게티, 킵 에반스 포토그래피, 벤 존스, 오션 에디전시/오션 이미지 뱅크; **43** 더보텍스윔, 알라미, 노에 사르데트/엠마누엘 레이노드, 제이슨 드캐어스 테일러; **44** 알라미, 토니 카마초/사이언스 포토 라이브러리, 셔터스톡; **45** CC 커티스/캘리포니아 주립 도서관, 알라미, 로버트 반 펠트; **46** 사이언스 포토 라이브러리, 사도스키 에트 알, 노아 엘하트, 알라미, 셔터스톡; **47** 알라미, 제레미아 해리스; **48** 알라미, 셔터스톡, 싱가포르 동물원, 로열 버거스 동물원; **49** 로열 버거스 동물원, 셔터스톡, 시 라이프 브라이튼, 토머스 에크호프, 알라미; **50** 안드리아나 디누/UN/더 라이언즈 셰어; **51** 리:와일드, 리:와일드/카를로스 바스케즈 알마잔, 리:와일드/프랭크 글로, 리:와일드/남부 생태연구소/레이브니즈 동물원 야생 보호구역 협회/NCNP, 리:와일드/클레이 볼트, 알라미, 셔터스톡; **52** 프랭크 글로, 마이클 브라운/기린 보호재단, 알라미, 게티; **53** 알라미, 셔터스톡; **54** BBC, 노부 타무라, 마틴 위팅, 알라미; **55** 알라미, 셔터스톡, 네이처 PL; **56** 셔터스톡, 로드 헌트, 함부르크 미니어처 원더랜드; **57** 리처드 브래드버리/GWR, 함부르크 미니어처 원더랜드; **58-59** 폴 마이클 휴즈/GWR; **60** 셔터스톡 사이언스 포토 라이브러리 **61** 사이언스 포토 라이브러리, 알라미; **62** NHM 비엔나/OREA OAW, 셔터스톡, 게티; **63** 게티, 크레이그 글렌데이 **64** 주디 덴크, 타임 Inc., ZUMA Press, 알라미; **65** 알라미, 셔터스톡; **66** 오위 슬라바/GWR, 산지브 고시/GWR, 폴 마이클 휴즈/GWR, 리카르도 셀레르/GWR, 에롤 거리언/GWR: **67**알라미, J-F /루, 라날드 매케치니/GWR; **68** 영국 박물관, 자비에르 피에리니/GWR, 에이브러햄 조프; **70** 라날드 매케치니/GWR; **71** 셔터스톡, 알라미, USAF; **72** 알라미, 스미스소니언 협회, 라날드 매케치니/GWR, 존 라이트/GWR, 리처드 브래드버리/GWR; **73** 세아라 D 스워거/GWR, NBMC, 셔터스톡; **74** 폴 스터게스, 마흐모드 가발라/GWR, 제로엔 드 비어/GWR; **75** 캐머런 스푸너/GWR, 마노즈 파텔/크리에이트 스튜디오/GWR, 웨셀 슈, 리처드 브래드버리/GWR; **77** 팀앤더슨/GWR, 리처드 브래드버리/GWR; **78** 로드 헌트, 셔터스톡, NPS/제이콥 W 프랭크; **79** 알라미, NPS, 셔터스톡; **80-81** 폴 마이클 휴즈/GWR; **82** 폴 마이클 휴즈/GWR, WFFA; **83** 존 판워스, WFFA, 올라프 피그나타로/레드 불 콘텐트 풀, 딘 트레믈/레드 불 콘텐트 풀; **84** 크리스 앨런/GWR, 제프 빈스, 딘 키리트시스; **85** 해럴드 리스, SWNS; **86** 알라미, 셔터스톡; **87** 알라미, 라이언 슈데/GWR, 돈 크리스텐센/ACPT; **88** 디아나 덴트/ASU; **89** 폴 마이클 휴즈/GWR; **90** 게티, MGM, 셔터스톡; **91**게티, 알라미; **92** 폴 마이클 휴즈/GWR; **93** 폴 마이클 휴즈/GWR; **94** 셔터스톡, 알라미; **95** 셔터스톡, 게티, 모니크 위엔델스; **96** 제이슨 파르넬 포토그래피, 셔터스톡, MLE; **97** 폴 마이클 휴즈/GWR; **98** 알라미; **99** 마르크 마르티; **100** 스타 워즈/LEGO; **101** LEGO 시스템스, LEGO; **102** 리처드 브래드버리/GWR, 제임스 엘러커/GWR; **103** 펠드 엔터테인먼트; **104** 알라미; **105** 캐런 맥필드/SWNS; **106** 하들리 하들렌; **107** 카니벌 매직 파크, 루이 다 크루즈; **108** 폴 마이클 휴즈/GWR; **109** 마라와, 마라와/링컨 칠드런스 북스, 셔터스톡; **110** 셔터스톡, 로드 헌트, 알라미, 애덤 밀워드/GWR, 보드 오브 트러스티스 RBG 큐, 게티; **111** RBG 큐, 알라미, 셔터스톡; **112-13** 맥심 이노브; **114** 팀 조 바, 그레그 맥빈 포토그래피; **116** 게티, 셔터스톡, 알라미, 아이라 블록/내셔널 지오그래픽, 에티엔 클라레트; **117** 알라미; **118** 뵈르게 오슬란드, 셔터스톡, 알라미, 페르 브레이에하겐, 게티; **119** 페르 브레이에하겐; **120** 칼리스 바르델리스, 셔터스톡, 시피카 가우탐; **121** 알라미, 자켈린 맥셀란드(**ILDSA**), 게티; **122** 셔터스톡, 게티, 님스다이/레드 불 콘텐트 풀; **123** 테르누아, 폴 마이클 휴즈/GWR, 알라미, 밍마 기알레; **124** 게티; **125** 보잔 하론 마르키체비크, 셔터스톡, 알라미; **126** 벤 우들리/스탬프 프로덕션 Ltd, 도니 캄프벨; **127** 피더 윌슨, 마이크 함밀; **128** 레이 뎀스키, 카리나 올리아니, 마르셀로 라벨로; **129** 알라스테어 리/포싱 프로덕션, 엔리케 알바레즈; **130** 조수에 후사이; **132** 셔터스톡, 게임스 프레스, 월트 디즈니/알라미, 알라미, 스퀘어 에닉스/게임스 프레스; **193** 닌텐도/알라미, 닌텐도/게임스 프레스, 닌텐도/MOBY, 닌텐도, 셔터스톡; **194** 게임스 프레스, LEGO/DC, MOBI, DC/HBO/알라미, 워너 브로스/알라미, 셔터스톡; **195** 월트 디즈니/알라미, 마블 스튜디오/알라미, 마블 스튜디오/월트 디즈니/알라미, 셔터스톡; **196** 조안 퍼슨, 알라미, 워너 브로스/알라미, 블룸스버리; **197** 게임스 프레스, 록스타 게임스, 알라미, 셔터스톡; **198** 게티, 에픽/게임즈 프레스; **199** 월트 디즈니/셔터스톡, 셔터스톡, 게임즈프레스; **200** 알라미, 셔터스톡, 서치라이트 픽처스/알루미, 메리에 웨이스밀러 월러스/포커스 피처스/알라미, 아마존 프라임/알라미; **201** 셔터스톡; **202** 게티, 게펀 레코드/유튜브, 셔터스톡; **203** 셔터스톡, 알라미, 베스 가라브랜트, 게티; **204** 셔터스톡, 핑크퐁/유튜브, BLACKPINK/유튜브, 오드리로즈 팔루 론드리; **205** 채드윅 보즈먼/트위터, 게티, 알라미, 비셰시 필름/유튜브; **206** ZKM 미디어아트센터, 마이크로소프트/게임스 프레스, 앨티튜드 아트/게임스프레스; **207** 벤 맥마혼/GWR, 라날드 매케치니/GWR, 셔터스톡, 소니/게임스 프레스; **208** AOC/트위치, 알라미, 셔터스톡; **209** 브라이언 스토리/GWR, 에픽 게임스, 플레이스테이션/게임스 프레스; **210** 토머스 알렉산더/BAFTA/셔터스톡, 셔터스톡, 더 그레프지, 에픽 게임스; **211** 루폴/월드 오브 원더 프로덕션, 루카스 필름/월트 디즈니 스튜디오/알라미, 아마존/알라미; **212** 셔터스톡, BTS/유튜브, PA 이미지; **213** 빅 히트 엔터테인먼트; **214** 셔터스톡, 로드 헌트, 알라미, 빅토리아 앨버트 박물관; **215** 게티, 빅토리아 앨버트 박물관, 알라미, 셔터스톡; **216-17** 셔터스톡; **218** 셔터스톡, 게티; **219** 게티, 셔터스톡; **220** 알라미, 게티; **221** 게티, 셔터스톡; **222** 셔터스톡, 게티; **223** 셔터스톡; **224** 셔터스톡; **225** 게티, 셔터스톡, 알라미; **226** 게티, 캐시 B 깁슨; **227** 알라미, 게티, 루터스, 셔터스톡; **228** 알라미, 셔터스톡, 게티; **229** 셔터스톡, 게티; **230** 셔터스톡; **231** 셔터스톡, 알라미, 게티; **232** 셔터스톡, 게티; **233** 애덤 맥로플린, 폴 마이클 휴즈/GWR, PDGA, 앨리사 밴 라넨/PDGA, 게티, 안드레아스 랭그리터/리멕스 이미지, 저그 미터/리멕스 이미지; **234** 셔터스톡, 알라미; **235** ESPN, 게티; **236** 마이크 루이스, 셔터스톡; **237** 게티, 알라미, 셔터스톡; **238** 노먼 켄트, 앰버 포르테, 딘 트레믈/레드 불 콘텐트 풀, 레미 모렐, 게티; **239** WSL, 로라 바바헤키안, 헬르베르트 니치, 마크 콜론/세계 마라톤 대회, 마크 콜론/남극 빙상 마라톤 대회; **240** 데이브 맥파르레인/inov-8.com, 스리 친모이 울트라 포토스, 아나마리아 오안시아, 아네타 미쿨스카; **241** 게티, 셔터스톡, 루터스, 알라미; **242** 벤자민 몰레/WST/셔터스톡, 게티, 셔터스톡, 알라미, 줄리엔 델포세/DPPI/레드 불 콘텐트 풀; **243** 셔터스톡, 게티, IRONMAN®; **244** 셔터스톡, 알라미; **245** 셔터스톡; **256** 로드 헌트

공식 심사관

카밀라 보렌스틴, 조앤 브렌트, 잭 브록뱅크, 아메드 부치리, 사라 카손, 동청, 스왑닐 단가리카르, 케이시 데산티스, 브리트니 던, 칸지 엘 디프로이, 마이클 엠프릭, 피트 페어바인, 빅터 페네스, 크리스티나 플런더스 콘론, 후미카 후지부치, 존 갈랜드, 앤드류 글래스, 소피아 그리나크레, 아이리스 후우, 루이 이와시타, 루이 젤리넥, 카즈요시 키리무라, 레나 쿨만, 매기 루오, 마이 맥밀란, 솔베즈 말로우프, 마이크 마르코테, 마 맹지아, 사이팔리 미샤, 리시 나스, 켈리 패리스, 프라빈 파텔, 저스틴 패터슨, 글렌 폴라드, 나탈리아 라미레즈, 스테파니 랜달, 캐시 렌, 수사나 레예스, 필립 로버트슨, 파울리나 사핀스카, 세키오카 도모미, 시노 히로아키, 루시아 시니가글리시, 타일러 스미스, 브라이언 소벨, 리처드 스텐닝, 데이야다 수바시 제미치, 카를로스 타피아 로사스, 로렌초 벨트리, 시옹 원, 피터 양

기네스 세계기록은 이 책에 도움을 주신 다음 분들께 감사의 뜻을 전합니다.

55 디자인 협회 (헤일리 윌리 디콘, 토바이어스 윌리 디콘, 루벤 윌리 디콘, 린다 윌리, 비데트 버니스톤, 루이스 버니스톤, 폴 겔드아트, 수 겔드아트), 애프터 파티 스튜디오(리처드 맨셀, 캘럼 맥긴리, 조슈아 바렛), 알렉스 라스즐로, 알랙스 로드리게스, 알룬 존스, 앤디 케플링거, 안 토머스, ATN 이벤트 담당자(미국), 바니제이 독일(조리스 기즈베르세, 마리아 쿨티나, 카를로타 로시 스펜서), 베키 로빈슨, 배버리 윌리엄스, 브렌다 비스너, 부즈피즈 페로 라이크, 캐스퍼 레드, 크리스 존스, 코덱스 솔루션 Ltd, 크레이그 헌터, 대니얼 초크, 데이브 브릭하우스, 데이비드 러시, 덴마우어 페이퍼(줄리언 타운센드), 데본테 로퍼, DJ 윌리치, 에밀리 테일러, EXPOZONE, 핀레이 카울터, FJT 로지스틱스 Ltd(레이 하퍼), 기안루카 샤페이, 글로벌 빌리지(재키 엘렌비, 에이햄 지단, 아스마 알 사이피), 그라시에 루위스, 해크니 리터러시 파이러츠, 이언 헨더슨, 통합 컬러 에디션 유럽 Ltd(로거 호킨스, 수지 호킨스), 아이비 뱅커, 잭 루위스, 재키 징거, 재키 사운더스, 제임스 클램핀, 제인 스트리트, 조안 맥르베르, 존 잴러, 존 콘벤트리, 존 웨스톤, 조단 휴즈, 조단 워콜, 케빈 바철러, 케빈 파스트, 키두들(브렌다 비스너), 라이브 위드 켈리 앤드 라이언, 마리아 쿨티나, 마르사이 마틴, 몬 미디어(티나 마르케, 아스트리드 렌더스, 자네트 시오), NBC 투데이 쇼, 니켈로던 키즈 초이스 어워즈, 페니 르베스콘테, 폴리나 부텐코, 케스트 머린(우다이 무르시, 카룬 샤르마), 라샤드 알 가드반, 리디안 에반스, 로드리 아프 디프리그, 리플리 엔터테인먼트(윌리엄 앤서니, 존 코르코란, 크리스티에 코일레, 브라이언 렐리크, 릭 리치먼드), 로브 파티스, 로버트 라이트, 로스 브랜던, 루폴/월드 오브 원더 프로덕션, 사이피야 아브둘라, 사르메르 알 암마르, 사이언스 노스(커스티 키비넨, 구이 라비네, 에밀리 맥도널드, 브르옌 맥기르, 줄리에 모스칼리크, 카디테 루니돈스, 달라 스토다르트, 미첼 트렘블레이, 아미 윌슨), 시안 존스, SLB 엔터프라이즈(수전 벤더, 샐리 트레이벨), 스톤월, 스토라 엔소 베이트실루오토, 수만 마닝, 타쿠 카스켈라, VICE 미디터, 빅토리아 그림셀, 유고브.

국가코드

ABW	아루바
AFG	아프가니스탄
AGO	앙골라
AIA	앙귈라
ALB	알바니아
AND	안도라
ANT	네덜란드 앤틸리스
ARG	아르헨티나
ARM	아르메니아
ASM	아메리칸 사모아
ATG	앤티가 바부다
AUS	호주
AUT	오스트리아
AZE	아제르바이잔
BDI	부룬디
BEL	벨기에
BEN	베냉
BFA	부르키나파소
BGD	방글라데시
BGR	불가리아
BHR	바레인
BHS	바하마
BIH	보스니아 헤르체고비나
BLR	벨라루스
BLZ	벨리즈
BMU	버뮤다
BOL	볼리비아
BRA	브라질
BRB	바베이도스
BRN	브루나이 다루살람
BTN	부탄
BVT	부베 섬
BWA	보츠와나
CAF	중앙아프리카 공화국
CAN	캐나다
CCK	코코스 제도
CHE	스위스
CHL	칠레
CHN	중국
CIV	코트디부아르
CMR	카메룬
COD	콩고 민주공화국
COG	콩고
COK	쿡 제도
COL	콜롬비아
COM	코모로
CPV	카보베르데
CRI	코스타리카
CUB	쿠바
CXR	크리스마스 섬
CYM	케이맨 제도
CYP	키프로스
CZE	체코 공화국
DEU	독일
DJI	지부티
DMA	도미니카
DNK	덴마크
DOM	도미니카 공화국
DZA	알제리
ECU	에콰도르
EGY	이집트
ERI	에리트레아
ESH	서사하라
ESP	스페인
EST	에스토니아
ETH	에티오피아
FIN	핀란드
FJI	피지
FLK	포클랜드 제도(말비나스)
FRA	프랑스
FRO	페로 제도
FSM	미크로네시아 연방 공화국
GAB	가봉
GDR	동독
GEO	조지아
GHA	가나
GIB	지브롤터
GIN	기니
GMB	감비아
GNB	기니비사우
GNQ	적도 기니
GRC	그리스
GRD	그레나다
GRL	그린란드
GTM	과테말라
GUM	괌
GUY	가이아나
HMD	허드 맥도널드 제도
HND	온두라스
HRV	크로아티아 (흐르바트스카)
HTI	아이티
HUN	헝가리
IDN	인도네시아
IND	인도
IRL	아일랜드
IRN	이란
IRQ	이라크
ISL	아이슬란드
ISR	이스라엘
ITA	이탈리아
JAM	자메이카
JOR	요르단
JPN	일본
KAZ	카자흐스탄
KEN	케냐
KGZ	키르기스스탄
KHM	캄보디아
KIR	키리바시
KNA	세인트키츠네비스
KOR	대한민국
KWT	쿠웨이트
LAO	라오스
LBN	레바논
LBR	라이베리아
LBY	리비아
LCA	세인트루시아
LIE	리히텐슈타인
LKA	스리랑카
LSO	레소토
LTU	리투아니아
LUX	룩셈부르크
LVA	라트비아
MAR	모로코
MCO	모나코
MDA	몰도바
MDG	마다가스카르
MDV	몰디브
MEX	멕시코
MHL	마셜 제도
MKD	마케도니아
MLI	말리
MLT	몰타
MMR	미얀마(버마)
MNE	몬테네그로
MNG	몽골
MNP	북마리아나 제도
MOZ	모잠비크
MRT	모리타니
MSR	몬트세라트
MUS	모리셔스
MWI	말라위
MYS	말레이시아
NAM	나미비아
NER	니제르
NFK	노퍽 섬
NGA	나이지리아
NIC	니카라과
NIU	니우에
NLD	네덜란드
NOR	노르웨이
NPL	네팔
NRU	나우루
NZ	뉴질랜드
OMN	오만
PAK	파키스탄
PAN	파나마
PCN	핏케언 제도
PER	페루
PHL	필리핀
PLW	팔로
PNG	파푸아뉴기니
POL	폴란드
PRI	푸에르토리코
PRK	북한
PRT	포르투갈
PRY	파라과이
PYF	프랑스령 폴리네시아
QAT	카타르
REU	리유니언
ROM	루마니아
RUS	러시아
RWA	르완다
SAU	사우디아라비아
SDN	수단
SEN	세네갈
SGP	싱가포르
SHN	세인트헬레나
SJM	스발라르 얀마옌 제도
SLB	솔로몬 제도
SLE	시에라리온
SLV	엘살바도르
SMR	산마리노
SOM	소말리아
SRB	세르비아
SSD	남수단
STP	상투메르린시페
SUR	수리남
SVK	슬로바키아
SVN	슬로베니아
SWE	스웨덴
SWZ	스위스
SYC	세이셸
SYR	시리아
TCA	터크스 케이커스 제도
TCD	차드
TGO	토고
THA	태국
TJK	타지키스탄
TKL	토켈라우 제도
TKM	투르크메니스탄
TMP	동티모르
TON	통가
TTO	트리니다드토바고
TUN	튀니지
TUR	터키
TUV	투발루
TZA	탄자니아
UAE	아랍 에미리트
UGA	우간다
UK	영국
UKR	우크라이나
UMI	미국령 마이너 제도
URY	우루과이
USA	미국
USSR	소련
UZB	우즈베키스탄
VAT	상좌(바티칸시국)
VCT	세인트빈센트 그레나딘
VEN	베네수엘라
VGB	버진 아일랜드 (영국령)
VIR	버진 제도(미국령)
VNM	베트남
VUT	바누아투
WSM	사모아
YEM	예멘
ZAF	남아프리카 공화국
ZMB	잠비아
ZWE	짐바브웨

인쇄를 마치며

다음은 올해 공식 마감일이 지난 뒤 우리 데이터베이스에 승인 후 추가된 기록들이다.

양 뿔 길이가 가장 긴 염소
2020년 6월 23일 알비로라는 이름의 셈피오네 품종 염소는 양 뿔의 끝에서 끝까지 길이가 1.44m로 측정됐다. 스위스 나터스의 롤랜드 페르셔(스위스)가 기르는 수컷 염소다.

일본 데뷔부터 최다 연속 싱글 1위 기록
킨키 키즈(일본)는 2020년 6월 29일 <칸사이 보야>로 그들의 42회 연속 일본 차트 1위를 기록했다. 이 듀오는 1997년 7월 28일 처음 1위에 올라, **일본 최다 연속 년(年) 싱글 1위**를 기록했다(24년).

단일 지역에서 열린 가장 큰 축구 대회
2020년 7월 8일 미국 플로리다주 올랜도의 ESPN 와이드 월드 오브 스포츠 콤플렉스에서 열린 'MLS 이즈 백 토너먼트'에 총 24개의 메이저리그 사커 클럽 팀이 참가했다. 이 월드컵 스타일의 대회는 포틀랜드 팀버스가 8월 11일 우승을 거뒀다.

가장 무거운 칠리페퍼
2020년 9월 7일 영국 웨스트미들랜즈 헤일소언에서 폴 데이비스(영국)가 기른 붉은 고추의 무게가 460g으로 측정됐다.

1시간 동안 핸드볼 패스 많이 하기(팀)
2020년 9월 12일 슐레스비히홀슈타인 핸드볼 협회가 기획한 대회에서 독일 전역의 핸드볼 클럽들이 새로운 세계기록 작성을 위해 경쟁을 펼쳤다. TSV 지베르슈테트가 우승팀으로 떠올랐는데, 60분 동안 5m 거리에서 5,392회의 패스를 성공했다.

유튜브에서 가장 많은 시청자가 본 심혈관 건강 라이브스트리밍
2020년 9월 29일 세계 심장의 날에 대동맥판막 치환 수술 월드 투어의 라이브스트리밍을 최고 2,502명이 시청했다. 전 세계에서 온 전문가 20명이 동시에 시술을 진행했다. 인도 심장판막 센터가 주도한 행사의 일부였다.

최대 규모 양말 수집
아샨 페르난도(미국)가 660켤레의 신지 않은 양말을 모은 사실이 2020년 9월 30일 미국 매사추세츠주 버클리에서 확인됐다. 그의 수집품에는 대법관 루스 베이더 긴즈버그가 그려진 파란 발목 양말을 포함해 대담하고 놀라운 디자인이 많다.

최초의 고주파 스톱워치
'세 번째 타이머'는 루이 모네(프랑스)가 1816년에 설계한 스톱워치다. 시간당 21만 6,000회 진동한다. 레스 아틀리에스 루이 모네(스위스)가 현재 소유하고 있는 이 스톱워치는 2020년 10월 1일 스위스 셍 블레스에서 검증됐다.

일주일 동안 가장 많은 인원이 참석한 가상 마케팅 컨퍼런스
2020년 10월 2일 인터넷 마케팅 협회(미국)의 '임팩트20' 회담에 1만 1,151명이 온라인으로 참석했다.

가장 높은 나뭇가지 거주지
과자 회사 바르니 몬델레즈(러시아)가 나뭇가지만 사용해 10.21m 높이의 텐트 구조물을 만들었다. 2020년 10월 4일 러시아 칼루가 니콜라 레니베츠 예술 공원에 완성됐다.

24시간 동안 온라인 AI 수업을 들은 최다 인원
2020년 10월 14일 인텔 인도와 인도 교육부가 인공지능에 관한 아이들의 인식을 높이기 위해 1만 2,701명을 모아 가상 수업을 실시했다.

펀코팝! 피겨 최다 수집
미국 테네시주 녹스빌의 데이비드 미베인(미국)은 2020년 11월 15일 기준 펀코팝! 모델을 7,095개 소유하고 있다. 그는 2014년부터 매주 약 20~30개의 피겨를 샀는데, 수집을 위해 약 15만 달러를 썼다고 한다.

다이아몬드가 가장 많이 장식된 반지
레나니 주얼스(인도)가 3년 동안 분쟁지역이 아닌 곳에서 생산한 다이아몬드 1만 2,638개를 반지 하나에 장식한 사실이 2020년 11월 30일 인도 우타르 프라데시주 메러트에서 확인됐다.

최단 시간에 회전식 퍼즐 큐브 3개를 손과 발로 동시에 푼 기록
아타르바 R 밧(인도)은 2020년 12월 9일 인도 카르나타카주 방갈로르에서 회전식 퍼즐 큐브 3개를 1분 29초97 만에 풀었다. 그는 한 손에 하나씩, 그리고 하나는 양발로 맞췄다.

온라인에서 동시에 손으로 하트 모양을 만든 최다 인원
2020년 12월 10일 BT 그룹(영국)이 기획한 디지콘 콘퍼런스에서 총 137명이 온라인으로 사랑을 표현했다.

가장 긴 탁구 랠리
2020년 12월 12일 형제인 크리스와 윌 다넬(둘 다 호주)이 UAE 두바이에서 11시간 50분 36초 동안 마라톤 탁구 랠리를 이어갔다.

사육된 최고령 나무늘보
잰이라는 이름의 린네두발가락나무늘보 수컷은 2020년 12월 12일 기준 나이가 50세 225일이다. 남아메리카의 야생에서 태어난 이 수컷은 1970년 5월 1일 발견 당시 엄격하게 추정한 나이가 약 6개월이었다. 잰은 1986년 4월 30일부터 독일의 크레펠트 동물원에 거주하고 있는데, 이날은 현재 그의 생일로 간주된다.

1분 동안 가장 많은 무술 발차기를 한 혼성 듀오
푸시파 P와 프라바카르 레디 P(둘 다 인도)가 2020년 12월 13일 인도 안드라프라데시주 넬로르에서 힘을 합쳐 60초 내에 번갈아 200회의 발차기를 선보였다.

최단 시간 화환 5개 던지고 받기(2인 팀)
데이비드 러시가 2020년 12월 23일 미국 아이다호주 보이시에서 3초18 만에 화환 5개를 던져 1.5m 거리에 있는 조나단 해넌(둘 다 미국)의 목에 걸었다.

가장 작게 개조한 닌텐도 64 콘솔
모더 군나르 턴퀴스트(미국)가 폭이 11.8cm로 원래 게임기의 게임 카트리지보다 살짝 큰 포터블 N64 콘솔을 제작했다. 군나르는 2020년 12월 24일 자신의 유튜브 채널을 통해 그의 '영광의 성배'를 최초로 공개했다.

가장 많은 불꽃이 동시에 투사된 음악 콘서트
미국 록의 전설 KISS가 2020년 12월 31일 UAE 두바이의 아틀란티스 더 팜에서 열린 그들의 'KISS 2020 굿바이' 새해 전야 온라인 콘서트에서 랜즈마크 라이브(미국), ffp(독일)와 팀을 이뤄 하늘에 73개의 불기둥을 지폈다. **음악 콘서트에서 가장 높이 투사된 불기둥**은 38.53m로 역시 같은 공연에서 기록됐다.

파워레인저 기념품 최다 수집
마이클 닐슨(미국)은 2021년 1월 2일 기준 미국 애리조나주 길버트에 이 실사 슈퍼히어로 프랜차이즈와 관련된 상품 9,364개를 모아 놨다.

1분 동안 망치 많이 회전하기
티어 마일스(미국)는 2021년 1월 4일 미국 캔자스주 위치토에서 60초 동안 망치를 공중에 89회나 회전시켰다.

실내 크로스컨트리 스키 12시간 최장 거리 이동(개인)
마르타 루이스 노르웨이 공주가 TV 스타 하랄드 뢴네베르그(노르웨이)와 함께 2021년 1월 5일 노르웨이 뢰렌스코그에 있는 스노 실내 스키 아레나에서 52.428km를 스키로 이동했다.

가장 큰 마대
2021년 1월 7일 차이탈리 다스와 라크샤크 재단(둘 다 인도)이 인도 서벵골주 콜카타에서 폭 30.68m에 높이가 24.87m인 마대를 공개했다. 이들은 생태 보존의 필요성을 알리고 마대 같은 환경 친화 소재의 사용을 증진하기 위해 행사를 마련했다.

가장 작은 잡지 광고
넷플릭스의 오리지널 시리즈 <범인은 바로 너!>의 마지막 시즌 시작을 알리기 위해, 넷플릭스 코리아가 2021년 1월 14일 발행된 <버라이어티>에 겨우 1.71 × 2.52cm 크기의 광고를 실었다.

컵 7개를 가장 빨리 쌓은 개
2021년 1월 16일 5살 된 잭 러셀 테리어 품종의 레블이 영국 이스트서식스주 폴게이트에서 12초08 만에 컵 7개를 차곡차곡 포갰다. 카틀렌 테페리스(독일)가 레블을 훈련시켰다.

가장 무거운 포멜로
마에다 카즈키(일본)는 일본 구마모토현 야츠시로시에서 아시아 감귤인 포멜로 하나를 5.386kg 무게로 키웠다. 이 엄청난 포멜로는 2021년 1월 20일 확인됐다.

1시간 동안 맞춤형 플랫폼에 언박싱 영상을 가장 많이 업로드한 기록
오스트리아의 화장품 기업 링가나가 2021년 1월 23일 스태라에 기획한 언박싱 행사에 2,798명이 참가했다.

마인크래프트에 제작된 가장 큰 국기
다니엘 이바녜스 파디알(스페인)이 2021년 1월 24일 샌드박스의 비디오게임 <마인크래프트>에서 2,00만 1,615개의 블록으로 이루어진 이탈리아 국기를 공개했다. 그는 코로나-19 팬데믹으로 어려움을 겪은 이탈리아를 응원하기 위해 이 기록을 작성했다.

최다 인원이 온라인으로 동시에 음식을 식초에 찍은 기록
2021년 1월 24일 필리핀의 디핑소스 브랜드 뉴트리아시아가 기획한 행사에서 총 167명이 가상 VIP 식사를 경험했다. 에릭 '이럽션' 타이와 가수 메이메이 엔트라타 같은 유명인들도 함께 식사를 즐겼다.

1분 동안 마술 트릭 많이 하기
마술사 라만 샤르마(캐나다)는 2021년 1월 28일 캐나다 온타리오주 미시소거에서 60초 동안 35가지 트릭을 선보이며 자신이 세운 이전 기록을 경신했다.

사육된 최고령 오랑우탄
독일 함부르크의 하겐베크 동물원에 거주하는 수마트라오랑우탄, 벨라는 2021년 자신의 60번째 생일을 맞이했다. 1964년 4월 15일 이곳에 온 이 암컷은 2021년 1월 29일까지도 건강하게 살고 있다. 동물원 사육사들은 벨라가 솔직하고 신중하면서 영리하고 호기심과 애정이 많은 성격이라고 말한다.

한 손으로 머그잔 많이 잡기
다수의 신기록을 보유한 로코 메르쿠리오(이탈리아)가 2021년 1월 30일 이탈리아 빌라산조반니에서 25개의 빈 머그잔을 한 손에 쥐었다.

가장 큰 면 안면 직물 마스크
2021년 1월 30일 잉탄 룽후산 국립공원 관리 위원회(중국)가 마스크 착용의 필요를 대중에 알리기 위해 121.18m² 크기의 거대한 마스크를 제작했다. 이 마스크는 중국 장시성의 현지 랜드마크인 샹비산('코끼리 코 언덕')에 펼쳐졌다.

M&Ms® 높이 쌓기
윌 컷빌(영국)이 2021년 1월 31일 영국 웨스트미들랜즈 솔리헐에서 단추처럼 생긴 초콜릿 5개를 차곡차곡 쌓고 균형을 잡았다.

최고령 야생의 새
위즈덤이라는 이름의 레이산 알바트로스는 2021년 기준 나이가 최소 70세다. 위즈덤은 5살로 추정됐던 1956년 태평양 미드웨이 환초 국립 야생보호구역에서 처음 고리를 착용했다. 이 암컷은 2020년 11월 29일 알을 품고 있는 모습이 다시 발견됐고, 2021년 2월 1일 알이 부화하며 **번식에 성공한 최고령 바닷새**로도 기록됐다. 위즈덤은 평생 35마리 이상의 새끼를 기른 것으로 여겨진다.

가장 큰 점수 차이로 승리한 EPL 축구 경기
맨체스터유나이티드는 2021년 2월 2일 영국 맨체스터의 올드 트래퍼드에서 열린 경기에서 사우샘프턴을 9-0으로 박살냈다. 이는 그들이 1995년 3월 4일 잉글리시 프리미어 리그에서 입스위치 타운을 상대로 달성했던 기록과 동률이며, 레스터시티도 2019년 10월 25일 역시 사우샘프턴을 상대로 같은 기록을 세웠다.

1분 동안 머리로 훌라후프 많이 돌리기
영화배우 K 고쿨나스(인도)가 2021년 2월 4일 인도 타밀나두 첸나이에서 훌라후프를 141회 회전시켰다.

한 번에 스웨터 많이 입기
12살인 시어도어 킨셀라(미국)는 2021년 2월 15일 미국 캘리포니아주 로스앤젤레스에서 스웨터 30장을 따뜻하게 껴입었다.

최고 단위 곱셈 암산
사나 히레마스(미국)는 2021년 2월 17일 미국 플로리다주 허난도에서 머릿속으로 617,286 × 315,969를 정확히 계산해 12자리 답을 내놨다. 자폐증을 가진 이 11살 소녀는 말하거나 쓰지는 못하지만, 2분도 채 걸리지 않아 키패드에 답을 쳐냈다.

수갑을 차고 가장 멀리 헤엄친 기록
벤저민 카츠만(미국)은 2021년 2월 20일 미국 버지니아주에서 수갑을 차고 8.61km를 헤엄쳤다. 그는 이 속박 마라톤을 3시간 58분 동안 진행했다.

미국 디지털 노래 판매 차트 최다 1위
테일러 스위프트가 발매한 <러브 스토리(테일러 버전)>이 2021년 2월 27일 미국 디지털 노래 판매 차트에서 그녀의 22번째 1위 곡이 됐다. 그녀는 2010년 2월 6일 <투데이 워즈 어 페어리테일>로 처음 1위에 올랐다.

최장 거리 중세 투석기 투척(20kg 이상 물체)
2021년 3월 2일 미국 캘리포니아주 치코에서 시에라네바다 브루잉 컴퍼니(미국)가 그들의 새로운 맥주 브랜드가 들어있는 나무통을 직접 제작한 트레뷰셋(투석기)으로 날려 133.75m를 기록했다.

국제 크리켓 경기 한 번의 오버에서 최다 식스를 기록한 선수
2021년 3월 3일 안티과에서 열린 트웬티20 경기에서 서인도제도의 주장 키에론 폴라드(트리니다드토바고)가 스리랑카의 변화구 투수 아킬라 다난자야가 던진 6개의 투구를 모두 식스(타구를 펜스 밖으로 넘기는 것)로 쳐냈다. 폴라드는 헤르쉘레 깁스(남아공)와 유브라지 싱(인도)에 이어 국제 경기에서 이 기록을 달성한 단 3번째 선수가 됐다.

바나나 1개 가장 빨리 먹기(손 안 쓰고)
마이크 잭(캐나다, 94~95쪽 참조)은 2021년 3월 6일 캐나다 온타리오주 런던에서 손을 쓰지 않고 바나나 1개를 37초782 만에 게걸스럽게 먹었다.
같은 날 마이크는 **최단 시간에 상추 한 포기 먹기** 기록도 달성했다(1분 31초053).

30초 동안 줄넘기하며 발로 축구공 터치 많이 하기
프리스타일 풋볼 월드 챔피언인 리브 쿡(영국)은 2021년 3월 7일 30초 동안 줄넘기를 하면서 키피-어피를 62회 성공했다. 이 도전은 영국 런던의 웸블리 스타디움에서 틱톡 라이브로 진행됐다.

가장 비싼 만화책
슈퍼맨이 처음 등장한, 1938년 발행된 신상품 상태의 <액션 코믹스 #1>이 2021년 3월 12일 코믹 커넥트를 통해 325만 달러에 합의매매됐다.

지구에서 발견된 가장 오래된 화성암
2020년 5월 알제리 서남부에서 발견된 석질운석이 지구의 나이보다 오래된 약 45억 6,500만 년 전의 것으로 밝혀졌다. 과학자들은 이 'Erg Chech 002'가 태양계가 합쳐진 지 단 몇백만 년 뒤에 생긴 원시행성의 조각에서 파생된 것으로 여긴다. 연대를 더 자세히 연구한 논문이 2021년 3월 16일 미국국립과학원회보에 발표됐다.

1분 동안 27kg 가방 매고 평행봉 딥 많이 하기
알레한드로 솔레르 타리(스페인)는 2021년 3월 19일 스페인 알리칸테 라마니라에서 등에 27kg 가방을 매고 60초 동안 평행봉 팔굽혀펴기를 57개나 했다.

가장 높은 점유 가능한 건물 구름다리 층
UAE 두바이 마리나의 어드레스 비치 레지던스는 2개의 건물 63~77층이 구름다리 형태로 연결돼 있다. 2021년 3월 24일 이 구름다리에서 가장 높은, 점유 가능한 층의 높이는 294.36m로 확인됐다.

1분 동안 탁상용 콜벨 턱으로 많이 누르기
미스터 체리, 체리 요시타카(일본)는 2021년 3월 24일 일본 토쿄에서 TV 프로그램 <논 스톱!>에 출연해 자신의 턱으로 탁상용 콜벨을 149회나 눌렀다.

최장 거리 얼음 수영
크시슈토프 쿠비아크(폴란드)가 2021년 3월 28일 폴란드 비스트시츠키에 호수에서 3.75km를 헤엄쳐갔다. 그는 1시간 4분 30초 동안 평균 온도 4.48℃의 물속에 머물렀다. 그의 이 으슬으슬한 기록은 국제얼음수영협회에서 인정했다.

태엽 장난감 최다 수집
말라 모굴(미국)이 30년 이상에 걸쳐 1,258개의 태엽 장난감을 모은 사실이 2021년 3월 30일 미국 캘리포니아주 로스앤젤레스에서 확인됐다. 말라는 이 수집품들을 자신의 유튜브 채널 <더 와인드업 프로젝트>에서 선보인다.

1분 동안 가장 많은 아이스크림 맛 구분하기(눈 가리고)
낸시 무사(이집트)는 이집트 카이로의 돌라토 겔라테리아에서 차가운 음식으로 인해 생긴 두통과 싸워가며 16종의 아이스크림 맛을 정확히 구별해 냈다. 이 기록은 제한 시간 내에 가게에 파는 24가지 맛의 이름을 많이 맞추는 '델라토 데어 챌린지'에서 작성됐다.

위저딩 월드 기념품 최다 수집
트레이시 니콜-루이스(영국)가 해리포터 위저딩 월드와 관련된 상품 5,434개를 수집한 사실이 2021년 4월 3일 영국 미드글러모건주 바고에드에서 확인됐다.

1분 동안 DC 캐릭터 많이 구분하기
S 모하메드 하르사스(인도)가 2021년 4월 4일 인도 타밀나두에서 60초 만에 53가지 DC 코믹스 캐릭터를 그림으로 구분했다.

24시간 동안 기차로 최장 거리를 여행한 기록
고속철도의 열광적인 팬인 양 용단(중국)은 2021년 4월 9~10일 구이저우 북부역에서 광저우 남부역까지 총 5,412.76km를 여행했다.

TV 방송 경기에서 7-10 스플릿을 처리한 최연소 텐핀 볼링선수
앤서니 노이어(미국, 2002년 4월 26일생)는 2021년 4월 11일 18세 350일의 나이로 왼쪽과 오른쪽 끝에 각각 하나씩 핀이 남은 7-10 스플릿을 모두 쓰러뜨리는데 성공했다. 노이어는 프로 볼링 선수 협회의 US 오픈 준결승에서 이 기록을 만들었다. 그는 텔레비전으로 방송된 경기에서 이 악명 높은 스페어를 처리한 역사상 단 4번째 선수다.

가장 인맥이 넓은 배우
2021년 4월 15일 디 오라클 오브 베이컨에서 가장 낮은 점수를 기록한 현존하는 배우는 하비 케이틀(미국)이다(2.90805점). 컴퓨터 과학자 브랫 타덴이 1996년 고안한 디 오라클은 위키피디아에 나열된 영화계 스타들의 연관성을 바탕으로 작성되는데 점수가 낮을수록 많은 사람과 연관된, '할리우드 우주의 중심'에 있는 총사령관이라 할 수 있다.

역대 최고령 돼지
베이비 제인(1998년 2월 1일생)은 2021년 4월 19일 나이가 23세 77일로 확인됐다. 이 암컷 돼지는 미국 일리노이주 먼델라인에서 패트릭 커닝엄과 스탠리 코프먼(둘 다 미국)이 키운다.

최장기간 진행 중인 공상과학 오디오 드라마 시리즈
<닥터 후 - 더 먼슬리 어드벤처>는 2021년 4월 20일 기준 275편이 방송됐다. 이 시리즈는 1999년 7월 빅 피니시 프로덕션(영국)이 제작한 '더 사이렌스 오브 타임'으로 시작했다.

역도 +87kg급 합계 최고 기록(여성)
리웬웬(중국)은 2021년 4월 25일 아시아 역도 선수권대회 여자 슈퍼 헤비급에서 총 335kg의 기록으로 타이틀을 획득했다. 이 21살의 선수는 우즈베키스탄 타슈켄트에서 **인상 최고 기록** 148kg과 **용상 최고 기록** 187kg를 들어 올렸다.

롤러코스터에서 1분 동안 수도 이름 많이 대기
제임스 '다이악스' 베네위스(영국)는 2021년 5월 6일 영국 서리 소프 파크에서 콜로서스 롤러코스터를 타는 동안 38개의 수도를 구분했다. 이 도전은 리얼리티 TV쇼 <더 온리 웨이 이즈 에식스>를 통해 기록됐다.

NBA 최다 트리플더블
워싱턴 위저즈의 러셀 웨스트브룩(미국)은 2021년 5월 10일까지 NBA 182경기에서 경기당 최소 10득점, 10어시스트, 10리바운드 이상을 기록했다. 그는 47년 동안 깨지지 않던 오스카 로버트슨의 기록을 경신했다.

워들로를 찾아라

큰 인기를 끌었던 작년 책 표지에 맞춰, 우리는 일러스트레이터 로드 헌터와 파트너십을 맺고 '당신의 세상을 발견하세요' 테마를 연장하기로 했다. 그리고 이번 주제는... 모두 1년 동안 실내에만 갇혀 지냈으니, 도시를 떠나 해변으로 향해보자!

로드가 기네스 세계기록이라는 섬의 목 좋은 모래사장에 신기록을 보유한 사람, 동물, 물체, 수백 가지가 가득한 모습으로 올해의 앞뒤 표지를 장식했다. 이 복잡한 일러스트는 아주 작은 부분까지도 신기록과 연관돼 있다. 여기 페이지에서 로드는 표지에 등장하는 인물들 중 자신이 좋아하는 슈퍼스타 20명을 골라 놓았다(표지 작품에는 아무 글자도 쓰여 있지 않다). 최대한 빨리 이들을 찾아 자신의 관찰력을 (재미로) 시험해보자! 또 8피트 클럽의 회원 14명도 모두 찾아보는 건 어떨까?

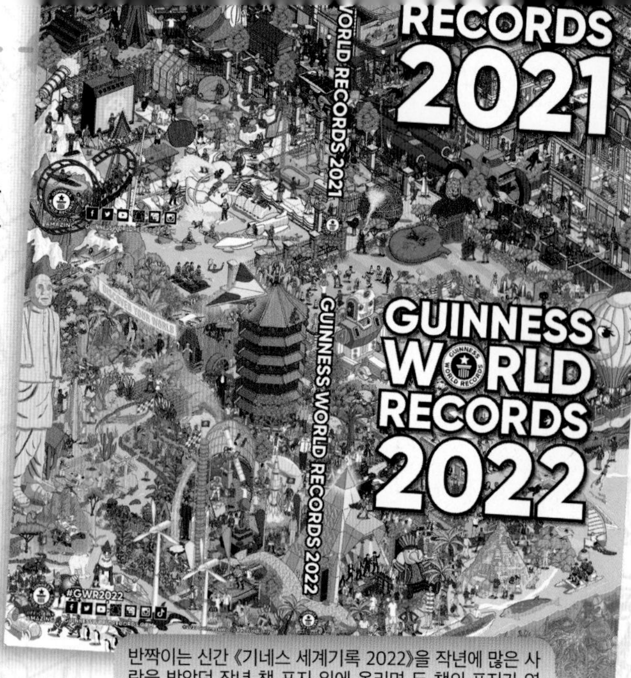

반짝이는 신간 《기네스 세계기록 2022》을 작년에 많은 사랑을 받았던 작년 책 표지 위에 올리면 두 책의 표지가 연결되는 것을 볼 수 있다!

30초 동안 머리카락으로 줄넘기 많이 하기
레티시아 키이(코트디부아르): 60회, 75쪽 참조

머리에 공 올리고 균형 잡으며 축구공 터치 많이 하기
치논소 에체(나이지리아): 111회, 178쪽 참조

가장 큰 아프로 헤어스타일(여성)
애빈 두가스(미국): 높이 24cm, 58쪽 참조

아이언맨® 트라이애슬론을 완주한 최초의 다운 증후군 선수
크리스 니키(미국): 2020년 11월 7일, 243쪽 참조

가장 빠른 전기 기동성 스쿠터
제이슨 리버시지(영국): 107.546km/h, 80쪽 참조

기네스 세계기록 2023의 표지에 등장하는 방법
우리는 로드 헌트가 기네스 세계기록 표지 3부작을 완성하기 위해 우주로 향한다는 사실을 알리게 돼 아주 기쁘다. 이를 기념하여 우리는 당신에게 마지막 표지에 등장할 기회를 주기로 했다. 신기록을 보유한 우주비행사, 로켓, 우주비행선 그리고 로봇이 가득한 은하계에 합류해 보자. 자세한 방법은 guinnessworldrecords.com/2022에서 알아보자.

세계 턱수염 및 콧수염 챔피언십 '전체 수염' 카테고리에 출전한 최초의 여성
로즈 게일(미국), 73쪽 참조

로봇 물고기 50m 최고 기록
BREED(중국): 22.92초, 147쪽 참조

키가 가장 큰 십대
올리비에 리우(캐나다): 226.9cm, 67쪽 참조

귀가 가장 긴 개
루(미국): 34cm, 162쪽 참조

최장 거리 라체 (바에서 바로 이동)
나지 리처드슨(미국): 5.56m, 85쪽 참조

최장 경력 방귀연주자
'미스터 메탄'(영국): 30년, 170쪽 참조

킥보드를 타고 5m를 가장 빨리 간 개와 고양이
롤리팝과 사시미(둘 다 캐나다): 4초73, 163쪽 참조

키가 가장 작은 쌍둥이(여성)
엘리자베트와 카타리나 린딩거(둘 다 독일): 128cm, 66쪽 참조

1분 동안 공 튕기며 저글링 많이 하기(농구공 4개)
자일라 아방가르드(미국): 255회, 183쪽 참조

최고령 2인 스카이다이빙
알프레드 '알' 브라쉬케(미국): 103세 181일, 65쪽 참조

최장신 프로 보디빌더
올리비르 리흐터르스(네덜란드): 218.3cm, 74쪽 참조

가장 무거운 썰매 끌기
케빈 패스트(캐나다): 16.5t, 84쪽 참조

가장 큰 행성 탐사 로버
퍼서비어런스(미국): 1,026kg, 138쪽 참조

최대 규모 카메라 트랩 야생동물 조사
국립호랑이보전기관(인도): 호랑이 2,461마리, 51쪽 참조

가장 빠른 손수레
케빈 닉스(영국): 74.335km/h, 92쪽 참조

일러스트레이터에 관하여

로드 헌트가 어렸을 때부터 만화에 열정을 품었던 건 놀랄 일이 아니다. 만화는 그가 그림을 시작하도록 영감을 줬고, 로드는 10대가 되자 일러스트레이터를 직업으로 삼을지 고민하기 시작했다. 그리고 몇 년에 걸쳐 예술적 기교를 연마했다. 로드는 작품을 만들 때 먼저 프로젝트에 대해 숙고한 뒤 연필로 간단히 스케치한 다음 그림의 완성도를 높여나간다. 그 후 그 스케치를 스캔해서 디지털 일러스트레이션 소프트웨어를 사용해 레이어별로 마무리 짓는다.

로드와 그가 만든 다른 일러스트를 더 보고 싶다면 **rodhunt.com**에 방문하자.

이 18세기 멋쟁이는 아일랜드의 패트릭 코터 오브라이언(1760년생)으로 키가 8피트 이상으로 확인된 최초의 인물이다.

높은 목표: 8피트 클럽 회원을 찾아보자

76쪽에 가면 기네스 세계기록이 키가 243cm 이상으로 확인한 단 13명으로 이루어진 남녀그룹, 8피트 클럽이 소개되어 있다. 이들은 로드의 신기록이 가득한 표지 속에 돌아다니고 있는데 어마어마한 키에도 불구하고 놀라울 정도로 찾기가 어렵다! 시작하기 전에 단서를 하나 주자면: 이들 중 키가 가장 큰 로버트 워들로는 수영복을 입고 있다...

DISCOVER YOUR WORLD
START
FINISH
EVEREST
NORTH POLE
SOUTH POLE
THE BEACH
TALLEST TOPIARY IN THE WORLD
YOUTH STRIKE FOR CLIMATE